KB041779

제3판

국제경제법

성재호 저

박영사

제3판 서문

국제경제법이 국제법의 전문 영역으로 자리잡고, 국가공무원 선발시험의 하나로 중요성이 입증된 지 약 30년이 된다. 국가 경제의 주요 축이 국제교역을 통해 구축되는 우리나라의 경우 국제경제법에 대한 치밀한 고민과 연구가 필수적임은 지극히 당연한 일이다. 국내산업이 각고의 연구 개발을 통해 경쟁력 있는 상품을 생산 수출하더라도, 수입국이 교역상의 장벽을 세운다면 해당 산업은 피해를 입을 수밖에 없다. 이러한 조치의 불공정성을 다툴 규범적 이해가 부족하거나 인적 역량이 충분치 못하다면, 이는 해당 산업의 문제를 넘어 국가경제에도 막대한 손실로 이어지게 된다. 그 까닭에 세계 각국은 기존 통상규범의 해석 적용과 새로운 규범 창출에 국가적 역량을 집중해 왔다. 1995년 WTO 출범 후 2022년 7월 말까지 613건의 분쟁이 제기되었다는 사실은 그만큼 통상 분야의 규범적 각축이 치열하다는 것을 보여주는 증거가 된다.

국제경제법에 대한 연구와 교육은 단순히 개인적 법률 서비스를 제공하는 차원이 아니라, 국제사회 속에서 대한민국의 생존과 발전을 놓고 다루어야 할 국가적 아젠다임을 부인할 수 없다. 그러나 아쉽게도 국내 법학 교육의 현장은 그러한 대승적 목표를 개인적 관심에 기대는 데서 벗어나지 못하는 모습이다. 법학교육을 통한 법률가 양성을 목표로 출범한 로스쿨 제도가 본연의 입법취지를 제대로 실현하고 있는지 의문이 아닐 수 없다. 그런 이유에서 법학자들은 각자의 학문 분야에 대한 근본적 고민을 하지 않을 수 없었고, 저자 또한 국제경제법 개정판을 출간하는 데 주저하지 않을 수 없었다. 그럼에도 적지 않은 수의 학생들이 국제경제법 과목을 선택하며 관심을 보여주었고, 책에 대한 고민을 물어 왔다. 그들에 대한 책무, 나아가 교육이라는 숭고한 가치를 고민하면서, 다시 개정판 출간을 결정하였다. 국제경제법 분야의 구조와 핵심적 지식을 체계화하고, 법리적 해석과 법적 논증과정을 정리하는 데 초점을 맞추어 보완하였다. 여전히 부족하고 아쉬움이 남지만, 국제경제법이란 학문 분야에 관심을 가진 미래세대들에게 길잡이가 되길 고대한다.

　　개정판 출간 과정에서 적지 않은 분들의 도움을 받았다. 어려운 출판 여건
에서 꾸준히 양서 출간을 이어가고 있는 박영사 안종만 회장에게 깊이 감사드
린다. 출간 작업을 fast track으로 진행해 준 조성호 이사와 김선민 이사, 주요한
자료를 찾아 본서 출간에 힘을 보태준 이길원 교수에게도 고마움을 표한다.

2022. 8

저　자

서　문

　　국제사회의 발전은 갈수록 국제법의 중요성을 되새겨 주고 있고, 특히 경제관계의 국제적 확대는 국제경제법의 수요를 해마다 늘려가고 있다. 통상마찰의 유형과 범위가 늘어가고 사례가 축적되면서, 관심이 늘어갈수록 국제경제법은 점점 더 어려운 연구분야가 되어가고 있다. 그러나 국내 전반의 국제법에 대한 인식은 크게 나아지지 않고 있다. 그럼에도 불구하고 국내의 국제경제법 연구는 상당한 수준의 성과를 거두고 있는데, 이는 개별 연구자들의 꾸준한 노력이 없었다면 불가능한 일이었을 것이다.

　　이미 국내의 많은 저술들이 국제경제법을 다루고 있음에도 본서를 집필하게 된 배경에는 두 가지 이유가 있다. 첫째는 국제경제법의 大要를 쉽게 파악할 수 있는 입문서가 필요하다고 판단하였기 때문이고, 둘째는 단순히 이론적 설명에 그치지 않고 사례분석을 덧붙인 입체적 교재가 필요하다고 느꼈기 때문이다. 이러한 이유에서 국제경제법을 한 권의 책으로 엮어내는 데 대한 주저와 망설임을 거듭한 끝에, 국제경제법에 대하여 저자 나름의 체계에 따라 통상법을 구성하고, 통상법의 주요 사례를 덧붙여 종합적으로 정리하게 되었다. 미국식의 사례형 교재를 염두에 둔 것이었지만, 능력의 한계로 모든 사례를 정리하고 분석하는 데에는 이르지 못하고 말았다. 그러나 중요하다고 평가되는 사례는 빠트리지 않으려고 노력하였고, 주요 사례의 사실관계와 법적 쟁점을 추출함으로써 WTO 협정의 실제적 적용형식과 해석을 이해하는 데 도움이 될 수 있도록 하였다. 그 과정에서 거의 매일 쏟아지다시피 하는 WTO의 결정문을 낱낱이 읽고 분석하는 것은 개인의 능력으로는 도저히 다할 수 없는 일임을 다시 한번 확인할 수 있었다. 저자가 연구생활을 하던 미국 대학의 저명 교수가 여러 명의 조교를 두고 WTO 결정문을 요약 정리하는 것을 보고, 외국어로 된 결정문을 혼자서 일일이 보아야 하는 국내 실정과 비교하면서 과연 그들과 어깨를 나란히 할 수 있는 경쟁력을 갖출 수 있을까 하는 회의가 들기도 하였다. 이처럼 능력의 한계와 여건의 제약하에서 아쉬움을 뒤로 하고, 일단 집필을 마무리하게 되었다.

　종착점에 서면 늘 아쉬움을 느끼지만, 국제경제법을 마무리하면서 몰려오는 아쉬움은 어느 때보다 크게 느껴진다. 아마도 국제경제법의 중요성에 대한 시대적 평가가 어느 때보다 크기 때문이 아닌가 싶다. 앞으로의 연구에 많은 도움이 될 수 있도록 독자들이 본서를 접하면서 미진한 부분에 대해서 가감 없이 지적하여 주기를 기대한다.

　본서를 마무리하면서 가장 먼저 薰堂 金正均 선생님의 학은에 깊이 감사드리고자 한다. 운당 선생님은 저자를 학문의 길로 이끌어 주셨고, 激勵와 加鞭으로 계속 후원하여 주셨다. 그리고 본서 집필과정에서 박사과정의 유준구 군과 석사과정의 최보연 양, 김지인 양, 이길원 군이 자료정리와 교정작업에 많은 시간을 할애하여 준 점에 대하여 고마움을 전한다. 그들 외에 대학원 과정에서 국제법을 전공하는 여러 제자들의 의견도 큰 도움이 되었다. 끝으로 본서 간행을 허락하여 준 박영사의 안종만 회장님과 기획부의 조성호 과장, 편집부의 박옥수 씨에게 감사드린다.

2003. 8
저 자

목   차

제 1 장 국제경제법의 의의

제 1 절 국제경제법의 성질   1

　1. 국제경제법의 의의 ·· 1
　　(1) 국제경제법의 개념 ·· 1
　　(2) 국제경제법의 범위 ·· 3
　　(3) 국제경제법의 연원 ·· 5
　　(4) 국제경제법의 특성 ·· 7
　2. 국제경제법의 태동 ··· 9
　　(1) 통상문제와 국가의 개입 ·· 9
　　(2) 다자간 무역체제의 전개 ·· 10
　　(3) 국제통화금융제도의 배경 ·· 10

제 2 절 국제경제법의 발전   12

　1. 국제통화금융제도의 등장 ·· 12
　　(1) 국제통화제도 ·· 12
　　　(가) 브레튼우즈체제 / 12　　(나) 스미소니언체제 / 13
　　　(다) 킹스턴체제 / 14
　　(2) 국제통화기금의 구성 ·· 15
　　　(가) 회 원 국 / 15　　(나) 기　　관 / 16　　(다) 기　　금 / 17
　　(3) 국제통화기금의 목적 ·· 19
　　(4) 국제금융기구 ·· 21
　　　(가) 국제부흥개발은행 / 21　　(나) 세계은행그룹 / 23
　2. 국제통상질서의 등장 ·· 25
　　(1) GATT ·· 25

(가) ITO 설립을 위한 노력 / 25   (나) GATT의 탄생 / 26

(다) GATT의 구조 / 28   (라) GATT의 발전 / 30

(마) GATT의 의의 / 35

(2) WTO의 출범 ·· 37

(가) 우루과이라운드의 경과 / 37   (나) 우루과이라운드의 의의 / 41

제 2 장   WTO의 기본구조

제 1 절   WTO의 구조   43

1. WTO의 특성 ·· 43

(1) GATT와의 비교 ·· 43

(가) 법적 지위 / 43   (나) 규제대상 / 44

(다) 가입방식 / 44   (라) 분쟁해결 / 46

(2) WTO의 역할 ··· 46

(가) 목   적 / 46   (나) 기   능 / 47   (다) WTO의 한계 / 48

2. WTO의 구성 ·· 49

(1) 회 원 국 ··· 49

(가) 가입자격 / 49   (나) 탈   퇴 / 50

(2) WTO의 기관 ··· 51

(가) 각료회의 / 51   (나) 일반이사회 / 53

(다) 무역정책검토기구 / 54   (라) 분쟁해결기구 / 55

(마) 전문이사회 / 56   (바) 위 원 회 / 57   (사) 사 무 국 / 58

3. WTO의 의사결정 ·· 59

(1) 국제기구의 의결방식 ··· 59

(2) WTO의 의결방식 ··· 60

(3) 의결정족수 ·· 62

(가) 일반적 절차 / 62   (나) 회원국가입 / 62

(다) 해석결정 / 62   (라) 의무면제 / 63

(마) 협정개정 / 63   (바) 복수국간 무역협정사항 / 64

4. WTO 협정의 체계 ·· 64

(1) WTO 협정의 구성 ··· 64
(2) 협정간의 관계 ·· 67

제 2 절 WTO의 기본원칙 68

1. 비 차 별 ··· 68
   (1) 최혜국대우 ·· 68
       (가) 개   념 / 68   (나) 적용 대상 / 69   (다) 적용요건 / 70
       (라) 동종상품 / 75   (마) 예   외 / 78
   (2) 내국민대우 ·· 80
       (가) 개   념 / 80   (나) 적용 범위 / 80
       (다) '동종상품'과 '직접경쟁 또는 대체가능상품' / 88
       (라) WTO 협정상의 적용 / 95
2. 수량제한의 금지 ·· 96
   (1) 개   념 ··· 96
   (2) 적용 범위 ··· 97
3. 일반적 예외 ··· 99
   (1) 적용 요건 ··· 99
   (2) 적용 범위 ·· 103
4. 지역협정의 예외 ·· 108
   (1) 지역협정의 의의 ··· 108
   (2) WTO 협정상의 규정 ··· 109
   (3) WTO 협정과 지역협정의 관계 ···································· 114
5. 시장접근 ·· 116
   (1) 관세인하 ·· 116
       (가) 관세인하의 방법 / 116   (나) GATT하의 관세인하 / 117
       (다) 관세양허의 재협상 / 118
   (2) 투 명 성 ·· 119
       (가) 개   념 / 119   (나) WTO 협정상의 적용 / 120
6. 공정경쟁 ·· 122
7. 개발도상국의 우대 ·· 122

제 3 절 분쟁해결절차 123

　　1. GATT 분쟁해결제도 ··· 123

　　　(1) GATT 1947 ·· 123

　　　　(가) 협   의 / 123　　(나) 체약국단의 조치 / 124

　　　(2) GATT 분쟁해결제도의 변화 ·································· 127

　　　　(가) 동경라운드 / 127　　(나) 우루과이라운드 / 128

　　2. WTO 분쟁해결제도 ··· 129

　　　(1) 개   관 ··· 129

　　　　(가) DSU의 의의 / 129　　(나) 관 할 권 / 131　　(다) 제소사유 / 132

　　　(2) WTO 분쟁해결제도의 특징 ·································· 136

　　　　(가) 통 합 성 / 136　　(나) 배 타 성 / 137　　(다) 신 속 성 / 138

　　　　(라) 사 법 성 / 139　　(마) 자 동 성 / 139　　(바) 구 속 성 / 140

　　3. 분쟁해결절차 ··· 140

　　　(1) 협   의 ··· 140

　　　　(가) 협의제도의 의의 / 140　　(나) 협의절차 / 141

　　　　(다) 주선 · 조정 · 중개 / 142

　　　(2) 패   널 ··· 142

　　　　(가) 패널의 구성 / 142　　(나) 패널의 진행 / 145

　　　　(다) 패널보고서의 채택 / 146

　　　(3) 항   소 ··· 147

　　　　(가) 상설항소기구 / 147　　(나) 항소절차 / 147

　　　(4) 중   재 ··· 148

　　　(5) 결정의 이행 ·· 149

제 3 장 통상규칙

제 1 절 덤   핑 153

　　1. 덤핑의 의의 ··· 153

　　　(1) 덤핑의 배경 ·· 153

　　　　　(가) 덤핑의 개념 / 153   (나) 덤핑의 발생 / 154

　　　(2) 덤핑의 규제 ·· 156

　　　　　(가) 배　　경 / 156   (나) GATT 1947 / 157

　　　　　(다) 우루과이라운드 / 158

　2. 덤핑관세의 요건 ·· 160

　　　(1) 덤핑의 존재 ·· 160

　　　　　(가) 정상가격 / 161   (나) 통상적 거래 / 167   (다) 공정한 비교 / 168

　　　(2) 피해의 발생 ·· 183

　　　　　(가) 피　　해 / 183   (나) 국내산업 / 186

　　　(3) 덤핑과 피해간의 인과관계 ·· 187

　3. 반덤핑절차 ·· 192

　　　(1) 덤핑조사 ·· 192

　　　　　(가) 제소적격 / 192   (나) 조사절차 / 193

　　　(2) 조사의 종결 ·· 195

　4. 반덤핑조치 ·· 196

　　　(1) 잠정조치 ·· 196

　　　(2) 가격약속 ·· 196

　　　(3) 반덤핑관세 ·· 197

　　　(4) 우회방지조치 ·· 199

　5. 한국의 반덤핑법 ·· 205

　　　(1) 반덤핑협정과 산업피해구제법 ·································· 205

　　　(2) 덤핑의 요건 ·· 205

　　　(3) 덤핑조사 ·· 206

　　　(4) 반덤핑절차 및 조치 ·· 206

제 2 절 보 조 금　　210

　1. 보조금의 의의 ·· 210

　　　(1) 보조금의 성질 ·· 210

　　　(2) 보조금의 정의 ·· 211

　　　(3) 보조금의 규제 ·· 212

　　　　　(가) GATT 1947 / 212   (나) 보조금코드 / 213

(다) UR 보조금협정 / 214

2. 보조금의 종류 ·· 214
　(1) 개　　념 ·· 214
　　(가) 재정적 지원 / 215　　(나) 수　　혜 / 217　　(다) 특 정 성 / 218
　(2) 보조금의 유형 ·· 220
　　(가) 금지보조금 / 221　　(나) 조치가능보조금 / 226
　　(다) 허용보조금 / 229
　(3) 개발도상국의 우대 ·· 230
3. 상계조치 ··· 231
　(1) 의　　미 ·· 231
　(2) 조　　사 ·· 232
　　(가) 조사의 개시 / 232　　(나) 제소적격 / 233　　(다) 증거의 조사 / 233
　(3) 피　　해 ·· 234
　　(가) 의　　미 / 234　　(나) 인과관계 / 236
　(4) 잠정조치 및 약속 ·· 237
　(5) 상계관세 ·· 238
4. 한국의 보조금법제 ·· 245

제 3 절　세이프가드　245

1. 세이프가드의 의의 ·· 245
　(1) 세이프가드의 개념 ··· 245
　(2) 세이프가드의 발전 ··· 246
2. 발동요건 ··· 248
　(1) 관련조항 ·· 248
　(2) 요　　건 ·· 250
　　(가) 수입의 급증 / 250　　(나) 심각한 피해 또는 우려 / 252
　　(다) 인과관계 / 254
3. 발동절차 ··· 259
　(1) 조　　사 ·· 259
　(2) 통고 및 협의 ··· 260
　(3) 잠정조치 ·· 261

4. 세이프가드조치 ··· 261
   (1) 원   칙 ·· 261
       (가) 최혜국대우의 적용 / 261   (나) 회색지대조치의 금지 / 262
       (다) 개발도상국의 우대 / 263
   (2) 조치범위 ·· 263
       (가) 조   치 / 263   (나) 존속기간 / 263
       (다) 재 검 토 / 264   (라) 재 발 동 / 266
5. 구제조치 ··· 266
6. 한국의 세이프가드 법제 ··· 269
   (1) 관련 국내법 ·· 269
   (2) 절   차 ·· 269
   (3) 운용현황 ·· 270

제 4 장   통상분야

제 1 절   상품무역   273

1. 농   업 ··· 273
   (1) 농업협정의 의의 ·· 273
   (2) 시장접근 ·· 274
       (가) 예외 없는 관세화 / 274   (나) 최소시장접근 / 275
       (다) 특별세이프가드 / 276
   (3) 보 조 금 ·· 277
       (가) 보조금의 감축 / 277   (나) 평화조항 / 279
2. 위생 및 검역조치 ··· 282
   (1) 원   칙 ·· 282
   (2) 위생 및 검역조치의 개념 ·· 283
   (3) 국제적 기준과의 조화 ·· 284
   (4) 동등성의 인정 ··· 285
   (5) 위험의 평가 ·· 286
   (6) 지역적 조건의 인정 ·· 288

(7) 타 협정과의 관계 ··· 289

　　(가) 기술장벽협정 / 289   (나) GATT / 292

(8) 협의 및 분쟁해결 ··· 292

(9) 기술이전 ··· 293

3. 섬유 및 의류 ·· 293

(1) 쿼터철폐 ··· 293

(2) 세이프가드 ··· 295

(3) 섬유감시기구 ··· 297

4. 기술장벽 ·· 299

(1) 원   칙 ·· 299

(2) 기술규정 및 표준 ·· 300

(3) 기술규정 및 표준과의 합치 ··· 307

(4) 정보와 지원 ··· 308

5. 선적전 검사 ·· 311

(1) 적용범위 ··· 311

(2) 사용 회원국의 의무 ·· 311

(3) 수출 회원국의 의무 ·· 312

(4) 절   차 ·· 312

(5) 통고 및 검토 ··· 313

6. 원 산 지 ·· 313

(1) 적용범위 ··· 313

(2) 적용원칙 ··· 315

(3) 기관 및 절차 ··· 316

(4) 원산지 판정 기준 ·· 316

(5) 통일원산지 규정 ·· 318

　　(가) 목적 및 원칙 / 318   (나) 작업계획 / 318

7. 수입허가절차 ·· 319

(1) 일반원칙 ··· 319

(2) 자동수입허가 ··· 320

(3) 비자동수입허가 ·· 320

(4) 통   고 ·· 321

8. 관세평가 ··· 322

(1) 협정의 배경 ·· 322

(2) 관세가격의 산정 ·· 322

(3) 기타 관세평가규칙 ·· 324

(4) 기관 및 분쟁해결 ·· 325

9. 투자조치 ··· 326

(1) 원   칙 ·· 326

(2) 협정의 준수 ·· 327

10. 정부조달 ··· 328

(1) 적용범위 ·· 328

(2) 입   찰 ·· 329

(3) 적용기준 ·· 330

(4) 분쟁해결 ·· 331

제 2 절   지적재산권무역   331

1. GATT와 지적재산권 ·· 331

(1) 지적재산권협상 ··· 331

(2) TRIPs의 구성 ·· 332

2. 지적재산권의 보호 ·· 333

(1) TRIPs의 원칙 ··· 333

(가) 국제협약 플러스보호 / 333   (나) 내국민대우 / 334

(다) 최혜국대우 / 335   (라) 권리소진 / 336

(2) TRIPs의 내용 ··· 336

(가) 저 작 권 / 336   (나) 특   허 / 340

(다) 상표 및 서비스마크 / 343   (라) 지리적 표시 / 347

(마) 의   장 / 349   (바) 집적회로배치설계 / 349

(사) 미공개정보의 보호 / 350   (아) 지적재산권의 시행절차 / 350

(자) 제도규정 및 최종규정 / 351

3. 지적재산권분쟁 ·· 353

(1) 분쟁해결절차 ··· 353

(2) WIPO 중재규칙 ·· 353

제 3 절 서비스무역 355

　1. 서비스분야의 협상 ·· 355
　　(1) 경   과 ·· 355
　　(2) GATS의 의의 ·· 356
　2. GATS의 구성 ··· 357
　　(1) GATS의 적용 대상 ·· 357
　　　(가) 서비스무역에 영향을 미치는 조치 / 357
　　　(나) 서비스 거래의 형태 / 358　　(다) 서비스 분류 / 359
　　(2) 일반적 의무 ··· 360
　　　(가) 최혜국대우 / 360　　(나) 투 명 성 / 361　　(다) 상호인정 / 362
　　　(라) 독점 및 배타적 서비스 공급자의 규제 / 362
　　　(마) 세이프가드조치 / 363　　(바) 국제수지 보호를 위한 제한 / 364
　　　(사) 일반적 예외 / 364　　(아) 정부조달 / 364
　　　(자) 안보상의 예외 / 365　　(차) 보 조 금 / 365
　　(3) 구체적 약속 ··· 365
　　　(가) 시장접근 / 365　　(나) 내국민대우 / 366　　(다) 추가적 약속 / 366
　　(4) 부문별 부속서 ·· 368

제 4 절 신통상의제 368

　1. 신통상의제의 등장과 발전 ··· 368
　　(1) 논의의 배경 ··· 368
　　(2) WTO 각료회의 ·· 369
　2. 환경과 무역 ··· 372
　　(1) 배   경 ·· 372
　　(2) 쟁   점 ·· 373
　　(3) 무역과 환경의 관계 ··· 374
　　(4) 환경과 무역에 관한 사례 ·· 375
　3. 노동과 무역 ··· 377
　4. 경쟁정책과 무역 ··· 378
　　(1) 논의배경 ··· 378

　　　　(2) 경쟁정책과 무역의 관계 ································· 379

　　　　(3) WTO상의 경쟁정책 ································· 380

　　5. 전자상거래 ································· 381

　　　　(1) 논의의 배경 ································· 381

　　　　(2) WTO의 검토 ································· 382

제 5 장　미국과 EU의 통상법

제 1 절　미국의 통상법　385

　　1. 연　　혁 ································· 385

　　2. 내　　용 ································· 388

　　　　(1) 발동요건 ································· 388

　　　　(2) 발동절차 ································· 390

　　3. WTO 협정과의 관계 ································· 392

　　　　(1) 논의의 배경 ································· 392

　　　　(2) WTO 협정과 제301조의 합치성 ················· 393

제 2 절　EU의 통상법　397

　　1. 공동통상정책 ································· 397

　　2. 신통상정책수단 ································· 400

　　　　(1) 절　　차 ································· 400

　　　　(2) 조치결정 ································· 401

　　3. 신통상장벽규칙 ································· 402

　　　　(1) 신통상장벽규칙의 목적 ················· 402

　　　　(2) 발동요건 ································· 403

　　　　(3) 조사절차 ································· 406

사항색인 ································· 409

사례연구 목차

EC — 바나나Ⅲ 사건 ························ 72

인도네시아 — 자동차 사건 ············· 74

일본 — 캐나다산 규격목재 사건 ······ 77

미국 — 석유제품 과세 사건 ··········· 83

일본 — 주세법Ⅱ 사건 ·················· 91

일본 — 반도체 사건 ····················· 98

미국 — 새우 및 새우상품 수입금지 사건

··· 101

미국 — 도박 사건 ······················ 104

미국 — 개솔린 사건 ··················· 106

터키 — 인도산 섬유 및 의류 수입제한 사건

··· 113

호주 — 질산염 보조금 사건 ·········· 126

일본 — 필름 사건 ······················ 135

EC — Bed Linen 사건 ················· 165

EC — Bed Linen 사건 ················· 173

미국 — 캐나다산 침엽수목재 사건 ··· 173

미국 — 한국산세탁기반덤핑 사건 ····· 176

핀란드산 변압기 덤핑 사건 ··········· 186

태국 — 폴란드산 H-Beam 수입 사건

··· 188

미국 — 캐나다산 침엽수목재 사건 ··· 193

미국 — 한국산 D램 반덤핑관세부과 사건

··· 201

미국 — 1916년 반덤핑법 사건 ········· 203

대만산 CD-R 덤핑수입 사건 ·········· 208

한국 — 상업용선박 사건 ··············· 222

미국 — 해외영업법인 사건 ············· 223

독일 — 에어버스 보조금 사건 ········· 229

브라질 — 코코넛분말 보조금 사건 ··· 240

한국 — 쇠고기 수입제한 사건 ········· 247

아르헨티나 — 신발 사건 ················ 251

미국 — 한국산 라인파이프 사건 ····· 255

미국 — 철강세이프가드 사건 ·········· 264

EC — 밀 글루텐 사건 ·················· 267

중국산 마늘에 대한 세이프가드조치 ·· 271

한국 — 쇠고기에 관한 조치 사건 ····· 280

호주 — 연어 사건 ······················· 286

EC — 호르몬 사건 ······················ 289

일본 — 농산물Ⅱ 사건 ·················· 291

US — 인도산 모직 셔츠 및 블라우스 사건

··· 298

EC — 정어리 사건 ······················ 303

EC — 석면 사건 ························· 308

미국 — 저작권법 제110조 (5) 사건 ·· 338

캐나다 — 의약품특허 사건 ············· 341

캐나다 — 특허보호기간 사건 ··········· 342

미국 — 수용법 제211조 사건 ·········· 345

인도 — 의약품 및 농약 특허 사건 ··· 352

미국 — 통상법301조 사건 ·············· 395

제1장 국제경제법의 의의

제1절 국제경제법의 성질

1. 국제경제법의 의의

(1) 국제경제법의 개념

國際經濟法(International Economic Law)은 어떠한 대상을 연구하는 학문인가? 이를 알기 위해서는 국제경제법의 개념정의부터 명확히 할 필요가 있다. 그러나, 무엇이 국제경제법인지에 관해서는 국내에서뿐 아니라 국제적으로도 뚜렷이 합의된 바가 없다. 학자들에 따라 그 개념과 범위에 대하여 다양한 견해가 있기 때문에, 분명하게 그 기준을 제시하기에는 어려움이 적지 않다. 다만 국제경제법의 개념에 관하여 '國際經濟에 관한 法'이라고 하는 견해와, '經濟에 관한 國際法'이라고 보는 견해의 두 가지 입장이 대립되고 있다.

전자는 국제경제법이란 국제공법·국제사법·국내법규칙의 규범들로 구성된 복합적 법 분야라고 말한다.[1] 이는 경제문제의 不可分性에 기초하여, 경제

---

1) Petersmann은 상인법과 국제상법(transnational commercial law)을 포함하는 私法, 섭외사법을 포함하는 國內法, 매우 다양한 다자간 및 양자간 조약·행정협정·국제기구가 제정한 2차법(secondary law)·신사협정·중앙은행간 협정·원칙선언·결의·권고·관습법·법의 일반원칙·사실상의 법칙·의회제정법·정부의 법령·사법판결·사인간의 계약 및 상사관행 등과, EEC와 같은 초국가적 통합을 포함하는 國際公法의 복합체가 국제경제법이라고 밝히고 있다. E. U. Petersmann, *International Economic Theory and International Economic Law: On the Tasks of a Legal Theory of International Economic Order*, p. 251, recited from Sergei A. Voitovich, *International Economic Organizations in the International Legal Process* (Martinus Nijhoff, 1995), pp. 6~7.

분야에 있어 국제법과 국내법이 상호 밀접하게 연계되어 있음을 부인할 수 없다는 점에서 그 논거를 찾고 있다. 그러나 이 견해는 하나의 법 영역이기 위해서는 단일체제의 규범이어야 한다는 완전성(totality) 면에서 문제가 있다. 즉 국제법과 국내법체제는 그 성질·창설형식·주체·객체·규제방법 등에 있어 서로 상이한 것이라는 점을 간과해서는 아니 된다.[2] 따라서 국제경제법을 국제법과 국내법을 하나로 묶어 복합적 법 분야로 이해하는 것은 방법론적으로 잘못된 것이다.[3]

후자의 견해에 따르면 국제경제법이란 모든 종류의 경제사항에 관계되는 국제법으로 이해하는 것이다. 혹자는 국제경제법이란 국제법의 주체간에 행해지는 경제적 교환에 직접 관련되는 國際公法規則을 가리키는 것이라 하고,[4] 또 다른 견해는 국제적 경제관계에 관련된 국제공법의 전 범위에 걸친 규범이라고 설명하기도 한다.[5] 이러한 관점에서 보면, 국제경제법은 해양법이나 외교관계법과 같이 국제법의 한 분야에 불과한 것이다.[6] 환언하면, 국제경제법은 독립된 영역으로서 존재하지 않고, 전체 국제법규칙의 일부에 지나지 않는다는 것이다.[7] 이렇게 볼 때 국제경제법은 공법적 규제에 속하는 것으로, 사기업간의 상품·자본·기술의 이동과 서비스제공 등의 국제거래에 관한 사법적 규제인 國際去來法과는 구별되는 것이다.[8]

이와 같이 국제경제법의 개념에 관해서는 유권적 판단이 내려져 있지 않기

---

2) S. A. Voitovich, *International Economic Organizations in the International Legal Process* (Martinus Nijhoff, 1995), p. 7.

3) Georg Schwarzenberger, "The Principles and Standards of International Economic Law," 117 *Recueil des Cours*(1966), p. 7.

4) D. Carreau-P, Juillard-Th, Flory, *Droit international economique*(LGDJ, 1990), p. 45, recited from Iganz Seidl-Hohenveldern, *International Economic Law*, 2nd edition (Martinus Nijhoff, 1992), p. 1.

5) Pieter VerLoren van Themaat, *The Changing Structure of International Economic Law*(Martinus Nijhoff, 1981), p. 9.

6) Georg Schwarzenberger, *Economic World Order*(Manchester University Press, 1970), p. 4.

7) Seidl-Hohenveldern, *International Economic Law*, 2nd edition(Martinus Nijhoff, 1992), p. 1.

8) 이와는 달리 국제거래법은 국경을 넘어 이루어지는 행위를 규제하는 모든 법이라고 주장하여, 국제통상법을 포함하는 국제경제법을 국제거래법의 한 부분으로 보려는 극단적 견해도 있다. 徐憲濟, "國際經濟法秩序의 變化와 國際經濟法의 새로운 槪念," 通商法律 제 7 호(1996. 2); 이에 대한 비판은 朴魯馨, "國際經濟法의 槪念에 관한 考察," 通商法律 제 8 호(1996. 4), pp. 38~56.

때문에, 각 연구자의 가치관이나 이념, 판단 등에 따라 달라질 수밖에 없다. 그러나 국제경제법에 관련되는 활동이나 사례는 국제법의 일반원칙 특히 조약법이나 조약관행에 관련되는 사항을 많이 포함하고 있으므로, 국제경제법은 일반국제법 또는 국제공법과 분리되거나 구별되어서는 아니 된다.9) 이와 같은 논거에 기초하여, 국제경제법은 국제법의 한 분야로 이해하여야 한다는 것이 저자의 입장이다.

(2) 국제경제법의 범위

국제경제법을 국제법의 한 분야로 파악하는 경우에도, 이를 광의로 보는 입장과 협의로 보려는 입장이 갈라지고 있다. 광의로 보면 거의 모든 국제법은 국제경제법이라 볼 수 있다.10) 그 이유는 국제관계의 거의 모든 측면은 이런저런 방법으로 경제와 관련되기 때문이다.11) 이에 대하여 협의로 이해하는 입장은 국제적 거래에 포함된 무역, 투자, 서비스를 대상으로 하는 것이라 파악한다.12) 생각건대 국제경제법은 경제적 거래·경제적 사항에 대한 정부규제·소송이나 경제관계를 다루는 국제적 기관에 관한 사항을 포함하는 매우 광범한 주제를 다루는 것이므로, 국제법의 상당 부분은 국제경제법과 직접 간접으로 관계된다. 따라서 국제경제법은 국제통상법·국제금융통화법·경쟁법·반독점법·지적재산권법·국제개발법 등을 포함한다.13) 국제개발법은 1970년대 신국제경제질서란 명목으로 논의되어 왔으나, 근자에 들어 인권과의 연계하에 국제경제법의 관행 내에서 통합되어야 한다는 주장도 제기되고 있다. 국제개발법은 외국원조를 증대시키고, 부채의 구제를 확대시키며, 가혹한 구조조정정책을 종료시키며, 기업체의 책임을 강화하고, 일방적 제재를 종료시키며, 노동자를 보호할

---

9) John H. Jackson, "Reflections of International Economic Law," 17 *University of Pennsylvania Journal of International Economic Law*(1996), p. 18.
10) 실증법론자의 입장에서는 모든 국제법 영역이 국제경제법의 목적과 연구의 대상이 된다고 주장한다. Franck J. Garcia, "Trade and Justice: Linking the trade and Linking Debate," 19 *University of Pennsylvania Journal of International Economic Law*(1998), p. 409.
11) John H. Jackson, *The World Trading System*(The MIT Press, 1997), p. 25.
12) *Ibid.*
13) Jeffrey Atik, "From International Trade to International Trade Law," 15 *American University International Law Review*(2000), pp. 1278~1279.

수 있는 사회보장규정 내에서 통상규칙의 채택을 증대시키기 때문이라는 것이다. 실제로 국제통상법의 중심에 서 있는 WTO에서도 이에 대한 관심이 나타나고 있다.[14]

국제경제법 구성의 중심이 되는 규제대상은 국제적으로 자유로운 거래시장의 확립과, 공정경쟁 또는 자유로운 경쟁질서유지를 목표로 하는 것이다. 결국 넓게 보거나 좁게 보거나 간에 국제통상문제는 국제경제법의 핵심에 해당한다.[15] 국제경제법의 핵심적 사항인 국제통상법을 살피기 위해서는 '通商'의 개념을 정확히 파악할 필요가 있다. 통상이란 용어는 영어의 'trade'를 우리말로 옮긴 것으로, 이 용어는 경우에 따라 '貿易' 또는 '交易'이란 용어로 옮겨지기도 한다.[16] 어떠한 용어를 선택하건 간에 'trade'에 해당하는 우리말 표현은 국제상거래(international business transaction 또는 international commercial transaction)란 용어와는 구별되어야 한다. 그 이유는 통상이란 표현은 개개의 거래행위가 아닌 '국가에 미치는 영향'에 초점을 맞춘 것이고, 국제상거래란 '거래행위 자체'에 초점이 맞추어진 표현이기 때문이다. 바꾸어 말하면 통상이란 사인간의 거래활동 자체를 의미하는 것이 아니라, 이를 거시적으로 파악하여 사인의 거래활동 또는 그 총합이 '국가'적으로 인식될 때 사용하는 의미로 보아야 한다. 일국의 개인이 타국의 개인이나 기업에게 어떤 물품을 판매하였을 경우를 보자. 어떠한 조건으로 인도하고, 그 대금은 어느 국가의 화폐로 지불할 것이며, 물품상의 하자나 계약불이행에 따른 책임문제는 어떻게 하는가 등의 문제를 당사자간의 차원에서 다룰 때에는 통상이란 용어를 사용하지 않는다. 이 경우는 국제상거래라고 부르는 것이 일반적이다. 그러나 일국 기업이 타국 기업에 물품을 판매하면서 생산가격보다 낮게 판매한다든지, 또는 수출업체가 자국 정부로부터 보조금을 지급받아 수입국의 동종상품 생산기업에 비하여 낮은 가격으로 수출하는 경우는 그 성질이 다르다. 거래행위 자체는 개인이 행하였으나 그 행위로 인한 결과가 국가에 미침으로써 국가적 차원의 대응이 필요한 경우로서, 이러한 법적 상

---

14) Isabella Bunn, "The Right to Development: Implications for International Economic Law," 15 *American University International Law Review*(2000), p. 1465.

15) *Ibid.*

16) 심지어는 일국 내에서 개인간에 이루어지는 물물교환도 'trade'란 표현을 사용하기도 하지만, 여기서 통상이란 의미는 국가간의 거래를 의미하는 것으로 국한하여 사용한다.

황에는 통상이란 표현을 사용하게 된다. 이와 같이 통상이란 용어는 사적 거래 행위 자체에 초점을 맞춘 것이 아니라, 국가에 미치는 행위의 효과에 초점이 맞추어진 것으로 보아야 한다. 요컨대 국제적 거래의 결과에 대하여 국가적 조치가 필요한 경우를 통상이라 하는 것이다.

국제적 거래의 규제에 대하여는 전형적으로 3가지 유형이 존재한다. 첫째는 계약조건·대금지급방법·중재사항 등 계약당사자간에 사적 자치가 허용되는 경우로서, 보통 '國際私法'(private international law)으로 알려져 있는 부분이다. 둘째로는 거래사항을 규제하는 수입국, 수출국, 또는 제3국의 국내법적 규제가 있다. 셋째는 관세및무역에관한일반협정(GATT), 유럽공동체(European Community), 경제협력개발기구(Organization for Economic Cooperation and Development), 국제연합(United Nations) 등 국제기구에 의한 국제적 조절에 해당하는 것이다.17) 이들 세 가지를 놓고 볼 때 엄격한 의미에서 국제통상법(International Trade Law)은 제3의 유형을 가리키는 것이다. 그러나 개별 국가의 통상법도 경우에 따라서는 국제통상법과 밀접한 관계를 가지고 있음을 간과해서는 아니 된다. 미국의 통상법 제301조는 일국의 국내법이지만, 그 발전은 국제통상법에 적지 않은 영향을 끼쳐 왔다. 국제통상법이든 국내법으로서의 통상법이든 공정한 무역을 추구한다는 점에서도 양자를 함께 고찰할 필요가 있는 것이다.

국제경제법은 경제에 관한 국제법 전반의 내용을 연구대상으로 하는 것이다. 특히 국제통상법은 국가간의 공정한 무역을 담보함으로써 국제법의 이념인 국제평화와 안전을 유지하는 데 기여하게 되는 것이다.

(3) 국제경제법의 연원

전통적으로 국제법은 국가간의 관계를 규율하는 법질서로 존재하여 왔다. 그러나 국가간 상호의존성의 증대와 인간의 생활관계가 발전함에 따라 국제법은 국제기구와 개인의 법적 문제에 대하여도 적용되기에 이르렀다. 다만 국제기구는 그 헌장의 기초 위에서만 활동할 수 있기 때문에 헌장상의 목적 범위 내에서 국제법의 적용을 받게 되고, 개인의 경우에는 전반적인 사항이 국제법의 적

---

17) John A. Barton and Bart S. Fisher, *International Trade and Investment*(Little, Brown and Company, 1986), pp. 4~5.

용을 받는 단계까지 나아가지 못하여 그 권리와 의무에 제한이 있다.[18]

국제법의 존재형식은 주로 국제조약과 국제관습에서 찾을 수 있는데,[19] 이들 국제조약과 국제관습을 통하여 국가·국제기구·개인의 상호관계에서 발생한 국제법적 사항을 규제하고 조정하게 된다. 이러한 측면에서 보면, 국가간의 경제관계는 당연히 국제법의 규제대상이 되어야 한다. 국제경제법은 국제기구를 통해 작성된 법규를 통해 규제되는 경우가 대부분이라는 점에서도 국제법의 한 영역일 수밖에 없다. 따라서 국제경제법의 연원도 국제조약과 국제관습에서 찾아야 한다. 특히 WTO 등의 국제경제기구의 관행은 국제경제법의 형성과 발전에 중요한 영향을 끼치고 있다.

그러나 국제법이 개인간의 문제 모두를 규제대상으로 하는 것은 아니므로, 국제경제법도 개인간의 모든 경제적 문제를 규율대상으로 하는 것은 아니다. 즉 일국의 개인이 타국의 개인과 물품매매계약을 체결하고, 물품운송과 대금지급, 보험처리 등과 관련된 사항을 처리하는 것은 국제경제법이 직접 규제하지 않는다. 그와 같은 사인간의 국제상거래가 자국의 산업에 영향을 끼치거나, 국가적 문제를 야기하는 경우에만 국제경제법이 적용되는 것이다. 사인간의 국제상거래 행위와 직접 관련되는 사항을 규제하는 법질서는 國際去來法(International Business Transactional Law)이라고 하여, 국제경제법과는 구별하고 있다. 국제경제법과 국제거래법의 비교에서 전자는 공공정책과 상업주의 또는 보호주의의 문제인 데 반해, 후자는 사인간의 관계에서 문제가 된다. 이러한 차이는 분석단계에서 나타나는 것으로, 개인이나 기업 단계에서의 분석은 거래이고, 국가나 그 이상의 단계에서의 분석은 경제로 보는 것이다. 왜냐하면 개인을 규율하는 법규칙은 여전히 국내법이기 때문이다. 결국 거래(business)와 경제(economics), 국제거래법과 국제경제법의 차이는 私的·公的이라는 점에서 차이가 있다.[20] 즉 국제거래법은 사인간의 국제적 상거래활동에 직결된 법률문제를 다루는 사법적 영역인 데 반하여, 국제경제법은 사인의 거래활동으로 인해 발생하는 국가적 문제를 공법적으로 접근하는 국제법의 한 영역인 것이다.

---

18) 자세한 사항은 拙著, 國際法(博英社, 2006, 제 5 개정판) pp. 7~14 참조.
19) 국제사법법원규정 제38조 제 1 항.
20) Joel P. Trachtman, "The International Law Revolution," 17 *University of Pennsylvania Journal of International Economic Law*(1996), pp. 39~40.

(4) 국제경제법의 특성

국제경제법은 경제학, 정치학, 문화인류학, 지리학 등 여러 분야와 관련이 있다. 제 3 세계나 페미니스트적 관점에서 보면, 부나 정의의 배분, 문화·환경·평화의 보존 등을 포함하는 학제적 접근이 필수적인 과제가 된다. 그 중에서 경제학은 특히 중요하고 유용한 것으로, 국제경제법과 밀접한 관련이 있다. 경제학은 해당 주제에 대한 국제적·국내적 규칙의 정책동기를 이해하는 데 필수적일 뿐만 아니라, 경제학적 분석에 대한 비판을 이해하고 경제학적 모델에 대한 의구심을 이해하는 것은 국제경제법의 중요한 부분이 된다.[21]

국제경제학은 국제교역이나 투자, 재정거래 등에 관한 국제법의 형성과 발전에 지대한 영향을 끼쳐 왔다. 국제경제법의 핵심적 내용을 구성하는 관세 및 무역에 관한 일반협정(GATT)은 국제경제학의 기본 논리에 기반하고 있다. 즉 외국과의 경쟁에 의해 발생하는 個人의 失보다 무역으로부터 얻는 社會의 得이 크다거나, 그러한 가치는 공개시장에서의 전문화와 교환을 통해 창조된다는 것과 같이, 국제경제학은 국제적 교역의 유익성에 대한 인식에 기초하고 있다. 이러한 인식은 정부가 교역을 방해하는 장벽을 만들 경우 국제적 규제를 받아야 된다거나, 그러한 장벽을 제거하거나 감축하는 표준적 절차가 설정되어야 한다는 등 GATT/WTO 체제의 핵심적 원칙을 도출하는 기반이 된다.[22] 이러한 점에서 국제경제법과 국제경제학은 밀접한 관련이 있다.

통상분야와 관련하여 경제학의 기본적 논의는 산업상의 비교우위이론에 따른 국가간 교역을 전제로 하지만, 비교우위론이 모든 점에서 완전한 것은 아니다. 비교우위론에 따를 경우 비슷한 경제발전단계에 있는 국가간에는 교역이 거의 발생하지 않는 것으로 생각하게 되나, 실제로는 산업국가간 동일 분야나 동일 상품에 있어 상당한 규모의 교역이 이루어지고 있다. 이것은 교역을 담당하는 주체가 국가가 아닌 기업이기 때문에 나타나는 현상이다. 각각의 기업마다 산업의 전통적 요소인 노동·토지·자본 등에서 차이가 있을 뿐 아니라, 경영·마케팅·기술혁신·경제규모 등에 있어서도 차이가 있기 때문이다. 다국적기업의 등장은 여러 국가에 산재한 자회사간의 대규모 거래를 발생시켰고, 국가간

---

21) Jackson, *supra* note 9, p. 19.
22) Andreas F. Lowenfeld, *International Economic Law*(Oxford, 2002), p. 3.

교역이론을 개발 발전시킨 경제학자들이 전혀 예견하지 못한 수준으로 교역의
대체수단이나 보완수단으로서 국제적 투자를 유발시켜 왔던 것도 비교우위론이
설명하지 못한다. 그 외에도 비교우위론은 상품과 서비스의 교역확대를 통하여
복지향상을 이룩할 것이라 예측하였으나, 개별 국가에 대하여 이를 완전히 보장
하여 주지 못하였다. 이에 대한 해결책은 결국 조절의 문제로서, 항구적 왜곡을
만들지 않고 어떠한 방법으로 조절할 수 있는 시간을 줄 것인가 하는 문제는 국
제통상법의 주제가 되는 것이다.[23] 또 다른 관심사는 정부의 개입을 통하여 비
교우위를 만들 수 있는 요소가 변경되는 경우는 어떻게 할 것인가 하는 점이다.
기술혁신이 중요한 요소인 경우 정부 후원의 연구 개발이 특정 산업을 대상으
로 하는 경우, 대학교육을 무상으로 하는 경우 등은 어떻게 할 것인가 하는 점
이다. 다른 국가들은 일국 정부에 의한 이런 요소의 변화를 허락하여야만 하는
가 하는 점이 문제가 되기도 한다. 자유무역이 공정무역의 이상에 의해 제한되
어야 하는가 하는 것도 문제가 된다. 이와 같이 경제학상의 기본원리는 국제
교역의 기본구조를 이해하는 데 필수적 요인이긴 하나, 이를 뛰어넘어 정책적
접근이 필요한 경우는 국제경제법의 논리적 접근으로 해결하는 것이 필요한 것
이다.[24]

국제경제법의 연구방법과 관련하여서는 여타의 국제법 분야에 비해 더 많
은 경험적 연구가 필요하다. 경험적 연구라고 하여 정책연구에서 사용된 것과
같은 관점에서의 통계적 검토가 필요하다는 것은 아니다. 국제법 주제와 관련하
여서는 통계에 기초하여 결론을 도출할 수 있는 사례가 매우 적으므로, 드러나
지 않은 배경을 검토하거나 사례를 분석하는 것이 적절한 방법이 될 것이다.[25]
이러한 방식의 경험주의적 접근은 특정사례나 사례집단의 연구를 필요로 하는
것이 되어, 국제경제관계나 그러한 관계에 영향을 끼치는 법의 상호작용을 이해
하는 데 필수적인 것이 된다.

이와 같이 다분야적 접근이나 경험주의적 접근은 국제경제법을 이해하고,
이론의 확립과 일반화를 위해 매우 필수적인 방법이 될 것이다.

---

23) *Op. cit.*, p. 8.
24) Lowenfeld, *supra* note 22, pp. 4~8.
25) Jackson, *supra* note 11, p. 20.

2. 국제경제법의 태동

(1) 통상문제와 국가의 개입

사람들간의 거래는 물물교환시대를 거치면서 자연스러운 현상으로 자리잡아 왔다. 처음에는 서로의 필요를 충족시키기 위한 소규모의 교환차원이었던 것이, 차츰 그 규모가 커지게 되었다. 이에 따라 개인간의 거래행위라 할지라도 국가에 영향을 끼치는 경우에는 정부가 개입하게 되었다. 경제적 이론에 따라 자유무역을 추구하는 국가나 비교우위의 토대 위에서 상품과 서비스를 거래하는 국가라 할지라도 실제로는 국제무역에 간섭하게 된다.[26]

이와 같이 국가가 무역관계에 관여하게 된 것은 인류의 역사와 함께 시작된 것으로, 중세 도시국가와 한자동맹의 발전은 국제통상규제가 오랜 역사를 가진 것임을 보여주는 대표적인 사례에 해당한다.[27] 특히 17세기와 18세기에 발전된 양자간 우호통상항해조약은 상품무역에 관한 사항을 다루고 있을 뿐만 아니라, 향후 GATT의 중심축이 되는 최혜국대우나 내국민대우에 관한 규정을 두고 있다는 점에서 매우 중요한 의의를 가진다.[28] 그러나, 당시의 각국 정책은 외환보유고를 축적하기 위하여 수출을 극대화하고 수입을 최소화시키는 중상주의적 입장이었다. 중상주의정책에 따라 수출의 직접적인 촉진을 추구하고, 관세·세금쿼터·통상정지·국가독점 등을 통하여 수입을 제한하였다. 아담 스미스(Adam Smith)나 데이빗 리카르도(David Ricardo) 같은 경제학자들이 중상주의의 어리석음을 지적하였으나, 자유무역이 국가복지를 위하여 훨씬 좋은 대안이 된다는 생각을 따르는 국가는 극히 소수에 불과하였다. 19세기 후반에 들면서 많은 국가들이 양자간 무역협상을 진행하게 되면서, 상황은 조금씩 변화되기 시작하였다. 그 주요한 변화의 계기가 된 것은 1860년 영국과 프랑스간의 Cobden-Chevalier 조약으로, 이 조약에서 양국은 무역자유화를 규정하고 있었다. 이 조약의 뒤를 이어 수많은 양자조약이 채택됨으로써, 무역에 관한 讓許가 일반적

---

26) Bernard M. Hoekman and Michael M. Kostechi, *The Political Economy of the World Trading System: From GATT to WTO*(Oxford University, 1995), p. 9.

27) Jackson, *supra* note 11, p. 35.

28) *Ibid*.

인 것으로 되었다.[29]

(2) 다자간 무역체제의 전개

무역을 규제하는 다자간 체제가 발전한 것은 주로 19세기 후반부터 등장하였는데, 그 대표적인 것으로 1890년의 국제관세동맹(International Union for the Publication of Customs Tariffs)을 들 수 있다. 20세기 초반에 들어서는 관세문제와 관련하여 수많은 회합이 이루어졌는데, 1923년 국제연맹의 후원으로 개최된 국제관세형식회의에서는 관세형식단일화협약(International Convention Relating to the Simplification of Customs Formalities)이 완성되었다. 국제연맹도 국제무역에 관련되는 연구를 계속하였고, 그 성과는 향후 국제무역관계에 상당한 영향을 끼치게 되었다.[30]

제2차세계대전을 거치면서 국제사회는 새로운 무역체제를 갈구하게 되었고, 미국의 주도하에 「관세 및 무역에 관한 일반협정」(General Agreement on Tariff and Trade: GATT)이 만들어지게 되었다. GATT를 기초한 사람들은 국가간 협력을 용이하게 하는 다자간 체제는 경제적 이유를 위해서뿐 아니라, 국가간 상호의존성의 확대를 통하여 전쟁의 위험을 줄이는 데에도 도움이 된다고 생각하였다.[31] 그러나 GATT는 국가간에 체결된 국제조약에 불과한 것으로, 국제기구의 설치에 관한 규정을 갖고 있지 못하였다. GATT 사무국도 법적 근거를 갖고 있지 못한 사실상의 기관으로서 활동하는 데 지나지 않았다. 이에 따라 우루과이라운드(UR)를 통해 GATT와 여타 무역협정의 실효성을 확보할 수 있도록 국제기구인 世界貿易機構(World Trade Organization: WTO)를 설립하게 되었다.

(3) 국제통화금융제도의 배경

국가간 상품교역시 수출국과 수입국의 화폐가 동일하지 않은 경우 양국 화폐의 가치를 결정하여야만 상품대금지급이 이루어질 수 있다. 이 경우 개별 국가에 의한 가치평가를 그대로 인정하는 것이 여의치 않게 되면 국제적 협력을

---

29) Hoekman and Kostechi, *supra* note 26, p. 2.
30) Hoekman and Kostechi, *supra* note 26, p. 2.
31) *Op. cit.*, p. 12.

통한 양국 화폐의 교환비율에 대한 결정이 필요하게 된다. 이를 위한 국제적 협력제도로 등장한 것이 바로 국제통화기금(International Monetary Fund: IMF)이다. 국제통화기금의 기원은 1930년대의 경제불황기로 거슬러 올라간다. 그 당시 각국은 제 1 차세계대전 이후 부활된 金本位制度에 종속되어 있었으나, 곧바로 이에 대한 비현실성이 지적되었다. 특히 영국 화폐가 과대평가되어 1931년 영국 파운드화가 금본위제도에서 떨어져 나가자, 각국은 자국 화폐가치를 경쟁적으로 평가절하하기 시작하였다. 대부분의 국가들이 보호조치를 취함으로써, 국제교역은 붕괴되기 시작하였다. 다양한 국제통화회의가 개최되었으나, 국가간의 이견으로 협조체계를 이룩하지 못하고 실패하고 말았다. 제 2 차세계대전 중이던 1940년대 초반 영국 재무장관 케인즈(John Maynard Keynes)와 미국 재무장관 화이트(Harry Dexter White)가 거의 동시에 환율을 안정시키고 국제교역을 증대시키는 혁신적 통화제도를 성안하였다. 이 체제를 위하여 상설적이고 안정된 기구를 창설할 것을 주장하였고, 이 논의를 바탕으로 1944년 뉴 햄프셔 브레튼우즈에서 최종협상이 마무리되었다.[32] 협상의 결과를 토대로 1944년 7월 IMF와 국제부흥개발은행(International Bank for Reconstruction and Development: IBRD, 일명 세계은행(World Bank))이 설립되었다. IMF는 상설적 기구를 통한 통화협력의 촉진, 국제무역의 확장과 균형 촉진, 환율의 안정성 조성과 경쟁적 환율인하 방지, 다자간 외환수지체제의 확립 지원 및 세계무역의 성장을 방해하는 외환규제의 철폐, 회원국에게 기금을 사용하게 함으로써 수지균형의 조절불량 시정, 회원국 국제수지 불균형 기간의 단축 등을 목적으로 한다.[33] IBRD의 목적은 자본투자를 용이하게 함으로써 전쟁에 의해 파괴된 선진국 경제의 부흥원조와 개발도상국의 개발원조를 도모하는 데 있다. 국제부흥개발은행은 이 목적을 위하여 장기자금의 대부·대부참가·민간투자에 대한 보증 등의 업무를 수행하며, 이러한 업무에 부수되는 조사 및 기술원조 등의 활동을 행한다.[34]

---

32) F. P. Bakker, *International Financial Institutions*(Longman, 1996), p. 12.
33) IMF 협정 제 1 조.
34) IBRD 협정 제 1 조.

제 2 절 국제경제법의 발전

1. 국제통화금융제도의 등장

(1) 국제통화제도

(가) 브레튼우즈체제

제 1 차세계대전 이전에는 金本位制가 국제적으로 확립되어 다자조약 및 양자조약에 의해 관세인하와 최혜국대우 등이 규정되어 국제적 경제교류가 활발히 전개되었다. 이 시대에는 이들 조약 이외에는 국제기구나 강대국에 의한 무역간섭이 없었던 까닭에 세계경제는 자유무역에 의한 자정작용에 의존하였다. 그러나 제 2 차세계대전까지의 경제적 불황으로 말미암아 고관세, 수입제한, 반덤핑 등의 규제조치가 빈발하여 국제경제는 자국 이익 위주의 양상으로 바뀌게 되었다.

이러한 상황에서 1944년 7월 미국의 주도하에 전후 국제경제조직의 구축을 위한 연합국통화금융회의가 44개국의 참가하에 브레튼우즈에서 개최되어, 전후 세계경제제도를 위한 논의 끝에 국제통화기금(IMF)과 국제부흥개발은행(IBRD)에 관한 브레튼우즈협정이 체결되었다. 이 협정에 의하여 발족한 국제통화금융체제를 일반적으로 「브레튼우즈체제」라고 부른다. 브레튼우즈체제는 제 2 차세계대전 후의 세계경제의 기본질서를 정하기 위한 것으로, 전후 세계경제에서 완전고용의 달성을 위해 자유무역을 확보하는 국제적 환율체제를 창설하고, 각국의 부흥을 도모하기 위한 국제적 장기금융제도의 창설을 시도하였다. 현재는 이 체제가 전면적으로 재검토되고 있는 시점이나, 제 2 차세계대전 후의 세계경제질서 재구축을 위한 출발점으로 브레튼우즈체제는 매우 중요한 의미를 지닌다.

국제통화기금은 그 목적을 위하여 회원국에 대하여 금 또는 미국 달러화(1944년 7월 현재의 중량과 순정량)에 의하여 표시된 자국 통화의 환율 유지(단, 상하 1% 이내의 변동폭은 인정된다)와 외환의 자유화(경상지불에 대한 제한의 철폐, 차별적 통화조치의 철폐, 외국이 보유하고 있는 자국통화의 교환성유지)를 의무로 부과하였다. 본래 자국 통화가치의 결정 및 외환거래의 규제는 국가의 주권사항에 속하는 것이지만, 국제통화기금회원국은 1930년대의 자국화폐의 평가절하경쟁, 세계경제의 블록화가 무역의 축소와 경제혼란을 격화시켰으며, 제 2 차세계대전의 중요한 원인이 되었다는 것을 반성하여 환율유지와 외환의 자유화를 국제협정상의 의무로 받아들인 것이다.

(나) 스미소니언체제

브레튼우즈체제는 전후 20년간 세계경제를 안정시켰고, 각국 경제발전에 커다란 기여를 하였지만, 미국의 만성적인 적자와 국제수지적자에서 연유하는 달러가치의 불안정으로 인해 60년대에 들어와서는 수차례의 국제통화위기를 맞기도 하였다. 이러한 통화위기를 해소하기 위하여 각국은 협력을 하지 않을 수 없었으며, 1962년의 「一般借入協定」(General Arrangements to Borrow: GAB), 1970년의 「特別引出權」(Special Drawing Rights: SDR) 창출, 그리고 정기적인 국제통화기금 「쿼터」증액 조치가 이루어졌다. 그러나 이러한 다각적인 협력에도 불구하고 국제통화위기는 근본적으로 해결되지 못하였고, 이에 따라 1970년대에 들어와 브레튼우즈체제는 붕괴위기에 빠지게 되었다.

그동안 미국의 금 보유고는 1960년 180억 달러에서 1970년 110억 달러로 감소되었으며, 미국에 대한 외국의 청구권은 1970년을 기준으로 할 때 미국 금 보유고의 2배에 달하였다. 더욱이 1970년부터 미국이 저금리 정책을 취하자 대량의 달러가 유럽시장으로 유출되기도 하였다. 미국은 스위프 발동, 국제통화기금인출, SDR 매각 등 달러의 가치를 방어하기 위하여 온갖 노력을 기울였지만, 만성적인 국제수지적자와 달러 가치하락을 막을 수 없었고, 마침내 미국은 1971년 8월 15일자로 달러의 金兌換을 정지시켜 버렸다. 기축통화인 미국달러화의 금태환이 정지됨에 따라 국제통화질서는 일시에 혼란에 빠지게 되었고, 이를 수습하기 위하여 1971년 12월 17~18일 선진 10개국 대표(G 10)들은 스미소니언협정을 체결하였다. 그 골자는 금에 대한 미국달러의 평가를 7.9% 절하하고(금 1온스당 38달러), 각국간의 환율평가를 재조정하여 환율의 변동폭을 기준율 상하 2.25%로 확대시켰다. 이것을 「스미소니언체제」라고 부른다. 그러나 스미소니언체제도 국제통화제도의 불안정을 근본적으로 진정시키지는 못하였다. 독일 마르크화와 일본 엔화의 강세 속에서 미국 달러화의 가치가 계속 하락하자,

미국은 국제수지의 개선을 위하여 1973년 2월 달러를 10% 평가절하하였다. 그럼에도 불구하고 달러 투매가 계속되어 유럽 각국이 變動換率制를 채택하자, 브레튼우즈체제의 근간이었던 固定換率制는 사실상 종말을 고하게 되었다.

(다) 킹스턴체제

이러한 상황하에서 국제통화기금은 국제통화제도의 개혁을 위해 1972년 20개국위원회를 설치하였고, 이 위원회는 1974년 잠정위원회로 대체되었다. 1976년 자메이카의 킹스턴에서 개최된 제 5 차 잠정위원회에서는 당시 논의결과와 선진 10개국의 합의내용을 토대로 국제통화제도의 개혁과 관련한 현안문제가 타결되었다. 이 합의에 따라 국제통화기금의 협정 개정안이 마련되었으며, 1978년 4월 1일 발효하게 되었다. 이것을 이른바 「킹스턴체제」라고 부른다. 킹스턴체제는 스미소니언체제 붕괴 이후 주요국가들이 변동환율제로 이행한 현실을 인정하고, 모든 국제통화기금 회원국은 자국 여건에 적합한 환율체제를 자유로이 선택할 수 있도록 하였다. 다만 환율문제에 대한 국제통화기금의 감독기능을 강화시켰다. 또한 미국의 금태환 정지 이후 금의 역할감소를 인정하였다. 즉 금의 공정가격을 폐지함으로써 공동화폐 단위 및 국제통화기금에서 권리의무를 표시하는 기준으로서의 금의 기능을 폐지하였다. 금 대신 SDR을 主要準備資産으로 격상시키고 국제통화기금에서의 권리의무를 표시하는 가치기준으로 채택하였다. 그리고 킹스턴체제는 회원국의 국제수지불균형이 국제통화체제의 안정을 저해하는 큰 요인 중의 하나임을 인식하고 국제통화기금의 국제수지기능을 제고시켰다.

킹스턴체제의 출범으로 국제통화제도 개편작업은 일단락되었지만, 그 후 세계경제의 변화는 아직도 여러 가지 불씨가 남아 있음을 보여주고 있다. 변동환율제는 석유파동 등의 위기를 수월하게 넘기는 역할을 하였지만, 그것이 기대한 만큼의 國際收支調整機能을 수행하지 못한다는 사실이 입증되었고, 단기적으로는 오히려 국제수지의 불균형을 확대시키는 경우도 있었다. 또한 석유위기 이후 비산유 개발도상국의 국제수지적자가 급격히 확대되어 오늘날 이들의 외채가 국제금융질서에 큰 위협을 가하고 있다. 또한 미국의 무역적자확대와 이에 따른 보호무역주의도 자유무역주의에 대한 새로운 위협이 되고 있다.

(2) 국제통화기금의 구성

(가) 회 원 국

국제통화기금에의 가입은 이사회의 심의를 거쳐 가입조건을 결정하게 되고, 총회가 다수결로 이를 승인함으로써 회원국이 될 수 있다. 국제통화기금협정 제 8 조는 회원국에 대하여 i) 경상지급제한에 대한 철폐, ii) 차별적 통화제도철폐, iii) 외국보유의 자국통화 상시교환수락, iv) 국제통화기금활동에 필요한 각종의 경제정보제공, v) 예외조치시 협의의무, vi) 준비자산정책의 협조의무 등을 요구하고 있다. 그러나 국제통화기금 출범 당시에는 제 2 차세계대전의 상처에 따른 경제피폐로 인하여 미국을 비롯한 모든 국가가 이러한 의무를 전부 감당할 수 없었다. 그리하여 국제통화기금협정 제14조는 5년간의 과도기간 중 (1947. 3~1952. 2)에는 外換自由化義務를 猶豫받을 수 있도록 허용하였다. 그러나 과도기간 이후에도 빈곤한 신생국들의 가입으로 제14조의 적용 필요성은 계속되었고, 이에 따라 제14조는 경과규정의 형태로 존속하고 있다. 외환제한의 철폐를 요구하는 제 8 조의 의무를 수락한 국가를 「제 8 조국」, 제14조에 의하여 유예를 허용받은 국가를 「제14조국」이라 부른다. 국제통화기금은 제14조국이 가능한 빠른 시일 내에 제 8 조국으로 이전하기를 권고하고 있으며, 일단 제 8 조국으로 이전하게 되면 그 후의 경제사정변경을 이유로 제14조국으로 복귀할 수 없다. 우리나라의 외환거래는 1988년 11월 국제통화기금 제 8 조국으로의 이전을 계기로 무역거래의 대부분을 자유화하였다. 이에 따라 바스켓통화 방식의 환율제도도 환율결정을 시장기능에 맡긴다는 전제하에 市場平均換率制度로 변경되었다.

회원국은 자국에 할당된 쿼터를 배정받게 된다. 1945년 12월 31일 이전에 UN 통화재정회의에 참석한 국가는 IMF 협정 스케줄 A에 따라 쿼터를 할당받고, 그 이외의 회원국은 대표회의에서 결정되는 쿼터를 할당받게 된다.35) 회원국은 자국에 할당된 쿼터량만큼 IMF에 납입하여야 하는데, 25%의 금과 75%에 해당하는 자국 화폐로 지불하도록 하였다. 1968년에는 IMF 협정이 수정되어 특별인출권(Special Drawing Rights: SDR)이 신설되었는데, 이는 회원국이 수지균형의 곤란을 극복하고 그들의 지분을 유지하도록 하기 위한 목적으로 창안된 것이다.

---

35) IMF 협정 제 3 조.

이러한 SDR은 통상적인 인출권에 추가되어, 회원국간 재정거래에 통용되기도
한다. 특별인출권의 신설에 따라 금으로 납입하던 25%는 IMF가 특정한 준비자
산(SDR 또는 이용가능통화)으로 지불하도록 하였다. 2003년 1월 말 파라우 310만
SDR에서부터 미국의 371억 1,490만 SDR에 이르기까지 각국은 자국 경제규모
에 따른 쿼터를 가지게 된다.

쿼터는 회원국의 투표권 수를 결정하게 되는데, 각국은 250표의 기본 투표
권에 더하여 10만 SDR당 1표씩 추가로 배정받는다. 그 외에 쿼터는 회원국이
IMF로부터 융자받을 수 있는 총액을 결정하는 기준이 된다. 쿼터를 납입한 회
원국은 인출권(drawing rights)을 갖게 되고, 이에 기반하여 자국이 필요로 하는
외국 화폐를 IMF로부터 매입할 수 있게 된다. 여기서 매입이라고 표현한 이유
는 수지불균형 때문에 IMF로부터 자금을 인출하는 국가는 자국이 필요로 하는
국가의 화폐를 인출하는 대신, 그에 상응하는 자국 화폐를 납입하여야 하기 때
문이다. 각국 화폐의 액면가치는 고정되어 있고, 회원국과 IMF의 협의에 의해서
만 변경될 수 있다. 1959년 인출권은 50% 증액되었고, 다시 1966년에 25% 증
액되었다.

(나) 기   관

IMF의 기관은 대표회의(Board of Governor), 집행위원회(Executive Board), 총
재(Managing Director), 대표회의의 결정으로 설치되는 이사회(Council)로 이루어진
다.[36] 대표회의는 각국의 대표 1인과 교체대표로 구성되는데, 협정상 집행위원
회와 총재에게 직접 부여된 것 이외의 모든 권한을 가진다.[37] 예컨대 기금의 증
액문제, 신규 가입국의 결정, 특별인출권의 할당 등이 대표회의의 결정으로 이
루어진다. 대표는 각국의 재무장관이나 중앙은행장이 파견되는 것이 일반적이
다. 미국과 영국이 전자의 경우이고, 독일과 스웨덴 등이 후자의 경우이다. 대표
회의는 1년에 1차례 IBRD와 공동으로, 또는 15개국 이상이나 전체 투표권 수의
4분의 1 이상 요청에 의해 개최된다.

집행이사는 IMF의 일반적 운용을 책임지고, 이를 위하여 대표회의가 위임

---

36) IMF 협정 제12조 1.
37) IMF 협정 제12조 2.

한 모든 권한을 행사한다. 최대 쿼터국인 미국, 영국, 독일, 프랑스, 일본 5개국에서 각 1인씩의 이사를 지명하고, 나머지 국가들이 임기 2년의 이사 15인을 선출하는 것을 원칙으로 하되 대표회의가 그 수를 증감시킬 수 있도록 하였다.[38] 현재는 24명의 집행이사로 구성되는데, 중국, 러시아, 사우디아라비아도 자국 이사를 지명할 수 있게 되었다. 집행이사회는 1주일에 최소한 3차례 회합하게 되는데, 지명직 이사는 지명국의 쿼터에 해당하는 만큼의 투표권을 가지고, 선출직 이사는 그가 선출될 당시의 투표수만큼 투표권을 가진다. IMF의 투표권은 각국의 재정분담금액과 비례한다. 일반적인 의결정족수는 단순다수결을 취하도록 되어 있으나,[39] 보통은 컨센서스로 결정이 이루어지고 투표로 결정되는 경우는 매우 드물게 발생한다. 집행이사들은 대표회의의 정책과 결정을 집행하게 된다.[40]

총재는 5년 임기로 집행위원회에서 선출되는데, 대표도 집행이사도 아닌 지위에 있다. 집행위원회의 의장이 되나, 일반적인 투표권은 인정되지 않고 가부동수인 경우 결정투표권만을 가진다.[41] IMF 직원의 수장으로서 직원의 임면권을 가진다. IMF의 통상적 활동을 수행하고, 기구를 대표한다.

(다) 기 금

IMF의 기금은 회원국이 출연하는 쿼터의 총합으로 구성된다. 쿼터는 정기적으로 증액되어 왔는데, 2020년 4월 말 쿼터 총액은 4,770억 SDR이다. 쿼터의 75%는 회원국이 자국 화폐로 납입하고 나머지는 SDR이나 일반적으로 통용되는 준비자산으로 지불하게 되므로, IMF의 자산은 각국의 다양한 화폐와 SDR로 구성되어 있다.

IMF는 주로 달러에 의존함으로써 발생하였던 국제유동성 부족을 극복하기 위하여 금과 달러 등의 준비자산을 보완할 목적으로 1969년 7월의 IMF 협정 제1차개정을 통해 SDR을 창출하였다. SDR은 스톡홀름협정[42]으로 등장한 IMF의

---

38) IMF 협정 제12조 3.
39) IMF 협정 제12조 3, 5.
40) IMF 협정 제12조 3.
41) IMF 협정 제12조 5.
42) 1968년 채택, 1969년 7월 28일 발효.

중요한 혁신에 해당하는 것이다. 각국의 쿼터에 따라 SDR 구좌를 설정하고, 이 구좌에 가입한 국가간에 서로 상대방구좌에 특정된 금액을 불입함으로써 상호 결제하는 수단이다. SDR은 일련의 통화에 의해 정의된 가치를 부여받고, IMF 회원국에 대하여 그들의 쿼터에 따라 할당된다. 각 국가는 타국의 SDR에 대한 대가로 자국의 화폐를 제공하여야 하므로, 각각의 SDR은 타국 화폐를 특정된 양만큼 획득할 수 있는 권리가 되는 것이다. 회원국의 쿼터는 투표권의 결정, SDR의 할당량, 기금으로부터 획득할 수 있는 재정지원 등 IMF와의 관계에서 기본적인 자료가 된다. 원래 SDR의 가치는 순금중량과의 대비로 고정되어 「온스당 35달러」로 결정되었으나, 1974년 바스켓 방식에 의한 새로운 평가방법이 채택된 후, SDR의 가치는 1981년 이후 주요 5개국 통화(미국 달러, 독일 마르크, 프랑스 프랑, 영국 파운드, 일본 엔)의 환율을 참고하여 결정하게 되었다. 2001년 1월부터 미국 달러, 유로, 일본 엔, 영국의 파운드-스털링이 기준이 되었고, 2016년 10월 위안화가 SDR에 편입되었다.

SDR에 태환성을 인정하기 위하여 IMF는 지정된 참여자가 SDR의 특정량만큼 통화를 제공하도록 함으로써 참여자가 그의 특별인출권을 사용할 수 있도록 확보하여야 한다고 규정하였다.[43] 지정된 국가는 거부할 수 없으나, IMF는 참여자의 SDR 자산이 순누적할당량의 300%를 초과하는 경우에는 지정해서는 안 되는 것으로 하였다. 지정된 참여자는 그가 수령한 SDR과의 교환으로 자유로이 이용될 수 있는 통화, 즉 유효하게 사용할 수 있는 통화를 제공하여야 한다. 이에 관하여 국제거래에서 사실상 지불수단으로 광범위하게 사용되고 있는 것, 주요 외환시장에서 광범하게 거래될 수 있는 것이라고 정의하고 있다.[44] 실제로는 SDR 가치결정에 통용되는 주요 5개국 통화만이 이 조건을 충족시키는 것으로 인정되고 있다.

그리고 IMF는 국제통화제도의 위험에 대처하기 위해 필요한 경우 2개의 상설협정을 통해 자금을 융통할 수 있다. 1962년 체결된 「일반차입협정」(General Arrangements to Borrow: GAB)은 선진 10개국과 스위스는 무역의 훼손을 저지하기 위하여 필요한 경우 170억 SDR을 IMF에 대여하기로 하였다. 1988년에는

---

43) IMF 협정 제19조 제 5 항 (a).
44) IMF 협정 제30조 (f).

「신규차입협정」(New Arrangement to Borrow: NAB)이 발효되었는데, 이 협정은 25개국과 국제기구가 참가하여 IMF에 340억 SDR을 대출하도록 허가하는 것이었다.[45]

(3) 국제통화기금의 목적

IMF는 상설적 기구를 통한 통화협력의 촉진, 국제무역의 확장과 균형 촉진, 환율의 안정성 조성과 경쟁적 환율인하 방지, 다자간 외환수지체제의 확립 지원 및 세계무역의 성장을 방해하는 외환규제의 철폐, 회원국에게 기금을 사용하게 함으로써 수지균형의 조절불량 시정, 회원국 국제수지 불균형 기간의 단축 등을 목적으로 한다.[46]

이러한 목적을 달성하기 위하여 IMF는 회원국과 다양한 형태의 협정을 체결하게 된다. 단기차관과 관련된 것으로 거시경제정책에 초점을 맞추어 수지균형의 곤란을 극복하도록 하기 위한 대기성협정(Stand-by Arrangement), 장기신용을 위한 확대기금제도(Extended Fund Facility), 저소득 국가에게 거시경제조절정책과 구조조정을 위한 대출제공과 관련된 강화구조조정제도(Enhanced Structural Adjustment Facility: ESAF) 등이 있다. 대기성협정은 IMF 재정지원의 핵심적 형태로 국제수지문제의 단기적 과제를 대상으로 한다. 1952년 처음 도입되었는데, 통상 12개월에서 18개월을 기준으로 하고, 연장이 승인되지 않는 한 2년 3개월에서 4년 사이에 상환하여야 한다. 확대기금제도는 경제의 구조적 문제와 관련하여 수지문제를 겪는 국가를 대상으로 1974년 설치되었다. 3년의 기간으로 지원되며, 4년 6개월에서 7년 사이에 상환하여야 한다. 강화구조조정제도는 1999년 빈곤감소 및 발전제도(Poverty Reduction and Growth Facility)로 대체되었는데, 낮은 이자율의 특혜를 허용하고 있다.

그 외에도 특정한 곤란을 겪고 있는 국가를 지원하기 위하여 한정한 기간 동안만 기능하는 것도 있다. 보상적 융자제도(Compensatory Financing Facility: CFF), 체제이전제도(Systematic Transformation Facility: STF), 추가보존제도(Supplementary

---

45) NAB는 명칭과는 달리 GAB를 대체하는 것이 아니다. 다만 IMF의 일차적 주요 자원은 NAB가 되는 것으로, GAB와 합쳐서 340억 SDR을 초과할 수 없게 되어 있다.
46) IMF 협정 제 1 조.

Reserve Facility: SRF), 부수적 신용제도(Contingent Credit Lines: CCL) 등이 그것이다. 보상적 융자제도는 1960년 설치된 것으로, 수출입의 곤란이나 국제시장가격 변동으로 인한 식량수입의 비용증가에 따른 재정지원을 목적으로 하는 것이다. 이것은 주로 1차산품 생산국에서 작황이 나쁘거나 국제교역상의 일시적 침체 등과 같은 자신의 능력 이외의 사유로 발생되는 수출결함을 겪는 경우를 지원하기 위한 것이다. 체제이전제도는 통제경제국가가 시장경제국가로 이전하는 것을 지원하기 위하여 1993년 설치되었고, 추가보존제도는 1997년 아시아 외환위기에 대응하기 위하여 설치된 것이다. 부수적 신용제도는 타국의 재정적 곤란으로 인한 재정적 전염(financial contagion)에 대처하기 위한 것으로, 사전주의적(precautionary) 또는 예방적(preventive)이라는 점에서 다른 것과 구별된다.

1970년 이후 IMF는 차입을 원하는 국가에게 경제적, 재정적 구조조정을 요구하는 융자조건(conditionality) 정책을 확립하였다.[47] IMF가 자신의 신용제도에 첨부하는 융자조건은 수지균형의 곤란 사유가 다르기 때문에 표준적 구제를 구성하는 것이 아니다. 융자조건은 항상 국내외적 균형과 가격안정성을 회복하기 위한 것이다. 프로그램은 재정 및 통화 정책 수단, 환율정책, 공공분야의 개혁, 무역자유화, 재정분야 및 노동시장의 개혁을 주된 내용으로 포함하는 것이 일반적이다. 경우에 따라서는 환율절하가 포함되기도 한다.[48] 문제의 원인이 정부재정결손에 기인하는 경우 세율인상과 지출삭감 등의 조치를 포함시키기도 한다. 어떤 경우이든 대부분 프로그램의 공통 개념은 경제개방과 시장자유화 허용이 경제개발을 위해 최선의 기회가 된다는 것이다.

IMF 융자의 기초가 되는 것은 신용지분정책(credit tranche policy)이다.[49] 각국은 자국에 할당된 쿼터의 75%를 이미 자국 화폐로 납입하여 놓았기 때문에, 나머지 25%의 쿼터만큼 자금을 인출(매입)할 수 있다. 이에 더하여 쿼터의 100%에 해당되는 추가자금을 인출할 수 있는데, 이를 신용지분이라고 한다. 신용지분은 다시 4개 부분으로 분할되는데, 첫 번째 25%의 신용지분은 각국이 수지균형문제가 발생할 경우 자유롭게 인출할 수 있다. 그 이상의 신용지분을 인

---

47) Philippe Sands and Pierre Klein, *Bowett's Law of International Institutions*, 5th edition (Sweet & Maxwell, 2001), p. 93.
48) Bakker, *supra* note 32, p. 25.
49) *Op. cit.*, p. 22.

출하기 위해서는 IMF와 협의한 정책프로그램에 동의할 것을 전제로 한다. 이들을 인출하기 위해서는 일정한 조건 및 프로그램의 진행추이를 점검하는데, 사용되는 이행기준에 따라야 한다. 이러한 신용제도는 쿼터의 100%로 한정되고, 대기성협정에 따라 이루어진다.

(4) 국제금융기구
(가) 국제부흥개발은행

(a) 목 적 국제부흥개발은행(IBRD: 일명 세계은행(World Bank))은 1944년 7월 브레튼우즈 회의를 통해 설립되어, 1946년 6월 25일에 업무를 개시하였고, 1947년 이후 국제연합의 전문기관이 되었다. IBRD의 목적은 자본투자를 용이하게 함으로써 전쟁에 의해 파괴된 선진국 경제의 부흥원조와 개발도상국의 개발원조를 도모하는 데 있다. 국제부흥개발은행은 이 목적을 위하여 장기자금의 대부·대부참가·민간투자에 대한 보증 등의 업무를 수행하며, 이러한 업무에 부수되는 조사 및 기술원조 등의 활동을 행한다.[50] IBRD의 융자는 경제발전에 직접적으로 기여하게 되는 대규모프로젝트나 계획의 경우에 적용되는 것으로, 원칙적으로 회원국 또는 회원국이 보증하는 민간기업만을 대상으로 한다.[51] 원칙상 해당 프로젝트를 위해 외화를 제공하고, 해당국 정부는 임금이나 국내 물자 등의 프로젝트 국내부분을 자체 조달하여야 한다. 물론 이러한 조건이 절대적인 것은 아니나, 자국에서 일정 부분을 조달해야 하는 이유 때문에 IBRD로부터 대출받는 데 적절한 프로젝트를 찾는 것은 매우 어려운 상황이다. 대출을 위해 자금사용계획이나 자금차입금의 경제상태를 심사하는 등 대출조건은 비교적 엄격하고, 대출 또는 보증에 관한 협정은 국제법의 규율을 받는다. 융자를 위한 자금은 회원국에 의한 출자 이외에 채권발행, 회원국 중앙은행으로부터의 차입, 변제금, 대출증서의 매각 등에 의해 조성된다. IBRD도 IMF와 유사하게 1980년대 이후 은행으로부터 차입을 원하는 국가에게 경제적, 재정적 구조조정을 요구하는 융자조건(conditionality) 정책을 확립하였다. 이러한 구조조정프로그램과 함께 IBRD는 기초적 사회수요를 위하여 상당한 비용을 지불하여 왔다. 1990년대

---

50) IBRD 협정 제 1 조.
51) Bakker, *supra* note 32, p. 46.

이후에는 환경문제와 원주민문제를 재정문제와 연관시키는 정책을 펼쳐 왔다. IMF와 다른 점은 IMF가 회원국 정부의 출연금으로 자본을 구성하는 데 비해, IBRD의 경우는 사적 자본으로 구성된다는 점이다. 이런 이유 때문에 행정직원들은 각국이 지명한 집행이사들로부터 훨씬 독립된 지위를 가진다는 장점이 있다.[52] IBRD는 다른 기관이나 민간은행이 공동대여를 할 수 있도록 조장함으로써 다른 기관으로부터 자금을 대출받을 수 있도록 노력하기도 한다.

    IBRD가 재정적으로 지원하는 모든 프로젝트는 전체적 필요라는 관점과 해당 국가의 지불능력이라는 관점에서 평가된다. 이러한 과정을 거쳐 자국의 효율적 운영을 도모하게 된다. 가장 먼저 해당 국가의 포괄적 경제 보고서가 제출되어야 하는데, 여기에는 투자분야에 대한 면밀한 평가서가 포함되어야 한다. 보고서의 검토과정에서 IMF와 긴밀한 협조를 갖게 되고, 보고서에 기반하여 IBRD의 5개년 활동계획이 성안된다. 이때 해당 개발도상국의 상환능력에 대한 고려가 가장 중요하게 반영된다. 신용가치를 평가하는 경우에는 10년의 장기평가를 갖게 되는데, 가장 먼저 해당 프로젝트의 수지균형과 예상발전경로를 검토하게 된다. 다음으로 경기하락의 위험가능성을 검토하게 된다. 경기하락의 위험성은 국제경기 등과 같은 외부적 결함, 경기조절정책의 위험요인, 재정운용가능성, 채무이행으로 인한 부채의 악화 등 4가지를 대상으로 한다. 그러나 어떤 국가가 민간은행으로부터 차관을 받을 수 있는 재정적 요건을 충족하게 되면 IBRD로부터 대출자격을 얻지 못하게 된다.[53]

    (b) 구   성   IBRD의 회원국이 되기 위해서는 먼저 IMF의 회원국이 되어야 한다.[54] IBRD의 기구구조도 IMF와 대동소이한 모습을 갖고 있는데, 대표회의(Board of Governor), 집행이사회(Board of Executive Directors), 총재(president)의 3개 주요 기관으로 구성된다. 대표회의는 IBRD의 모든 권한을 부여받은 전권기관으로, 각국은 1인의 대표와 대체대표를 지명할 수 있다. 동 위원회는 1년에 1회 개최를 원칙으로 하며, 신규회원국의 가입·자본시장의 변경·은행 순수입의 배분 등을 결정한다. 그 외에 은행업무를 수행하기 위하여 필요적절한 법규를

---

52) Bakker, *supra* note 32, p. 46.

53) *Op. cit.*, p. 49.

54) *Op. cit.*, p. 44.

채택하는 권능을 갖는다.[55] 집행이사회는 은행의 일반활동에 대한 책임을 지게
되며, 대표회의가 위임한 사항을 처리한다.[56] 미국, 일본, 영국, 독일, 프랑스의
5개국은 1인의 이사를 지명하며, 나머지 이사는 투표로 선임하게 된다. IMF와
마찬가지로 투표권은 자본납입분에 따라 정해진다. 집행이사회는 임기 5년의
총재가 주재하며, 총재는 모든 직원의 수장으로서 통상적 은행업무를 수행한
다.[57] 집행이사회는 보통 1주일에 두 차례씩 회합을 갖는다.

　　각 회원국은 IBRD에 재정 분담금을 갖게 되는데, 그 분담금은 일반적 자본
증가에 따라 정기적으로 증대되도록 하고 있다. 실제 출자액은 그 중의 극히 일
부만 납입하면 되는데, 실납입자본은 분담금의 6%로 되어 있다. 그러나 IBRD가
필요하다고 생각하는 경우 언제든지 유보분담금의 납입을 요청할 수 있다. 이러
한 분담금의 요청을 담보하는 것은 IBRD의 신용가치를 확정하는 데 필수적인
요소이며, 그러한 신용가치는 미납 채무의 합이 출자자본과 유보자본의 합을 넘
지 않도록 함으로써 보장된다. 회원국의 자본금 출자는 IBRD가 회원국에게 대
여하는 실제 재정의 일부에 지나지 않고, 주로 국제재정시장에서 중장기채권이
나 정부·중앙은행·민간은행과 어음발행을 통해 85%에 가까운 자본을 조달하
고 있다. 이러한 자본금을 이용하여 매년 150억 달러에서 200억 달러의 대출을
행하고 있다. 대부분의 대출기간은 15년에서 20년 사이로 되어 있다.

(나) 세계은행그룹

　　IBRD는 자신의 권한 범위 내에서 수행할 수 없는 활동을 보완하기 위하여
국제금융공사(International Finance Corporation: IFC) 및 국제개발협회(International
Development Association: IDA), 다자간투자보장기구(Multilateral Investment Guaran-
tee Agency: MIGA)를 설립하였다. 그러한 배경에서 IBRD와 IFC, IDA, MIGA를
합해서 '세계은행그룹'(World Bank Group)이라고 부른다.[58] 그 외에도 투자분쟁
의 조정과 중재를 위해 시설을 제공하는 국제투자분쟁해결센터(International Cen-
ter for the Settlement of Investment Disputes: ICSID)도 세계은행그룹에 포함된다.

---

55) 동 협정 제5조 2.
56) 동 협정 제5조 4(a).
57) 동 협정 제5조 5.
58) Sands and Klein, *supra* note 47, p. 87.

IBRD와 이들 기구간에는 긴밀한 관계가 이루어져 있는데, IBRD 총재는 IDA의 총재를 겸하고, IFC와 MIGA의 이사장이며, 나아가 ICSID의 집행위원장이기도 하다.[59] IFC는 1955년 IBRD의 제휴기관으로 설립된 것으로, 주된 목적은 특히 저개발 회원국의 사기업 발전을 지원함으로써 경제개발을 촉진하는 데 있다. 이러한 목적을 위하여 관련 회원국 정부의 보증 없이 투자를 통해 사기업의 재정을 지원한다. 그 한도는 해당 프로젝트 경비의 25%로 하는 것을 원칙으로 하고, 아프리카 사하라 이남의 빈국의 경우에만 35%까지 대여하여 준다.[60] 그 외에도 투자기회와 경영경험을 제공하여 사적 자본을 생산적 투자로 유인하는 역할을 하며, 사기업이나 정부에 기술지원이나 자문서비스를 행하기도 한다. 이런 면에서 IFC는 대여기관이 아니라, 투자기관이라고 보아야 한다.[61]

IDA는 1960년에 설립된 IBRD의 제휴기관으로서, 세계 저개발지역의 생활수준을 향상시키는 것을 목적으로 한다. 이를 위하여 통상의 대출에 비해 수지균형을 엄격하게 요구하지 않고 신축성 있는 조건으로 개발도상국에 융자한다.[62] 현재 IDA의 정책방향은 대부분 과도한 채무를 가진 빈국의 채무부담을 줄여나가는 데 두고 있다. 이를 달성하기 위하여 서비스 요금만 받고 정부보증 없이 무이자 장기 대여인 연성대출(soft loan)을 제공하고 있다.[63] IDA는 스스로의 자본으로 움직이는 것이 아니라, 대출을 위해 선진국으로부터 개발협력의 일환으로 기증이나 IBRD의 순수입 등으로 활동한다.[64] IDA는 두 그룹의 국가로 분류하는데, 그룹 I 은 선진국 및 산유국 22개국이 포함되고, 그룹 II 에는 나머지 국가들이 포함된다. 그룹 I 의 국가는 IBRD의 출자금 비율에 따라 일정한 금액을 태환화폐로 기증하여야 하고, 그룹 II 의 국가는 기증금액의 10%를 태화화폐로 지불하고 나머지는 자국 화폐로 지불하도록 한다. IBRD 대출과 IDA 신용은 상이한 융자조건하에서 이루어지지만, 해당 프로젝트에 대한 평가는 동일한 기준 위에서 이루어진다. 따라서 IBRD와 IDA의 융자는 해당 프로젝트의 특

---

59) IFC 제4조 5(a), IDA 제6조 5(a), MIGA 제32조 b, ICSID 협정 제5조.
60) Bakker, *supra* note 32, p. 58.
61) Sands and Klein, *op. cit.*, p. 90.
62) IDA 협정 제1조.
63) Sands and Klein, *op. cit.*, p. 91.
64) Bakker, *op. cit.*, p. 61.

성에 따라 정해지는 것이 아니라, 해당국의 경제규모나 신용상태 등에 따라 결
정된다.

　　MIGA는 1985년에 설립된 기관으로, 주로 보증이나 공동보험·재보험의 방
법을 통하여 개발도상국에 대한 외국의 투자를 촉진하는 것을 목적으로 한다.
이러한 목적을 위하여 개발도상국에 대한 외국인 민간투자가 상업적 요인 이외
의 위험에 처하는 것을 방지하도록 보장한다.

　　상업 외적 요인의 가장 대표적인 것으로 국유화나 외환제한 같은 것이 있
다. 회원자격은 IBRD 회원국 모두에게 인정되며, 자본수출국과 자본수입국의
두 그룹으로 구분된다. 의사결정 구조는 가중투표제와 두 그룹간 동등대표제의
혼합적 방식을 취하고 있다.65) 자본금은 회원국이 자국의 경제에 맞게 출연한
10억 SDR로 출발하였는데, 자본수출국이 60%를 분담하고, 나머지를 자본수입
국이 분담하도록 하였다.

2. 국제통상질서의 등장

(1) GATT

(가) ITO 설립을 위한 노력

　　제 2 차세계대전 직후 국제사회는 세계경제회복을 촉진하기 위하여 기존의
브레튼우즈 기구인 국제통화기금(IMF)과 세계은행(IBRD)을 보완하는 國際貿易
機構(International Trade Organization: ITO)를 설치하려 하였다.66) 그 단초가 되는
계기는 1943년 9월 미국과 영국간에 개최된 세미나였다.67) 전후의 경제정책에
대한 아이디어를 비교하기 위하여 개최되었던 이 세미나에서 양국은 수량제한,
보조금, 수출세, 국가교역, 차별, 관세인하 등을 내용으로 하는 양자간 협정들을
다자간 체제로 네트워크화하는 것이 필요하다는 데 공감하게 되었다.68) 1945년

---

65) Bakker, *supra* note 32, p. 48.

66) Judith H. Bello and Mary E. Footer, "Uruguay Round: GATT/WTO," 29 *The International Lawyer*(1995), No. 2, p. 335.

67) Robert E. Hudec, *The GATT Legal System and World Trade Diplomacy*(Butterworth Legal Publishers, 1989), pp. 9~10.

68) 1943년의 세미나에서는 모든 유형의 관세장벽이 완전히 금지되어야 하며, 收支상의 위기가 발생한 경우에만 수량제한이 인정될 수 있도록 하는 등 매우 엄격한 내용으로 되어 있었다. *Op.*

11월에는 미국이 「세계무역 및 고용확대에 관한 제안」을 제출하였는데, 이 제안은 국제연합 아래에 국제무역기구를 설립하여 자유무역을 지향하는 국가들이 참가하여 관세 및 기타 무역장벽을 경감하고 철폐하기 위한 교섭을 행할 것을 내용으로 하는 것이었다. 이 제안은 1946년 2월 UN 경제사회이사회에 의해 채택되었고, ITO 헌장을 기초하기 위하여 UN 무역고용회의(United Nations Conference on Trade and Employment)가 소집되었다. UN 무역고용회의에서 지명된 준비위원회[69]는 관세, 무역제한, 보조금, 경제발전 등 국제무역에 관한 모든 분야를 검토하여, 이에 관한 기준을 작성하는 것을 목표로 하였다. 초안작업은 미국이 제출한 「UN 국제무역기구를 위한 제안헌장」(Suggested Charter for and International Trade Organization of the United Nations)을 기초로 하여 진행되었다. 1947년 8월 최종초안이 작성되어, 1947년 11월 하바나에서 개최된 전체회의에 제출되었고, 1948년 3월 24일에는 ITO 헌장문안을 확립하는 최종의정서가 서명되기에 이르렀다.[70]

이와 같이 ITO 헌장을 채택하는 단계까지는 성공적으로 진행되었으나, ITO의 실질적 설립으로 현실화되지는 못하고 말았다. 그 이유는 ITO 헌장의 제안에서부터 채택에 이르기까지 주도적 역할을 담당하였던 미국이 초국가적 힘을 가진 ITO의 출범을 반대하는 상원에 의해 비준이 거부되었고, 미국의 비준을 지켜보던 다른 국가들이 전후 부흥 등의 이유에서 비준을 거부하였던 데 있다. 이로써 ITO를 설립하려던 국제사회의 노력은 결실을 맺지 못하게 되어, ITO 헌장을 채택하는 과정에서 보여준 국제사회의 노력은 수포로 돌아가고 말았다.

(나) GATT의 탄생

「관세및무역에관한일반협정」(GATT)은 국제무역기구를 창설하기 위한 논의 과정에서 성립된 것으로, 독자적으로 체결된 여타의 조약과는 달리 ITO 헌장을 보완하는 보조협정으로 의도된 것이다.[71]

---

cit., p. 15.

69) 준비위원회는 18개 핵심국으로 구성되었는데, 그 18개국 중 소련은 참여하지 아니하였다. *Op. cit.*, p. 12.

70) *Ibid.*

71) John H. Jackson, William J. Davey, and Alan O. Sykes, *Legal Problems of International*

ITO 설립을 위한 검토와 병행하여 UN 무역고용회의에서는 관세인하와 특혜제거 등의 긴급과제에 대한 신속한 협상이 필요하다고 인정되었다. 협상을 진행하기로 합의가 이루어짐으로써, 1947년 4월 제네바에서 개최된 회의에서는 ITO 헌장초안작업과 함께 관세인하를 위한 협상이 시작되었다. 원래 GATT 협상의 기본적 착상은 관세인하협상의 결과를 협정으로 작성한다는 것이었으나, 이에 더하여 관세이행의 장애를 방지하는 몇 가지 일반적 보호조항들도 포함하게 되었다. 그리고 관세인하협상에 참가한 국가들이 협상결과의 이행이 ITO 협상의 종결을 조건부로 하는 것이어서는 아니 된다고 우려함에 따라, GATT는 잠정협정으로 체결되었다.[72] 대부분의 GATT 규정은 ITO를 위해 초안된 조항들에서 도출된 것으로, ITO 헌장이 채택되면 그에 맞게 변경될 수 있는 것으로 이해되었다.[73]

1948년까지 ITO 헌장이 발효되지 못할 것이 분명해지자, 협상에 참여한 국가들은 GATT가 가능한 한 빨리 이행되기를 기대하였다. 그러나 GATT는 제 1 부에서 관세교섭결과와 최혜국대우를 규정하였고, 제 2 부에서는 무역제한의 제거를, 그리고 제 3 부에서는 가입과 탈퇴 등의 절차사항을 주로 다루고 있었는데, 제 2 부 규정을 실현하기 위해서는 체약국 국내법의 개정이 전제되었기 때문에, GATT 자체도 곧바로 적용될 수 없는 상태였다. 1947년 GATT 작성협상에 참가한 국가들은 제 1 부와 제 3 부는 조건 없이 적용하되, 제 2 부의 규정들은 각국 현행법의 범위 내에서 최대한 적용할 것을 내용으로 하는 「잠정적용에 관한 의정서」(Protocol of Provisional Application)를 채택하였다. 잠정적용에 관한 의정서에 따라 각국은 GATT 제 2 부에 모순되는 국내법이 있더라도, 이를 개정하지 않고도 GATT에 가입할 수 있게 되었다. 그러나 GATT 가입 후 국내법을 개정하는 경우에는 원칙적으로 GATT에 합치되도록 하여야 하며, 가입 후 새로운 국내법을 제정하는 경우에도 GATT에 부합하도록 하여야 한다. 이러한 이유 때문에 잠정적용에 관한 의정서의 규정을 「祖父條項」(grandfather clause)이라 부른다. 이 조항의 목적은 1947년 10월 30일까지의 기존 입법이 GATT 규정과 일치

Economic Relations(West Publishing, 1995), p. 295.

72) Hoekman and Kostechi, *supra* note 26, p. 13.

73) Jackson, Davey, and Sykes, *ibid*.

하지 않더라도 이를 인정함으로써 GATT를 시행가능하게 만들기 위한 것이었다.[74] 기존법률의 의미와 관련하여 체약당사국이 잠정적용에 관한 의정서를 서명한 날 이전의 법률인가 아니면 동 의정서가 작성된 날짜에 이미 존재하는 법률인가에 관한 의문이 제기되었으나, 1949년 8월 11일 내려진 체약국단의 결정은 동 의정서의 작성일자인 1947년 10월 30일에 이미 존재하는 법률이라고 확인하였다.[75] 그리하여 1948년 1월 1일 동 의정서가 발효되어 GATT는 이 의정서를 통하여 잠정적으로 적용될 수 있게 되었다. 그리고 앞으로 ITO 헌장이 발효되면 잠정적용에 관한 의정서는 중단되고, GATT가 적용되는 것으로 하였다.

그러나 1950년 12월 미국 행정부는 ITO 헌장 비준안이 상원에서 계속 거부되자, 더 이상 비준을 요청하지 않겠다고 밝힘으로써 ITO는 잉태만 된 채 햇빛을 보지 못하고 말았다. 그 결과 GATT는 ITO에 갈음하여 국제교역에 관한 국가정책을 조정하는 중심적 기능을 수행하게 되었다. 1947년 이래 무역정책을 집행하고 국제무역관계를 규제하는 권리의무간의 복잡한 조직망을 창조하는 데 주요한 역할을 수행하게 된 것이다. 그와 같은 국제기구적 기능에도 불구하고, GATT는 공식적으로는 국제기구가 아니라 정부간에 체결된 국제조약에 불과한 것이었다. 이와 같은 이유에서 GATT는 회원국(member state)이 아닌 締約國(contracting party)만을 가지고 있을 뿐이었다. 그럼에도 GATT는 국제무역시스템에서 수많은 역할을 수행하여 왔다. 관세의 상호적 인하를 위한 협상방법을 제공하여 왔고, 교역에 관한 비관세장벽을 제거하거나 감축시켜 왔으며, 체약국간의 정기적인 다자간 교역협상의 장으로서 기능하였으며, GATT 의무와 관련된 교역분쟁의 해결을 위한 방법을 제공하여 왔다.[76]

(다) GATT의 구조

GATT는 많은 ITO 규정을 수용하고 있었지만, 임시적인 무역협정으로만

---

74) Wolfgang Benedeck, "GATT-The Uruguay Round-WTO," *United Nations: Law, Policies and Practices*(ed. Rudiger Wolfrum et al., Nijhoff, 1995), p. 532.

75) GATT/CP.3/SR.40; 그러나 파키스탄 등과 같은 신생독립국의 경우에는 '예외적 특별상황'(special and exceptional circumstances)에 주의를 기울이도록 요청하고 있다.

76) Lindia C. Rief, "History of the Uruguay Round," *Law and Practice of the World Trade Organization Release 95-3*(Oceana Publications, 1995), pp. 1~2.

인정되었기 때문에 국제기구는 아니었다. 사실상의 기구적 특성조차도 매우 복잡하고 정돈되지 못한 것이었고, 심지어 체약국간에는 GATT가 무엇이 되어야 하는지 컨센서스조차 없는 실정이었다.[77] 이와 같이 GATT가 기구적으로나 법적으로 정돈되어 있지 못했던 까닭은 GATT 기초자들이 GATT를 독립된 것으로 의도한 것이 아닌 데 있었다. 실제로 GATT의 초기에는 체약국단의 공식회의가 개최되었던 한두 차례를 제외하고는 실체로서 존재하지 않았다. 물론 체약국단 회의에서 주요한 결정이 내려지기는 하였으나, 상설기관이 필요하다는 인식이 계속 커지게 됨으로써 점진적으로 그 기구적 구조가 나타나기 시작하였다.

잠정적용에 관한 의정서를 통하여 적용되기 시작한 후 많은 국가들이 신규가입함으로써 GATT가 확대되었지만, 체약국들은 GATT가 자신에게 맡겨진 역할을 수행하기 위하여 부적절하게 적응된 것이라고 인식하고 있다.[78] 그 결과 GATT를 운영할 수 있는 「무역협력기구」(Organization for Trade Cooperation: OTC)를 설치하기로 결정하였으나, OTC 헌장도 ITO 헌장과 마찬가지로 미국상원의 비준을 얻지 못함으로써 무산되고 말았다. 1951년에는 국제수지문제를 이유로 행하는 수입제한문제를 다루기 위하여 「회기간위원회」(Intersessional Committee)가 구성되었다. 동 위원회는 1960년에 들어 일반적 감독과 조정기능을 가진 「이사회」(Council)로 대체되었다.[79]

GATT 체제하의 모든 규제권과 관할권은 체약국의 합의에 기초하여 파생된다. 매년 한 차례 개최되는 締約國團(CONTRACTING PARTIES)[80]의 일반회의는 단순다수결을 원칙으로 하고 있으나, 면제나 가입의 경우를 제외하고는 관행상 컨센서스로 결정이 이루어져 왔다. GATT의 최고위 기관에 해당하는 체약국단은 모든 공식결정과 기능을 수행하여 왔으나, 체약국의 증가와 결정의 빈도가

---

77) Gardner Patterson and Eliza Patterson, "The Road from GATT to MTO," 3 *Minnesotta Journal of Global Trade*(1994), p. 35.

78) Jackson, Davey, and Sykes, *supra* note 71, p. 295.

79) GATT 협정상에는 이사회에 관한 규정이 없고, 1969년 6월 4일 체약국단의 결정으로 이사회가 설치되었다. Oliver Lang, *Law and Its Limitations in the GATT Multilateral Trade System*(1987), p. 47.

80) 「CONTRACTING PARTIES」 또는 「Contracting Parties」는 GATT의 결정권한에 따라 합동으로 행동하는 당사국들을 나타내는 것인 반면, 「contracting party/parties」는 개별적으로 행동하는 당사국을 말하는 것이다. Rief, *op. cit.*, p. 1.

높아짐에 따라 이사회를 설치하여 대부분의 권한을 이사회에 위임하였다. 모든 체약국의 대표로 구성되는 이사회는 분쟁해결을 위한 패널을 지명하고, 패널에 대한 위임조건 등을 결정하는 등, GATT 전반에 걸친 기능을 수행하게 되었다.[81] 그 외에 GATT는 교역정책의 감시를 위한 권한과 협의·협상·중개·분쟁해결을 지원하는 사무국을 두고 있다.[82] GATT 사무국의 공식명칭은 「ITO를 위한 중간위원회」(Interim Commission for the International Trade Organization: ICITO)로서, ITO 협상과정에서 설치된 중간위원회는 ITO 협상이 UN의 후원하에 이루어졌던 까닭에 기술적으로는 UN의 기관이었다. 그러나, ITO가 설립되지 못함으로써 GATT와 UN의 관계는 항상 연계되는 관계는 아니었다.[83]

이와 같이 GATT는 태생적으로 조약에 지나지 않음에도 국제기구적인 구조를 발전시킴으로써, 다자조약으로서뿐 아니라 기능적 법인격을 가지는 정부간 기구로서의 2분법적 성격을 갖게 되었다.[84] 요컨대 GATT는 慣習的 方法으로 발전된 國際機構의 일례를 보여 주는 것으로,[85] GATT 체제는 40년이 넘는 활동기간 동안 사실상의(de facto) 세계무역기구로 발전하였다.[86]

(라) GATT의 발전

(ㄱ) 개   관

ITO를 포기함에 따라 GATT 체약국단에게는 수많은 법률적·기구적 사항을 실용적·사실적 토대 위에서 다룰 임무가 부여되었다.[87] 실용주의는 GATT의 실질적 기능에 깊숙이 스며들게 되었는데, 시간이 경과함에 따라 등장하는 특정의 문제들에 대하여 체약국단은 GATT에게 국제기구로서의 특성을 부여하는 일련의 결정과 보고서, 새로운 보조기관, 그들의 임무를 수행함에 있어 발전

---

81) Jack J. Chen, "Going Bananas: How the WTO Heal the Split in the Global Banana Trade Dispute," 63 *Fordahm Law Review*(1995), p. 1289.
82) 그와 같은 다양한 활동에 비해 그 규모는 매우 작은 것으로서, 1995년에는 약 450명의 직원만으로 유지되었다.
83) Hoekman and Kostechi, *supra* note 26, pp. 14~15.
84) Benedeck, *supra* note 74, p. 534.
85) Jackson, Davey, and Sykes, *supra* note 71, p. 289.
86) Hoekman and Kostechi, *supra* note 26, p. 15.
87) Patterson and Patterson, *op. cit.*, p. 37.

된 관행과 규칙을 승인하였다. 이것은 계속해서 GATT의 기구적·법적 구조를 연약하게 하려는 목적을 가진 것이었고, GATT가 법적으로 공식적인 기구구조를 갖게 되는 것을 꺼려하는 것이었다.[88]

초기에는 GATT는 가입협상과 1950년대 중반 협정개정을 위한 재검토회의, 1957년 유럽공동체의 설립 등이 주된 사안이었다. 그러나 1961년 면직에 관한 단기협정이 서명됨으로써 주요한 헌장적 문제들이 전면으로 부상하기 시작하였다. 이 협정에 이어서 일련의 섬유 및 의류협정이 뒤따르게 되었는데, 이들 협정은 차별금지나 쿼터금지에 관한 GATT 규정과 완전히 상치되는 것이었다.[89] 그 외에도 1960년대 중반에 들어 다자간 협상이 계속되어 수많은 비관세정책에까지 GATT의 범위를 확대하였고, 급기야 WTO의 출범으로 연결되었다. 이에 더하여 1960년대에는 체약국의 수가 두 배 이상으로 증가하였는데, 대부분의 신규가입국은 원체약국과는 달리 개발도상국이었다. 이들이 직면하고 있던 경제적 문제나 국가적 전통은 원체약국들과는 많은 점에서 다른 것이었기 때문에, GATT를 어떻게 관리할 것인가의 문제는 새로운 국면을 맞이하게 되었다.[90]

GATT의 후원하에 1947년의 Geneva, 1949년의 Annecy, 1950~1951년의 Torquay, 1955~1956년의 Geneva, 1960~1961년의 Geneva(Dillon Round), 1964~1967년의 Geneva(Kennedy Round), 1973~1979년의 Geneva(Tokyo Round), 1986~1993년의 Punta del Este(Uruguay Round) 등 8차례의 다자간 무역협상이 개최되었다.

'라운드'라고 불리는 다자간 협상은 1960년대까지는 관세인하에 초점이 맞추어졌으나, 1970년대와 1980년대 GATT의 다자간협상은 교역에 관한 비관세장벽과 국제경제체제의 새로운 교역관련측면을 다루어 왔다.[91]

---

88) *Ibid.*
89) *Op. cit.*, p. 38.
90) Patterson and Patterson, *supra* note 77, p. 38.
91) Rief, *supra* note 76, p. 2.

[표 1-1] GATT 다자간 무역협상

회	연 도	개최장소	주요과제	참가국
1	1947	Geneva	관세	23
2	1949	Annecy	관세	13
3	1951	Torquay	관세	38
4	1956	Geneva	관세	26
5	1960~1961	Geneva (Dillon Round)	관세	26
6	1964~1967	Geneva (Kennedy Round)	관세 및 반덤핑조치	62
7	1973~1979	Geneva (Tokyo Round)	관세, 비관세조치, "framework"협정	102
8	1986~1993	Geneva (Uruguay Round)	관세, 비관세조치, 규칙, 서비스, 지적재산권, 분쟁해결, 섬유 및 의류, 농업, WTO 설립 등	123

여섯 번째까지의 무역협상에서는 전세계에 걸쳐 관세를 성공적으로 인하할수 있었다. 그러나 관세인하분야의 성공과는 달리 무역에 대한 비관세장벽이 발생하기 시작하였다. 보조금, 덤핑, 자국상품구매요구, 투명하지 못한 규칙들, 관세를 보다 많이 부과하기 위한 수입평가제도, 건강과 안전에 관련되는 기준 등이 새롭게 등장하기 시작하였다. 관세인하로 얻게 된 성과는 GATT가 이들 비관세장벽을 해결하는 데 실패함으로써 심각하게 잠식되었다.[92] 일곱 번째인 동경라운드는 비록 주춤거리는 것이기는 하였으나, 무역에 대한 새로운 비관세장벽에 관하여 규칙을 세우는 첫출발이 되었다. 다양한 코드(Code)들이 공산품교역에 관한 GATT의 기본규칙을 보완하기 위하여 협상되었으나, 그 코드들은 강제적인 것이 아니었기 때문에 모든 GATT 체약국이 가입하지는 않는 실정이었다. 더욱이 그 규정들은 무역자유화를 위한 점진적인 단계였을 뿐, 최종적 마무리에 해당하는 것은 아니었다.[93] 1982년 초 제네바에서 미국은 동경라운드의

---

92) Bello and Footer, *supra* note 66, p. 335.
93) *Op. cit.*, p. 336.

효과를 검토하려 하였고, 동경라운드에서 남겨둔 과제들을 심의하기 위하여 새로운 다자협상을 출범시킬 것을 강력하게 요구하였으나, 관철되지 못하였다. 1985년 미국의 무역적자가 치솟고 보호주의적 법안들이 수없이 제출됨에 따라 미국정부는 새로운 다자간 무역협상을 출범시킬 것을 제창하였고, 1986년 9월 우루과이의 푼타 델 에스테에서 각료회의가 개최됨으로써 새로운 무역협상이 시작되었다. 케네디라운드를 기점으로 시작된 비관세무역장벽과 농산물교역문제에 대한 관심은 우루과이라운드(UR)에도 이어졌으며, UR에서는 서비스교역, 지적재산권, 원산지규정 등을 포함하여 종래 GATT에서는 거의 언급되지 않았던 모든 사항들을 다루게 되었다.[94]

(ㄴ) GATT 다자간 무역협상

(a) 초기 라운드   첫 번째 다자간 협상은 1947년 제네바에서 개최되었는데, 이 협상에서 GATT가 창출되었다. 23개국이 참가하여 전 세계교역의 절반에 가까운 45,000품목의 관세양허가 이루어졌다. 프랑스의 Annecy에서 개최된 두 번째와 1951년 영국의 Torquay에서 열린 세 번째 협상의 주된 논제는 신규가입문제였는데, Annecy에서는 9개국이 신규 가입하였고, Torquay에서는 4개국이 추가로 가입하였다. 1955년 제네바에서 개최된 네 번째 협상에서는 일본이 가입하였는데, 이때까지는 그다지 큰 성과를 거두지는 못하였다.

(b) 딜런라운드   1957년 유럽경제공동체의 설립에 뒤이어 GATT의 후원 하에 34개국이 참가하는 다자간 관세협상이 개최되었다. GATT는 어떠한 관세동맹이나 자유무역지대에서도 다른 GATT 체약국에 대하여 보다 높은 관세를 부과하여서는 아니 되도록 하여야 할 것임을 규정하였다. 「딜런라운드」라고 별칭이 붙게 된 이유는 이를 제안한 미국의 국무차관 이름을 따온 데서 연유하는 것이다.

딜런라운드에서는 비교적 만족할 만한 결과가 도출되었는데, 4,400품목에 대하여 관세가 인하되었다. 다만 농산물이나 기타 민감한 공산품분야에는 어떠한 양허도 이루어지지 않았다는 아쉬움을 남기고 있다.

(c) 케네디라운드   1963년 여섯 번째로 개최된 다자간 협상은 미국의 케네디대통령의 이름을 따서 「케네디라운드」라고 부른다. 이 협상에는 총 46개국

---

94) Hoekman and Kostechi, *supra* note 26, p. 15.

이 참가하였는데, 협상의 말미에는 체약국이 74개국으로 확대되었다.

케네디라운드에서는 공산품에 대한 새로운 관세협상방법(across-the-board formula method)이 채택되었다. 동 협상을 통하여 평균 35%의 관세가 인하되었으나, 농산품에 대한 품목별 협상은 큰 성공을 거두지 못하였다. 중요한 것은 관세인하와 함께 비관세장벽에 관한 협상을 이룩한 첫 번째 협상이라는 점이다. 그 결과 반덤핑규정, 특정 상품에 대한 관세평가절차 등을 채택할 수 있었다. 더욱이 케네디라운드에서는 개발도상국에 대한 특혜제도를 공식적으로 도입하였고, 1965년에는 이를 GATT 제 4 부로 성립시키게 되었다.

(d) 동경라운드　　1973년 일본의 동경에서 전세계 무역의 90%를 차지하는 99개국이 회합하여 일곱 번째 다자간 협상이 개최되었다. 「동경라운드」를 통해 수천 개의 공산품과 농산품에 대하여 약 34%의 관세가 인하되었다.

관세의 괄목할 만한 관세인하와 함께 동경라운드에서 특기할 만한 점은 비관세장벽이나 특정 공산품의 규제를 내용으로 하는 일련의 코드들이 채택되었다는 것이다. GATT 제 6 조 · 16조 · 23조의 해석 및 적용에 관한 협정(보조금 및 상계조치코드),[95] GATT 제 6 조 이행협정(반덤핑코드), GATT 제 7 조 이행협정(관세평가코드), 무역에 대한 기술장벽협정(스탠다드코드), 정부조달협정, 수입허가절차협정, 민간항공교역협정, 국제낙농협정 및 우육협정이 그것이다.[96] 이들 코드는 일부 국가만이 서명하였을 뿐, 모든 GATT 당사국이 서명하지는 않았다. 이러한 까닭에 코드 비서명국과의 관계에서 최혜국대우와 관련한 무임승차자(free rider)의 문제가 발생하게 되었다. GATT는 일체약국이 부여하는 모든 무역상의 특권은 모든 서명국에게 인정되도록 하는 최혜국대우조항을 두고 있는데,[97] 새로운 규정으로 인하여 발생한 이익을 규정 비서명국에도 인정할 것인가 하는 점이 문제되었다. 더욱이 각 코드는 분쟁해결을 위하여 제각각 규칙을 두고 있었는데, 상이한 내용으로 되어 있는 경우가 적지 않았다. 이와 같이 GATT의 규정과 새로운 코드간 모순과 충돌은 GATT의 골칫거리로 등장하게 되었다.[98]

이 9개의 규정 외에도 骨格協定(Framework Convention)이라 불리는 4개의

---

95) 이 협정은 케네디라운드에서 협상되었던 것을 개정한 것이다.

96) Rief, *supra* note 76, p. 2.

97) GATT 제 1 조.

98) Patterson and Patterson, *supra* note 77, p. 39.

협정이 채택되었다. 개발목적의 세이프가드조치, 차별적 우대·상호성과 개발도
상국의 완전참가, 수지목적으로 취해진 교역조치에 관한 선언, 고지·협의·분
쟁해결·감시에 관한 선언의 4가지가 그것이다.[99] 코드와 골격협정은 그 성격
이 상이한 것으로, 코드가 선택적인 데 비하여 골격협정은 모든 체약당사국을
구속한다는 점에서 차이가 있다. 골격협정은 특히 개발도상국에 대한 차별대우
와 분쟁해결을 위한 GATT 체제의 법적 기초로서 기능한다는 점에서 중요한 의
의를 가진다.[100]

(마) GATT의 의의

GATT의 목적은 상품과 서비스의 국제교역을 더욱 자유롭게 하고 확장하
는 데 있다. 관세·수량제한·비관세장벽을 감축함으로써 시장접근을 더욱 용이
하게 하고, GATT의 역할을 강화함으로써 합의된 원칙에 따라 세계교역을 확대
하며, 발전과 성장에 영향을 끼치는 경제정책 등의 국제협력을 증진시키기 위한
것이다.

GATT는 4개의 부분으로 구성되는데, 제 1 부는 最惠國待遇와 讓許計劃에
관한 규정을 다루고 있고,[101] 제 2 부는 양허의 가치를 확보하기 위한 추가의
무·예외·자문 및 분쟁해결을 위한 구속력 있는 행동준칙에 관한 것이다.[102]
제 3 부는 영역적 적용과 일반 기구적 규정이며,[103] 제 4 부는 무역과 개발에 관
한 것이다.[104] 특히 제 4 부는 1965년에 추가된 것으로, 개발도상국에 대한 특혜
등을 주된 내용으로 한다. 이와 같은 구조의 본협정에 더하여, 반덤핑협정, 섬유
협정, 보조금 및 상계관세협정, 관세평가협정, 정부조달협정, 수입허가절차협정,
무역에 대한 기술장벽협정, 민간항공기무역협정, 국제낙농협정, 국제우육협정
등의 '코드(Code)'가 차례로 채택되었다.

GATT에 대한 가입은 당사국에게 관세감축과 최혜국대우·내국민대우 등

---

99) Rief, *op. cit.*, p. 2.
100) Benedeck, *supra* note 74, p. 536.
101) GATT 제 1 조 및 제 2 조.
102) GATT 제 3 조~제23조.
103) GATT 제24조~제35조.
104) GATT 제36조~제38조.

의 이행을 전제로 하고 있다.[105] 문제는 GATT 규정이 直接的 效力을 갖는가 하는 점이다. 즉 GATT 규정이 개인에게 권리를 부여하는지 혹은 개인이 이 권리를 국내법원에서 원용할 수 있는지 하는 점이 문제된다. 일부 학자들은 GATT의 법적 중요성을 높이기 위해 직접적 효력을 가져야 한다고 주장한다. 그러나 대부분의 학자들은 GATT 내에서 제한적 제재만을 가지고, 특히 그 애매한 GATT 문장으로 인해 自動執行的이 아니라고 한다. 유럽사법법원은 GATT 규정의 신축성, 허다한 예외, GATT상 분쟁처리의 강제성결여 등을 들어 GATT 규칙의 직접적 효력을 부정하고 있다.[106] 그러나 우리나라의 경우 헌법 제 6 조 제 1 항에 따라 GATT 가입과 동시에 GATT 규정의 국내법적 효력이 자동적으로 인정되며, 이는 대법원 판결을 통해서 재차 확인된 바 있다.[107] 실제로 전북 의회의 학교급식에 관한 조례안과 GATT 1994의 충돌과 관련하여 대법원은 후자에 위반되는 동 조례안은 무효라고 판시한 바 있다. GATT는 국회 동의와 대통령의 비준을 거쳐 공포·시행된 WTO 협정의 부속협정으로서 헌법 제 6 조 제 1 항에 의해 국내법령과 동일한 효력을 가지므로, 지방자치단체가 제정한 조례가 GATT에 위반되는 경우 그 효력이 없다고 하였다.[108]

GATT와 코드의 관계에 관해서는 GATT가 코드에 비하여 우월한 것으로 여기는 학자도 있고, 코드 또한 완전한 조약으로서 GATT에 우월한 것으로 간주하는 학자도 있다. 또 다른 일부는 국제법상 조약간에는 아무런 상하관계가 없으므로, 이 경우 GATT와 코드는 동등한 효력을 갖는다고 보기도 한다. 그러나, GATT와 코드는 병렬적인 것으로, 코드의 개별 규정이 GATT와 양립하지 않을 경우 新法優先의 原則에 따라 코드가 우선한다고 보는 것이 타당하다는 입장[109]에 공감한다. 이와 같이 다양한 코드가 채택된 것은 개발도상국들이 GATT의 확장을 반대하였기 때문에, GATT 개정을 위하여 요구되는 4분의 3 다수의 찬성을 얻기가 어려웠던 점에도 원인이 있다. 역으로 코드는 유사한 인식을 가진 국가간에는 모든 체약국의 협력 없이도 그들끼리만 협력할 수 있음을

---

105) GATT 제33조.
106) Hans Van Houtte, *The Law of International Trade*(Sweet & Maxwell, 1995), pp. 54~55.
107) 대법원 85누448, 91누10763.
108) 대법원 2004추10.
109) Houtte, *supra* note 106, pp. 53~54.

보여주는 것이 된다. 다만 개별 코드는 GATT 체약국이라도 선택적으로 수락할 수 있음으로써, GATT 체제를 약화시키는 원인으로 지적되기도 한다.

(2) WTO의 출범
(가) 우루과이라운드의 경과
(a) 우루과이라운드의 배경
1980년대 들어 경기침체가 계속된 반면, 국제적 투자의 급속한 팽창과 서비스무역의 증대로 국제무역이 한층 복잡해지게 되었다. 이에 따라 많은 분야에서 새로운 통상규칙의 필요성이 대두되었으며, GATT의 분쟁해결제도 또한 효과적으로 기능하지 못하고 있다는 지적이 제기되었다.110) 이와 같은 국제무역의 현실에 대응하기 위하여 GATT는 새로운 다자간 협상을 착상하였는데, 이것이 바로 「우루과이라운드」이다. GATT의 8번째 다자간 무역협상인 우루과이라운드는 GATT 역사상 가장 큰 규모의 협상으로, 1986년 9월 우루과이의 푼타 델 에스테에서 발표된 각료선언에 의해 발족되었다.

1982년 미국은 달러화의 강세와 실업률의 증가에 따른 보호주의압력을 극복하고, 농업 및 기타 보조금을 줄이기 위한 노력을 강화하며, 미국상품의 해외시장접근을 더욱 용이하게 하기 위하여 새로운 GATT 협상을 제안하였다. 이와 같은 미국의 노력은 1982년의 GATT 각료회의에서 폭넓은 지지를 받았으나, 개발도상국들은 미국의 제안에 반대하는 입장이었다. 그 이유는 GATT가 새로운 일정을 추진하게 되면, 그들이 희망하는 상품교역의 장벽에 대한 개혁이 늦추어질 것을 우려하였기 때문이었다. 그러나 미국과 유럽의 일방적 조치와 특혜적 무역협상이 증가하고 있는 경향을 타파하기 위하여는 다자간 무역자유화협상이 필요하다는 데 공감하게 됨으로써, 우루과이라운드가 발족될 수 있었다.111) 우루과이라운드의 구체적 정지작업은 1986년 푼타 델 에스테에서의 회합 전에 이미 마련되었다. 1985년 11월의 체약국단회의는 준비위원회(Preparation Committee)에 대하여 1986년 9월의 각료회의에서 채택될 수 있도록 협상테이블에 올려질 수 있는 새로운 다자간 무역협상의 목적과 주제에 관한 권고를 작성하

---

110) USTR, *The GATT Uruguay Round: Report on Environmental Issues*(1994), pp. 9~10.
111) Jeffery J. Schott, *The Uruguay Round: An Assessment*(Institute for International Economics, 1994), pp. 4~5.

도록 요청하였다. GATT 사무총장 아더 던켈(Arthur Dunkel)을 의장으로 하는 준비위원회는 1982년의 각료회의에서 제기되었던 사안과 문제들을 중심으로 1986년 1월에 작업에 돌입하였다.[112] 1986년 9월 15일 우루과이의 푼타 델 에스테에서 GATT 체약국단회의가 개최되었고, 닷새 후인 9월 20일 「우루과이라운드에 관한 각료선언」(Ministerial Declaration on the Uruguay Round)을 만장일치로 채택하였다.[113] 이에 따라 GATT 우루과이라운드가 공식적으로 출범하게 되었다.

(b) **전반기 협상**   우선 협상과정을 전반적으로 감독하기 위하여 무역협상위원회(Trade Negotiations Committee: TNC)가 설치되었다. TNC 산하에는 상품협상그룹(Group of Negotiations on Goods: GNG)과 서비스협상그룹(Group of Negotiations on Services: GNS)을 두고, 이 두 개의 그룹은 TNC에 보고하도록 하였다. 1987년 1월 28일 우루과이라운드의 구조에 관한 3개의 결정이 이루어졌고,[114] 1988년 2월에는 그동안의 경과를 평가하고 협상을 신속히 진행하도록 지원하기 위하여 중간검토회의를 갖도록 결정하였다.[115] 1988년 몬트리올에서 개최된 중간검토회의에서는 GATT 분쟁해결절차의 개정, 무역정책검토제도의 잠정적 도입, 평균 3분의 1에 달하는 관세감축, 서비스교역 등에 관한 협정이 채택되었다. 다만 농산물교역, 섬유 및 의류, 세이프가드, 지적재산권 부문은 여전히 미결인 채로 남게 되었다. 1989년 4월 5일부터 개최된 TNC에서는 이들 4개 분야에 대하여도 공감대가 형성되어, 4월 8일에는 이들 모두를 잠정적이나마 즉각 적용하자고 결정하였다.[116] 그 직후 TNC는 UR의 최종회의를 1990년 12월 3일 브뤼셀에서 개최하기로 결정하였다. 브뤼셀각료회의에서는 던켈에 의해 최종초안이 제출되었으나, 농업분야·교역관련투자조치분야·반덤핑조치에 관해서는 아무런 내용도 담겨 있지 않았고, 특히 농업분야의 개혁에 관한 합의가 어려워짐으로써 우

---

112) GATT, *GATT Activities 1986*(June 1987), pp. 5~7, recited from 25 *International Legal Materials*(1987), p. 1619; 준비위원회는 체약국들의 다양한 비공식 그룹으로부터 많은 도움을 받았는데, 가장 대표적인 것이 케언즈그룹(Cairns Group)이다. 케언즈그룹은 1986년 호주의 케언즈에서 14개 농업국이 구성한 것으로, 그들의 농산물교역량은 전세계 교역량의 약 25%를 차지한다.

113) GATT, *Basic Instruments and Selected Documents(BISD)*, 33rd Supplement (1987), p. 26.

114) Decisions on Negotiating Structure and Plans for Uruguay Round, 26 *International Legal Materials*(1987), p. 85.

115) GATT, *GATT Activities 1988*(1989), p. 22.

116) *Op. cit.*, p. 24.

루과이라운드는 예정대로 종결되지 못하고 말았다.[117)

(c) 후반기 협상 1991년 2월 26일 협상의 재개가 합의되어 새로운 작업계획이 가동되었고,[118)] 1991년 12월 20일 사무총장 던켈이 지난 5년간의 협상을 통하여 합의된 내용을 토대로 최종의정서초안(Dunkel Draft)을 제출하였으며, 농업분야를 포함하여 당시까지 합의되지 못한 분야에 관하여 예정타협안을 제출하였다. 1992년 초에는 모든 것이 합의되기 전에는 어떠한 것도 마무리하지 않는다(Nothing is final until everything is agreed)는 철학하에 4단계 협상전략(four-track negotiating strategy)이 수립되었다.[119)] 그러나 미국과 유럽공동체간 농업 분야를 둘러싼 대립이 심각해짐으로써 UR의 원활한 진행이 방해되었고, 종래의 GATT 협상과는 달리 다른 국가들도 미국과 유럽공동체간의 농업무역 분쟁 때문에 협상이 서둘러 마무리되는 것을 허용하지 않았다.[120)] 지지부진하던 유럽공동체와 미국간의 농업협상이 1992년 11월 20일 블레어하우스협정의 체결로 농업분야의 이견이 해소됨에 따라 협상이 급진전될 수 있었다.[121)]

1993년 봄 미국대통령 빌 클린턴은 의회에 대하여 1993년 12월까지만 速進協商權('fast-track' negotiating authority)을 요청함으로써 우루과이라운드의 최종기한이 설정되었다. 이와 함께 APEC 회합을 통해 GATT에 갈음하는 선택으로서 지역적 기구를 추구할 수 있다는 움직임에 유럽이 자극받게 됨으로써 우루과이라운드는 신속히 진행되었다. 1993년 6월 GATT의 새로운 사무총장으로 피터 서덜랜드가 임명되었고, 그해 12월 그의 새로운 제안을 계기로 미국과 유럽연합은 강력한 협상에 착수하게 되었다. 그 결과 농업과 반덤핑분야에 관해 타협하게 되었고, 던켈의 섬유협정초안을 받아들임으로써, UR 협정을 일괄해서

---

117) GATT, *GATT Activities 1990*(Geneva, 1991), pp. 23~26.
118) GATT, *GATT Activities 1991*(Geneva, 1992), p. 19.
119) GATT, *GATT Activities 1992*(Geneva, 1993), p. 15; 4단계협상전략은 다음과 같다. 1단계는 농업무역분야의 특정 이행을 포함하는 양자간·복수국간·다자간 시장접근협상이고, 2단계는 서비스교역분야의 첫 번째 국가이행, 3단계는 모든 협정초안에 대한 법적 일치성과 내부적 일관성, 4단계는 최종초안의 잠정적 조정에 대한 TNC의 검토이다.
120) UR 협상은 어려운 과정의 연속이었는데, 특히 농업분야에 있어 심각하였다. 미국은 보조금의 전면철폐를 요구하고 유럽공동체는 그들의 공동농업정책을 그대로 두려고 함으로써 서로 대립하였다. 이에 대해 Cairns Group은 UR이 농업보조금의 실질적 감축을 이룩해야 한다고 주장하였고, 농업분야와 서비스 등의 분야를 연계시키려 하였다. Schott, *supra* note 111, p. 6.
121) GATT, *supra* note 118, pp. 18~19.

수락할 수 있는 기초를 마련하기에 이르렀다.[122]

   (d) 협상의 종결   1993년 12월 15일 UR이 최종적으로 마무리되어, UR 다
자간 무역협상의 결과를 담은 최종의정서가 컨센서스로 채택되었다.[123] 이렇게
하여 7년간을 끌어 온 UR이 마감되어 많은 분야의 개혁이 이루어졌고, 새로운
정부간 기구인 세계무역기구(World Trade Organization: WTO)를 창설할 수 있게
되었다. 이에 따라 TNC는 1994년 4월의 마라케쉬회의에 앞서 WTO의 설립,
WTO 원회원국의 결정, 마라케쉬각료선언 및 결정의 초안 등을 준비하였다.[124]
그리고 문서에 나와 있는 정부간 기구의 명칭이 다자간 무역기구(Multilateral
Trade Organization: MTO)[125]에서 세계무역기구로 변경되는 등, 최종의정서문안의
법적 개정을 위한 절차를 마무리하였다.[126]

   1994년 4월 12일 모로코의 마라케쉬에서 TNC의 각료회의가 개최되었고, 4
월 14일에는 4개의 결정이 이루어졌다. 4월 15일에는 124국 및 EU의 각료에 의
해 마라케쉬선언이 채택되었으며, UR 최종의정서가 서명을 위해 개방되었
다.[127] 이와는 별개로 정부조달협정, 국제우육협정, 국제낙농협정의 3개 복수국
간 무역협정(Plurilateral Trade Agreement)도 서명을 위해 개방되었다. 1994년 12월
8일 개최된 WTO 이행회의에서는 1995년 1월 1일부로 WTO를 출범시킬 것에
합의하였고, 과도기 동안의 문제를 해결하기 위하여 「GATT 1947」과 WTO가 1
년 동안 과도적으로 공존할 것도 결정하였다.[128]

   그러나 WTO가 실제로 발족할 수 있기 위해서는 비준과 이행입법의 제정

---

122) Schott, *op. cit.*, pp. 6~7.

123) GATT, *GATT Activities 1993*(1994), p. 24.

124) GATT, *Focus* No. 104(December 1993), p. 2.

125) UR을 통하여 제안된 새로운 국제기구의 명칭은 미국이 'world'를 사용하는 데 반대함으로써
   Multilateral Trade Organization으로 명명될 예정이었으나, 최종 순간에 'multilateral' 대신에
   'world'를 사용하는 데 합의하여 World Trade Organization으로 명명되었다. Andreas F.
   Lowenfeld, "Remedies Along with Rights: Institutional Reform in the New GATT," 88
   American Journal of International Law(1994), p. 478.

126) Rief, *supra* note 76, p. 10.

127) 7년간의 어려운 협상 끝에 400페이지가 넘는 상세한 무역협정을 창출하였고, 이에 부속하여 회
   원국의 특정 상품과 시장접근에 관한 22,000여 페이지의 구체적 이행계획서가 포함되어 있다.

128) Gabriell Marceau, "Transition from GATT to WTO," 29 *Journal of World Trade*(1995), No.
   4, pp. 147~163; 1995년 당시 GATT 체약국은 128개국이었고, 13개국이 GATT의 공식 회원은
   아니면서 GATT 규칙을 적용하고 있었으며, 35개국이 GATT 옵저버로 참여하고 있었다.

등 각 당사국의 국내법적 절차가 뒤따라야 한다. 우리나라는 1994년 12월 16일 국회의 동의를 받았고, 동년 12월 23일 대통령의 비준을 거쳐 12월 30일자로 공표되었다. 미국은 1994년 1월 1일 의회의 비준과 이행입법을 통과시켰다.

(나) 우루과이라운드의 의의

UR이 시작되었을 때 GATT가 직면하고 있는 많은 문제점들이 나열되었는데, 그 대부분이 의무면제로 점철된 역사에서 유래하는 태생적 결점에서 기인하는 것들이었다.[129] 그런 이유에서 GATT는 허점투성이라고 평가되기도 하였는데, 면제가 많을 수밖에 없었던 까닭은 GATT가 수행하여야 할 역할의 복잡성 때문이었다. 그 역할이란 실질적인 관세의 인하와 기타 무역장벽에 대한 그리고 차별적 대우의 제거를 위한 상호적이고 서로 도움이 되는 협정을 발전시킨다는 것이었다.[130] 그러한 태생적 결점들을 근원적으로 치유하기 위하여 UR에서는 종래의 주된 논의대상이었던 상품무역에 영향을 주는 정책을 논의하는 데 그치지 않고, 투자에 영향을 주는 조치, 서비스, 지적재산권 등이 협상의 장으로 도입되었다.[131] 더불어 체약국들은 기승을 부리는 보호주의에 대해서나 GATT 의무에 반하는 일방적 무역관행에 대하여 점차 많은 관심을 기울이게 되었다.[132] 그 결과 UR에서는 국제무역에 대한 보다 강력한 자유를 추구하게 되었고, 관세인하와 특정품목에 대한 무관세, 농업·섬유 및 의류분야의 과제를 GATT로 수렴하는 등 모든 통상현안을 포괄적으로 다루게 되었다.

WTO의 창설은 GATT 체약국으로 하여금 GATT 1947을 공식적으로 개정하지 않고 우회할 수 있도록 한 것임과 동시에, 협상결과를 모두에게 적용하는 一括採擇方式(single undertakings)[133]을 확보하기 위한 것이었다는 점에서도 매우 큰 의미를 갖는 것이라고 할 수 있을 것이다.

---

129) Marceau, *supra* note 128, pp. 147~163.

130) GATT 서문.

131) 서비스교역 문제는 인도와 브라질을 포함하는 후진국들의 강한 반대로 협상대상에 포함시킬 것인가에 관하여 많은 논란이 있었으나, 결국 UR의 협상대상에 포함되었다.

132) Rief, *op. cit.*, p. 2.

133) 일괄채택방식이란 UR 협상의 결과를 전부 수락하든지, 아니면 전부 거부하든지, 한 방법만을 취하여야 함을 의미한다. Patterson and Patterson, *op. cit.*, p. 40.

제 2 장   WTO의 기본구조

제 1 절   WTO의 구조

1. WTO의 특성

(1) GATT와의 비교

(가) 법적 지위

1994년 4월 모로코의 마라케쉬에서 최종의정서(Final Act)가 채택됨에 따라, 1995년 1월 1일 세계무역기구(WTO)가 설립되었다. WTO는 우루과이라운드(UR)의 결과를 구체화한 것으로, 「관세 및 무역에 관한 일반협정」(GATT)의 계승자로 등장한 것이다.[1] WTO의 설립은 국제사회가 종래의 GATT에 대하여 어떠한 태도를 보여왔는가를 보여 주는 것이다. 그동안 GATT가 사실상의 국제기구로서 기능하고 있음을 부정하지는 않았으나, 그 존재를 국제기구라고 보지 않았음을 반증하는 것이다. 이는 단순한 국제협정에 불과하던 GATT가 국제기구로서의 WTO로 대체되었음을 의미한다.

이와 같이 UR은 WTO 협정을 총괄 시행하며, 앞으로 이를 다듬어갈 수 있는 개선된 기구 구조를 제공한다는 점에서 큰 의미를 갖는다.[2] 「WTO 설립을 위한 마라케쉬협정」(Marrakesh Agreement Establishing the World Trade Organization; 이하 WTO 설립협정)은 WTO의 법인격을 명규하고 있고, 회원국은 WTO가 그 기

---

[1] *World Trade Organization: Trading into the Future*(WTO Information and Media Relations Division, 1995), p. 4.

[2] Susan M. Collins and Barry P. Bosworth, *The New GATT: Implications for the United States* (Brookings Institute, 1994), p. 15.

능을 수행하는 데 필요한 법적 능력과 특권 및 면제를 허용할 것을 규정하고 있다.[3] WTO가 누리는 특권과 면제는 기구 자체뿐 아니라 직원과 회원국 대표에게도 부여되는 것으로, 1947년 11월 21일 UN 총회에서 승인된 전문기관의 특권과 면제에 관한 협정과 유사한 것이다.[4]

(나) 규제대상

GATT 규칙은 상품무역에만 적용되었으나, WTO는 상품무역에 더하여, 서비스무역과 지적재산권의 무역관련측면까지도 규제대상으로 한다.

WTO 설립협정에 따르면, WTO는 이 협정에 포함되는 협정 및 부속서와 관련된 사항에 있어 회원국간의 무역관련행동을 위한 공통의 기구적 구조를 제공하여야 한다고 규정하고 있다.[5] WTO 협정의 구성을 보면, 그 중에는 상품무역에 관한 다자협정뿐만 아니라 서비스무역에 관한 일반협정, 무역관련지적재산권협정이 부속서로 포함되어 있다. 따라서 WTO는 GATT가 규제대상으로 하지 않았던 서비스와 지적재산권에 관계되는 사항을 규제한다는 점에서 GATT와 대비되는 것이다.

이와 더불어 GATT는 잠정적 기초 위에서 적용되었던 반면, WTO상의 책임은 완전한 것이며 항구적인 것이라는 점에서도 차이가 있다.[6]

(다) 가입방식

WTO가 종래의 GATT와 다른 결정적인 요소는 바로 일괄채택방식(single undertaking)을 취하였다는 점이다. GATT는 1980년까지 채택된 많은 무역협정에 대하여 가입을 강제하지 않았으나, WTO는 가입을 위하여 WTO 협정을 일괄적으로 수락하여야 하며, 유보나 조건부의 가입은 인정하고 있지 않다.[7] 이와 같이 WTO 협정의 수락이나 가입여부는 일괄채택방식을 취함으로써, 특히 개발도

---

3) WTO 설립에 관한 마라케쉬협정 제8조 제1항, 제2항, *The Law of the WTO: Final Text of the GATT Uruguay Round Agreements, Summary*(Oceana Publications, 1995), p. 178.
4) WTO 설립협정 제8조 제4항.
5) WTO 설립협정 제2조.
6) World Trade Organization, *supra* note 1, p. 11.
7) WTO 설립협정 제16조 제5항.

상국을 포함한 많은 국가들이 과거 무임승차를 누려왔던 분야에서 새로운 의무를 즉시 이행하여야 한다.[8]

일괄채택방식은 우루과이라운드협정과 GATT를 단일화된 법적 구조로 통합하는 것으로, 종래 GATT가 지니고 있던 몇 가지 문제점을 해결하게 되었다.[9] 첫째, 대부분의 협정을 하나로 통합함으로써, 현재까지 존재하던 GATT상의 권리와 책임이 분할되던 것을 제거하게 되었다. 이러한 통합체제에 따라 모든 회원국은 단일화된 분쟁해결체제와 무역검토제도상의 감시를 포함하여 다자간 협정을 준수하여야 한다. 둘째, 이러한 통합을 통하여 소위 '무임승차자'(free riders)의 문제를 많이 줄일 수 있게 되었다. WTO에 있어서도 개발도상국은 새로운 의무에 관하여 장기의 과도기간이 허용되었으나, 종국적으로는 선진국과 같이 그러한 의무를 수행하도록 요구하고 있다. 더욱이 저개발국에 대한 의무면제가 인정되는 경우에도 엄격한 요건하에 일정한 기간 동안만 인정된다. 셋째, 우루과이라운드의 무역자유화를 위한 노력은 세계경제가 점차 하나로 통합되는 것과 함께 더욱 많은 국가들이 GATT에 참여하게 되었다. 따라서 WTO는 GATT에 비하여 훨씬 더 보편적인 것이 되었다. 넷째, GATT는 잠정적 기초 위에서 적용되던 것이었지만, 잠정적 적용은 우루과이라운드 최종의정서에 의하여 완전히 적용되기에 이르렀다. 그러나, 제 4 부속서상의 복수국간 무역협정(Plurilateral Trade Agreement: PTA)은 일괄채택방식을 따르지 않고, 서명국에만 적용된다.

이와 더불어 GATT에서 인정되던 「잠정적용에 관한 의정서」는 GATT 1994에 포함되어 있지 않음으로써, 소위 말하는 조부조항은 인정되지 않게 되었다. 이에 따라 모든 회원국은 자국의 국내법규 및 행정절차를 부속서상의 다자협정에 규정되어 있는 의무에 합치시켜야 함으로써,[10] WTO에서 인정되지 않는 일방적 보복조치나 무역상의 장벽은 금지되고 있다.

---

8) Jeffery Schott, *The Uruguay Round*(Institute for International Economics, 1994), p. 15.
9) Judith H. Bello and Mary E. Footer, "Uruguay Round: GATT/WTO," 29 *The International Lawyer*(1995), pp. 340~341.
10) WTO 설립협정 제16조 제 4 항.

(라) 분쟁해결

WTO의 분쟁해결절차는 GATT에 비해 신속성을 요구하고 있고, 기계적으로 적용되는 차이를 갖고 있다. 따라서 GATT 체제상의 분쟁해결절차에 비하여 방해를 덜 받게 된다. 뿐만 아니라, WTO 분쟁해결절차에서 채택된 결정은 GATT에 비해 그 이행이 쉽게 확보될 수 있다는 장점이 있다. 분쟁해결절차에 관한 자세한 설명은 제 3 절에서 상론한다.

(2) WTO의 역할

(가) 목   적

WTO의 설립으로 국제통상체제는 국제법인격을 가진 완전한 형태의 국제기구 위에 굳건히 설 수 있게 됨으로써, 견고한 구조를 갖추게 되었다. WTO는 주목할 만한 국제기구의 창설을 상징하는 데 그치지 않고, 국제사회가 완전히 기능할 수 있는 통상체제를 만들었다는 데 더욱 중요한 의미가 있는 것이다.[11] 즉 WTO는 협정문과 부속문서에 관련된 사항에 관하여 회원국간 통상관계의 수행을 위한 공통의 기구적 틀을 제공하는 것이다.

WTO의 기초가 되는 철학은 시장개방, 비차별, 국제무역상의 세계적 경쟁이 모든 국가의 복지에 도움이 되는 것이어야 한다는 것이다.[12] 이를 위하여 WTO 설립협정은 WTO의 목표와 목적을 설정하고 있다. WTO는 회원국들간의 관계에서 무역과 경제분야의 노력을 행함에 있어, 생활수준의 향상·완전고용·실질소득과 유효수요의 충분하고 꾸준한 성장·상품과 서비스의 생산·무역의 확대를 목표로 하고 있다.[13] 이러한 목표를 달성하기 위한 수단으로써 WTO는 두 가지 목적을 제시하고 있다. 하나는 실질적인 관세인하와 무역상의 비관세장벽을 감축할 수 있도록 하는 것이고, 다른 하나는 국제무역관계에 있어 차별적 대우를 제거하는 것이다.[14] 이들 목적을 달성하기 위하여는 세 가지 전제가 있

---

11) Ashif H. Qureshi, *The World Trade Organization*(Manchester, 1996), p. 3.

12) Bernald M. Hoekman and Michel. M. Kostechi, *The Political Economy of the World Trading System*(Oxford, 1995), p. 1.

13) WTO 설립에 관한 마라케쉬협정 서문, *The Law of the WTO: Final Text of the GATT Uruguay Round Agreements, Summary*, p. 175.

14) *Op. cit.*, p. 177.

다. 첫째, 세계의 자원에 대한 최적의 이용과 일치되는 방법으로 이들 목적이 추구되어야 한다. 둘째, 지속적 개발의 수요와 환경의 보존 및 보호에 대하여 유의가 이루어져야 한다. 셋째, 개발도상국이 그들의 경제적 개발에 대한 수요를 반영하는 국제교역의 발전에 있어 동참할 수 있는 수준을 취할 수 있도록 확보하여야 한다.[15]

(나) 기   능

무역정책에 있어 가장 최선의 방법은 자유무역이다. WTO는 GATT나 서비스무역에 관한 일반협정 등을 통하여 무역장벽의 감축과 관세의 단계적 감소를 통하여 이러한 목적을 달성할 수 있도록 하는 것이다.[16] 그러나 WTO는 흔히 알려진 바와 같이 자유무역을 위한 기관이 아니라, 공정한 무역을 위한 기관에 지나지 않는다.[17] 이러한 모습은 GATT에 있어서와 동일한 것으로, GATT는 어디에서도 궁극적 목적을 자유무역이라고 언급한 적이 없다. 그 대신 무역장벽의 감축을 촉진하고, 체약당사국들에게 시장접근의 조건과 관련하여 평등성을 확대하도록 함으로써,[18] 공정한 무역을 확보하기 위한 노력을 전개하여 온 것이다.

이러한 취지에 따라 WTO는 다음과 같은 기능을 가진다. 첫째, 관세인하와 무역상의 비관세장벽을 감축하고, 국제무역관계의 차별철폐를 위한 실질적인 행동규범을 제공한다. 둘째, WTO는 실질적 규범집행을 위한 기구적 구조를 제공하는 것으로, 과거의 모든 무역협정과 모든 UR 협정의 집행과 운용을 위한 통합적 구조를 갖고 있다.[19] 셋째, WTO는 실질적 규범의 이행을 확보한다. 이를 위하여 무역관련사항의 분쟁해결을 위한 장을 제공하고,[20] 국가의 무역정책 및 관행을 감시하게 된다.[21] 넷째, WTO는 회원국간 국제무역관계에 관한 매개물로서 행동하게 된다. 특히 향후의 무역자유화협상과 국제무역체제의 개선을 위

---

15) *Op. cit.*, p. 175.
16) Bernard M. Hoekman, *Trade Laws and Institutions: Good Practices and the World Trade Organization*(The World Bank, 1995), p. xv.
17) World Trade Organization, *supra* note 1, p. 6.
18) Hoekman and Kostechi, *supra* note 12, p. 13.
19) WTO 설립협정 제 3 조 제 1 항.
20) WTO 설립협정 제 3 조 제 3 항.
21) WTO 설립협정 제 3 조 제 4 항.

한 장으로서 기능하게 된다.[22] 마지막으로, WTO는 세계경제정책의 강력한 통합을 위하여 국제통화기금(IMF)이나 국제부흥개발은행(IBRD) 및 그 부속기관들과 협력하게 된다.[23]

WTO가 규율하는 다양한 조약들은 주권국가나 관세지역간에 적용되는 것으로, 정부정책을 다루는 것이다. 환언하면, WTO는 사인간의 거래행위에는 직접 관계하지 않고 정부의 조치만을 다루는 것으로, 관세·쿼터·보조금·국가무역과 같은 무역정책수단에 관한 규율을 확립하는 것을 목적으로 한다. 이와 같이 WTO는 교역이나 국내시장으로 수입된 상품이 직면하고 있는 경쟁조건에 영향을 주는 정부의 규제적 행동을 규율하는 국제기구로 존재한다.[24] 기능적 측면에서 보면, WTO는 과거의 GATT와 전혀 차이가 없는 것이나, 앞서 언급한 바와 같이 그 법적 지위에 있어서는 종래의 GATT와 현격한 차이가 있음을 알 수 있다.

(다) WTO의 한계

이상에서 보는 바와 같이 WTO의 기구적 구조는 완벽한 것은 아니지만, 국제통상체제의 기초적인 헌장적 구조를 제공하는 것이라고 할 수 있다. 즉 국제무역분야의 입법메커니즘을 제공하고, 분쟁해결기구를 제공하며, 감시장치와 집행구조를 제공하는 것이다. 뿐만 아니라, 그 헌장적 구조는 국제무역관계의 긴박성이 가지는 한계를 대응할 수 있도록 탄력성을 갖고 있다. 이에 따라 WTO의 입지는 종래보다 광범해진 국제경제질서 상황에서도 매우 안정되어 있다.

그러나, WTO에도 몇 가지 단점이 발견되고 있다. 첫째, WTO의 목적과 목표는 그 범위가 매우 제한되어 있다는 점이다. 둘째, WTO는 미래의 국제통상규제가 객관적으로 결정된 국제통상체제의 필요에 대응하도록 하는 효과적 장치라기보다, 국제로비스트의 영향력에 따라 제한될 수 있는 한계를 가지고 있다. 셋째, WTO가 회원국의 의지와 다르게 행동할 때 그 국제적 법인격은 매우 초보적인 것일 수밖에 없다. 넷째, WTO의 창설은 완전히 새로운 협상에서 비

---

22) WTO 설립협정 제 3 조 제 2 항.
23) WTO 설립협정 제 3 조 제 5 항.
24) Hoekman and Kostechi, *supra* note 12, p. 9.

롯된 것이 아니고, GATT로부터 나온 것이라는 점이다. 그런 까닭에 WTO는 GATT의 단점 중 일부를 이어받았다. 실제로 종래 GATT의 관행은 향후 WTO 행동의 중심축이 되고 있다. 나아가 기술적인 측면에서 보면, WTO 구조하의 실체법은 아직 성문화되어 있지 않고, 여전히 상이한 국제협정의 모자이크로 구성되어 있다. 이것은 복잡성을 보여줄 뿐만 아니라, 협정간의 불일치나 충돌을 야기할 가능성이 있음을 보여준다. 이러한 이유에서 앞으로 WTO의 기구적 변화가 나타날 것이라는 것은 명약관화한 것이다.[25]

2. WTO의 구성

(1) 회 원 국

(가) 가입자격

회원국은 원회원국과 신규가입국으로 구분된다. 원회원국의 자격은 WTO 설립협정 발효시에 GATT 1947의 체약당사국으로서, WTO 설립협정과 제 1 부속서상의 다자간무역협정을 받아들이고, 서비스무역협정에 부속된 이행계획서를 수락한 국가에 국한된다.[26] 유럽공동체도 원회원국의 자격을 가진다. 그러나, UN이 최빈국이라고 인정하는 경우에는 그 국가의 발전과 재정·무역상의 필요 또는 자국의 행정적·제도적 능력에 맞는 범위 내에서 이행하고 양허하면 원회원국의 지위를 가진다.[27]

신규가입의 자격은 WTO 설립협정과 다자간무역협정, 서비스무역협정상의 이행계획서를 수락한 국가에 인정되는데, 가입희망국과 WTO 간에 합의된 조건에 따라 가입이 허용된다. 가입을 원하는 국가는 기존 회원국과 양자적 기반 위에서 시장접근을 포함하는 양허에 관한 합의를 도출하는 협상을 행하여야 한다. 실제로는 가입희망국과 주요 무역이해를 가진 국가간의 상호적 합의에 달려 있는 경우가 대부분이다. 가입희망국은 필요한 WTO 의무 모두를 수락하여야 하며, 자국의 법과 규칙을 WTO 의무에 합치하도록 하는 것이 요구된다. 신규회

---

25) Qureshi, *supra* note 11, p. 9.
26) WTO 설립협정 제11조 제 1 항.
27) WTO 설립협정 제11조 제 2 항.

원국에 대한 가입결정은 각료회의의 결정으로 이루어진다. 그리고, 대외무역관계와 WTO 설립협정 및 다자간무역협정상의 사항을 수행하는 데 완전한 자치능력을 갖춘 독립된 관세지역도 이상의 조건을 구비하면 가입이 허용된다.[28) 이 규정에 따라 홍콩과 마카오는 1995년 1월 1일 WTO 설립시부터 회원 지위를 갖고 있고, 2001년 도하각료회의에서 대만이 독립된 관세지역으로서 가입이 허용되었다.

GATT 제15조상의 규정에 따른 의무의 면제는 WTO 설립협정 제 9 조에 의하여 연장되지 않는 한, WTO 발족 후 2년 내에 종료되어야 한다.[29) 회원국은 다른 회원국과의 관계에서 WTO 협정과 다자간 무역협정을 적용하지 않음을 밝힐 수 있다. 동 조항은 쌍방이 모두 WTO 회원국이 되는 시점에만 적용되며,[30) 원용하는 국가가 가입승인 전에 각료회의에 그 뜻을 고지한 경우에만 적용된다.[31) 원회원국간에도 이미 GATT 제35조에 따라 적용되어 효력을 유지하고 있는 경우에는 이러한 '非適用條項'(Non-Application Clause)이 적용될 수 있다.[32) 회원국의 WTO 경비에 대한 분담금은 당해 회원국의 국제통상에서의 점유지분에 따른다.[33)

(나) 탈   퇴

탈퇴의 자유가 인정되고 있으나, 탈퇴의 고지가 WTO 사무총장에게 접수된 후 6개월이 지나야 그 효력이 발생하도록 하였다. 탈퇴의 효과는 WTO 설립협정과 다자간 무역협정 모두에 나타난다.[34) 이는 GATT에서와 같이 탈퇴의 자유를 인정하되, 일정기간의 과도기간을 둠으로써 WTO 체제의 안정성을 유지하려는 목적을 가진 것이다.

---

28) WTO 설립협정 제12조 제 1 항.
29) GATT 1994하의 의무면제에 관한 양해각서 제 2 조.
30) WTO 설립협정 제13조 제 1 항.
31) WTO 설립협정 제13조 제 3 항.
32) WTO 설립협정 제13조 제 2 항.
33) WTO 설립협정 제 7 조 제 4 항.
34) WTO 설립협정 제15조 제 1 항.

(2) WTO의 기관

WTO의 기구적 구조를 개관하면 그 기본구조는 간결하고 단순한 형태의 전형이라 할 수 있다.[35]

WTO는 國際機構로서의 法人格을 보유하며, 그 기능수행을 위한 특권과 면제가 인정된다. 특권과 면제는 국가의 사법적 관할권으로부터의 면제, 집행조치로부터의 면제, 토지 및 재산, 문서의 불가침, 통화 및 재정특권의 향유, 공적 통신의 자유 등 5가지 측면에서 향유되는 것이다. 사무국과 사무총장을 두고, 예산조치나 다른 국제기구와의 관계를 발전시키기 위한 권한을 인정받는 등 전통적인 기구규정도 갖추고 있다.[36] 이와 같이 WTO 설립협정은 세계무역기구의 기구적 측면을 강화시켰다는 점에서 좋은 평가를 받을 수 있다. 그러나, IMF나 IBRD의 집행위원회에 견줄 수 있는 운영위원회가 없음으로써, WTO의 운영은 일반이사회에 의해 이루어지게 되어, 효율성이 떨어질 수 있다는 점이 문제점으로 지적될 수 있다.[37]

WTO는 단계적 구조를 갖고 있는데, 피라미드형 구조를 갖추고 있다. 최고 정점에는 각료회의가 있고, 그 다음 단계에는 일반이사회가 있다. 다음 단계로는 상품무역이사회, 서비스무역이사회, 무역관련지적재산권이사회와 같은 전문화된 이사회가 있으며, 일련의 수평적 위원회[38]가 있다. 그 아래에는 독립된 다자간무역협정에 따라 설치되는 위원회가 있는데, 이 위원회들은 각각의 전문화된 위원회에 보고하게 된다. 전체로는 약 70개의 기관이 있는데, 그 중 34개는 상설기관이다.[39]

(가) 각료회의

각료회의(Ministerial Conference)는 모든 회원국의 고위급 대표로 구성되는

---

35) Mary E. Footer, *An Institutional and Normative Analysis of the World Trade Organization*(Martinus Nijhoff, 2006), p. 3.

36) J. Jackson, W. Davey, and A. Sykes, *Legal Problems of International Economic Relations* (West, 1995), p. 304.

37) Schott, *supra* note 8, p. 16.

38) 상설위원회, 가입에 관한 작업단, 복수국간 무역협정에 따른 위원회.

39) Footer, *supra* note 35, p. 36.

WTO 최고의 기관으로, GATT의 체약국단에 견줄 수 있는 것이다.[40] 매 2년마다 1차례 이상 회합하도록 되어 있는데, 주로 회원국의 통상장관들이 참석하게 된다. 각료회의는 WTO의 기능을 수행하게 되며, 그 기능을 수행하기 위한 범위 내에서 필요한 조치를 취하게 된다. 그 외에도 다자간 무역협정의 모든 사항에 관하여 결정권을 가지는 최고의 권위를 가진다.[41]

각료회의의 중요성은 회원국이 각료 차원에서 만나는 유일한 장소라는 점과, 최고위의 결정기관이라는 점에 있다. 각료회의는 결정권한 외에 WTO 협정에 규정되어 있는 다양한 권한을 갖고 있다. 사무총장의 지명권과 사무총장의 권한과 의무, 근무조건 및 임기에 관해 규칙을 채택할 수 있다.[42] 그러나 실제로는 2005년까지 10년 동안 사무총장의 지명은 일반이사회에서 이루어졌는데, 그 이유는 각료회의가 2년의 기한마다 개최되는데 있다. 그 외에도 사무국 직원의 의무와 근무조건을 규율하는 규정,[43] WTO 협정의 유권적 해석을 채택할 배타적 권한,[44] 회원국에게 부과되는 의무의 면제 부여,[45] WTO 협정의 개정 채택권,[46] WTO 가입 승인권[47] 등이 있다.

각료회의 산하에는 무역개발위원회, 무역수지위원회, 예산·재정·행정위원회의 3개 위원회를 설치하도록 규정하였고, 그 외에도 필요한 위원회를 더 둘수 있도록 하였다. 이에 따라 1994년 4월 마라케쉬에서 개최된 각료회의의 결정에 따라 첫 번째 일반이사회에서 무역환경위원회를 설치하도록 하였다. 그 중 무역개발위원회는 후진국에 관한 다자협정상의 특별규정을 정기적으로 검토하고, 적절한 조치를 위하여 일반이사회에 이를 보고한다. WTO의 모든 회원국은 이들 위원회의 구성원이 될 수 있다.[48]

---

40) Jack J. Chen, "Going Bananas: How the WTO Can Heal the Split in the Global Banana Trade Dispute," 63 *Fordahm Law Review*(1995), p. 1291.
41) WTO 설립협정 제 4 조 제 1 항.
42) WTO 설립협정 제 6 조 제 2 항.
43) WTO 설립협정 제 6 조 제 3 항.
44) WTO 설립협정 제 9 조 제 2 항.
45) WTO 설립협정 제 9 조 제 3 항.
46) WTO 설립협정 제10조.
47) WTO 설립협정 제12조.
48) WTO 설립협정 제 4 조 제 7 항.

(나) 일반이사회

일반이사회(General Council)는 회원국의 대표로 구성되는데, 필요하다고 생각하는 시기마다 개최할 수 있다. 보통 제네바에 있는 각국 대표들이 참여하게 되는데, 각료회의가 열리지 않는 동안 각료회의의 모든 기능을 수행하게 된다. 그 외에도 WTO 설립협정에서 부과된 기능을 수행한다.[49) 일반이사회는 일반적 결정권한, WTO 설립협정에 기반한 특정 권한, 하위 기관에 대한 감독권한 등 3가지 다른 차원의 집행 권한을 갖고 있다. 이러한 의미에서, 일반이사회는 WTO의 기관차에 해당하는 것이라고 할 수 있다.[50) 일반이사회는 종래 GATT와 비교할 때, GATT 이사회(GATT Council)에 해당하는 것이다.[51)

일반이사회는 분쟁해결에 관한 양해각서에 따라 설치되는 분쟁해결기구와, 무역정책검토제도에 따라 설치되는 무역정책검토기구에 임무를 부과하기 위하여 적절한 때 회합하게 된다. 분쟁해결기구와 무역정책검토기구는 독자적인 의장을 선출하고, 부과된 임무를 수행하기 위해 필요한 독립된 절차규칙을 가진다.[52)

일반이사회 산하에는 상품무역이사회, 서비스무역이사회, 무역관련지적재산권이사회를 설치하게 된다. 이들 이사회는 모든 회원국의 대표들로 구성되는데, 각각 상품무역에 관한 다자협정, 서비스무역에 관한 일반협정, 무역관련지적재산권협정상의 임무와 일반이사회가 부과한 기능을 수행하게 된다. 이를 위하여 독자적인 절차규칙을 제정할 수 있는데, 그 절차규칙은 일반이사회의 승인을 받도록 하고 있다. 세 이사회는 필요하다고 생각될 때마다 회합할 수 있고,[53) 각 이사회는 그들이 필요하다고 인정하는 보조기관을 설치할 수도 있다.[54)

그 외에도 복수국간 무역협정상의 기능을 수행할 기관을 설치하게 되는데, 이들 복수국간 무역협정상의 기관은 WTO의 기구구조 내에서 운영되며, 그 활동상황을 일반이사회에 고지하여야 한다.[55)

---

49) WTO 설립협정 제4조 제2항.
50) Qureshi, *supra* note 11, p. 6.
51) Chen, *supra* note 40, p. 1291.
52) WTO 설립협정 제4조 제3항, 제4항.
53) WTO 설립협정 제4조 제5항.
54) WTO 설립협정 제4조 제6항.
55) WTO 설립협정 제4조 제7항.

(다) 무역정책검토기구

무역정책검토기구는 본질상 다른 구조하에서 활동하는 WTO 일반이사회로
서,[56] 무역정책검토기구의 설립은 WTO의 기구구조상 가장 큰 특징이라 할 수
있다. 본 기구의 목적은 회원국이 WTO의 규칙과 규율, 양허를 잘 따르도록 하
기 위하여,[57] 그리고 다자간 무역체제에 대한 회원국의 무역정책과 관행의 영
향을 검토하기 위하여,[58] 국내법과 관행의 투명성을 더욱더 강하게 확보하기
위한 것이다. 즉 무역정책검토기구는 UR을 통해 채택된 다자간 무역규칙을 강
화하고, 세계무역체제를 안정되게 하는 중요한 요소이다.

무역정책검토기구는 회원국의 무역정책과 관련제도 및 관행을 정기적으로
검토하여, 회원국이 무역상의 의무를 어떻게 준수하는지를 검토하고, 상품과 서
비스의 무역을 방해하는 장벽을 작성한다.[59] 이를 통하여 회원국의 무역정책과
관행의 투명성을 확보함으로써, 회원국으로 하여금 다자협정하의 규칙이나 내
용의 이행을 독려하고, 다자간 무역체제의 기능을 더욱 원활히 하는 것이다. 이
와 같이 무역정책검토기관은 회원국 무역정책의 투명성을 요청하는 것이기는
하나, 협정상의 의무시행이나 분쟁해결절차를 위한 토대로서 기능하기 위한 것
이 아니며, 회원국에 새로운 정책이행을 부과하기 위한 것도 아니다.[60] 또한 무
역정책검토기구의 검토는 회원국의 관행이 세계무역규칙에 부합 혹은 일치하는
가의 여부를 판단하는 것이 아니라, 단순한 협의의 형식을 취하게 된다.[61]

무역정책검토기구는 무역정책검토제도를 운영하고 세계무역체제의 발전에
관한 연례보고서를 제출할 책임이 있는데, 검토결과는 일반이사회에 보고한다.
검토방법은 대상국이 규정에 따라 제출한 보고서 및 사무국이 작성한 보고서에
기초한 토의와, 회원국 무역정책에 관한 세미나의 형식으로 진행된다. 각 회원
국에 대한 검토정도는 다자간 무역체제의 기능에 미치는 개별 회원국의 영향에
따라 결정된다. 미국 · 일본 · EU · 캐나다 등 최대 교역국 4국은 2년마다, 5위에

---

56) WTO 설립협정 제 4 조.
57) WTO 설립협정 제 3 부속서 A (i).
58) WTO 설립협정 부속서 A (ii).
59) Schott, *supra* note 8, p. 16.
60) WTO 설립협정 제 3 부속서 A (i).
61) Schott, *supra* note 8, p. 141.

[그림 2-1] WTO 기구구성

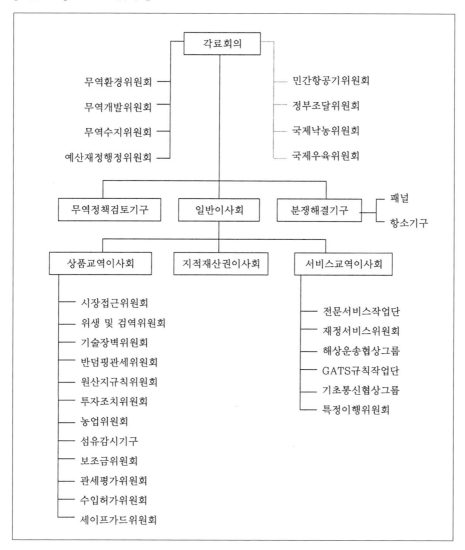

각료회의

무역환경위원회
무역개발위원회
무역수지위원회
예산재정행정위원회

민간항공기위원회
정부조달위원회
국제낙농위원회
국제우육위원회

무역정책검토기구　　일반이사회　　분쟁해결기구 ── 패널
　　　　　　　　　　　　　　　　　　　　　　　 └ 항소기구

상품교역이사회　　지적재산권이사회　　서비스교역이사회

시장접근위원회
위생 및 검역위원회
기술장벽위원회
반덤핑관세위원회
원산지규칙위원회
투자조치위원회
농업위원회
섬유감시기구
보조금위원회
관세평가위원회
수입허가위원회
세이프가드위원회

전문서비스작업단
재정서비스위원회
해상운송협상그룹
GATS규칙작업단
기초통신협상그룹
특정이행위원회

서 20위까지의 16개국은 4년마다, 여타 국가들은 6년마다 행하되, 최빈국은 그 기간을 연장할 수 있게 하였다.[62]

(라) 분쟁해결기구

분쟁해결기구와 무역정책검토기구는 일반이사회와는 구별되는 별도의 기

────────────

62) WTO 설립협정 제 3 부속서 C (i).

관으로, 그 자신만의 권한을 가진다. 1996년 분쟁해결기구는 수행규칙(Rules of Conduct)을 채택한 바 있는데, 동 규칙은 패널위원과 패널을 지원하는 사무국 직원의 임무수행을 위한 내용을 담고 있다. 이는 분쟁해결기구에 내재된 권한을 행사한 것으로 볼 수 있는 것이다. 2000년 10월 분쟁해결기구의 권고 이행을 위해 부여된 합리적 기간을 한 달 연장하는 결정도 내재된 권한에 따라 행한 것이다. 이행을 위한 합리적 기간을 연장한 것은 미국-해외판매법인 사건[63]에서 미국 의회가 미국 세법에 규정된 외국판매회사 관련 규정을 개정하는데 시간이 더 필요하였기 때문이었다. 분쟁해결기구는 분쟁해결규칙 및 절차에 관한 양해각서 제21조 제 3 항에 근거하여 회원국의 요청에 따라 분쟁해결기구의 결정 이행을 위한 합리적 기간을 부여할 권한이 있다. 이러한 권한에는 제21조 제 3 항 (c)에 따라 합리적 기간에 관한 기속적 중재에의 회부 및 내재된 권한의 확대에 의해 이러한 합리적 기간을 수정하는 권한을 포함하는 것이다.[64]

분쟁해결기구는 패널과 상설항소기구(Standing Appellate Body)로 구성되는데, 자세한 내용은 제 3 장 분쟁해결절차에서 자세히 논하기로 한다.

(마) 전문이사회

전문이사회인 상품무역이사회, 무역관련서비스이사회, 무역관련지적재산권이사회는 일반이사회의 바로 아래 단계에서 각료회의와 일반이사회가 그 기능을 수행하는 것을 돕는다. 예컨대 다자간무역협정의 유권적 해석과 관련하여 해당 전문이사회의 권한은 권고적일 뿐이며, 그 권한도 해당 협정에 실질적 감독권한을 가진 경우에만 가능하다.

WTO 설립협정 제 4 조 제 5 항에 근거하여 상품무역이사회는 부속서 1가의 다자간 무역협정의 운영을 감독하고, 서비스무역이사회는 서비스무역에 관한 일반협정의 운영을 감독하며, 무역관련 지적재산권이사회는 무역관련 지적재산권에 관한 협정의 운영을 감독한다. 이들 이사회는 각각의 협정과 일반이사회에 의하여 부여된 기능을 수행하게 되는데, 일반이사회의 승인에 따라 각각의 의사규칙을 제정하게 된다. 이사회는 자신의 기능을 수행하기 위하여 필요할 때마다

---

63) United States - Tax Treatment for "Foreign Sales Corporations"(US - FSC, DS108).

64) Footer, *supra* note 35, p. 51.

회합하게 되며, 각 이사회는 WTO 설립협정 제 4 조 제 6 항에 따라 필요한 보조
기관을 추가로 둘 수 있다. 예컨대 상품무역이사회는 GATT 1994 제17조 해석
에 관한 양해각서 제 5 항에 따라 회원국 국가무역기업의 통고 및 상호통고를
검토하기 위해 국가무역기업에 관한 작업단을 설치한 바 있다.

서비스무역에 관한 일반협정에 따라 서비스무역이사회는 서비스무역에 관
한 일반협정의 운용을 촉진하고 그 목적을 증진하기 위하여 자신에게 부여될
수 있는 기능을 수행한다.[65] 이 규정을 통해 볼 때 서비스무역이사회는 일정한
대외적 권한을 갖는 것으로 볼 수 있다. 예컨대 서비스 분야에 관해 UN이나
UN의 전문기관과 협의하고 협력하는 것은 일반이사회의 권한이지만, 일반이사
회는 이를 서비스무역위원회에 이양할 수 있다.

무역관련 지적재산권이사회는 TRIPs 협정의 기능을 감독하는데, 그 감독권
한은 매우 광범한 것이다. 지적재산권 보호에 관한 회원국 국내법을 검토하는
프로그램의 설치 및 운용, TRIPs 협정 운용과 회원국의 준수에 대한 모니터링, 지
리적 표시의 보호에 관한 향후 협상의 검토, 경과기간의 만료에 따라 개발도
상국의 TRIPs 이행에 관한 2년 주기의 검토 등을 수행한다. 그 외에도 무역관련
지적재산권이사회는 최빈개발도상국에 부여된 10년의 경과기간을 연장할 수 있
는데, 이를 소위 mini-waiver라 부르기도 한다.[66] 그리고 비위반제소 및 상황
적 제소의 경우 WTO 설립협정의 발효일로부터 5년간 TRIPs 협정에 따른 분쟁
해결에는 적용되지 아니한다고 규정하고 있는데, 무역관련 지적재산권이사회는
TRIPs 협정 제64조에 따라 소위 비위반제소 및 상황적 제소의 비적용관행을 유
지하는 범위 및 방식을 검토하는 권한과 각료회의의 승인을 위해 권고를 제출
하는 권한을 부여받고 있다.[67]

(바) 위 원 회

모든 회원국이 참여하는 일련의 위원회, 작업당사국, 작업단도 3단계에서
활동한다. 이들 기관은 일반이사회에 곧바로 보고하는 것으로, 3개의 전문이사

---

65) 서비스무역에 관한 일반협정 제24조 제 1 항.
66) Footer, *supra* note 35, p. 61.
67) 무역관련 지적재산권협정 제64조.

회에 보고하지 않기 때문에 WTO의 전체 기구구조에서 수평적인 것으로 표현된다.

WTO는 무역개발위원회, 무역수지위원회, 예산 재정 행정위원회의 3개의 상설위원회를 두고 있다. 이 세 위원회는 종래의 GATT 체제 하에서도 존재하였는데, WTO에서는 각료회의의 결정에 의해 설치되도록 하였다. 실제로는 각료회의 중간에 그 기능을 수행하는 일반이사회에서 설치결정이 이루어졌다.

일반이사회는 동일한 근거에서 무역환경위원회와 지역무역협정위원회를 추가로 설치하였다. 이와 유사하게 신규 회원국의 가입에 관한 작업당사국이 있는데, 작업당사국은 모든 회원국이 참여하고, 일반이사회의 직접적이고 배타적인 권한 하에서 활동하고 일반이사회에 보고한다. 이들 기관은 임시적인 것으로 협상의 종료에 따라 가입의정서가 발효되며 그 임무는 종료된다. 그 외에도 각료회의에서 무역과 여타 경제적 활동 분야와의 연결 주제를 검토하는 다양한 작업단이 설치되는데, 1996년 싱가폴 각료회의에서 무역과 환경의 관계에 관한 작업단, 무역과 경쟁정책의 상호작용에 관한 작업단, 정부조달에 있어 투명성에 관한 작업단이 설치되었다. 2001년 제 4 회 도하 각료회의에서는 무역 부채 및 재정에 관한 작업단과 기술이전에 관한 작업단이, 그리고 2003년 제 5 회 캔쿤 각료회의 후 1년이 지난 2004년 10월에는 무역촉진에 관한 협상단이 설치되었다.

(사) 사 무 국

WTO 사무국은 사무총장과 사무국 직원으로 구성된다. 사무총장은 각료회의에서 지명하는데, 각료회의에서 사무총장의 권한과 의무, 근무조건 및 임기를 정하게 된다.[68] 사무국 직원의 임명과 그들의 의무 및 근무조건은 각료회의에서 정한 규칙에 따라 사무총장이 임명한다.

사무총장과 사무국 직원은 국제공무원으로서, 어떠한 정부나 WTO 외부의 당국으로부터도 지시를 받아서는 아니 된다. 국제공무원으로서의 신분에 반하는 어떠한 행동도 삼가야 한다. 회원국도 사무총장이나 사무국 직원의 책임이 가지는 국제적 성격을 존중하여야 하며, 그들의 의무수행에 영향을 끼치려고 하

---

68) WTO 설립협정 제 6 조 제 1 항, 제 2 항.

여서는 아니 된다.[69] 뿐만 아니라, 사무국 직원은 그 기능을 독자적으로 수행하는 데 있어서 필요한 특권과 면제를 향유한다.[70]

3. WTO의 의사결정

(1) 국제기구의 의결방식

어떠한 국제기구이든 결정을 도출하는 방법은 매우 중요한 문제이다. 일단 협상을 통하여 초안이 마련되면, 해당 사안을 처리할 권한을 갖춘 기관에서 투표를 행하는 것이 일반적이다. 이때 만장일치나 다수결원칙의 양자간에 어떤 쪽을 취할 것인가의 문제에 봉착하게 된다. 특히 국제경제기구와 관련하여 국제사회의 경향을 보면, 양자간 어느 방법을 취할 것인가에 대한 대립된 모습을 보게 된다. 1940년대에서 1950년대에 설치된 IMF나 IBRD, FAO 등의 국제경제기구를 보면, 다수결방식이 주조를 이루고 있다.[71]

반면에, 1960년대 이후 등장한 국제경제기구에서는 만장일치나 컨센서스(consensus)방식이 주된 경향으로 나타나고 있다. 이러한 경향은 식민지국가들의 독립이라는 배경도 작용하는 것이지만, 다수결제도가 가지는 결점을 보완하기 위하여 등장한 측면도 강하다. 다수결에 따라 결정이 이루어진 경우 적절한 이행상의 문제점이 등장하였기 때문에, 유효한 규칙을 산출할 수 있도록 하기 위하여 만장일치나 컨센서스방식을 도입한 것이다. 즉 소수의 이익을 보호할 수 있는 장치로서 만장일치 또는 컨센서스가 회원국간 이익과 기회를 균형잡기 위한 대안으로 등장한 것이다. 1966년 유럽경제공동체(EEC)에서 이루어진 '룩셈부르크의 타협'은 만장일치제가 승기를 잡게 된 중요한 계기가 되었다.[72] 특히 1990년대까지 설립된 경제협력개발기구(OECD), 유럽자유무역기구(EFTA), 석유수출국기구(OPEC) 등의 많은 국제경제기구들은 만장일치나 컨센서스를 추구하

---

69) WTO 설립협정 제 6 조 제 4 항.

70) WTO 설립협정 제 8 조 제 3 항.

71) 그러나 이 기간 동안에도 다수결방식이 절대적인 것이 아니라, 유럽이사회(Council of Europe)와 같이 일부 지역적 국제경제기구는 만장일치와 다수결을 결합하는 방식을 취하고 있다. Sergei A. Voitovich, *International Economic Organizations in the International Legal Process*(Martinus Nijhoff, 1995), pp. 73~74.

72) *Op. cit.*, p. 74.

는 경향이 두드러진다.[73] 그러나 근자에 설립된 일부 국제경제기구에서는 일반적으로 컨센서스방식을 취하되, 컨센서스가 어려우면 다수결방식을 따르도록 하고 있다.[74] 1960년에 설치된 GATT 이사회도 컨센서스에 의한 결정방식을 취하고 있고, GATT 체약국단회의도 협정상 컨센서스가 규정되어 있지 않음에도 불구하고 대부분의 경우 투표보다는 컨센서스를 선호하는 경향을 보여 왔다.[75]

(2) WTO의 의결방식

WTO에서는 GATT와 달리, 컨센서스방식과 다수결투표를 결합하는 방식을 취하게 되었다. 어떤 안건을 처리하기 위하여 컨센서스방식을 먼저 시도하고, 컨센서스가 도출되지 못하는 경우에는 투표를 통하여 결정을 내리게 되는 것이다.[76] 이 두 규정간의 관계는 명확하지 못한 부분도 남아 있는데, 그 관계는 WTO하에서 일정기간의 활동을 거친 후에야 명확해질 수 있을 것으로 보인다.[77] 컨센서스에 도달하지 못하는 경우 첫 단계의 기관들은 WTO 절차에 관한 규칙 제33조에 따라 차상위 기관으로 옮겨가게 된다. 이를 소위 'kick-up' 규정이라 한다.

컨센서스의 개념에 대하여 WTO 설립협정 제 9 조의 주석은 해당 문제의 회의에 참석한 회원국 중 제안된 안건에 공식적으로 반대하는 국가가 없는 경우 결정이 이루어지는 방식이라고 설명하고 있다. 소위 소극적 컨센서스(passive consensus)를 취하고 있다. 즉 결정 채택에 반대가 없으면 동의한 것으로 보는, 즉 침묵은 동의를 표시한 것으로 보는 것이다. 따라서 회의에 불참한 국가나 기권한 국가는 컨센서스의 성립에 영향을 끼치지 않는다. 그러나 컨센서스를 엄격하게 적용하면 회의에 참석한 모든 국가에게 거부권을 주는 것이 되어, 최소한의 공통분모에 대하여조차 발의를 억제하는 결과가 나올 수 있는 우려가 있다.[78]

타협점에 이르기 위한 협상과 조정 같은 결정 절차에서 나타나는 적극적

---

73) Voitovich, *supra* note 71, p. 74
74) 아프리카산유국기구(APPA) 이사회, 주석생산국기구(ATPC)의 각료위원회 및 집행위원회, 아프리카경제공동체(AEC)의 총회 및 이사회가 그 대표적인 경우이다. *Op. cit.*, p. 75.
75) *Ibid.*
76) WTO 설립협정 제 9 조 제 1 항.
77) Chen, *supra* note 40, p. 1292.
78) John H. Jackson, *The World Trading System*(The MIT Press, 1998), pp. 65, 69.

컨센서스(active consensus)도 있다. 적극적 컨센서스는 향후 협상이 이루어질 것인가에 대하여 아무런 컨센서스도 이루어지지 않았음을 밝힐 경우 등에 사용되는 것으로, 세부적 부분에서 반대가 있다 할지라도 참가자로 하여금 전체로서의 결과를 명백히 할 수 있게 한다. 싱가폴 각료회의에서 향후 협상은 그러한 협상에 관하여 회원국간 명백한 컨센서스 결정이 취해진 후에만 이루어질 것이라고 한 경우가 그에 해당된다. 한편, 일반이사회가 분쟁해결기구로서 소집되었을 경우 분쟁해결규칙 및 절차에 관한 양해각서 제 2 조 제 4 항에 따라 컨센서스로 결정하도록 하고 있다.79) 이를 강제적 컨센서스(mandated consensus)라고 한다.80) 또 다른 경우로는 회원국의 면제부여와 관련하여 각료회의 4분의 3 다수결로 정하도록 하고 있으나, 과도기간이나 단계별 이행기간을 조건으로 하는 의무로서 의무면제 요청회원국이 관련기간의 종료시까지 이행하지 못한 의무에 대한 면제 부여는 컨센서스에 의하여서만 결정된다고 하였다.81)

각료회의나 일반이사회에서 투표가 이루어질 때에는 모든 회원국은 하나의 투표권만을 가진다. IMF나 IBRD와는 달리 가중투표제도를 두고 있지 않다는 점에서, 모든 회원국에게 평등한 참여를 보장하는 매우 민주적인 방법이라 할 수도 있다.82) 유럽공동체의 경우 회원국 숫자만큼의 투표권을 가지게 되는데, 엄밀한 의미에서 보면 이것도 1국 1표주의에 합치되는 것이다.

이와 같은 WTO의 의사결정방식은 3가지 점에서 특기할 만한 것이다. 첫째, 컨센서스에 의한 결정은 외형적인 가중투표제만큼이나 강력한 것일 수 있다. 그 이유는 결정을 위한 논의과정을 통해 경제적으로 우세한 국가가 제시한 의견에 드러나지 않게 영향을 받을 수 있기 때문이다. 이러한 이유에서 컨센서스에 의한 투표방식은 '보이지 않는 가중투표제에 의한 결정방식'으로 간주되기도 한다. 이러한 경향은 동경라운드 이후 두드러지게 나타난다. 동경라운드에서 실질적 협상은 미국과 유럽공동체, 일본에 의해 주도되었고, 여기에 캐나다 등 일부국가가 적극적으로 참여하는 형식이었고, 대다수의 국가는 협상의 마무리에 이르기까지는 거의 영향을 끼칠 수 없는 상황이었다. UR에서는 협상에 적극

---

79) WTO 설립협정 제 9 조 제 1 항 주 3).
80) Footer, *supra* note 35, p. 137.
81) WTO 설립협정 제 9 조 제 3 항 주 4).
82) Qureshi, *supra* note 11, p. 6.

적으로 참여하는 국가수가 늘긴 하였으나, 핵심 4개국의 주도하에 협상이 진행된 점은 별반 차이가 없는 것이었다.[83] 둘째, 투표는 거수방식에 의하고, 비밀투표가 없다. 이것 또한 첫 번째 이유와 같이 경제적으로 우월한 지위에 있는 국가의 영향을 받는다는 측면에서, 가중투표제와 동일한 효과를 가질 수 있다. 셋째, 유럽공동체는 관세동맹으로서가 아니라, 유럽공동체의 자격에서 회원국수만큼의 투표권을 가진다. 이것은 국제경제에 관련된 사안을 결정할 때, 유럽공동체 회원국의 수에 해당하는 다수의 표가 하나로 통합되어 나타난다는 점에서, 유럽공동체의 가중치를 반영하는 것이 된다.[84] 이러한 의미에서 WTO의 의사결정방식은 규정내용과는 달리, 가중다수결과 같은 실질적 결과를 나타낼 수 있다.

(3) 의결정족수
(가) 일반적 절차

컨센서스가 도출되지 못하여 투표를 하게 될 경우 별도의 규정이 없으면 단순과반수를 원칙으로 한다.[85]

그러나, 유권적인 해석결정, 특정 상황하에서 의무의 개별적 면제를 허용하는 규정, UR 협상에서 이룩한 협정조항의 개정을 허용하는 규정에서는 특별한 투표절차가 필요하다.

(나) 회원국가입

신규가입에 관한 결정은 각료회의에서 이루어진다. 가입조건에 관한 협정의 승인은 회원국 2/3의 찬성이 있어야 한다.[86]

(다) 해석결정

WTO 설립협정과 제 1 부속서의 다자간무역협정에 관한 해석결정은 모든 회원국 3/4의 다수로 결정된다. 각료회의와 일반이사회의 배타적 권한에 속하

---

83) Jackson, *supra* note 78, p. 70.
84) Qureshi, *supra* note 11, pp. 6~7.
85) WTO 설립협정 제 9 조 제 1 항.
86) WTO 설립협정 제12조 제 2 항.

는 사항이나, 해당 협정의 운용에 책임이 있는 관련 이사회의 권고를 토대로 결정을 내리게 된다.[87] 해석결정은 조약법에 관한 비엔나협약 등에 명기된 국제적 해석규칙에 따라야 하므로, UR의 준비작업이나 GATT 1947하의 결정이나 관행, 하바나헌장의 원칙 등을 참고하여야 한다.[88]

협정의 해석권한이 정치적 기관에 부여되어 있다는 것은 주어진 시간에 회원국의 일반적 컨센서스에 대한 해석결정을 조율하는 이점을 가지고 있어서, 협정에 대한 해석의 목적적 접근이 가능하게 된다. 이러한 방법을 통하여 해석결정을 준수할 것이란 기대가 증진될 수 있다는 점에서 매우 큰 의의가 있는 것이다.[89]

(라) 의무면제

각료회의는 WTO 설립협정과 제 1 부속서의 다자간 무역협정상의 의무를 면제시켜 줄 수 있다. 각료회의에서 컨센서스가 이루어지지 않는 경우, 면제를 부여하기 위한 결정은 3/4 다수결에 의한다.[90] 그러나 과도기간이나 단계적 이행을 위한 기간이 정해진 의무와 관련하여 해당 국가가 동 기간 내에 의무를 이행하지 아니한 경우, 그 의무를 면제하기 위한 결정은 컨센서스로만 행할 수 있다.[91]

의무면제의 요청은 상품무역이사회나 서비스무역이사회, 지적재산권이사회 등 관련이사회에 제출되어야 하며, 해당 이사회는 각료회의에 보고서를 제출하도록 되어 있다. 다만 의무면제는 국제통상체제의 변화와 국제무역관계의 긴급성에 따른 것인 만큼, 지속적인 재검토를 전제로 예외적 상황하에서 제한된 기간 동안에만 허용된다. 이러한 방법으로 국제통상체제는 엄격성을 회피하면서도 그 통합성을 보장받게 된다.

(마) 협정개정

모든 회원국은 각료회의와 일반이사회에 대하여 협정을 개정하기 위한 안을 제시할 수 있다. 투표요건과 개정의 효과는 개정의 본질에 따라 다르다. 정

---

87) WTO 설립협정 제 9 조 제 2 항.
88) Qureshi, *supra* note 11, p. 7.
89) *Op. cit.*, pp. 7~8.
90) WTO 설립협정 제 9 조 제 3 항.
91) WTO 설립협정 제 9 조 제 3 항 주 4).

해진 기간 동안 컨센서스가 불가능한 경우 개정을 위한 결정은 2/3 다수결에 의하는 것이 일반적이다.[92] 그러나 WTO 설립협정 제 9 조(의사결정), GATT 1994 제 1 조(최혜국대우) 및 제 2 조(관세양허), 서비스무역에 관한 일반협정 제 2 조 제 1 항(최혜국대우), 무역관련지적재산권협정 제 4 조(최혜국대우)는 모든 회원국이 수락한 경우에만 개정될 수 있다.[93] 일반적으로 개정은 그를 수락한 국가에만 구속력을 가진다. 각료회의가 정한 기간 내에 개정사항을 수락하지 아니한 국가에게 WTO로부터 탈퇴할 자유를 줄 것인가 또는 회원국의 지위를 유지할 수 있는 자유를 줄 것인가에 관한 개정은 3/4 다수결에 의한다.[94]

GATT 1947에서도 일부의 개정을 위해서는 만장일치가 요구되었으나, 한 번도 이루어진 적이 없었다. 체약당사국이 증가함에 따라 2/3 다수결도 얻어내기가 무척 어려운 일이었기 때문이다. 이러한 다수결 획득의 어려움으로 인하여 동경라운드에서는 개정의 방법을 통하지 않고, GATT와는 별도로 존재하는 코드(Code)들을 체결하게 된 것이다.[95]

(바) 복수국간 무역협정사항

복수국간 무역협정(PTA)에 관한 결정과 개정은 개별 협정에 규정된 바에 따른다. 다만, WTO 설립 당시의 4개 복수국간무역협정에 새로운 협정을 추가하기 위한 결정은 각료회의에서 컨센서스가 이루어져야 한다.[96]

4. WTO 협정의 체계

(1) WTO 협정의 구성

WTO 협정은 최종의정서, WTO 설립협정, 각료결정 및 선언으로 구성된다. 최종의정서는 우루과이라운드의 결과 및 향후 절차에 대한 포괄적인 선언을 담고 있다. WTO 설립협정은 최종협정의 본문에 해당하는 것으로, WTO의 구

---

92) WTO 설립협정 제10조 제 1 항.
93) WTO 설립협정 제10조 제 2 항.
94) WTO 설립협정 제10조 제 3 항.
95) Jackson, *supra* note 78, p. 69.
96) WTO 설립협정 제10조 제 9 항, 제10항.

조·기능·조직·의결방법 등에 관한 본 협정과, 각 분야별 부속서를 두고 있다. 각료결정 및 선언은 WTO 설립협정과 다자간 무역협정을 보완하고, 우루과이라 운드 타결 전의 중요한 결정사항을 담고 있는 것이다.

WTO 설립협정은 4개의 부속서로 이루어진다. 제1부속서는 상품무역에 관한 다자협정(MTA), 서비스무역에 관한 일반협정(GATS), 무역관련지적재산권협정(TRIPs)으로 구성된다. 제2부속서는 분쟁해결규칙 및 양해각서(DSU)이며, 제3부속서는 무역정책검토제도(TPRM), 제4부속서는 복수국간 무역협정(PTA)이다.

제1부속서의 상품무역에 관한 다자협정은 13개의 개별협정으로 구성된다. 여기에는 GATT 1994, 농업협정, 위생검역조치협정, 섬유 및 의류협정, 무역에 관한 기술장벽협정, 무역관련투자조치협정, 반덤핑협정,97) 관세평가협정,98) 선적전 검사협정, 원산지규정협정, 수입허가절차협정, 보조금 및 상계조치협정, 긴급수입제한조치협정이 포함되어 있다.

「GATT 1994」는 ⓐ WTO 협정 발효시까지 개정되거나 수정된 GATT 규정, ⓑ GATT 1947하에서 발효된 관세양허와 관련된 의정서·GATT 가입에 관한 의정서·GATT 제25조하에서 부여된 면제에 관한 결정·기타 GATT 체약국과 관련된 결정들, ⓒ GATT 1994의 일부규정해석에 관한 7개의 양해각서, ⓓ GATT 1994에 대한 마라케쉬의정서로 구성된다. WTO 설립협정의 채택으로 GATT 1994가 등장함에 따라, 1947년 10월 30일 채택되어 WTO 협정 발효시까지 개정 또는 수정된 GATT를 「GATT 1947」이라 하여, GATT 1994와 구별한다. GATT 1994는 GATT 1947을 하나의 구성부분으로 포함하고 있으므로, WTO는 GATT를 흡수한 것으로 볼 수도 있다.99) 그러나, 그 법적 성질에 있어서는 GATT 1947과 GATT 1994는 분명히 구별되는 것이다.100) GATT 1994의 일부규정해석에 관한 양해각서는 GATT 제2조 제1항 b의 해석에 관한 양해각서, GATT 제17조 해석에 관한 양해각서, GATT 수지균형에 관한 양해각서, GATT 제24조 해석에 관한 양해각서, GATT 의무면제에 관한 양해각서, GATT 제28조 해석에 관한 양해각서, GATT 제35조 해석에 관한 양해각서가 포함된다.

---

97) GATT 1994 제6조 이행협정.
98) GATT 1994 제7조 이행협정.
99) Chen, *supra* note 40, p. 1289.
100) WTO 설립협정 제2조 제4항.

GATT 1994에 대한 마라케쉬의정서는 의정서에 첨부된 양허표가 GATT 1994상
의 양허표임을 규정하여, 각국의 시장개방협상으로 도출된 관세, 비관세장벽의
완화 및 철폐 약속이 WTO 협정상 불가분의 일부임을 규정하고 있는 것이다.

　　제 4 부속서인 복수국간 무역협정은 WTO 설립협정의 부속서 형식으로 되어

[그림 2-2]　WTO 협정의 구성

```
최종의정서
WTO 설립협정
  ┌─ 제 1 부속서
  │              A: 상품무역에 관한 다자협정(MTA)
  │                   GATT 1994
  │                   농업협정
  │                   위생검역조치협정
  │                   섬유 및 의류협정
  │                   무역에 관한 기술장벽협정
  │                   무역관련투자조치협정
  │                   반덤핑협정
  │                   관세평가협정
  │                   선적전 검사협정
  │                   원산지규정협정
  │                   수입허가절차협정
  │                   보조금 및 상계관세조치협정
  │                   긴급수입제한조치협정
  │              B: 서비스무역에 관한 일반협정(GATS)
  │              C: 무역관련지적재산권협정(TRIPS)
  ├─ 제 2 부속서: 분쟁해결규칙및절차에 관한 양해각서(DSU)
  ├─ 제 3 부속서: 무역정책검토제도(TPRM)
  └─ 제 4 부속서: 복수국간무역협정(PTA)
                   민간항공기협정
                   정부조달협정
                   국제낙농협정
                   국제우육협정
각료결정 및 선언
```

있으나, 실질적인 면에 있어서는 완전히 독립된 무역협정이다. 왜냐하면, 제 1
부속서의 다자간 무역협정에 대한 가입은 WTO 가입시 일괄채택이 반드시 필
요한 선결요건에 해당하나, 제 4 부속서의 복수국간 무역협정은 가입이 강제되
지 아니하고, 가입에 대한 회원국의 재량이 인정되기 때문이다. 복수국간 무역
협정은 민간항공기협정, 정부조달협정, 국제낙농협정, 국제우육협정의 4종이 있
었으나, 1997년 낙농협정과 우육협정은 종료되었다.

(2) 협정간의 관계

WTO 협정과 다자간 무역협정간에 저촉이 있을 경우에는 WTO 설립협정
이 우선한다.[101] 이것은 다자간 무역협정이 WTO 설립협정의 부속서인 까닭에,
논리적인 측면에서 보더라도 당연한 것이다. WTO 설립협정이나 다자간 무역협
정에 규정이 없는 경우에는, GATT 1947의 체약당사국단과 GATT 1947에 의해
설치된 기관이 행한 결정 · 절차 · 관행을 따른다.[102]

GATT 협정과 WTO의 다자간 무역협정의 관계는 또 다른 관계에 있다.
GATT 협정과 GATT 체제하에서 채택된 개별협정의 관계는 주종의 관계에 있
었다. 즉 개별협정은 GATT 협정을 보완하거나 해석하는 기준, 또는 별도의 예
외적 사항을 규정한 것으로 인정되었기 때문에 GATT가 우선하여 적용되었다.
그러나 WTO 협정하에서는 GATT은 제 1 부속서의 13개 다자간 무역협정의 하
나에 포함된 내용에 불과한 것이다. 그런 까닭에 종래의 GATT 규정과 WTO 협
정 제 1 부속서의 다자간 무역협정이 저촉되는 경우에는, 그 범위 내에서 다자간
무역협정이 우선하는 新法優先의 원칙이 적용된다.

---

101) WTO 설립협정 제16조 제 3 항.
102) WTO 설립협정 제16조 제 1 항.

제 2 절   WTO의 기본원칙

1. 비 차 별

　　WTO의 핵심적 과제는 어떻게 하면 통상분야의 조정능력을 향상시키고 법적 의무간의 관계를 규율할 것인가 하는 것이다. 이를 위하여 전통적인 섭외사법(conflict-of-laws)을 통해 국내관할권의 적용관계를 결정하려는 것이 아니고, 국제법의 적용을 통해 풀어나가려고 하는 것이다.[103] 이를 위한 전제로서 비차별원칙을 제시하고 있는데, 그 핵심은 외국인을 불리하지 않게 대우하는 것이 국가의 법적 의무라는 것이다. 비차별원칙은 최혜국대우원칙과 내국민대우원칙의 두 가지 요소를 갖고 있다. 최혜국대우와 내국민대우의 차이는 전자가 외국인 상호간의 비차별인 반면 후자는 외국인과 내국인간의 비차별이라는 점에 있다. 최혜국대우와 내국민대우는 일 국가의 규제기준을 규정하는 것이 아니고, 자국이 선택한 기준을 외국인과 내국인에게 동등하게 적용하는 것을 요구하는 것일 뿐이다.

(1) 최혜국대우
(가) 개   념

　　최혜국대우(most-favoured-nation: MFN)는 국제통상질서의 가장 보편적인 원리로서, 오랫동안 무역정책의 중심축으로 자리하여 왔다.[104] 중세 이탈리아의 도시인 만투아(Mantua)는 신성로마제국 황제로부터 어떤 다른 도시에 부여된 특권도 동일하게 향유할 수 있는 이익을 약속받은 바 있다.[105] 용어상으로는 17세기에 등장한 것이지만, 12세기까지 거슬러 올라갈 만큼 오랜 역사를 가지고 있는 것이다.[106] 18세기에 들어 최혜국대우조항은 모든 국가에 확산되기에 이르렀다.[107] 그 개념은 물품의 수출입과 관련하여 어떤 회원국이 다른 회원국에게

---

103) Christoper Arup, *The New World Trade Organization Agreements*(Cambridge, 2001), p. 10.
104) Jackson, *supra* note 78, p. 158.
105) Petros C. Mavroidis, *The General Agreement on Tariffs and Trade*(Oxford, 2005), p. 112.
106) *Ibid.*
107) John H. Barton and Bart S. Fisher, *International Trade and Investment*(Little, Brown and

부여한 가장 유리한 대우를 그 외의 회원국들에게도 적용할 것을 요구하는 것이다. 'Most-favored'라는 표현 때문에 약간의 혼선이 있을지 모르나, 그 개념은 平等待遇를 의미하는 것으로 모든 당사국이 최고의 혜택을 받도록 하는 것이다.[108] 최혜국대우원칙은 강대국간에 이루어진 협상의 결과가 협상력이 약한 국가나 약소국에도 동일하게 적용되어, 무역자유화를 촉진하기 위한 배경에서 등장한 것이다. 따라서 어떠한 국가도 타국에 대하여 무역상의 특혜를 주거나, 차별대우를 하여서는 아니 된다. 모두가 동등한 기초 위에서 대우받아야 하고, 모두가 가장 낮은 무역장벽의 이익을 공유하여야 한다.

최혜국대우에 따라 일국이 다른 GATT 체약국과 양자협정을 체결하여 관세를 인하하였다면, 다른 모든 GATT 체약국에게도 동일한 혜택을 부여하여야 한다. 예컨대 A국이 B국 자동차에 대하여 10%의 관세를 부과하였고 그것이 가장 낮은 관세율이라면, C국 자동차에 대하여도 10%의 관세를 부과하여야 한다. 그렇게 하지 않고 C국 자동차에 대하여 20%의 관세를 부과한다면, 이는 최혜국대우 위반이 되는 것이다. 1980년 브라질은 스페인을 GATT 패널에 제소하였는데, 스페인이 브라질산 '볶지 않은 커피'에 대하여 '마일드커피'보다 고율의 관세를 적용한 것은 최혜국대우를 규정한 GATT 제 1 조에 위반된다는 것이었다. 패널은 커피의 경우 유형에 관계없이 거의 같은 동종상품(like product)이기 때문에, 브라질에서 수입된 볶지 않은 커피도 차별 없이 대우되어야 한다고 결정하였다.[109]

(나) 적용 대상

GATT 제 1 조는 상품무역과 관련하여 무조건적인 최혜국대우를 아주 광범위하게 표현한 기준을 확립한 것으로, 내국민대우와 함께 WTO 규범체계 전반을 관통하는 축으로 이해되고 있다. GATT 제 1 조의 목적은 타국이 원산지이거나 타국으로 향하는 동종상품간 차별을 금지하는데 있다. 그 제 1 항은 다음과 같이 규정하고 있다.

Company, 1986), p. 91.
108) *Ibid.*
109) Spain - Tariff Treatment of Unroasted Coffee(28S/102), para. 4.5.

수입 또는 수출에 대하여 그리고 수입 또는 수출과 관련하여 부과되거나 또는 수입 또는 수출에 대한 지불의 국제적 이전에 대하여 부과되는 관세 및 모든 종류의 부과금에 관하여, 그리고 이러한 관세 및 부과금의 부과방법에 관하여, 그리고 수입과 수출에 관련한 모든 규칙 및 절차에 관하여, 그리고 제 3 조 제 2 항과 제 4 항에 기재된 모든 사항에 관하여, 체약국이 타국 원산의 상품 또는 타국으로 향하는 상품에 대하여 허여하는 이익, 혜택, 특권 또는 면제는 모든 다른 체약국 영역 원산의 동종상품 또는 체약국 영역으로 향하는 동종상품에 대하여 즉시 그리고 무조건 부여되어야 한다.

이 규정은 차별이 되어서는 아니 되는 다양한 조치를 명시하고 있다. 관세, 부과금, 지급제한, 제 3 조 제 2 항과 제 4 항의 대상인 모든 국내 조치 등이 이에 해당한다. ⓐ 수출입시의 관세 및 부과금, ⓑ 수출입을 위한 대금지급에 대한 관세 및 부과, ⓒ 그러한 관세 및 부과금의 징수방법, ⓓ 수출입과 관련된 규칙 및 절차, ⓔ 수입품에 대한 직간접의 내국세 및 부과금, ⓕ 수입품의 국내판매·운송·배포·사용에 관한 법규나 요건과 관련한 모든 사항이 최혜국대우의 적용대상이다.[110] 관세쿼터 할당에 관련된 규칙은 수입과 관련하여 적용되는 규칙이므로, 수출입과 관련된 규칙과 절차에 포함된다. 불공정하고 차별적인 관세쿼터는 제 1 조 제 1 항을 위반한 수입과 관련된 규칙과 절차에 해당한다. 이들 사항과 관련하여 어떤 회원국이 타국이 원산지이거나 타국으로 향하는 상품에 대하여 '어떠한(any)' 이익·혜택·특권·면제도 차별적으로 부여되어서는 아니 된다.

(다) 적용요건

제 1 조 제 1 항은 최혜국대우를 충족시키기 위한 요건 4가지를 명시하고 있다. 해당 조치가 제 1 조 제 1 항의 적용 범위 내에 있어야 하고, 해당 수입상품이 제 1 조 제 1 항의 취지 내의 동종상품이며, 해당 조치가 타국 영역이 원산인 상품에 이익·혜택·특권·면제를 부여하고, 그렇게 부여된 이익이 모든 회원국 영역이 원산인 동종상품에 즉각적이고 무조건적으로 적용될 것이 필요하다.

어떤 국가의 상품에 부여되는 이익·혜택·특권·면제는 다른 회원국의 同

---

110) Jackson, *supra* note 78, p. 157.

種商品(like product)에 대하여도 부여되어야 하며, 그러한 이익이나 혜택 등은 즉시(immediately) 무조건적으로(unconditionally) 주어져야 한다. '즉시'란 용어는 일 회원국 상품에 대한 혜택부여와 다른 회원국의 동종상품에 대한 혜택 부여 간에 시간적 경과가 없어야 함을 의미한다. '무조건적'이란 용어의 의미는 '조건에 종속되지 않음(not subject to conditions)'을 의미하는 것으로,[111] 이익이나 혜택 등이 부여되는 경우 어떠한 조건도 부가되어서는 아니 된다.[112] GATT 체제하에서 최혜국대우의무는 자동적인 것이며, 조건 없이 적용되어야 한다.[113] GATT 제1조는 법률상(de jure)의 차별과 사실상(de facto)의 차별을 명시하고 있지 않으나, WTO 분쟁해결기구는 양자를 모두 포함하는 것으로 보고 있다. 캐나다-자동차 사건에서 항소기구는 제 1 조 제 1 항은 법률상 차별과 사실상 차별 모두를 대상으로 함을 분명히 하고 있다.[114] 동 사건에서 캐나다는 제 1 조 제 1 항의 문언상 기반이 불명한 조치에는 적용되지 않는다고 주장하였으나, 항소기구는 이를 기각하였다.[115] 따라서 표면적인 차별 조치뿐만 아니라, 표면적으로는 상대에 따른 차별이 없는 것 같으나 그 실질에 있어 상이한 공급원간에 사실상 차별이 있는 경우에도 제 1 조 위반이 된다.

GATT 제 1 조 제 1 항의 위반을 밝히기 위해 제소국은 실제적 무역효과를 입증할 필요는 없다.[116] 일부 회원국에게만 보다 유리한 경쟁기회를 부여하는 것만으로 해당 회원국은 GATT 제 1 조의 의무를 위반한 것이다. 이와 같은 '경쟁기회기준'(competitive opportunities test)은 GATT 제 3 조 내국민대우나 제11조 수량제한의 폐지 등에도 적용되는데, 이는 차별할 의도가 있음을 입증하도록 요구하는 것이 아니다. 오로지 두 개의 수입동종상품에 부여된 대우가 차별적임을 보여 주는 것이 요구될 뿐이며, 그 의도가 어떠하였는지 그리고 차별적 대우의

---

111) Canada - Certain Measures Affecting the Automotove Industry(Canada - Autos, DS139), Panel Report, para. 10.19.

112) Mavroidis, *supra* note 105, p. 120.

113) Claire Moore Dickson, "GATT 1994: Fool's Goal?" 11 *St. John's Journal of Legal Community* (1996), p. 263.

114) Canada - Autos, AB Report, para. 78.

115) *Ibid.*

116) European Communities - Regime for the Importation, Sale and Distribution of Bananas (EC-Banana Ⅲ, DS27), Panel Report, para. 7.50.

효과가 어떠하였는지는 관계없는 것이다.[117)]

【 EC - 바나나 Ⅲ 사건 】

에콰도르, 과테말라, 온두라스, 멕시코, 미국은 EC의 바나나 수입·판매·분배 제도가 ACP국가(아프리카, 카리브해 연안 및 태평양 지역 국가) 및 BFA국가(EC와 협정을 체결한 콜롬비아, 코스타리카, 베네주엘라, 니카라과)에 대해 특혜를 주는 것이라는 이유로 EC를 상대로 WTO에 제소하였다. ACP국이 아닌 국가들에 대해 상대적으로 높은 관세를 부과하고, 이들에 대해서만 바나나 수출확인서 발행을 요구하는 것은 GATT 제 1 조 제 1 항 등에 위반된다는 것이다.

패널은 ACP국산과 비ACP국산 바나나는 동종상품이고 비ACP국산 바나나에 낮은 관세가 동등한 조건으로 부과되지 않았으므로, ACP국 수입 바나나에 대한 관세특혜는 제 1 조 제 1 항에 반하는 것이라고 하였다. 패널은 중개업자 유형 규칙과 같은 EC의 수입허가절차는 GATT 제 1 조 제 1 항의 "수입과 관련된 규칙과 절차(rules and formalities in connection with importation)"에 해당한다는 입장이었다. 일부 국가로부터의 수입에 대해 규제적 이익을 주면서 다른 국가에는 허용하지 않는 것은 제 1 조 제 1 항 위반이라고 본 것이다. 제 3 국이나 비ACP국에 대해 허가절차를 요구하는 것은 실질적으로 더 많은 데이터를 요구하는 것이 되므로, 수출확인서 발행 같은 절차적 행정적 요건은 ACP국 생산자들에게만 이익이 주어졌을 수 있다고 보았다. 즉 수출발행서를 요구함으로써 ACP국과 다른 국가의 바나나 수입시 경쟁관계에 영향을 끼쳤다 할 수 있는 것으로, 이는 GATT 제 1 조 제 1 항에 위반된다고 하였다.

GATT 제 1 조는 수입과 관련된 규칙과 절차에 대하여도 최혜국대우를 규정하고 있다. 관세쿼터 할당을 규정하거나 수입허가절차를 규정하고 있는 규칙은 수입시 적용되는 것이므로 최혜국대우가 적용되어야 한다. EC 바나나 Ⅲ 사건에서 EC는 규정을 통해 중개업자 유형을 나누고 ACP국 바나나 수입의 관세쿼터 비율을 설정하고 있고, 특정국 수입의 경우 수출허가서 등의 수입허가절차

---

117) Mavroidis, *supra* note 105, p. 125.

를 추가로 규정하고 있다. 이 사안에서 EC는 규정을 통해 중개업자 유형을 나누고 ACP국산 바나나 수입의 관세쿼터 비율을 설정하고 있다. 이에 따르면, 중개업자 유형에 따라 ACP국산과 비ACP국산 수입량은 상대성에 의해 비율 충족이 변동될 수 있고, 관세쿼터 이하의 낮은 세율로 상품을 수입 판매하는 요건은 제 1 조 제 1 항이 규정하고 있는 규칙과 절차에 해당된다. 이러한 규정은 ACP국가 상품에는 적용되지만 제 3 국 동종상품에는 인정되지 않는 이익에 해당되기 때문에, 관세쿼터율 내에서 제 3 국 또는 비전통적 ACP국산 바나나 수입을 허가하는 수입허가의 요건은 제 1 조 제 1 항에 반하는 것이 된다.

GATT 제 1 조는 내국민대우를 규정한 제 3 조 제 2 항과 제 4 항에 관련하여서도 최혜국대우를 요구하고 있다. 수입품에 대한 직간접의 내국세 및 부과금, 수입품의 국내판매·운송·배포·사용에 영향을 끼치는 법규나 요건과 관련한 모든 사항에 대하여도 최혜국대우를 규정하고 있는 것이다. EC-상업선박 사건에서 한국은 제 3 조 제 4 항을 언급하여, EC가 최혜국대우를 위반하였다고 주장하였다. EC 규정인 TDM(임시보호제도)은 한국 조선업계와 경쟁하는 EC 조선소에 대해 보조금 지원을 명시하고 있는바, 동 규정은 GATT 제 3 조 제 4 항의 범위에 속하는 조치로서 제 1 조 제 1 항을 위반한 것이라 주장한 것이다. TDM은 GATT 제 3 조 제 4 항에 언급된 상품의 국내 판매, 판매를 위한 제공, 구매, 운송, 배포, 사용에 영향을 주는 조치이므로, 제 1 조 제 1 항에 규정된 '제 3 조 제 2 항과 제 4 항에 언급된 모든 사항'에 해당한다. 한국 조선업체와 달리 일본 등의 WTO 회원국 조선업체는 TDM 보조금을 지급받지 않는 EC 조선업체와 경쟁하게 된다. TDM 규정은 한국을 제외한 WTO 회원국에게 제 1 조 제 1 항의 이익, 혜택, 특권, 면제를 부여한 것이다. 한국은 이러한 이익 등이 한국에게도 즉시 그리고 무조건적으로 부여되지 않았으므로, 이는 최혜국 대우 위반이 된다고 주장한 것이다.[118] 제 3 조와의 관련성을 전제로 한 최혜국대우 위반은 인도네시아산 자동차 사건에서도 확인된다.

---

118) 그러나 패널은 제 3 조 제 8 항에서 국내생산자에 대한 보조금은 제 3 조 제 4 항의 적용 대상이 아니므로, 제 3 조 제 2 항과 제 4 항에 언급된 사항이 아니라고 결정하였다. *EC - Commercial Vessels*(DS301).

【 인도네시아 - 자동차 사건 】

인도네시아는 설비소유, 상표권 사용, 기술과 관련하여 특정 기준을 충족한 모험기업 또는 국민자동차 회사에 관세와 내국세 면제를 부여하는 국민차프로그램을 법제화하였다. 이와 함께 인도네시아 정부가 규정한 일정 비율의 국산 부품을 사용하거나, 인도네시아인이 외국에서 생산한 국민차에 대해서도 관세 및 내국세를 면제하였다.

일본, EC, 미국은 인도네시아가 동 프로그램에 따라 자동차 및 부품에 대해 관세 및 내국세를 면제하는 것은 GATT 제 1 조 제 1 항 등을 위반한 것이라 주장하였다. 또한 해외 국민차 생산회사가 수입차 가격 대비 운송비 포함 인도조건(C&F) 기준으로 25% 이상 인도네시아산 부품을 구매하는 경우 20% 이상의 국산 부품을 사용하도록 하는 프로그램상의 요건을 충족하는 것으로 하였다. 25% 상응구매 요건을 둔 것은 조건을 단 것으로, 이는 사실상(de facto) 한국 자동차에만 적용되고 여타 WTO 회원국의 동종상품에는 적용되지 않은 것이므로, 제 1 조 제 1 항이 규정하는 이익(advantage)을 특정국에만 부여하는 것이라 하였다.

패널은 한국산 자동차와 자동차 부품은 여타 WTO 회원국의 자동차와 자동차 부품과 물리적 특성 및 최종용도에서 동종상품으로 인정하였다. 인도네시아 스스로 국민차에 사용되는 수입 부품이 특이한 것은 아니며, 관세와 내국세 면제가 부품의 물리적 특징에 기반한 것도 아니라 하였다. 이런 관점에서 어떤 법률이 동일한 상품에 불리한 대우를 부여한다면 해당 법률은 GATT 제 1 조를 위반한 것이다.

국민차프로그램의 목적과 구조는 다른 회원국의 동종상품에 대해 높은 내국세와 관세를 부과하도록 하는 것이다. 수입되는 국민차의 경우 관세와 내국세가 없는 반면, 여타 완성차에 대해서는 200%의 관세가 부과되고 여타 회원국으로부터 수입되는 동종자동차에는 35%의 내국세가 부과되었다. 그런 차이가 발생하는 이유는 국민차를 생산하는 수출회사와의 거래가 PT TPN社에 의해 이루어졌는가 하는 점이다. 그리고 국민차프로그램의 인증이 한국에서 생산된 기아자동차의 규격과 동등하게 규정되고 있다는 점이다. WTO 체제 하에서 회원국의 권리는 사적 계약상 의무에 따라 달라지거나, 조건이 붙거나 영향받아서는 아니된다. 이러한 조건이 있다면 일국의 상품에 부여되는 관세나 내국세상의 혜택은 다른 회원국 동종상품에 즉시 무조건적으로 부여되어야 한다는 GATT 제 1 조에 반하는 것이다. 부품에 대한 것도 동일한 논리가 적용된다. 이러한 이유에서 완성차 수입과 부품 수입에서 국민차에 대한 관세나 내국세의 혜택이 차별적으로 적용되는 것은 GATT 제 1 조 위반이다.

패널은 EC-바나나Ⅲ 사건을 인용하여, GATT 제 1 조 위반이 되기 위해서는 동 조가 규정하고 있는 형태의 이익이 존재하고, 그러한 이익이 모든 WTO 회원국의 동종상품에 무조건적으로 부여되지 않았음이 확인되어야 한다고 하였다. 이런 관점에서 항소기구는 해당 내국세와 관세가 제 1 조가 규정하고 있는 이익에 해당하는지 여부, 그 이익이 모든 동종상품에 무조건적으로 적용되었는지를 검토하였다. 인도네시아 국민차프로그램은 법제에 해당하는 것으로, 이에 따른 세금 혜택은 GATT 제 1 조 제 1 항에서 언급한 GATT 제 3 조 제 2 항과 제 4 항에 관한 것이 되어 GATT 제 1 조 적용대상에 해당한다. 즉 법제에 따른 세금 차별은 GATT 제 3 조 제 2 항에 해당되는 사항이므로, GATT 제 1 조에 위반된다.

(라) 동종상품

제 1 조의 핵심은 동종상품간 차별대우를 금지하는 것이다. 동종상품이란 용어는 GATT 협정상 여러 규정에서 등장하는데, 그 의미는 각 규정에 따라 다를 수 있다는데 유의하여야 한다.[119] 그러나 이는 동종상품이 사안별로 정의되어야 한다는 것과는 구별되어야 한다.[120] 전자의 경우 동종상품이 사용된 다양한 GATT 조문의 정책적 문맥상 유별할 수 있고 설명할 수 있는 차이가 있음을 의미하는 것이고, 후자는 동일 조문 하에서도 동종상품 개념이 각 적용마다 여러 가지 논거에서 다를 수 있음을 의미하는 것이다. 1978년 EEC-동물사료 사건

---

119) 제 1 조 제 1 항 외에도, 제 2 조 제 2 항 (a), 제 3 조 제 2 항, 제 3 조 제 4 항, 제 6 조 제 1 항 (a), (b), 제 9 조 제 1 항, 제11조 제 2 항 (c), 제13조 제 1 항, 제16조 제 4 항에 동종상품이 규정되어 있다. Robert Hudec, "Like Product": The Differences in Meaning in GATT Article Ⅰ and Ⅲ, Regulatory Barriers and the Principles of Non-Discrimination in World Trade Law, Thomas Cottier & Petros Mavroidis, edis(Univ. of Michigan, 2000), p. 101.

120) *Ibid.*

은 동종상품의 개념과 관련하여 GATT 제 1 조의 범위는 GATT 제 3 조에 비해 좁은 것이라고 지적한 것도 동일한 맥락에서 이해할 수 있다. GATT 제 3 조는 동종상품과 직접경쟁상품, 대체가능상품을 언급하고 있는 데 비해 GATT 제 1 조는 동종상품만을 언급하고 있다.[121] 패널은 이와 같이 달리 규정한 데에는 중요한 결과적 차이가 있다고 하였다. 동 사건에서 패널은 GATT 제 1 조의 최혜국대우규정은 직접경쟁상품이나 대체가능상품을 언급하지 않았고, 이런 관점에서 패널은 동물성 프로테인, 해양성 프로테인, 합성 프로테인은 식물성 프로테인과 동종상품이 아니라고 판단하였다.

동종성 판단과 관련하여 가장 우선적으로 언급되는 것은 물리적 특성일 것이다. 두 개의 비교대상 상품이 동일한 물리적 특성을 가진다면 그 두 개의 상품은 유사한 것이라 할 수 있을 것이기 때문이다. 다른 기준과 비교할 때 높은 정도의 물리적 유사성을 갖고 있다면 확실한 대체물이 될 수 있으므로, 물리적 특성이 유사할수록 대체가능성이 높은 상품이 될 수 있다. 물리적 특성에서 차이가 있다면, 그 차이가 유사한 대우의 문제와 관련되는가를 판단하는 다른 기준을 찾아야 할 것이다. GATT과 WTO에서는 동종성을 밝히는 데 다양한 기준을 사용하여 왔으나, GATT 제 1 조의 맥락에서 보면 관세분류가 가장 주된 기준이 되어 왔다. 일본-규격목재 사건은 동종성을 밝히는 주된 기준으로서 관세분류의 관련성을 가장 명백히 인정한 사례이다. 타국의 수입상품에 대한 관세처리와 관련하여 체약당사국이 동종성에 대하여 청구하였을 경우 그러한 청구는 수입국 관세분류에 기초하여야 한다고 하였다.[122] 이와 같은 입장에서 패널은 캐나다가 규정한 규격목재는 일본관세분류상 존재하지 않을 뿐 아니라 국제적으로 수락된 어떠한 관습적 분류에도 포함되지 않는다고 하였다. 따라서 캐나다가 규격목재라는 개념에 의존하는 것은 GATT 제 1 조 제 1 항에서 말하는 동종성 상품을 확립하는 적절한 기초가 아니라고 하였다.[123]

---

121) EEC - Measures on Animal Feed Proteins(25S/49). Panel Report, para. 4.20.
122) 관세분류가 상이한 수입원으로부터의 외국상품간 사실상 차별을 만드는 자의성이 있는 경우는 그러하지 않다. Canada/Japan: Tariff on Imports of Spruce, Pine, Fir(SPF) Dimension Lumber(36S/167). GATT Panel Report, para. 4.7.
123) Mavroidis, *supra* note 105, p. 117. Canada/Japan: Tariff on Imports of Pruce, Pine, Fir(SPF) Dimension Lumber(L/6470-36S/167).

【 일본 - 캐나다산 규격목재 사건 】

캐나다는 일본이 수입 SPF 규격목재에 대해서는 8%의 관세를 부과하고, 다른 종류의 나무로 만든 규격목재는 무관세로 수입하는 것은 동종상품에 대해 동등대우를 규정한 GATT 제 1 조 제 1 항에 반한다고 하였다. 이는 SPF로 만들어진 규격목재와 다른 종류의 나무로 생산된 규격목재는 제 1 조 제 1 항에서 말하는 동종상품이라는 데 기반을 둔 것이다. 반면 일본의 경우 규격목재는 반가공된 제품으로 제재된 목재와 다르지 않다고 하면서, 제품 이라는 것은 크기나 명목상 치수, 강도 등에서 속성이 변한다고 하였다. 뿐 만 아니라 미국과 캐나다 규격목재가 여타 국가에서도 동일하게 적용되고 있지 않다고 하였다. 이러한 배경에서 일본은 관세율이라는 것이 수입의 필 요성이나 관련 국내산업의 보호를 포함하는 해당 제품의 특별한 속성을 반 영하여 설정된다고 하였다.

패널은 통일관세시스템과 다른 관세분류를 행하는 것이 각 체약당사국의 무역정책상의 이익, 보호적 필요나 관세협상의 필요 등에서 정당화될 수 있 다고 보았다. 다만 그러한 차별이 남용될 수 있는 점과, 여러 국가에서 수입 되는 동종상품간의 차별을 초래하여 관세혜택을 우회하는데 남용될 수 있 는 점은 유의하여야 한다고 하였다. 캐나다가 주장하는 규격목재의 정의는 일본의 관세와는 무관한 것으로, 규격목재는 GATT 제 1 조 제 1 항에서 말 하는 동종성 확인을 위한 적절한 기반이 되지 않는다고 보았다. 캐나다가 제품의 형태에 초점을 맞추었을 뿐, 다른 수종의 목재라도 동종상품으로 간 주되어야 한다는 주장을 펼치지 않은 점도 고려되었다.

동종상품 여부의 판단은 어떤 특성에 따라 기준을 정립할 것인지, 그러한 특성과 기준이 어느 정도 유사할 때 동종상품으로 볼 것인가를 보는 것이다.

UR이 마무리되면서 최혜국대우문제에 새로운 문제가 제기되고 있는데, 특 히 서비스문제와 지적재산권문제에도 최혜국대우를 적용할 것인가의 문제가 있 다. 상품에 적용된 바와 같이 최혜국대우문제를 서비스나 지적재산권에도 적용 할 수 있는가 하는 것은 명확하지 않다. 서비스무역협정과 지적재산권협정에 규 정된 최혜국대우는 GATT 제 1 조에서 언급된 것과 동일하지 않기 때문에 이들 규정을 어떻게 해석할 것인가의 문제가 발생한다.

(마) 예   외

최혜국대우를 지지하는 정책과 법적 의무가 있음에도 불구하고, 국제적 무역관행은 최혜국대우와 다른 경우가 많이 있다. 실제로 전세계 무역량의 25%가 최혜국대우와는 달리 차별적 형태로 이루어지고 있다고 추산된다.[124]

첫 번째로 들 수 있는 것은 Commonwealth국가간의 특혜제도이다. GATT는 영연합지역, 프랑스동맹지역, 베네룩스관세동맹지역, 미국과 관련된 지역, 칠레와 그 인접지역, 레바논 및 시리아와 그 인접지역에 대하여는 특혜관세가 적용됨을 인정하고 있다.[125] 이것은 GATT 성립 이전부터 구 종주국과 식민지간, 특정국 또는 지역간에 적용된 특별히 유리한 관세제도나 기존의 경제블록의 내부에 적용되는 것은 폐지하기 어려운 까닭에 예외적으로 인정한 것이다.

두 번째 예외는 관세동맹, 자유무역지역, 국경무역에 관한 경우이다.[126] 이러한 예외가 인정되는 이유는 일부 국가간 무역에 대한 제한을 완전히 제거하는 무역체제를 통하여 전세계의 복지를 향상시킬 수 있다는 정책과, 인접국간의 국경무역에 대한 특별한 제도라는 역사적 선례에 따른 것이다. 이것은 실질적 무역자유화에 대한 대가로서 그러한 특혜를 인정해 주는 것이다.[127] 관세동맹의 경우 구성국간의 무역관계에서는 관세나 기타 제한을 폐지하고, 외부 국가와의 관계에서는 구성국들이 동일한 관세나 기타 제한을 적용하는 것이다. 자유무역지역은 역내 국가간에 관세나 기타 제한을 폐지한다는 점에서는 관세동맹과 동일하나, 대외적 관계에서는 보조를 맞추지 아니하고 독자적 관세나 기타 제한을 적용한다는 점에서 차이가 있다. 국경무역은 국경지역의 주민이 국경을 넘어 일상생활에 필요한 소규모 거래를 행하는 경우를 말한다. 이들 3가지 경우에는 최혜국대우를 적용하지 않고, 그들간의 특수한 상황을 인정하게 된다. 예컨대 자유무역지역을 구성하는 국가에 대하여 외부의 제 3 국이 최혜국대우를 이유로 구성국간에 적용되는 무관세를 요구하는 것은 인정되지 아니한다.

---

124) Jackson, *supra* note 78, p. 163.
125) GATT 제 1 조 제 2 항.
126) GATT 제24조.
127) Jackson, *op. cit.*, p. 165.

세 번째로는 개발도상국에 대한 특혜제도를 들 수 있다. 개발도상국의 경제개발을 돕기 위하여 선진국이 개발도상국 물품에 대하여 최혜국대우에 따른 관세율보다 낮은 관세율을 적용하는 경우가 있다. 처음에는 품목별로 특혜를 부여하였으나, 차츰 一般特惠制度(Generalized System of Preferences: GSP)로 발전하였다. 1964년 UN 무역개발회의에서 일반특혜제도가 제안된 이후, 1971년 6월에 들어 GATT 제25조 제 5 항에 기초한 의무면제로서 10년간 일반특혜제도가 채택되었다.[128] 그 후 1977년의 동경라운드에서는 소위 授權條項(또는 合法化條項; enabling clause)[129]을 채택하여, GSP를 상설적 제도로 변경하였다. 일반특혜제도는 일반적으로 개발도상국이나 경제적 수단이 부족한 국가에게 그들이 언제 어느 때 협상을 하건 가장 좋은 무역상태에서 자유롭게 그 이익을 받을 수 있도록 담보해 주는 것이다. 이와 같은 수권조항은 그 지위가 명백하지 않음에도 불구하고, WTO에서도 계속되는 것으로 추정된다.[130]

그 외에도 GATT 제19조 특정상품에 대한 긴급조치, GATT 제20조 일반적 예외규정, GATT 제35조 특정 체약국간의 비적용조항도 최혜국대우의 예외가 될 수 있다. 그리고 WTO 체제하에서 분쟁해결규칙에 따라 인정되는 대응조치도 최혜국대우와 무관하게 적용될 수 있다.

「서비스무역에 관한 일반협정」(GATS)은 회원국이 부속서에 명시한 경우 최혜국대우에 관한 일정한 예외와 면제를 인정하고 있다.[131] 동 협정은 예외가 인정될 수 있는 여건에 대하여 아무런 제한도 두고 있지 않다. 이러한 예외를 인정한 것은 협상 이전에 이미 회원국 상호간 존중하기로 약속한 특별한 권리가 존재하고 있었기 때문이다. 무역관련지적재산권협정(TRIPS)의 경우에도 WTO 설립 전에 발효된 지적재산권 관련 조약으로부터 발생하는 대우와, 세계지적재산권기구(WIPO)의 주관하에 체결되는 다자조약에서 규정된 절차에는 최혜국대우원칙이 적용되지 않는다.

---

128) GATT, *BISD*, 26 Supplement(1980), p. 203.
129) 정식 명칭은 「차별적 특혜대우, 호혜주의, 개발도상국의 더 완전한 참여에 관한 양해각서」 (Understanding on Differential and More Favorable Treatment, Reciprocity, and Fuller Participation of Developing Countries)이다.
130) Jackson, *supra* note 78, p. 164.
131) GATS 제 2 조 제 2 항.

(2) 내국민대우

(가) 개   념

GATT 제 3 조에 규정되어 있는 내국민대우(national treatment)도 최혜국대우와 같이 비차별을 확보하기 위한 제도로서, 수입상품에 대하여 국내상품과 동등한 권리나 특권을 부여할 것을 요구하는 것이다. 즉 외국상품이 자국 내로 수입되면 동종 국내상품보다 불리한 대우를 받지 아니하도록 요구하는 것이다.

최혜국대우가 다른 국가들간에 동등한 대우를 요구하는 것인 반면, 내국민대우는 일단 관세를 납부하고 반입절차를 마친 수입상품과 국내상품의 동등한 대우를 요구하는 것이다. 이와 같이 내국민대우는 최혜국대우와 결합하여 모든 회원국에게 혜택을 공정하게 확산시키는 것이다.[132] 국가에 따라서는 WTO 체제하에서 인정되는 관세나 과징금 이외에, 내국세나 기타 국내법규를 통하여 국내상품을 보호하고 국내상품을 우선적으로 사용하도록 하는 정책을 시행하기도 한다. 이러한 차별적 대우를 배제하여 수입상품과 국내상품을 평등하게 대우함으로써, 양자간 경쟁조건을 동등하게 확보하려는 것이 내국민대우원칙이다. 환언하면, 보호주의적 목적에서 취하는 내국세나 규제정책을 방지하기 위한 것이 내국민대우원칙이다.

(나) 적용 범위

GATT 체제 하에서 내국민대우규정은 GATT 제 2 부에 속하는 것으로, 각국의 국내법 범위 내에서 최대한 적용하면 되는 것이었다. 그러나, WTO에서는 특별히 예외로 인정되지 아니하는 한 내국민대우원칙은 준수되어야 한다.

GATT 제 3 조에 규정된 내국민대우는 내국세나 규제적 조치를 적용할 때 보호주의를 취하지 않도록 하는 목적을 가진다. 제 3 조는 수입상품 또는 국내상품(domestic products)에 적용되는 국내 조치가 국내생산(domestic production)을 보호할 목적으로 적용되지 않도록 보장해야 한다는 것이다. 이런 목적을 위해 제 3 조는 회원국이 국내상품과 수입상품에 동등한 경쟁조건을 제공할 것을 의무화하고 있다.[133] 수입상품과 국내상품간 동등한 경쟁관계를 보호하기 위한 것

---

132) Dickson, *supra* note 113, p. 263.

133) Autar Krishen Loul, Guide to the WTO and GATT(Kluwer, 2005), pp. 101~102; US -

이므로, 특정한 무역물량을 보호하려는 것은 아니다. 수입상품과 국내상품간 세금 차이로 인한 무역효과(trade effcet)가 미미하다거나 없다는 것과는 무관하다.[134] WTO 회원국은 제 3 조를 위반하지 않는 한 내국세나 규제를 통해 국내적 목적을 추구할 수 있다. 보호주의를 방지하기 위한 제 3 조는 GATT 제 2 조 관세양허의 보호와 같은 규정을 검토할 때도 고려되어야 한다.

제 3 조는 내국세, 국내 과징금, 상품의 국내 판매, 판매를 위한 제공, 구매, 운송, 배포 또는 사용에 영향을 주는 법률, 규칙 및 요건이 국내상품을 보호하기 위하여 적용되지 않도록 할 것을 규정하고 있다. 제 3 조상 내국민대우는 내국세, 국내과징금, 국내 판매 등에 영향을 끼치는 법규나 요건, 수량적 규제를 대상으로 한다. GATT상의 내국민대우규정은 상품과 관련된 것일 뿐, 사람이나 선박 등은 대상으로 하지 않고 있다. 내국세, 과징금 또는 제 1 항에 열거한 종류의 법률, 규정 또는 요건으로서 수입상품 및 동종의 국내상품에 적용되고, 수입상품에 대해 수입시점이나 수입지점에서 징수되거나 집행되는 것은 내국세 및 과징금 또는 제 1 항에 열거한 종류의 법률, 규칙 또는 요건으로 간주된다.[135] 제 3 조는 10개의 항으로 구성되는데, 특히 제 1 항은 제 3 조 전체를 관통하는 포괄적 규정이다.

제 1 항 체약국은 내국세, 기타 내국과징금과 상품의 국내판매, 판매를 위한 제공, 구매, 수송, 배포 또는 사용에 영향을 주는 법률, 규칙 및 요건, 그리고 특정한 수량 또는 비율의 상품의 혼합, 가공 또는 사용을 요구하는 내국의 수량적 규제가 국내생산을 보호하기 위하여 수입상품 또는 국내상품에 대하여 적용하여서는 아니 된다는 것을 인정한다.

제 3 조 제 1 항이 포괄적 규정이라면, 제 2 항 이하는 제 1 항에 규정된 사항들을 구체화하는 내용이다. 제 2 항은 세금 관련, 제 4 항은 법규 관련, 제 5 항

Taxes on Petroleum and Certain Imported Substances(BISD 34S/136); Japan - Customs Duties, Taxes and Labelling Practices on Imported Wines and Alcoholic Beverages(BISD 34S/83).

134) Japan - Taxes on Alcoholic Beverages(Japan - Alcoholic Bevergaes Ⅱ, DS8), AB Report, p. 16.

135) 제 1 부속서 제 3 조에 관한 각주.

및 제 7 항은 수량적 제한에 관한 규정이다. 제 3 조 제 1 항은 나머지 항에 비해 일반적인 규정이므로, 제 2 항 이하의 구체적 규정 위반이 결정되고 나면 그 범위 내에서는 다시 제 1 항을 검토하지 않아도 된다.136) 다만, 제 3 조 제 1 항의 법적 지위는 제 2 항 이하의 배경이 되는 것으로, 제 1 항은 나머지 규정의 구체적 의무를 이해하고 해석하는 길잡이에 해당하는 원칙 규정이라는 점에 유의할 필요가 있다.137) 제 3 조 제 1 항은 내국민대우의무를 포괄하는 것이므로, 제 3 조의 나머지 규정을 해석하는데 중요한 의미가 있다. 그 핵심은 어떤 국내 조치가 국내 생산을 보호하기 위해 적용되지 말아야 한다는 것이다. 결국 제 3 조 제 1 항은 보호주의를 방지함으로써, 경쟁조건의 동등성을 요구하고 동등한 경쟁관계에 대한 기대를 충족시키는 것이다.

제 2 항은 수입상품에 대하여 동종의 국내상품에 대하여 부과된 내국세나 기타 과징금을 초과하여 부과하지 않을 것을 요구하고 있다. 이에 덧붙여 국내상품과 직접경쟁 또는 대체가능 상품간 경쟁이 있는 경우 국내상품을 보호할 목적으로 양자를 차별적으로 과세하는 것도 금지한다.138)

> **제 2 항** 다른 체약국의 영역내에 수입된 체약국 영역의 상품에 대하여는 동종의 국내상품에 직접 또는 간접으로 부과되는 내국세 또는 기타 모든 종류의 내국과징금을 초과하는 내국세 또는 기타 모든 종류의 내국과징금을 직접 또는 간접으로 부과하여서는 아니 된다. 또한, 체약국은 본 조 제 1 항에 규정된 원칙에 위배되는 방법으로 내국세 또는 기타 내국과징금을 수입상품 또는 국내상품에 부과하여서는 아니 된다.

GATT 체제 하에서 통상적인 관세는 관세양허의 조건과 제한을 벗어나지 않는 한 보호적 관점에서 허용되지만, 이를 초과하는 관세나 여타 부과금은 금지된다.139) 이와는 달리 수입상품에 대해 부과되는 내국세는 허용조건과 제한에 관계없이 차별적이라면 항상 금지된다. 미국-몰트음료 사건은 이를 여실히 보여준다. 미국은 자국산 맥주의 1.5퍼센트에만 국내 소비세 혜택이 부여되어

---

136) US - Malt Beverages(BISD 39S/206, 1992), para. 5.2.

137) Japan - Alcoholic Beverages Ⅱ, AB Report, pp. 17~18.

138) GATT 제 3 조 제 2 항 2文, 2文의 주.

139) GATT 제 2 조 제 1 항 (b).

실제로 1퍼센트 미만의 미국 맥주만이 소비세 면제 혜택을 보고 있으므로, 미국은 수입상품을 차별하지도 않았고 국내상품에 보호를 부여하지도 않았다고 주장하였다. 패널은 제 3 조 제 2 항은 수입상품과 국내상품간 경쟁조건을 보호하기 위한 것이지, 수출물량의 기대치를 보호하기 위한 것이 아니라고 하였다. 단 1.5퍼센트의 소량에 불과한 미국 맥주에 대해 저율의 세금을 부과하였다고 해서 국내 맥주와 경쟁하는 캐나다 맥주에 고율의 세금을 부과하는 것이 정당화되지 않는다는 것이다. 제 3 조 제 2 항의 1문은 무역효과기준과 연계된 조건적 규정이 아니며 최소기준이라는 조건과도 무관한 것이므로, 미국이 소량의 미국산 맥주에 대해 수입상품보다 낮게 과세한 것은 제 3 조 내국민대우 위반이 된다.[140] 제 3 조 제 2 항에 규정된 무역조치간의 관련성은 1987년 미국-석유제품 과세 사건에서 잘 확인할 수 있다.

【 미국 – 석유제품 과세 사건 】

미국 상원은 환경청정비용을 확보하기 위해 미국산 원유에 대해서는 배럴당 8.2센트, 수입 석유제품에 대해서는 11.7센트의 세금을 부과하는 유해산업폐기물처리기금법(Superfund Act)을 통과시켰다. 미국은 배럴당 3.5센트의 세금 차이는 미세한 것이어서 캐나다 EEC 멕시코 등에 대한 혜택을 무효화하거나 침해하는 것은 아니라고 주장하였다. 이에 대해 패널은 수입상품에 대해 동종상품보다 높은 세율의 소비세를 부과하는 것은 제 3 조 제 2 항 위반이라고 하였다.

패널은 수출 물량에 극소의 영향을 끼치는 조치는 제 3 조 제 2 항의 이익을 무효화하거나 침해하지 않는다는 것이 기반적 법리임을 수용하면서, 항상 그런 것은 아니라고 하였다. 제 3 조 제 2 항 1문은 체약국들이 국내상품과의 관계에서 수입상품을 위한 일정한 경쟁조건을 수립하도록 의무화하는 조항으로, GATT 협정상의 일부 다른 규정과 달리 무역효과를 언급하고 있지 않음을 지적하였다. 브라질 내국세 사건을 인용하여 타국으로부터의 수입이 상당량이건 소량이건, 또는 아예 없든 제 3 조 제 2 항 1문은 동등하게

---

140) US - Measures Affecting Alcoholic and Malt Beverages(DS23), GATT Panel Report(DS23/R-39S/206).

적용되는 것임을 확인하였다. 해당국가가 문제의 상품에 대한 과세 부과 여부와 관계없이 체약국은 제 3 조를 준수하여야 하는 것으로, 제 3 조에 따른 혜택은 시장접근에 대한 협상된 기대치가 있느냐와 무관하게 독립적으로 발생한다. 높은 세율이라 할지라도 차별적이지 않다면 내국민대우에 합치하는 것이지만, 매우 낮은 세율이지만 차별적인 내국민대우 위반 과세와 비교할 때 다른 체약국의 수출에 더 심각한 영향을 끼칠 수 있다. 이 사건의 쟁점은 여기에 있다. 미국은 국내상품에 대한 과세는 올리고 수입상품에 대한 과세를 낮추어, 또는 수입상품과 국내상품에 공통세율을 적용하여 제 3 조 제 2 항 1문에 합치하는 내국세를 부과할 수 있다. 이 두 가지 방법은 각기 다른 무역효과를 가져오게 되는데, 현행 과세와 제 3 조 제 2 항 1문에 합치하는 과세간의 무역효과에 대한 차이를 논리적으로 판단하는 것은 불가능하다. 따라서 동 규정 위반으로 인한 무역효과를 판단하는 것은 불가능하다. 이러한 이유에서 제 3 조 제 2 항 1문은 수출물량의 기대치를 보호하는 것이 아니라, 국내상품과 수입상품간 경쟁관계에 관한 기대를 보호하는 것이다. 이 규정에 반하는 경쟁관계의 변화는 당연히 GATT 협정상의 혜택을 무효화하고 침해하는 것으로 간주되어야 한다. 어떤 조치가 제 3 조 제 2 항 1문 위반임을 입증하는 것이 아무런 효과가 없다거나 거의 의미가 없다는 것은 패널 입장에서 충분한 입증이라 볼 수 없다. 그러한 반론이 원칙적으로 허용되는 경우라 하더라도 협정상의 혜택이 무효화 또는 침해되지 않았다는 충분한 입증이 될 수 없다.

제 3 조 제 2 항의 규정은 두 개의 문장으로 구성되어 있다. 제 1 문은 수입상품에 대한 내국세나 과징금이 동종의 국내상품에 대한 경우를 초과하지 않도록 하고 있다. 제 2 문은 제 3 조 제 1 항에 규정된 원칙인 국내생산을 보호하기 위한 내국세나 과징금 부과 금지를 위반하는 방법으로 내국세 또는 기타 내국과징금을 수입상품이나 국내상품에 부과하지 않도록 하고 있다. 제 2 문은 또한 (moreover)이란 단어로 시작하는바, 이는 제 2 문이 제 1 문과는 구별되는 별개의 것임을 나타내는 것이다. 제 3 조 제 2 항에는 주석이 달려 있는데, 제 2 항과 주석은 동등한 법적 지위를 가진다. 동 주석은 제 2 문을 대체하거나 수정하는 것

이 아니라 그 의미를 명확히 하는 것이므로, 제 2 문과 각주는 적절한 의미를 찾기 위해 함께 해석해야 한다.

제 2 항 각주   제 2 항 첫 문장의 요건에 합치하는 조세는 과세된 상품을 일방으로 유사한 방법으로 과세되지 아니한 직접 경쟁상품 또는 대체가능상품을 타방으로 하여 양자간에 경쟁이 있는 경우 제 2 문의 규정에 모순되는 것으로 간주한다.

과세와 관련된 내국민대우 위반은 '동종상품'과 '직접경쟁 또는 대체가능상품' (directly competitive or substitutable products)을 구별하고 있다. 전자의 경우 국내상품에 부과되는 '과세를 초과하는'(in excess of those applied) 모든 과세가 문제가 되지만, 후자는 '유사하지 않은'(not similarly taxed) 과세의 경우에만 내국민대우 위반이 된다. 비교 대상을 구분하여 동종상품의 경우 내국세 부과에서 차이가 조금이라도 있으면 내국민대우 위반이고, 직접경쟁 또는 대체가능상품의 경우 아주 작은 과세 차이는 인정하되 그 한계를 넘는 경우에만 내국민대우 위반이 된다. 따라서 제 3 조 제 2 항 1문은 무역효과가 있을 경우에만 적용되는 조건부 규정이 아니며, 최소규칙(de minimis)도 적용되지 않는다.[141] 제 3 조 제 2 항 1문 위반 판단은 수입상품에 대한 과세가 국내상품에 대한 과세를 초과하였는가만을 입증하는 것으로 충분하다. 일본-주세법 II 사건(Japan-Alcoholic Beverages II) 에서 항소기구는 제 3 조 제 1 항 1문은 특별히 제 3 조 제 1 항을 언급하고 있지 않으므로 보호를 부여하기 위한 조치인가를 추가로 입증할 필요는 없다고 하였다.[142] 이러한 입장은 아르헨티나-가죽 사건에서도 인용되었다.[143] 즉 국내동종품에 부과한 세금을 초과하는 세금을 부과하는 것은 국내생산을 보호할 목적이 있는 것으로 간주된다.

캐나다-정기간행물 사건에서 항소기구는 제 3 조 제 2 항의 위반 여부를 판단하기 위해 국내상품이 동종상품인가, 국내상품보다 수입상품에 높게 과세되었는가라는 두 가지 요소를 검토하여야 한다고 하였다. 이 두 가지 요소 모두에

---

141) US - Measures Affecting Alcoholic and Malt Beverages, BISD 39S/206, para. 5.6; Japan - Taxes on Alcoholic Beverages(WT/DS8,10,11/AB/R), p. 23.
142) Japan - Taxes on Alcoholic Beverages(WT/DS8,10,11/AB/R), p. 6.
143) Argentina - Measures Affecting the Export of Bovine Hides and the Import of Finished Leather(WT/DS155/R).

해당된다면 제 3 조 제 2 항 1문 위반이 되지만, 둘 중 한 가지에 대해서만 해당
된다면 해당 조치의 제 2 문 합치 여부를 살펴야 한다.144) 이와 같이 제 3 조 제
2 항 제 2 문은 1문보다 넓게 적용될 것을 의도하는 것이다. 한국-주세법 사건
(Korea-Alcoholic Beverages)에서 항소기구는 한국 주세법은 잠재적 경쟁관계는 문
제의 상품이 직접 경쟁 또는 대체가능 상품이라는 것을 밝히는 것으로는 충분
하지 않다고 한 한국측 주장을 부정하고, 제 3 조 제 2 항 1문은 해당 용어의 일
정한 맥락을 구성하는 것이라 하였다. 동종상품은 직접경쟁 또는 대체가능 상품
의 부분집합으로, 모든 동종상품은 그 개념상 직접경쟁 또는 대체가능 상품이지
만, 그 반대는 성립하지 않는다. 동종상품의 의미는 좁게 해석되어야 하지만, 직
접경쟁 또는 대체가능 상품은 더 넓게 해석되어야 한다. 완전히 대체가능한 상
품은 제 3 조 제 2 항 1문의 범위에 포함되지만, 완전성이 떨어지는 대체가능 상
품은 제 3 조 제 2 항 2문하에서 다루어져야 한다.145)

제 4 항은 국내 법규나 요건이 내국민대우를 위반하지 말 것을 규정하고 있
다. 수입상품의 국내 판매, 판매를 위한 제공, 구매, 운송, 배포 또는 사용에 영
향을 끼치는 법률, 규칙, 요건에 관해서도 내국민대우를 하여야 한다.

제 4 항   체약국 영역의 상품으로서 다른 체약국 영역에 수입된 상품은 그 국가에
서의 판매, 판매를 위한 제공, 구입, 운송, 배포 또는 사용에 관한 모든 법률, 규칙
및 요건에 관해 국내 원산의 동종상품에 부여하고 있는 대우보다 불리하지 아니한
대우를 부여하여야 한다.

수입상품의 국내판매 등에 영향을 끼치는 요건이란 해당 기업이 법적으로
수행하여야 하는 요건만을 말하는 것이 아니라, 해당 기업이 자국 정부로부터
혜택을 확보하기 위하여 자발적으로 수락한 요건까지 포함하는 개념이다.146)
'영향을 끼치는'(affecting)이라는 표현은 상품의 판매나 구매조건을 직접 규제하
는 법률과 규칙뿐만 아니라, 국내 시장에서 국내상품과 수입상품간의 경쟁조건

144) Canada - Certain Measures Concerning Periodicals(WT/DS31/AB/R).
145) Korea - Taxes on Alcoholic Beverages(WT/DS75/AR/R).
146) Panel Report on EEC: Regulation on Imports of Parts and Components, BISD 37S/132
    (1990), para. 5.20~5.21.

을 불리하게 변경시키는 법률과 규칙까지 포함하는 것이다.[147] 결국 제한을 가하려는 모든 시도에 대해 내국민대우를 훼손시킬 수 있는 정부행동 범위에 포함시키려는 것이 GATT 패널의 입장이다.[148] '불리하지 아니한 대우'(less favourable treatment)란 국내판매 · 판매를 위한 제공 · 구매 · 운송 · 상품의 배포나 사용 등에 관한 법률이나 규칙 또는 요건과 관련하여 수입상품에 대한 기회의 효과적 동등성을 의미하는 것이다. 이 규정의 기본적 목적은 대우의 동등성을 보장하기 위한 것이므로, 법률상의(de jure) 차별뿐 아니라, 사실상의(de facto) 차별도 금지하는 것이다.[149] 따라서 내국민대우는 제한이 없는 원칙으로서, 국내상품과 외국상품에 대하여 단순히 동일 대우를 요구하는 것이 아니라, 외국상품에 불리하지 아니한 대우를 부여하기 위하여 필요한 경우에는 국내규칙상의 차이를 인정하여야 한다.[150] 한국-쇠고기 사건에서 항소기구는 불리하지 아니한 대우는 국내상품에 비하여 외국상품에 불리하지 아니한 경쟁조건을 부여하는 것이라고 하였다.[151] 제 3 조 제 2 항과 제 4 항이 공히 국내 조치를 대상으로 하는 것임에도, 최혜국대우를 규정한 제 1 조에서 그 적용범위에 포함하고 있음도 유의하여야 한다. 왜냐하면, 차별적 비관세 장벽이 되는 국내 과세나 국내 규제에 대해 제 3 조의 보완적 금지 없이는 최혜국대우가 충분히 효과를 거둘 수 없기 때문이다. 예컨대 A국이 B국에서 수입된 상품에 대해 A국 상품과 동등하게 과세하였으나, C국에서 수입된 동종상품에 대하여는 차별적으로 과세하는 경우는 제 3 조 제 2 항 위반이면서 제 1 조 위반이 되는 것이다.

제 3 조 제 2 항과 제 4 항은 국내 조치를 대상으로 하는 것임에도, 최혜국대우를 규정한 제 1 조에서 그 적용범위에 포함하고 있다. 그 이유는 차별적 비관세 장벽이 되는 국내 과세나 국내 규제에 대해 제 3 조의 보완적 금지 없이는 최혜국대우가 충분히 효과를 거둘 수 없기 때문이다. 실례로 A국이 B국에서 수입된 상품에 대해 A국 상품과 동등하게 과세하였으나, C국에서 수입된 동종상품

---

147) United States - Section 337 of the Tariff Act of 1930, BISD 36S/345(1989), Panel Report, para. 12.
148) Gaetan Verhoosel, National Treatment and WTO Dispute Settlement(Oxford, 2002), p. 21.
149) *Ibid.*
150) *Op. cit.*, p. 22.
151) Korea - Measures Affecting Imports of Fresh, Chilled, and Frozen Beef(Korea-Beef, DS161), AB Report, paras. 135~137.

에 대하여는 차별적으로 과세하는 경우는 제 3 조 제 2 항 위반이면서 제 1 조 위반이 되는 것이다.

제 5 항은 국내산 상품의 수량적 제한, 제 7 항은 수입산 상품간의 수량적 제한을 금지하고 있다. 상품의 혼합, 가공, 사용과 관련하여 국내산을 일정량이나 비율로 사용하도록 요구하는 數量制限을 유지하거나 확립할 수 없고,152) 이는 국외 공급원간에도 적용되어 물량이나 비율에 제한을 두어서는 아니 된다.153)

제 8 항은 정부용 상품조달을 위한 법규나 요건, 국내생산자에게만 사용되는 보조금 지급의 경우 제 3 조의 내국민대우규정이 적용되지 않음을 밝히고 있다. 내국민대우규정은 상업적 재판매나 상업적 판매를 위한 상품 생산에 사용하지 않는 정부용 목적으로 정부기관이 구매하는 상품의 조달을 규제하는 법률, 규칙, 요건에는 적용되지 아니한다. 이에 합치하여 부과하는 내국세 또는 내국과징금에 의한 수입과 국내상품의 정부구매에 의하여 생기는 보조를 포함하여 국내 생산자에게만 사용되는 보조금 지불에는 적용되지 않는다.

제10항은 인화된 영화필름에 관한 예외를 규정하고 있다. 인화된 영화필름과 관련하여 GATT 제 4 조에서 정한 요건을 충족하는 국내 수량적 규칙을 설정 유지하는 경우는 내국민대우규정이 적용되지 않는다.

(다) '동종상품'과 '직접경쟁 또는 대체가능상품'

제 3 조 제 2 항은 차별의 대상이 되는 상품을 동종상품과 직접경쟁 또는 대체가능상품으로 구분하고 있다. 전자의 경우 국내상품에 부과되는 '과세를 초과하는'(in excess of those applied) 모든 과세가 문제가 되지만, 후자는 '유사하지 않은'(not similarly taxed) 과세의 경우에만 내국민대우 위반이 된다. 이와 같이 제 2 항 제 2 문은 제 1 문보다 넓게 적용될 것을 의도하고 있는데, 이는 캐나다 정기간행물 사건과 한국 주세법 사건 등에서 적절히 지적된 바 있다. 캐나다 정기간행물 사건의 항소기구는 제 3 조 제 2 항의 위반 여부를 두 단계로 구분하였다. 문제의 수입상품이 국내상품과 동종상품이고 국내상품보다 조금이라도 높게 과세되었다면 제 3 조 제 2 항 1문 위반이지만, 동종상품이 아니거나 높게 과세되

152) GATT 제 3 조 제 5 항.
153) GATT 제 3 조 제 7 항.

지 않았다면 문제된 조치가 제 2 문에 합치하는가를 살펴야 한다고 하였다.[154] 한국 주세법 사건에서도 동일한 접근이 나타나고 있다. 패널은 한국의 소주(희석식·증류식 포함)와 위스키·브랜디·꼬냑·럼 등의 수입 알코올음료는 직접경쟁 또는 대체가능상품으로, 한국의 과세는 수입상품에 대해 유사하지 않은 방법의 차별적 과세로서 국내상품을 보호하기 위한 목적으로 적용되었다고 보았다. 한국은 잠재적 경쟁관계만으로는 문제의 상품이 직접경쟁 또는 대체가능 상품이라 할 수 없다고 주장하였으나, 받아들여지지 않았다. 항소기구는 제 3 조 제 2 항 1문을 전체 속의 한 부분으로 파악하였다. 동종상품은 직접경쟁 또는 대체가능상품의 부분집합이므로, 모든 동종상품은 개념상 직접경쟁 또는 대체가능 상품이 된다. 동종상품의 의미는 좁게, 직접경쟁 또는 대체가능 상품은 보다 넓게 해석한 것이다. 완전히 대체가능한 상품은 제 3 조 제 2 항 1문의 범위에 속하지만, 완전성이 떨어지는 대체가능 상품은 제 3 조 제 2 항 2문하에서 다루어져야 한다.[155]

'동종성'(likeness)은 내국민대우의 핵심적 잣대로, 이를 판단하는 기준과 관련하여서는 두 가지 입장이 있다. 그 하나는 두 상품의 동종성 여부는 물리적 유사성, 관세분류, 소비자의 기호, 최종사용 등과 같은 요소에 의해서만 판단되어야 한다는 입장이다. 다른 입장은 소위 '意圖效果基準'(aims-and-effects test)을 따르는 것으로, 동종성의 결정은 해당 조치의 규제적 목적을 고려하여야 한다는 견해이다.[156] 전통적으로 GATT 패널은 동종성 문제를 네 가지 요소를 통해 사례별로 검토하여 왔다. 해당 시장에서 상품의 최종용도, 국가마다 다를 수 있는 소비자의 기호나 습관, 상품의 특성이나 본질 및 품질, 상품의 관세분류의 네 가지를 판단요소로 삼아 왔다. 이러한 기준은 1970년 국경세조정에 관한 작업단의 보고서에서 시사된 것이다.[157]

1990년대 초반에는 의도효과기준이 주류로서, 일부 GATT 패널의 결정도 이를 따르는 경향이었다.[158] 의도효과기준은 미국의 알코올음료와 몰트음료에

---

154) Canada - Certain Measures Concerning Periodicals(DS31), AB Report.

155) Korea - Taxes on Alcoholic Beverages(Korea - Alcoholic Beverages, DS75), Panel Report.

156) Verhoosel, *op. cit.*, p. 23.

157) *Op. cit.*, p. 24.

158) *Op. cit.*, p. 23.

대한 조치와 관련한 1992년의 GATT 패널 결정에서 채택되었다. 이 사건에서 패널은 차별받는 두 상품이 동종상품인가를 결정하기 위해서는 해당 차별이 국내상품을 보호하기 위하여 부여된 것인가를 검토하는 것이 필요하다고 함으로써, 의도효과기준의 기초를 제공하였다.[159] 그러나 근자에 들어서는 의도효과기준을 취하지 않는 경향에 있고, 이러한 입장은 일본의 알코올음료에 대한 조세 사건에서 나타나게 되었다. 이 사건의 패널은 의도효과기준은 GATT 제 3 조 제 2 항의 문구와 일치하지 않는다고 하여 배척하였고,[160] 이러한 입장은 항소기구에 의해서도 지지되었다. 항소기구는 패널의 동종성 결정은 항상 개별적 재량적 판단의 불가피함을 포함하는 것으로, 한 가지 판단 방법이 모든 사례에 적절할 수 없다고 하였다. 즉 무엇이 동종인가에 대하여 명확하고 절대적인 유일의 정의가 있을 수 없고, 동종성의 개념은 아코디온의 이미지를 연상케 하는 상대적인 것이다.[161]

일본 주세법 Ⅱ 사건과 한국 주세법 사건은 제 3 조 제 2 항의 해석과 관련하여 동종성 개념에 대하여 자세하게 분석하고 있다. 제 3 조 제 2 항은 제 1 문에서 동종상품을 규정하고 제 2 문에서는 직접경쟁 또는 대체가능 상품을 규정하여 구별하고 있는데, 동종상품은 직접경쟁 또는 대체가능 상품에 포함되는 좁은 개념으로 이해하고 있다. 직접경쟁 또는 대체가능 상품의 경우 국내상품과 경쟁관계가 있고, 국내상품을 보호할 목적으로 차별적으로 과세한 경우에만 문제된다. 한국주세법 사건에서 패널은 물리적 특성과 최종 소비형태 등에서 소주와 양주간의 유사성을 인정하였으며, 소주와 양주간 상당한 가격차이가 있지만 그 차이가 경쟁관계를 부인할 만큼 결정적인 요인은 아니라고 하여, 소주와 양주는 직접경쟁 혹은 대체가능 상품이라고 판단하였다.[162]

---

159) US - Measures affecting Alcoholic and Malt Beverages(DS23), GATT Panel Report, para. 5.25.

160) Japan - Taxes on Alcoholic Beverages(Japan - Alcoholic Beverages Ⅱ, DS8), Panel Report, paras. 6.16~6.19.

161) Japan - Alcoholic Beverages Ⅱ, AB Report, p. 21.

162) Korea - Alcoholic Beverages, Panel Report, para. 10.94.

【 일본 – 주세법 II 사건 】

1. 사실관계

1995년 9월 27일 EC는 동년 6월 21일 요청한 일본과의 협의가 실패하자, WTO 분쟁해결기구에 패널설치를 요청하였다. EC는 보드카·진·럼·제네버(genever) 등의 화주(spirits)와 위스키 및 브랜디가 일본의 소주와 동종상품이라는 것과, 이 네 가지 상품에 대하여 일본이 소주에 대한 세금을 초과하여 부과한 것은 GATT 제 3 조 제 2 항 1문 위반이라고 주장하였다. 캐나다도 위스키·브랜디·기타 증류주·리큐르와 소주는 직접경쟁 관계에 있고, 일본이 이들에 대해 소주보다 고율 과세하는 것은 GATT 제 3 조 제 2 항 2문의 의무를 위반한 것이라고 하였다. 미국은 백색과 갈색 화주는 GATT 제 3 조 제 2 항 1문상 동종상품이므로, 일본이 소주와 화주에 대하여 차등 과세하는 것은 GATT 제 3 조 제 2 항 1문에 위반한다고 주장하였다. EC는 1986년에 이미 일본 주세법이 내국민대우원칙 위반을 이유로 GATT에 제소한 바 있고, 1987년 GATT 패널 보고서는 일본 주세법이 GATT 제 3 조 내국민대우원칙을 위반한 것이라고 결정하였다. 이에 따라 일본은 1989년과 1994년 주세법을 개정하였으나, EC와 캐나다 및 미국은 개정된 일본 주세법에 의해서도 차별적 과세가 있다고 주장한 것이다.

이에 대하여 일본은 이러한 과세체계가 GATT 제 3 조 위반이 아니라고 주장하였다. 일본은 주세법상 조세를 분류하는 것은 국내 생산품을 보호하려는 것이 아니며, 그러한 효과가 발생하지도 않는다고 주장하였다.

2. 패널의 결정

제 3 조 제 2 항 1문의 동종상품과 2문 주의 직접경쟁 또는 대체가능 상품은 구별되는 것으로, 동종상품은 좁게 해석하여야 한다고 하였다. 동종상품의 정의에 비추어 볼 때, 동종상품은 모두 직접경쟁 또는 대체가능 상품이 되나, 직접경쟁 또는 대체가능 상품은 반드시 동종상품이 되는 것은 아니라는 것이다. 따라서 어떤 상품이 동종상품인가 아니면 직접경쟁 또는 대체가능 상품인가의 결정은 사안별로 판단하여야 한다고 하였다. 직접경쟁 또는 대체가능 여부를 판단하기 위한 결정적인 기준은 대체탄력성에 의해 나타

나는 공통의 최종용도에서 구하고, 동종상품의 판단에 있어서는 공통의 최종용도 외에 동일한 물리적 특성 여부도 보아야 한다고 하였다. 그러나, 동종상품과 직접경쟁 또는 대체가능 상품을 확연하게 구별하는 것은 자의적인 결정이라고 하였다.

이러한 논거에서 소주와 보드카는 알코올 도수에 차이가 있으나, 제조상 거의 동일한 물리적 특성을 가지고 있으므로 동종상품으로 보아야 한다고 하였다. 그 외에 1987년 일본 알코올 패널의 보고서가 소주와 보드카는 동일한 원료를 사용하고 최종용도가 사실상 동일하므로 동종상품으로 분류될 수 있다고 한 결정을 감안하였다. 1996년의 HS 분류(Harmonized System of Tariff Classification; 통일관세분류)에 소주와 보드카가 다른 항목으로 분류되어 있는 것과는 별개로 일본은 관세양허표에서 소주와 보드카에 동일한 관세를 적용하는 것으로 되어 있으므로, 소주와 보드카는 동종상품으로 판단하였다. 그리고 소주와 위스키 · 브랜디 · 럼 · 진 · 리큐르는 직접경쟁 또는 대체가능 상품으로, 일본은 이들에 대해 유사하게 과세하지 않음으로써 GATT 1994 제 3조 제 2 항 2문을 위반하였다고 평결하였다. 이에 따라 분쟁해결기구는 주세법을 GATT 1994상의 의무에 합치시킬 것을 요청하였다.

3. 항소기구의 결정

(1) 제 3 조 제 2 항 1문

가) 동종상품성 여부

제 3 조 제 2 항 2문은 제 1 문에서 규정된 동종상품이 아닌 보다 넓은 카테고리의 상품, 즉 직접경쟁 또는 대체가능 상품을 규정한 것이다. 특히 국내상품을 보호하기 위하여 직접경쟁 또는 대체가능 상품에 유사하게 과세되지 않은 경우, 동 조 위반임을 강조하고 있는 것이다. 따라서 제 3 조 제 2 항 1문의 동종상품을 좁게 해석하여야 하고, 얼마나 좁게 해석할 것인가는 개별 사안의 각 과세조치를 별도로 검토하여 결정하여야 한다.

동종 또는 유사 상품(like or similar products)의 개념에 관하여는 1970년 국경세조정사건(Border Tax Adjustment)에 대한 GATT 작업단의 보고서에 나와 있는 기준이 대부분의 사례에서 되풀이되었다. 유사상품이란 주어진 시장에서 상품의 최종용도, 소비자의 기호와 습관, 상품의 특질 · 본질 · 품질이

기준이 된다고 하였다. 그러나 무엇이 동종인가에 대한 명확하고 절대적인 유일의 정의가 없으므로, 각 사안에서 동종성을 결정함에 있어 패널은 그들의 최선의 판단을 적용하여 결정할 수 있다. 항상 개별적 재량적 판단을 행하게 되는 것이다. 따라서 패널이 밝힌 바와 같이 동종상품과 직접경쟁 또는 대체가능 상품의 차이를 구별한 것이 자의적 결정이라는 판단은 잘못된 것으로 보았다. 오히려 개별 사안에서 상품의 다양한 특성을 고려하는 데 재량적 결정이 이루어져야 한다고 하였다. 패널은 이 사안에서 소주와 보드카가 제 3 조 제 2 항 1문의 목적상 동종상품이라고 결정하였는데, 항소기구는 보드카가 제 1 문에 따른 동종상품이든 제 2 문에 의한 직접경쟁 또는 대체가능 상품이든 이 사안의 실질적 결과에 영향을 끼치는 것은 없다고 하였다.

관세분류는 이전에 채택된 패널보고서에서 동종상품을 결정하는 기준으로 사용되어 왔는데, HS(Harmonized System)에 기초를 둔 통일관세품목분류는 GATT 1947 관행상 상품의 동종성을 확인하는 유용한 근거를 제공하는 것으로서 인정되어 왔다. 그러나 관세품목분류와 GATT 1994 제 2 조하의 WTO 회원국이 만든 관세양허간에는 주요한 차이가 있다. 관세양허는 매우 넓은 것이어서 상품의 동종성에 대한 판단기준으로 사용하는 것은 위험하다고 본 것이다. 관세양허는 상품의 유사성을 의미하는 것이 아니라 WTO 회원국간 협상된 양허의 결과를 표시할 뿐이므로, 관세양허는 제 3 조 제 2 항 상품의 동종성을 판단하는 결정적 기준이 아니라고 하였다.

이와 같이 항소기구는 패널보고서의 법적 근거에 대하여 이러한 수정을 덧붙여 동종상품의 나머지 모든 측면과 관련하여 패널의 법적 결론과 결정을 인정하였다.

나) 초과 과세 여부

수입품에 대한 과세가 국내 동종상품의 과세를 초과하여 부과된 경우는 제 3 조를 위반한 것이다. 그 초과분이 아주 적은 양이라도 문제가 된다. 제 3 조 제 2 항 1문에 규정된 차별적 과세의 금지는 무역효과의 평가에 대한 조건부가 아니며, 최소기준에 의해 합치되는 것도 아니다. 요컨대 주세법은 소주에 대하여 부과하는 세금을 초과하여 보드카에 세금을 부과하였음이 명백한 것으로, 제 3 조 제 2 항 1문을 위반하였다.

(2) 제 3 조 제 2 항 2문

가) 직접경쟁 또는 대체가능 여부

수입상품과 국내상품이 제 3 조 제 2 항 1문의 해석상 동종상품이 아니라 할지라도, 그 본질상 관련된 시장에서의 경쟁조건에 따라 제 3 조 제 2 항의 보다 넓은 카테고리인 직접경쟁 또는 대체가능 상품에 속할 수 있다고 하였다. 직접경쟁 또는 대체가능 상품의 범위에 대한 해석은 해당 사례에서 패널이 모든 관련 사실에 기초하여 결정하게 된다. 동종상품에서와 같이 직접경쟁 또는 대체가능 상품의 적절한 범위의 문제는 사안별 토대(case-by-case basis) 위에서 행하여져야 한다.

항소기구는 패널이 직접경쟁 또는 대체가능 상품 여부와 관련하여 물리적 특성·최종용도의 공통성·관세분류·시장여건(market place)을 볼 필요가 있다고 한 점과, 대체탄력성에 의한 최종용도의 공통성을 결정적 기준으로 본 점을 수용하였다.

나) 과세의 유사성 여부

제 3 조 제 2 항 2문 주의 '유사하게 과세되지 않은(not similarly taxed)'이라는 것과 1문에 규정된 '초과하여(in excess of)'라는 구문은 동일한 것이 아니라고 하였다. 즉 제 3 조 제 2 항 1문은 동종상품에 대한 과세를 초과하는 것을 문제 삼는 것이고, 2문 주는 직접경쟁 또는 대체가능 상품에 대하여 유사하게 과세하지 않는 것을 대상으로 하는 것이다. 따라서 어떤 사례에서 국내 동종상품에 대한 과세를 초과하지만, 직접경쟁 또는 대체가능 수입품과 국내상품이 유사하게 과세된 것으로는 볼 수 있는 과세가 있을 수 있다. 이러한 상이한 과세가 유사하게 과세되지 않은 것으로 간주되기 위해서는 최소기준(de minimis) 이상이어야 하고, 그 충족 여부는 사안별로 검토하여야 한다고 하였다.

다) 보호적 목적 여부

직접경쟁 또는 대체가능 상품이 보호를 부여하기 위하여 유사하게 과세되지 않았는가를 결정하여야 한다. 이것은 의도의 문제가 아니라 적용의 문제라고 하였다. 1987년 일본 알코올사건의 패널은 양주보다 소주에 낮은 세율을 적용한 것은 국내상품에 보호를 부여하는 무역왜곡 효과를 가진다고 결정하였다. 해당 조치의 의도를 확인하는 것은 쉽지 않지만, 보호적 적용

여부는 디자인, 구성, 해당 조치의 표출구조 등으로부터 식별될 수 있다. 패널은 직접경쟁 또는 대체가능 상품이 유사하게 과세되지 않았다면, 그리고 과세가 국내상품에 유리한 것이 확인된다면, 보호주의가 해당 상품에 부여된 것으로서 제 3 조 제 2 항 2문에 위반되는 것이라고 하였다. 이는 유사하지 아니한 과세가 보호적인 것인가를 결정하기 위하여 과세의 비유사성이 최소치 이상임을 확인하는 것으로 족하다고 본 것이다.

이와 같이 항소기구는 보호적 목적과 유사하지 않은 과세라는 요건을 별도로 분석하지 않은 패널의 해석은 잘못이라 지적하면서도, 일본 주세법이 제 3 조 제 2 항을 위반하였다는 결론에는 동의하였다.

(라) WTO 협정상의 적용

GATT 규정 이외에도 최혜국대우나 내국민대우를 규정하고 있는 WTO 협정이 많이 있다. 무역관련지적재산권협정은 일부 예외를 두고 있긴 하나, WTO 회원국에게 지적재산권규정과 관련한 최혜국대우와 내국민대우를 요구하고 있다. 서비스무역에 관한 일반협정도 다른 회원국의 서비스나 서비스공급자에 대하여 최혜국대우를 요구하고 있다. 다만 GATS는 WTO 회원국이 그러한 최혜국대우를 초기에 부여하기 어려운 특정의 조치에 대하여는 예외를 인정하고 있다. 그러나 GATS에 있어 내국민대우는 특정의 서비스나 서비스활동에 대하여 회원국이 내국민대우를 부여할 것이라고 한 경우에만 의무성을 가진다. 이것은 내국민대우가 회원국들이 협상한 결과로 나타난 것임을 의미하는 것이다. 무역관련투자조치협정도 상품의 물량이나 가치와 관련하여 국내공급원으로부터 일정 비율을 구매하도록 요구하는 것이 GATT 1994 위반임을 명시하고 있다.[163] 그 외에 무역에 관한 기술장벽협정도 기술규제와 관련하여 회원국의 수입상품은 자국산이나 다른 회원국산 상품보다 불리하지 않은 대우를 받도록 요구하고 있고,[164] 수입허가절차협정도 수입허가절차에 관한 규칙이 부적절한 운용에 의해 무역왜곡이 발생하지 않도록 공정하고 형평성 있는 방법으로 적용되고 집행되어야 함을 규정하고 있다.[165]

---

163) WTO 설립협정 제 1 부속서 A 무역관련투자조치협정 부속서(예시목록) 1(a), (b).
164) 무역에 관한 기술장벽협정 제 2 조 제 1 항.
165) 수입허가절차협정 제 1 조 제 1 항, 제 2 항.

2. 수량제한의 금지

(1) 개   념

수입 또는 수출되는 상품의 수량을 제한하는 조치는 금지되어야 한다. 그
러한 조치에는 일정한 조건이 충족될 경우에만 상품의 수입 수출을 제한한다거
나, 쿼터를 설정하는 것, 수입허가절차 등이 있다. 이러한 수량제한은 관세조치
보다 훨씬 강한 보호적 조치에 해당하는 것으로, 자유무역을 왜곡할 우려가 크
다. 대표적 예로 1972년 미국이 제정한 해양포유동물보호법이 있다. 동 법은 상
업적 목적의 어로과정에서 해양포유동물의 우발적 치사나 중대한 손상을 상당
한 수준으로 줄일 것을 목적으로 하고 있다. 이에 따라 황다랭이(yellowfin tuna)
어획시 부수적으로 발생하는 돌고래 포획을 줄이기 위한 조치를 요구하고, 이러
한 규제를 위반한 방법으로 잡은 황다랭이와 가공상품에 대해 미국 내 수입을
금지하였다. 또한 우회조치를 막기 위해 일본, EU 등 제 3 국에 대하여도 유사
한 수입규제를 요구하였다. 1990년 멕시코의 제소로 다루어진 미국-참치수입규
제 사건에서 GATT 패널은 미국측 조치는 수량제한에 해당하는 것으로, 동물보
호에 필요하다거나 고갈될 여지가 있는 천연자원의 보호에 관련된 조치 등의
예외가 될 수 없다고 하였다.166)

최혜국대우는 일정한 범위의 관세를 허용하면서 가장 효율적인 경쟁자에게
수입을 허용하는 것인 반면, 수입이나 수출시 수량을 직접 제한하는 것은 무역
왜곡 효과를 초래하고 투명성을 침해할 여지가 있다. GATT 제11조는 수량제한
을 규제하는 주된 규정으로, 제11조 제 1 항은 다음과 같이 규정하고 있다.

> 체약국은 다른 체약국 영역의 상품 수입에 대하여 또는 다른 체약국 영역으로 향하
> 는 상품의 수출 또는 수출을 위한 판매에 대하여, 할당제나 수입허가 또는 수출허가
> 또는 기타 조치에 의거하거나를 불문하고 관세, 조세 또는 기타 과징금을 제외한 금
> 지 또는 제한을 설정하거나 유지하여서는 아니 된다.

이 규정은 수입 또는 수출 제한의 일반적 금지를 규정하는 것으로, 법이나
규칙에 국한되지 않고 정부가 취하는 모든 조치를 대상으로 하는 포괄적인 것

---

166) US - Restriction on Imports of Tuna(DS21/R), GATT Panel Report, para. 5.30.

이다.167) 체약국이 취하거나 유지하는 어떤 조치라도 수출이나 상품수출을 위한 판매를 제한하는 경우라면 그 법적 지위와 무관하게 제11조 제 1 항의 적용대상이 된다. 제한이란 용어의 범위도 매우 넓게 이해하고 있는데, 행동을 제한하는 경우나 조건 및 규제를 제한하는 경우 모두가 제한에 해당된다.168) 그런 의미에서 자동적이지 않은 면허절차는 제11조의 수입 제한에 해당한다. 제11조 제 1 항은 GATT 협정상의 다른 규정과 달리 법이나 규정을 언급하지 않고 보다 넓은 의미의 조치를 대상으로 하고 있다. 해당 조치는 그 법적 지위와는 무관하게 적용대상이 된다.169) 다만, 관세나 조세, 기타 과징금은 이에 포함되지 않는다.

(2) 적용 범위

정부의 조치로 인정되기 위해서는 해당 조치의 정부 귀속성 여부를 기준으로 한다. 사인의 행위에 정부가 일정 정도 참여하고 있는 경우도 이에 포함된다. 중국-원료물질 사건에서 중국 금속 미네랄 화공제품 수출입상공회의소(CCCMC)가 취한 수출가격 조정조치는 중국 정부가 수출가격에 대한 조정권한을 CCCMC에 위임한 것으로, CCCMC의 조치는 중국 정부에 귀속시킬 수 있는 조치에 해당하는 것으로 보았다.170) 그리고 체약국이 실시하고 있는 일반적으로 적용되는 법률, 규칙, 사법적 판결, 행정상의 결정이 상품의 수입, 수출에 관한 제한이나 금지에 관한 것이라면 다른 정부나 무역업자가 잘 알 수 있도록 신속히 공표하여야 한다.171) 법률, 규칙, 사법적 판결, 행정상의 결정이란 무역이나 무역업자에게 영향을 줄 수 있는 광범한 조치를 포함하는 것으로 이해된다. 따라서 중국측 관련 조치가 수출 제한이나 금지를 포함하는 법, 규칙, 행정상 결정에 해당한다면 해당 최소수출가격요건은 신속히 공표되어야 한다. 금지 또는 제한이라고 하는 것은 법률적인 경우뿐 아니라, 사실상의 경우도 당연히 포함된다.172) 아르헨티나-가죽 사건에서 자국 피혁업자의 경우 수출허가절차에서 대

---

167) Japan - Trade in Semi Conductors(L/6309, 35S/116), GATT Panel Report, para. 104.

168) India - Quantitative Restrictions, AB Report, para. 5.128.

169) Japan - Trade in Semi Conductors(L/6309, 35S/116), para. 106.

170) China - Measures Related to the Exportation of Various Raw Materials(China - Raw Materials, DS395), Panel report, para. 7.1096.

171) GATT 제10조 제 1 항.

172) Argentina - Measures Affecting the Export of Bovine Hides and the Import of Finished

리인을 허용한 아르헨티나 결의2235는 법적 구속력있는 정부 조치로서, 피혁수
출을 규제하는 직접적 내용은 들어 있지 않으나 사실상의 제한에 해당한다고
하였다.[173] 기왕의 다수 사례는 사인의 행위라 할지라도 정부 참여가 다분히 포
함된 경우라면 정부의 조치로 인정하여 왔다.[174] 이는 경쟁기회의 보호를 위한
것으로, 효과나 의도와는 무관한 것이다.

【 일본 – 반도체 사건 】

1981년을 기점으로 일본 반도체의 세계시장 점유율이 미국을 능가하면
서, 일본 정부를 상대로 미국 통상법 301조에 따른 미국 반도체 기업의 제
소가 이어지면서 양국 정부는 반도체협정을 체결하였다. 이 협정에 따라 일
본 정부는 일본 반도체 기업이 EC 시장으로 수출할 경우 가격을 인상하도
록 하는 일련의 인센티브 조치를 취한 바 있다. 당시 유럽의 경우 역내에서
반도체 생산이 없었기 때문에, 가격 인상으로 상당한 피해를 입게 되었다.
EC는 일본측 인센티브 제도로 인해 수출이 상당량 감소하였음을 문제 삼았
다. 일본 정부의 인센티브 제도가 없었다면 일본 반도체 기업이 단가를 인
상하지 않았을 것이라는 주장이었다.

이 사건은 EEC가 제기한 것으로, 미국 이외의 체약국으로 수출되는 반도
체에 대한 비용과 수출가격 모니터링으로 인한 수출허가로 3개월의 지연이
발생한 것을 문제 삼은 것이다. 패널은 일본 정부의 조치가 제11조 제 1 항
의 범위에 포함되는 수출 또는 수출을 위한 판매의 제한이 되는가를 검토하
였다. EEC는 제 3 국 시장 모니터링 시스템은 수출제한과 관련된 제11조 위
반이라고 하였다.

수량제한의 금지는 원칙적인 것으로 일정한 경우 예외가 허용된다. 식료품
또는 수출 체약국에 불가결한 상품의 위급한 부족을 방지하거나 완화하기 위하
여 일시적으로 적용한 수출금지 또는 제한, 국제무역에서 상품의 분류, 등급 또
는 판매에 관한 기준 또는 규칙의 적용을 위하여 필요한 수입 및 수출의 금지

Leather(Argentina – Hides and Leather, DS155), Panel Report, para. 11.17.
173) Argentina – Hides and Leather, Panel Report, paras. 11.17~11.18.
174) Argentina – Hides and Leather, para. 11.18.

또는 제한은 금지되지 않는다. '일시적 적용'(temporarily applied)이란 어떤 제한이나 금지를 제한된 기간 동안만 적용하는 것을 의미하는 것으로 '위급한 부족'(critical shortage)에 연계된 개념으로 이해하여야 한다. 2009년 6월 23일 미국이 중국의 원료물질 수출규제조치를 WTO에 제소한 사건은 이를 잘 보여준다. 패널은 내화등급의 보크싸이트는 중국 철강생산에 기반이 되는 것이어서 중국에 필수적임을 인정하였다. 그러나 중국측 조치는 2000년 이후 계속 부과된 수출규제로 일시적으로 적용된 것이 아니므로, 보크싸이트 등의 위급한 부족에 직면하고 있다는 중국측 주장을 부인한 바 있다. 이 예외는 제20조 (g)에 따라 유한천연자원의 보존에 관련되는 경우 회원국에게 허용될 수 있는 보호와 조화를 이루어야 한다. 제20조 (g)는 국내 생산 또는 소비에 대한 제한과 관련된 유한천연자원의 보존에 관한 조치의 경우 WTO 원칙의 적용에 대한 예외를 인정하고 있기 때문이다. 국제무역에서 상품의 분류, 등급 또는 판매에 관한 기준 또는 규칙의 적용을 위하여 필요한 수입 및 수출의 금지 또는 제한의 경우에도 예외가 인정된다. 농업 또는 어업 상품에 대하여 수입형식의 여하를 불문한 수입제한으로서 국내상품의 수량 제한, 일시적인 과잉상태를 제거, 생산허용량을 제한할 목적의 정부조치 실시에 필요한 경우에도 수량제한의 절대적 금지가 적용되지 않는다.

3. 일반적 예외

(1) 적용 요건

GATT 제 1 조 최혜국대우나 제 3 조 내국민대우, 제11조 수량제한의 금지를 규정하고 있는 제 1 조, 제 3 조, 제11조는 해당 조문 내에 각각의 원칙에 대한 예외를 규정하고 있다. 최혜국대우와 관련하여서는 관세동맹 · 자유무역 · 국경무역 등의 예외가 인정되고 있고, 내국민대우의 경우 정부조달 · 보조금 · 영화필름에 대한 예외를 조문 속에 명시하고 있다. 수량제한의 금지도 식료품이나 수출국에 불가결한 상품의 위급한 부족에 대한 일시적 수출금지 등을 예외로 명시한 바 있다.

이와 함께 GATT은 제20조에 일반적 예외를 인정하고 있다. 일반적 예외라

는 표현에서 제20조가 제 1 조 제 3 조, 제11조 등을 포함하는 것이고, 역으로 제
1 조, 제 3 조, 제11조가 제20조를 포함하는 것이 된다는 의미이다.

제20조 일반적 예외

본 협정의 어떠한 규정도 체약국이 다음의 조치를 채택하거나 실시하는 것을 방해
하는 것으로 해석되어서는 아니 된다. 다만, 그러한 조치를 동일한 조건하에 있는
국가간에 자의적이며 부당한 차별의 수단 또는 국제무역에 있어서의 위장된 제한을
부과하는 방법으로 적용하지 아니할 것을 조건으로 한다.

(a) 공중도덕을 보호하기 위하여 필요한 조치,

(b) 인간, 동식물의 생명이나 건강을 보호하기 위하여 필요한 조치,

(c) 금·은의 수입 수출에 관한 조치,

(d) GATT 규정에 반하지 아니하는 법률이나 규칙의 준수를 확보하기 위하여 필요한
조치,

(e) 교도소 노동상품에 관한 조치,

(f) 미술적 가치, 역사적 가치 또는 고고학적 가치가 있는 국보의 보호를 위하여 적
용되는 조치,

(g) 국내생산이나 소비에 대한 제한과 관련하여 유효한 경우의 유한 천연자원의 보
존에 관련된 조치,

(h) 체약국단에 제출되어 부인되지 아니한 기준에 합치하는 정부간 상품협정 또는
체약국단에 제출되어 부인되지 아니한 정부간 상품협정에 의한 의무에 따라 취
하는 조치,

(i) 국내원료의 국내가격이 정부의 안정 계획의 일부로서 국제가격보다 낮은 가격으
로 유지되고 있는 기간 동안 국내 가공산업에 필수적인 수량의 원료를 확보하는
데 필요한 국내원료의 수출에 제한을 과하는 조치,

(j) 일반적으로나 지역적으로 공급이 부족한 상품의 획득 또는 분배를 위하여 불가
결한 조치

제20조는 일반적 예외로서 10가지를 열거하고 있다. 그러나 이러한 예외가
인정되기 위해서는 동일 조건하의 국가간에 '자의적이며 부당한'(arbitrary or
unjustifiable) 차별수단 또는 '국제무역상 위장된 제한'(disguised restriction on inter-
national trade)을 부과하는 방법으로 적용되지 않아야 한다. 이와 같이 제20조 일
반적 예외가 인정되기 위해서는 두 단계의 요건을 충족하여야 한다. 제20조의
(a)에서 (j)에 열거된 10가지 사항 중 하나에 부합하는 조치여야 하고, 동 조치

가 자의적이며 부당한 차별의 수단 또는 국제무역상 위장된 제한이 아니어야
한다. 제20조의 頭文(chapeau)에 해당되는 조건을 충족한 경우에만 예외가 허용
된다는 것이다. 제20조 두문은 제20조에 열거된 예외가 남용이나 오용되지 않
도록 방지하기 위한 것으로, 일반적 예외가 쉽게 허용되지 않도록 하기 위한 것
이다. 따라서 예외를 주장하는 측의 법적 의무와 상대방의 법적 권리에 상당한
주의를 기울여 적용되어야만 합리적 예외로 인정될 수 있다.[175] 미국-개솔린
사건은 제20조 일반적 예외의 두 요건이 단계적으로 검토되어야 함을 보여 주
는 WTO의 대표적 사례이다. 패널은 미국측 개솔린 수입규칙이 내국민대우 위
반이고 제20조 (g)의 유한천연자원의 보존에 관련된 조치에 해당되지 않는다고
보았다. 그러나 항소기구는 미국 개솔린규칙이 제20조 (g)에는 해당되지만, 제
20조 두문의 요건을 충족하지 못한 것이라고 판단하였다. 한국-쇠고기수입조치
사건은 단계적 요건의 선행 요건인 예외에 해당되지 않으므로, 후행적 요건이
두문의 충족 여부는 검토할 필요가 없다고 보았다. 패널은 한국의 구분판매제도
가 기만적 관행을 통제하려는 한국의 법률 준수를 확보하는데 필요한 비례적 조
치가 아니므로, 제20조 두문과의 관련성을 검토할 필요가 없다고 한 것이다.[176]

　　이와 같이 GATT 원칙에 대한 일반적 예외는 제20조에 규정된 10가지 경
우에 열거된 경우에 한해 인정되고, 이러한 예외라도 제20조 두문에 합치하여
야만 허용되는 조건부인 것이다.

【 미국 − 새우 및 새우상품 수입금지 사건 】

　1990년 미국은 1973년 제정된 멸종위기종보호법에 근거하여 새우 저인
망어선이 일정해역에서 바다거북이 잡히지 않는 방법으로 어로할 것을 규
정한 규칙을 공포하였다. 이러한 조치는 이를 위반한 방법으로 어획된 새우
에 대한 수입금지조치를 추가하는 규칙에 의해 강화되었다. 1996년 10월 8
일 인도, 말레이시아, 파키스탄, 태국 등이 미국의 새우수입금지조치가 GATT

---

175) United States - Standards for Reformulated and Conventional Gasoline(US - Gasoline,
　　 DS2), AB Report, p. 22.

176) Korea - Measures Affecting Imports of Fresh, Chilled and Frozen Beef(Korea - Various
　　 Measures on Beef, DS161), Panel Report, para. 675.

제11조 등을 위반하였다는 이유로 미국에 협의를 요청하였다.

　1998년 5월 회람된 패널보고서는 미국의 새우 및 새우상품 수입금지조치가 GATT 제11조 제 1 항을 위반한 것이고, 제20조의 두문을 충족하지 못한 것이기 때문에, 제11조의 수량적 제한의 금지에 대한 예외가 인정되지 않는다고 하였다. 패널은 제20조의 두문을 다룸으로써, 제20조 (b)나 (g)는 검토할 필요가 없다고 하였다. 패널의 접근법은 제20조의 예외로 인정되는 조치가 되기 위해서는 다자간 무역체계를 훼손시키지 않는 것이어야 한다는 새로운 관점을 적용한 것이었다. 그러나 항소기구는 패널이 내린 결정과는 달리, 미국측 조치는 일단 제20조 (g)에 포함되는 것이나 제20조 (g)의 두문을 충족하지 못한 것이라고 하였다.

　항소기구는 패널의 논리와는 다른 분석을 제시한 것이다. 항소기구의 판단은 미국측 조치가 제20조 두문을 충족하지 못했다는 점에서 패널과 동일한 결론을 내린 것이지만, 항소기구의 논리는 두문 요건의 충족을 위해 균형 기준을 제시한 것이라는 점에서 차이가 있다. 즉 항소기구는 미국측 조치 분석에 있어 수단과 목적 분석법(means-ends analysis)을 사용하였고, 최소 무역제한 선택 기준 분석법(least trade restrictive alternative test analysis)을 적용한 것이다. 그리고 미국측 조치는 단순히 환경프로그램의 필연적 결과가 아니라, 해당 조치의 적용과정에서 실질적 차별을 포함한다고 판단하였다. 제20조 원용을 위한 이러한 단계적 분석은 우연이나 무작위 선택이 아니라 제20조의 구조적이고 논리적인 기반을 보여주는 것이다. 패널의 결정은 미국-개솔린 사건에서 설정된 동등하게 적절한 것으로 보인다는 순서를 부정하는 것으로 항소기구에 의해 부정된 것이다. 제20조 두문이 존재하는 이유는 제20조에 열거된 예외가 남용이나 오용되지 않도록 방지하기 위한 것으로, 예외가 쉽게 허용되지 않도록 하는 것이다. 더욱이 두문에 제시된 기준은 그 범위나 적용에 있어 넓게 해석되어야 하는 것이 당연하다. 특정 사안에 적용될 경우 이러한 기준의 실질적 윤곽이나 내용은 검토대상이 되는 해당 조치의 유형에 따라 달라질 수 있다. 자의적 차별, 부당한 차별, 국제무역에 대한 왜곡은 사안에 따라 달라질 수 있음을 의미하는 것이다. 예컨대 자의적 차별이란 죄수노동상품에 관련된 경우는 공중도덕보호에 필요한 조치와는 다를 수 있는 것이다.

(2) 적용 범위

제20조의 (a)는 공중도덕을 보호하기 위하여 필요한 조치가 예외가 될 수 있음을 규정하고 있다. 예외가 인정되기 위해서는 해당 조치가 공중도덕 보호를 달성하는데 '필요한' 조치여야 한다. GATT 제20조 (a)는 GATS 제14조 (a)와 맥락을 같이 한다. 미국-도박 사건에서 패널은 미국 국내법에 따른 도박과 내기 서비스의 원격제공 금지가 공중도덕과 공공질서 보호를 위해 필요한 조치라고 보았다.[177] 공중도덕이란 공동체나 국가에 의해 유지되는 옳고 그른 행위의 기준이다.[178]

'필요한'(necessary)이란 단어는 한국-쇠고기 사건에서 항소기구에 의해 처음으로 해석이 시도된 바 있다.[179] 동 사건의 항소기구는 제20조 (d)에 규정된 '필요한'이란 용어는 필요성의 정도에 관한 것으로, '불가결한' 것에서부터 '기여하는' 것이란 의미까지 포괄할 수 있다고 보았다.[180] 이러한 판단을 기반으로 '필요한' 조치인가를 결정하기 위해서는 관련 법률과 규칙의 이행조치로 나타나는 기여, 보호되는 공통의 이익이나 가치의 중요성, 수출입에 관한 법률과 규칙으로 인한 효과 등의 요소에 대한 較量과 均衡(weighing and balancing)이 검토되어야 한다.[181] 이는 필요한 조치인가를 판단하기 위해 '비용편익기준'(cost-benefit test)을 검토한 것으로 보는 것이 일반적이다. 즉 어떤 조치가 어떤 특정 목적 달성에 필요한가를 결정하기 위해 교역 감소 조치의 비용과 목적 달성 조치로 얻는 혜택을 교량하고 저울질해야 한다는 것이다.[182]

---

177) United States - Measures Affecting the Cross-Border Supply of Gambling and Betting Services(US - Gambling, DS285), Panel Report, para. 6.535.

178) US - Gambling, Panel Report, para. 6.465.

179) Doanld Regan, The Meaning of 'necessary' in GATT Article XX and GATS Article XIV: the myth of cost-benefit balancing, World Trade Review, vol. 6 no. 3(2007), p. 347.

180) Korea - Various Measures on Beef, AB Report, para. 161.

181) *Op. cit.*, para. 164.

182) 그러나, 균형 기준에 따라야 한다는 것과 어떤 회원국이 자국의 보호 수준을 선택한다는 것은 논리적으로 모순이란 이유에서 항소기구가 그러한 기준을 제시하였다는 것에 이견을 제시하는 입장도 있다. Regan, *op. cit.*, pp. 347~348.

【 미국 – 도박 사건 】

미국은 송금법(Wire Act), 여행법(Travel Act), 불법도박사업법(Illegal Gambl-ing Business Act) 등의 자국법이 GATS 제14조 (a)에 규정된 공중도덕을 보호하기 위해 필요한 예외에 해당한다고 주장하였다. 도박이나 내기 서비스를 원격으로 제공하는 것은 공공질서나 공중도덕의 유지와 관련하여 중요한 관련성이 있기 때문이다.

패널은 미국 국내법에 따른 도박과 내기 서비스의 원격제공 금지가 공중도덕과 공공질서 보호를 위해 필요한 조치라고 보았다. 공중도덕 보호를 위해 필요한 조치인가를 결정하기 위해 '교량과 균형 기준'에 따라 한국 쇠고기 사건 등에서 제시된 3가지 기준을 평가하여, 보호되어야 하는 이익이나 가치의 중요성, 제시된 목적 실현에 기여하는 해당 조치의 범위, 해당 조치의 전반적인 무역 효과를 검토하였다. 미국 송금법 등은 미국의 중요한 사회적 이익을 보호하는 것이고, 이들 법에 의해 보호되는 이익은 이들 법이 추구하는 목적 달성에 기여하며, 문제된 조치는 무역에 중요한 영향을 끼친다. 이러한 점에서 미국은 원격도박으로 인한 돈세탁이나 사기, 건강, 청소년 도박 등과 관련하여 일정한 법적 이해관계를 가진다고 보았다. 다만, 안티구아가 WTO에 합치하는 방법으로 이 문제를 다룰 수 있는지를 협의하고 협상하자 하였으나, 미국이 이를 거부함으로써 WTO 합치적 대체수단을 취하려는 신의성실 의무를 다하지 못한 것이 문제였다. 이로 인해 문제의 조치가 제14조 (a)의 의미에서 '필요한' 것임에도, 미국은 관련 국내법이 제14조 (a)에 따라 공중도덕과 공공질서를 보호하기 위해 필요한 것임을 정당화하지 못했다.

항소기구는 미국측 조치가 필요한 것이 아니라는 패널의 결정을 부정하고, 제소측인 안티구아가 합리적으로 이용가능한 대체수단을 밝히는데 실패하였음을 지적하였다. 이러한 논리에도 불구하고 항소기구는 미국의 패소를 결정하였다. 미국의 해당 법률이 도박을 제공하는 외국인과 내국인에게 동등하게 적용됨을 입증하지 못했다는 이유에서 GATS 제14조 두문의 비차별 요건을 충족하지 못했다는 것이다.

　　제20조 (b)는 인간이나 동식물의 생명·건강을 보호하기 위하여 필요한 조치는 예외적으로 허용된다고 규정하고 있다. 어떤 조치가 제20조 (b)의 예외로 인정되기 위한 두 가지 요건을 설정한 것이다. 해당 조치가 추구하는 정책적 목적이 인간이나 동·식물의 생명·건강을 보호하기 위한 것이고, 그 조치는 그러한 정책적 목적을 충족시키는데 필요한 것이어야 한다.[183] 태국-담배수입규제 사건은 제20조 (b)가 인간의 건강 문제가 무역의 자유화에 우선하는 가치를 가진 것임을 밝힌 것이나, 해당 조치가 허용되기 위해서는 '필요한' 것이어야 함을 명시한 것이다. 동 사건에서 제20조 (b)의 문맥상 필요한가 여부는 GATT 협정에 합치하는 대체 수단의 존재 여부에 달린 것이라고 보았다.[184] 그러한 맥락에서 태국이 국내산 담배의 판매를 허용하면서 수입 담배를 금지하는 것은 제20조 (b)의 필요성에 부합하지 않는 것이라고 판단한 바 있다.

　　제20조 (d)도 GATT 규정에 반하지 않는 법률과 규칙 준수를 확보하기 위해 '필요한' 조치를 예외로 인정하고 있다. 한국-쇠고기수입조치 사건에서 패널은 한국의 구분판매제도가 기만적 관행을 통제하려는 한국의 법률 준수를 확보하는데 필요한 비례적 조치가 아니라고 하였다. 법률이나 규칙은 회원국 국내법상의 법률 규칙을 의미하는 것으로, 회원국 국내법으로 수용되지 않았거나 직접적 효력을 갖지 않는 국제협정은 포함되지 않는다.

　　제20조 (g)는 앞의 예외들과는 달리 '관련된'(relating to) 경우에 적용되는 예외 규정이다. 어떤 조치가 국내의 생산 또는 소비에 대한 제한과 관련하여 유효한 경우 유한 천연자원의 보존에 관한 조치는 예외로 허용하고 있다. 제20조 (g)가 허용되기 위해서는 3가지 요건을 충족하여야 한다는 것이다. 어떤 조치가 '유한 천연자원의 보존'과 '관련될 것'을 요구하며, 그 조치가 '국내 생산이나 소비에 대한 제한과 관련하여' 유효할 경우여야만 한다. '관련된'이란 용어는 '우선적으로 의도된'(primary aimed) 것이 아니며, 제20조 (a)와 (b)의 '필요한'이나 (j)의 '필수적'(essential)과 같은 용어에 비해 낮은 정도의 관련성을 요구하는 것이다.

---

183) US - Gasoline, Panel Report, para. 6.20; Brazil - Measures Affecting Imports of Retreaded Tyres(Brazil - Retreaded Tyres, DS332), para. 7.40.

184) Thailand - Restriction on Importation of and Internal Taxes on Cigarettesparas(DS10/R - 37S/200). Panel Report, paras. 75, 81.

【 미국 − 개솔린 사건 】

1. 사실관계

1990년 미국 의회는 1963년에 제정된 대기청정법(Clean Air Act)과 관련하여 오염이 심한 지역에서 유독한 자동차배출가스를 줄이기 위한 새로운 규칙을 제정하도록 환경청(Environmental Protection Agency)에 지시하였다. 이에 따라 오염이 심한 지역에서는 改質된 휘발유(reformulated gasoline)의 판매만 허용되었고, 그 외의 지역은 일반 휘발유(conventional gasoline)도 팔수 있게 되었다. 이와 함께 개질된 휘발유와 일반 휘발유의 기준치도 마련하였는데, 그 중 일반 휘발유에 대하여는 1990년 미국 내에서 판매된 휘발유만큼 청정하여야 한다고 규정하였다. 그 기준을 정함에 있어 국내업자에게는 1990년에 판매된 휘발유의 자료를 이용하여 개별적 기준치(individual baseline)를 정하여 따르도록 하고, 수입업자에게는 법규상의 기준치(statutory baseline)를 따르도록 2원화하였다.

법규상의 기준치는 개별기준치보다 엄격할 수밖에 없어 대부분의 수입 휘발유들은 미국산 휘발유와 혼합하여 기준을 맞출 수밖에 없었다. 결국 외국산 휘발유들은 미국산 휘발유와 동종(like) 품질임에도 미완성품 상태로 낮은 가격에 팔릴 수밖에 없어 수입업자들은 불리한 입장에 놓이게 되었다.

2. 쟁   점

이에 따라 개질된 휘발유를 미국에 수출하는 베네주엘라와 브라질은 미국의 새로운 휘발유규칙이 내국민대우와 최혜국대우 등을 위반하였다는 이유로 WTO에 제소하였다.

베네주엘라와 브라질은 미국산 휘발유와 자국산 휘발유는 그 품질이 같은 동종상품(like product)인데도, 자국산 휘발유에 대하여 보다 엄격한 기준을 강요하는 것은 내국민대우 위반이라고 주장하였다.

3. 패널의 결정

패널은 이들 두 가지 휘발유가 '同種'인지를 가려야 했다. 동종 또는 유사 상품의 의미는 사례별로 검토되어야 하며, 몇 가지 기준을 제시한다면 시장에서 상품의 최종용도, 소비자의 기호나 습성, 상품의 질·성질·특성이 유사한지를 판단하여야 한다고 하였다. 이에 따라 화학적으로 동일한 수입휘발유와 국산휘발유는 동일한 물리적 특성을 지니며, 최종용도나 관세분류도 동일한 것으로, 완전 대체가능한 것이라고 하였다. 이러한 설명을 통해 수입휘발유와 국산휘발유는 동종상품이라고 결정하였다.

그 다음으로 패널은 수입휘발유가 국산휘발유보다 불리한 대우를 받고 있는지를 검토하였다. 미국은 수입휘발유업체와 유사한 상황에 있는 국내업체들도 신뢰할 만한 휘발유품질기준을 정하지 못하였기 때문에 수입업체와 동일한 대우를 받고 있다고 하였다. 그리고 법규상의 기준치는 1990년 개별기준치의 평균이기 때문에 국산휘발유와 수입휘발유는 전체적으로 동일한 대우를 받는다고 주장하였다.

이에 대하여 패널은 미국의 첫 번째 주장에 대하여 GATT 제 3 조 제 4 항의 동종상품은 그 생산자의 특징에 따라 부당한 대우를 받아서는 아니 되고, 생산자의 특징과 무관하게 동종상품은 동등한 대우를 받아야 한다고 하였다.

미국의 두 번째 주장도 배척되었는데, 동등한 대우는 수입품의 각 사례에 적용되는 것으로 이해되어야 하며, 평균의 개념은 부정된다고 결정하였다.

따라서 수입휘발유는 국산휘발유와 동종상품임에도 기준치의 설정방법상 불리한 조건에 놓이게 되어 수입휘발유는 국산휘발유에 비하여 부당한 대우를 받은 것이라고 결정하였다.

4. 항소기구의 결정

패널의 심의과정에서 미국은 GATT 제20조 (g)의 有限天然資源의 보존에 관련된 예외를 원용하였으나, 패널은 이를 거부하였다. 그러나 항소기구는 제20조 (g)의 예외를 적용할 수 없다고 한 패널결정에 오류가 있었다고 지적하였다.

항소기구가 지적한 패널의 오류 가운데 가장 중요한 점은 제20조 (g)의 '관련된'(relating to)이라는 표현에 대한 것이었다. 패널은 미국의 차별적 조치들과 대기의 질을 개선하기 위한 미국의 목적 간에는 직접적 관련이 없다고 판단하여 개솔린 규칙의 기준치 설정이 천연자원의 보존을 위하여 우선적으로 목적된(primary aimed) 것이 아니라고 하였다. 이러한 패널의 판단은 '관련된'이라는 표현이 제20조 (a)와 (b)의 '필요한'(necessary)이나 (j)의 '필수적'(essential)과 같은 용어에 비하여 보다 낮은 정도의 관련성을 요구하는 것이라는 점을 잘못 파악한 것이다. 그리고 패널은 차별적 조치가 보존에 관련된 것인가를 검토한 것이 아니라 보존에 관련된 차별인가를 검토한 것이다. 이는 패널이 해당 조치가 우선적으로 목적한 것이 보존에 대한 것인가, 자의적 또는 부당한 방법으로 이루어졌는지를 검토하여야 할 것을 오판한 데서 비롯된 것이라고 판단하였다. 따라서 항소기구는 차별 그 자체가 보존과 관련된 것인가를 검토하는 것은 제20조의 다른 항에 비추어 정확하지 못한 것이며, 제20조의 전체 문맥에서 볼 때도 잘못된 것이라고 판단하였다.

이러한 근거에서 항소기구는 미국의 개솔린 규칙상 수입자와 국내 정유사간 기준치를 달리 하는 것은 GATT 제20조 (g)의 일반적 예외조항에 해당될 수 있다고 보았다. 다만, 제20조 (g)는 제20조 본문의 자의적이고 부당한 차별이 아닐 것을 전제요건으로 하나, 본 사안에서 미국측 조치는 이를 충족시키지는 못한 것이라고 해석하였다.

4. 지역협정의 예외

(1) 지역협정의 의의

지역무역협정은 WTO와 같은 다자간 무역체제를 형성하기 위한 것이라는 주장도 있는 반면 국제통상체제에 심각한 위협이 된다는 주장도 있다. 그러므로 다자간 통상 체제하에서 가장 중요한 점은 지역무역협정의 체결을 WTO와 양립할 수 있는 방법으로 유지하는 문제가 될 것이다.

1957년 EEC를 창설하는 로마조약이 채택된 이후 유럽에서 지역무역협정을 체결하려는 경향이 확대되었고, 1990년 이후로 새로운 지역적 발의가 많이 발생하여 동남아시아자유무역지대(AFTA), 유럽연합, 남미공동시장(MERCOSUR), 북미자유무역지대협정(NAFTA) 등과 같은 지역적 무역블록이 꾸준히 증가하여 왔다. 특히 근년에 들어 지역주의는 아시아지역에서 새로운 경향으로 나타나고 있다.[185] 2004년 한국은 칠레와의 자유무역협정(FTA)을 필두로, 2012년 한미FTA, 2015년 한중FTA 등이 발효되었다. 2020년 11월에는 역내포괄적경제동반자협정 (RCEP)에 서명함으로써, 다자적으로 역내 교역 장벽 제거와 경제통합체 형성에 참여하게 되었다.

대부분의 지역협정은 상품과 서비스무역의 확대, 국경을 넘는 투자 촉진 등의 목적을 가진 시장통합방식을 취하여 왔다. 지역통합은 시장의 경제적 자유화 이상을 의미하며, 동시에 세계경제와 연계하는 상황을 조장한다. 뿐만 아니라, 지역통합은 다자주의에 의한 장애를 감소시킨다는 공감대가 형성되어 있고, 역으로 일부 사례에서 비회원국에게 장벽을 높임으로써 무역적 분리현상을 만들 수 있다고 평가되기도 한다. 인접국간의 무역은 그들간의 신뢰를 증진시키고, 충돌가능성을 줄인다. 지역기구의 회원자격은 공통의 인식을 갖춘 국가들에게만 인정되고, 양립할 수 없거나 적대적인 국가는 배제하게 된다. 특히 지역 내에서 국경을 개방하는 협정을 체결하게 되면, 그 구성국은 타국과의 협상력이 높아지게 된다.[186] 그러나 지역적 무역협정과 WTO와 같은 다자적 무역체제가 일치되는 방법에 관하여 새로운 컨센서스가 필요하게 된다.[187]

(2) WTO 협정상의 규정

GATT 1947이 초안될 당시 체약국들은 관세동맹과 자유무역지역을 위한 일부 형태의 조정이 필요함을 인식하였고, 그 결과 GATT 제24조는 관세동맹 및 자유무역지역에 대한 예외를 인정하고 있다.

제24조   적용영역, 국경무역, 관세동맹 및 자유무역지역
제 4 항   체약국은 자발적인 협정을 통하여 협정 당사국의 경제간에 보다 더 긴밀한 통합을 발전시켜 무역의 자유를 증대하는 것이 요망된다는 점을 인정한다. 체약국은 또한 관세동맹 또는 자유무역지역의 목적이 동 구성영역간의 무역을 촉진하는데 있어야 하며 그와 같은 영역과 기타 체약국간의 무역에 대한 장벽을 높이는 것이

---

185) Richard Pomfret, "Regional Perspectives on International Economic Law," in *Perspectives in International Economic Law*, ed. Asif Qureshi(Kuwer, 2002), p. 132.

186) Matthew W. Barrier, "Regionalization: The Choice of a New Millennium," 9 *Current International Trade Law Journal*(2000), pp. 25~26.

187) *Op. cit.*, p. 30.

아니어야 한다는 사실을 인정한다.

제 5 항   따라서, 본 협정의 규정은 체약국 영역간 관세동맹 또는 자유무역지역을 형성하거나 또는 관세동맹 또는 자유무역지역의 형성에 필요한 잠정협정의 체결을 방해하지 아니한다. 다만, 이는 다음의 제 규정을 조건으로 한다.

(a) 관세동맹 또는 관세동맹의 협정을 위한 잠정협정에 관하여는, 동 동맹이나 협정의 당사자가 아닌 체약국과의 무역에 대하여 동 동맹의 창립 또는 동 잠정협정의 체결시 부과되는 관세와 기타 통상규칙이 전체적으로 동 관세동맹의 협정이나 동 잠정협정의 채택이전에 동 구성 영역 내에서 적용해온 관세의 일반적 수준과 통상규칙보다 각각 높거나 제한적인 것이어서는 아니된다.

제 8 항   본 협정의 적용상 :

(a) 관세동맹은 다음의 결과가 발생할 수 있도록 2개 이상의 관세영역을 단일 관세영역으로 대체한 것이라고 양해한다.

   (i) 관세 및 기타 제한적 통상 규칙(필요한 경우에는 제11조, 제12조, 제13조, 제14조, 제15조 및 제20조에 의하여 허용되는 경우를 제외하고)은 관세동맹의 구성영역간의 실질상 모든 무역에, 또는 최소한 영역의 원산품의 실질상 모든 무역에 관하여 폐지된다.

   (ii) 제 9 항의 규정에 따를 것을 조건으로 하여 관세동맹의 구성국은 동 동맹에 포함되지 아니한 영역에 대한 무역에 실질적으로 동일한 관세와 기타 통상규칙이 적용된다.

WTO 체제 하에서도 일정한 조건 하에 관세동맹이나 자유무역지역의 형성이 허용된다. 그 구성국 상호간에는 낮은 관세 등의 특혜가 인정되고, 이러한 특혜대우는 관세동맹이나 자유무역협정 비회원국에게는 적용하지 않아도 된다. 제24조 제 5 항 頭文(chapeau)은 GATT 규정에도 불구하고, 일정한 조건 하에 관세동맹이나 자유무역지역협정 체결이 가능함을 명시하고 있다. 동 두문은 일정한 조건 하에 GATT의 여타 조항과 합치하지 않는 조치 채택을 정당화하고, 그러한 불합치에 대한 항변이 가능하도록 원용될 수 있는 규정이다.[188] 일정한 조건 하에라는 표현은 제24조 제 5 항의 핵심적 요소로, 비구성국과의 관계에서 관세동맹이나 지역무역협정 체결 이전의 '일반적 수준'(general incidence)에 비해 관세나 통상규칙이 '전체적으로 높거나 제한적'(on the whole be higher or more

---

188) Turkey - Restrictions on Imports of Textile and Clothing Products(Turkey - Textiles, DS34), AB Report, para. 45.

restrictive than)이지 않도록 해야 한다. '일반적 수준'의 관세는 가중평균관세율과 징수된 관세의 전체적 평가에 기반하여야 한다.[189] 제 5 항은 '따라서'(accordingly)로 두문을 시작하는데, 이는 제 5 항이 제 4 항과의 연계 속에 해석되어야 함을 전제한다. 관세동맹이나 자유무역지역은 구성국간 무역촉진을 위한 것이지, 제 3 국과의 무역장벽을 강화시키는 것이어서는 아니 된다는 것이다. 제 4 항의 목적은 구성국과 제 3 국간 균형에 있다. 「GATT 1994 제24조 해석에 관한 양해」 서문은 관세동맹이나 자유무역지역의 목적은 관세동맹이나 자유무역지역의 형성과 확대에 있으며, 구성국은 최대한 다른 회원국에 부정적 효과(adverse effect)를 주지 않도록 할 것을 분명히 하고 있다. 제 4 항은 별도의 의무를 규정하고 있지 않으나, 제24조 전체를 위한 최우선적이고 포괄적인 목적을 규정한 것이다. 그러므로, 제 5 항 두문에 규정된 항변과 관련된 조건은 제 4 항의 목적에 비추어 해석되어야 한다.[190] 터키-섬유 사건에서 터키는 수량제한 채택이 허용되지 않을 경우 터키와 EC간 관세동맹 형성이 저해되었을 것임을 입증하지 못했고, 결국 터키가 GATT 제24조에 근거하여 제시한 항변은 받아들여지지 않았다.[191]

지역무역협정이 회원국간 무관세를 규정하더라도 비회원국에 대한 관세는 인하되지 않으므로, 지역무역협정의 비회원국은 차별적 대우에 놓이게 된다. 이는 GATT 제24조가 제 1 조 최혜국대우원칙의 예외가 됨을 의미하는 것으로, 지역무역협정에 의해 최혜국대우는 원칙성을 유지하지 못하게 된다. 관세동맹과 자유무역지역에 특혜를 유지하도록 허용되기 위한 조건은 두단계(tow-tier)로 접근하여야 한다. 첫째 동 규정을 원용하려는 국가는 해당조치가 제24조 제 5 항과 제 8 항의 요건을 충족한 관세동맹 또는 자유무역지역 형성에 따라 적용된 것임을 입증하고, 둘째 당사자는 해당 조치 도입이 허용되지 않는다면 관세동맹이나 자유무역지역 형성이 저해될 수 있음을 입증하여야 한다.[192]

관세동맹과 자유무역지역에 특혜를 유지하도록 허용되기 위한 기준으로,

---

189) Understanding on the Interpretation of Article XXIV of GATT 1994, para. 2.

190) Turkey - Textiles, AB Report, para. 57.

191) *Op. cit.*, para. 63.

192) Peter Van den Bossche and Werner Zdouc, The Law and Policy of the World Trade Organization, pp. 679~680.

회원국간 관세와 제한적 통상규제를 '실질적으로 모든'(substantially all the trade) 무역에 관련하여 폐지하였는가를 살펴야 한다. '실질적으로 모든'이라는 기준은 그 목적의 중대성을 요구한 것으로, 관세동맹과 자유무역지대의 수를 제한하기 위한 방법으로 사용된 것이다. GATT나 WTO는 이러한 기준을 명확히 하고 있지 못하였다.193) 그러나 '실질적으로 모든 무역'이란 용어는 모든 무역을 말하는 것이 아니며, 단지 일부 무역을 가리키는 것보다는 큰 개념이다.194) 그럼에도 EU나 NAFTA 같은 대부분의 중요한 지역협정이 전체적 또는 대부분 이 기준을 충족한 것으로 여겨왔다. 이들 주요한 지역경제블록은 다자체제와 양립하는 것으로 주장되어 왔다. 지역협정은 보다 개방적인 무역을 추구하는 WTO의 대체물이 아니라 보완물로 인식하고 있는 것이다. 지역협정은 일단의 국가들에게 다자적으로 가능한 것을 넘어 통상규칙과 이행을 발전시키는 역할도 한다. 다시 말하면, 지역협정은 다자간 무역체제를 보완하는 것이지 위협하는 것은 아니다. 이러한 지역협정의 목적은 무역을 촉진하기 위한 것이어야 하며, 다른 체약국에 대하여 새로운 무역장벽을 증가시키지 않는 것이어야 한다. 지역협정에 참여하기로 한 체약국은 즉시 체약국단에 통고하여야 한다.195)

  GATT하에서 관세동맹과 자유무역지역을 평가하는 제24조의 방법은 많은 비판을 받고 있다. 가장 중요한 비판은 검토절차의 결과가 관세동맹과 자유무역지역의 회원국에 의해 통제되기 때문에 그 자체의 기준과 관련하여서조차 의미있는 재검토를 받지 못하고 있다는 점이다. GATT의 관습적 관행을 보면 제24조와 같은 사항에 대한 결정은 컨센서스로 이루어지고, 검토대상인 관세동맹이나 자유무역지역의 회원국도 그들의 이행계획을 변경하도록 요구하는 결정을 저지할 수 있다. WTO 협정은 「GATT 1994 제24조 해석에 관한 양해」를 추가하였으나, 강제적 검토절차의 결과를 통제하기 위하여 회원국의 권리에 영향을 주는 것은 없다. 동 양해는 관세동맹이나 자유무역지역의 비회원국이 제24조의 적용과 관련하여 분쟁해결을 위하여 제소할 수 있는가를 명백히 하고, 이러한 명백화는 WTO 분쟁해결기관으로부터 관세동맹과 자유무역지역의 현상에 주의

---

193) Turkey - Textiles, AB Report, para. 48.
194) *Ibid.*
195) GATT 제24조 제 7 항.

를 높일 수 있도록 이끌 수 있다.

서비스무역에 관한 일반협정(GATS)도 지역적 서비스협정의 검토를 위한 방법을 두고 있다. GATS 제 5 조는 지역적 서비스협정의 회원국은 그들간의 무역장벽의 제거를 타국에 적용하지 않고 회원국간에만 적용하는 것을 허용하고 있다. 그러한 협정은 상당한 분야별 대상범위를 가지며, 기존 차별조치의 폐지나 신규 또는 더욱 차별적인 조치의 금지를 통하여 실질적으로 모든 차별조치를 폐지하도록 한다. 이들 협정은 당사국간의 무역을 촉진하기 위한 것이 되어야 하며, 협정의 당사국이 아닌 모든 회원국에 대하여 그러한 협정이 체결되기 이전에 적용가능한 수준과 비교하여 각 서비스분야 및 업종에서의 서비스무역에 대한 전반적인 장벽의 수준을 높여서는 아니 된다.

【 터키 – 인도산 섬유 및 의류 수입제한 사건 】

1. 사실관계

EC 통합을 위한 단계로서 터키는 EC의 지침에 따라 인도산 섬유 및 의류제품에 대한 수입제한을 부과하였다. 이에 대하여 인도는 터키의 조치가 GATT 제11조 및 제13조를 위반한 것이라고 제소하였다.

2. 패널의 결정

패널은 터키의 인도산 섬유 및 의류제품에 대한 수량제한은 GATT 제11조 및 제13조의 위반임을 확인하고, 제24조 제 5 항 및 제 8 항의 위반 여부에 대하여 검토하였다. 제24조 제 5 항의 '대외적' 요건과 관련하여 패널은 동 항은 새롭게 형성된 관세동맹에의 참여자가 제11조와 제13조의 금지에서 벗어나는 것을 허용하는 것은 아니라고 하였다. 마찬가지로 제 8 항의 내부적 요건과 관련하여 동 규정은 터키가 WTO 협정의 다른 규정을 위반한 섬유 및 의류제품의 수입에 대한 제한을 부과하도록 터키에게 의무 지우는 것은 아니라고 하였다.

패널은 인도가 관세동맹 형성의 내부적 특혜를 직접 대상으로 한 것이 아닌 만큼, 제24조 제 8 항 (a)(i)는 본 사안과 직접 관련이 없는 것으로 보았다. 제 8 항 (a)(ii)와 관련하여서는 본 사안이 제24조 제 8 항 (a)(ii)와

GATT 제11조 및 제13조가 상호 충돌하지 않도록 어떻게 해석할 것인가의 문제로 판단하였다. 패널은 조화로운 해석을 허용하는 제 8 항 (a)(ii) 내에 고유한 유연성이 있다고 판단하여, EC와 터키는 관세동맹 형성으로부터 나타나는 무역전환을 피하기 위해 관련된 행정조치인 원산지증명시스템을 도입할 수 있었다고 보았다. 그러므로, 터키의 제24조 원용은 인정되지 아니하고, 터키의 수량제한은 GATT 제11조와 제13조를 위반한 것이라고 하였다.

3. 항소기구의 결정

항소기구는 패널의 결정과 동일한 결론을 도출하였으나, 그 근거에 대하여는 일부 비판하였다. 항소기구는 제24조 제 5 항의 시작 부분에 있는 '따라서'라는 용어는 제 4 항과 연계하여 검토하여야 한다고 하였다. 그러므로 제 5 항의 전제와 제 5 항에 규정된 조건 및 요건은 제 4 항에 규정된 관세동맹의 목적이라는 관점에서 해석되어야만 한다고 하였다. 최종적으로 항소기구는 패널결정을 지지하면서, 터키는 제24조 제 8 항 (a)(i)의 요건을 충족시키면서, 동시에 가능한 어떤 무역전환과 관련하여 터키와 EC의 관심을 해결할 수 있는 원산지증명제도와 같은 합리적 대체수단을 채택할 수 있었다고 하였다.

(3) WTO 협정과 지역협정의 관계

일반적으로 관세동맹이나 지역협정은 그 회원국이 WTO에 참여함으로써 WTO의 규율을 받게 된다. 관세동맹과 자유무역지역의 회원국은 이들 협정이 WTO에 일치하는 방법으로 이행되도록 보장하여야 한다. GATT 제24조 해석에 관한 양해각서는 관세동맹과 자유무역지역의 회원국은 그들 영토 내에서 취해진 지역기구들의 조치에 대하여 책임이 있다고 규정하고 있다.[196] WTO에서 지역협정에 관한 규정인 GATT 제24조와 관련된 첫 번째 사건인 인도산 섬유 및 의류제품수입제한 사건에서, 패널은 지역주의는 세계무역체제의 보완을 위해 존재하는 것이라고 하였다. 즉 지역무역협정은 무역을 증가시키기 위한 것이지, GATT나 WTO의 다른 금지에 대한 보호막으로서 무역장벽을 증대시키기 위한

---

196) GATT 제24조 해석에 관한 양해각서 제13항, 제14항.

것이 아님을 강조하였다.[197]

　　NAFTA와 WTO 협정간의 법적 관계는 조약문, 조약체결상황, 동일하거나 유사한 주제사항에 관한 조약간의 관계를 규율하는 국제법규칙을 검토함으로써 결정된다. NAFTA와 WTO는 국제법에 의해 규율되는 국가간의 문서로 된 합의이므로, 조약법에 관한 비엔나협약상 명백한 조약이다. NAFTA의 발효일은 1994년 1월 1일이고 WTO 협정의 발효일은 1995년 1월 1이며, NAFTA 당사국은 WTO의 원회원국이다. 조약법에 관한 비엔나협약은 신법우선의 원칙을 적용하도록 하고 있는데, 이에 따라 WTO 협정이 우선한다고 할 경우 몇 가지 의문이 발생하게 된다.[198] NAFTA 제103조는 GATT 등 기존 협정상의 권리의무를 확인한다고 하고, 양자간 불일치가 있는 경우 본 협정상 달리 규정된 경우를 제외하고 NAFTA가 우선한다고 규정하고 있다. 제104조에서는 바젤협약 등 동조에 열거된 일부 환경협약의 경우 NAFTA에 우선한다고 하였다. 그리고 제301조 제 1 항은 GATT의 내국민대우 부여의무를 확인하면서, 그 주석과 GATT의 후계협정(successor agreements)도 동 협정에 내포된다고 언급하고 있다. 그러나 WTO 설립협정 제 2 조 제 4 항은 GATT 1947과 GATT 1994는 법적으로 구별되는 것이라고 하였다. 만약 GATT 1994가 새로운 협정으로서 1995년 1월 1일 이후 발효된 것이라면, NAFTA 제103조의 기존 협약과 관련한 우선권 하에 들어가지 않게 된다.

　　WTO 협정은 NAFTA처럼 직접 다른 협정과의 관계를 언급하고 있지 않다. 다만 구성 협정과의 관계와 그 이전 협정의 지위를 밝히고 있을 뿐이다. WTO 협정은 회원국에게 구속력이 있음을 규정하고 있고, 각 회원국은 부속협정에 규정된 바와 같이 자국의 법률과 규칙, 행정절차가 자국의 의무와 일치할 것을 보장하여야 한다고 규정하고 있다. WTO 협정과 다른 국제협정의 관계가 명백히 정의된 것이 없는 것은 특히 환경협정의 조치와 관련하여 관심과 논란의 진원지가 되어 왔다. 무역환경위원회에서도 이 문제가 오랫동안 검토되어 왔다. GATT

---

197) Panel Report on Turkey: *Restrictions on Imports of Textile and Clothing Products* (WT/DS34/R), paras. 186~187.

198) Frederick M. Abbot, "The North American Integration Regime and Its Implications for the World Trading System," in *The EU, the WTO, and the NAFTA*, ed. J. H. H. Weiler(Oxford, 2000), p. 179.

분쟁해결 패널과 WTO의 항소기구는 WTO 협정과 다른 국제협정의 관계 문제
가 검토된 결정들을 내린 바 있다. 최근까지 WTO 패널은 WTO 협정 이외의
법규칙을 검토하는 것을 주저하여 왔지만, 그 가능성마저 배제된 것은 아니다.
미국의 새우수입제한 사건에서 WTO 분쟁해결기구는 GATT 1994 핵심 규정의
해석을 위한 보조로서 WTO 협정 이외의 협정과 상황을 고려하였다. 비록 이
사건에서 WTO 분쟁을 해결하기 위하여 WTO 협정 이외의 조약규범적용을 직
접 포함하고 있지는 않으나, WTO 이외의 법적 근거를 폭넓게 들여다 본 것은
항소기구가 GATT와 WTO의 자기제한적 견해를 종식시키려는 의도를 보인 것
으로 판단된다.[199] 만약 항소기구가 GATT 1994의 규범을 다자간 환경협약의
상황에서 해석하려 한다면, 지역협정의 경우에도 마찬가지로 추구될 수 있도록
해야 할 것이다. NAFTA의 경우도 마찬가지이다.[200] WTO 법체계에 있어 WTO
협정 이외의 협정도 적용하려는 의향을 나타내는 추세에 있고, 이러한 추세는
지역협정의 적용에도 확대될 수 있다.

5. 시장접근

(1) 관세인하

(가) 관세인하의 방법

다자간 무역체제는 값싸고 질 좋은 상품을 선택할 수 있도록 하고, 무역을
장려하는 거래환경을 제공하기 위한 것이다. 그러기 위해서는 시장접근이 예측
가능하고, 그 안정성이 확보되어야 한다. 시장접근에 대한 안정성과 예측가능성
은 주로 관세를 통하여 결정된다.[201]

전통적으로 관세는 국내문제로 인정되어, 개별국가가 자신의 판단에 따라
부과할 수 있는 것으로 받아들여졌다. 이에 따라 각국은 수입상품에 대하여 자
국산 동종상품이나 경쟁상품을 보호할 목적으로 관세를 부과하여 왔다. GATT
체제하에서도 비차별적 방법으로 관세가 부과된다는 전제하에, 체약국은 원칙

---

199) Abbot, *supra* note 198, p. 190.

200) *Ibid.*

201) *World Trade Organization, supra* note 1, p. 5.

적으로 관세를 부과할 자유를 가진다.[202] GATT 체제가 출범하면서 관세가 심각한 무역장벽이 될 수 있음을 인식하여, 서로 도움이 되는 방법으로 수출입관세의 일반적 수준을 실질적으로 감축할 수 있도록 협상하도록 하였다.[203] 그 결과 수입품간에 차별을 한다든지, 협상에서 양허된 관세율 이상으로 관세를 부과하는 것은 GATT 체제하에서 인정되지 아니한다. 이러한 관세인하는 相互主義에 따라 이루어지는바, 회원국간 호혜적(reciprocal and mutually advantageous) 방법으로 행할 것이 기대된다. 주의하여야 할 것은 상호주의와 GATT의 기본원칙인 최혜국대우원칙이 동일한 것이 아니라는 점이다. 상호주의는 호혜를 구하는 것인 반면, 최혜국대우는 시계처럼 일방으로만 가는 것으로 혜택이 주어지면 돌아오지 않는다.[204] 그러나 보통 호혜적인 관계를 확보할 수 있을 것이라는 기대를 가지고 상대국에게 최혜국대우를 주는 것이 일반적인 까닭에, 상호주의와 최혜국대우가 혼동될 수 있다.

(나) GATT하의 관세인하

1948년 GATT가 발효된 후 8차례의 무역협상을 통하여 평균관세율은 획기적으로 낮추어졌다. 다섯 번째의 딜런라운드까지는 품목별 협상을 통하여 개별 체약국은 계획된 양허표를 준비하고, 이 리스트를 중심으로 협상이 진행되었다.[205] 그러나 품목별 감축방식은 절차가 번잡하고, 협상국간의 균형을 중시한 까닭에 인하폭이 낮을 수밖에 없었고, 주요 무역국의 관심대상만이 협상의 장으로 나오게 되는 등 여러 가지 문제점이 지적되었다. 이러한 지적에 따라 케네디라운드에서는 케네디대통령의 제안에 따라 일괄적 감축방식을 채택하였다. 다만 일괄적 감축방식의 적용에서 제외되는 네거티브리스트는 별도로 협상하였는데, 약 35%의 관세가 인하되었다.[206] 동경라운드는 최고관세의 조화를 위해 케네디라운드에서 사용된 방식의 변형을 통하여 평균 34%의 관세를 인하하였다.[207]

UR에서는 모든 상품에 대한 일괄적인 관세감축방식이 아니라, 분야별 관

---

202) Hoekman, *supra* note 16, p. 9.
203) GATT 제28조 제 1 항.
204) Dickson, *supra* note 113, p. 265.
205) Hans Van Houtte, *The Law of International Trade*(Sweet & Maxwell, 1995), p. 63.
206) Schott, *supra* note 8, p. 60.
207) *Ibid.*

세감축방식을 적용하였다.208) 이러한 방식을 통하여 관세적용범위의 확장, 최고 관세의 인하, 특정 분야의 무관세화, 여타 분야에 대한 낮은 수준으로의 관세조화를 달성하였다. 그 결과 선진국 상품 중 관세대상이 된 것은 종전 78%에서 99%로 늘었고, 개발도상국의 경우에는 21%에서 73%로 늘었으며, 과도경제국의 경우는 73%에서 98%로 늘어나게 되었다. UR을 통하여 전체적으로는 평균 약 40%의 관세가 감축되었는데, 공산품에 대한 관세는 약 33%, 농산품은 약 36% 감축되었다. 철강 · 의약품 · 의료장비 · 농업장비 · 건설장비 분야는 관세가 철폐되었으며, 화학분야는 관세조화의 대상이 되었다. 각 회원국은 자국에 적용될 양허표를 반드시 첨부하여야 하며,209) 인하율은 6년간 균등한 폭으로 감축하도록 하였다. 일단 양허표에 기재된 관세율은 구속력을 가지는 것으로, GATT가 설정한 특정의 조건을 충족시키지 않는 한 이후에 다시 인상될 수 없다.210) UR 협상의 결과 평균 6.4%였던 선진국의 관세율은 39%까지 감축되어, 평균관세율은 4% 수준으로 인하되었다.211) 이에 따라 관세인하의 효과는 전세계적으로 약 7,000억 달러에 이르는 것으로 평가된다.212) 이러한 관세대상품목의 확대와 관세인하를 통하여, 높은 수준의 시장안정성을 제공할 수 있게 되었다. 나아가 종래 관세대상에서 제외되어 있었던 농산품을 관세화한 것은 농산품분야의 시장접근가능성을 한 차원 끌어올리게 되었다.213)

(다) 관세양허의 재협상

GATT 체제는 3가지 방법으로 관세양허를 재협상하도록 예정하고 있다. 매 3년마다 이행되는 정기적 재협상(open season renegotiation), 회원국이 승인한 경우에 행할 수 있는 특별 재협상(specially authorized renegotiation), 3년의 정기적 재협

---

208) *Ibid.*

209) WTO 설립협정 제11조; UR 이전에는 GATT 체약국이 양허표를 반드시 첨부하여야 하는 것은 아니었다. 그 이유는 체약국 중 이미 GATT 서명국인 식민지를 보유하고 있어서 상호적 협상을 하지 않아도 되었기 때문이다. Hoekman, *supra* note 16, p. 9.

210) *Ibid.*

211) Collins and Bosworth, *supra* note 2, p. 3.

212) Leonard Bierman, Donald R. Fraser, and James W. Kolari, "The General Agreement on Trade and Tariff from a Market Perspective," 17 *University Pennsylvania Journal of International Econmic Law*(1996), p. 821.

213) World Trade Organization, *supra* note 1, p. 6.

상 사이에 행할 수 있는 재협상 유보권(reserved right renegotiation)이 그것이다.[214]

보상이 요구되는 재협상의 경우 양허가 원래 협상되었던 국가의 이해와 실질적 이해관계가 있는 국가 및 주요 공급이익을 가지는 국가의 이해를 고려하여야 한다. 초기협상권(initial negotiating rights: INRs)을 가진 국가와 주요 공급이익을 가진 국가는 協商權을 가지지만, 실질적 이해관계가 있는 국가는 協議權만을 가진다. 보상에 관한 합의가 이루어지지 못하면 피해를 입은 국가는 동등한 양허(equivalent concession)를 철회할 수 있다.[215] UR에서 채택된「GATT 제28조 해석에 관한 양해각서」는 피해수출국이 재협상에 참가할 기회를 확대시켜 놓았다. 관세가 최고로 증가된 상품의 수출에 상대적으로 중요성을 가진 회원국은 이미 존재하고 있던 GATT 1947 제28조 제1항의 절차상 주요공급이익을 가진 국가가 아니라 할지라도, 주요 공급국가로 간주된다. 상대적으로 중요성을 가지는 국가인가를 판단하는 기준은 WTO 설립으로부터 5년 후 상품무역위원회가 재검토하게 된다.[216]

그동안 재협상은 매년 약 100개 품목에 대하여 이루어졌고, 1953년에서 1986년까지 34개의 GATT 체약국이 250차례의 재협상을 이용하였다. 그 가운데에는 74번의 정기재협상, 64번의 특별재협상, 112번의 협상유보권행사가 포함되어 있다.[217]

UR에서는 양허표에 적시된 법적 권리의무의 투명성을 확보하기 위하여 관세대상품목에 부과되는 기타 세금이나 부과금의 성질이나 수준을 자국의 양허표에 기재하도록 하고 있다.[218]

(2) 투 명 성
(가) 개   념
시장접근은 회원국이 유지하고 있는 무역 관련 제도의 투명성을 증대함으로써 촉진할 수 있다.[219] 무역에 관한 회원국의 법규나 관행이 투명하지 아니할

214) GATT 제28조.
215) GATT 제28조 제3항.
216) Hoekman, *supra* note 16, p. 11.
217) *Ibid.*
218) *Op. cit.*, p. 10.
219) Hoekman and Kostechi, *supra* note 12, p. 31.

경우, 시장접근에 대한 예측가능성이나 안정성은 기대할 수 없기 때문이다. 이러한 투명성원칙은 최혜국대우·내국민대우와 함께 GATT에 의해 다듬어진 3개의 이행개념에 해당하는 것이다.[220] WTO 회원국은 그들의 무역제도가 더욱 투명해지도록 장려하고 촉진하여야 하며, 그 이행여부는 WTO가 검토하게 된다.[221] 이러한 투명성원칙은 불을 비추면 문제는 사라진다는 소위 '드라큐라원칙'에 의해 감을 받은 것이다.[222]

다자간 또는 국내적 차원에서 투명성을 요구하는 것은 국내의 보호주의적 압력을 줄이고, 협정을 이행하는 데 필수적인 것이다. WTO 협정상에는 WTO의 행동과 회원국의 행동 모두에 관하여 투명성규정을 두고 있다.[223] 회원국은 그들의 무역법규를 공표하고, 무역에 영향을 주는 행정결정의 검토를 행하는 기관을 설립하고 유지하여야 한다. 다른 회원국의 정보요청에도 응하여야 하며, 보조금지급에 관한 관행은 WTO에 고지하여야 한다. 무역정책검토제도를 통한 국가의 무역정책에 대한 정기적 감시는 국내적 또는 다자적 차원에서 투명성을 장려하는 직접적 수단에 해당하는 것이다. 이와 함께 WTO 자체의 투명성을 확보하기 위하여, WTO 사무국은 WTO의 결정이나 패널결정·WTO 기관의 주요 문서를 Basic Instruments and Selected Documents에 공표하고, 정기적 뉴스레터인 WTO Focus와 다자간 무역제도의 특정 측면에 관한 사실상의 연구서[224]를 간행하기도 한다.

(나) WTO 협정상의 적용

GATT 제10조, 서비스무역에 관한 일반협정 제 3 조, 무역관련지적재산권협정 제63조는 투명성과 관련된 가장 대표적인 조항이다. 이들 조항에는 관련되는 법, 규칙, 사법적 판결, 행정결정을 공표하도록 규정하고 있다. 그 외에도 다자간 무역협정이나 복수국간 무역협정에서 告知(notification)를 요건화하고 있으

---

220) Chen, *supra* note 40, p. 263.
221) Qureshi, *supra* note 11, p. 111.
222) Hoekman and Kostechi, *supra* note 12, p. 43.
223) *Ibid.*
224) Staff Working Paper RD-96-003: A User's Guide to Uruguay Round Assessment, Staff Working Paper TPRD9701. WPF: WTO Rules and Good Practice on Export Policy 등이 그 것이다.

며, 고지를 담당할 적절한 책임기관이나 조직을 설치하도록 요구하고 있다. 모든 회원국은 자국의 변경된 법이나 규칙, 정책선언, 공공고지를 통합하여 매년 사무국에 제공하여야 한다. 이와 함께 문의에 회답하고 관련자료를 제공하는 문의처(enquiry point)도 설치하여야 한다.

서비스무역에 관한 일반협정은 동 협정의 운용에 관련되거나 영향을 미치는 모든 관련조치나 국제협정을 신속히 공표할 것을 규정하고 있다.225) 또한 서비스무역에 중대한 영향을 주는 법의 제정이나 기존의 법·규칙·행정지침의 개정이 있는 경우, 1년에 1회 이상 신속하게 서비스무역이사회에 보고하도록 하고 있다.226) 회원국은 일반적으로 적용되는 자국의 조치나 국제협정에 관하여 다른 회원국이 정보요청을 해 오는 경우 이에 신속하게 응답할 의무를 지며, WTO 협정 발효 후 2년 이내에 이러한 정보를 제공하기 위하여 한 곳 이상의 문의처를 설치하여야 한다. 다만 개발도상국에 대하여는 적절한 유연성을 발휘하여, 2년의 시간제한을 적용하지 않을 수 있다.227) 그러나 회원국이 공개할 경우 법집행을 방해하거나 공익에 반하는 경우, 또는 특정기업의 상업적 이익을 손상시키는 비밀정보는 공개하지 않을 수 있다.228)

지적재산권협정은 동 협정과 관련되는 회원국의 법규·최종 사법판결·일반적으로 적용되는 행정결정을 회원국 정부나 권리자가 그 내용을 알 수 있는 방법으로 공표하도록 규정하고, 그러한 공표가 불가능한 경우에는 공개적으로 취득할 수 있도록 요구하고 있다.229) 이러한 법규는 지적재산권이사회에 통보되어야 하며,230) 회원국은 다른 회원국이 서면으로 요청하는 경우 그러한 법규를 제공하여야 한다.231) 이 경우 또한 서비스무역협정과 같이 비밀정보는 공개의무로부터 면제된다.

---

225) 서비스무역협정 제 3 조 제 1 항.
226) 서비스무역협정 제 3 조 제 3 항.
227) 서비스무역에 관한 일반협정 제 3 조 제 4 항.
228) 서비스무역에 관한 일반협정 제 3 조 bis.
229) 무역관련지적재산권협정 제63조 제 1 항.
230) 무역관련지적재산권협정 제63조 제 2 항.
231) 무역관련지적재산권협정 제63조 제 3 항; 동 조항의 영문은 'shall be prepared to supply'라고 되어 있다.

6. 공정경쟁

WTO는 흔히 언급되는 바처럼 자유무역기관이 아니다. 왜냐하면 WTO는 관세를 인정하고 여타 형태의 보호를 제한적으로나마 허용하기 때문이다. 따라서 공개적이고 공정하며 왜곡되지 않은 경쟁을 위한 규칙체제라고 하는 것이 더욱 정확할 것이다.[232] 이와 같이 WTO에 구현된 마지막 원칙은 공정경쟁(fair competition)이다.

WTO 협정상에는 수많은 규정상에 공정경쟁의 개념이 반영되어 있다. 예컨대 정부의 수출보조금은 금지되는 것이며, 수입국은 이에 대하여 상계조치를 취할 수 있다. 수출회사가 취하는 일정한 행동도 역시 상계조치할 수 있다. 예컨대 수출업자가 국내시장가격보다 싼 가격으로 수출하는 덤핑의 경우, 그 덤핑행위로 수입국 국내산업이 피해를 입은 경우 반덤핑관세의 부과를 통하여 수입국정부가 상쇄시킬 수 있다. 경우에 따라서는 수입으로 인하여 국내산업이 과도하게 손해를 입는 경우, 수지균형을 보호하기 위한 경우, 공공의 건강이나 국가안전을 위한 경우에는 정부가 간섭할 권리를 갖는다. 여기에 담겨 있는 생각은 일반적으로 경쟁은 평탄한 운동장 위에서 이루어져야 한다는 것으로, 경쟁이 너무 격렬한 경우 정부가 끼어들어야 한다는 것이다.[233]

공정경쟁의 목적은 정부가 공정성을 확보하기 위하여 사용하는 수단이 종종 무역장벽이 되기도 하기 때문에 시장접근의 목적과 직접적으로 충돌한다. 그러나, 그러한 장벽은 완전히 법적인 것이고, 또 허용되는 것이다.

7. 개발도상국의 우대

WTO 회원국 중 3/4 이상이 개발도상국이거나 비시장경제체제를 개혁하는 과정상의 국가이다. UR 7년 동안 그 국가들 중 60여 개국이 무역자유화계획을 이행하였다. 일부는 GATT 협상에 참여하기 위하여 그렇게 하였고, 또 다른 일부는 자발적으로 그렇게 하였다. 동시에 개발도상국과 과도경제국은 어느 협상

---

232) World Trade Organization, *supra* note 1, p. 6.
233) Hoekman and Kostechi, *supra* note 12, p. 32.

때보다 UR에서 적극적인 역할을 수행하여 왔다.

이러한 경향은 국제통상체제가 선진국만을 위하여 존재한다는 생각에서 탈피하게 만들었다. 뿐만 아니라 GATT 규정과 협정에서 개발도상국을 면제시켜 주던 것을 많이 변화시켜 버렸다. UR의 종결과 함께 개발도상국들은 선진국에게 요구되는 대부분의 의무를 취할 준비가 되어 있음을 보여 주었다. 그러나 최빈국에 대하여는 새롭게 등장한 까다로운 WTO 규칙을 따르도록 하는 데 일정한 과도기간을 허용하였다. 더욱이 최빈국을 위한 각료결정은 WTO 협정을 이행함에 있어 그들 국가에 대하여 특별한 융통성을 주었다. 그 국가들에 이익을 주는 수출상품에 영향을 끼치는 시장접근 양허의 이행을 가속화하도록 요청하였고, 그들에 대한 기술지원을 증대시키도록 하였다. WTO 원칙에 기초한 개방시장지향정책을 추구하는 개발의 가치는 합리적인 한 광범하게 인정된다. 그러나 그러한 정책이 수행되는 속도는 약간의 신축성이 요구되고 있다.

그럼에도 GATT 규정은 개발도상국이 WTO에 남아 있도록 혜택을 주려는 입장이다. 특히 GATT 1994의 제 4 부는 3개의 조항에서 그러한 내용을 규정하고 있다. 산업화된 국가는 그들의 무역조건에 있어 의식적이고 목적적인 노력사항으로 개발도상회원국을 지원하고, 협상에서 개발도상국에 부여된 양허를 위한 상호성을 기대하지 않도록 하고 있다. 그 외에 1979년 동경라운드에서 합의된 것으로, 소위 '수권조항'(enabling clause)이라 불리는 것이 있다. 이는 일반관세특혜하에서 선진국이 개발도상국에 부여한 시장접근양허를 위한 항구적인 법적 기초를 제공한다.

제 3 절 분쟁해결절차

1. GATT 분쟁해결제도

(1) GATT 1947

(가) 협   의

원래 GATT는 ITO의 기구적 틀 속에 위치하도록 의도되었고, ITO 헌장 초

안은 중재의 효과적 사용을 예상한 엄격한 분쟁해결절차를 요구하였다. 심지어
특정의 경우에는 세계법원에까지 항소할 수 있도록 하려고 하였다.[234] 이와 같
이 ITO는 정교한 분쟁해결절차를 확립하려고 하였으나, 국제기구가 아닌
GATT는 분쟁해결과 관련하여 몇 가지 조항만을 두고 있다.[235] 그 중 가장 중요
한 분쟁해결절차는 GATT 제22조와 제23조에 규정되어 있다. 이에 따르면, 분
쟁당사국은 먼저 당사국간의 양자간의 협의에 의하는 것을 기본으로 하고, 협의
로 해결되지 않는 경우에 제소국은 체약국단(CONTRACTING PARTIES)의 조치에
회부할 수 있다. 이와 같이 GATT의 분쟁해결은 2단계로 되어 있다.[236]

협의신청대상은 제한이 없고, 회원국은 GATT의 운용에 관한 것이라면 어
떠한 사항도 관계국에 대하여 협의를 신청할 수 있다. 협의를 요청받은 국가는
신청국의 요청을 '호의적으로 고려'(sympathetic consideration)하거나, 협의를 위하
여 적당한 기회를 부여하여야 한다.[237] 그러나, 이 의무는 법률적 의미를 갖지
않는 것으로 이해된다. 당사국간 협의를 통하여 만족할 만한 해결이 이루어지지
않는 경우, 체약국단과의 다자적 차원에서 협의를 진행하게 된다.[238]

(나) 체약국단의 조치

체약국단에 일정한 조치를 요청하기 위해서는 자국이 GATT에 따라 직접
간접으로 취득한 이익이 無效化(nullification) 또는 侵害(impairment)되었다고 생
각하거나, GATT의 목적달성이 저해된다고 인정되는 경우여야 한다.

GATT는 여기에 해당되는 경우를 세 가지로 규정하고 있다.[239] 첫째는 다
른 체약국이 GATT 의무를 위반한 경우이다. 가장 보편적인 제소사유에 해당되
는 것으로, 피소국이 GATT나 기타 관련 협정상의 의무를 위반하였음을 근거로

---

234) ITO 헌장 제 3 장 제92조~제97조; Jackson, *supra* note 78, p. 113.
235) William J. Davey, "Dispute Settlement in GATT," 11 *Fordham International Law Journal*
(1987), p. 51; Jackson 교수는 GATT에는 분쟁해결을 위한 많은 조항이 있는바, 협의의무를
부과한 조항이 19개에 이른다고 지적하고 있다. Jackson, Davey, and Sykes, *supra* note 36,
p. 338.
236) Mavroidis, *supra* note 105, p. 26.
237) GATT 제22조 제 1 항.
238) GATT 제22조 제 2 항.
239) GATT 제23조 제 1 항.

제소하는 경우이다. 둘째는 소위 '非違反제소'(non-violation complaint)에 해당하는 것으로, GATT 규정에는 반하지 않으나 이미 부여된 양허를 침해하는 조치의 경우이다. 비위반제소는 정부의 조치를 대상으로 하는 것으로, 당해 조치가 합의된 관세율에 의해 확립된 경쟁조건을 변경하는 것이면서, 양허 협상시에는 합리적으로 기대할 수 없었던 예측할 수 없는 경우여야 한다. 비위반제소의 대표적 사례는 1952년의 호주 질산염 사건에서 찾아볼 수 있다. 셋째는 소위 '狀況的 제소'(situation complaint)에 해당하는 것으로, 첫 번째와 두 번째의 부류에 해당하지는 않으나 협상의 이익이 무효화되거나 침해되는 경우이다.[240] GATT에서는 가끔씩 상황적 제소가 언급된 적이 있었으나, 이에 근거하여 결정된 패널 보고서는 없었다.[241] 합리적인 기간 내에 관계 체약국간에 만족할 만한 조정이 이루어지지 않거나, 당해 다툼이 상황적 제소에 해당되는 경우, 그 사항은 체약국단에 위임될 수 있다. 체약국단은 위임된 사항을 신속히 조사하여야 하며, 관련체약국에게 적절한 권고나 결정을 행하여야 한다.

GATT 분쟁해결은 위반제소가 주로 발생하는 것으로, 비위반제소가 원용되는 경우는 일반적으로 2선 논의로서 이용되었고, 패널이 이를 다룬 경우도 매우 적었다.[242] 1995년까지 GATT 1947에 따라 제기된 250여건의 사안 중 비위반제소 및 상황적 제소에 관한 것은 14건에 불과하였다. 그 중 4건에서만 청구가 인정되어 예견할 수 없었던 무역조치로 해당 이익이 무효화 또는 침해되었다고 결정되었다.[243] 비위반제소는 일부 사례에서 보조적 청구로 제기되었는데, 원래의 청구가 받아들여졌기 때문에 추가적으로 비위반제소를 검토할 필요가 없었다. 이와 같이 GATT 분쟁해결 관행은 비위반제소와 상황적 제소에 대하여 주의를 기울여 좁게 사용하여 왔음을 보여주고 있다.[244]

---

240) Hoekman and Kostechi, *supra* note 12, p. 46.

241) Andreas F. Lowenfeld, *International Economic Law*(Oxford, 2002), p. 176.

242) Ernst-Ulrich Petersmann, *International Trade Law and the GATT/WTO Dispute Settlement System*(Kluwer, 1997), p. 158.

243) 호주 질산암모늄 사건, 독일 정어리 수입 사건, 종자유 사건 등이 있다. John H. Jackson et al., *Legal Problems of International Economic Relations: Cases, Materials and Text*(West, 1995), p. 362.

244) Ernst-Ulrich Petersmann, *The GATT/WTO Dispute Settlement System*(Kluwer, 1997), p. 150.

【 호주 – 질산염 보조금 사건 】

제 2 차세계대전 중 호주는 전시 자국 농부에 대한 판매가격조절을 위해 질산염비료에 대한 보조금을 지급하였다. 이 보조금은 칠레산 질산나트륨 비료와 호주산 황산암모늄 비료에도 지급되었다. 1947년 호주는 칠레에 대하여 질산나트륨 비료에 대한 관세양허를 부과하였고, 앞서의 두 가지 비료 구입에 대한 보조금을 계속 지급하였다. 1949년에 와서 호주는 질산나트륨 비료에 대한 보조금 지급은 폐지하였으나, 황산암모늄 비료에 대한 보조금은 그대로 유지하였다. 수입상품에 대한 관세가 변경되지 않았기 때문에 양허위반은 발생하지 않았으나, 보조금 폐지는 칠레산 비료에 비해 호주산 비료가 25% 정도의 가격경쟁력을 높이는 결과를 낳게 하였다. 칠레는 두 가지 비료에 대한 경쟁조건의 변경은 양허의 무효화 또는 침해를 구성한다고 주장하였다. 호주는 두 가지 비료에 대하여 모두 보조금을 지급하여야 할 의무가 있는 것은 아니므로 GATT 의무를 위반한 것은 아니었다. 그러나, 칠레는 두 가지 비료간의 경쟁관계를 뒤바꾸는 호주정부의 조치를 합리적으로 예견할 수 없었다. 따라서 작업단은 호주가 칠레산 비료에 대한 보조금 폐지와 호주산 비료에 대한 보조금 유지로부터 야기되는 경쟁적 불평등을 시정하여야 한다고 권고하였다.

초기에는 1년에 두 차례 개최되는 체약국단의 전체회의에서 분쟁이 다루어 졌으나, 그 후 국가가 파견한 대표로 구성되는 作業團(working parties)에서 분쟁이 다루어졌다. 작업단은 調停的 또는 仲介的 기관처럼 운용된 것으로, GATT 규정의 해석에 기초하여 해결책을 부과하기보다는 모두가 수락할 수 있는 중개를 행하는 것이었다. 1952년에는 작업단을 패널로 변경함으로써, GATT의 분쟁해결절차는 裁決的 성격을 갖게 되었다.

패널구성에 사무국이 간여하게 됨에 따라 사무국의 위상이 높아지게 되었고, 분쟁당사국은 자국의 견해를 밝힐 기회가 증가하게 되었다. 패널보고서는 협상된 타협이 아니라, 중재결정과 유사한 것이었다.[245] 이러한 변화는 다자간

---

245) Michael K. Young, "Dispute Resolution in the Uruguay Round: Layers Triumph over Diplomats," 29 *International Lawyer*(1995), No. 2, p. 393.

외교를 통한 협상적 분위기에서 진정한 사실관계에 합치시키고 최선의 법해석에 이를 수 있도록 하는 仲裁的 또는 司法的 절차로 변환시킨 것이라고 말할 수 있다.246) 이러한 측면에서 혹자는 1950년대에서 1960년대 초까지 GATT의 분쟁해결절차가 법적·재결적이었다는 측면에서 'GATT의 황금기'라고 부르기도 한다.247)

체약국단은 해당 사안을 심의하기 위하여 3인 또는 5인으로 구성되는 패널을 설치하게 된다. 패널은 GATT 협정에 기초한 양허나 기타 의무의 적용을 정지하도록 결정할 수 있다. 그러나 체약국단의 결정을 위해서는 컨센서스가 필요하므로, 불리한 결정에 직면한 국가가 해당 결정을 반대하게 되면 보복결정은 무산되어 버리고 만다. GATT의 역사상 양허를 정지하겠다는 위협은 여러 차례 있었으나, 실제로 적용된 경우는 단 1차례에 불과하였다.248) 제재의 대상이 된 체약국은 조치가 취해진 날로부터 60일 이내에 사무총장에게 탈퇴를 통보할 수 있고, 그 통보가 접수된 날로부터 60일이 경과하면 GATT로부터 탈퇴가 이루어진다.249)

(2) GATT 분쟁해결제도의 변화
(가) 동경라운드

1960년대 들어 체약국단은 양허정지와 같은 내용을 포함하고 있는 패널보고서를 채택하기가 점점 어려워지게 되었다. 더욱이 체약국의 수가 늘어감에 따라 컨센서스를 도출하는 것이 훨씬 어렵게 되었다. 1970년대 들어서는 유럽국가들처럼 정치적 또는 외교적 방법으로 문제를 풀어가려는 국가와 미국과 같이 법적 또는 재결적인 방법으로 문제를 접근하려는 국가간의 골이 깊어짐에 따라, 패널에서 다루게 되는 사건의 수가 늘어감에도 불구하고, 해결에는 더욱 많은 시간이 필요하게 되었고, 결과에 대한 불만이 더욱 고조되었다.250) 이에 따라

---

246) Jackson, *supra* note 78, pp. 115~116.
247) Erwin P. Eichmann, "Procedural Aspects of GATT Dispute Settlement: Moving Toward Legalism," 8 *International Tax & Business Law*(1990), p. 38.
248) E. Hudec, *The GATT Legal System and World Trade Diplomacy*, pp. 165~184.
249) GATT 제23조 제 2 항.
250) Young, *supra* note 245, p. 394.

GATT의 분쟁해결절차는 원래의 기능을 다하지 못하게 되었다.

이러한 문제점에 따라 동경라운드에서는 GATT 분쟁해결절차의 개선을 위한 검토가 이루어졌고, 그 결과 1979년 12월 「고지·협의·분쟁해결·감시에 관한 양해」[251]가 채택되었다. 동 양해는 GATT의 분쟁해결절차를 상세히 설명한 것으로, WTO 설립 이전까지 GATT 분쟁해결절차의 본질적 구조를 이루게 되었다.[252] 양해각서에는 당사국이 체약국단에 대하여 분쟁해결을 구하는 제23조 제 2 항의 권리를 재확인하고, 제소에서 패널설치까지의 시한을 설정하였다. 패널보고서가 합리적인 기간 내에 채택될 것을 규정하였으며, 보고서는 당사국에 대하여 구속력을 가진다는 등의 내용이 포함되었다.[253] 그러나 위반국이 보고서채택에 반대하는 경우 이를 뿌리치고 패널보고서를 채택할 방법이 들어 있지 않았고, 패널의 권고를 실시하기 위한 실질적 강제력을 갖추고 있지 않은 등의 문제가 남아 있었다. 이러한 문제점에 관하여 1982년의 각료회의선언은 패널보고서 채택시 의무위반국으로 지목된 국가는 이를 거부할 수 없도록 하여, 컨센서스 도출을 용이하게 하였다.[254]

(나) 우루과이라운드

GATT 체약국들이 UR을 개최하였을 때, GATT의 분쟁해결절차를 개선하자는 데 합의가 이루어졌다. 그러나 이러한 목적에는 한 목소리였지만, 그 방법에는 상당한 차이가 있었다. 특히 유럽공동체국가는 GATT 규칙 자체의 불명료성과 무역분쟁의 정치적 민감성을 이유로, GATT의 분쟁해결은 형식적·법적·재결적이어서는 아니 된다고 주장하였다. 반면에 미국을 중심으로 이러한 입장에 반대하는 국가들은 GATT의 분쟁해결이 재결적 과정을 통해 규칙을 토대로 결정이 이루어진다면 GATT 규칙이 더욱 명백해질 것이고 예측가능해질 것이라는

---

251) 1979 Understanding Regarding Notification, Consultation, Dispute Settlement and Surveillance, *BISD*, 26th Supplement, p. 210.

252) Jackson, *supra* note 78, p. 116.

253) Miquel Montana Mora, "A GATT with Teeth: Law Wins over Politics in the Resolution within the GATT," 31 *Columbia Journal of Transnational Law*(1993), p. 123.

254) 1982 Ministerial Declaration on Dispute Settlement Procedures, *BISD*, 29th Supplement, p. 13; 그러나 이후에도 그다지 많이 개선되지는 못하는 실태였다. Jackson, *supra* note 78, p. 117.

주장을 전개하였다.[255] 분쟁해결에 관한 UR의 최종 결과는 불완전한 것이기는 하나, 훨씬 법적·재결적인 방향으로 다가서게 된 것으로 평가되고 있다.[256]

1989년 몬트리올에서 개최된 중간평가회기에서는 「GATT분쟁해결규칙 및 절차에 대한 개선」이 채택되었다.[257] 구체적으로는 협의 요청일로부터 60일 이내에 당사국간 협의로 문제해결이 불가능한 경우 패널설치를 요구할 수 있고, 패널설치결정으로부터 30일 이내에 패널구성을 완료하며, 패널은 6개월 이내에 이사회에 보고서를 제출하며, 이사회는 보고서를 30일 이내에 검토하여 권고나 결정을 행하고, 권고나 결정이 6개월이 경과하여도 이행되지 않으면 이사회에 서 다룬다는 것 등이 합의되었다.

UR이 종결된 후 WTO 체제하의 분쟁해결은 「분쟁해결규칙 및 절차에 관한 양해」(Understanding on Rules and Procedures Governing the Settlement of Disputes: DSU)에 규정된 바에 따른다. DSU의 일부 규정은 1989년 4월 12일 UR 중간검토 회기의 결정으로 1989년에 이미 발효된 것이었다.[258]

2. WTO 분쟁해결제도

(1) 개   관

(가) DSU의 의의

DSU는 전체 27개의 조문과 4개의 부속서(Appendix)로 구성된 조약이다. 그 다지 많지 않은 조문이지만, DSU는 매우 체계적이고 합리적인 구조를 갖추고 있다. DSU가 예정하고 있는 분쟁해결방식은 기본적으로 당사국간의 협의, 패널 절차, 그리고 항소절차의 3단계로 구성되어 있다. 이러한 구조는 지난 40년간 GATT의 분쟁해결방식이 外交的 방식과 재결적 방식간의 일진일퇴적 선택에 의해 이루어져 왔으나, WTO에서는 재결적 방식이 우세하게 되었음을 보여주는 것이다.[259]

---

255) Young, *supra* note 245, pp. 389~391.

256) *Op. cit.*, p. 396.

257) 1989 Improvement to the GATT Dispute Settlement Rules and Procedures, *BISD*, 36th Supplement, p. 61.

258) Qureshi, *supra* note 11, p. 97.

259) Andreas F. Lowenfeld, "Remedies Along with Rights: Institutional Reform in New GATT,"

DSU는 WTO 체제하에서 통상관련 분쟁을 해결하기 위한 포괄적 구조를 예정한 것이다. DSU는 GATT 1994하의 다자협정상의 분쟁을 다루는 것일 뿐만 아니라, 지적재산권협정과 서비스무역협정에 관련된 분쟁을 해결하기 위한 기초적인 구조를 확립하는 것이다. DSU에 따른 분쟁해결제도는 WTO 협정에 규정된 회원국의 권리의무를 보존하기 위한 것이며, 국제관습법상의 해석규칙에 따라 협정규정을 명백히 하기 위한 것이다.[260] 이와 같이 협정의 해석을 국제법에 부합시킬 것을 요구하는 규범지향적 접근은 분쟁해결절차의 안정성과 확실성 및 예측가능성을 높이게 된다는 점에서 높이 평가할 만하다.[261]

WTO의 분쟁해결제도는 기존의 GATT 분쟁해결제도를 발전시킨 것이다.[262] 초기단계에는 GATT 분쟁해결은 그 자체의 외교적 뿌리를 반영하고 있었다. 대다수의 패널위원은 외교관들로서, 분쟁해결절차의 궁극적 목표는 사안의 법적 판단에 있다기보다 상호간 수락할 수 있는 해결책으로 사건을 종결짓는 것이었다. GATT의 분쟁해결제도는 단 2개의 조문 위에 비공식적이고 실용적인 협정의 형태로 발전하여 왔으나, WTO의 분쟁해결규칙 및 절차에 관한 양해각서는 27개의 조문과 4개의 부속서로 이루어진 정교한 조약으로 이루어져 있다. GATT 1947과 비교하면 시간적 적절성이 확보되었으며, 자동적인 것이며, 그 구속력이 더욱 강해졌다. 특히 WTO 분쟁해결제도는 2가지 혁신적 개선이 이루어졌는데, 하나는 상설항소기관에 의한 패널 결정의 항소제도이고, 다른 하나는 피고측의 위반에 대한 보상 및 보복절차를 규정한 점이다.[263] 그 외에 분쟁국의 일방에 의해 패널설치나 패널보고서의 채택이 저지되던 문제가 해소된 점, 중재의 기회가 확대된 점, 패널절차상의 각 단계에서 시한을 설정하여 제약을 두고 있는 점, 패널에 대한 표준적 위임조건을 제시하고 있는 점, 패널보고서 이행을 위한 개선된 감시제도를 두고 있는 점 등을 발전된 모습으로 꼽을 수

---

88 *American Journal of International Law*(1994), p. 479.

260) DSU 제 3 조.

261) John H. Jackson, "Governmental Disputes in International Trade Relations: A Proposal in the Context of GATT," 13 *Journal of World Trade*(1979), p. 29.

262) Paolo Mengozzi, "The Marrakesh DSU and Its Implications on the International and European Level," *The Uruguay Round Results*(European Interuniversity Press, 1995), p. 116.

263) Lowenfeld, *supra* note 259, p. 479.

있다.[264] 이와 같은 개선책은 그동안의 경험을 토대로 문제점이 있었던 부분을 보완한 것으로, WTO의 분쟁해결제도는 GATT 1947에 비하여 훨씬 효율적인 것으로 평가될 수 있다. 나아가 국제무역에 관한 규칙을 시행함에 있어 분쟁해결제도는 WTO의 성공에 가장 중요한 역할을 하는 것으로, 많은 학자들은 WTO의 분쟁해결제도를 '왕관의 보석'이라 하여 왔다.[265]

(나) 관 할 권

DSU에 따른 분쟁해결제도의 이용은 WTO 회원국에게만 허용된다. DSU의 규칙과 절차를 집행하기 위하여 분쟁해결기구(Dispute Settlement Body: DSB)를 설치하게 되는데, DSB의 관할권은 WTO의 모든 협정에 적용된다.[266] 회원국간 또는 회원국과 WTO간의 분쟁은 WTO로 수렴되어 DSU에 따라 해결되어야 한다.

DSB의 관할권과 관련하여 다음과 같은 점이 유의되어야 한다. 첫째, DSU의 규칙과 절차는 대상 협정상 분쟁해결과 관련하여 특정 규정이 있을 경우 이에 종속된다.[267] 둘째, DSB는 당사국의 요청이 있는 경우에만 해당 사안을 심리한다. 보복조치와 관련하여서도 제소국이 해당 보복조치를 인증하여야만 DSB가 조치를 취할 수 있다. 동일한 맥락에서 DSB는 스스로 제소할 권한을 갖고 있지 못하다.[268] 국가가 아닌 사인은 제소권이 없고, 자신이 입은 피해에 대하여 WTO의 구제를 받기 위해서는 자국 정부에 제소할 것을 요청할 수 있을 뿐이다. 회원국이 다른 회원국을 상대로 제소할 것인가의 여부는 회원국의 재량적 사항이다. 이는 어떤 회원국이 자국 기업의 피해를 이유로 다른 회원국에 대하여 구제를 요청하는, 일종의 외교적 보호라고 볼 수 있다.

마지막으로 문제가 되는 것은, 패널은 해당 분쟁과 관련된 협정에 관하여 해석권한이 있는가 하는 점이다. 이러한 의문이 생기는 이유는 WTO 설립협정이 동 협정과 다자간 무역협정의 해석을 채택하는 배타적인 권한(exclusive authority)을 각료회의와 일반이사회에게 부여하고 있기 때문이다.[269] 그러나 이 문제는

---

264) Hoekman and Kostechi, *supra* note 12, p. 46.

265) Footer, *supra* note 35, p. 1.

266) DSU 제 1 조.

267) DSU 제 2 부속서 제 1 조 제 2 항.

268) Qureshi, *supra* note 11, p. 98.

269) WTO 설립협정 제 9 조 제 2 항.

두 가지 점에서 해결될 수 있다. 첫째, DSU는 항소와 관련하여 패널보고서에 담겨 있는 법적 쟁점과 패널의 법률해석만을 항소할 수 있다고 규정하고 있는 바, 동 규정의 의미로 보면 당연히 패널은 해석권한을 가진다고 볼 수 있다. 둘째, 각료회의나 일반이사회의 배타적 권한은 '해석을 채택하는 배타적 권한' (exclusive authority to adopt interpretation)이라고 규정하고 있는바, 이는 패널이 해석을 통하여 제출한 보고서채택이 DSB에 있다는 것과 관련하여서도 당연한 것이다. 왜냐하면, DSB의 모태는 바로 일반이사회이기 때문이다. 만약 패널이 해석권한을 갖지 않는다고 한다면, 불리한 입장의 국가는 패널결정이 사실상 협정해석이라거나 해석문제를 포함하고 있다는 이유로 DSB에서 패널보고서를 채택하는 것을 방지할 수 있을 것이다. 문제는 해석문제에 관한 DSB에 의한 패널보고서의 결정과 일반이사회나 각료회의 결정간의 차이에 관한 것이다. 여기에는 두 가지 차이점이 있다. 첫째, 일반이사회와 각료회의는 형식적으로 정치적 기관이다. 그러나 실제로 DSB도 그 성격에 있어 정치적이다. 둘째, 해석적 기능과 관련하여 일반이사회의 결정은 컨센서스를 취하게 되어 있는 DSB와는 달리 3/4 다수결에 의해 결정된다. WTO 협정을 적용하는 과정과 WTO 협정을 해석하는 것간의 차이는 명백하지 않고, WTO 협정상에도 정의되어 있지 않다. DSB의 절차와는 달리 해석결정의 채택에 관한 시간적 범위는 없다. 실제로 논리적 결정의 근거를 취하기 위하여 개정과 해석간의 차이에 관한 실질적 문제가 있다. 개정과 관련하여서도 상이한 요건이 필요하다.

GATT 1947하에서 패널보고서 결정에 대한 개별적 거부권한은 집단적 거부권으로 대치되었다.

(다) 제소사유

WTO 분쟁해결제도는 GATT가 50년에 걸쳐 발전시켜온 관행 위에 구축된 것으로,[270] GATT 제22조와 제23조에 기초하고 있다. 그 중 제23조 제 1 항은 제소요건과 관련한 규정으로, (a) 다른 체약국이 GATT에 따른 의무의 이행을 태만히 한 결과, (b) 다른 체약국이 GATT 조항의 저촉여부와 관계없이 어떤 조치를 적용한 결과, (c) 기타 다른 어떤 사태가 존재하는 결과로서 GATT에 따라

---

270) Lowenfeld, *supra* note 241, p. 152.

직접 또는 간접으로 자국에 부여된 모든 이익이 무효화 또는 침해되거나, GATT 의 목적달성이 저해되고 있다고 인정할 경우 체약국은 분쟁해결절차에 호소할 수 있다고 규정하고 있다. 따라서 협정상의 이익이 무효화 또는 침해되거나, GATT의 목적 달성이 저해되는 경우에 제소할 수 있다.

GATT 제23조 제 1 항 (a)는 회원국이 GATT 1994상의 의무이행을 실패한 경우 제소사유를 밝힌 것으로, 회원국이 GATT 1994 규정과 일치하지 않게 행 동하였다고 주장되는 경우 제소된다. 제23조 제 1 항 (b)는 별도의 제소사유를 규정한 것으로, 그 조치가 GATT 1994 규정 저촉 여부와는 관계없이 어떤 회원 국이 다른 회원국에게 속하는 이익을 무효화하거나 침해하는 경우를 규정한 것 이다. 따라서 제23조 제 1 항 (b)의 경우 문제의 조치가 GATT 1994 규정에 합 치하지 않거나 위반되었음을 입증할 필요가 없다. 이러한 이유로 제23조 제 1 항 (b)에 따른 제소를 비위반제소라 부른다. 그러나 '비위반'이라는 용어는 동 조문 어디에도 나타나 있지 않다. 제23조 제 1 항 (a)의 위반제소의 경우 위반이 있다는 사실만으로 무효화 또는 침해가 있다는 가정이 존재하나, 비위반제소의 경우는 그러하지 아니하다. 비위반규정을 원용하는 당사자는 특정하여 주장하 여야 하고, 일견 무효화 또는 침해가 있음을 보여 주어야 한다.[271]

위반제소는 WTO 협정상의 규정을 위반한 경우를 말한다. 회원국이 양허계 획에 따른 관세수준보다 높은 관세를 부과하는 것이 그 좋은 예가 된다. DSU는 대상 협정상 부과된 의무가 위반된 경우에 그 의무위반 조치는 일견(prima facie) 무효화 또는 침해의 경우를 구성하는 것으로 간주된다고 규정하고 있다.[272] 이 것은 규칙위반으로 제소국에게 불리한 영향을 주었다는 가정은 피소국이 반박 할 책임이 있음을 규정하고 있는 것이다. 왜냐하면 규칙위반으로 무역에 끼친 영향을 밝히는 것이 매우 어렵기 때문에, GATT 패널은 불리한 영향을 주었다 는 가정을 결정적인 것으로 다루려는 경향에 있었기 때문이다.[273]

소위 비위반제소(non-violation complaints)는 협정문의 명백한 위반 없이 이 익의 무효화 또는 침해가 발생하는 경우를 말한다. 일본-사진필름 사건에서 패

---

271) Ernst-Ulrich Petersmann, *International Trade Law and the GATT/WTO Dispute Settlement System*, p. 162.

272) WTO DSU 제 3 조 제 8 항.

273) Arup, *supra* note 103, p. 72.

널은 제23조 제 1 항 (b)에 합치하는 제소가 되기 위해서는 첫째 회원국에 의한
조치의 적용, 둘째 관련 협정에 의한 이익, 셋째 해당 조치의 적용 결과로서 이
익의 무효화 또는 침해가 필요하다고 하였다. 이익의 무효화 또는 침해는 당사
자의 경쟁적 관계에 나타나는 변화를 의미하는 것으로, 패널은 좁은 견해를 견
지하여 왔다. 예컨대 경쟁조건의 예견되지 않은 변경에 의해 관세양허에 대한
사실상의(*de facto*) 철회가 그러한 상황에 해당된다. 이러한 균형의 변화는 작위
또는 부작위로부터 발생된다. 호주-질산염 보조금 사건에서 보듯이 관세의 변
경이나 보조금의 제거가 그런 것이다.274) 침해는 제소국의 불이익에 국한되지
않고, 피소국의 이익으로 나타나는 경우도 포함된다.275) 일본-필름 사건의 패널
은 '이익의 무효화 또는 침해'와 관련하여, 이익이란 관련 관세양허로부터 도출
되는 개선된 시장접근기회의 합법적 기대를 말하고, 무효화 또는 침해의 의미와
관련하여서는 국내적 상품과 수입상품간의 경쟁적 관계를 훼손하는 것과 같은
의미로 보았다. 이익의 무효화 또는 침해를 야기하는 '조치'(measure)는 정부의
정책이나 행동을 말하는 것으로, 민간당사자의 행위는 포함하지 않는다고 하였
다. 혹자는 이익(benefits)이라는 표현 대신 협정상의 권리와 의무 또는 양허와
이행 간의 균형이라고 말하기도 한다.276)

   GATT 체제하에서는 주로 관세양허와 관련하여 비위반제소가 발생하였다.
회원국이 자국 생산자에게 보조금을 지급함으로써 타국에 대한 관세양허의 효
과를 상쇄시켜 버리는 경우가 대표적인 예이다. 비위반제소는 협정위반에 따른
제소에 비해 실증하기가 매우 어려운 것으로, 협정 규정의 위반이라기보다 협정
의 정신을 위반한 것이라고 볼 수 있다.277) 이러한 배경에서 비위반제소는 위반
제소와 달리 제소측이 입증책임을 진다. DSU도 제소국이 관련대상협정에 저촉
되지 않는 조치에 관한 제소를 옹호하기 위하여 상세한 정당화사유를 제시할
것을 요구하고 있다.278) 비위반제소가 인정되기 위해서는 앞서 살핀 호주 보조

274) Ernst-Ulrich Petersmann, *International Trade Law and the GATT/WTO Dispute Settlement System*, pp. 160~161.
275) *Ibid.*
276) *Op. cit.*, p. 71.
277) *Op. cit.*, p. 72.
278) DSU 제26조 제 1 항.

금사건에서 나타난 바와 같이 합리적 기대나 정당화시킬 수 있는 예외, 예측할 수 없는 여건 등이 제시되어야만 한다. 위반제소와 달리 의무침해가 없는 사건은 제소국이 구체적 정당화사유를 제시하여야 한다. 일반적으로 교역상의 손실을 밝혀야 할 뿐 아니라, 피소국 정부의 결정으로 발생한 결과가 그러한 결정이 없었다면 발생하지 않았을 것이라는 정당한 근거를 제시하여야 하는 것이다.[279] 이러한 측면은 일본-필름 사건에서 명백히 확인되었고, EC-석면 사건에서도 비위반 제소의 구체적 정당화사유를 제시하는 입증책임은 캐나다가 부담한다고 하여 제소국 책임을 확인하였다.

비위반제소의 가장 중요한 요소는 예견할 수 없었다는 점이다. 이익의 무효화 또는 침해를 이유로 제소하는 경우 시장접근의 특정 권리 의무가 협상되던 시점에서는 합리적으로 예견될 수 없었어야 한다. 호주-질산염 사건에서 패널은 이익의 무효화나 침해는 경쟁관계를 전복시켜 버리는 결과를 낳는 행동이 협상시점에서 제소국이 모든 관련 요소와 GATT 규정을 고려하여서도 예견될 수 없었던 경우 발생한다고 하였다.

위반제소와 비위반제소에 해당되지는 않으나, 협상의 이익이 무효화되거나 침해되는 경우를 소위 상황적 제소라 한다. 앞서 살펴보았듯이 GATT 체제하에서 상황적 제소가 언급된 적은 있으나, 이에 근거하여 결정된 패널 보고서는 없다.

【 일본 - 필름 사건 】

1996년 6월 13일 미국은 소비자용 사진필름 및 인화지 수입품의 국내에서의 판매, 판매를 위한 제공, 분배에 영향을 미치는 일본의 특정법률과 규칙 및 요건들에 관하여 DSU 제 4 조 제 4 항과 GATT 1994 제23조 제 1 항에 의해 일본과 협의할 것을 요청하였다. 일본의 이 조치들은 GATT 제 3 조와 제10조의 의무를 위반한 것이고, 제23조 제 1 항 (a)와 (b)의 의미에서 볼 때, 일본의 조치들은 미국의 이익을 직·간접적으로 무효화시키거나 침해하였다고 주장하였다.

일본과의 협의가 실패하자, 미국은 1996년 9월 20일 DSU 제 4 조와 제 6

---

279) Lowenfeld, *supra* note 259, p. 179.

조에 따라 패널설치를 요청하였고, 1996년 10월 16일 분쟁해결기구에 의해 패널이 설치되었다. 양국이 위임사항을 합의하는 데 실패함에 따라, DSU 제 7조 제 1 항에 의해 표준위임사항이 적용되었다.

문제는 일본이 취하고 있는 배포대응조치, 대형소매상점법(Large Scale Retail Store Law), 포상금법(Premiums Law) 등의 촉진대응조치가 미국산 필름과 인화지의 판매를 제한하는지가 쟁점이었다.

즉 이러한 조치들이 GATT 제 3 조 내국민대우를 위반하였는지, 그리고 이러한 위반으로 미국의 이익이 무효화되거나 침해되었는지의 여부가 쟁점이 되었다.

패널은 미국이 주장한 일본의 배포대응조치들을 검토한 결과, 그들 조치는 강제적인 명령이나 규칙이 아니라, 단순한 정책성명이거나 권고적인 것으로, 미국이 주장하는 바와 같이 일본산 필름 및 인화지에 대하여 부여하는 대우보다 불리하게 한다는 것을 입증하지 못하였다고 판단하였다. 대형소매상점법에서 대형소매상점의 신설을 제한하는 일본조치는 도매시장에서 열세를 면치 못하는 미국산 필름의 활로를 봉쇄하는 것이라는 미국측 주장에 대하여, 1990년 이후 일본에서는 대형소매상점의 신설이 실질적으로 자유화되었음 등을 이유로 미국의 주장을 부인하였다. 마지막으로 포상금법이나 일본공정거래위원회 고시 등을 통하여 미국의 광고캠페인 등은 제한하는 반면 국내 제조업자에게는 촉진조치를 가능하도록 하고 있다고 하였다. 미국의 주장은 일본조치의 한 단면만을 적시한 것이고, 일본 공정거래위원회 고시 등은 광고나 가격경쟁을 제한하지 않는다고 판단함으로써, 이 점 또한 미국의 주장을 받아들이지 않았다.

미국은 일본의 조치들이 GATT 제23조 제 1 항 (b)의 의미에서 볼 때 개별적·집합적으로 미국의 이익을 무효화시키거나 침해하였다는 것을 입증하지 못한 것으로 판정하였다.

(2) WTO 분쟁해결제도의 특징
(가) 통 합 성

GATT상에는 분쟁해결과 관련된 30여 개의 규정이 산만하게 흩어져 있었다.[280]

---

280) 분쟁해결과 관련된 규정은 제 2 조 제 5 항, 제 6 조 제 7 항, 제 7 조 제 1 항, 제 8 조 제 2 항, 제

더욱이 GATT 체제하에서는 GATT와 개별 협정들이 별개로 다루어졌기 때문에, 각각의 협정이 저마다의 분쟁해결절차를 갖추고 있었다. 따라서 GATT 규정에 따라 설치된 패널은 다른 개별협정(Code)에 관한 해석을 내릴 수 없었고, 어떤 코드에 따라 설치된 패널은 다른 코드를 해석할 수 없었다. 미국이 보조금코드에 따라 유럽의 에어버스에 대한 보조금지급문제를 제기하였을 때, 유럽공동체는 항공기코드에 근거한 방어론을 제시할 수 없었다. 보조금코드에 따라 설치된 패널은 보조금코드에 관한 논리만을 받아들일 수 있었기 때문이었다.

그러나, WTO 협정하의 모든 분쟁은 DSU에 따라 해결하게 되는데, 이것은 GATT 체제하에서 특정 협정하에 구성된 패널은 다른 협정의 해석에는 전혀 권한이 없었던 것을 극복하기 위한 것이다.[281] 이와 같이 WTO의 분쟁해결제도는 DSU로 단일화되었을 뿐 아니라, 분쟁해결절차의 구성을 체계화하였다. 나아가 WTO 협정과 그 부속서에 관한 분쟁을 동일한 패널에서 다루게 함으로써, GATT와는 달리 통합된 분쟁해결제도를 갖추고 있다. 이와 같이 WTO에서는 모든 협정들이 분쟁의 해결과 관련하여서는 DSU로 연결되어 있어, 모든 협정을 총괄하는 단일화된 분쟁해결제도를 가질 수 있게 되었다.

WTO 분쟁해결절차의 통합성은 DSU에서 정한 방법에 호소하지 않고 WTO 협정에 반하는 결정을 내릴 수 없다는 규정을 통하여 더욱 강화되었다.[282] 즉 미국의 통상법 301조와 같은 일방적 조치의 사용을 금지함으로써, WTO 협정에 관계되는 모든 분쟁은 DSU상의 제도적 방법으로 수렴하고 있다.

(나) 배 타 성

DSU는 다자간 무역체제의 강화를 목적으로 하는 것이다. 따라서 WTO 회원국간 WTO 협정의 위반, 무효화 및 침해 등에 관련된 모든 분쟁은 DSU의 규칙과 절차에 따라서만 해결할 것을 규정하고 있다. 나아가 DSU에 따른 분쟁해

---

9 조 제 6 항, 제12조 제 4 항, 제13조 제 4 항, 제16조 제 4 항, 제18조 제 7 항, 12항, 제16항, 22항, 제19조 제 2 항, 제22조, 제23조, 제24조 제 7 항, 제25조 제 1 항, 제27조, 제28조 제 1 항, 제 4 항, 제37조 제 2 항 등이다. 崔昇煥, "WTO體制下의 紛爭解決節次," 國際法學會論叢, 제 39권 제 2 호, p. 92.

281) Houtte, *supra* note 205, p. 56.
282) DSU 제23조 제 2 항 (a).

결에 의하지 않고 위반이 발생하였다는 결정을 내려서는 아니 된다고 하고 있다.[283] 이것은 DSU에 따른 분쟁해결이 선택적인 것이 아님을 명백히 하고 있는 것이다. 이러한 이용의 배타성은 GATT상의 분쟁해결제도와 뚜렷이 구별되는 새로운 특징이다. DSU에서 배타적 이용을 명시한 까닭은 절차상의 왜곡을 제한하고, 경제적 정치적인 위상이 심히 다른 국가들간 합의가 이루어지지 못하는 경우의 실체적 왜곡을 제한하기 위한 것이다.[284]

그러나 DSU는 패널 이외의 수단으로 분쟁을 해결하는 것을 금지하는 것은 아니다. DSU는 협상이나 협의를 이용할 수 있음을 규정하고, 패널설치의 대안으로서 구속력 있는 중재에 분쟁을 제출할 수 있음을 밝히고 있다. GATT 1947에서는 중재를 이용할 수 있음을 명시할 필요가 없었으나, DSU에서는 동 양해에 포함되어 있지 않은 분쟁해결절차를 금지하고 있기 때문에 중재의 이용가능성을 명백히 밝히고 있는 것이다.[285]

(다) 신 속 성

협의기간 이후 분쟁해결에 실제로 호소하는 시작에서부터 패널이나 항소기구의 결정 및 권고를 이행하기 위한 합리적 기간의 최대치에 이르기까지 DSU에는 절차상의 모든 주요 단계마다 명백한 최종기한을 설정하고 있다. 이러한 시한의 도입은 각 단계별 최대한의 기한을 넘기지 못하도록 함으로써, 절차의 신속한 진행을 담보할 수 있게 되어 분쟁당사국의 예측이 가능하게 되었다.

절차상의 모든 단계에는 일정한 시한이 정해져 있다. 패널의 설치, 위임조건, 구성과 패널보고서 채택과 관련한 경우 '부정적 컨센서스'로만 면할 수 있고, 패널 이전의 절차에서는 분쟁당사국의 합의로 면할 수 있다. 패널작업의 연장은 제소국만이 요청할 수 있다.[286] 이 모든 것은 각각의 패널결정에 대하여 9개월 또는 12개월의 기간을 정한 DSU 제20조에 의하여 재차 강조되어 왔다. 15개월간의 최대한 이행기간은 2년 6개월 이내에 이행하도록 담보하는 것이다. 흥미로운 것은 미국의 통상법 301조상의 절차는 보조금사건의 절차에 정해진

---

283) DSU 제23조 제 1 항.
284) Young, *supra* note 245, p. 401.
285) *Ibid.*
286) DSU 제12조 제12항.

기한 외에는 DSU와 합치하도록 하기 위하여 변경할 필요가 없다는 것이다.

(라) 사 법 성

WTO 분쟁해결절차는 당사국간의 협의와 패널심의, 그리고 상설항소기구에 의한 항소절차로 이루어진다. 그 중 상설항소기구는 GATT 체제하에서는 없던 제도로, 사법적 심사의 강화라는 측면에서 큰 의미를 가지는 것이다.

패널보고서에 이의가 있는 국가는 패널보고서 회람 후 60일 이내에 항소기구에 항소할 수 있다. 패널에서 심의된 모든 쟁점을 모두 항소할 수 있는 것이 아니라, 패널보고서에 포함된 법률문제와 패널이 밝힌 법률해석에 관해서만 항소할 수 있다. 이는 패널과정에서 법률적 오류가 있다고 생각되는 경우, 法律的 再審의 기회를 주기 위한 것이다. 패널보고서에 법적 잘못이 있는 경우, 이를 재검토할 가능성을 열어 놓은 것으로, 분쟁해결절차의 사법화라고 하는 측면에서 평가할 수 있는 점이다. 분쟁해결절차는 국제소송분야의 탁월한 실례가 되었다.[287]

(마) 자 동 성

GATT 1947하에서 가장 어려운 점은 패널보고서의 채택이었다. 패널결정에 대하여 하나의 국가만이라도 패널보고서채택을 반대하면, 채택이 불가능하였기 때문이다. 요컨대 패널보고서는 이를 준수해야 할 국가들에 대하여 구속력 있는 결정이 되지 못하고, 논의 상태에서 벗어나지 못하였다.[288]

DSU에서는 패널보고서나 항소기구의 보고서 채택을 봉쇄하기 위하여, 패소국이 다수의 국가를 움직일 수는 있을 것이다. 그러나, 모든 회원국을 움직이는 것은 불가능한 것으로 보이기 때문에, 패널이나 항소기구의 권고 및 결정은 자동적으로 채택될 확률이 높다. 왜냐하면 최소한 패널이나 항소기구에서 유리한 결정을 받은 국가는 그 보고서에 반대하지 않을 것이기 때문이다. 이러한 방법은 종전 제도의 장애를 제거한 것일 뿐 아니라, 종래 체약국에 있던 영향력을 패널과 항소기구로 옮겨 놓은 것으로, 패널절차의 사법적 성격을 강화한 것이다.[289]

---

287) Curtis Reitz, "Enforcement of the General Agreement on Tariff and Trade," 17 *University of Pennsylvania Journal of International Economic Law*(1996), p. 557.

288) Young, *supra* note 245, p. 402.

289) Mora, *supra* note 253, p. 150.

(바) 구 속 성

DSU에 따라 패널이나 항소기구가 행한 최종 결정과 권고는 당사국을 구속한다. 이러한 근거는 분쟁당사국은 항소기구 보고서를 조건 없이 수락하여야 한다는 규정에서 찾을 수 있다.[290]

WTO의 분쟁해결제도는 이러한 구속력을 담보하기 위하여 패널의 권고나 결정의 이행을 감시하는 구체적 규칙을 도입하고 있다. 첫째, 관련국은 패널 및 항소기구의 보고서 채택일로부터 60일 이내에 DSB의 권고와 결정의 이행에 관한 자국의 의지를 표명하도록 요구하고 있다. 둘째, DSU는 이행조치를 잘 준수하고 있는지 평가하고 감시하는 규정을 두고 있다. 셋째, 제소국이 패소국의 준수조치가 적절하지 않다고 생각하는 경우 상호 수락할 만한 보상을 발전시키기 위한 협상을 요청할 수 있도록 하였다. 마지막으로, DSU는 DSB로 하여금 이행 상황을 감시하고 정기적으로 재검토할 것을 규정하고 있다. 이와 같이 DSU는 패널이나 항소기구 결정의 실질적 준수를 증가시키기 위한 것이다.

3. 분쟁해결절차

(1) 협   의

(가) 협의제도의 의의

WTO는 DSU에서 협의절차의 효율성을 강화하고 향상하려는 결의를 확인한다고 규정하여,[291] 협의제도를 GATT 체제에 비해 강화하려는 취지를 밝히고 있다. 협의는 국내 행정소송사건에 있어 요구되는 前審節次에 해당하는 것이라 할 수 있는 것으로, WTO 회원국간 분쟁해결을 위한 가장 우선적인 방법이 된다. 협의가 분쟁해결절차의 우선적 요건인지에 관해서는 명백한 규정이 없다. 그러나 GATT 1947의 체약국단 및 GATT 1947의 구조 내에서 설립된 기구의 결정·절차·통상적 관행을 따라야 한다고 되어 있는 규정[292]의 해석으로 미루어, 협의는 다음 단계로 가기 위한 선결요건에 해당한다고 볼 수 있다. 이는 앞

---

290) DSU 제17조 제14항.
291) DSU 제 4 조 제 1 항.
292) WTO 설립협정 제16조 제 1 항.

서 언급한 바와 같이 WTO의 분쟁해결제도가 재결적 방식이 우세해진 것이기는 하나, 여전히 외교적 방식에 의한 분쟁해결을 전적으로 부인하는 것이 아님을 보여 주는 것이다. 즉 협의제도의 도입은 규범지향적 접근법 위에 GATT의 전통적인 실용주의적 접근법을 접목한 것으로 평가될 수 있다.[293]

　　패널절차 이전에 협의절차를 규정한 까닭은, 대상협정에 관련된 통상문제를 객관적·제3자적 기관에 의뢰하기 전에 당사국간의 원만한 합의를 도출할 수 있는 기회를 제공함으로써, 통상분쟁을 확대하지 않고 해결하려는 데 그 주된 목적이 있다. 다만 분쟁당사국간의 절차이기 때문에 협의가 가지는 본질적인 한계를 극복하기에는 어려움이 있다. 즉, 당사국간 국력의 차이가 심하거나, 어느 측이 다른 측에 대하여 의존적 관계에 있는 경우, 합리적인 해결책을 기대하기에는 어려운 단점이 있다.

(나) 협의절차

　　협의를 요청받은 회원국은 상호간에 다른 합의가 없는 경우 요청수령 후 10일 이내에 요청에 응답하여야 하고, 요청받은 후 30일 이내에 협의를 개시하도록 하고 있다. 이 기간 내에 응답하지 않거나 협의를 시작하지 않는 경우, 요청국은 패널설치를 요구할 수 있다.[294] 다만 부패성 상품의 경우를 포함하여 긴급한 사유가 있을 때에는 요청받은 후 10일 이내에 협의를 시작하고, 20일 이내에 협의가 실패한 경우 패널설치를 요구할 수 있게 하였다.[295] 모든 협의는 문제가 된 조치와 법적 근거를 기재하여 서면으로 요청하여야 하며, 협의를 요청한 국가는 그 사실을 DSB와 관련 이사회 및 위원회에 통지하여야 한다.[296] 당해 문제의 당사국이 아니라 할지라도 그 협의에 관해 실질적인 이해관계가 있는 WTO 회원국도 협의절차에 참여할 수 있는데, 협의요청의 회람일로부터 10일 이내에 협의당사국이나 분쟁해결기구에 협의참여 의사표시를 고지하고 협의에 참여할 수 있다.[297]

---

293) Jackson, *supra* note 78, p. 29.

294) DSU 제4조 제3항.

295) DSU 제4조 제8항.

296) DSU 제4조 제4항.

297) DSU 제4조 제11항.

협의요청을 받은 후 60일 이내에 협의에 의한 분쟁해결이 실패하면, 제소국은 패널설치를 요청할 수 있다. 당사국 모두가 협의에 의한 분쟁해결이 실패하였음을 판단한 경우라면, 제소국은 60일 이전이라도 패널설치를 요구할 수 있다.298) 협의절차는 비공개로 진행되며, 협의결과는 차후의 절차에 영향을 끼치지 아니한다.299)

(다) 주선·조정·중개

DSU는 협의에 이어, 周旋·調停·仲介를 규정하고 있다. 주선·조정·중개절차는 분쟁당사국의 합의에 의해 자발적으로 수행되며, 비공개로 진행되어야 한다는 점에서 협의와 동일한 특성을 가진다.300) 그러나, 협의가 당사국간에 합의되어 당사국간에만 진행되는 것이지만, 주선·조정·중개는 제 3 국의 개입이 이루어진다는 점에서 차이가 있다. 그 외에도 사무총장의 직권에 의해서도 주선·조정·중개가 이루어질 수 있다는 점과, 패널절차가 진행되는 동안에도 분쟁당사국들이 합의하면 이를 계속할 수 있다는 점에서 협의와 차이가 있다.301)

주선·조정·중개는 분쟁당사국의 요청에 의해 언제든지 시작되고 종료될 수 있는데, 주선·조정·중개절차가 마무리되면 패널설치를 요청할 수 있다.302) 협의요청을 받은 후 60일 이내에 주선·조정·중개가 시작되면, 제소국은 협의요청을 받은 날로부터 60일간을 허용한 다음이라야 패널설치를 요청할 수 있다. 이 경우에도 주선·조정·중개가 실패하였다고 인정되면, 60일 이내라도 패널설치를 요청할 수 있다.303)

(2) 패   널
(가) 패널의 구성

패널은 DSB를 보조하는 기능을 가지는 것이다. 패널에 회부된 사항을 객

---

298) DSU 제 4 조 제 7 항.
299) DSU 제 4 조 제 6 항.
300) DSU 제 5 조 제 1 항, 제 2 항.
301) DSU 제 5 조 제 5 항.
302) DSU 제 5 조 제 3 항.
303) DSU 제 5 조 제 4 항.

관적으로 평가하고, 조사결과를 DSB에 서면으로 보고하는 기능을 가진다.

WTO 개별 협정에 관해 운용상의 이의를 가진 회원국이 협의절차를 거쳐 분쟁해결기구에 패널설치를 요청하게 되면, 그 요청을 다루는 분쟁해결기구회의에서 패널설치를 반대하는 컨센서스가 이루어지지 않는 한, 늦어도 다음번 분쟁해결기구회의까지는 패널이 설치되어야 한다.304) 패널설치 요청은 당사국간 협의여부, 문제를 명백히 보여주기에 충분한 제소의 법적 근거에 대한 개요를 서면으로 작성하여 제출하여야 한다. 회원국이 표준위임조건(standard terms of reference)과 다르게 패널설치를 요청하는 경우, 특별위임조건이 제시된 문안이 패널설치요청서에 기재되어 있어야 한다.305)

패널은 정부인사뿐만 아니라, 비정부인사도 패널에 구성될 수 있도록 하였다. 여기에는 패널리스트로 일한 경험이 있는 사람, 패널에 분쟁을 제기한 경험이 있는 사람, 회원국 또는 GATT 1947 체약국의 대표, 대상 협정상의 이사회나 위원회의 대표, 사무국에서 근무한 경험이 있는 사람, 국제통상법 또는 국제통상정책을 가르치거나 저술이 있는 사람, 회원국의 무역정책을 담당하는 고위급 관리가 포함된다.306) 정부인사가 패널리스트로 지명된다 하더라도, 정부대표가 아닌 개인적 자격에서 임무를 수행하여야 한다. 국제무역분야에 전문적 지식이 있는 사람들이 패널에 참여할 수 있도록 그 폭을 넓혀 놓은 것이다.

패널리스트의 선정은 사무국이 보유하고 있는 정부 및 비정부인사의 명부에서 이루어진다.307) GATT의 관행상 패널리스트는 정부인사로 구성되는 것이 전통이었는데, 개인적 자격에서 정부의 영향을 받지 않고 판단하는 것이 원칙이었으나 실제로는 법적 측면보다는 정치적 판단에 치중하는 경향이 있었다. 그런 이유에서 1980년대에는 사무국 스스로 패널리스트 명부를 두고 패널을 구성하는 방식으로 수정되었고, 그러한 방식이 WTO에서도 계속되었다. 패널은 패널설치일로부터 10일 이내에 구성된다. 보통 3인의 패널리스트로 구성되는데, 당

---

304) DSU 제 6 조 제 1 항.

305) DSU 제 6 조 제 2 항; 당사국이 패널설치요청일로부터 20일 이내에 달리 합의하지 않는 한 다음의 표준위임조건에 따른다. "(분쟁당사국들이 인용한 대상협정)상의 관련규정에 비추어, (당사국 X)가 XX문서에서 DSB에 위임한 사항을 검토하고, DSB가 동 협정에서 규정된 권고나 결정을 행하는 데 도움이 되는 평결을 내리기 위한 것임." DSU 제 7 조 제 1 항.

306) DSU 제 8 조 제 1 항.

307) DSU 제 8 조 제 4 항.

사국이 합의하는 경우 5인의 패널리스트로 구성할 수도 있다.[308] 패널구성원 후
보는 사무국이 분쟁당사국들에게 제안하고, 당사국의 입장에서 불가피한 사유
(compelling reason)가 없는 한 이를 받아들여야 한다.[309] 패널리스트 지명자가 해
당 분쟁의 기업과 재정적 연계가 있는 경우로서, 법률고문이라든가 의뢰인 또는
주주의 지위에 있는 경우는 불가피한 사유에 해당된다 할 것이다. 패널설치로부
터 20일 이내에 패널구성에 대한 합의를 도출하지 못할 경우에는, 당사국의 요
청에 따라 사무총장이 분쟁해결기구의 장, 관련 이사회나 위원회의 의장, 분쟁
당사국들과 협의하여 패널구성원을 임명한다.[310] 이러한 방식을 도입한 배경은
1970년대와 1980년대 GATT 분쟁해결과정에서 횡행했던 패널리스트 선정 반대
를 통한 지연전술을 피하기 위한 것이었다.[311] 분쟁당사국의 국민은 분쟁당사
국들이 합의하지 않는 한 해당 분쟁을 다루는 패널의 패널리스트가 될 수 없
다.[312] 그러나 개발도상국의 이익을 고려하여, 개발도상국과 선진국간의 분쟁
시에 개발도상국이 요청하는 경우 최소한 1인의 패널리스트를 개발도상국 출신
으로 지명하여야 한다.[313] 패널에 회부된 사안에 실질적인 이해관계를 가지는
제 3 국은 패널로부터 청문 및 서면제출의 기회를 가진다.[314]

　　동일한 사안에 대하여 회원국 둘 이상이 패널설치를 요청하는 경우 가능한
한 단일패널을 구성한다. 만일 동일한 사안에 대하여 둘 이상의 패널이 설치되
는 경우에는 최대한 동일한 인사들이 각각의 패널리스트로 활동하도록 한
다.[315] EC-호르몬 사건에서 두 개의 패널이 동일 3인으로 구성된 것은 좋은 예
이다. 이 두 개의 패널은 미국과 캐나다가 각각 요청한 별도의 패널로서, 패널
보고서는 유사하나 동일한 것은 아니다.

---

308) DSU 제 8 조 제 5 항.
309) DSU 제 8 조 제 6 항.
310) DSU 제 8 조 제 7 항.
311) Lowenfeld, *supra* note 241, p. 161.
312) DSU 제 8 조 제 3 항.
313) DSU 제 8 조 제10항.
314) DSU 제10조 제 2 항.
315) DSU 제 9 조 제 1 항, 제 3 항.

(나) 패널의 진행

패널리스트는 당사국과 협의 후 최대한 신속하게, 그리고 패널의 구성 및 위임사항에 관하여 합의된 후 1주 이내에 일정을 확정하여야 한다.[316] 패널구성과 위임사항에 관한 합의가 이루어진 날로부터 6개월 이내에 최종보고서가 제출되도록 함으로써, 신속한 일정을 요구하고 있다. 예외적으로 부패성 물품과 같은 긴급한 상황하에서는 원칙적으로 3개월을 시한으로 설정하고 있다.[317] 부득이한 경우 그 기간이 연장될 수 있으나, 어떠한 경우에도 패널설치로부터 회원국에 대한 보고서의 회람까지 9개월을 초과할 수 없다.[318] 캐나다산 침엽수목재 사건에서 패널은 6개월의 시한 내에 작업을 완료할 수 없다고 판단하여 두 차례에 걸쳐 패널 작업기간을 연장한 바 있다.[319] 다만 개발도상국을 상대로 하는 제소를 검토할 때에는 해당 개발도상국이 자국의 주장을 준비하고 제출하기에 충분한 시간을 주어야 한다. 그리고, 패널은 제소국의 요청에 따라 12개월을 넘지 않는 범위에서 검토작업을 정지할 수 있다.[320] 이와 같이 각각의 절차마다 명백한 기한을 설정함으로써, 전체 패널절차의 신속성을 거듭 확보하도록 요구하고 있다.

패널절차는 비공개로 진행되며, 보고서에 포함된 개별 패널리스트의 의견은 익명으로 처리된다. UR 협상 동안 패널 심리의 공개 여부에 대한 찬반 입장이 갈렸었다. 비공개를 비판하는 측은 비공개로 행해지는 결정이 자국의 이익을 침해할까 걱정하는 데서 비롯되었다. 공개를 비판하는 측은 심리과정의 정치화나 로비 및 시위에 대한 우려, 그리고 사실관계와 법에 기초한 객관적인 결정의 기회가 훼손되는 데 대한 우려에서 비롯되었다. 이러한 입장의 대립은 GATT의 관행에서와 같이 비공개로 귀결되어, 심리과정에는 패널리스트 외에 참가가 허

---

316) DSU 제12조 제 3 항.

317) DSU 제12조 제 8 항.

318) DSU 제12조 제 9 항.

319) 동 사건을 다룬 항소기구도 60일의 기한 내에 작업을 마칠 수 없다고 판단하여 작업기간을 연장한 바 있다.

320) 정지된 기간은 패널작업기간에 산입하지 아니하나, 패널이 12개월 이상 정지한 때에는 그 패널은 소멸된다. DSU 제12조 12항; 실제로 인도가 미국을 상대로 소녀 및 여성용 모직코트수입에 영향을 미치는 조치를 이유로 제소한 사건에서 패널이 12개월 이상 정지됨으로써 당 패널은 소멸되었다.

락된 당사국 대표와 해당 사건을 담당하는 담당 직원만이 참가할 수 있다.

패널은 적절한 것으로 생각되는 개인이나 기관으로부터 정보나 기술적 조언을 구할 권리를 가진다. 이러한 요청에 대하여 WTO 회원국은 신속하고 완전하게 응답하여야 한다.[321] 이러한 정보에 대하여 비공개 원칙을 유지하여야 한다. 그 외에도 사안의 특정 측면에 대한 의견을 구하기 위하여 전문가와 협의할 수 있다. EC-Beef Hormones 사건에서 동물사육상 호르몬의 사용증가가 소비자의 건강을 해치는가에 대한 의문에 대하여 패널은 전문가의 조언을 구한 바 있다.

(다) 패널보고서의 채택

패널보고서가 제출되면 이를 회원국에게 회람시키고, 회람일로부터 20일이 경과되어야만 보고서 채택을 위한 분쟁해결기구의 논의가 시작된다.[322] 패널보고서에 이의가 있는 회원국은 분쟁해결기구회의가 시작되기 10일 이전에 그 사유를 서면으로 제출하여야 한다.[323]

패널보고서가 회원국에게 회람된 날로부터 60일 이내에 분쟁당사국이 공식적으로 항소하지 않거나, 분쟁해결기구에서 거부하기로 컨센서스가 이루어지지 않는 한 보고서는 채택된다.[324] 패널보고서는 당사국에 대한 회람 후 수일 내에 공표된다. 패널 구성원간 이견이 있는 경우라도 보고서에는 다수 의견에 따른 결론만이 게재되고, 반대의견 및 개별 의견은 공개되지 않는다. 분쟁당사국의 일방이 항소하겠다는 결정을 통고한 경우, 패널보고서는 항소절차가 마무리될 때까지 DSB에서 검토될 수 없다. 만약 거부를 위한 컨센서스가 아니고 동의를 위한 컨센서스가 있어야 통과된다면, 패소국의 거부만으로도 결정이 불가능해지는 것을 의미한다. 이는 결과적으로 패널지명단계에서부터 일방 회원국에 의해 진행이 차단되거나 지체될 가능성이 농후하다. 그런 까닭에 UR 동안 분쟁의 양당사국을 제외한 컨센서스방식(consensus minus two)으로 하자는 논의도 있었으나 채택되지 않았고, 결국 상기와 같은 '逆컨센서스방식'(reverse consensus)이

---

321) DSU 제13조.
322) DSU 제16조 제 1 항.
323) DSU 제16조 제 2 항.
324) DSU 제16조 제 4 항.

도입되었다.325)

(3) 항   소
(가) 상설항소기구

패널에서 항소된 분쟁은 상설항소기구(Standing Appellate Body: SAB)에서 심리하게 된다. 항소기관은 패널보고서가 사실상 방해나 거부로부터 면제되어 있으므로, 필수적인 보완절차에 해당된다. 그리고 항소기관은 해당 협정의 계속성과 일관성을 확보하도록 기대될 뿐만 아니라, WTO 체제를 구성하는 협정과 결정 상호간의 계속성과 일관성을 확보하도록 기대된다.326) 이와 같이 패널결정을 재심하기 위한 상설항소기관의 설치는 GATT 분쟁해결에 있어 가장 혁신적인 것으로, 다자간 무역체제에 안정성과 예측가능성을 제공하는 중요한 요소로 간주된다.327)

상설항소기구는 법, 국제무역 및 대상협정의 주제 전반에 관하여 전문성을 갖춘 인정된 권위자(person of recognized authority) 7인으로 구성된다. 위원의 임기는 4년이며, 1회에 한하여 재임명될 수 있다.328) 처음 임명된 7인 중 3인은 상설항소기관의 연속성을 확보하기 위하여 2년 임기로 임명된다.329) 항소된 사안은 3인이 심리하게 되는데, 3인의 위원은 해당 항소 사안을 검토하기 위한 部(division)로서 기능하며 무작위로 선정된다. DSU는 해당 사안의 당사국 출신 위원에 대한 제척을 언급하고 있지 않은데, 1996년 발효된 「작업절차」(Working Procedures)에서 국적은 문제되지 않는다고 하였다.

(나) 항소절차

패널보고서에 대한 항소는 분쟁당사국만이 할 수 있다. 제 3 국의 경우 패널의 사안에 대하여 상당한 이익을 갖고 있음을 DSB에 통고한 경우, 항소기구

325) Lowenfeld, *supra* note 241, p. 486.
326) *Op. cit.*, pp. 166~167.
327) Lowenfeld, *supra* note 259, p. 482.
328) DSU 제17조 제 1 항, 제 2 항, 제 3 항.
329) 첫 번째 위원 선임은 1995년 11월에 이루어졌는데, 7인 모두 법률 전공자였다. 뉴질랜드와 우루과이 출신의 외교관 경력자, 유럽공동체 고위관리, 필리핀 대법관, 학자 출신의 이집트인과 일본인, 의회경력이 있는 미국 변호사로 구성되었다.

에 서면입장을 제출하고, 의견을 진술할 기회를 가질 수 있다.330) 항소기구의 절차 또한 비공개로 진행되며, 개별 위원의 의견은 익명으로 처리된다. 항소절차는 일반적으로 항소제기 후 60일을 초과할 수 없으며, 60일 이내에 보고서를 작성할 수 없는 경우에도 90일을 넘을 수 없도록 하고 있다.331) 항소국은 항소의사를 밝힌 후 10일 이내에 서면 입장을 제출하여야 하고, 피고측은 그로부터 15일 이내에 서면입장을 제출하여야 한다. 항소의사를 통지한 후로부터 30일 이내에 구두변론이 이루어져야 한다.

　　항소할 수 있는 사항은 패널보고서에 포함된 法律問題와 패널이 밝힌 法律解釋에 국한된다.332) 이는 상설항소기구가 법률적 오류가 있는 경우에만 개입할 수 있으며, 그러한 오류에 대한 교정에 있어 최종적 권한을 가진다는 것을 보여준다. 그러나 GATT의 관행이나 WTO 분쟁해결제도는 항소대상이 아닌 사실문제와 항소대상인 법률문제를 명백히 구별하는 것이 쉽지 않음을 보여준다. 따라서 사실관계와 법률관계가 복합된 사안의 경우 법률해석의 문제로 다루어져야 하며, 항소기관은 이를 기각하지 않아야 한다.333) 항소는 소의 이익에 관한 측면에서 수락되거나 기각되어야 하며, 관할권을 이유로 거부되어서는 아니 된다.334)

　　항소기구는 패널이 발견한 법률적 사실이나 결론을 지지하거나, 수정 또는 파기할 수 있다. 항소기구의 보고서가 회원국에게 회람된 후 30일 이내에 DSB가 이를 거부하기로 컨센서스를 도출하지 못하는 한 DSB는 그 보고서를 채택하여야 하며, 분쟁당사국은 이를 반드시 따라야 한다.335)

(4) 중　　재

　　DSU는 분쟁해결방법으로 仲裁를 선택할 수 있음을 규정하고 있다. 즉 분쟁해결을 위한 대안으로써 신속한 중재를 제시하고 있는데, 특정 분쟁이 분쟁당

---

330) DSU 제17조 제 4 항.
331) DSU 제17조 제 5 항.
332) DSU 제17조 제 6 항.
333) Lowenfeld, *supra* note 241, pp. 169~170.
334) *Op. cit.*, p. 171.
335) DSU 제17조 제14항.

사국들에 의해 명백하게 밝혀진 쟁점과 관련된 경우 중재를 행하게 되면 그 해결을 용이하게 할 수 있다.[336] 중재의 목적은 법규에 근거한 判決을 내리기보다 妥協을 도출하는 데 있는 것으로,[337] 조약의 적용과 해석을 엄격하게 추구하는 DSU의 전형적 분쟁해결방법에 비하여 훨씬 탄력적인 제도이다. 중재는 사법적 분쟁해결방식의 하나로, 그 결정은 법적 구속력을 갖는다는 점에서 WTO 분쟁해결제도의 사법적 성격에 힘을 보태고 있는 것이다.

중재를 이용하기 위해서는 DSU에서 달리 규정하고 있는 경우를 제외하고 당사국간의 합의가 있어야 하고, 중재절차에 대해서도 합의하여야 한다. 중재회부에 관한 당사국간의 합의사항은 중재절차가 개시되기 이전에 충분한 시간을 두고 모든 회원국에게 통보되어야 한다.[338] 다른 회원국은 중재의 사용을 합의한 당사국들의 동의에 따라서만 중재절차의 당사국이 될 수 있다. 중재절차의 당사국들은 중재 재정(award)을 준수하기로 합의하여야 한다. 중재결정의 내용은 DSB와 관련 협정의 이사회나 위원회에 통고되어야 하며, 회원국은 이들 기관에서 중재 재정에 관한 어떠한 문제도 제기할 수 있다.[339] 중재결정은 DSU 제22조의 권고 및 결정의 이행에 관한 감시규정과 제23조의 보상 및 양허정지 규정이 준용된다.

(5) 결정의 이행

아무리 좋은 기구를 설치하고, 훌륭한 자격을 갖춘 자에 의해 해결책이 논의되더라도, 그 결정을 이행할 수 있는 방안이 강구되지 않으면 무의미한 것이다. 특히 국제법에서는 이러한 이행의 담보를 위한 제도적 장치가 가장 중요한 과제에 해당한다. WTO는 GATT 체제하에서 이행준수확보가 미진했던 부분을 보완하여, 패널이나 항소기관의 권고 및 결정을 이행할 수 있는 감시제도를 명백히 하는 데에도 소홀하지 않고 있다.

패널 또는 항소기구가 회원국의 조치가 협정을 위반한 것으로 결론 내릴 경우, DSB는 관련 회원국이 그 조치를 해당 협정에 따르도록 권고하여야 한다.

---

336) DSU 제25조 제 1 항.
337) Houtte, *supra* note 205, p. 56.
338) DSU 제25조 제 2 항.
339) DSU 제25조 제 2 항, 제 3 항.

권고 이외에 관련 회원국이 이행할 수 있는 권고방법을 제시할 수 있다.[340] 분
쟁해결의 대상이 되는 조치와 관련하여 개발도상 회원국의 이해에 영향을 끼치
는 사항에는 특별한 주의가 기울여져야 한다.[341]

　　패널이나 항소기구에서 보고서가 채택된 후 30일 이내에 개최되는 DSB회
의에서, 관련 회원국은 DSB의 권고나 결정의 이행과 관련하여 자국의 의사를
통고하여야 한다. 권고나 결정을 즉각 이행할 수 없는 경우, 해당 회원국에게
그 이행을 위한 합리적 기간(reasonable period of time)이 부여된다. 합리적인 기
간은 ① 해당 회원국이 제안하고 DSB가 승인한 기간, ② DSB의 승인이 없는
경우에는 권고나 결정의 채택 후 45일 이내에 분쟁당사국들이 합의한 기간, ③
그러한 합의가 없는 경우에는 권고나 결정의 채택 후 90일 이내에 기속적인 중
재를 통하여 결정된 기간이다.[342] 패널 설치일로부터 합리적 기간이 결정된 날
까지의 기간은 분쟁당사국들이 달리 합의하지 않는 한 15개월을 초과할 수 없
다. 패널 또는 항소기구가 보고서 제출시한을 연장한 경우, 연장된 시간은 15개
월의 기간에 추가된다. 그러나 분쟁당사국들이 예외적 상황이 존재한다고 합의
하지 않는 한, 총 기간은 18개월을 초과할 수 없다.[343] DSB는 채택된 권고나
결정의 이행을 지속적으로 감독하여야 한다. 회원국은 권고나 결정이 채택된 후
언제라도 DSB에서 그 이행문제를 제기할 수 있다. DSB가 달리 결정하지 않는
한 권고나 결정의 이행문제는 합리적 기간이 설정된 후 6개월 후에 DSB 회의
의 의제로 상정되고, 그 문제가 해결될 때까지 DSB의 의제로 유지된다.

　　합리적 기간 내에 권고 및 결정이 이행되지 않는 경우, 임시조치로서 보상
이나 양허 또는 다른 의무의 정지를 취할 수 있다.[344] 그러나 보상이나 양허 또
는 다른 의무의 정지보다 해당 조치를 대상 협정에 합치시키는 권고의 완전한
이행이 우선한다. 보상은 자발적이어야 하며, 보상이 주어지는 경우 대상 협정
과 일치하여야 한다. 관련 회원국이 합리적 기간 내에 대상협정에 위반된다고
판정된 조치를 동 협정에 합치시키지 아니하거나 권고 및 결정을 이행하지 못

---

340) DSU 제19조 제 1 항.
341) DSU 제21조 제 2 항.
342) DSU 제21조 제 3 항.
343) DSU 제21조 제 4 항.
344) DSU 제22조 제 1 항.

한 경우, 그 회원국은 제소국의 요청에 따라 합리적 기간의 종료 전에 관련당사
국과 상호 수용할 수 있는 보상안을 마련하기 위한 협상을 개시하여야 한다. 합
리적 기간의 종료 후 20일 이내에 만족스러운 보상에 합의하지 못하는 경우, 분
쟁해결절차에 제소한 당사국은 관련 회원국에 대한 대상협정상의 양허 또는 다
른 의무의 적용을 정지할 수 있도록 DSB의 승인을 요청할 수 있다.[345] 이 요청
에 대하여 DSB는 컨센서스로 거부할 것을 결정하지 않는 한, 합리적 기간의 경
과 후 30일 이내에 승인하여야 한다. 어떤 양허 또는 다른 의무를 정지시킬 것
인지를 고려할 때 제소국은 가장 먼저 양허나 분쟁의 대상이 된 해당 분야에 영
향을 끼치는 의무를 중단하고, 동일한 분야에서의 양허나 다른 의무를 정지하는
것이 비현실적이거나 비효과적이라고 판단하는 경우 동일협정상의 다른 분야에
서 양허나 의무를 중단시킬 수 있다. 이것이 만족스럽지 않으면 다른 협정상의
양허나 의무를 중단시키게 되는 교차보복이 허용된다.[346] 여기에서 DSB가 승인
한 양허나 다른 의무의 정지는 무효화 또는 침해의 수준에 비례하는 것이어야
한다.[347]

제소국이 대상협정상의 다른 분야나 다른 협정상의 양허 및 의무 정지를
요청한 경우, 관련회원국이 제안된 정지 수준에 반대하거나 분쟁해결규칙 및 절
차에 관한 양해각서 제22조 제 3 항의 원칙과 절차가 준수되지 않았다고 주장한
다면 동 사안은 중재에 회부되어야 한다. 이러한 중재는 패널구성원의 동원이
가능한 경우에 원래의 패널 또는 사무총장이 임명한 중재관에 의하여 수행되며,
합리적 기간의 만료 후 60일 이내에 완료되어야 한다. 양허 또는 다른 의무는
중재 중에는 정지되지 아니한다.[348] 이에 따라 활동하는 중재관은 정지되어야
할 양허나 다른 의무의 성격을 검토하는 것이 아니라, 그러한 정지수준이 무효
화 또는 침해의 수준에 동등한지를 결정하고, 제안된 양허 또는 다른 의무의 정
지가 대상협정하에서 허용되는지를 결정한다. 그러나 중재에 회부된 사안이 제
22조 제 3 항의 원칙과 절차가 준수되지 않았다는 주장을 포함하는 경우 중재관
은 그 주장을 검토한다. 중재관이 그러한 원칙과 절차가 준수되지 않았다고 결

---

345) DSU 제22조 제 2 항.
346) DSU 제22조 제 3 항.
347) DSB 제22조 제 4 항.
348) DSB 제22조 제 6 항.

정한 경우 제소국은 제22조 제 3 항에 합치하도록 동 원칙과 절차를 적용하여야
한다. 당사국들은 중재관의 결정을 최종적인 것으로 수락하여야 하며, 관련당사
국들은 2차적인 중재를 요구할 수 없다. DSB는 중재관의 결정을 신속히 통고받
아야 하며, 컨센서스로 그 요청을 거부하기로 결정하지 않는 한 요청에 따라 그
요청이 중재관의 결정과 합치하는 경우에 양허 또는 다른 의무의 정지를 허가
하여야 한다.[349]

　　이상과 같이 협정위반에 따른 배상이나 보상의 합의가 이루어지지 않을 경
우, 양허나 분쟁의 대상이 된 부문에 영향을 끼치는 의무의 중단을 포함하여 報
復措置를 가능하게 함으로써, 협정위반에 대한 제재를 강화하였다. 특히 DSU
는 WTO 협정의 분쟁해결절차를 하나로 통합하고 있는 까닭에, 다른 분야에 대
한 交叉報復(cross retaliation)을 허용하고 있다. 분쟁해결절차의 통합으로 동경라
운드 이후 다양한 협정들이 저마다의 분쟁해결절차를 가지고 있었던 까닭에 문
제가 되었던 'forum shopping'을 배제할 수 있게 된 것이다.[350] 이러한 양허나
의무의 정지는 일시적인 것으로, 대상협정에 위반되는 조치가 철폐되거나, 조치
대상이 된 국가가 이익의 무효화나 침해에 대한 해결책을 제시하거나, 상호간
만족스러운 해결이 이루어질 때까지만 적용되어야 한다.[351]

　　이러한 명백한 절차의 확립을 통해 회원국은 스스로 자국 이익이 침해되었
다는 일방적인 판단을 내리지 못하게 하였으며, 그러한 판단은 반드시 WTO의
분쟁해결기구를 통해서만 하도록 하였다. 분쟁해결기구의 결정이 자국에 불리
하다는 이유로 그 결정을 받아들이지 않음으로써 WTO 체제를 위태롭게 하거
나 WTO의 중요사항을 침해하는 경우, 일정한 기간을 정하여 결정의 수락을 요
구하고, 그 기간 내에 수락하지 않는다면 WTO에서의 탈퇴를 결정할 수 있다.

---

349) DSB 제22조 제 7 항.
350) Jackson, Davey, and Sykes, *supra* note 36, p. 340.
351) DSU 제22조 제 8 항.

제 3 장 통상규칙

제 1 절 덤 핑

1. 덤핑의 의의

(1) 덤핑의 배경

(가) 덤핑의 개념

덤핑은 수입국 내의 효율적인 자원배분을 저해하고 시장질서를 문란하게 한다는 점에서 不公正한 것으로 비난받게 된다. 그러나 타인이 자기보다 싸게 팔면 '덤핑'이라 비난하면서 자기가 남보다 싸게 파는 것은 '대량생산'으로 미화하는 경향이 있기 때문에, 어떤 경우가 덤핑에 해당하는지를 밝히는 것이 선행되어야 한다.

덤핑은 광의로 해석하면 국제적인 가격차별화를 의미하는 것이고,[1] 엄격하게 정의하면 수출업자가 외국에 상품을 팔면서 원가 이하로 판매하는 경우를 말한다.[2] 가격차별이 발생하기 위해서는 다음의 세 가지 조건이 전제되어야 한다. 첫째, 수출업자의 국내 시장과 수입국 시장이 분리되어 있고, 수출국의 관세 및 비관세장벽이 높아서 국내시장가격을 높게 유지할 수 있거나 소비자가 수입국 시장으로 여행하는 데 많은 경비가 들어야 한다. 이러한 조건이 충족되면 중

---

[1] Jacob Viner, *Dumping: A Problem in International Trade*(Augustus M. Kelley Publishers, Reprint edition, 1991), p. 3; Jacob Viner는 반덤핑법의 이론적 근거를 처음으로 개발한 경제학자로, 덤핑을 '각국 시장간의 가격차별'이라고 정의하였다.

[2] Raj Bhala, "Rethinking Antidumping Law," 29 *George Washington Journal of International Law and Economics*(1995), p. 8.

개매매의 가능성이 없어지기 때문에, 2국간 가격차이가 유지될 수 있다. 둘째, 수출업자가 자국이나 수입국 시장에서 완전한 경쟁에 부딪치지 말아야 하고, 최소한 일국 시장에서 상품가격에 영향을 줄 수 있는 충분한 힘을 가지고 있어야 한다. 그러한 힘이 없이는 두 개의 상이한 시장에서 가격차별을 이룰 수 없다. 셋째, 수출업자는 수입국에서는 매우 탄력적인 수요를 갖고 있되, 자국에서는 상대적으로 수요가 안정되어 있어야 한다. 이러한 탄력성의 차이가 없다면 수출업자가 수입국에서 책정한 가격이 자국시장가격과 같거나 비싸게 되어 덤핑이 발생할 수 없게 된다.[3]

이와 같이 국제통상법상 전문적 용어로서의 덤핑은 일반인들이 사용하고 있는 덤핑과는 매우 다른 것이다. 일반인들은 덤핑을 생산자나 상인이 이익을 포기하는 낮은 금액으로 판매하는 의미로 이해하지만, 국제통상법상 덤핑은 보다 제한적이고 전문적인 의미로 사용되고 있다.[4] GATT 제 6 조는 덤핑을 정의하여 수출국 내에서 해당 상품의 판매가격인 정상가격보다 낮은 가격으로 상품을 수출하는 것이라고 규정하고 있다. 국제통상법상 덤핑은 생산국과 수입국 간의 가격비교에서 도출하게 되는 것이 일반적이므로, 생산국에서 연말가격을 낮추었다 하더라도 국내가격과 수출가격에 차이가 없다면 덤핑은 발생하지 않는 것이다. 덤핑에 대한 구제조치는 정상가격과의 차액만큼 반덤핑관세를 부과하는 것으로, 불공정행위의 회복일 뿐 처벌의 의미를 갖는 것은 아니다.

(나) 덤핑의 발생

근자에는 덤핑과 관련하여 생산국의 국내시장 가격보다 비용을 강조하는 경향에 있다. 상품의 가격은 임금과 원료비 등의 가변성 비용과 자본설비나 기계설비 등의 고정비용으로 이루어진다. 자국에서 판매하는 가격과 물량만으로 충분히 이익을 내고 있는 기업이 추가로 상품을 생산하여 수출하는 사례를 생각해 보자. 이 경우 수출상품의 가격을 임금과 원료비 등의 가변성 비용보다 높게 책정하면 가변성 비용을 제한 만큼의 이익이 남게 된다. 그 이유는 자본설비

---

3) Benard M. Hoekman & Michael P. Leidy, "Anti-Dumping and Market Disruption: The Incentive Effect of Anti-Dumping Laws," *The Multilateral Trading System: Analysis and Options for Change*(1993), pp. 158~159.

4) Andreas F. Lowenfeld, *International Economic Law*(Oxford, 2002), p. 243.

나 기계설비 등의 고정비용은 국내판매가격에 충분히 반영되었기 때문에, 외국에 판매하는 추가상품의 경우는 임금과 원료비 등의 가변성 비용만 들어가기 때문이다. 만약 수입국에서 유사상품을 생산 판매하는 회사의 원가가 도저히 그 수준까지 낮추어지지 못하면, 수입국의 경쟁회사는 곧바로 피해를 입게 된다. 다른 예로 일국의 생산자가 가격하락이나 수요감소 발생 시에도 최대생산을 유지하여 해당 상품의 가변비용에 해당되는 가격만으로 수출하는 경우, 불공정 무역행위로서 수출통제나 조절의 부담을 져야 한다. 이러한 논의는 두 국가에서 특정의 비용이 다루어지는 방법에서 실질적 차이가 있는 경우에 더욱 분명하게 나타난다. 노동은 평생고용인 경우 고정비용에 해당되지만, 시장상황에 따라 해고가 가능한 경우 가변비용이 된다. 자본이 대여금만으로 조달되는 경우는 고정비용이지만, 대출금과 주식발행으로 조달되는 경우는 주식 배당금 때문에 가변비용이 된다. 두 개의 기업이 동일한 비용구조를 갖고 있는 경우, 수요가 감소하였을 때 일방은 일정 이상의 가격으로 판매할 수 있는 경우 계속 생산하기로 결정하고, 타방은 그보다 높은 가격이어야만 생산할 수 있는 경우를 가정해 보자. 전자가 잉여 생산량을 후자의 국가에 수출한다고 하면, 수입국 기업은 피해를 입게 된다. 수출국 기업이 자국 시장가격을 수출가격으로 낮추게 되면 가격차별이라는 덤핑의 전통적 개념에는 합치하지 않겠지만, 불공정 무역에 해당되는 것은 변함이 없다. 그 이유는 공정무역은 합리적인 기간 동안 해당 상품의 완전한 비용을 포함할 것을 요구하기 때문이다. 이와 같이 고정비용이나 가변비용과 같은 일정한 비용을 상이하게 할당하여 경쟁의 내재된 조건을 변경하는 것은 불공정행위에 해당된다.[5]

이와 같이 어떤 기업이 특정상품을 正常價格(normal value)보다 낮은 가격으로 수출하여, 수입국의 산업이 피해를 입는 경우는 국제적으로 분쟁이 발생할 수 있다. GATT에서와 마찬가지로 WTO 체제하에서도 이러한 덤핑에 대하여 자국 산업의 보호를 위한 대응조치를 취하는 것이 허용되고 있다. 어떤 기업이 差別的 價格을 이용하여 수출촉진을 기도하는 관행에 대하여, 국제법은 반덤핑관세와 같은 수입국의 대응조치를 적법한 것으로 인정하고 있는 것이다. 자유무역에 따르면 덤핑의 경우에도 인위적 조정 없이 그대로 인정하여야 하겠지만,

---

5) Lowenfeld, *supra* note 4, pp. 246~247.

WTO가 지향하는 공정무역은 덤핑과 같은 일정한 경우 정부의 개입을 인정하게 된다.

덤핑의 문제는 비단 국제적으로만 발생하는 것이 아니라, 국내적인 측면에서도 문제가 된다. 어떤 기업이 경쟁회사에 비하여 아주 싼 가격으로 상품을 시장에 공급하는 경우가 여기에 해당된다. 이 경우 동일상품 또는 유사상품을 생산하는 다른 기업이 그 가격 이하로 인하하지 못하면 자연히 시장에서 도태될 수밖에 없다. 경쟁회사들이 도산하거나 하여 시장에서의 경쟁이 줄어들게 되면, 그때 가서 다시 가격을 인상함으로써 독점이익을 확보하려는 것은 국내적인 측면에서도 규제되어야 한다. 그러나 본서에서 검토하고자 하는 것은 이와 같은 국내적 덤핑과 관련한 문제가 아니라, 국제적 무역관계에서 발생하는 덤핑의 규제에 관한 것이다.

(2) 덤핑의 규제

(가) 배   경

지난 100여 년 동안 국제무역정책과 규칙은 덤핑이 비난받아야 하는 관행이라는 것을 인정하여 왔고, 덤핑상품이 수입국의 경쟁산업에 실질적인 손해를 야기하는 경우 수입국이 특정의 대응조치를 취하는 것을 허용하여 왔다.[6] 제1차세계대전 이후 미국 의회는 몇 가지 반덤핑규정을 제정하였고, 1930년대에는 상호무역협정계획에 착수하여 관세장벽의 상호인하를 위한 약 30개의 양자간 협정을 체결하였다. 이들 중 많은 협정에서 덤핑문제가 논의되었고, 덤핑을 상쇄하기 위하여 상대국 정부가 반덤핑관세를 부과하는 것을 허용하였다.

1980년에서 1990년까지 세계 모든 덤핑사건 중 미국, 유럽공동체, 캐나다, 호주 등 4국이 취한 반덤핑조치가 전체의 95%를 차지하고 있었다. 그러나 1985년에서 1992년까지의 기간을 보면 이들 4국의 비중이 80%로 낮아진 것을 볼 수 있다.[7] 이것은 1980년대를 통하여 이들 4개국이 무역구제수단으로 반덤핑조

---

6) John H. Jackson, *The World Trading System*(MIT Press, 1998), p. 251.

7) Bhala, *supra* note 2, p. 4; 실제로 1992년 6월까지 GATT 반덤핑Code 서명국간 발동되어 있는 반덤핑조치는 546개로, 그중 대부분이 이들 4개국에 의해 발동된 것이었다. Ivo Van Bael, "The 1994 Anti-Dumping Code and the New EC Anti-Dumping Regulation," *The Uruguay Round Results*, p. 234.

치를 사용한 결과로 여타 국가들도 반덤핑법을 갖추기 시작하였음을 보여주는
것이다. 이에 따라 국제사회에서는 반덤핑조치에 대한 관심이 고조되었고, 그
당연한 결과로서 UR에서도 반덤핑조치에 관한 규칙과 절차를 강화하게 되었다.

(나) GATT 1947

이와 같이 덤핑과 관련한 오랜 국내적·국제적 관심이 있었기 때문에,
1947년 GATT가 논의될 때는 덤핑에 관한 규정이 당연히 포함되었다. GATT
제 6 조가 바로 덤핑에 관한 규정으로, 동 규정은 덤핑으로 경쟁국 국내산업에
실질적인 손해를 야기하거나 야기할 위험이 있는 경우 상대방 체약국이 반덤핑
관세를 부과하는 것을 허용하였다. 그러나, 시간이 경과함에 따라 GATT의 일부
국가들은 덤핑규제에 관한 법의 적용이 새로운 무역장벽으로 작용하기도 한다
는 것을 인식하게 되었다. 덤핑마진의 계산이나 특정 손해기준의 적용과 같은
반덤핑절차가 특정상품의 거래자에게 위험기간이나 불확실기간을 설정함으로써
국제무역의 흐름에 장애가 되거나 왜곡을 가져오기도 한다고 느끼게 된 것이다.

1959년 GATT 체약국단은 반덤핑 및 상계관세 전문가그룹을 지명하였고,
그 보고서는 케네디라운드의 일정 속에 덤핑 문제를 포함시키는 공간을 제공하
였다. 케네디라운드가 진행되는 동안 GATT 체약국단은 GATT 반덤핑코드의 협
상에 착수하였고, 이를 통하여 반덤핑관세와 관련한 일련의 절차적 실체적 규칙
을 설정하였다. 이는 주로 어떤 정부의 반덤핑관세관행이나 절차가 국제무역을
손상시키는 경우를 제한하려는 데서 나온 결과였다. 케네디라운드에서 논의된
반덤핑코드는 덤핑의 결정, 손해의 결정, 산업의 정의, 조사의 개시 및 진행, 잠
정조치, 가격인상약속, 반덤핑관세의 부과기간, 코드와 국내 법률의 합치를 확
보하기 위한 일반적 규정 등에 관한 내용을 담고 있었다. 그 외에 코드 당사국
이 타 당사국의 위반에 대한 제소를 다룰 수 있는 반덤핑관행위원회의 설치를
규정하고 있었다. 그러나 1967년의 반덤핑코드는 선택적인 것으로, 대부분의
선진국과 일부 동유럽 국가는 당사국이 되었지만, 개발도상국은 모두 불참하
였다.

1973년 동경라운드가 시작되었을 때 덤핑문제는 일정에 없었으나, 나중에
가서 쟁점화되었다. 반덤핑관행위원회는 1967년 코드의 불명확한 규정을 수정

하고 1967년 코드에서 다루어지지 않았던 이슈에 관한 규정을 제정함으로써 코드 개정을 위한 장으로 기능하였다. 이와 동시에 보조금코드를 개발하기 위한 협상을 진행하였는데, 반덤핑코드는 보조금코드와 균형을 맞추기 위한 방향으로 개정되었다. 특징적인 부분은 1967년 코드는 덤핑수입이 실질적 피해의 주요원인으로 명백한 경우에만 피해를 인정하였으나, 1979년의 코드는 다른 요인에 의한 피해는 덤핑수입 탓으로 돌려서는 아니 된다고 하여, 수입국 국내산업이 반덤핑관세의 부과를 보다 쉽게 확립할 수 있도록 하였다. 1967년과는 달리 개발도상국들은 1979년의 코드에는 가입하였는데, 한국도 이에 가입하였다.[8]

(다) 우루과이라운드

UR 동안에도 반덤핑규정이 논의되었는데, 이는 전혀 새로운 것으로 등장한 것이 아니라 그 이전의 반덤핑코드를 발전시킨 것이다. 1990년에서 1993년까지 반덤핑코드의 개혁에 관한 문제는 UR 협상 동안 가장 논쟁이 극심한 분야 중의 하나였다. UR 막바지 반덤핑협상으로 야기된 논쟁은 1980년대 초나 UR 협상 초기 이 부분에 대한 논쟁이 많지 않았던 것과는 뚜렷하게 대비되는 것이었다.[9]

1985년 11월 개최된 UR을 위한 준비위원회에서는 독립된 협상과제 가운데 반덤핑에 관한 어떠한 제안도 포함되어 있지 않았고, 1986년 9월 20일 UR의 개막 때에도 협상주제로서 반덤핑을 언급하는 부분은 없었다. 다만 동경라운드협정에 대한 협상이라는 표현으로 반덤핑문제가 포괄적으로 다루어지게 되었을 뿐이다.[10] 반덤핑코드와 관련한 논의가 이루어져야 한다는 제안은 우리나라가 1987년 5월 제출한 문건에서 처음으로 등장하였다. 이후 인도, 일본, 스칸디나비아국가, 미국에 의해 잇달아 문제가 제기되었다. 그 후 1988년 협상단이 유럽공동체의 제안을 접수하였고, 한국과 일본의 적극적인 제안을 접수하게 되었다.[11]

---

8) Lowenfeld, *supra* note 4, p. 249.

9) Mark Koulen, "The New Anti-Dumping Code Through Its Negotiating History," *The Uruguay Round Results*(European Interuniversity Press, 1995), p. 152.

10) *Op. cit.*, pp. 152~153.

11) Koulen, *supra* note 9, p. 154.

이러한 제안에도 불구하고 UR 초기에는 반덤핑에 관한 논의가 큰 관심을 끌지
는 못하였다.

1989년 여름이 지나면서 반덤핑에 관한 논의가 열을 띠게 되었는데, 1989
년 12월부터 1990년 초입까지 협상단은 반덤핑코드에 관하여 처음으로 체계적
이고 포괄적인 논의를 할 수 있었다. 1990년 후반기에 가서 반덤핑코드에 관한
몇 가지 초안이 마련되었고, 1991년에는 GATT 사무총장 아더 던켈이 최종의정
서 초안의 일부로서 새로운 반덤핑협정을 제출하였다.12) 1990년에서 1991년까
지 진행된 논의는 정상가격의 산정, 실질적 손해의 존재에 관한 결정, 최소마진
의 수량기준, 반덤핑조사를 위한 제소자격, 종결조항의 도입을 통한 반덤핑조치
의 기간제한, 수입국 또는 제3국에서 상품의 조립 또는 완성과 관련된 반우회
조치의 적용, 반덤핑조치의 소급적 적용, 분쟁해결문제가 그 핵심이었다.13)

대부분의 참가국이 협상의 돌파구를 마련한 던켈안을 수용할 분위기였으
나, 미국의 반대로 1993년 12일 몇 가지 주요한 변경이 이루어졌고, 1994년 3월
에도 일부 기술적 수정이 이루어졌다. 이러한 과정을 거쳐 다양한 견해와 이해
를 조정하여 UR 협정에 「GATT 1994 제6조 이행협정」(이하 WTO 반덤핑협정)이
포함되기에 이르렀다. 반덤핑에 관한 UR 협정은 GATT 반덤핑논의역사에서 전
례가 없었던 큰 논쟁과 이해의 다툼으로 특징지을 수 있는 결과였다. 반덤핑방
법이나 절차의 변화 등 많은 부분에서 이전의 반덤핑코드에 수정이 이루어졌으
나, 다양한 이해의 충돌로 인하여 근본적인 개념의 변혁을 가져오지는 못하였
다.14) 이것은 기존의 반덤핑코드에 비하여 많은 부분이 변경되었음을 보여 주
는 것이기는 하나, 우회덤핑 등의 문제에 관해서는 아무런 합의가 이루어지지
못하였음을 보여 주는 것이다.15) 그러나, 동경라운드까지의 반덤핑코드가 서명
국에게만 적용될 수 있었던 선택적인 것이었던 반면, UR에서 채택된 협정은
WTO 협정의 본질적 부분으로서 WTO 모든 회원국에게 적용된다는 점에서 형
식상의 개선이 이루어지게 되었다. 그리고 WTO의 반덤핑협정은 이전의 반덤핑
협정에 비하여 훨씬 자세하고 구체적인 것으로, 구 협정상의 단점이나 남용을

---

12) *Op. cit.*, pp. 160~161.

13) *Op. cit.*, p. 167.

14) *Op. cit.*, p. 228.

15) Bael, *supra* note 7, p. 233.

해결하기 위한 사항을 포함하고 있다는 점에서 내용상으로도 큰 변화를 담고
있다.

　자국 정부의 보호하에 GATT 제6조는 덤핑에 대하여 반덤핑관세를 부과
함으로써 덤핑의 부작용을 상쇄하도록 하고 있다. 그러나 덤핑에 관한 결정은
본질적으로 자의적인 것이고, 기존의 규칙은 복잡한 국제교역의 현실을 충분히
반영하지 못하였다.[16] 이에 대해 WTO 반덤핑협정은 보호주의 목적을 위한 남
발방지를 위해 반덤핑규칙을 명확히 하고 강화하였으며, 덤핑행동에 대한 더욱
철저한 투명성을 요구하고 있다.

2. 덤핑관세의 요건

　반덤핑협정에 따르면 덤핑이 존재하고, 수입국내 동종상품을 생산하는 국
내산업이 피해를 입고, 덤핑과 피해간에 인과관계가 확인되는 경우 회원국은 반
덤핑관세를 부과할 수 있다. 이러한 요건은 반덤핑협정 제2조부터 제4조에
걸쳐 상세히 규정하고 있다.

(1) 덤핑의 존재

　덤핑에 관한 WTO 규칙은 GATT1994 제6조와 반덤핑협정에 규정되어 있
는데, 반덤핑협정 제2조 제1항은 정상가격(normal value)보다 낮은 가격으로
타국 시장에 도입되는 경우를 덤핑으로 정의하고 있다. 덤핑 존재를 확인하기
위해서는 정상가격과 수출가격을 비교하는 것이 필요하다. WTO 체제하에서 상
품 가격은 정부가 아닌 민간기업이 결정하는 것이므로, WTO 협정은 덤핑 자체
를 금지하고 있지 않다. 다만 회원국은 덤핑에 대응하는 회원국의 조치를 규제
할 뿐이다.[17] 따라서 회원국은 협정상의 일정한 요건이 충족되면 반덤핑조치를
부과할 자격을 갖게 된다.

---

16) Jeffery J. Schott, *The Uruguay Round*(Institute for International Economics, 1994), pp. 77~78.
17) Peter van den Bossche & Cenise Prévost, *Essentials of WTO Law*(Cambridge, 2016), p. 141.

제 2 조 제 1 항 협정의 목적상, 한 국가로부터 다른 국가로 수출된 상품의 수출가격이 수출국 내에서 소비되는 동종상품에 대한 통상적 거래에서 비교가능한 가격보다 낮을 경우 동 상품은 덤핑된 것, 즉 정상가격보다 낮은 가격으로 다른 나라의 상거래에 도입된 것으로 간주된다.

(가) 정상가격

정상가격이란 통상적인 거래과정에서 수출국에서 소비되는 동종상품의 국내판매가격을 말하는 것이므로, 수출가격이 국내판매가격보다 낮은 경우가 덤핑이 된다. 반덤핑협정상 정상가격을 판단하는 요건은 네 가지로, 수출국 내 판매가 통상적 거래과정에 있을 것, 비교되는 상품은 동종상품일 것, 그 상품이 수출국 내에서 소비될 것, 해당 가격이 비교가능할 것이어야 한다.[18] 통상적 거래과정에 있지 않은 판매는 정상가격의 산정에서 배제하여야 한다. 수출국 국내시장 동종상품의 판매나 제 3 국에 대한 판매가 단위 생산비용에 관리, 판매, 일반 비용의 합산 가격 미만인 경우 통상적 거래가 아닌 것으로 간주될 수 있다.[19] 통상적 거래과정에 대한 협정상의 정의가 없는 까닭에 이에 대한 해석은 매우 복잡하게 나타나고 있다. 계열사와의 거래, 상대적으로 높거나 낮은 가격, 비용 이하의 가격 등이 통상적 거래에 포함되기도 하고 배제되기도 한 까닭에 개별 사례에서 면밀히 검토하여야 한다.[20] 계열사간 거래가 평상적 시장가격보다 높지만 비용 이상인 판매를 나타낼 수 있는데, 이 경우 통상적 거래로 볼 수 없는 경우도 있다. 어떤 판매가 통상적 거래과정에 해당하는가를 결정하는 재량을 부여하는 것은 정상가격이 왜곡되지 않도록 담보하기 위한 것이다.[21]

반덤핑협정 제 6 조 제 2 항은 '동종상품'이란 용어는 동일한(identical) 상품, 즉 고려중에 있는 상품과 모든 면에서 같은 상품(alike in all respects)이라 규정한다. 그러한 상품이 없는 경우 모든 면에서 같지 않더라도 고려 대상인 상품과 매우 유사한 특성(characteristics closely resembling)을 가진 상품을 동종상품으로

18) US - Anti-Dumping Measures on certain Hot-Rolled Steel Products from Japan(US - Hot Rolled Steel, DS184), AB Report, para. 165.
19) GATT 1994 제 6 조 이행협정 제 2 조 제 2 항 1.
20) *Op. cit.*, para. 146.
21) Peter Van den Bossche and Werner Zdouc, *The Law and Policy of the World Trade Organization*(Cambridge, 2017), p. 706.

규정하고 있다. 이러한 정의는 모호한 것으로, 동종상품 문제는 미해결인 경우가 많고, 국가 관행 또한 매우 다양하게 나타나고 있다.[22] 일례로 폴리에스터단섬유(PSF)와 관련하여 EC는 모든 PSF가 동종상품이란 주장을 지속적으로 견지하여 왔으나, 미국 반덤핑 당국은 PSF를 최종용도에 따라 상이한 부류로 분류하여 왔다.[23]

수출가격은 해당 상품이 수출국을 떠나는 시점에서의 가격을 기준으로 한다.[24] 수출가격은 해당상품이 판매되는 수입국 내에서 제 3 자에 의해 실제로 지불되는 가격을 상정한 것이나, 수출시 보험이나 운송료 등이 포함되는 경우, 수출가격에서 제외된다. 수입업자가 지불한 관세도 비교가격에서 제외된다. 그 외에 수입상품이 생산국 시장에서는 포함되어 있지 않은 특징이나 비용이 포함된 경우도 제외된다. 보증기간의 차이, 판매후 서비스(A/S)의 차이, 포장의 차이, 구매자에 대한 신용의 차이 등이 있는 경우가 그러한 요소에 해당된다. 그리고 수출상품에는 부과되지 않는 국내소비세도 제외되어야 한다. 이와 같이 덤핑사건에서 가장 많은 유의가 필요한 부분은 비교가격의 조정에 관한 부분으로, 수출품에 대하여 국내소비용보다 양질의 보증이나 A/S를 보장해 주는 것이나, 품질의 차이나 재정지원문제 등을 계산에 넣어야 한다.[25]

그러나 수출국 국내시장의 통상적 거래과정에서 동종상품의 판매가 없는 경우 등이 있을 수 있으므로, 반덤핑협정은 이러한 경우에 대비한 규정을 두고 있다.

제 2 조 제 2 항 수출국의 국내시장 내에 통상적인 거래에 의한 동종상품의 판매가 존재하지 아니하는 경우, 또는 수출국 국내시장의 특별한 시장상황 또는 소규모 판매로 인해 적절한 비교를 할 수 없는 경우, 덤핑마진은 동종상품의 적절한 제 3 국 수출시 비교가능한 가격으로 대표성 있는 경우의 가격 또는 원산지국에서의 생산비용에 합리적인 금액의 관리비, 판매비, 일반경비와 이윤을 합산한 가격을 비교하여 결정한다.

---

22) M. Matsushta, T. Schoenbaum & P. Mavroidis, The World Trade Organization - Law, Practice, and Policy(Oxford, 2006), p. 408.
23) *Ibid.*
24) GATT, *1961 Report, BISD* 8th Supplement, p. 146.
25) Jackson, *supra* note 6, p. 263.

수출국 국내시장의 통상적 거래과정에서 동종상품의 판매가 없는 경우, 덤핑마진은 적절한 제3국에 수출되는 동종상품의 比較可能價格과 비교하여 결정한다. 수출국 내 특별한 시장상황이 있거나 국내시장에서의 판매가 소량에 불과한 경우에는 상품의 생산비에 합리적 금액(reasonable amount)의 관리비, 판매 및 일반경비, 이윤을 합산한 가격을 비교기준으로 삼는다. 이를 구성가격(constructed value)이라 한다.

구성가격은 생산국 국내시장이나 제3국 시장의 정상가격에서 도출되는 시장지향적 가격과 대비하여 가격요소를 하나씩 합산하는 방법이다.[26] 구성가격의 산정과 관련하여서는 합리적 금액이 문제가 되는데, 이는 '제로섬'(zero sum) 게임과 같은 것이다. 제소국은 최대한 많이 포함시키려 할 것이고, 피소국은 최대한 제외시키려고 할 것이기 때문이다.[27] 그러나 수출국 내 소비용 판매량이 수입국 내 동종상품 판매량의 5% 이상일 경우에는 수출국 내 판매가격을 비교기준으로 인정한다. 이보다 낮은 비율의 국내 판매가 적절한 비교 제공을 위해 충분한 규모라는 증거가 제시될 경우에도 비교기준으로 사용된다.[28] 미국의 경우 그러한 판매량이 충분하고 제3국의 시장사정이 비교할 만한 경우라면 제3국 판매가격을 비교점으로서 선호하고 있으나, 유럽연합이나 대부분의 다른 국가들은 제3국에 대한 판매가 덤핑이 아니라는 것을 결정하는 것이 쉽지 않다는 이론하에 구성가격을 선호하는 입장이다.[29]

생산비, 관리비, 판매비, 이윤 등의 합산 금액은 조사대상 수출자나 생산자에 의한 통상적 거래에서의 동종상품 생산 및 판매에 관한 실제자료에 기초한다. 실제자료에 기초할 수 없는 경우, (i) 당해 수출자 또는 생산자에 의하여 원산지국의 국내시장에서 동일한 일반적 부류의 상품 생산 및 판매와 관련하여 발생되고 실현된 실제 금액, (ii) 조사대상인 다른 수출자 또는 생산자에 의하여 원산지국의 국내시장에서 동종상품의 생산 및 판매와 관련하여 발생되고 실현된 실제 금액의 가중평균, (iii) 원산지국의 국내시장에서 다른 수출자 또는 생

26) Raj Bhala and David A. Gantz, "WTO Case Review 2001," 19 *Arizona Journal of International and Comparative Law*(2001), p. 520.
27) *Op. cit.*, p. 582.
28) GATT 1994 제6조 이행협정 제2조 제2항 주.
29) Lowenfeld, *supra* note 4, p. 253.

산자에 의하여 동일한 일반적 부류의 상품 판매에 대하여 평상적으로 실현된 이윤을 초과하지 않는 경우 기타의 합리적인 방법을 사용할 수 있다.[30] 이 세 가지 방법은 구성가격 산정시 사용되는 생산·관리·판매 비용 및 이윤의 합산 금액을 도출하는 독립된 방법이다. 이들 세 가지 방법이 연속적으로 규정되어 있지만, 그 방법들 간 위계체계가 있는 것은 아니다.[31] EC-Bed Linen 사건에서 이 세 항목은 합리적 비용 산정의 대체 수단이므로, 셋 중 하나가 적절하게 적용된다면 그 자체로 합리적인 것이다.[32] 생산비에는 노동, 원료비용, 전기·연료·부동산비용 등의 생산간접경비, 원료수입관세 등이 포함된다. 연구개발비도 포함되나, 어느 정도까지 포함시킬 것인가에 대하여는 이견이 있다.[33] EC-Bed Linen 사건에서 인도는 하나 이상의 회사가 존재함에도 EC가 봄베이염직 데이터만을 사용하여 가중평균덤핑마진을 계산한 것은 잘못이라고 주장하였다. 패널과는 달리 항소기구는 반덤핑협정 제 2 조 제 2 항 2의 (ii)가 가중평균이라는 용어로 규정하고 있는 점, 다른 수출자나 생산자를 복수형(other exporters and producers)으로 규정하고 있는 점을 들어, 봄베이염직 한 회사만의 자료만으로 합리적 비용을 산정한 것은 잘못이라고 하였다.[34]

중개매매의 경우는 더욱 복잡한 문제를 발생시킨다. 수출가격이 존재하지 아니하거나 관계당국에게 수출가격이 수출자 및 수입자와 중개자간의 제휴나 보상약정으로 인하여 믿을 수 없다고 보이는 경우, 수출가격은 수입 상품이 독립구매자에게 최초로 재판매되는 가격을 기초로 구성될 수 있다. 독립구매자에게 재판매되지 않거나 수입된 상태로 재판매되지 아니하는 경우에도 당국이 결정할 수 있는 합리적인 기초에 의하여 구성될 수 있다.[35]

---

30) GATT 1994 제 6 조 이행협정 제 2 조 제 2 항 2.
31) EC - Anti-Dumping Duties on Imports of Cotton-Type Bed Linen from India(EC - Bed Linen, DS141), AB Report, para. 6.59.
32) *Op. cit.*, para. 6.96.
33) Lowenfeld, *supra* note 4, p. 255.
34) EC - Bed Linen, AB Report, para. 6.70.
35) GATT 1994 제 6 조 이행협정 제 2 조 제 3 항.

【 EC - Bed Linen 사건 】

1. 사실관계

1996년 9월 유럽공동체(EC)는 유럽면직물협회의 인도산 수입 면포(bed linen)에 대한 반덤핑관세부과 신청에 대하여 조사를 시작하였다. EC는 인도 내의 통상적 거래과정에서 이루어진 판매가 부족한 것으로 보아, 인도의 국내시장가격산정을 위해 구성가격을 사용하였다. 그 과정에서 수많은 인도 수출자와 생산자 중 봄베이염직(Bombay Dyeing)을 표본 추출하여 구성가격을 산정하였다. EC는 수입물량의 증가와 덤핑가격으로 인하여 관련 산업의 생산이 감소하고 있고, 이익률이 감소하며 가격이 인하되는 등의 피해가 발생하였다고 주장하여 반덤핑관세를 부과하였다. 최종 반덤핑관세는 2.6%에서 24.7%로 결정되었고, 인도는 반덤핑협정에 따라 WTO에 제소하였다.

2. 구성가격의 산정

인도는 EC가 반덤핑협정 제 2 조 제 2 항 2의 구성가격 산정과 관련된 규정을 위반하였다고 주장하였다. 구성가격으로 정상가격을 산정하는 경우 생산비용에 합리적인 금액의 관리비, 판매비, 일반비용과 이윤을 더한 것으로 한다는 규정의 해석과 관련된 분쟁인 것이다. 이 중 본 사안에서 쟁점이 된 것은 합리적 금액과 관련한 부분이다.

반덤핑협정 제 2 조 제 2 항 2의 (ii)는 조사대상인 다른 수출자 또는 생산자에 의하여 원산지국의 국내시장에서 동종상품의 생산 및 판매와 관련하여 발생되고 실현된 실제 금액의 가중평균에 기초할 것을 규정하고 있는데, 하나 이상의 회사가 존재하는데도 EC가 봄베이염직의 데이터만을 사용하여 가중평균덤핑마진을 계산한 것은 잘못이라고 주장하였다. 유럽연합은 피치 못할 환경에서 적용된 하나의 회사에 대한 가중평균은 타당하다고 하였다. 패널은 유럽연합의 주장을 인정하였으나, 항소기구는 패널결정과 달리 인도의 주장을 받아들였다. 상설항소기구는 반덤핑협정 제 2 조 제 2 항 2의 (ii)에 규정된 가중평균이라는 용어는 물론이고, 다른 수출자나 생산자를 복수형(other exporters and producers)으로 규정하고 있으므로, 봄베이염직의 데이터만으로 계산한 것은 잘못이라고 결정하였다. 동 조항 (ii)의 발생되고 실현된 생산 및 판매와 관련하여 인도는 EC가 모든 거래를 포함하지 않고 통상적 거래의 판매만 포함한 것은 문제라고 주장하였다. 유럽연합은 통상적이지 아니한 거래는 대표성이 없는 것이어서 제외한 것이라고 하였다. 패널은 구성가격 산출시 통상적 거래가 아닌 경우를 포함할 경우 원가보다 낮은 판매거래를 포함하게 되어 구성가격이 원가와 같아질 수 있기 때문에 구성가격을 무의미하게 만들게 되므로 제2조 제2항에 반한다고 하여, 통상적 거래가 아닌 판매거래는 구성가격 산출시 포함하지 않는 것이 합리적이라고 하였다. 그러나 항소기구는 (ii)의 실제로 발생하고 실현된 금액이라는 의미는 수출국 내의 동종상품의 생산 판매와 관련된 수출자 또는 생산자가 실제로 발생한 이익 또는 실제로 실현된 이익 또는 손실을 뜻하는 것이라고 보아, 통상적 거래가 아닌 판매거래라 할지라도 가중평균을 계산할 때 모두 포함시켜야 한다고 하여 패널 결정을 부정하였다.

인도는 EC가 명백히 "불합리"함에도 불구하고, 제2조 제2항 2 (ii)에 따른 이윤 결정을 부정확하게 함으로써 제2조 제2항을 위반하였다고 주장하였다. 반덤핑협정 제2조 제2항의 '합리적'이란 용어는 별도의 기능을 가지는 것으로, 제2조 제2항의 합리성 기준은 제2조 제2항 2에 의해 구체화되는 것이 아니라 제2조 제2항 2의 요건에 부가되는 독립적인 것이라는 것이다. 따라서 합리적이란 표현은 실질적 요건으로 보아야 한다고 하였다. 이에 대해 패널은 제2조 제2항 2의 두문이 "제2항의 목적상"이란 문구로 시작하고, 이윤 금액은 실제적 데이터에 기반하여야 함을 규정하고, 제2문에서 이러한 두문의 방법이 불가능할 경우 제2조 제2항 2의 (i)~(iii)에 기반하여 결정되어야 한다는 문언에 착안하였다. 그리고 제2조 제2항은 구성가격이 사용되는 경우의 기본 원칙을 제시하는 것이고, 합리적 금액의 이윤이 포함되어야 함을 밝힌 것임을 확인하였다. 이 문구는 제2조 제2항 2에 규정된 방법들이 제2조 제2항에 따른 합리적 이익 금액을 계산하는 "목적상"의 의미를 풀이한 것이라 하였다. 별도의 기준을 제시하는 특정된 문구도, 그러한 기준이 어떻게 수행되어야 하는지에 대해서도 언급이 없으므로, 그러한 요건은 문언적 기반이 없다고 판단하였다. 따라서 제2조 제2항 2의 방법 중 하나가 적절하게 적용된다면, 그 결과는 제2조 제2항이 요구하는 합리성 개념에 부합하는 것으로 이해하였다. 제2조 제

2항 2 (iii)은 그 밖의 합리적인 방법을 규정하고 있다. 이 방법으로 확정된 이윤액은 원산지국의 국내시장에서 다른 수출자 또는 생산자에 의하여 동일한 일반적인 부류의 상품 판매에 대하여 정상적으로 실현된 이윤을 초과하여서는 아니 된다고 하여 이윤 상한을 제시하고 있다. EC는 모든 인도 업체의 이윤율을 18.65%로 결정하였는데, 이는 인도 내 다른 생산자의 동일 카테고리 평균 이윤율인 7.04%에 비해 큰 편차를 보인 것으로, 합리적이란 용어가 제 2 조 제 2 항 2 (iii)에 규정된 기준에 따라 설명된다면, 인도업체에 대한 EC의 이윤율은 불합리하다고 하였다.

(나) 통상적 거래

수출가격과 비교되는 국내시장가격은 통상적 거래과정(in the ordinary course of trade)에서 수출국의 국내시장가격을 말한다. 이는 통상적 거래과정에 있지 않는 판매는 정상가격 산정에서 배제하도록 하는 것이다. 원가 이하로 '장기간' (extended period of time)에 걸쳐 '상당한 양'(substantial quantities)이 판매되고, 합리적인 기간 내에 총비용을 회수하지 못할 경우는 통상적인 거래활동으로 볼 수 없다.[36] 장기간이란 보통 1년 정도를 말하는데, 최소한 6개월보다는 길어야 한다.[37] US-Hot Rolled Steel 사건에서 미국 당국은 정상가격을 산정함에 있어 수출업자가 그 부속기업에 판매한 것은 통상적 거래과정이 아니기 때문에 산정하지 않았다. 그 대신에 그 부속기관과 첫 번째 독립된 구매자간의 거래를 통상적 거래과정으로 보았다. 항소기구는 반덤핑협정상 '통상적 거래과정에서'란 용어의 정의가 없다는 데 동의하면서, 일반적으로 해당 상품의 판매일 이전에 합리적인 기간 동안 해당 판매가 외국산 동종상품 판매를 위한 정상적인 조건과 관행하에 있었다면 그 판매는 통상적 거래과정이라고 하였다.

상당한 양이란 가중평균 판매가격이 단위당 가중평균비용 이하이거나, 단위비용 이하로 판매한 양이 동 기간의 총거래량에 비하여 20% 이상인 경우를 말한다.[38] 손해를 보면서도 판매를 계속한다는 것은 생산자가 다른 부문의 이

---

36) GATT 1994 제 6 조 이행협정 제 2 조 제 2 항 1.
37) GATT 1994 제 6 조 이행협정 제 2 조 제 2 항 1 주 4.
38) GATT 1994 제 6 조 이행협정 제 2 조 제 2 항 1 주 5.

익을 투입한다거나 정부보조 등의 방법으로 해당 상품에서의 손해를 보전하고 있음을 의미하는 것이어서 통상적 거래활동이라 볼 수 없기 때문이다. 따라서 그 판매가격은 정상가격으로 인정하지 않게 된다. 미국과 유럽연합은 이러한 규정에 맞추어 20-80-20 규칙을 탄생시켰다.[39] 이익을 남긴 판매가 해당 상품의 국내판매량의 80%를 넘는 경우 정상가격은 손해를 본 판매를 포함한 모든 판매의 가중평균을 토대로 결정한다. 이익을 남긴 판매가 국내판매량의 20%에서 80% 사이인 경우 손해를 본 판매를 제외한 이익 판매의 가중평균치를 토대로 결정한다. 이익을 본 판매가 20% 미만인 경우 모든 국내판매는 제외되고 정상가격은 구성가격을 기초로 결정된다.[40]

(다) 공정한 비교

수출가격과 정상가격을 비교할 때 유의하여야 할 점은 공정한 비교가 이루어져야 한다는 점이다. 그러나 두 가격간 직접 비교하는 과정이 쉽지 않을 뿐 아니라, 경우에 따라서는 불가능하거나 부적절할 수 있다. 그 이유는 생산국 국내시장가격과 수출가격이 항상 일정하지 않을 수 있기 때문이다.

제 2 조 제 4 항 수출가격과 정상가격간 공정한 비교가 행해져야 한다. 이러한 비교는 일반적으로 공장도 단계인 동일한 거래단계에서, 그리고 가능한 한 동일한 시기에 이루어진 판매에 대하여 행하여진다. 제반 판매조건, 과세, 거래단계, 수량, 물리적 특성의 차이와 가격비교에 영향을 미친다고 입증된 그 밖의 차이점들을 포함하여 가격비교에 영향을 미치는 차이점들에 대해 각각의 경우에 그 내용에 따라 적절히 고려하여야 한다.

보통 工場渡(ex-factory) 단계의 동일한 거래단계에서 가장 동시적 시점에 이루어진 판매에 대하여 비교하게 된다. 상품가격이 비교가능하도록 담보하기 위해 가격 비교에 영향을 주는 요소들에 대해 적절한 고려가 행해져야 한다. 반덤핑협정은 그러한 요소로 판매조건, 과세, 거래단계, 수량, 물리적 특성상의 차이를 들고 있다.

---

39) Lowenfeld, *supra* note 4, p. 254.
40) 19 USC §1667b(b); Council Regulation No. 384/96, Article 2(4) para. 3.

환율변동도 가격비교에 반영되어야 할 변수이다. 정상가격에 표시된 화폐
와 수출가격에 표시된 화폐가 상이할 경우 화폐단위의 변경이 요구되는데, 이
경우 판매일자의 환율을 사용하여야 한다.[41] 판매일자는 계약일, 구매주문일,
주문확인일, 또는 송장 작성일 중 실제적인 판매조건이 설정된 일자를 말하는
것이 일반적이다. 예컨대 원화로 표시된 정상가격과 달러로 된 수출가격에 변동
이 없는 경우라면, 계약시 1달러에 1,300원이던 환율이 상품의 실제 인도시에는
1달러에 1,000원으로 변동되었다면 덤핑으로 보아야 하는 것인가? 반덤핑협정
은 정상가격과 수출가격의 비교에서 단기간의 환율변동은 반영하지 않고, 최소
한 60일 이상의 환율변동을 반영하도록 하였다.[42]

(a) 비교방식　　정상가격과 수출가격을 비교할 때 유의하여야 할 또 다른
요소는 비교치의 기준이 서로 같아야 한다는 점이다.

제 2 조 제 4 항 2.　　제 4 항의 공정비교를 규율하는 규정에 따라 일반적으로 조사기
간 동안의 덤핑마진의 존재를 가중평균 정상가격과 모든 비교가능한 수출거래가격
의 가중평균과의 비교에 기초하거나 또는 각각의 거래에 기초한 정상가격과 수출가
격의 비교에 의하여 입증된다. 당국이 상이한 구매자, 지역, 또는 기간별로 현저히
다른 수출가격의 양태를 발견하고, 가중평균의 비교 또는 거래별 비교 사용으로 이
러한 차이점이 적절히 고려될 수 없는 이유에 대한 설명이 제시되는 경우에는 가중
평균에 기초하여 결정된 정상가격이 개별 수출거래가격에 비교될 수 있다.

따라서 가중평균치(weighted average of prices)는 가중평균치와 비교(W-W 비
교방식)하여야 하고, 개별거래(individual transactions)는 개별거래와 비교(T-T 비교
방식) 하는 것이 정상이다. W-W 비교방식과 T-T 비교방식은 동일한 기능을 수
행하는 것으로, 특정 사건에서 어떤 방법이 가장 적합한가에 따라 조사 당국이
선택할 수 있다. 양자간에는 위계 차이가 존재하지 않는다.[43] 그러나 반덤핑협
정 제 2 조 제 4 항 2의 제 2 문에 따라, 특정 조건이 충족되는 경우 예외적으로
정상가격의 가중평균과 개별수출가격이 비교되는 비대칭적 방법이 사용될 수

---

41) GATT 1994 제 6 조 이행협정 제 2 조 제 4 항 1.
42) GATT 1994 제 6 조 이행협정 제 2 조 제 4 항 1.
43) US - Softwood Lumber V, AB Report, para. 93.

있다(W-T 비교방식). 상이한 구매자, 지역 또는 기간별로 현저히 다른 수출가격
의 패턴을 발견하고, 가중평균간의 비교나 개별거래간의 비교가 적절하지 않다
는 것이 설명될 수 있는 경우에 한해 가중평균과 개별거래가 비교될 수 있다.
이와 같이 특정 조건이 충족되는 경우에만 인정하는 것은 종래의 잘못된 관행
이 되풀이되지 않도록 하기 위한 것이다.[44] 미국-세탁기 사건의 항소기구는 제
2 조 제 4 항 2의 제 2 문이 W-W 방식으로는 패턴을 적절하게 고려할 수 없는
경우 예외적으로 W-T 방식을 적용할 수 있다고 규정한 것임을 지적하고, 이러
한 방식은 패턴거래에 국한하여 적용되어야 한다고 하였다.[45] 또한, 조사당국이
W-T 방식을 사용하려면 W-W 방식이나 T-T 방식으로는 현저한 가격차이를
적절하게 고려할 수 없음을 설명할 수 있어야 한다고 판단하였다.[46] 이와 같이
반덤핑협정 제 2 조 제 4 항 2의 제 2 문은 회원국이 반덤핑조사를 시행할 경우,
특정 구매자에 대한 표적, 특정 지역에 대한 표적, 특정 기간에 대한 표적과 같
은 세 가지 형태의 표적(targeted)덤핑 산정을 허용하고 있다.[47] 그러나 반덤핑협
정의 어떤 규정도 조사 대상인 동일 상품의 어떤 모델이나 유형을 표적으로 하
는 덤핑을 허용하고 있지는 않다.[48] 제 2 조 제 4 항 2 제 2 문의 기능은 조사 당
국이 소위 표적덤핑을 확인하고, 이를 적절히 다룰 수 있게 하는 것이다. 즉 조
사당국이 표적덤핑을 밝혀내도록 하는 것이다.[49] 이와 같이 특정 기간이나 특
정 지역에서 수입된 물량만을 대상으로 덤핑마진을 산정하는 표적덤핑(target
dumping)은 수출자가 특정 지역이나 특정 기간에 집중적으로 덤핑으로 수출하
고, 다른 지역이나 여타 기간에는 덤핑하지 않는 경우를 말한다.

    (b) 제로잉   공정한 비교와 관련하여 제로잉(zeroing)도 문제가 된다. 제로
잉은 수출국 국내가격 또는 정상가격 이하로 판매된 수출가격은 덤핑마진 산정
시 산입되나, 정상가격 이상의 수출가격은 零으로 처리하여 덤핑마진의 계산에
서 제외시키는 것이다. 이러한 방식은 덤핑마진이 없는 모든 경우를 零으로 처

---

44) Keith Steele, *Anti-Dumping under the WTO: A Comparative Review*(1996), p. 5.
45) United States - Anti-Dumping and Countervailing Measures on Large Residential Washers
    from Korea(US - Washing Machines, DS464), AB Report, para. 5.51.
46) *Ibid.*, para. 5.76.
47) EC - Bed Linen, AB Report, para. 62.
48) *Ibid.*
49) US - Washing Machines, AB Report, para. 5.17.

리하게 되어, 덤핑이 아닌 판매와 덤핑판매간 상쇄를 막아버리게 된다.[50] 따라
서 제로잉은 덤핑이 없거나 마이너스 덤핑의 온전한 영향을 부정하여 해당 상
품 전체의 덤핑마진을 과다산정하게 된다.[51] 이러한 방식을 인정하게 되면 수
출국에 불리하게 작용하는 것으로, 덤핑과 덤핑마진은 조사대상이 되는 상품 전
체에 대해 산정되어야 한다.[52] EC-Bed Linen 사건에서 EC가 인도산 수입 면포
상품에 대해 W-W 방식으로 덤핑마진을 산정하면서 특정 모델 제품에 대해 정
상가격보다 낮게 수출된 상품의 경우 덤핑마진을 '零'으로 처리한 것은 반덤핑
협정 제 2 조 제 4 항 2를 위반하였다고 결정하였다. 항소기구는 가중평균정상가
격보다 높은 가격에 수출되어 덤핑마진이 마이너스일 경우, 해당 모델 또는 판
매 단계의 덤핑마진을 합산에서 제외하는 것은 '모든' 비교가능한 수출거래의
수출가격을 비교하도록 한 반덤핑협정 제 2 조 제 4 항 2 위반이라고 보았다.[53]
항소기구는 조사대상인 상품의 유형 혹은 모델(types or models)별로 구분하는 것
은 협정 규정에 합치하지 않으며, 덤핑마진은 조사대상이 되는 상품 전체에 대
해 산정되어야 한다고 하였다.[54] 덤핑마진 산정 시 일부 거래를 배제하여 인위
적으로 덤핑마진을 확대하는 것은 '공정한 비교'를 규정하는 제 2 조 제 4 항 위
반이라고 보았다.[55] 미국-침엽수목재 V 사건에서 패널은 T-T 비교방식은 개별
거래별 덤핑 여부를 조사하는 것이므로 제로잉이 문제되지 않는다고 보았다. 그
러나 항소기구는 제 2 조 제 4 항이 공정비교를 규정하고 있는 점, 제 2 조 제 4
항 2가 T-T 방식의 경우 덤핑마진의 존재는 정상가격과 수출가격들(export
prices)을 비교해야 한다고 규정하고 있는 점에 비추어 협정 위반이라고 하였다.
미국-제로잉(EC) 사건의 패널은 W-W 방식으로 덤핑마진을 산정할 때의 제로
잉은 사례 적용(as applied)만이 아니라 규범 자체(as such)로도 반덤핑협정 제 2
조 제 4 항 2 위반이라고 하였다. 패널은 W-T 방식에서 제로잉은 협정 위반이

50) Bhala and Gantz, *supra* note 26, p. 524.
51) Edwin Vermulst and Daniel Ikenson, "Zeroing Under the WTO Anti-Dumping Agreement," *Global Trade and Customs Journal*, Volume 2, Issue 6(2007), p. 231.
52) United States - Laws, Regulations and Methodology for Calculating Dumping Margins (Zeroing)(US - Zeroing(EC), DS294), AB Report, para. 126.
53) EC - Bed Linen, AB Report, paras. 52~55.
54) *Op. cit.*, para. 53.
55) *Op. cit.*, para. 55.

아니라고 하였으나, 항소기구는 W-T 방식과 관련한 덤핑 마진도 조사 대상 상품 전체에 대해 산정되어야 하므로 제로잉은 협정 위반이라고 결정하였다.

반덤핑협정 제2조 제4항 2는 덤핑 마진 산정의 세 가지 방법을 제시하고 있을 뿐이지, 제로잉을 금지하는 내용은 규정되어 있지 않다. 1995년 반덤핑협정이 발효되기 전에는 일부 국가는 덤핑마진 산정시 가중평균과 정상가격을 비교하는 방법을 기계적으로 사용하여 왔고, 마이너스 마진(negative margin)이 발생하는 거래는 덤핑이 아니므로 마이너스 덤핑은 零으로 대체된다는 입장을 취해 왔다. 이 경우 전체 덤핑 마진은 개별 비교치의 결과를 합산하여 계산하게 되는데, 이 방법을 취하게 되면 덤핑이 없는 거래는 덤핑이 있는 거래를 상쇄하지 못하는 결과를 가져온다. 이러한 관행을 EC는 단순제로잉(simple zeroing)이라 하였다.[56] 반덤핑협정 발효 이후 일부 국가는 종래 이용되던 단순제로잉의 변형 기법을 채택하였는바, 이를 모델제로잉(model zeroing)이라 한다.[57] 반덤핑조사시의 가격비교는 그 비교 결과가 전체로서의 상품에 대한 결과를 산출하는 가중평균이 되기 전에 모델과 모델을 비교하거나 상품 코드번호와 상품코드번호를 비교하는 것이 일반적이다. 따라서 모델별 비교의 첫 단계 이후에 덤핑 또는 마이너스 덤핑의 합은 각각의 상품별 코드에 대해 계산되어야 한다. 모델제로잉은 마이너스 덤핑마진이 생기는 상품 비교에 零의 가치를 부과하는 관행을 말하는 것으로, 실제 덤핑이 있는 상품의 효과를 상쇄하는 것으로부터 이러한 비교 결과를 방지하는 것이다.

전체 물량을 대상으로 하지 않고 특정 물량만을 대상으로 하는 표적덤핑과 관련하여 제로잉(zeroing)이 결합되는 경우가 있다. 미국이 한국산 수입세탁기에 관세를 부과할 때, 전체 물량에 관세를 부과하는 대신 표적덤핑을 적용하여 제로잉과 결합한 것이 그러한 사례에 해당한다. 이는 2012년 블랙프라이데이 기간에 판매된 한국산 세탁기를 문제 삼은 것으로, 이 사건에서 패널과 항소기구는 표적덤핑 상황에서도 제로잉이 허용되지 않는다고 결정하였다. 반덤핑협정 규정에 따라 덤핑마진은 조사대상 상품 전체를 대상으로 정의되는 개념이라는 점을 재확인한 것이다.

---

56) US - Zeroing, Panel Report, para. 2.5.

57) Vermulst and Ikenson, *op. cit.*, p. 235.

【 EC - Bed Linen 사건 】

인도는 반덤핑협정 제 2 조 제 4 항 2와 관련하여 EC가 사용한 zeroing은 협정위반이라고 주장하였다. EC는 해당 상품을 다양한 모델로 분류하여 정상가격 가중평균치와 각 모델별 수출가격을 비교하였는데, 인도는 이 부분에 대하여는 언급하지 아니하였다. 다만, 개별 모델의 덤핑마진을 계산한 후 이를 통합하여 평균을 구하면서, 정상가격 이상으로 판매한 마이너스 마진의 경우는 零으로 계상한 점을 문제 삼았다. EC는 제 2 조 제 4 항 2에서 개별 모델에 대한 덤핑마진의 구체적인 산출방법에 대하여 규정하고 있지 않으므로, 전체적인 덤핑마진을 계산할 때 2단계의 방법을 사용하였다고 하였다. 우선 개별 모델별로 덤핑마진을 계산하고 이를 나중에 합산하여 전체적인 덤핑마진을 산출하였다고 주장한 것이다. 따라서 덤핑마진 산출시 zeroing 개념을 적용하는 것은 협정 제 2 조 제 4 항 2에 저촉되지 않는다고 주장하였다.

패널과 항소기구는 EC가 채택한 zeroing 방법은 가중평균수출가격을 가중평균정상가격까지 낮추어 결과적으로 덤핑마진을 높게 계산하였다고 보았다. 따라서 EC가 zeroing을 함으로써 수출가격과 정상가격의 공정한 비교가 이루어지지 않게 되었으므로, 덤핑마진 계산시 마이너스 마진이 나타나는 일부 품목들을 zeroing한 것은 제 2 조 제 4 항 2에 위반하는 것이라고 결정하였다.

【 미국 - 캐나다산 침엽수목재 사건 】[58]

1. 사실관계

2002년 5월 21일 미국 상무부(DOC)는 1930년 1930년 관세법 Section

---

[58] United States - Final Dumping Determination on Softwood Lumber from Canada(US - Softwood Lumber Ⅴ, DS264) 캐나다와 미국간 침엽수목재 분쟁은 1981년 첫 번째 사건이 제기된 후 총 5차례의 분쟁이 있었다. 1981년 첫번째 분쟁부터 1991년 3번째 분쟁까지는 캐나다 목재산업이 캐나다 연방 및 주 정부로부터 부당한 보조금을 지급받아 미국에 수출함으로써 미국 목재 생산자들이 상계관세 부과를 요청하면서 비롯된 것이다. 2001년의 침엽수 목재분쟁(Softwood Lumber Ⅳ)은 보조금에 대한 상계관세 주장 외에, 캐나다 업체들이 부당한 가격차별을 통한 덤핑이 있었다는 주장이 더해졌다. 이 분쟁은 Softwood Lumber Agreement 체결로 종결되었는데, 협정 조건에 부합하는 일정한 물량의 캐나다산 목재에 대해 반덤핑관세와 상계관세를 부과하지 않도록 하고 있다.

735에 따라 캐나다산 침엽수 목재에 대하여 평균 8.43%의 관세를 부과하는 최종덤핑결정을 내렸다. 캐나다는 DOC가 행한 반덤핑조사의 개시와 수행이 부적절하게 이루어졌으며, DOC의 덤핑결정 및 덤핑마진산정방법이 GATT 및 WTO 반덤핑 협정을 위반하였다고 주장하며, 2002년 10월 13일 미국을 상대로 협의를 요청하였고, 12월 6일에는 패널 설치를 요청하였다.

2. 패널 및 항소기구의 결정

(1) 동종상품

이 사안의 쟁점 중 하나는 동종상품의 판단에 있어 미국이 반덤핑협정 제2조 제6항에 반하는 방법으로 고려 중에 있는 상품을 정의하였는지의 문제였다. DOC는 서술적 설명과 관세분류번호가 포함된 기술적 방법을 기초로 고려 중에 있는 상품을 획정하였는데, 동일한 정의에 해당하는 캐나다 국내시장의 상품을 토대로 정상가격을 산정하였다. 이러한 사실에 비추어 패널은 DOC가 고려 중인 상품을 특정한 후에 이를 이용하여 동종상품을 획정한 것으로 보이며, 이러한 동종상품의 정의 방법은 반덤핑협정 제2조 제6항 규정에 부합된다고 판단하여 캐나다의 주장을 기각하였다.

(2) 공정한 비교

반덤핑협정 제2조 제4항은 수출가격과 정상가격간의 공정한 비교를 위해 물리적 특성의 차이 등 가격비교에 영향을 미치는 차이들에 대해 보정하도록 규정하고 있다. 캐나다는 가격 비교시 두께, 너비, 길이 등 단순한 규격차이는 생산비 차이를 발생시키는 것이 아니라는 이유로 보정하지 않은 미국의 조치는 반덤핑협정 제2조 제4항 위반이라고 주장하였다. 패널은 제2조 제4항은 차이가 발견되는 모든 경우에 보정이 자동적으로 이루어질 것을 요구하는 것은 아니며, 가격비교에 영향을 미치는 차이에 대해 보정이 이루어질 것을 요구하는 것이라고 보았다. 조사당국이 모든 보정 요구를 수용해야 하는 것도 아니고, 특정 차이가 가격비교에 영향을 미치는지 여부를 검토하기 위한 특정 방법의 사용의무를 조사당국에 부과하는 것도 아니라고 하였다. 패널은 동 사건의 경우 규격 차이가 생산비 차이를 발생시키지 않는 점이 인정되며, 규격이 다른 상품의 가격차이가 일반적으로 근소한 수준이라고 보았다. 패널은 어떤 차이가 가격 비교에 영향을 줄 정도라고 결정하기 위해서는 그 가격차이가 식별될 수준이 되어야 하나, 캐나다 측이 제출한 자료로는 규격 차이에 의한 가격변동이 單續的이고 일관성이 없어 규격 차이가 가격변동에 영향을 준다고 인정하기 어렵다고 판단하여 캐나다의 주장을 기각하였다.

미국은 침엽수목재를 유형별로 나누고 1단계로 각 유형 내 거래의 가중평균수출가격과 가중평균정상가격을 산정한 후, 2단계로 양자간의 차이를 계산하였다. 미국은 침엽수 목재 전체의 덤핑마진율을 계산하기 위해 유형별 덤핑마진의 평균을 계산하면서 마이너스 덤핑마진은 0으로 처리하는 'zeroing' 방법을 적용하였다. 캐나다는 미국의 zeroing 방법은 모든 비교가능한 수출거래가격을 고려한 것이 아니므로 반덤핑협정 제 2 조 제 4 항 (2) 위반이라고 주장하였으나, 미국은 제 2 조 제 4 항 (2)는 유형 별 덤핑마진을 구하는 단계에만 적용되는 것이라고 주장하고 미국은 1단계에서는 모든 거래를 고려하였다고 반박하였다.

패널은 미국이 사용한 1, 2단계 다중평균방식(multiple average)은 일단 반덤핑협정 제 2 조 제 4 항 (2)에 부합된다고 보았다. 이어서 제 2 조 제 4 항 (2)는 가중평균 정상가격을 모든 비교가능한 수출거래가격의 가중평균과 비교하라고 규정하고 있으나, zeroing 방식은 마이너스 덤핑이 나온 수출거래는 2단계에서 고려되지 않은 것이므로 제 2 조 제 4 항 (2) 위반에 해당한다고 하였다. 패널 결정은 1단계 상품유형별 덤핑마진을 단순 합산하여 마이너스 덤핑마진이 플러스 덤핑마진을 상쇄할 수 있도록 계산해야 한다는 것이다. 항소기구는 모든 비교가능한 수출거래란 비교할 수 있는 거래는 모두 다 비교해야 한다는 의미이므로, 미국이 각 유형별 정상가격과 수출가격의 가중평균 계산시 유형 내의 거래 일체를 비교하였으므로 합당하다고 보았다. 문제는 유형별 덤핑마진의 합산방식에 대한 입장 차이인데, 덤핑마진에 대해 미국은 각 상품의 유형(sub group)별 가중평균수출가격과 가중평균정상가격의 차이라고 주장하였다. 이에 대해 항소기구는 GATT 제 6 조 제 1 항, 반덤핑협정 제 2 조 제 1 항의 문언상 덤핑은 '상품 전체'(as a whole)에 대해 구하는 것이며, 제 2 조 제 1 항의 '이 협정의 목적상'이라는 규정에 비추어 제 2 조 제 1 항의 덤핑 정의는 제 2 조 제 4 항 (2)에도 적용해야 하므로, 조사대상 상품의 유형, 모델, 카테고리 별로 덤핑여부가 존재하는 것이 아니라고 지적하여 미국의 주장을 부정하였다. 항소기구는 각 sub group 별 가중평균수출가격과 가중평균정상가격 차이는 반덤핑협정 제 2 조 제 4 항 (2)에서 말하는 덤핑마진이 아니라, 조사대상 상품 전체로서의 덤핑마진 을 산정하기 위한 중간 계산에 불과하다고 본 것이다. 항소기구는 조사당국 이 모든 sub group별 가중평균수출가격과 가중평균정상가격 차이를 모두 합산하지 않고 문제가 되는 상품의 덤핑마진을 산정할 수는 없다고 판단하 였으며, 반덤핑협정 제 2 조 제 4 항 (2)에도 일부만 합산하고 일부는 제외할 수 있다는 문언적 근거가 없다고 지적하여, 미국의 zeroing은 동 조항 위반 에 해당한다고 평결하였다.

【 미국 – 한국산세탁기반덤핑 사건 】

1. 사실관계

2013년 미국 상무부는 추수감사절 연휴기간 블랙프라이데이에 한국산 대 형가정용세탁기의 할인판매가 표적덤핑으로 보고, 덤핑마진을 산정하면서 W-T 비교방식을 적용하고 제로잉을 통해 9.29~13.02%의 반덤핑관세 부과 를 결정하였다. 한국이 WTO에 제소하면서 문제 삼은 것은 반덤핑협정 제 2 조 제 4 항 2 제 2 문에 규정된 비교방식에 대한 것으로, W-T 비교방식의 적용조건 충족 여부를 결정하기 위해 상무부가 택한 방식을 다툰 것이다. W-T 비교방식을 적용할 경우의 제로잉 사용과, 그 일련의 과정 등에 대하 여도 청구하였다.

제 2 조 제 4 항 2의 제 1 문은 덤핑마진 산정시 통상적으로 사용되는 두 가지 비교방식을 규정하고 있고, 제 2 문은 예외적 경우에 적용되는 비교방 식을 규정하고 있다. 동조 제 2 문은 세 부분으로 구성되는데, 첫 부분은 가 중평균정상가격과 개별 수출거래를 비교하는 비대칭적 비교방식 사용을 허 용하는 것으로 "방식조항(methodology clause)"이라 한다. 두 번째와 세 번째 부분은 그러한 비대칭적 비교가 적용될 수 있는 일정한 조건을 규정하고 있 다. 두 번째 부분은 "패턴조항(pattern clause)"이라 불리는 것으로, 상이한 구 매자, 지역, 기간 사이의 수출가격이 현저하게 차이나는(significant difference) 패턴이 있을 것을 요구한다. 세 번째 부분은 "설명조항(explanation clause)"으

로, 그러한 차이가 W-W 또는 T-T 비교방식으로는 적절히 고려될 수 없는 이유를 조사당국에게 설명하도록 요구하는 것이다.

2. 패널 결정

(1) W-T 비교방식

① 방식조항에 대한 청구

미 상무부는 패턴과 무관한 수출거래를 포함한 모든 수출거래에 W-T 비교방식을 적용하였는데, 한국은 W-T 비교방식이 관련된 패턴에 해당되는 거래에만 적용해야 한다는 점을 들어 미국이 제 2 조 제 4 항 2 제 2 문을 위반하였다고 주장하였다. 특히 패널은 "개별"이라는 용어는 W-T 비교방식이 "모든 수출거래를 포함하지 않으며," "개별적으로 확인된 특정 수출거래들"만을 표시한다고 보았다. 또한 패널은 반덤핑협정 제 2 조 제 4 항 2의 제 2 문이 조사당국으로 하여금 소위 '표적덤핑'을 밝혀내도록 하는 목적과 취지를 가진 것임을 지적하였다. 미국은 패턴이란 높은 수출가격과는 다른 낮은 수출가격을 포함하는 것이기에, 모든 수출거래는 관련된 패턴에 포함될 수 있다고 하였다. 어떤 가격이 구매자, 지역, 기간에 차이가 있음을 알게 된다면, 그러한 가격은 해당 구매자, 지역, 기간에 관련된 규칙적이고 확인 가능한 형태나 결과로 간주될 수 있다. 패턴을 구성하는 어떤 가격이 다른 가격들을 참조해서 확인된다면, 그 다른 가격들은 해당 패턴에 포함되지 않는다고 하였다. 이러한 이유에서 패널은 W-T 비교방식은 상이한 구매자, 지역, 기간 사이에 현저한 차이가 있는 수출가격의 패턴에 해당되는 거래에만 적용되어야 한다고 보았다. 따라서 미국 상무부는 패턴거래가 아닌 다른 거래를 포함하는 모든 거래에 W-T 비교방식을 적용함으로써 반덤핑협정 제 2 조 제 4 항 2 제 2 문을 위반하였다고 판단하였다.

② 패턴조항에 대한 청구

한국은 패턴조항 적용과 관련하여 미국이 현저하게 차이나는 수출가격 패턴을 결정함에 있어 정량적 기준만을 적용하고, 그러한 가격 차이의 이유에 대한 정성적 평가는 행하지 않은 점을 지적하였다. 패널은 제 2 조 제 4 항 2의 문언상 그러한 이유를 고려해야 할 요건이 없다고 판단하였고, 관련된 절대가격 검토만으로도 가격이 규칙적이고 확인가능한 형태로 다르다는 사실을 식별할 수 있다고 보았다. 한국은 패턴이 "확인가능"하기 위해서는 표적행위의 목적에 의미가 있는 것이어야 한다고 주장하였으나, 패널은 이를 수용하지 않았다. 패널은 특정 구매자, 지역, 기간에 있어 추출될 수 있는 형태나 결과에 대한 규칙성이 있다면 패턴이 확인가능하다고 하였다. 특정 구매자, 지역, 기간과 관련한 일련의 규칙적인 가격 변동은 그러한 변동의 이유나 그 배후의 목적을 모른다 할지라도, 객관적 데이터를 평가함으로써 추출될 수 있다고 하였다. 해당 차이가 휴가철 세일을 위해 가격을 낮추는 것과 같이 통상의 상업적 사정에 따른 자연스런 반응인 경우, "큰(large)" 가격차이가 "현저한(significant)" 것은 아니라는 한국측 주장도 기각하였다. 대신 그 차이에 대한 이유와 무관하게 어떤 가격들이 다른 가격들에 비해 수치상 두드러지게(notably) 높다면, 그 가격들이 '현저하게(significantly)' 차이난다는 판단은 적절한 것으로 보았다. 실제 상황에서 가격차이의 규모나 범위는 실제 상황을 객관적으로 평가하는 것이 필요하나, 차이나는 이유가 아니라 해당 가격의 차이나는 정도가 의미하는 중요성(significance)의 측면을 고려한 것이다. 이러한 논거에서 패널은 미 상무부가 가격차이의 이유에 대한 정성평가없이 순전히 정량적 기준에 따라 구매자, 지역, 기간별로 현저한 차이가 있는 수출가격 패턴이 존재한다고 결정한 것은 제 2 조 제 4 항 2 제 2 문 위반이라는 한국 주장을 기각하였다.

③ 설명조항에 대한 청구

한국은 설명 조항상의 '적절하게'라는 용어는 특정 산업의 객관적 상황에 대한 정성적 평가를 요구하는 것이라 주장하였다. 상무부는 W-W나 T-T 비교방식 중 하나를 통해 관련 패턴을 적절히 설명하지 못하거나 설명할 수 없는 이유를 명확히 제시하지 못했다는 것이 한국측 주장이다. 미국 상무부는 W-W 비교방식으로는 관련 수출가격 차이를 적절히 고려할 수 없었던 데는 두 가지 이유가 있다고 하였다. W-W 비교방식으로 평균을 구하는 것은 가격차이를 감추게 되고, W-W 방식을 사용한 덤핑마진은 W-T 비교방식을 사용하여 산출한 덤핑마진보다 실질적으로 낮거나 상당히 낮다는 것이다. 패널은 상무부가 W-W나 T-T 두 비교방식 모두에 대한 설명이 필요한가, 또는 W-W 비교방식에 대해 설명하는 것만으로 충분한가를 고려하여야 한다고 하였다.

먼저 패널은 제2문이 적절성을 결정하는 기준을 제시하지 않고 있음을 언급하고, 제2문의 목적과 취지가 표적덤핑을 밝혀내는 것임을 고려하는 것이 합리적이라 하였다. 구매자, 지역, 기간별로 수출가격을 현저히 차이나게 만드는 표적덤핑 이외의 요소가 있을 수 있으므로, 설명조항이 필요함을 지적하였다. 따라서 패턴의 존재를 밝혀낸 후에라도 조사당국은 표적덤핑 이외의 것이 가격차이의 원인이 될 수 있는 가능성을 확인하기 위해 주요한 실제상황을 분석하여야 한다 하였다. 당국이 통상의 비교방식 중 하나를 택하지 않는 판단을 내리기 전에 이러한 주요 실제상황에 대한 분석이 설명되어야 한다는 것이다.

패널은 W-W 비교방식의 평균 효과가 적절하다는 상무부의 주장을 기각하였다. 특히 W-W 비교방식은 평균 산출을 통해 개별 수출가격간의 차이를 감추게 되는 본질을 가지고 있음을 지적하고, 이러한 내재된 '은폐 효과'(masking effect)로 W-W 방식이 가격차이가 발생한 해당 패턴을 적절히 반영하지 못하는 이유를 설명할 수 없다고 하였다. 통상적인 비교방식을 통해 은폐된 덤핑의 총액을 밝혀냄으로써, W-W와 W-T 비교방식의 마진 산정 비교시 특정 사실을 적절히 고려하였다는 주장도 부정하였다. 패널은 당국이 마진상의 그러한 차이를 고려하는 권한만 있다는 주장도 부정하였다. 왜냐하면 제2문을 적용하게 되면 수출가격의 현저한 차이가 있는 패턴이 수출자에 의한 표적행위와 아무런 관계가 없는 경우에조차 더 큰 덤핑마진을 산정하게 될 수 있기 때문이다. 적절성의 기준은 표적덤핑과 무관한 실제상황에 제2문이 적용되는 것을 피하기 위해 이러한 사실들을 당국이 검토하도록 요구하는 것이라 보아야 한다. 상무부의 설명조항 적용은 W-W 방식에서 평균산출이 가격차이를 숨기는 것이라는 점과, W-W 방식을 통한 덤핑마진 산정은 W-T 방식을 통해 산정한 마진보다 낮다는 사실에 국한되었다고 하였다. 그 결과 패널은 미국 상무부가 피소측이 표적덤핑을 하고 있다는 사실을 부인하는 것을 제대로 다루지 못했다고 보았다. 이러한 기반 위에서 패널은 미국 상무부가 세탁기 반덤핑조사에서 제2조 제4항 2 제2문의 설명조항을 위반하였다고 결정한 것이다.

(2) W-T 비교방식과 제로잉

한국은 미국 상무부가 원심에서 W-T 비교방식을 적용하면서 제로잉을 사용한 조치는 반덤핑협정 제 2 조 제 4 항 2 제 2 문과 제 2 조 제 1 항 및 제 2 조 제 4 항, GATT 제 6 조 제 1 항 자체를 위반한 것이라 주장하였다. 행정재심에서 W-T 비교방식을 적용하면서 제로잉을 적용한 미 상무부의 조치는 반덤핑협정 제 9 조 제 3 항과 GATT 제 6 조 제 2 항을 위반하였다는 것이다.

패널은 반덤핑협정 제 2 조 제 4 항 2의 제 2 문이 패턴거래를 강조한 점에 주목하였다. 제 2 조 제 4 항 2 제 2 문상의 '개별수출거래'란 관련된 가격책정 패턴 내의 거래이고, 가격책정 패턴은 제 2 조 제 4 항 2의 제 1 문에서 규정한 대칭적 비교방식을 적용한 수출거래보다 그 범위가 좁은 것이라 하였다. 제 2 조 제 4 항 2 제 2 문의 패턴거래와 관련하여 조사당국은 수출자의 가격책정행위만 분석할 수 있다. 따라서 W-T비교방식을 사용하면 제 1 문상의 대칭적 비교방식으로 은폐하는 것에 비해 패턴거래의 덤핑 증거를 뚜렷이 하여 그 증거가 덤핑마진에 충분히 반영되도록 함으로써, 제 2 문의 목적과 취지를 달성할 수 있다고 판단하였다. 제 2 문은 패턴거래와 관련된 수출자의 가격책정행위를 특별히 강조하는 것이므로, 그 패턴과 관련된 모든 덤핑증거가 반영되어야 한다는 것이 패널의 입장이다. 미국은 수출가격이 정상가격보다 높은 패턴거래가 수출가격이 정상가격보다 낮은 패턴거래의 덤핑증거를 가릴 수 없도록 제로잉이 필요하다고 주장하였으나, 패널은 이를 받아들이지 않았다. 그러나 이들 패턴 내 거래가 다른 거래와 비교하여 현저하게 차이나는 수준으로 가격이 책정되었는지에 대해서는 아무런 검토가 없다. 따라서 비패턴거래보다 현저히 낮은 가격의 패턴거래가 비패턴거래보다 현저히 낮은 가격의 다른 거래에서의 덤핑 증거를 가린다는 결론은 아무런 근거가 없다고 하였다.

이러한 논거에서 패널은 미국 상무부가 W-T 비교방식에서 제로잉을 사용한 것은 제 2 조 제 4 항 2의 제 2 문 규정에 반하는 것이라 결정하였다. 조사 당국이 패턴 내에서 수출자의 가격책정행위에 특별히 주목한 경우 정상가격 이상의 개별 패턴거래가 적절히 반영되지 못하므로, 패널은 W-T 비교방식의 경우 제로잉 사용이 공정한 비교가 될 수 없다고 하였다. 동일한 이유에서 반덤핑협정 제 9 조 제 3 항과 GATT 제 6 조 제 2 항 위반으로 판단하였다.

3. 항소기구

(1) 패턴거래의 해석

패널은 관련되는 패턴의 해석에 있어 각각의 특정 표적에 대해 낮은 가격으로 수출하는 거래만을 포함하는 것으로, 다른 구매자나 다른 지역, 다른 기간에 높은 가격으로 수출하는 여타 거래는 비패턴거래라고 하였다. 이에 대해 미국은 패턴이란 다른 거래에 비해 상당한 차이가 있는 낮거나 높은 수출가격 모두를 포함하는 것이라고 하면서, 패널이 패턴의 의미를 잘못 해석하였다고 주장하였다.

항소기구는 반덤핑협정 제 2 조 제 4 항 2가 조사당국이 상이한 구매자, 지역 또는 기간별로 상당한 차이가 있는 수출가격 패턴을 발견하는 것이 필요하다고 규정한 것에 착안하였다. 필요요건인 설명이 갖춰진다는 전제하에, 패턴을 확인하는 것이 W-T 비교방식 적용을 위한 방아쇠(trigger)라고 하였다. 패턴이 수출가격들 중 현저하게 차이나는 것인 점에 착안하여, 조사당국이 어떤 수출가격이 패턴을 구성하는지를 가려내기 위해서는 해당 패턴의 가격과 패턴에 속하지 않는 가격간 상당한 차이가 있는가를 식별요소로 삼게 된다. 이러한 요소가 조사당국으로 하여금 표적덤핑을 확인하고 다루도록 하는 기능을 가진 제 2 조 제 4 항 2의 제 2 문에 의미와 효과를 부여한다고 보았다.

항소기구는 문언에 기반하여, 접속사인 'or'는 배타적이거나 포섭적일 수 있으나, 'among'이라는 단어를 굳이 사용함으로써 구매자, 지역 또는 기간이라는 각각의 카테고리는 그 자체로 고려되어야 함을 의미하는 것으로 이해하였다. 패턴은 규칙성과 명료성(regular and intelligible)을 모두 갖추어야 하므로, 일정치 않은 가격 변동은 반영하지 않아야 한다. 따라서 각각의 카테고리 내에서 현저한 차이가 발견되어야 패턴을 확인할 수 있다.

이러한 논거에서 항소기구는 반덤핑협정 제 2 조 제 4 항 2의 제 2 문에 따라 패턴이란 다른 가격보다 현저히 낮기 때문에 다른 구매자에 대한 수출가격과 현저히 다른 하나 또는 그 이상의 구매자에 대한 모든 수출가격을 의미한다고 하였다.

(2) W-T 비교방식하의 제로잉

제 2 조 제 4 항 2의 제 2 문은 패턴거래에 관한 수출자의 가격책정 행위에

특별히 주안점을 둔 것으로, 해당 패턴에 관한 덤핑 증거 전체를 고려하여야 한다는 것이 패널의 결정이었다. W-T 비교방식은 해당 패턴 내의 개별 수출거래 가격들에 초점을 맞춘 것으로, 각각의 패턴거래는 해당 수출가격이 정상가격 이상이든 이하이든, 그 자체로 그에 맞는 가치만큼 고려되어야 함을 의미한다. 따라서 패널은 제 2 조 제 4 항 2 제 2 문의 조문상 정상가격 이하의 개별수출가격을 다른 정상가격 이상의 수출가격보다 중요하게 여기는 판단은 아무런 근거도 없다 하였다. 그 결과 패널은 미국 상무부가 W-T 비교방식을 사용할 때 제로잉을 사용하는 것은 제 2 조 제 4 항 2의 제 2 문 "자체(as such)"에 반한다고 결정하였다.

　미국은 패널의 결정이 W-T 비교방식의 사용조건이 충족된 경우 W-T 비교방식 적용과 연계한 제로잉 사용은 반덤핑협정 제 2 조 제 4 항 2 제 2 문에 반한다고 판단한 것은 잘못이라고 주장하였다. 미국에 의하면, 제 2 조 제 4 항 2의 조문과 문맥상 W-T 비교방식이라는 예외적 비교방식이 어떤 의미를 가지려면, W-T 비교방식 적용시 제로잉은 허용가능한 것이고, 실제로도 필요한 것이라고 주장하였다.

　제 2 조 제 4 항 2 제 2 문의 '개별적 수출거래'라는 용어는 다른 수출가격과 현저히 차이나는 수출가격 패턴을 의미하는 것이 올바른 해석임에 비추어, 항소기구는 '개별적 수출거래'가 정상가격보다 낮게 책정된 거래가격 패턴만을 의미한다는 판단은 조문이나 문맥상 지지될 수 없다 하였다. 패널이 밝힌 바와 같이 '개별적'이라는 용어의 의미는 해당 수출가격이 정상가격보다 높건 낮건 무관하게 각각의 패턴거래는 그 자체로 그에 맞는 가치만큼 반영되어야 한다는 것이다. 어떤 패턴 내에서 제로잉을 하면 하나 또는 둘 이상의 구매자, 지역, 기간별로 정상가격보다 낮게 판매된 수출거래에 한정하는 패턴의 의미가 되어버린다. 항소기구는 동 조항의 기능이 정상가격과 확인된 패턴에 포함된 모든 거래를 비교함으로써 조사당국으로 하여금 확인된 특정 패턴에 부합하는 표적덤핑을 다룰 수 있도록 하는 것이라 지적하였다. 따라서 정상가격과 비패턴거래를 제외한 패턴거래간의 덤핑 비교가 행해지고 나면, 더 이상 밝혀내야 하는 것은 없다고 하였다. 중요한 것은 오로지 패턴거래에만 초점을 맞춤으로써 W-T 비교방식 적용시 제로잉 사용에 의존할 필요없이 표적덤핑을 구성하는 가격책정 패턴을 파악할 수 있게

된다.

제 2 조 제 4 항 2 제 2 문의 의미에서 상당히 차이나는 수출가격 패턴이란 모든 수출거래의 부분집합이므로, 정상가격과 패턴거래만을 비교하는 것은 모든 수출거래에 W-W 비교방식을 적용한 결과와 수리적으로나 실질적으로 동등한 결과를 낳을 수 없다. 미국은 제로잉 없이 동일한 부분집합에 W-W 비교방식을 적용한 것과 본질적으로 동등하다는 것이 패널의 입장이라고 주장하였으나, 이 또한 기각되었다. 항소기구는 W-T 비교방식을 적용한 결과가 가중평균정상가격과 모든 패턴거래의 가중평균수출가격을 비교한 결과와 동등할 수 있다는 사실만으로 W-T 비교방식의 적용을 패턴거래에만 규정하고 있는 제 2 문과 관련된다 할 수 없고, W-T 비교방식이 제 2 조 제 4 항 2의 제 2 문에서 제외되는 것이 아니라 하였다.

(2) 피해의 발생
(가) 피 해
(a) 피해의 개념　특정의 덤핑행위가 수입국의 확립된 산업에 '실질적 피해'(material injury)를 야기하거나 '피해를 야기할 우려'(threat of material injury)가 있는 경우 피해가 존재하는 것으로 간주된다. 그리고 덤핑이 수입국의 '산업확립을 실질적으로 저해'(material retardation of the establishment of such an industry)하는 경우에도 피해가 발생한다.

> **제 3 조 각주**　이 협정에서 "피해"라는 용어는 달리 규정되지 아니하는 한, 국내산업에 대한 실질적인 피해, 국내산업에 대한 실질적인 피해의 우려 또는 산업의 확립에 대한 실질적인 지연을 의미하는 것으로 간주되며 이 조의 규정에 따라 해석된다.

피해의 판정은 수입국 당국의 자의적 판단을 방지하기 위하여 명확한 증거(positive evidence)를 근거로 하여야 하며, 덤핑상품의 물량과 동종상품의 국내시장가격에 영향을 끼친 수입상품의 영향, 그러한 상품의 국내생산자에게 끼친 수입의 영향을 객관적으로 평가하여 결정하여야 한다.[59]

덤핑수입의 물량과 관련하여, 조사당국은 絕對的으로 또는 수입회원국의

---

59) GATT 1994 제 6 조 이행협정 제 3 조 제 1 항.

생산이나 소비에 비하여 相對的으로 덤핑수입품이 상당히 증가하였는지를 고려
하여야 한다. 덤핑수입품이 가격에 미치는 영향과 관련하여, 조사당국은 수입회
원국의 동종상품 가격과 비교하여 덤핑수입품에 의하여 상당한 가격인하가 있
었는지 또는 그러한 수입품이 다른 방법의 가격하락이나 가격상승억제에 상당
한 정도로 영향을 끼쳤는지 여부를 고려하여야 한다. 다만 이러한 요소 중 하나
또는 여러 개가 반드시 결정적인 지침이 될 수는 없다.[60]

덤핑수입품이 관련 국내산업에 미치는 영향의 검토는 판매 · 이윤 · 생산
량 · 시장점유율 · 생산성 · 투자수익률 · 설비가동률의 실제적이고 잠재적인 감소,
국내가격에 영향을 미치는 요소, 자금 순환 · 재고 · 고용 · 임금 · 성장 · 자본조달
능력에 대한 실제적이고 잠재적인 악영향 등 산업의 상태에 영향을 미치는 관
련된 모든 경제적 요소와 지표(all relevant economic factors and indices)에 대한 평
가를 포함한다. 여기에 적시된 요소만을 검토하라는 것은 아니며, 이러한 요소
중 하나 또는 여러 개가 반드시 결정적인 지침이 될 수는 없다.[61]

실질적 피해의 우려에 대한 판정은 사실에 기초하여야 하며, 단순히 주장
이나 추측 또는 막연한 가능성에 기초하여서는 아니 된다. 덤핑이 피해를 초래
하는 상황을 발생시키는 상황의 변화는 명백히 예측되는 것이며 급박한 것이어
야 한다.[62] 예컨대 가까운 장래에 덤핑가격으로 실질적인 상품의 수입증가가
있을 것이라고 믿을 만한 설득력 있는 이유가 있는 경우라면 명백히 예측되며
급박한 것이라고 할 수 있다. 피해의 우려에 있어 핵심적 쟁점은 덤핑이 국내
산업에 피해를 주기 시작하도록 만드는 상황의 변화가 있는가 하는 것이다.[63]
미국 ITC는 캐나다산 돼지의 일본수출이 감소되면서 수출감소분만큼 돈육으로
미국에 수출됨으로써 미국 산업에 피해를 줄 수 있다고 주장하였으나, 미국과
캐나다간 자유무역협정에 따라 설치된 패널은 미국측 주장이 설득력이 없는 것
으로 결정하였다.[64] 실질적 피해의 우려가 존재하는가를 판정하는 데에는 다음

---

60) GATT 1994 제 6 조 이행협정 제 3 조 제 2 항.

61) GATT 1994 제 6 조 이행협정 제 3 조 제 4 항.

62) GATT 1994 제 6 조 이행협정 제 3 조 제 7 항.

63) Egypt - Definitive Anti-Dumping Measures on Steel Rebar from Turkey(Egypt - Steel
Rebar, DS211), Panel Report, para. 7.91.

64) Lowenfeld, *supra* note 4, p. 270.

의 요소들이 검토된다. 실질적인 수입증가의 가능성을 나타내는 국내시장으로
의 덤핑수입품의 현저한 증가율, 추가적인 수출을 흡수하는 다른 수출시장의 이
용가능성을 감안하여 수입회원국의 시장으로 덤핑수출을 실질적으로 증가시킬
수 있는 가능성을 나타내는 충분하고 자유롭게 처분가능한 수출자의 생산능력
또는 수출자의 생산능력의 임박하고 실질적인 증가, 수입이 국내가격을 현저히
하락 또는 억제시킬 수 있는 가격으로 이루어지고 있는지 여부 및 추가수입에
대한 수요를 증가시킬 것인지 여부, 그리고 조사대상 상품의 재고현황이 그것
이다.

국내산업의 확립에 대한 실질적 저해가 발생하는 경우에도 덤핑이 문제 되
는 피해가 존재한다. 이러한 요건에 해당되는 경우는 매우 드물게 볼 수 있는
데, 그 이유는 국내산업에 몇 개의 기업이 있는 경우 그 중 일부는 이미 확립되
어 있어서 덤핑으로 피해가 실제로 발생하거나 피해의 우려가 제기될 것이어서,
국내산업의 확립에 대한 실질적 저해가 발생하는 것은 아니다.

(b) 피해의 실질성   협정에는 반덤핑관세가 부과되기 위해서는 실질적 피
해가 있어야 한다고 규정되어 있으나, 무엇이 '實質的'인 피해인지에 대해서는
직접적 언급이 없다. 다만 반덤핑협정은 덤핑수입물량이 수입 회원국 내 동종
상품 수입량의 3% 미만을 점유한 것으로 판명되는 경우 무시될 수 있다고 한
것은 실질성의 한 기준이 될 수 있다.[65] 뉴질랜드의 핀란드 변압기 수입사건에
서 이러한 측면을 확인할 수 있다.[66]

실질적 피해라는 것이 GATT 제19조의 세이프가드조항에서 언급하고 있는
중대한 피해(serious injury)라는 표현보다는 다소 가벼운 개념으로서, 경쟁관계에
있는 국내산업이 반덤핑관세와 같은 대응조치를 얻기가 상대적으로 수월해야
된다는 주장도 있다.[67] 그러나 무엇이 실질적 피해인지에 관해서는 여전히 의
문으로 남아 있다.

---

65) GATT 1994 제6조 이행협정 제5조 제8항.

66) New Zealand - Imports of Electrical Transformer from Finland(32S/55), pp. 55, 66.

67) Jackson, *supra* note 6, p. 266.

【 핀란드산 변압기 덤핑 사건 】

뉴질랜드 전력회사가 공고한 2대의 변압기 입찰에서 핀란드의 변압기수출업자가 낙찰되었다. 이에 대하여 입찰에 참여하였던 뉴질랜드 업체가 핀란드 수출업자의 행위는 덤핑에 의한 것이라고 주장하였다. 이에 따라 뉴질랜드 당국은 동 변압기가 정상가격 이하로 수입되었다는 이유로 반덤핑관세를 부과하였다. 뉴질랜드는 정상가격을 산정함에 있어 핀란드 내에 뉴질랜드에 납품한 형식과 동종의 변압기에 대한 국내가격이 없었으므로, 구성가격을 기준으로 하였다. 이에 대하여 핀란드정부는 GATT에 뉴질랜드측의 반덤핑조치를 제소하였다.

핀란드는 뉴질랜드가 구성가격으로 정상가격을 산정한 방법은 인정하되, 뉴질랜드가 구성가격을 높게 평가하였다고 항변하였다. 패널은 뉴질랜드측이 핀란드로부터 적절한 자료를 받지 못한 가운데 별도의 출처로부터 가격요소들을 산출한 뉴질랜드측의 가격산정방법은 정당한 것으로 판정하였다. 문제는 이러한 덤핑행위가 뉴질랜드산업에 대한 실질적 피해나 피해의 위협을 가져왔는가의 결정에 있었다. 피해를 주장한 뉴질랜드의 변압기회사는 뉴질랜드 국내총생산의 92%를 차지하고 있는 기업으로, 패널은 동 회사가 덤핑제소를 위한 요건을 충족시키기에 충분한 상태였음을 인정하였다. 다만 2대의 변압기수입이 실질적 피해가 되는지에 관한 검토에서, 패널은 해당변압기는 뉴질랜드의 국내생산과 총수입량의 1.5%에 불과하고, 수입량으로 보면 2.4%에 불과한 미미한 수치라는 점을 이유로 뉴질랜드의 관련산업은 실질적 피해가 없는 것으로 판정하였다.

이에 따라 패널은 뉴질랜드의 반덤핑결정 취소와, 이미 취득한 반덤핑관세를 환급할 것을 결정하였다.

(나) 국내산업

덤핑규제를 위해서 가장 먼저 하여야 할 것은 실질적 피해를 입은 國內産業이 있는가 하는 점이다. 따라서 국내산업이 의미하는 바를 먼저 규명하여야 한다.

국내산업이란 동종상품을 생산하는 전체로서의 국내생산자(domestic producers as a whole), 또는 상품생산량의 합계가 그 상품의 국내총생산량의 상당부

분을 차지하는 국내생산자를 의미한다.[68] 일부 기업이 도산하였다 하더라도 해
당 산업이 일반적으로 번성하고 있는 경우에는 실질적 피해가 존재한다고 보기
어렵다.[69] 뿐만 아니라 관세동맹이나 자유무역지대 등과 같은 경우 시장이 단
일화되어 통합된 경우에는 해당 지역 전체의 산업을 대상으로 한다.[70] 그러나
국내생산자가 수출자 또는 수입자와 특수관계에 있을 때, 또는 국내생산자 자신
이 덤핑혐의물품의 수입업자일 때, 국내산업은 동 생산자 이외의 나머지 업체를
말한다. 국내생산자와 수출자 또는 수입자 중 일방이 상대방을 직간접으로 통제
하는 경우, 국내생산자와 수출자 또는 수입자 양방이 동일한 제 3 자에 의해 직
간접으로 통제를 받는 경우, 국내생산자와 수출자 또는 수입자 양방이 동일한
제 3 자를 직간접으로 통제하는 경우에는 특수관계에 있는 것으로 본다.

(3) 덤핑과 피해간의 인과관계

덤핑제소를 위해서는 덤핑과 피해간의 因果關係(causal relationship)를 입증
하여야 한다.

제 3 조 제 5 항   덤핑수입품이 제 2 항 및 제 4 항에 규정된 바와 같이 덤핑의 효과
를 통하여 이 협정이 규정하고 있는 의미의 피해를 초래하고 있다는 사실이 입증되
어야 한다. 덤핑수입품과 국내산업에 대한 피해간의 인간관계 입증은 당국에 제시된
모든 관련 증거의 검토에 근거한다. 또한 당국은 같은 시점에서 국내산업에 피해를
초래하는 덤핑수입품 이외의 모든 알려진 요소를 검토하며, 이러한 다른 요소로 인
하여 발생하는 피해는 덤핑수입에 의한 것으로 귀속시켜서는 아니된다.

미국-한국산 D램 반덤핑관세 사건에서 WTO 패널은 반덤핑관세를 유지하
기 위하여 반덤핑관세 부과 당국은 피소국의 기업이 덤핑한 사실과 국내산업의
피해, 그리고 인과관계의 세 가지 요소를 입증하여야 한다고 하였다.[71] 인과관
계의 입증은 조사당국에 제출된 모든 관련 증거(all relevant evidence)에 대한 조

---

68) GATT 1994 제 6 조 이행협정 제 4 조 제 1 항.
69) Jackson, *supra* note 6, p. 266.
70) GATT 1994 제 6 조 이행협정 제 4 조 제 3 항.
71) United States - Anti-dumping duty on dynamic random access memory semicon-
    ductors(DRAMS) of one megabyte or above originating from Korea(US - DRAMS, DS99).
    Panel Report, para. 4.61.

사에 근거하여야 한다. 또한 당국은 같은 시점에서 국내산업에 피해를 초래하는 덤핑수입품 이외의 모든 알려진 요소를 검토하여야 하며, 이러한 다른 요소로 인하여 발생하는 피해는 덤핑수입품에 의한 것으로 귀속시켜서는 아니 된다. 관련될 수 있는 요소에는 특히, 덤핑가격으로 판매되지 아니하는 수입품의 수량 및 가격, 수요감소 또는 소비형태의 변화, 외국생산자와 국내생산자의 무역제약적 관행 및 이들간의 경쟁, 기술개발, 국내산업의 수출실적 및 상품 생산성의 검토가 있다.[72]

　　1992년 노르웨이산 대서양 연어 수입에 대한 미국 국제무역위원회(ITC)의 피해판정을 다루기 위한 사건에서, GATT 패널은 ITC가 수입상품이 실질적 피해의 주요한 또는 실질적 원인인가를 결정할 필요 없이 수입상품이 실질적 피해의 원인인가를 결정하는 것으로 족하다고 한 미국측 주장을 받아들였다. 그리고 조사대상인 덤핑수입과 국내산업에 대한 실질적 피해의 인과관계 문제는 덤핑의 양이나 덤핑으로 인한 가격영향 및 국내산업에 끼친 영향 등의 요소에 대한 분석에 초점이 맞추어져야 한다고 하였다.[73]

【 태국 – 폴란드산 H-Beam 수입 사건 】[74]

　　태국은 폴란드산 철강제 및 비합금철강제 H-Beam의 수입으로 자국 국내산업에 실질적 피해가 발생하였다는 이유로, 1997년 5월 26일 27.78%에 해당되는 확정관세를 부과하였다.

1. 패널의 결정
(1) 구성가격의 산정
폴란드는 자국 내 판매량이 태국 수출량의 5% 미만이기 때문에 태국이

---

72) GATT 1994 제 6 조 이행협정 제 3 조 제 5 항; 1967년의 반덤핑Code는 덤핑수입이 실질적 피해의 주요 원인임이 명백하여야 한다고 하였으나, 1979년 개정 이후 덤핑수입이 피해의 원인이 되면 족한 것으로 변경되었다.

73) United States - Imposition of Anti-Dumping Duties on Imports of Fresh and Chilled Atlantic Salmon from Norway(ADP/87), GATT Panel Report, para. 555.

74) Thailand - Anti-Dumping Duties on Angles, Shapes and Sections of Iron or Non-Alloy Steel and H-Beams from Poland(WT/DS122/AB/R).

구성가격을 사용하는 데 이의를 제기하지 않았다. 그러나, 태국 행정당국이 구성가격 산정시 낮은 수준의 다른 이윤이 일부 있음에도 폴란드의 유일한 H-Beam 생산수출자인 후타 카토비체(Huta Katowice)의 이윤 36.3%만을 포함시킨 점에 이의를 제기하였다. 따라서 태국은 반덤핑협정 제 2 조 제 2 항 및 제 2 조 제 2 항 2의 (i)을 위반하였다고 주장하였다. 태국의 계산은 불합리한 것이고, '동일한 일반적 유형의 상품'에 대한 개념을 H-Beam만 포함시키고 동일한 일반적 유형의 다른 상품을 포함시키지 않음으로써 너무 좁게 해석하였다고 하였다. 그러나 패널은 폴란드의 주장을 받아들이지 아니하였고, 폴란드는 이 부분에 대하여 항소하지 아니하였다.

(2) 피해의 산정

폴란드는 피해와 관련하여 태국이 반덤핑협정 제 3 조 제 1 항, 제 2 항, 제 4 항 및 제 5 항을 위반하였다고 주장하였다. 제 3 조 제 1 항은 명확한 증거와 객관적 검토의 토대 위에서 실질적 피해를 산정할 것을 규정하고 있으나, 태국은 그러하지 않았다는 것이다. 제 3 조 제 1 항과 제 3 조 제 2 항 2문과 관련하여 폴란드는 폴란드산 H-Beam과 태국 샴철강의 H-Beam 가격이 같이 하락된 것이 아니라, 샴철강은 폴란드의 경쟁상품에 맞추기 위하여 가격을 낮춘 것이라고 하였다.

폴란드는 제 3 조 제 1 항 및 제 4 항과 관련하여 제 3 조 제 4 항에 열거된 모든 요소는 모든 사건에서 검토되어야 하는 것으로, 그렇지 않을 경우 피해조사는 제 3 조 제 1 항에 따른 명확한 증거의 토대 위에서 이루어진 것도 아니고 객관적 검토도 될 수 없다고 하였다. 태국 정부는 반덤핑협정 제 3 조 제 4 항은 관련된 모든 요소의 검토를 요구하는 것이지, 모든 요소를 검토하라는 것은 아니라고 하였다. 태국은 관련 요소들, 특히 국내가격에 영향을 끼치는 요소를 고려하였는데, 이를 통해 태국의 H-Beam 생산자에 대한 실질적 피해가 있다고 결론지었다. 이러한 주장에 대하여 패널은 폴란드의 주장을 받아들여, 제 3 조 제 4 항에 열거된 요소는 강제적인 것으로, 그 모두가 피해산정에 검토되어야 한다고 하였다. 더욱이 이들 열거된 요소만이 전부가 아니고, 각자의 가치는 사례별로 다를 수 있다고 하였다. 따라서 태국정부는 실질적 피해의 조사과정에서 덤핑마진의 규모, 임금과 자본 및 투자증대에 관한 실제적 잠재적 악영향을 검토하는 데 실패하였다고 결정하였다. 특히 태국 H-Beam 생산자의 능력은 일정하였고, 생산경향·이용능력·국내판매·수출판매·시장점유·재고·고용 등의 요소가 국내산업의 건전성을 보여주었으므로, 실질적 피해가 발생하였다고 한 태국의 결론은 잘못이라고 하였다. 태국은 적시의 비용회수에 대한 불가능을 이유로 제시하였으나, 그것은 태국이 폴란드산 수입품에 맞추기 위하여 자국산 가격을 인하한 것이기 때문에 태국의 주장을 받아들일 수는 없다고 하였다. 샴철강이 아직 경제규모에 이르지 못하였다고 한 태국 주장과 관련하여, 경제규모에 이르지 못한 것이 어떻게 실질적 피해에 영향을 끼쳤는지 설명하지 못함으로써 받아들여지지 않았다. 실제 샴철강의 점유율이 50%에서 56%로 확대된 점도 태국에게는 불리한 요소였다.

(3) 인과관계의 문제

폴란드는 제 3 조 제 1 항과 제 5 항에 규정된 바대로, 덤핑수입과 실질적 피해간의 인과관계에 대한 태국의 결정은 제 3 조 제 2 항과 제 4 항의 적용이 이미 잘못되었으므로, 근거 없는 것이라고 하였다.

폴란드는 태국 샴철강에 끼친 영향 중 폴란드산 H-Beam 수입 이외의 요소를 빠트렸다는 점을 지적하였고, 반덤핑협정 제 3 조 제 4 항이 모든 피해산정에서 검토되어야 하는 다양한 요소를 포함하고 있는 것과 같이 제 3 조 제 5 항도 인과관계의 문제에서 검토하여야 하는 경제적 요소를 열거하고 있다고 주장하였다. 패널은 폴란드의 첫 번째 주장은 수용하였으나, 두 번째 주장은 인정하지 않았다. 패널은 세계적 수요, 소비형태, 국내외 생산자에 대한 잠재적무역제약관행, 비폴란드산 수입의 영향, 샴철강의 H-Beam 시장진출의 본질, 기술개발, 생산성 등 샴철강에 끼친 다른 영향이 있음을 지적하여, 태국은 다른 요소에 의해 발생한 피해를 폴란드산 수입품의 탓으로 돌리는 잘못을 범하였다고 하였다.

패널은 폴란드가 반덤핑협정 제 3 조 제 4 항과 제 5 항의 용어적 차이를 평가하는 데 잘못이 있다고 하였다. 제 3 조 제 4 항은 모든 피해산정시 검토되어야 하는 요소들로서 강제적 항목인 데 비해, 제 5 항은 그렇지 않은 것이라고 밝혔다. 제 3 조 제 5 항은 인과관계의 분석이 이루어져야 하고, 그 분석은 피해에 영향을 줄 수 있는 알려진 다른 요소의 검토를 포함할 것을 규정한 것이다. 그리고 제 3 조 제 5 항은 덤핑 수입품 이외의 요소(factors other than dumped imports)를 수식하는 말로 '알려진(known)'이라는 용어를 사용하고 있는데, 어느 정도 알려진 것임을 요하는지 명백히 하고 있지 않다. 다른 요소의 알려진 정도에 대한 모호함은 조사 당국이 모든 가능한 요소를 찾고 검토하는 의무가 없음을 보여 주는 것이다. 따라서 패널은 조사과정에서 이해당사자에 의해 제시된 알려진 모든 요소만을 검토하면 되는 것이라고 하였다.

2. 항소기구의 결정

항소기구에서 태국은 피해조사와 피해산정이 협정규정과 일치하는지를 다투지 않았으나, 비공개 정보의 이용과 관련된 모든 경제적 요소의 검토에 관한 부분에서 항소하였다. 이들 이슈는 각각 제 3 조 제 1 항과 제 4 항에 관련되는 것이었다.

폴란드는 제 3 조 제 1 항의 명백한 증거와 객관적 검토에 근거하여 태국이 조사기간 중 제공하지 않은 비공개 정보를 검토하지 않은 점을 보아야 한다고 주장하였다. 패널은 최종결정시 이해관계국에 제공할 수 있는 정보 또는 이해관계국에 제공될 수 있는 문서에서 인식할 수 있는 정보만을 검토하여야 한다고 하였다. 그러나 항소기구는 반덤핑협정 제 3 조 제 1 항의 핵심용어에 대하여 패널이 내린 좁은 해석은 잘못된 것이라고 하였다. 패널은 명확한 증거와 객관적 검토에 대한 사전적 개념을 잘못 이해한 것으로, 이러한 개념은 조사 당국이 피해산정시 공개된 증거 또는 조사하는 당사국의 인식가능한 정보에만 근거하라는 것은 아니라고 하였다. 따라서 공개 또는 미공개 정보 모두를 조사에 사용하여야 하며, 제 3 조 제 1 항은 피해산정은 전체의 증거에 기초할 것을 요구하는 것이라고 하였다. 따라서 항소기구의 결정은 피해산정시 당국에 제시된 모든 관련근거와 사실에 기초하여 결정하여야 할 것이라고 하였다. 항소기구는 그 근거로서 실질적 피해의 우려에 대한 판정은 사실에 기초하여야 하며, 단순히 주장이나 추측 또는 막연한 가능성에 기초하여서는 아니 된다는 제 5 조 제 3 항과, 조사당국은 증거의 적정성과 정확성에 대하여 검토할 것을 규정한 제 3 조 제 7 항, 조사의 전과정을 통하여 모든 이해당사자는 자신의 이익을 방어할 충분한 기회를 가진다는 제 6 조 제 2 항, 당국은 최종판정 이전에 확정조치를 적용할 것인지에 대한 결정의 근거가 되는 핵심적 고려사항을 모든 이해당사자에게 통보하여야 한다는 제 6 조 제 9 항, 확정관세의 부과를 규정하는 긍정적 판정 또는 가격약속의 수락시 조사종결 또는 중지공고는 최종적 조치의 부과나 가격약속의 수락에 이르게 한 사실과 법에 관계된 사항 및 이유에 대한 모든 관련 정보를 포함하거나 별도의 보고서를 통해 입수가 가능하도록 한다는 제12조 제 2 항 2를 들었다.

그 외에 항소기구는 제 3 조 제 4 항의 해석과 관련하여 패널의 해석을 받아들여, 패널이 결정할 때 사용한 조약해석의 관습적 규칙을 인정하였다.

3. 반덤핑절차

(1) 덤핑조사

(가) 제소적격

혐의를 받고 있는 덤핑의 존재나 정도 및 영향을 판정하기 위한 조사는 원칙적으로 국내산업에 의한 서면신청이나 이를 대신하여 행하여진 서면신청으로 개시된다.[75] 특별한 상황이 있는 경우 국내산업이나 이를 대신한 서면신청 없이도 관계당국은 조사 개시를 결정할 수 있다.[76] 이러한 신청은 덤핑, 피해, 덤핑수입품과 주장된 피해간의 인과관계에 대한 증거를 포함하여야 한다. 관련 증거에 의해 입증되지 아니하는 단순한 주장은 이 요건 충족에 충분한 것으로 간주될 수 없고, 동 신청은 신청자가 합리적으로 입수가능한 정보(information as is reasonably available)를 포함하여야 한다.[77]

덤핑조사를 신청할 수 있는 자격은 덤핑으로 피해를 입은 국내산업이나 당해 국내산업을 대표하는 자이다. 그러나, 제소의견을 밝힌 국내업체 중 제소동의자의 국내생산량 합계가 반대자의 생산량 합계를 초과하며, 동의자의 국내생산량 합계가 동종제품 국내생산량 총합의 25% 이상인 경우에만 제소할 수 있다.[78] 이와 같이 '50-25%기준'(50-25 percent tests)이라는 요건이 충족되어야만

---

75) GATT 1994 제 6 조 이행협정 제 5 조 제 1 항.
76) GATT 1994 제 6 조 이행협정 제 5 조 제 6 항.
77) GATT 1994 제 6 조 이행협정 제 5 조 제 2 항.
78) GATT 1994 제 6 조 이행협정 제 5 조 제 4 항.

제소적격이 인정된다.

(나) 조사절차

당국은 조사개시를 정당화할 수 있을 만큼 충분한 증거가 있는지를 결정하기 위해 신청서에 제시된 증거의 정확성과 적정성(accuracy and adequacy of the evidence)에 대하여 검토한다.[79] 반덤핑조사의 모든 이해당사자는 당국이 요구하는 정보에 대하여 통지를 받을 뿐만 아니라, 자신들이 관련된 일체의 증거를 서면으로 제출할 기회를 부여받는다. 수출업자나 외국 생산자의 경우 조사의 일환으로 발송받은 질의서에 대한 답변의 작성을 위하여 최소한 30일의 기간을 부여받는다.[80]

【 미국 – 캐나다산 침엽수목재 사건 】

캐나다는 제 5 조 제 2 항과 제 3 항에 근거하여 미국의 반덤핑조사 신청인들이 용이하게 확보할 수 있는 객관적인 가격 정보를 활용하지 않고, 구성가격을 기초로 조사 신청한 것은 협정 위반이라고 주장하였다. 이와 관련하여 캐나다 수출업체 Weldwood(조사 요청 미국 기업 자회사)를 통해 보다 구체적인 정보를 확보할 수 있었음에도 이를 활용하지 않은 점도 문제 삼았다.

캐나다는 Weldwood사의 실제 판매 및 수출가격이 반덤핑조사 신청서에 포함되어 있지 않았는데도 미국 당국이 조사 개시를 결정한 것은 신청서에 제시된 증거의 정확성과 적정성에 대해 적절하게 검토하지 않은 것이며 조사개시를 정당화할 수 있을 만큼 충분한 증거가 있는지도 결정하지 않은 것이므로 반덤핑협정 제 5 조 제 3 항을 위반한 것이라고 주장하였다. 패널은 제 5 조 제 3 항의 주된 요구는 조사개시를 정당화할 만한 증거의 충분성이 있는지를 검토하라는 것이지, 조사당국이 합리적으로 입수가능한 보다 정확한 정보의 존재 여부가 아니라고 하였다. 패널은 이번 사건의 반덤핑조사 신청서에는 구성된 비용 정보와 공신력 있는 간행물에서 수집한 가격 자료가 포함되어 있고, Weldwood사 자료가 비록 실제 가격정보라 하더라도 결

---

79) GATT 1994 제 6 조 이행협정 제 5 조 제 3 항.
80) GATT 1994 제 6 조 이행협정 제 6 조 제 1 항.

국 1개 회사에 국한된 정보인 반면 해당 간행물의 자료는 다양한 판매자의
방대한 거래를 포괄하고 있으므로 더욱 대표성이 있다고 보아야 한다고 판
단하였다. 패널은 제 5 조 제 3 항의 충분한 증거와 관련하여, 이는 반덤핑조
치 부과에 필요한 세 가지 요소(덤핑, 피해, 인과관계)에 관한 증거의 충분성을
의미하는 것이라고 보았다. 무엇이 증거의 충분성을 구성하는지에 대해서
는 반덤핑협정에 특별한 규정이 없으나 이 조항이 단지 조사개시의 정당성
에 관한 규정이므로, 증거의 충분성을 충족하는 증거의 양과 질에 관한 수
준(threshold)은 실제 덤핑판정에 요구되는 높은 수준을 요구할 수는 없다고
하였다.

조사의 전 과정을 통하여 모든 이해당사자는 자신의 이익을 방어할 충분한
기회를 가진다. 이를 위하여 당국은 요청에 따라 모든 이해당사자가 상반된 이
해를 갖는 당사자와 회합하는 기회를 제공하여 반대의견이 제시되고 반박 주장
이 개진될 수 있도록 한다. 이러한 기회의 제공시 비밀보호의 필요 및 당사자의
편의를 고려하여야 한다.[81]

당국은 가능한 경우 모든 이해당사자가 자신의 주장을 개진하는 데 관련되
고 비밀이 아닌 반덤핑조사에 사용되는 모든 정보를 열람하도록 하고, 이러한
정보에 기초하여 자신의 입장을 준비할 기회를 적시에 제공한다. 성격상 비밀인
정보 또는 조사의 당사자가 비밀로서 제공하는 정보는 정당한 사유가 제시되는
경우 당국에 의해 비밀로 취급된다.

이해당사자가 합리적인 기간 내에 필요한 정보에의 접근을 거부하거나 이
의 제출을 거부하는 경우 또는 조사를 현저히 방해하는 경우에는 이용가능한
사실을 기초로 예비판정 및 최종판정을 내릴 수 있다.[82] 당국은 최종판정 이전
에 확정조치를 적용할 것인지에 대한 결정의 근거가 되는 핵심적 고려사항을
모든 이해당사자에게 통보하여야 한다.[83] 이해당사자는 조사대상 상품의 수출
자, 외국의 생산자, 수입자, 이러한 상품의 생산자·수출자·수입자가 대다수를

81) GATT 1994 제 6 조 이행협정 제 6 조 제 2 항.
82) GATT 1994 제 6 조 이행협정 제 6 조 제 8 항.
83) GATT 1994 제 6 조 이행협정 제 6 조 제 9 항.

차지하고 있는 동업자협회 혹은 사업자협회, 수출회원국의 정부, 수입회원국의 동종 상품의 생산자 또는 수입회원국의 영토 내에서 동종 상품을 생산하는 자가 대다수를 차지하고 있는 동업자협회 또는 사업자협회를 포함한다.[84)

(2) 조사의 종결

관계당국이 사안의 진행을 정당화시킬 만큼 덤핑 또는 피해에 대한 충분한 증거가 존재하지 않는다고 납득하는 즉시 신청은 기각되고 조사는 신속히 종결된다. 덤핑조사는 특별한 경우를 제외하고 1년 이내에 종결되어야 하며, 어떠한 경우에도 개시 후 18개월을 초과할 수 없다.[85)

반덤핑규정하에서 구제수준이 당해 사건을 진행하는 데 필요한 행정적 노력이나 비용에 비해 상대적으로 적은 방해적 사건을 방지하기 위하여, 극히 적은 물량에 관한 사건이나 덤핑마진이 낮은 사건의 기각을 요구하는 「最小規則」(de minimis rule)을 두고 있다.[86) 덤핑마진이 수출가의 2% 미만인 경우는 최소기준에 합치하는 것으로 본다. 또한 실제적·잠재적 덤핑수입량이나 피해가 무시할 만한 수준이라고 결정되는 경우에도 조사는 즉각 종결되어야 한다. 특정국의 덤핑수입량이 수입국 내 동종상품의 시장점유율 3% 미만인 경우에는 일반적으로 덤핑수입량은 무시할 만한 수준으로 간주된다. 단 개별적으로 시장점유율이 3% 미만인 모든 국가의 덤핑수입량 합계가 동종물품수입의 7%를 초과하면 조사가 계속된다.[87) 브라질산 면사수입에 대한 반덤핑관세사건에서 GATT 패널은 해당 기간 동안 브라질산 면사의 수입은 감소하였으나, 모든 수입국으로부터의 전체 수입은 증가되었다는 이유로 유럽공동체 당국이 브라질산 면사에 대하여 반덤핑관세를 부과할 권한이 있음을 인정한 바 있다.[88) 종래 보통 시장점유율 1%, 덤핑마진율 0.5% 이하인 경우에 덤핑조사를 종결하였던 데 비하면, 새로운 반덤핑협정은 종래에 비하여 상당히 완화된 모습으로 존재하는 것을 알 수 있다.

---

84) GATT 1994 제 6 조 이행협정 제 6 조 제11항.
85) GATT 1994 제 6 조 이행협정 제 5 조 제10항.
86) Schott, *supra* note 16, p. 82.
87) GATT 1994 제 6 조 이행협정 제 5 조 제 8 항.
88) EC - Imposition of Anti-Dumping Duties on Imports of Cotton Yarns from Brazil, GATT, p. 17.

이와 같은 최소규칙과 아래에서 언급할 종료조항은 무역에 큰 영향을 끼치지 않은 사안의 덤핑제소를 줄이게 되어, 무역분쟁을 미연에 예방할 수 있을 것이다.

4. 반덤핑조치

(1) 잠정조치

조사가 개시되어 이에 관한 고지가 있고, 이해관계당사자들에게 정보의 제공 및 의견진술의 충분한 기회를 부여하고, 덤핑 및 이로 인한 국내산업에 끼친 피해에 대하여 덤핑예비판정이 있은 다음이라야 잠정조치가 적용될 수 있다. 관계당국이 조사기간 중 초래되는 피해를 예방하기 위하여 이러한 조치가 필요하다고 판단하는 경우에도 잠정조치가 적용될 수 있다.[89] 이 조치는 조사기간 중에 일어난 피해를 방지하기 위하여 필요하다고 인정되는 경우에 한한다.

조사 개시일로부터 60일 이내에는 잠정조치가 적용될 수 없다. 잠정조치의 적용은 4개월을 초과하지 않는 가능한 한 단기간으로 제한되거나, 관련 무역에 상당한 비율을 차지하는 수출자의 요청에 따라 관계당국이 결정한 경우에는 6개월을 초과하지 않는 기간으로 한정된다. 당국이 조사과정에서 덤핑마진보다 낮은 관세가 피해를 제거하기에 충분한지 여부를 검토하는 경우 동 기간은 각각 6개월과 9개월이 될 수 있다.[90] 잠정조치는 잠정적으로 추산된 덤핑마진을 초과하지 않는 범위 내에서 잠정관세나 보증금의 형태로 나타나게 된다.[91]

그러나 수출업자가 가격을 인상하거나 더 이상의 덤핑수출을 하지 않겠다고 자발적으로 약속하는 경우, 잠정조치를 취하지 않고 절차를 중지하거나 종결할 수 있다.[92]

(2) 가격약속

덤핑혐의를 받고 있는 기업이 반덤핑관세가 부과될 때까지 기다리지 않고

---

89) GATT 1994 제 6 조 이행협정 제 7 조 제 1 항.
90) GATT 1994 제 6 조 이행협정 제 7 조 제 4 항.
91) GATT 1994 제 6 조 이행협정 제 7 조 제 2 항.
92) GATT 1994 제 6 조 이행협정 제 8 조 제 1 항.

자발적으로 해당 상품의 가격을 인상하거나 덤핑가격으로 수출하는 것을 중지
하겠다고 약속하는 경우가 있다. 이를 가격약속(price undertakings)이라 한다. 자
발적인 약속을 받아 덤핑의 피해효과가 제거되었다고 납득하는 경우 덤핑조사
는 잠정조치나 반덤핑관세의 부과 없이 정지되거나 종결될 수 있다.[93] 이러한
가격약속은 예비판정이 내려진 이후에만 가능하다.[94] 가격약속에 따른 인상은
덤핑마진을 제거하기 위해 필요한 수준을 초과하여서는 아니 된다. 가격인상이
국내산업의 피해를 제거하기에 적절한 수준이라면 인상폭은 덤핑마진 이하가
되는 것이 바람직하다.

수입국 당국은 가격약속의 수락이 실제적 또는 잠재적 수출자의 수가 너무
많거나 일반정책상의 이유를 포함하는 다른 이유로 현실성이 없다고 간주하는
경우, 제시된 가격약속을 수락할 필요가 없다.[95] 가격약속이 수락되더라도 수출
자의 요구나 당국의 결정이 있는 경우 덤핑과 피해에 대한 조사는 완결되어야
한다. 그 결과 덤핑 또는 피해가 없었다는 판정이 내려진 경우 그 판정이 대부
분 가격약속이 존재하기 때문인 경우를 제외하고는 가격약속은 자동적으로 종
료된다. 덤핑 및 피해가 있었다는 판정이 내려진 경우 가격약속은 그 조건과 반
덤핑협정의 규정에 일치하여 지속된다.[96]

가격약속을 위반한 경우 수입국 당국은 이용가능한 최선의 정보를 사용하
여 잠정조치를 즉각적으로 적용하는 신속한 조치를 취할 수 있다.

(3) 반덤핑관세

반덤핑관세부과의 요건이 완전히 충족된 경우라도 반덤핑관세의 부과 여부
나 부과되는 반덤핑관세의 세액을 덤핑마진으로 할 것인가 그보다 적게 할 것
인가의 결정은 수입국 당국이 행한다.[97] 이와 같이 반덤핑관세부과의 재량을
인정한 것은 반덤핑법의 취지가 덤핑을 방지하거나 그 영향을 상쇄하는 데 있
기 때문이지, 이미 행해진 덤핑을 처벌하기 위한 것이 아니기 때문이다. 반덤핑

---

93) *Ibid.*
94) GATT 1994 제 6 조 이행협정 제 8 조 제 2 항.
95) GATT 1994 제 6 조 이행협정 제 8 조 제 3 항.
96) GATT 1994 제 6 조 이행협정 제 8 조 제 4 항.
97) GATT 1994 제 6 조 이행협정 제 9 조 제 1 항.

관세를 부과하는 경우에도 덤핑마진 또는 그 이하로 부과할 수 있는 재량을 인
정한 배경은 미국 등의 경우 덤핑마진과 동일한 액수만큼 반덤핑관세를 부과하
여 왔고, 유럽공동체 등의 국가는 수입국의 산업에 대한 피해를 제거하는 데 적
절하다면 덤핑마진보다 낮은 반덤핑관세를 부과한 데서 비롯된다. WTO 반덤핑
협정은 이 두 가지 방법 가운데 수입국 당국의 결정에 맡겨놓고 있는 것이다.[98]

　　구체적 세금의 액수에 대하여도 수입국 당국의 재량이 인정되나, 덤핑마진
을 초과하지 않는 범위에서 부과되어야 한다.[99] 반덤핑관세가 소급적 기초 위
에서 산정되는 경우 반덤핑관세 납부의 최종적 책임 판정은 최종적 산정을 요
청한 날로부터 12개월 이내에 신속히 행하여야 하며, 어떠한 경우에도 18개월
을 초과할 수 없다.[100] 환불은 가능한 한 빠른 시일 내에 이루어지되, 최종적
책임 판정으로부터 90일 이내에 이루어져야 한다. 반덤핑관세가 예상을 통해
산정되는 경우 덤핑마진을 초과하여 징수한 금액은 요청이 있은 후 12개월 이
내에 신속하게 환급되어야 하며, 어떠한 경우에도 18개월 이내에 환급되어야
한다.[101] 반덤핑관세는 덤핑으로 피해를 야기한다고 판정된 모든 수입원으로부
터의 상품수입에 대하여 각 사안별로 적정한 금액의 반덤핑관세를 비차별적인
방법으로 부과되어야 한다.[102]

　　최종판정이 부정적인 경우, 잠정조치 적용기간 동안 예치된 모든 현금은
신속하게 환불되고 모든 담보는 해제되어야 한다. 반덤핑관세는 피해를 야기하
는 덤핑을 상쇄하기 위한 필요한 범위 내에서만 부과되어야 한다.[103]

　　수입국 당국은 확정반덤핑관세 부과 후 합리적인 기간의 경과 후 반덤핑관
세의 계속적 부과에 대한 필요성을 재검토하여야 한다.[104] 재검토는 수입국이

---

98) Lowenfeld, *supra* note 4, p. 266.
99) GATT 1994 제 6 조 이행협정 제 9 조 제 3 항.
100) GATT 1994 제 6 조 이행협정 제 9 조 제 3 항의 1.
101) GATT 1994 제 6 조 이행협정 제 9 조 제 3 항의 2.
102) GATT 1994 제 6 조 이행협정 제 9 조 제 2 항.
103) GATT 1994 제 6 조 이행협정 제11조 제 1 항.
104) 이와 같이 반덤핑협정은 재검토절차에 관한 규정이 모호하여, 이를 남용할 여지가 많이 있다.
　　이 부분과 관련하여서는 시애틀각료선언 초안 부속서 (a)에서 반덤핑 조사당국으로 하여금 1
　　년 이내에 동일한 상품에 대한 반덤핑조사가 신청된 경우, 그러한 재조사 신청은 특별히 주의
　　하여 검토하도록 하는 데 합의한다고 규정하였다. 이는 동일상품에 대한 1년 이내의 재조사
　　신청을 억제하고자 한 것이다.

스스로 하거나, 또는 재검토가 필요하다는 긍정적인 정보(positive information)를
제시하는 이해관계국의 요청에 따라 행한다. 이해당사자는 당국에 대해 덤핑을
상쇄하기 위해 계속적인 관세의 부과가 필요한지 여부, 관세가 철회 또는 변경되
었을 경우 피해가 계속되거나 재발할 것인지 여부에 대한 조사요청권을 갖는다.
검토 결과 반덤핑관세 부과가 더 이상 정당하지 않다고 결정되면 관세부과는
즉각적으로 종결하여야 한다.105) 소위 '終了條項'(또는 日沒條項; sunset clause)106)
하에서 조사당국이 재검토 과정에서 반덤핑관세를 종결하더라도 덤핑과 피해가
지속되거나 재발되지 않는다고 결정하면,. 반덤핑조치는 부과일(또는 가장 최근의
재검토일)로부터 5년 내에 종료하여야 한다.107) 다만, 당국에 의한 재검토나 국
내산업에 의해 또는 이를 대신하여 이루어진 정당한 근거에 따른 요청에 의한
재검토에서 당국이 관세의 종료가 덤핑과 피해의 지속 또는 재발을 초래할 것
으로 판정하는 경우에는 5년 내에 종료하지 않을 수 있다. 그리고 반덤핑관세액
이 소급적 기초 위에서 산정된 경우, 제 9 조 제 3 항 1호에 의해 행해진 최근의
산정절차에서 관세가 부과되어서는 아니 된다고 한 결정 자체만으로 당국에게
확정관세의 종료를 요구할 수 없다.108) 재검토는 만기 전에 시작되어 신속히 진
행되어야 하고, 재검토 시작일로부터 1년 이내에 마무리되어야 한다.

(4) 우회방지조치

덤핑으로 판정받는 경우 수출로가 막히게 된다. 각국은 이를 피하기 위한
방법으로 우회수출의 방식을 개발하여 왔다. 이러한 덤핑에는 수입국우회의 방
법과 제 3 국우회의 두 가지 방법이 있다. 전자는 수입국 내에 부품을 들여 가서
그 국가 내에서 완제품을 만드는 경우이고, 후자는 제 3국에 부품을 들여 가서
그곳에서 완제품을 생산하여 원래의 수출대상국가에 수출하는 방법이다.

EC는 1987년 반덤핑규칙을 개정하여 조립을 통한 우회덤핑을 규제하고 있
다. 즉 덤핑규제의 대상이 된 외국기업의 부속회사가 EC 내에서 조립하는 상품
에 대하여 반덤핑관세를 부과할 수 있도록 하였다. 다만 해당 조립이나 생산이

---

105) GATT 1994 제 6 조 이행협정 제11조 제 2 항.
106) Schott, *supra* note 16, p. 83.
107) GATT 1994 제 6 조 이행협정 제11조 제 3 항.
108) GATT 1994 제 6 조 이행협정 주 22.

수입자에 부속된 기관에 의해 이루어진 경우, EC 내에서의 조립이나 생산이 반덤핑조사가 개시된 이후 시작되었거나 중대하게 증대된 경우, 또는 덤핑문제가 제기된 상품 수출국에서 기원하는 부품이나 재료가 최종 상품에 사용된 모든 부품가치의 50%를 초과하는 경우여야 동 규정을 적용할 수 있다. 미국은 UR 협정법을 제정하면서 1988년의 종합통상법에 규정되어 있던 우회수출방지조항을 개정하여, 미국에서 사소한 조립이 행하여지고 미국으로 수입되는 부품이 완성품의 가치에서 중요한 부분을 차지할 경우 우회수출방지조항의 발동을 가능하게 하고 있다. UR 종료 후 EC와 미국은 우회덤핑방지규정을 부분적으로 수정하였으나, 기본적으로는 자국의 법이 WTO와 일치한다는 입장을 견지하고 있다.

　　우회수출은 규제를 피하기 위하여 수출방식만을 변경한 것이기 때문에, 이러한 우회수출이 확산되면 종국적으로는 반덤핑제도 자체가 무너질 가능성이 있다. 반대로 우회수출을 강력히 규제할 경우 국제적 교역의 흐름이 단절되거나, 해외투자가 크게 위축될 수 있는 문제점이 내재되어 있다. 또한 반덤핑법의 기본적 원리가 특정 물품, 특정국을 대상으로 하여 엄격한 조사절차를 거쳐 규제조치를 부과하는 데 있다고 본다면, 우회덤핑규제는 이러한 기본원칙에 위반하여 덤핑규제를 부당하게 확대할 위험이 크다.[109] 이와 같이 우회수출은 양 측면을 동시에 갖고 있는 것이어서 UR 동안에도 이 문제에 대한 근원적인 해법을 찾지 못하고, 우회방지조치의 필요성에 대해서만 원론적인 합의를 보고 말았다.

　　우회덤핑의 규제를 위해서는 최소한 다음과 같은 조건이 충족되어야 한다. 우회조치가 덤핑조사가 개시된 이후 시작된 것이어야 하고, 기원국의 부품이나 재료가 원래 반덤핑조치의 규제대상이어야 하고, 조립과정에서 부가된 가치가 최종상품의 가치에서 중대한 부분을 차지하는 것이어야 한다. 그 외에 피소측은 반덤핑규제를 우회하려는 것 이외에 조립공장에 대한 투자의 경제적 정당성을 제시할 수 있어야 하고, 조사당국은 조립자와 일차적 생산자간의 관계 및 원래의 덤핑규제를 경감하는 효과를 발견하여야 한다.[110]

---

109) 徐憲濟, 國際經濟法(栗谷出版社, 1996), p. 360.
110) Lowenfeld, *supra* note 4, p. 279.

【 미국 - 한국산 D램 반덤핑관세부과 사건 】

1. 사실관계

1992년 4월 22일 미국의 마이크론은 한국산 1메가 이상의 D램에 대하여 국제무역위원회(International Trade Commission)와 상무부(Department of Commerce)에 반덤핑관세 부과를 요청하였고, 상무부는 1993년 5월 10일 삼성전자 0.82%, 현대전자 11.16%, 기타 3.85%의 덤핑마진을 결정하였다. 국제무역법원(Court of International Trade)은 한국 기업들의 이의제기에 따라 덤핑마진을 수정하였고, 1995년 8월 24일 상무부는 삼성전자 0.22%, LG반도체 4.28%, 현대전자 5.15%, 기타 4.55%로 수정하였다. 그 후 상무부는 3차례의 재검토를 통하여 LG반도체와 현대전자가 대상기간 동안 덤핑판매를 하지 아니하였다고 결정하였다. 그럼에도 불구하고 미국이 반덤핑관세 부과를 철회하지 않자, 한국은 1997년 8월 14일 협의를 요청하였고, 협의 실패에 따라 11월 6일 패널설치를 요청하였다.

2. 패널의 결정

한국은 피해를 야기하는 덤핑을 상계하기 위해서만 반덤핑관세를 부과할 수 있고, 피해를 야기하는 덤핑을 상계하기 위해 필요한 범위에서만 반덤핑관세를 유지할 수 있다고 주장하면서, 미국이 상무부 규칙 제353조 25(a)(2)에 근거하여 한국산 D램에 대한 반덤핑관세부과명령을 철회하지 않은 결정은 WTO 반덤핑협정 제11조 제 2 항에 위반한 것이라고 주장하였다.

반덤핑협정 제11조 제 2 항 2문은 이해당사자는 당국에 대하여 반덤핑관세의 계속적 부과가 덤핑의 상쇄를 위하여 필요한지, 반덤핑관세가 철회되거나 변경된 경우 피해가 계속되거나 재발할 것인지에 대하여 조사를 요청할 권리를 가진다고 규정하고, 검토결과 반덤핑관세가 더 이상 정당화되지 않는다고 당국이 결정하는 경우 반덤핑관세의 부과는 즉각적으로 종료됨을 규정하였다. 여기서 규정하고 있는 '계속적'(continued)이란 용어에 대하여 패널은 과거와 미래간의 계속되는 관계를 포함하는 것으로 보았다. 패널은 반덤핑관세가 현재의 덤핑을 상쇄하는 데 그치는 것이 아니라, 계속적이란 단어의 포함으로 장래에 발생할 수 있는 덤핑을 상쇄하기 위해 향후적으로도 적용될 수 있다고 본 것이다. 즉 관세가 제거되거나 변경되면 피해가 계속되거나 재발될 개연성이 있는가를 검토하는 것이라고 한 것이다. 조사당국은 덤핑수입과 피해간의 인과관계를 검토할 수 있는데, 인과관계의 검토에서 피해가 철회 이후 재발하게 되는 것이라면(즉 현재의 것이 아닌 미래의 피해를 말하는 것), 조사 당국은 장래의 피해가 그 기간 동안의 덤핑에 의해 야기되는 것인가를 반드시 검토하여야 한다. 이러한 이유에서 패널은 제11조 제 2 항이 현재의 덤핑이 없을 경우 계속적인 반덤핑관세 부과의 정당성을 선험적으로 배제하는 것은 아니라고 보았다. 현재의 분석에 국한되는 것이 아니라, 장래의 분석을 제외하는 것은 아니라는 것이다. 이러한 분석은 제11조 제 3 항이 재검토 과정에서 반덤핑관세를 종결하더라도 덤핑과 피해가 계속되거나 재발되지 않는다고 결정하면, 반덤핑조치는 부과일로부터 5년 내에 종료할 것을 규정하고 있는 데서도 명백해진다. 한국 측 주장대로 현존의 덤핑이 없는 경우 반덤핑관세의 철회가 반드시 요구된다면, 재발가능성의 문제는 논의의 여지가 없는 것이다. 제11조 제 3 항에서 5년의 기한을 둔 것은 재발의 우려를 염두에 둔 것이기 때문이다. 덤핑이 없는 경우 즉각 철회를 주장하는 한국 측 주장은 반덤핑협정 주 22에도 반한다. 주 22는 반덤핑관세가 소급적 기초 위에서 산정되는 경우, 최근의 산정절차에서 관세가 부과되어서는 아니 된다고 한 결정 자체만으로 당국에게 확정관세의 종료를 요구할 수 없다고 규정하고 있다. 따라서, 반덤핑협정의 작용은 본질적으로 장래적(prospective)인 것이다. 회원국은 반덤핑관세가 덤핑마진을 초과하지 않는다는 전제하에 조사기간 동안의 과거 덤핑 조사를 통해 장래적 효과를 가지는 반덤핑관세부과의 권한을 가진다. 요컨대 패널은 명백한 규정이 없는 이상 반덤핑협정이 반덤핑관세의 부과일 이후 덤핑이 중단되었다고 하여 즉시 반덤핑관세명령을 자동적으로 철회할 것을 요구하는 것은 아니라고 결정하였다.

상무부 규칙 제353조 25(a)(2)의 (ii)가 반덤핑협정 제11조 제 2 항에 합치하는가 여부에 대해서, 패널은 다음과 같이 검토하였다. 반덤핑협정은 '피해가 계속 또는 재발될 것 같은가를(whether the injury would be *likely* to continue or recur)' 검토하도록 하고 있는 데 반해, 상무부 규칙 제353조 25(a)(2)의 (ii)는 될 것 같지 않은(not likely)이란 표현을 사용하고 있다. 반덤핑협정 제11조 제 2 항은 계속적인 반덤핑관세부과의 필요성은 제11조 제 2 항에 규정된 바와 같이 덤핑을 상쇄하기 위한 상황하에서만 충족되고 충족 여부는 명백히 입증되어야 한다. 어떤 사건이 '일어날 것 같다(is likely)'고 하는 결정은 '일어날 것 같지 않지 않다'(not "not likely")는 결정보다 어떤 사건이 일어날 것이라는 점에 보다 큰 확실성을 두는 것이다. 즉 'not likely' 기준이 충족되더라도 'likely' 기준은 충족되지 않는 상황이 발생할 가능성이 선험적으로(a priori) 존재한다. 따라서 'not likely' 기준은 'likely' 기준이 충족되었음을 일관되고 신뢰성 있게 결정하는 명백한 근거가 될 수 없는 것이다. 이러한 해석에 따라 패널은 상무부 규칙 제353조 25(a)(2)(ii)의 'not likely'기준이 반덤핑관세부과명령이 철회될 경우 덤핑이 '재발할 것 같다(likely to recur)'는 사실을 확정하는 것과 동일한 의미를 가지는 것으로 볼 수 없고, 오히려 그러한 사실의 확정에 있어서 크게 부족하므로, 반덤핑협정 제11조 제 2 항에 위배되는 강제적 요건을 규정하고 있다고 결정하였다.

【 미국 – 1916년 반덤핑법 사건 】

미국의 일부 철강업체는 외국산 제품의 국내 시장에서의 불공정경쟁에 대한 불만을 자국의 1916년 반덤핑법에 따라 극단적인 보호 조치 및 보상을 시도하여 왔다. 미국의 1916년 반덤핑법은 관련 외국시장에서 판매된 동종상품의 가격보다 실질적으로 낮은 가격으로 미국시장에서 판매한 수입업자를 상대로 민사소송 및 형사소송절차를 이용할 수 있도록 규정하고 있다. 이에 대하여 EC 및 일본은 각각 미국의 1916년 반덤핑법이 WTO 협정을 위반하였다는 이유로 WTO 분쟁해결기구에 제소하였다.

패널은 EC의 제소에 대하여 미국의 1916년 법은 GATT 1994의 제 6 조 제 1 항 및 제 2 항, 반덤핑협정 제 1 조, 제 4 조 및 제 5 조 제 5 항, WTO 설립협정 제16조 제 4 항을 위반한 것으로, WTO 협정에 따른 EC의 이익에 대한 무효화 또는 침해가 있음을 결정하였다. 일본의 제소에 대하여도 미국의 1916년 법은 GATT 1994의 제 6 조 제 1 항 및 제 2 항, 반덤핑협정 제 1 조, 제 4 조 제 1 항, 제 5 조 제 1 항, 제 2 항, 제 4 항, 제18조 제 1 항 및 제 4 항, WTO 설립협정 제16조 제 4 항을 위반한 것으로, WTO 협정에 따른 EC

의 이익에 대한 무효화 또는 침해가 있다고 하였다.

항소기구에서 문제가 되었던 첫 번째 쟁점은 패널이 실제 1916년 법의 적용을 검토하는 것과는 달리, 1916년 법 자체는 GATT 1994 제 6 조 및 반덤핑협정과 일치하지 않는다는 청구에 대하여 관할권이 있다는 결정에서 오류를 범하였는가 하는 점이었다. 패널은 본 사안에서 GATT 1994 제23조에 따라 법 자체에 대한 청구에 대하여 관할권이 있다고 판단하였고, GATT 위반의 강제적 법률은 GATT 의무와 합치하지 않는다고 해석하였다. 이에 대하여 항소기구는 관할권 존재 여부에 대하여 반덤핑협정 제17조를 근거로 제시하였고, GATT/WTO 관행 및 판례를 인용하여 관할권이 있음을 확인하였다.

GATT 1994의 제 6 조 제 1 항 및 제 6 조 제 2 항 위반 여부와 관련하여 항소기구는 1916년 법이 강제적 법률인가 재량적 법률인가의 결정은 선결적 문제로 판단하였다. 미국은 민사 및 형사절차에 관해 미국 법원은 WTO 의무에 합치하는 방법으로 해석하였고, 법무부는 1916년 법에 따른 형사절차의 개시는 재량이라고 하였다. 이에 대하여 패널은 1916년 법이 제 6 조의 범위 바깥에 존재하는가 또는 범위 바깥에서 해석되는가와는 무관하게, 그 법의 현재 의미를 평가하는 문제라고 결정하였다. 그리고 구체적 사건에서 형사절차 개시와 관련하여 미국 법무부의 재량이 있다고 하여 1916년 법이 비강제적 법을 구성하는 것은 아니라고 판단하였다. 항소기구는 사인 당사자에 의해 제기되는 민사소송에 관해 미국 행정부의 재량이 없음을 주목하여, 1916년 법에 근거한 민사소송의 경우 강제적 법률이라고 결정하였다. 이에 따라 항소기구는 GATT/WTO 관행의 의미 내에서 1916년 법이 강제적 법률이고, 이는 WTO 협정 위반이라고 보았다. 아울러 1916년 반덤핑법에서 벌금이나 징역의 부과 또는 3배의 손해배상을 규정한 것 역시 WTO 협정 위반이라고 판단하였다.

이와 같이 항소기구는 미국의 1916년 반덤핑법이 WTO 협정상 일본 및 EC의 이익을 침해한 것이라고 결정하였다.

5. 한국의 반덤핑법

(1) 반덤핑협정과 산업피해구제법

한국의 반덤핑 관련 모법은 불공정무역행위조사및산업피해구제에관한법률(산업피해구제법)[111]이다. 동 법률 제1조는 이 법은 불공정무역행위 및 수입의 증가로 인한 국내산업의 피해를 조사하고 구제하는 절차를 정하여 공정한 무역질서를 확립함으로써 국민경제의 건전한 발전에 기여하는 한편, 세계무역기구설립을위한마라케쉬협정 등 무역에 관한 국제협약의 이행을 위하여 필요한 사항을 규정함을 목적으로 한다고 규정하고 있다. 제23조는 덤핑으로 인한 산업피해의 조사개시 결정, 덤핑사실의 조사, 덤핑으로 인한 산업피해의 조사·판정, 덤핑방지조치의 건의, 재심사 등은 관세법 제51조부터 제56조까지의 규정으로 정하는 바에 따른다고 하고 있다. 그리고 반덤핑협정의 총론적인 내용은 관세법[112]에서 규정하고, 세부적인 사항은 관세법시행령[113]에서 다루고 있다. 다만 협정문의 단서조항이 관세법 자체에 있는 경우도 있고 어떤 때에는 시행령 및 시행규칙에 혼재되어 있는 경우를 볼 수 있는데, 이는 모법인 관세법과 하위법인 시행령 및 시행규칙이 체계적으로 입법되었다고 보기 어려운 부분이다.

덤핑규제와 관련한 한국의 관세법은 전체적으로는 WTO 협정문과 동일하게 규정되어 있는데, 협정과의 불일치나 미흡한 부분은 관세법시행규칙[114]에서 보완하는 형식을 취하고 있다. 전체적으로 협정상의 절차, 기간, 요건 등은 동일하게 규정하고 있는데, 해석상 재량의 여지가 있는 부분은 부분적으로 차이가 있다.

(2) 덤핑의 요건

덤핑수입으로 실질적 피해가 있는 경우 반덤핑관세를 부과하도록 한 점이나, 정상가격 산정이 어려운 경우 구성가격을 비교가격으로 인정하고 있는 것 등은 반덤핑협정과 동일하다.

동종상품은 당해 수입상품과 물리적 특성, 품질 및 소비자의 평가 등 모든

---

111) 법률 제6417호로 2001년 5월 4일 시행, 2021년 법률 제17758호로 개정 시행.
112) 법률 제6305호, 2000년 12월 29일 전문개정.
113) 대통령령 제17602호, 2001년 5월 13일 일부개정.
114) 기획재정부령 제929호, 2022년 7월 28일 일부개정.

면에서 동일한 상품(겉모양에 경미한 차이가 있는 상품 포함)을 말하며, 그러한 상품이 없는 때에는 당해 수입상품과 매우 유사한 기능·특성 및 구성요소를 가지고 있는 상품이라고 규정하고 있다.[115]

(3) 덤핑조사

덤핑수입으로 실질적 피해 등을 받은 국내산업에 이해관계가 있는 자 또는 당해 산업을 관장하는 주무부장관은 기획재정부령이 정하는 바에 따라 기획재정부장관에게 덤핑방지관세의 부과를 요청할 수 있으며, 이 요청은 무역위원회에 대한 덤핑방지관세의 부과에 필요한 조사신청으로 갈음하도록 하였다. 국내산업은 정상가격 이하로 수입되는 상품과 동종상품의 국내생산사업의 전부 또는 국내총생산량의 상당부분을 점하는 국내생산사업으로 한다. 국내산업에 이해관계가 있는 자는 실질적 피해 등을 받은 국내산업에 속하는 국내생산자와 이들을 구성원으로 하거나 이익을 대변하는 법인·단체 및 개인으로서 기획재정부령이 정하는 자로 규정하고 있다.[116]

무역위원회는 조사신청을 받은 경우 덤핑사실과 실질적 피해 등의 사실에 관한 조사 개시여부를 결정하여 조사신청을 받은 날부터 2개월 이내에 그 결과와 조사대상상품, 조사대상기간, 조사대상 공급자 등 사항을 기획재정부장관에게 통보하여야 한다.[117]

(4) 반덤핑절차 및 조치

반덤핑절차와 반덤핑 조치의 내용도 반덤핑협정과 동일하게 규정되어 있다. 잠정조치와 관련하여서는 적용기간의 연장과 관련하여 반덤핑협정 제7조 제4항에서 당국이 조사과정에서 덤핑마진보다 낮은 수준의 관세로써 피해를 방지할 수 있는지를 검토하는 경우, 동 기간은 각각 6개월과 9개월로 연장할 수 있다고 규정한 데 반해, 관세법시행령 제66조 제3항은 기획재정부장관이 필요하다고 인정하는 때에는 국제협약에 따라 잠정조치의 적용기간을 연장할 수 있

---

115) 관세법시행규칙 제11조 제1항.
116) 관세법시행령 제59조.
117) 동 법 제60조.

다고 규정하면서 적용연장 요건을 명시하지 않았다. 그리고 반덤핑협정은 잠정조치 적용기간의 연장요청 기간에 관한 규정이 없으나, 관세법시행규칙 제18조는 잠정조치의 적용기간 연장을 요청하는 자는 그 잠정조치의 유효기간종료일 10일 전까지 요청하여야 한다고 규정하고 있다.

재검토 기간과 관련하여 반덤핑협정은 '합리적 기간'의 경과 후라고 규정하고 있으나, 관세법시행령 제70조 제 2 항은 재검토의 요청이 가격약속의 시행일로부터 1년이 경과한 날 이후에 할 수 있다고 규정하고, 반덤핑관세나 가격약속의 효력이 상실되기 6개월 이전에 요청하여야 한다고 규정하고 있다. 반덤핑협정 제11조 제 2 항은 재검토가 필요하다는 긍정적인 정보를 제시하는 이해관계인의 요청이 있을 경우라고 하고 있으나, 관세법시행령 제70조 제 1 항 1호는 내용변경이 필요하다고 인정할 만한 충분한 상황변동이 발생한 경우로 규정하고 있다. 검토기간과 관련하여 반덤핑협정 제11조 제 4 항에서 통상적으로 검토 개시일로부터 12개월 이내에 종결되어야 한다고 규정한 데 비해, 관세법시행령 제70조 제 5 항에서는 6개월 이내로 하고 연장의 필요가 있을 때 이해관계인이 정당한 사유를 제시하여 조사기간의 연장을 요청하는 때에는 4개월의 범위 내에서 그 기간을 연장할 수 있다고 규정하고 있다. 이 조항은 반덤핑협정보다 엄격하게 규정된 것이라 볼 수 있다.

관세법시행규칙 제17조는 반덤핑관세를 부과할 때, 덤핑방지관세를 기준수입가격의 방법으로 부과하는 경우와 덤핑방지관세를 정률세의 방법으로 부과하는 경우로 구분하여 설명하고 있다. 전자의 방법은 기준수입가격에서 과세가격을 차감하여 산출한 금액으로 하고, 후자의 방법은 다음의 수식에 의하여 산정된 덤핑률의 범위 내에서 결정한 율을 과세가격에 곱하여 산출한 금액으로 정한다.

$$덤핑률 = \frac{조정된\ 정상가격 - 조정된\ 덤핑가격}{과세가격} \times 100$$

【 대만산 CD-R 덤핑수입 사건 】[118]

1. 사실관계

SKC는 대만산 CD-R(직경 12cm 미만의 CD-R과 CD-RW 제외)의 덤핑수입으로 인하여 실질적인 피해를 받고 있다고 덤핑조사를 신청하였고, 무역위원회는 대만산 CD-R의 덤핑수입으로 인하여 동종상품을 생산하는 국내산업이 실질적인 피해를 받고 있다고 판정하여, 대만산 CD-R에 대하여 5년간 51.72%의 반덤핑관세를 부과할 것을 재정경제부장관에게 건의하였다.

2. 무역위원회의 결정

무역위원회는 국내 동종물품 생산업체로 신청인인 SKC(주)를 포함하여 도레미미디어(주), 웅진미디어(주), 퓨처미디어(주), (주)인포디스크 등 5개사가 있으며, 이들 업체가 신청서 접수일로부터 6개월 이내에 덤핑수입한 사실이 없고, 덤핑수입품의 공급자 또는 수입자와 특수관계가 없어 이들 업체의 CD-R 생산사업부문을 국내산업으로 하여 실질적인 피해 등의 유무를 판단하였다.

(1) 덤핑수입량의 증가

무역위원회는 덤핑수입량이 전년 대비 99년에는 754.9%, 2000년 259.3%, 2001년 162.1%로 절대적 증가가 있었고, 국내소비에 대한 대만산 시장점유율은 98년 8.9%, 99년 30.3%, 2000년 48.9%, 2001년 60.8%로 매년 상승하여 상대적으로도 증가하였다고 판단하였다. 그리고 덤핑수입상품의 국내 재판매가격이 98년 개당 1,190원에서 99년, 2000년 및 2001년에 각각 874원, 427원, 298원으로 하락하였고, 국산품의 판매가격도 98년 개당 1,592원에서 99년, 2000년 및 2001년에 각각 1,219원, 656원, 452원으로 하락하였으며, 이에 따라 덤핑상품의 개당 가격은 국산품보다 98년 402원, 99년 345원, 2000년 229원, 2001년 154원이 낮은 것을 확인하였다.

(2) 국내산업의 실질적 피해

국내산업의 실질적인 피해 여부에 대하여 살펴보면, 국내산업의 가동률

---

118) 대만산 CD-R의 덤핑수입으로 인한 국내산업피해유무 최종판정, 구제 23-2001-1(2002. 4. 25).

은 98년 81%, 99년 75%이었다가 2000년에는 36%, 2001년은 56%로 매우 낮았으며, 국내 생산업체 중 도레미미디어㈜, 웅진미디어㈜는 2001년 5월 이후 생산을 중단하였다. 국내산업의 내수판매량은 99년과 2000년에는 전년대비 각각 399.7%, 122.1% 증가하였으나, 2001년에는 전년대비 30.2% 감소하였다. 국내산업의 전체매출액은 99년에는 전년대비 198.5%, 2000년에는 42.2% 증가하였으나, 2001년(상반기)에는 전년동기 대비 5.8% 감소하였다. 영업이익의 경우 99년에는 전년대비 291.6% 증가하였으나, 2000년 이후에는 손실이 발생하였다. 현금수지의 경우, 2000년에는 전년대비 41.7% 감소하였고 2001년(상반기)에도 전년동기 대비 98.4% 감소하였다. 생산성과 관련하여 1인당 매출액은 2000년에는 전년대비 56.1% 감소하였고, 2001년(상반기)에도 전년동기 대비 24.4% 감소하였다. 1인당 부가가치는 2000년에 전년대비 77.1%, 2001년(상반기)에 61.4%가 각각 감소하였다.

무역위원회는 이상과 같이 검토한 결과, 국내산업은 가동률 저조, 시장점유율 하락, 매출액 감소, 영업손실의 발생 등 실질적인 피해가 있다고 판단하였다.

(3) 덤핑수입과 피해의 인과관계

덤핑수입상품의 물량이 국내산업에 미친 영향을 살펴보면, 덤핑수입량은 98년 이후 매년 증가하였고, 덤핑수입물품의 국내시장점유율도 98년 8.9%, 99년 30.3%, 2000년 48.9%, 2001년 60.8%로 매년 빠른 속도로 증가하였다. 이에 따라 국산품의 시장점유율은 98년에는 10.8%, 99년과 2000년에는 21.4%를 유지하다가 2001년에는 7.1%로 축소되었다.

덤핑수입가격이 국산품의 가격을 인하시켰는지 여부에 대해서는 덤핑수입상품의 개당 재판매가격이 98년 1,190원에서 99년 874원, 2000년 427원, 2001년 298원으로 각각 전년대비 26.6%, 51.1%, 30.2% 하락하였다. 이에 따라 국산품의 개당 판매가격도 98년 1,592원에서 99년, 2000년, 2001년 각각 전년대비 23.4%, 46.2%, 31.1%가 하락하였다.

무역위원회는 이상과 같이 덤핑수입상품의 물량증가 및 덤핑수입가격이 국산품 판매에 미친 영향을 검토한 결과, 덤핑상품의 수입과 국내산업의 실질적인 피해간에 인과관계가 있다고 판단하였다. 덤핑수입 이외의 요인 중 기타 국가에서의 수입물량은 98년 8,999천 개에서 99년, 2000년, 2001년 전

년대비 각각 51.2%, 37.1%, 128.2% 증가하였으나, 그 증가율은 덤핑국가로
부터의 수입증가율보다 낮았다. 또한 원자재가격, 국내소비, 수출, 환율 등
에 대해서도 검토하였으나, 위원회는 이들이 국내산업의 실질적인 피해에
전적으로 영향을 미쳤다고 볼 만한 사실을 발견하지 못하였다.

제 2 절   보 조 금

1. 보조금의 의의

(1) 보조금의 성질

일반적으로 정부의 지원이 기업이나 경제 전반에 걸쳐 효과적인 혜택이 되
는 적절한 조치를 보조금이라고 한다. 보조금은 정부나 공공기관이 일정한 목적
을 위하여 지급하는 것으로, 국내적으로만 영향이 나타날 수도 있고 타국에까지
영향을 끼치는 경우도 있다.

보조금은 특정 상황에서 국내경제나 국제무역에 있어 정부개입의 바람직한
형태가 될 수 있는 것으로, 국가경제를 조절하거나 국가정책을 강화하는 수단으
로서 사용되어 왔다. 정부는 보조금을 지급하여 시장에서의 상품부족현상을 시
정하고, 국가의 경제적 복지를 향상시키기도 한다.[119] 예컨대 세금보조계획은
과평가된 환율이나 노동시장의 경직성과 연계된 왜곡현상을 상쇄시킬 수 있는
적절한 수단이 될 수 있으며, 소득의 재분배를 위하여도 사용될 수 있다.

그러나 보조금이 긍정적 효과만을 발생시키는 것이 아니라, 부정적인 결과
를 초래하기도 한다는 데 문제가 있다. 보조금은 경우에 따라 자국 산업을 필요
이상으로 보호하게 되어, 자유로운 경쟁관계를 왜곡하는 무역장벽이 될 수 있
다. 보조금을 지급받아 생산된 상품이 싼 가격으로 수출됨으로써 무역상대국의
국내산업에 피해를 주는 경우나, 보조금의 지급으로 외국산 동종상품의 수입이
감소하는 경우, 보조금의 지급으로 제 3 국 시장에서 유리한 경쟁조건을 갖게 되

---

119) Amerio B. Zampetti, "The Uruguay Round Agreement on Subsidies," 29 *Journal of World
Trade*(1995), No. 6, p. 6.

는 경우가 그러한 예이다. 보조금이 문제가 되는 이유는 시장가격과 비용을 변경하고 자원배분을 왜곡하여, 외국과 국내에서의 가격차이를 확대시키는 원인이 되기도 하고, 국제적 경쟁을 왜곡시키기도 하기 때문이다.[120] 특히 시장구조가 과점상태이거나 국가간 경제규모나 상품가격에서 차이가 날 때, 전략적인 측면에서 특정 산업을 지원하는 보조금은 국가간의 무역분쟁으로 비화될 수 있다는 점에서 문제가 된다.

이와 같이 수입경쟁산업이나 국제시장에서 경쟁하는 수출산업에 부여된 보조금은 국제무역의 왜곡을 초래하여 관계국간에 심각한 통상분쟁을 초래하게 된다. 국제무역을 왜곡시키는 보조금은 다자간 무역협상에서 합의된 시장개방 약속을 파괴하는 위협이 될 수 있으므로,[121] 이에 대한 규제는 선의의 피해국을 보호하여 국제교역상의 형평성을 구하기 위한 것이다.

(2) 보조금의 정의

보조금은 정부나 공공기관의 직접·간접의 재정적 지원으로서 수혜자에게 이익(benefit)이 되는 경우를 말한다. 구체적으로는 첫째 정부의 관행이 무상지원이나 대출 및 지분참여와 같은 자금의 직접이전, 대출보증과 같은 잠재적인 자금 또는 채무부담의 직접이전, 둘째 세액공제와 같이 정부가 받아야 할 세입을 포기하거나 징수하지 아니하는 경우, 셋째 정부가 일반적인 사회간접자본 이외의 상품 또는 서비스를 제공하거나 상품을 구매한 경우, 넷째 정부가 자금공여기관에 대하여 지불하거나 일반적으로 정부에 귀속되는 위의 세 가지 예시된 기능의 유형 중 하나 또는 둘 이상을 민간기관으로 하여금 행하도록 위임하거나 지시하며, 이러한 관행이 일반적으로 정부가 행하는 관행과 실질적으로 상이하지 아니한 경우를 들 수 있다.[122] WTO 보조금협정은 농업 외의 무역에 영향을 주는 조치에만 초점을 맞추고 있는데, 보조금문제의 가장 큰 부분인 農業補助金의 경우는 농업협정에서 배타적으로 다루고 있다.[123]

---

120) *Ibid.*

121) Bernard M. Hoekman and Michel M. Kostechi, *The Political Economy of the World Trading System*(Oxford, 1995), p. 104.

122) 보조금협정 제 1 조 제 1 항.

123) Schott, *supra* note 16, p. 86.

(3) 보조금의 규제

(가) GATT 1947

1945년 보조금의 존재에 관하여 처음으로 접근이 시도되었는데, 여기서는 극히 제한된 범위의 합의만이 이루어지고, 보조금의 정의와 같은 아주 기초적인 이슈마저도 해결되지 못하였다.[124] 따라서 보조금의 처리문제는 국제통상관계에서 언제나 논쟁거리였던 분야였다.[125] 물론 GATT 체제하에서도 보조금문제와 그 부작용에 대한 적절한 대책문제는 매우 중요한 이슈로 자리하고 있었다.[126] GATT는 원래 제16조에서 체약국이 일정한 요건을 갖춘 보조금을 지급하는 경우 체약국단에 통보되어야 하고, 다른 체약국의 이익에 심각한 손해(serious prejudice)를 야기하거나 위협하는 경우 보조금 지급국은 다른 체약국과 보조금지급을 제한하는 가능성에 관해 협의하여야 한다고만 규정하였다.

이와 같이 GATT 초안자들의 보조금에 대한 입장은 제어되어야 하는 것이긴 하나, 금지되는 것은 아닌 것으로 보았다. 그러던 것이 1954년에서 1955년까지의 재검토회기에서 보조금문제가 깊이 논의되었고, 그 결과 제16조에 Section B를 신설하여 (2)-(5)가 규정되었다. 여기서는 보조금지급은 GATT의 목적달성을 저해할 수 있음을 인정하여, 1차상품의 수출보조금 지급은 피하도록 노력하고, 1차상품 이외의 상품에 대한 수출보조금은 중단할 것을 규정하였다.

GATT에서 보조금문제를 다루려는 노력은 많은 어려움을 겪었는데, 그 원인은 보조금과 관계되는 GATT 규정이 보조금의 개념조차 정의하지 못하는 등 精緻하지 못한 것이었던 데 있다. 그리고 무엇이 무역을 왜곡시키는 보조금인지를 결정하는 기준도 마련되지 않았었다. 이러한 문제점은 1970년대 이후 통상분쟁으로 확대될 수밖에 없었는데, 이러한 문제들을 극복하기 위하여 동경라운드에서「보조금코드」(Agreement on Interpretation and Application of Article VI, XVI and XXII of the GATT)가 채택되었다.

---

124) 극단적으로 교육, 도로건설과 같은 모든 정부지출이 보조금으로 해석되기까지 하였다. Shane Spradlin, "The Aircraft Subsidies Dispute in the GATT Uruguay Round," *Journal of Air and Commerce*(1994), p. 192.

125) Zambetti, *supra* note 119, p. 6.

126) Hoekman and Kostechi, *supra* note 121, p. 104.

(나) 보조금코드

미국은 무역흑자의 감소에 따른 문제점과 자국 내 철강·전자업체의 국내 시장점유율 하락에 따른 압력을 배경으로 보조금문제를 제기하였고, EC는 공동 농업정책에 따른 농업보조금 논의를 지양하고 미국이 GATT 규정에 합치되는 보조금 관행을 유지하도록 하려는 의도를 갖고 있었다. 이러한 대립된 이해관계를 극복하여 두 가지 타협이 도출되었다. 수출보조금의 금지와 국내보조금의 유예를 전제로, GATT 제 6 조 반덤핑 규정과 같은 피해기준을 따를 것에 합의하였고, 상계관세의 부과는 종전과 같이 수입국 당국에게 남겨 두는 데 합의하였다.

동경라운드에서 채택된 보조금코드는 서로 대별되는 취지를 담고 있는데, 그 서문은 처음에는 보조금에 대하여 동정적이다가 뒤에 가면서는 부정적인 입장으로 바뀌고 있다.127) 이것은 보조금을 어떻게 처리해야 할지 일정한 기준을 확립하기 어려운 문제로 귀착된다. 더욱 문제가 되는 점은 GATT 1947과 마찬가지로 보조금의 개념을 명백히 하고 있지 못하다는 것이었다. 이와 같이 GATT 1947이나 동경라운드 보조금코드는 보조금의 개념을 명확히 하지 못하고 있었기 때문에, 이를 둘러싼 분쟁과 의견의 충돌이 잦을 수밖에 없었다. 뿐만 아니라, 보조금코드는 상계조치의 대상이 되는 보조금을 유별해 내지도 못하고 있었다.

동경라운드의 논의과정에서 부작용을 기준으로 하여 불법적인 보조금과 그렇지 아니한 보조금을 구별하려는 시도가 있기는 하였으나, 그 노력은 결실을 맺지 못하고 말았다. 상계조치를 부과할 때 꼭 필요한 절차를 명시하여 상계조치의 남용을 규제하려던 노력마저 실패로 끝나고 말았다. 그 이유는 보조금코드는 미국과 여타 국가간의 이원적 대립구도에서 만들어진 것이라는 점에서 찾을 수 있다.128) 즉 미국과 여타 국가들은 서로 상대방의 보조금을 통제하려던 목적으로 보조금코드를 成案하였기 때문에, 가장 중요한 초점이 상대를 통제하기 위한 목적에 맞추어진 터라 구체적 사항에 대하여는 관심을 기울일 여력이 없었던 것이다.

127) Michael J. Finger, "Subsidies and Countervailing Measures and Anti-Dumping Agreement," *The New World Trading System: Readings*(OECD, 1994), p. 105.
128) Finger, *op. cit.*, p. 106.

(다) UR 보조금협정

UR이 시작되었을 때, 전 참가국이 산업에 대한 정부보조금을 제한하는 데 합의하였다. UR 협상에서 보조금 분야의 논의가 본격화된 것은 1987년 1월 28일 무역협상위원회(TNC)의 합의가 이루어진 직후였다. UR 보조금협상에서도 미국과 여타 국가간의 입장은 서로 대비되는 것이었다. 미국은 무역을 왜곡시키는 보조금의 규제를 강력히 제창한 반면, 다른 국가들은 보조금의 효용성을 강조하는 대신 상계조치에 초점을 맞출 것을 주장하였다.

1994년 UR에서 채택된 보조금협정은 서문을 철학적으로 기술하지 않고, 거래관계에 곧장 적용될 수 있도록 하고 있다.[129] UR 보조금협정이 GATT 1947이나 동경라운드 보조금코드와 가장 다른 점은 보조금의 개념을 명확히 정의하고 있는 데 있다. 그 외에 보조금협정은 상계조치를 결정하는 기준으로서 特定性의 개념을 확립하였다는 점에서 커다란 발전을 맞이하게 되었다.

UR 보조금협정이 모든 분야의 보조금을 대상으로 하는 것은 아니라는 점은 유의하여야 할 부분이다. 농산물분야의 보조금은 농산물협정에서 다루도록 하고, 서비스분야의 보조금은 서비스무역에 관한 일반협정에서 다루도록 하고 있다.

2. 보조금의 종류

(1) 개   념

WTO 보조금협정은 보조금의 개념을 명확히 정의하고 있다는 점에서 그 특징을 찾을 수 있다. 그간 보조금의 개념으로 인한 분쟁이 끊이지 않았던 것에 비추어 보면, 보조금을 명확히 정의하게 된 점은 주요한 성과 중 하나로 높이 평가될 수 있는 부분이다.[130] 보조금협정은 각 회원국이 유지하고 있는 모든 보조금을 매년 WTO 보조금위원회에 고지할 의무를 규정하고 있다. 고지는 교역상의 영향이 평가된 통계적 자료를 포함하는 등 구체적일 것을 요구하고 있다. 이러한 고지를 통하여 문제가 될 수 있는 보조금을 유별할 수 있다는 점에서,

---

129) *Ibid.*

130) Bernard Hoekman, *Trade Laws and Institutions: Good Practices and the World Trade Organization*(The World Bank, 1995), p. 19.

이전에 비해 진일보한 제도로 평가될 수 있다. 보조금협정 제 1 조는 다음과 같이 보조금을 정의하고 있다.

제 1 조 보조금의 정의

제 1 항   이 협정의 목적상 아래의 경우 보조금이 존재하는 것으로 간주된다.

(a) (1) 회원국의 영토내에서 정부 또는 공공기관(이 협정에서는 "정부"라 한다)의 재정적인 기여가 있는 경우, 즉

  (i) 정부의 관행이 자금의 직접이전(예를 들어, 무상지원, 대출 및 지분참여), 잠재적인 자금 또는 채무부담의 직접이전(예를 들어, 대출보증)을 수반하는 경우,

  (ii) 정부가 받아야 할 세입을 포기하거나 징수하지 아니하는 경우(예를 들어, 세액공제와 같은 재정적 유인),

  (iii) 정부가 일반적인 사회간접자본 이외의 상품 또는 서비스를 제공하거나 또는 상품을 구매한 경우,

  (iv) 정부가 자금공여기관에 대하여 지불하거나 일반적으로 정부에 귀속되는 위의 (가)에서부터 (다)에 예시된 기능의 유형 중 하나 또는 둘 이상을 민간기관으로 하여금 행하도록 위임하거나 지시하며, 이러한 관행이 일반적으로 정부가 행하는 관행과 실질적으로 상이하지 아니한 경우,

  또는

(a) (2) 1994년도 GATT 제16조의 의미의 소득 또는 가격지지가 어떤 형태로든 존재하고,

  그리고

(b) 이로 인해 혜택이 부여되는 경우

(가) 재정적 지원

보조금협정 제 1 조에서 보듯 보조금이란 정부나 공공기관의 직접·간접의 재정적 지원(a financial contribution by a government or any public body)으로, 수령자에게 혜택이 되는 경우를 말한다. 정부의 재정적 지원이란 정부의 자금증여·대출·출자·채무보증·세금 불징수, 정부에 의한 상품·서비스의 제공(other than general infrastructure), 정부의 자금조달기관에 대한 지원을 포괄한다. 다만 GATT 1994 제16조 국내산업의 정의에 따라 국내소비년도의 동종상품에 부과되는 관세 또는 조세를 수출품에 대해 면제하거나 발생한 금액을 초과하지 아니하는 금액만큼 그러한 관세 또는 조세를 경감하는 것은 보조금으로 보지 않는다.

정부란 국가기관만을 지칭하는 것이 아니라, 정부의 통제하에 있는 민간기관도 포함하는 개념이다. 따라서 민간기관이라 할지라도 정부에 갈음하여 보조금을 부여하는 경우에는 보조금협정의 적용을 받는다. 이러한 입장은 *French Assistance to Exports of Wheat and Wheat Flour* 사건에서도 확인된 바 있는데, 동 사건은 프랑스가 유지하고 있는 가격안정제도가 GATT 제16조의 보조금에 해당하는가 하는 점이 쟁점이 된 사건이었다. 프랑스는 국가곡물협회가 집행하는 가격안정제도에 따라 생산자는 매년 일정한 수준의 가격을 보장받고 있었다. 이 제도에 따라 프랑스는 1956년 밀의 작황이 좋지 않았음에도 불구하고 싼 가격으로 밀과 밀가루를 수출함으로써, 호주의 수출물량이 잠식된 것이 사건의 발단이었다. 호주의 제소로 GATT 패널이 설치되었고, 패널은 프랑스가 유지하고 있는 가격안정제도는 수출보조금에 해당하는 것으로, 이 제도로 말미암아 호주의 이익이 침해되었다고 결론지었다. 이 사건에서 프랑스는 국가곡물협회의 지원금은 정부가 부여하는 것이 아니므로 보조금이 될 수 없다는 주장을 전개하였으나, 패널은 자금의 전부 또는 일부가 정부에 의해 지원된 때에는 수출보조금으로 보아야 한다는 입장으로 마무리하였다.131) 이와 같이 보조금은 정부 또는 정부기관에 의해 부여되는 것이고, 덤핑은 기업에 의해 이루어지는 행위라는 점에 근본적인 차이가 있다. WTO는 정부간 기구이기 때문에 기업 자체를 직접 대상으로 하지 않기 때문에 덤핑과 같은 기업행위를 규제할 수는 없다. 따라서 반덤핑협정은 덤핑에 대하여 정부가 취하는 조치를 대상으로 할 뿐이다. 보조금과 관련하여서는 정부가 보조금을 지급하기도 하고 타국의 보조금 지급에 대한 조치를 취하기도 하기 때문에, 보조금협정은 보조금 자체와 보조금지급에 대한 대응조치 모두에 적용된다.132)

한국-상업용선박 사건에서 EC는 한국수출입은행과 관련하여 한국 정부가 의사결정에 통제를 행사하는 공적 지위를 가진 것이란 이유에서 공적 기관이라 주장하였다. 한국은 수출입은행이 사적 기관에 상당하는 비즈니스 수행 기관이기 때문에 공적 기관이 아니라고 항변하였다. 공적 기관이 되기 위해서는 공적 권능을 갖고 행위하거나 정부 기능을 수행해야 하며, 보조금협정 제1조 제1

항 (a)(1)의 '공적(public)'이란 용어는 전체 국민을 대신하여 공적 권능(official capacity)을 행사하는 경우로 이해되어야 한다고 하였다.[133] 패널은 정부나 여타의 공적 기관에 의해 통제된다면 해당 실체는 '공적 기관'을 구성하고, 그 실체가 정부에 의해 통제된다면 그 실체의 어떤 행동도 정부에 귀속시킬 수 있으므로 보조금협정 제 1 조 제 1 항 가(1)의 범위에 해당한다는 입장이었다.[134] 결국 이 사건 패널은 EC 주장을 받아들여, 수출입은행은 정부가 통제하는 공적 기관임을 확인하였다.

(나) 수   혜

상계가능한 보조금으로 확정되기 위해서는 특정성 외에, '수혜'(benefit) 요건도 갖추어야 한다. 이러한 요건은 정부에 의한 재정지원과 그로 인한 수혜가 있는 경우 보조금으로 간주된다고 규정한 협정 제 1 조 제 1 항에서 명백한 것이다.

보조금협정은 혜택의 기준에 관하여 명백한 규정을 두고 있지 않으나, 수혜자에 대한 혜택을 기준으로 한 계산규정을 두고 있다. 정부 지분의 자본 제공시 투자결정이 민간투자자의 통상적인 투자관행과 일치하는 경우, 정부의 대출시 대출금액과 대출받은 기업이 비교가능한 상업적 차입에 대하여 지불하는 금액간에 차이가 없는 경우, 정부의 대출보증시 보증받는 기업이 지불하는 금액과 비교가능한 상업적 차입에 지불하는 금액간에 차이가 없는 경우, 정부에 의한 상품이나 서비스의 제공 또는 상품의 구매시 이러한 적정 수준 이하의 보상을 받고 제공되거나 적정 수준 이상의 보상에 의해 구매되지 않는 경우는 혜택을 수여된 것으로 간주되지 않는다.[135]

한국-상업용선박 사건에서 재정지원과 관련하여 선수급환급보증(APRG) 프로그램은 보조금협정 제 1 조 제 1 항 (a)(1)(i)의 의미에서 잠재적 자금의 직접 이전으로 재정지원에 해당한다고 보았다. 그러나 APRG이나 선적전대출(PSL)프로그램이 한국 선박회사가 시장에서 구할 수 있는 것보다 더 유리한 조건으로 혜택을 부여한 것은 아니라고 보아, APRG 프로그램은 그 자체로 보조금을 구

---

133) Korea - Measures Affecting Trade in Commercial Vessels(Korea - Commercial Vessels, DS273), Panel Report, para. 7.37.
134) *Op. cit.*, para. 7.50.
135) 보조금 및 상계조치협정 제 3 조, 제 5 조, 제 8 조.

성하는 것이 아니라고 보았다.[136]

(다) 특 정 성

경제적 활동을 지원하기 위하여 각국이 사용할 수 있는 보조금의 형태는
매우 다양하다. 이러한 보조금은 특정산업에 지급될 수도 있고, 일반적으로 수
여되기도 한다. 어떤 보조금은 광범위한 경제적 목적을 가진 것이긴 하나, 특정
영역만을 대상으로 하는 것일 수도 있다. 1980년대 말 OECD 국가가 지급한 보
조금은 산업총생산의 약 2%에 달한다. 그 중 40~60%가 철강·조선·광업과 같
은 분야를 대상으로 하는 특정된 것이었다.[137] 이와 같이 보조금은 특정 대상을
전제하는 경우와 그렇지 아니한 경우로 구별된다. 그 중 WTO 체제에서 규제대
상이 삼는 것은 特定性(specificity)이 있는 보조금에 국한된다. 특정성을 기준으
로 규제하려는 논거는 국제교역상의 왜곡과 관련되는 것으로, 특정성이 있는 보
조금은 보조금 지급 대상으로 선택된 기업의 생산비용에 영향을 주므로 왜곡이
특히 심한 것으로 인정되기 때문이다.[138] 보조급협정 제 1 조는 특정성과 관련
하여 다음과 같이 규정하고 있다.

제 2 조 특정성

제 1 항 제 1 조 제 1 항에 정의된 보조금이 공여당국의 관할 내에 있는 특정 기업이
나 산업 또는 기업군이나 산업군(이 협정에서는 "특정 기업"이라 한다)에 대해 특정
적인지 여부를 결정함에 있어서 아래의 원칙이 적용된다.

(a) 공여당국 또는 공여당국이 그에 따라 활동하는 법률이 보조금에 대한 접근을 특
정 기업으로 명백하게 한정하는 경우 이러한 보조금은 특정성이 있다.

(b) 공여당국 또는 공여당국이 그에 따라 활동하는 법률이 보조금의 수혜요건 및 금
액을 규율하는 객관적인 기준 또는 조건을 설정하고, 수혜요건이 자동적이며 이
러한 기준과 조건이 엄격히 준수되는 경우, 특정성은 존재하지 아니한다. 이러한
기준 및 조건은 검증이 가능하도록 법률, 규정 또는 그 밖의 공식문서에 명백하
게 규정되어야 한다.

(c) (a)호 및 (b)호에 규정된 원칙의 적용결과 외견상 특정성이 없음에도 불구하고
보조금이 사실상 특정적일 수 있다고 믿을 만한 이유가 있는 경우에는 다른 요

---

136) Korea - Commercial Vessels, Panel Report, paras. 7.121, 7.127.

137) Finger, *supra* note 127, pp. 105~106.

138) Marc Benitah, *The Law of Subsidies under the GATT/WTO System*(Kluwer, 2001), p. 89.

소들이 고려될 수 있다.

제 2 항   공여기관의 관할지역 중 지정된 지역 내에 위치하는 특정 기업에 한정된 보조금은 특정적이다. 이 협정의 목적상 권한 있는 각급 정부에 의해 일반적으로 적용될 수 있는 세율의 설정 또는 변경은 특정적인 것으로 간주되지 아니한다고 양해된다.

제 3 항   제 3 조의 규정에 해당되는 모든 보조금은 특정적인 것으로 간주된다.

제 4 항   이 조의 규정에 따른 특정성에 대한 판정은 명확한 증거에 기초하여 명백히 입증되어야 한다

특정성의 문제는 일반적 이용가능성의 문제에 관련된 것으로, 잠재적 상계가능보조금 중 선택적으로 특정 산업 분야에 혜택을 줌으로써 정상적 경쟁조건에 영향을 끼치는 보조금을 제한하기 위한 것이다.[139] 이러한 특정성을 결정하는 기준은 보조금의 존재를 결정하는 당국의 입장에서 판단할 수 있도록 되어 왔기 때문에 남용의 가능성이 있다.[140] 이런 까닭에 WTO 보조금협정은 특정성을 판단하는 객관적 기준을 제시하여, 특정성을 둘러싼 분쟁을 예방하려 하고 있다. 이와 같이 특정성의 개념을 명백히 규정한 것은 보조금의 정의에 뒤이은 상계가능보조금 항목에서 논의될 심각한 침해의 추정조항과 함께 분쟁해결을 맡게 될 패널의 작업부담을 많이 경감시켜 줄 것이다.[141]

보조금협정은 일국 내의 모든 기업에 일반적으로 적용되는 경우와 특정기업이나 기업군에만 적용되는 경우를 구분하여, 特定性의 基準(specificity test)을 설정하고 있다. 지급기관이나 지급기관의 활동 근거가 되는 법률에 의해 보조금의 지급대상이 특정 기업으로 제한되는 경우가 바로 특정성이 있는 경우이다. 이러한 경우를 법률상(*de jure*) 특정성이 있는 경우라고 한다.[142] 보조금 지급이 특정 기업에 국한된다 하더라도, 지급기관이나 지급기관의 활동 근거가 되는 법률이 보조금의 수혜요건 및 금액을 규율하는 객관적인 기준이나 조건을 설정하

139) Ivo Van Bael and Jean F. Bellis, *Anti-Dumping and Other Trade Protection Laws of the EEC*(CCH, 1990), p. 265.
140) A. Anderson, "An Analysis of the Proposed Subsidies Code Procedures in the 'Dunkel text' of the GATT Uruguay Round: The Canadian Exporter's Case," 27 *Journal of World Trade*(1993) No. 3, pp. 71~100.
141) 張孝相, 新稿 國際經濟法(法英社, 1996), p. 306.
142) Benitah, *supra* note 138, p. 88.

고, 수혜요건이 자동적이며, 이러한 기준과 조건이 엄격히 준수되는 경우 특정성이 없는 것으로 본다. 객관적인 기준 및 조건이란 특정 기업에 대하여 다른 기업보다 특혜를 주지 않는 중립적인 것이거나, 종업원 수나 기업의 규모와 같이 본질상 경제적이며 적용시 수평적인 경우를 의미한다.143)

그러나 이러한 기준으로부터 특정성이 없는 것으로 나타나더라도, 보조금의 주된 사용이 특정 기업에 한정되거나, 특정 기업에게만 지나치게 많은 보조금이 지급된다든지, 특정 기업에 대해 불균형적으로 많은 금액의 보조금이 지급되거나, 보조금지급의 결정이 지급기관에 의해 자의적으로 이루어지는 경우는 사실상 특정성이 있는 것으로 볼 수 있다.144) 모든 輸出補助金도 특정성이 있는 보조금이다. 지급기관의 관할지역 중 지정된 지역 내에 위치하는 특정 기업에 한정된 보조금도 특정적이다. 특정성에 대한 판정은 명확한 증거에 기초하여 명백히 입증되어야 한다. 이와 같이 특정성이 있다고 판단되는 경우에는, 금지보조금이나 상계가능보조금 및 상계조치에 관한 규정이 적용된다.

(2) 보조금의 유형

보조금협정은 보조금을 금지보조금(prohibited subsidy), 조치가능보조금(또는 상계가능보조금; actionable subsidy), 허용보조금(nonactionable subsidy)으로 구분하고 있었다. 조치가능보조금은 직접적인 무역왜곡효과를 야기하지는 않기 때문에 원칙적으로 허용되지만, 다른 회원국에게 부작용을 초래하기 때문에 일정한 대응이 가능한 보조금을 말한다. 이와 관련하여 A. Deardorff는 보조금의 유형을 신호등에 비유하여, 적색신호는 수출보조금과 같이 단순히 금지되는 보조금이고, 황색신호는 허용은 되지만 상계할 수 있는 것이고, 녹색신호는 상계할 수 없는 보조금으로 설명하였다.145) 그러나 허용보조금에 대한 규정은 WTO 협정 발효일로부터 5년 동안만 잠정 적용될 것을 예정한 것으로,146) 현재는 금지보조금과 조치가능보조금으로 분류된다.

---

143) 보조금 및 상계조치협정 제 2 조 제 1 항 주 2.
144) '… may in fact be specific'이라고 하고 있다. 보조금 및 상계조치협정 제 2 조 제 1 항 다.
145) Susan M. Collins and Barry P. Bosworth, *The New GATT*(Brookings Institute, 1994), p. 13.
146) 보조금 및 상계조치협정 제31조.

(가) 금지보조금

제 3 조 금지

제 1 항 농업협정에 규정된 경우를 제외하고, 제 1 조의 의미 내에서 다음의 보조금은 금지된다.

(a) 부속서 1에 예시된 보조금을 포함하여, 유일한 조건이건 다른 여러 조건 중 하나이건 법률상 또는 사실상 수출 실적에 따라 지급되는 보조금.

(b) 유일한 조건이건 다른 여러 조건 중 하나이건, 수입상품 대신 국내상품의 사용을 조건으로 지급되는 보조금

제 2 항 회원국은 제 1 항에 언급된 보조금을 지급하거나 유지하지 아니한다.

금지보조금은 보조금협정 제 1 부속서에 예시된 보조금, 법률상 혹은 사실상 수출실적에 따라 지급되는 보조금, 수입품을 대체하는 국내상품 사용을 조건으로 지급되는 보조금을 말한다. '사실상(in fact)'이란 기준은 보조금 지급이 법률상으로는 수출실적을 조건으로 이루어지는 것은 아니나, 실제 또는 예상되는 수출이나 수출收入과 결부된다는 것이 사실에 의해 증명되는 경우 충족된다. 수출하는 기업에게 보조금이 지급된다는 단순한 사실만으로는 이러한 보조금이 본 규정 의미 내의 수출보조금으로 간주되지 않는다.[147] 예컨대 정부가 수출성과에 따라 기업이나 산업에 지급하는 직접보조금, 외화보유를 허용하거나 장려하여 수입시나 수출시 이익을 보게 하는 외환보유제도, 국내소비상품보다 수출상품에 조건이 좋은 물품이나 서비스를 제공하는 것, 수출과 관련된 세금의 부분적 면제나 경감 및 유예, 수출신용보증이나 보험업자의 장기적 비용 및 손해를 보전하는 우대요율이 이에 해당된다.[148] 그러나 적절한 이자가 징수되는 경우의 유예는 수출보조금에 해당되지 않음을 인정하고 있다.[149] 그리고 수출기업과 그들의 통제하에 있는 외국 구매자간의 상품거래 가격은 과세목적상 특수관계가 없는 독립기업간에 부과되는 가격이어야 한다. 미국이 해외영업법인 프로그램으로 미국 기업이 외국의 자회사를 통해 수출하는 경우 소득세를 경감시킨 것은 보조금협정 위반이라 하였다.[150] 그리고 캐나다가 자국 자동차업체에

---

147) 보조금 및 상계조치협정 주 5.

148) 보조금 및 상계조치협정 제 1 부속서(예시목록).

149) 보조금 및 상계조치협정 주 59.

150) United States - Tax Treatment for Foreign Sales Corporations(US - FSC, DS108), AB

대하여 수입관세를 면제해 준 것은 수출에 부수되는 것으로서, 협정에 반한다고
하였다.[151]

【 한국 – 상업용선박 사건 】

한국-상업용선박 사건에서는 제 1 부속서 수출보조금예시목록에 적시된
'(j) 수출신용보증이나 보험업자의 장기적 비용 및 손해를 보전하는 우대요
율'이 문제가 되었다. 선수금환급보증(APRG)이 수출신용보증인가에 대해 패
널은 APRG와 수출업자에 대한 대출은 서로 직접적 관련이 없으므로, 수출
입은행의 APRG는 수출신용보증이 아니라고 하였다. APRG가 수출상품의
비용 상승을 막는 보장이 되는지도 쟁점이었다. 한국은 사전지급에 의해 선
박회사가 선박건조 비용을 빌리는데 필요한 비용을 줄여, 선박 건조에 필요
한 운용자금과 관련한 비용증가를 막아준다고 하였다. 그러나 EC는 제 1 부
속서 (j)가 수출업자의 비용 증가 전반에 대한 규정이 아니라, 수출상품의
비용 증가에 대한 경우에만 적용된다는 입장이었다. 패널은 EC 주장을 수
용하여, 선박회사가 무이자로 자금 획득이 가능하다는 사실이 선박 비용 증
가 여부와는 아무런 관련이 없다고 하였다. 사전지급과 무관하게 선박 건조
비용은 증가할 수 있기 때문이다. APRG는 다른 비용이 증가하지 않을 것을
보장하는 것이 아니고, 수출상품의 총 비용이 증가하지 않도록 보장하는 것
도 아니므로, APRG 프로그램이 수출상품의 비용 증가를 막는 프로그램으
로 기능한다고 볼 근거가 없다. 이런 관점에서 패널은 한국이 제 1 부속서
(j)가 보조금협정 제 3 조 제 1 항 위반에 대응하는 항변사유에 해당함을 입
증하지 못했다고 보았지만, EC가 APRG 우대요율과 관련하여 문제 삼지 않
은 까닭에 종국적으로 한국측 주장이 수용되었다.

타국이 금지보조금을 부여한다고 인정하는 회원국은 당해 국가에 협의를
요청할 수 있고, 그 국가는 가능한 한 신속히 협의에 응하여야 한다. 금지보조
금에 대한 구제는 신속하게 보조금을 철회하는 것이다.

Report
151) Canada – Certain Affecting the Automotive Industry(Canada – Autos, DS142), AB Report.

이러한 금지보조금은 원천적으로 지급되어서는 아니 되는 보조금이다. 그러나, 보조금협정 발효 이전에 존재하는 금지보조금의 경우 동 협정 발효 후 90일 이내에 보조금위원회에 고지하도록 하고, 3년 이내에 협정상의 내용과 합치하도록 규정하여,[152] 기존의 보조금 중 보조금협정에 따라 금지보조금이 되는 경우 일정한 유예를 인정하고 있다.

【 미국 – 해외영업법인 사건 】

1. 쟁점사항

EC는 미국의 해외영업법인에 대한 특별조세정책 수립을 위한 내국세법 제921조 내지 제927조와 해외영업법인 관련조치가 보조금협정에 위반하는 것이라고 주장하여 제소하였다. 이 사안에 대하여 패널은 1999년 10월 8일 미국의 해외영업법인 관련조치가 보조금협정 제 3 조 제 1 항 (a)에서 금지하고 있는 수출보조금을 지급 또는 유지함으로써 동 조항상의 의무를 위반하였다고 결정하였다. 이에 대하여 미국은 DSU 제16조 제 4 항에 따라 패널보고서의 관련 법률 및 법률 해석과 관련하여 항소하였다. 관련 쟁점은 해외영업법인 관련조치에 의해 지급된 보조금이 보조금협정 제 3 조 제 1 항 (a)의 금지보조금 해당 여부 및 동 보조금이 제 1 조 제 1 항에 정의된 보조금에 해당된다는 패널 결정의 오류 여부를 대상으로 하는 것이다.

2. 패널 결정

패널은 미국의 해외영업법인 관련조치가 보조금협정 제 1 조 제 1 항에 정의된 보조금의 범위에 해당되는지를 심의하였다. 특히 해외영업법인 관련조치가 제 1 조 제 1 항 (a)(1)(ii)에 명시된 '그렇지 않았다면 정부가 받아야 할 세입'(government revenue that is otherwise due)에 해당하는지를 검토하였다. 특히 '그렇지 않았다면 받아야 할'(otherwise due)이라는 문구에 대한 해석이 보조금협정 주 59의 영향을 받아 이루어진 것인지를 검토하였다. 미국은 'otherwise due'라는 문구는 주 59에 의해 해석이 변경되었다고 주장하였으나, 패널은 이를 기각하고 해외영업법인 관련조치가 받아야 할 정부세

---

152) 보조금 및 상계조치협정 제28조.

입을 포기한 것인지를 검토하였다.

패널은 종합적으로 볼 때 해외영업법인 관련계획에 마련되어 있는 각종 면세조항은 받아야 할 세입의 확충을 저해하는 결과가 되므로, 보조금협정 제 1 조 제 1 항 (a)(1)(ii)에서 정의하고 있는 재정적 지원에 해당된다고 하였다. 또한 해외영업법인 관련조치는 해외영업법인에 대한 특혜라고 결정하고, 동 조세감면정책이 보조금협정 제 1 조의 보조금에 해당된다고 결정하였다. 그리고 패널은 해외영업법인에 대한 보조금이 제 3 조 제 1 항 (a)에 따른 '수출실적에 따른'(contingent upon export performance) 보조금인지를 검토하였다. 패널은 내국세법 관련 조항, 특히 해외영업법인의 해외무역총수령액 관련 조항 및 수출자산의 정의에 관한 조항을 살펴, 해외영업법인에 대한 조세감면은 보조금협정 제 3 조 제 1 항 (a)에 명시된 수출실적에 따른 보조금이라고 결정하였다. 또한 주 59를 재심의한 결과 '회원국은 … 해외 경제활동을 통하여 얻은 소득에 대한 과세권을 가지며, 특히 수출로 얻은 소득에 대한 조세감면을 설정할 수 있음'을 의미하는 것은 아니라고 결정하였다. 이러한 논리에 따라 패널은 미국이 보조금협정 제 3 조 제 1 항 (a)에 의해 금지된 수출보조금의 지급 및 유지행위를 함으로써 보조금협정상의 의무를 위반하였다고 결정하였다.

3. 항소기구의 결정

항소기구는 '그렇지 않았다면 받아야 할' 상황은 원래의 세입보다 적은 세입이 있었다는 것을 의미하며, '포기'(foregone)라는 용어는 정부가 행사할 수 있는 세입조달권을 포기하였다는 의미를 가진다고 하였다. 그러나 정부는 이론적으로 모든 소득에 대하여 과세권을 행사할 수 있기 때문에 세입조달권은 관념적으로 설정될 수 있는 것이 아니다. 따라서 실제 조달세입과 다른 경우 조달가능세입을 비교할 수 있는 어떤 구체적이고 표준적인 기준이 마련되어 있어야 한다. 그러므로 'otherwise due'라는 문구는 특정 조치하에 조달된 세입과 다른 상황하에서 조달 가능하였을 세입간에 이루어지는 비교를 의미한다는 패널의 결정에 동의하였다. 비교의 기준은 관련 회원국이 사용하고 있는 조세규정에 기반한 것이어야 한다는 패널의 결정에도 동의하였다. 어떤 것이 'otherwise due'인가를 결정하는 비교측정 기준은 관련 회원국의 국내기준이 아닌 다른 것이어야 한다는 미국 측 주장에 따를 경우, WTO가 회원국으로 하여금 특정 유형의 조세체제를 선택하도록 강요하는 결과가 될 것이므로 잘못된 것이라고 하였다. 원칙적으로 회원국은 자국이 원하는 모든 종류의 소득에 세금을 부과할 주권을 가지며, 특정 종류의 소득에 대하여는 세금을 부과하지 않을 자유도 가지나, 어떤 경우이든 WTO 협정상의 의무를 존중하여야 한다. 패널은 'otherwise due'라는 문구에는 '…이 없었더라면(but for)' 기준이 전제되어 있으며, 받아야 할 세입 여부의 결정에서 비교의 적법한 기준은 '문제가 되고 있는 조치가 없었더라면 우세하였을 상황'이 되어야 한다고 하였다. 이에 대하여 항소기구는 패널의 'but for' 기준은 이 사안에서는 적용 가능하나, 다른 경우에도 모두 가능한 것은 아니라고 하였다.

제 3 조 제 1 항 (a)에 의한 패널결정에 대하여 미국은 보조금협정 주 59는 해외영업법인 관련조치가 수출보조금에 해당되지 않는다는 의미를 내포하고 있다고 주장하였다. 보조금협정 주 59의 2문은 " … 회원국은 수출기업과 그들의 통제나 동일한 통제하의 외국 구매자간에 이루어지는 상품거래가격은 과세 목적상 특수관계가 없는 독립(arm's length)기업 간에 부과되는 가격이어야 한다는 원칙을 재확인한다 …"고 규정하고 있다. 이 규정은 과세 목적상 수출법인과 외국 구매자간의 수출판매수익 배분에 있어 상품가격은 동 문장이 언급하고 있는 독립성의 원칙에 따라 결정되어야 함을 재확인하고 있다. 패널과 마찬가지로 항소기구는 논의의 전개상 독립성의 원칙하에서 WTO 회원국들은 해외기반소득에는 조세를 부과할 의무를 부담하지 않으며, 부과하더라도 국내기반소득에 부과하는 것보다 적은 액수를 부과할 수 있음이 암묵적으로 전제되어 있다는 미국 측 입장을 수용하는 입장이었다. 또한 주 59가 존재하지 않는다 하더라도 회원국들은 WTO 협정에 의해 해외기반소득이든 국내기반소득이든 모든 종류의 소득에 반드시 세금을 부과하여야 하는 것은 아니라는 사실을 확인하였다. 미국 측 주장에 의하면 수출관련 해외기반소득에 반드시 세금을 부과하여야 하는 것은 아니므로, 정부가 그 소득에 대하여 과세하지 않기로 결정하였더라도 해당 세입을 '포기'한 것이라고 볼 수는 없다고 주장하였다. 미국 측 주장의 논리적 결론은 'otherwise due'한 세입에 대한 포기는 절대로 있을 수 없다는 것이

다. 또한 일반적으로 WTO 협정하에서도 이 점은 같은 것이다. 그러나 이로부터 독립성 원칙을 요건으로 도출할 수는 없는 것이다.

뿐만 아니라, 독립성원칙의 요건성이 여기서 다루어지고 있는 문제를 전부 다 해결해 줄 수는 없다고 하였다. 분쟁의 쟁점은 미국 측이 제기한 바와 같이 회원국이 특정 해외기반소득에 대한 세금을 부과할 의무를 부담하는가 여부에 대한 것이 아니다. 상기 언급된 바와 같이, 일반적으로 회원국은 그와 같은 종류의 의무는 전혀 부담하지 않는다. 오히려 동 분쟁의 쟁점은 미국이 국내사업 및 거래와 효과적으로 연관되어 있는 특정 범주의 해외기반소득에 대하여 세금을 책정하기로 결정함으로써, 기타 조세법령하에서는 징수가능한 해외기반소득을 면세조치해 줄 수 있는가 하는 것이다. 미국측 주장과는 달리, 항소기구는 주 59의 2문이 이 문제에 대하여 언급한 것으로 보지 않았다. 명백하지도 않고, 암묵적으로도 나타나 있지 않다고 보았다. 요컨대 독립성원칙을 위한 요건성은 여기서 대두되고 있는 쟁점에 대해 언급하고 있지 않으며, 더욱이 상기한 수출관련 면세를 허용하고 있지도 않다고 보았다. 따라서 주 59의 문장은 해외영업법인에 대한 보조금이 보조금협정 제 3 조 제 1 항 (a)에서 규정하고 있는 수출보조금에 해당되지 않는다는 의미를 내포하고 있는 것이 아니라고 판단하였다. 이러한 논거에 기하여 항소기구는 패널보고서 7.130에 명시된 바와 같이 해외영업법인 관련조치는 보조금협정 제 3 조 제 1 항 (a)에 의해 금지된 수출보조금에 해당된다는 패널의 결정을 재확인하였다.

(나) 조치가능보조금

조치가능보조금은 직접적인 무역왜곡효과를 야기하지는 않기 때문에 원칙적으로 허용되지만, 다른 회원국에게 부정적 효과(adverse effect)를 초래하므로 일정한 대응이 가능한 보조금을 말한다. 조치가능한 보조금으로 판단하기 위해서는 특정성을 가진 보조금이고, 그 사용이 부정적 효과를 야기하는 경우여야 한다.[153] 대출 또는 대출보증이나 교부금, 채무면제 및 지분참여 등이 이에 해당된다. 여기서 말하는 부작용이란 다른 회원국의 국내산업에 대한 피해(injury), 다른

---

153) United States - Continued Dumping and Subsidy Offset Act of 2000(US - Offset Act(Byrd Amendment), DS217), para. 7.106.

회원국이 향유하는 이익의 무효화나 침해(impairment), 다른 회원국의 이해관계에 대한 심각한 손상(serious prejudice)을 의미한다. 다른 회원국의 이해관계에 대한 심각한 손상이란 심각한 손상의 우려(threat of serious prejudice)를 포함한다.[154]

> **제 5 조** 어떤 회원국도 제 1 조 제 1 항 및 제 2 항에 언급된 보조금 사용을 통해 다른
> 회원국의 이익에 아래와 같은 부정적 효과를 초래해서는 아니 된다. 즉.
> 가. 다른 회원국의 국내산업에 대한 피해.
> 나. GATT 1994에 따라 다른 회원국이 직접적 또는 간접적으로 향유하는 혜택, 특히
>   동 협정 제 2 조에 따른 양허 혜택의 무효화 또는 침해.
> 다. 다른 회원국의 이익에 대한 심각한 손상

보조금협정 제 6 조 제 3 항은 (a) 보조금으로 인하여 다른 회원의 동종상품이 보조금지급회원국 시장으로 수입되는 것이 배제되거나 방해하는 효과가 발생하는 경우, (b) 제 3 국 시장에 다른 회원국 동종상품의 수출이 배제되거나 방해되는 효과가 발생하는 경우, (c) 동일시장에서 다른 회원국의 동종상품의 가격에 비해 보조금 혜택을 받은 상품의 현저한(significant) 가격인하나 동일시장에서 현저한 가격인상억제·가격하락·판매감소를 초래하는 효과가 발생하는 경우, (d) 보조금을 받는 특정 1차상품이나 일용품(commodity)에서 보조금지급 회원국의 세계시장 점유율이 이전 3년간의 평균 점유율과 비교하여 증가하고 이러한 증가가 보조금이 지급된 기간에 걸쳐 일관되게 효과가 발생하는 경우 심각한 손상이 존재하는 것으로 간주한다.[155] 다만, 보조금을 지급하는 회원국이 당해 보조금이 이상에서 열거된 어떠한 효과도 초래하지 않았음을 입증하는 경우 심각한 손상은 존재하지 아니한다.[156] 심각한 손상의 판단은 두 단계를 거쳐 이루어진다. (a)부터 (d)에서 명시한 시장 효과가 나타나는지, 그 확인된 효과가 특정성을 가진 보조금에 의해 야기되었는지 확인해야 한다. 심각한 손상(serious prejudice)은 피해(injury)와 완전히 다른 개념이다. 심각한 손상은 회원국 영역 내의 특정 국내산업에 대한 조건과 관계되는 것이 아니라, 타국의 보조금으로 야

---

154) 보조금 및 상계조치협정 제 5 조 각주 13.
155) 보조금 및 상계조치협정 제 6 조 제 3 항.
156) 보조금 및 상계조치협정 제 6 조 제 2 항.

기된 다른 회원국의 무역상 이익에 끼친 부정적 효과와 관계되는 것이다.[157) 한국-상업용 선박 사건에서 EC는 보조금이 지급된 선수금환급보증(APRG)과 선적전수출신용보증(PSL) 거래가 보조금협정 제 6 조 제 3 항 (c)의 관점에서 현저한 가격인하나 억제를 야기함으로써 EC의 이익에 심각한 손상을 입힌 것이라 주장한 바 있다. 그러나, 패널은 보조금이 지급된 거래가 그와 같은 효과를 초래하였음을 입증하지 못했다는 이유로 EC 측 주장을 기각하였다. 제 6 조 제 3 항 (c)는 가격인하가 현저한 경우 심각한 손상이 발생한다고 규정하고 있으나, '현저한(significant)'이라는 용어의 의미는 정의되어 있지 않다. 인도네시아-자동차 사건에서 패널은 이 요건을 포함시킨 것은 가격인하가 수입상품 공급자에게 큰 의미를 줄 수 없는 적은 정도의 마진 인하인 경우 심각한 손상을 주는 것으로 간주되지 않는다는 점을 분명히 하기 위한 의도라고 추정하였다. 이러한 해석에 따라 인도네시아가 국가자동차프로그램에 의거하여 부여한 보조금의 효과는 인도네시아 시장에서 EC산 동종상품의 가격과 비교하여 현저한 가격인하를 통해 보조금협정 제 5 조 (c)의 관점에서 EC의 이익에 심각한 손상을 야기한 것이라고 판단한다고 하였다.[158)

보조금협정 제 6 조 제 1 항은 보조금지급이 상품가액의 5%를 초과하는 경우, 특정 산업(industry)이 입은 영업손실보전보조금, 일회성이 아니거나 반복적인 특정 기업(enterprise)이 입은 영업손실보전보조금, 정부보유채무의 면제 및 채무상환을 위한 교부금과 같은 직접적 채무감면의 경우도 심각한 손상이 있는 것으로 간주한다고 규정하고 있었다.[159) 그러나 보조금협정 제 6 조 제 1 항은 제31조에 의해 5년의 잠정적용이 예정되어 있었고, 1999년 12월 20일 보조금 및 상계조치 위원회의 특별회의에서 연장을 위한 컨센서스를 도출하지 못함으로써 실효되었다.

이와 같은 부정적 효과가 나타나는 경우 피해를 입은 WTO 회원국은 구제조치로서 상계할 수 있게 된다. 조치가능보조금은 즉각적인 철폐의무는 없으나, 상계조치의 대상이 되므로 궁극적으로는 철폐대상이 된다.

---

157) Korea - Commercial Vessels(DS273), Panel Report, para. 5.78.
158) Indonesia - Certain Measures Affecting the Automobile Industry(Indonesia-Autos, DS54), Panel Report, paras. 14.254~14.255.
159) 보조금 및 상계조치협정 제 6 조 제 1 항.

(다) 허용보조금

허용보조금은 합법적으로 허용되면서, 상계의 대상도 될 수 없는 경우를 말한다. 특정성이 없는 모든 보조금이 이에 해당된다.[160] 특정성이 있는 경우라도 다음의 경우는 허용보조금에 해당된다.[161] 허용보조금은 WTO 보조금협정상 종래와 비교하여 가장 큰 변화로서, 이는 EC 규칙에서 유래된 것이다.[162]

이와 같이 특정성이 있음에도 상계할 수 없도록 한 보조금은 그 개념이 매우 추상적이어서, 남용의 우려가 있다. 이에 따라 보조금협정은 허용조건을 계량화함으로써 그 적용범위를 제한하고 있고, 협정상 용어의 개념을 정의하여 개념을 둘러싼 분쟁을 예방하고 있다. 뿐만 아니라 허용보조금 조항의 적용을 보조금협정 발효 후 5년 동안으로 한정하여, 시간적 제약을 두었다.[163] 허용보조금의 적용을 현행형태나 수정형태 또는 기간을 연장할 것인지는 5년의 기간 종료 180일 이전까지 보조금 및 상계조치위원회의 결정을 거치도록 하였는데, 1999년 12월 31일 예정대로 실효되었고 더 이상 연장되지 않았다.

【 독일 – 에어버스 보조금 사건 】[164]

미국은 독일이 에어버스사에 대한 환위험 보험 제공프로그램이 동경라운드 보조금코드를 위반하였다고 제소하였고, 1991년 3월 6일 보조금 및 상계조치위원회가 이 문제를 다루기 위하여 개최되었다.

미국은 독일의 이 프로그램이 1차상품이 아닌 수출상품에 대한 보조금지급을 금지하는 동경라운드 보조금코드를 위반하였다고 주장하였다. EC는 패널설치 자체를 반대하지 않았으나, 동 사건은 민간항공무역위원회에서 다루어야 한다고 하였다. EC는 민간항공무역협정이 존재하는 것은 이 부분의 특수성을 증명하는 것이라고 하였다.

---

160) 보조금 및 상계조치협정 제8조 제1항 (a).
161) 보조금 및 상계조치협정 제8조 제2항.
162) Lowenfeld, *supra* note 4, p. 236.
163) 이러한 기간의 종료 이전 180일 전까지 위원회는 이 규정의 적용을 현행대로든 수정된 형태이든 추가기간 동안 연장할 것인지를 결정하기 위하여 이 규정의 운영을 검토한다. 보조금 및 상계조치협정 제31조.
164) German Exchange Rate Scheme for Deutsche Airbus(SCM/142), GATT Panel Report.

이 사건은 법적 관점에서 민간항공무역협정과 동경라운드 보조금코드간의 충돌문제가 선결과제였는데, 민간항공무역협정은 보조금코드의 하위 협정이 아닌 별도의 것이기 때문에 양자간의 충돌이 발생한 것이다. 패널은 이 사건을 심리하여 독일의 해당 프로그램은 보조금코드 제 9 조를 위반한 것이라고 결론지었으나, EC는 패널의 위임조건이 동경라운드 보조금코드만을 포함하고 있다는 이유로 보고서 채택을 저지하였다. 결국 이 문제는 미국과 EC간의 양자협정에 의해 해결되었다.

(3) 개발도상국의 우대

전통적으로 보조금규칙에서 나타나던 선진국과 개발도상국간의 차이는 UR 이후에는 상당히 좁혀지게 되었다. 그러나 보조금협정은 개발도상국이나 계획경제국가에서 시장경제국가로 이전하는 국가들에 대하여 일련의 차별적 특별대우를 규정함으로써 여전히 차이를 만들고 있는데,[165] 개발도상국에 대하여 보다 관대한 이유는 경제적 근거에서 찾을 수 있다.

이에 따라 부속서에 언급된 개발도상 회원국은 수출보조금의 금지규정이 적용되지 않는다. 여기에는 최빈국 또는 GNP 1,000달러 이하의 국가가 포함된다. 부속서에 열거되지 않은 개발도상 회원국은 1995년 1월부터 8년간 그들의 수출보조금을 제거하여야 한다. 수입대체 보조금의 금지는 개발도상국에 대하여 5년의 유예가 인정되며, 최빈국에 대하여는 8년의 유예가 허용된다. 개발도상국이라 할지라도 연속 2년간 특정상품의 세계시장점유율이 3.25% 이상인 경우, 2년에 걸쳐 해당 수출보조금을 단계적으로 폐지하여야 한다.

원산지가 개발도상 회원국인 상품에 대한 상계관세조사는 관계당국이 당해 상품에 대해 지급된 보조금의 전반적인 수준이 단위 기준으로 계산한 가격의 2%를 초과하지 아니하거나, 보조금을 받은 수입품의 물량이 수입회원국의 동종상품 총 수입량의 4% 미만인 경우라고 결정하는 경우 즉시 종료된다. 단, 개별적으로 총 수입량 중 점유율이 4% 미만인 개발도상 회원국으로부터의 수입량 합계가 동 수입 회원국의 동종상품 총 수입의 9%를 초과하는 경우에는 예외로 한다.

---

165) 보조금 및 상계조치협정 제27조.

그리고 계획경제에서 시장경제로 이전 중인 WTO 회원국의 경우 2002년까지 금지보조금을 유지할 수 있도록 허용하였다.

3. 상계조치

(1) 의   미

보조금과 관련된 GATT 규칙은 양면적 목적을 가진다. 하나는 보조금사용과 관련된 특정 규칙을 확립하기 위한 것이고, 다른 하나는 상계조치의 이용을 규제하기 위한 것이다. 보조금의 부작용을 피하고 감소하기 위하여 또는 다자간 무역협상에서 만들어진 양허를 무효화하거나 침해하는 보조금의 사용을 방지하기 위한 것임과 동시에, 회원국이 다른 회원국이 상품에 부여한 보조금의 효과를 상쇄하기 위한 것이 바로 보조금협정의 목적인 것이다. 이와 같이 보조금규칙과 상계조치에 관한 규칙을 병행시킨 것은 보조금에 관한 실질적 규칙이 약하기 때문이다. 이러한 측면에서 WTO는 EC와 같은 지역적 통합협정과 실질적으로 차이가 있다. EC는 보조금의 사용에 대하여 더욱 엄격한 규칙을 두고 있고, 회원국이 상계조치를 이용할 수 없도록 하는 대신에, 보조금지급은 EU競爭規則에 종속되도록 하고 있다.[166]

상계조치란 보조금이 특정 상품에 끼친 영향을 상쇄하기 위하여 수입국이 부과하는 상계관세 등의 조치를 말한다.[167] 상계관세는 불공정한 것 또는 불공정하다고 간주되는 것에 대한 대응으로 인정되는 것이므로, 상계관세 자체는 합법적 강제조치라고 할 수 있다. 보조금 및 상계조치에 관한 협정은 그러한 대응을 가능하도록 하고 있으나, 일정한 제한을 규정하여 남용을 막고 있다. 그러한 제한의 주된 목적은 상계관세의 부과 자체가 무역왜곡의 수단이 되지 않도록 하는 데 있다.[168] 상계조치와 관계되는 일은 보조금 및 상계조치위원회가 수행하는데, 지급된 모든 보조금과 모든 상계조치는 동 위원회에 통고되어야 한다.

---

166) Finger, *supra* note 127, p. 106.

167) *World Trade Organization: Trading into the Future*(WTO Information and Media Relations Division, 1995), p. 29.

168) Ashif H. Qureshi, *The World Trade Organization*(Manchester University Press, 1996), p. 77.

매 3년마다 통고가 이루어져야 하며, 통고된 사항은 위원회가 검토하게 된다. 동시에 위원회는 매 3년마다 협약의 운영과 이행상황을 검토하게 된다.169) 위원회의 자문을 위하여 보조금 분야의 전문가 5인으로 구성되는 상설전문가그룹(permanent group of experts)도 설치된다.170) 보조금이 지급된 수입품에 대하여 수입국이 자의로 취할 수 있는 특정 구제의 범위는 해당 보조금의 형태에 따라 다르다. 금지보조금의 경우와 상계가능보조금의 경우 수입국은 두 가지 방법 중 한 가지를 선택할 수 있는데, 피해를 입은 국가가 직접 상계관세를 부과하는 일방적 규제도 있고, WTO의 분쟁해결절차를 통하여 보조금의 철회를 구하거나 적절한 상계조치를 요구하는 다자적 해결방법도 있다.171)

(2) 조   사

(가) 조사의 개시

상계관세를 부과하기 위해서는 보조금협정에 규정된 바에 따른 조사가 선행되어야 한다. 조사는 보조금의 지급으로 피해를 입은 국내산업의 서면신청이나 국내산업을 대신하는 서면신청에 의해서만 시작된다.172) 이러한 신청은 보조금의 존재와, 가능한 경우 그 금액, GATT 1994 제 6 조의 의미에서의 피해의 존재, 보조금을 받은 수입품과 주장된 피해간의 인과관계의 존재에 대한 충분한 증거를 포함하여야 한다. 신청은 당국이 국내산업에 의하거나 이를 대신하여 이루어졌다고 결정하는 경우에만 조사가 개시된다. 관계 당국이 사안의 진행을 정당화시킬 만큼 보조금지급 또는 피해에 대한 증거가 충분하지 않다고 납득하는 즉시, 신청은 기각되고 조사는 신속하게 종료된다.

신청이 수락된 후 가능한 한 조속히, 그리고 어떠한 경우에도 조사가 개시되기 전에, 자국 상품이 조사대상이 될 수 있는 회원국은 신청서에 기재된 사안에 관한 상황을 명백히 하고, 상호 합의된 해결책에 도달하기 위한 협의에 초청된다. 뿐만 아니라, 조사기간 전 과정을 통하여, 자국 상품이 조사대상이 되는 회원국은 실제 상황을 명백히 하고, 상호 합의된 해결책에 도달할 목적으로 협

---

169) 보조금 및 상계조치협정 제32조.
170) 보조금 및 상계조치협정 제24조.
171) 보조금 및 상계조치협정 제 4 조, 제 7 조.
172) 보조금 및 상계조치협정 제11조 제 1 항.

의를 계속하기 위한 합리적인 기회를 부여받는다.[173]

(나) 제소적격

국내산업에 의한 또는 국내산업을 대신한 경우가 되기 위해서는 그러한 신청을 지지한 국내 동종상품 생산자의 생산량 합계가 지지나 반대를 명백히 밝힌 국내산업 부분의 동종상품 총생산의 50%를 초과하여야 한다. 덤핑규제를 위한 조사의 경우와 마찬가지로 신청을 명시적으로 지지하는 국내생산자의 총생산이 동종상품 국내생산량 총합의 25% 이상인 경우에만 조사가 개시된다.[174] 덤핑규제에서와 같이 最小規則도 적용되는데, 보조금액이 가격을 기준으로 1% 미만인 경우 조사가 종료된다. 보조금을 받는 수입품의 실제적 잠재적 수량 또는 피해가 무시할 수 있는 경우에도 사안은 즉시 종료된다.[175] 그리고 수출국 정부가 보조금 철폐 등의 대책에 동의하는 경우나 수출업자가 수출가격을 조정하기로 약속한 경우에도 조사를 종료할 수 있다.[176] 상계조치를 위한 조사는 특별한 상황을 제외하고는 1년 이내에 종료되어야 하며, 어떠한 경우에도 개시 후 18개월을 초과하여서는 아니 된다.[177]

(다) 증거의 조사

상계관세 조사에 대해 이해당사국과 모든 이해당사자는 당국이 요구하는 정보에 대해 통보받으며, 당해 조사와 관련이 있다고 간주하는 증거를 서면으로 제출할 수 있는 충분한 기회가 주어진다.[178] 정당한 경우 구두로 정보를 제시할 권리를 갖는데, 이 경우 구두 제시 후에 서면으로 작성하여 제출하여야 한다. 당국은 가능한 한 언제나 모든 이해당사국과 이해당사자에게 자신의 주장을 개진하는 데 관련되는 자신의 입장을 준비할 기회를 적시에 제공한다. 성격상 비밀인 정보나 당사자가 비밀로 제공한 정보는 정당한 사유가 제시되는 경우 당

---

173) 보조금 및 상계조치협정 제13조.
174) 보조금 및 상계조치협정 제11조 제 4 항.
175) 보조금 및 상계조치협정 제11조 제 9 항.
176) 보조금 및 상계조치협정 제18조 제 1 항.
177) 보조금 및 상계조치협정 제11조 제11항.
178) 보조금 및 상계조치협정 제12조 제 1 항.

국에 의해 비밀로 취급된다.[179]

조사당국은 충분한 시간 전에 해당 회원국에게 통보하고 그 회원국이 반대하지 아니하는 한, 다른 회원국 영토 내에서 조사를 수행할 수 있다. 그리고 해당 기업의 동의와 해당 회원국에 대한 통보 후, 그 회원국이 반대하지 않으면 기업 구내에서 조사를 수행하고 그 기업의 서류를 검사할 수 있다.[180]

이해당사국 또는 이해당사자가 합리적인 기간 내에 필요한 정보에의 접근을 거부하거나 다른 방법으로 정보를 제공하지 아니하는 경우 또는 조사를 중대하게 방해하는 경우, 입수가능한 사실에 기초하여 긍정적 또는 부정적인 예비 및 최종 판정이 내려질 수 있다.[181] 당국은 최종판정 이전에 확정조치의 적용여부에 대한 결정의 기초가 되는 핵심적 고려상황을 모든 이해당사회원국과 이해당사자에게 통보한다.

(3) 피　　해
(가) 의　　미

보조금협정에 규정된 피해(injury)라는 용어는 반덤핑협정에서 사용된 것과 동일한 의미를 갖는다. 피해란 다르게 명시되지 않는 한 국내산업에 대한 실질적 피해, 국내산업에 대한 실질적 피해의 우려 또는 그러한 산업의 확립에 대한 실질적인 지연을 의미하는 것으로 해석된다. 피해의 판정은 명확한 증거에 기초하며 보조금을 받은 수입 물량과 보조금을 받은 수입품이 국내시장의 동종상품 가격에 미치는 효과 및 동 수입품이 이러한 상품의 국내생산자에게 미치는 결과적인 영향에 대한 객관적인 검토를 포함한다.[182]

국내산업이라는 용어는 동종상품의 국내 생산자 전체 또는 이들 중 생산량 합계가 동 상품의 전체 국내생산량의 상당부분(major proportion)을 점하는 국내 생산자들을 지칭하는 것으로 해석된다. 단, 생산자가 보조금이 지급되었다고 주장되고 있는 다른 국가로부터의 상품 또는 동종상품의 수출자 또는 수입자와 관련되거나 그 자신이 수입자인 경우, 국내산업이라는 용어는 나머지 생산자들

---

179) 보조금 및 상계조치협정 제12조 제4항.
180) 보조금 및 상계조치협정 제12조 제6항.
181) 보조금 및 상계조치협정 제12조 제7항.
182) 보조금 및 상계조치협정 제15조 제1항.

을 지칭하는 것으로 해석될 수 있다. 예외적인 상황에서 당해 생산에 관하여 회원국의 영토가 둘 또는 그 이상의 경쟁적인 시장으로 분리되어 각 시장의 생산자들이 별개의 산업으로 간주될 수 있는데, 이러한 경우 전체 국내산업의 상당부분에 피해가 발생하지 아니하여도 보조금이 지급된 수입품이 그 분리된 시장에 집중되거나 보조금이 지급된 수입품이 당해 분리된 시장 내의 당해 상품의 전부 또는 거의 전부를 생산하는 생산자에게 피해를 초래하는 경우, 피해가 존재하는 것으로 인정될 수 있다. 국내생산량의 '상당부분'을 해석함에 있어 EC산 밀 글루텐 사건(US-Wheat Gluten)의 패널은 완전한 자료는 모든 경우에 가능하지도 않고 요구되지도 않는다고 하였고, 미국의 양고기 세이프가드조치 사건의 패널은 최종 결정을 위해 사용된 자료의 대표성을 보장하기 위해 모든 국내 생산자로부터 정보를 모아야 하는 의무가 있는 것이 아니지만 통계적으로 유효한 샘플일 것을 요구한다고 하였다.183)

보조금을 받은 수입품의 물량과 관련하여, 조사당국은 絶對的으로 또는 수입회원국 내의 생산이나 소비에 비하여 相對的으로 보조금을 받은 수입품이 상당히 증가하였는지를 고려하여야 한다. 보조금을 받은 수입품이 가격에 미치는 효과와 관련하여, 조사당국은 수입회원국의 동종상품 가격과 비교하여 보조금을 받은 수입품으로 인해 상당한 가격인하가 있었는지 또는 그러한 수입품의 효과가 다른 방법으로 상당한 정도로 가격하락이나 가격상승을 억제하는지 고려하여야 한다.184)

WTO 보조금협정도 이전의 경우와 마찬가지로 피해에 대한 명확한 정의나 개념을 두고 있지 않고, 피해를 확정할 목적으로 검토되어야 할 요소를 열거하고 있다.185) 구체적 요소로는 생산량, 판매, 시장점유율, 이윤, 생산성, 투자수익 또는 설비가동률의 실제적 잠재적 감소, 국내가격에 영향을 미치는 요소, 자금순환, 재고, 고용, 임금, 성장, 자본조달능력에 대한 실제적 잠재적 악영향, 그리고 농업의 경우에는 정부지원계획상 부담의 증가가 있는지 여부를 포함하여 산업 상태에 영향을 미치는 관련된 모든 경제적 요소 및 지표에 대한 평가 등이

183) US - Safeguard Measures on Imports of Fresh, Chilled or Frozen Lamb from New Zealand (US-Lamb, DS177), Panel Report, para. 7.220.
184) 보조금 및 상계조치협정 제15조 제 2 항.
185) Benitah, *supra* note 138, p. 94.

있다.186) 조사 당국은 각각의 사례에서 각 요소의 비중을 자유롭게 평가할 수
있다.187)

실질적 피해의 우려에 대한 판정은 사실에 기초하며, 단순히 주장이나 추
측 또는 막연한 가능성에 기초하여서는 아니 된다. 보조금이 피해를 초래하는
상황을 발생시키는 상황의 변화는 명백히 예상되고 급박한 것이어야 한다. 실질
적 피해 우려의 존재에 관한 판정을 내릴 때 조사당국은 특히 다음의 요인을 고
려하여야 한다. 당해 보조금의 성격 및 이로부터 발생할 수 있는 무역효과, 국
내시장에서 보조금을 받은 수입품의 현저한 증가율, 추가적 수출을 흡수하는 다
른 수출시장의 이용가능성을 감안하여 수입회원국의 시장으로 보조금을 받은
수출품의 실질적인 증가 가능성을 나타내는 충분하고 자유롭게 처분가능한 수
출자의 생산능력 또는 수출자의 생산능력의 임박하고 실질적인 증가, 수입품이
국내가격을 현저하게 인하 또는 억제시킬 가격으로 반입되고 있고 추가수입에
대한 수요를 증가시킬 것인지 여부, 그리고 조사대상 상품의 재고현황 등이다.
이러한 요소들 중 그 어떤 하나도 그 자체로서 반드시 결정적인 지침이 될 수는
없으나, 고려된 요소 전체는 보조금을 받은 수출품의 증가가 임박하고, 보호조
치가 취해지지 아니하면 실질적인 피해가 발생할 것이라는 결론에 도달하게 하
여야 한다.188) 보조금을 받은 수입품에 의해 피해가 우려되는 경우 적용하는 상
계조치는 특별히 주의하여 고려되고 결정되어야 한다.

(나) 인과관계

상계관세가 부과되기 위해서는 보조금의 효과로 피해가 발생하였음을 입증
하여야 한다. 보조금을 받은 수입품과 국내산업에 대한 피해의 인과관계 입증은
당국에 제시된 관련된 모든 증거에 대한 검토에 근거하여야 한다. 또한 당국은
같은 시점에서 국내산업에 피해를 초래하는 보조금을 받은 수입품 이외의 알려
진 모든 요소를 검토하여야 하며, 다른 요소에서 초래되는 피해를 보조금이 지
급된 수입품에 의한 것으로 귀속시킬 수 없다. 관련될 수 있는 요소에는 특히

---

186) 보조금 및 상계조치협정 제15조 제 4 항.
187) Benitah, *supra* note 138, p. 94.
188) 보조금 및 상계조치협정 제15조 제 7 항.

당해 상품의 보조금을 받지 아니한 수입 수량과 가격, 수요감소나 소비형태의 변화, 국내외 생산자간의 무역제약적인 관행 및 이들간의 경쟁, 기술개발 및 국내산업의 수출실적과 생산성이 포함된다.[189]

(4) 잠정조치 및 약속

조사가 개시되고, 이 같은 내용이 공표되어 이해당사회원국 및 이해당사자에게 정보를 제출하고 의견을 제시할 수 있는 적절한 기회가 주어지며, 보조금이 존재하고 보조금을 받은 수입품으로 인하여 국내산업에 피해가 존재한다는 긍정적 예비판정이 내려지고, 관계당국이 조사기간 중에 초래되는 피해를 방지하기 위하여 필요하다고 판단하는 경우에만 잠정조치가 적용될 수 있다.[190] 잠정조치는 보조금액으로 잠정산정된 금액의 현금예치 또는 유가증권에 의하여 담보되는 잠정상계관세의 형태를 취할 수 있다. 잠정조치는 조사개시일로부터 60일 이내에는 적용되지 아니하고, 잠정조치의 적용은 가능한 한 단기간에 한정되며 4개월을 초과하지 아니한다.

보조금 지급에 대한 조사절차는 만족스러운 자발적인 가격약속 접수시 잠정조치나 상계관세의 부과 없이 정지하거나 종료될 수 있다. 수출회원국 정부가 보조금의 철폐나 제한 또는 보조금의 효과에 관한 다른 조치를 취하는 것에 동의하거나, 조사당국이 보조금에 의한 피해효과가 제거되었다고 납득할 수 있도록 수출자가 가격을 수정하는 데에 동의하는 경우 잠정조치나 상계관세의 부과 없이 정지하거나 종료될 수 있다.

이러한 약속에 따른 가격인상은 보조금액을 제거하기 위하여 필요한 수준 이상으로 높아서는 아니 되고, 국내산업에 대한 피해를 제거하는 데 적절할 경우 보조금액보다 낮게 설정되는 것이 바람직하다. 수입회원국 당국이 보조금 지급과 이러한 보조금 지급으로 인해 야기된 피해에 관하여 긍정적 예비판정을 내리고, 수출회원국의 동의를 얻은 경우 이외에는 약속은 추구되거나 수락되지 아니한다. 제시된 약속은 수입회원국의 당국이 실제적 또는 잠재적 수출자의 수가 너무 많거나 또는 일반정책상의 이유를 포함한 다른 이유로 인하여 현실성

---

189) 보조금 및 상계조치협정 제15조 제 5 항.
190) 보조금 및 상계조치협정 제17조 제 1 항.

이 없다고 간주할 때에는 수락할 필요가 없다.[191] 약속이 수락된 경우에도 수출
회원국이 희망하거나 수입회원국이 결정하는 때에는 보조금 지급 및 피해에 대
한 조사는 완결되어야 한다. 이러한 경우 보조나 피해에 대하여 부정적인 판정
이 내려진 경우 이러한 판정이 상당부분 약속의 존재로 인한 경우를 제외하고
약속은 자동적으로 소멸된다. 보조와 피해에 대하여 긍정적 판정이 내려진 경
우, 약속은 그 조건과 이 협정의 규정에 일치하여 계속된다.

가격약속은 수입회원국 당국에 의하여 제시될 수 있으나, 어떤 수출자도
약속을 강요받아서는 아니 된다. 정부나 수출자가 이러한 약속을 제의하지 아니
하거나 이러한 제시권유를 받아들이지 아니하였다는 사실이 사안의 고려를 저
해하지 아니한다. 그러나 당국은 보조금을 받은 상품의 수입이 계속된다면 피해
의 우려가 현실화할 가능성이 크다고 자유롭게 결정할 수 있다. 수입회원국 당
국은 약속을 수락한 모든 정부나 수출자에 대하여 약속의 이행과 관련된 정보
를 정기적으로 제공할 것과 관련자료의 검증을 허용해 줄 것을 요구할 수 있다.
약속 위반시 수입회원국 당국은 이 협정의 규정에 따라 이용가능한 최선의 정
보를 사용하여 잠정조치의 즉각적인 적용을 구성할 수 있는 신속한 조치를 취
할 수 있다. 이 경우 확정관세는 잠정조치 적용 전 90일 이내에 소비용으로 반
입된 상품에 부과될 수 있다.[192] 그러나 약속위반 이전에 반입된 수입품에 대하
여는 이러한 소급산정도 적용되지 아니한다.

(5) 상계관세

보조금을 받은 수입품이 피해를 초래한다고 최종판정한 경우, 해당 보조금
이 철회되지 아니하는 한 상계관세를 부과할 수 있다. 상계관세 부과의 요건이
충족된 경우, 상계관세의 부과 여부와 부과되는 상계관세의 금액에 대한 결정은
수입회원국 당국이 정한다.[193] 특정 상품에 대하여 상계관세가 부과되는 경우,
피해를 야기하는 것으로 판정된 모든 원천으로부터의 수입품에 대하여 비차별
적 기초 위에서 사안별로 적절한 금액으로 부과된다.[194] 상계관세는 보조금을

---

191) 보조금 및 상계조치협정 제18조 제 3 항.
192) 보조금 및 상계조치협정 제18조 제 2 항.
193) 보조금 및 상계조치협정 제19조 제 2 항.
194) 보조금 및 상계조치협정 제19조 제 3 항.

지급받고 수출된 상품의 단위당 보조금 액수를 초과하여 부과될 수 없다.195)

피해의 최종판정이 내려지거나, 피해의 우려에 대한 최종판정시 잠정조치
가 없었더라면 보조금이 지급된 수입품의 효과가 피해판정으로 귀결되는 경우,
상계관세는 잠정조치가 적용된 기간 동안 소급하여 부과될 수 있다.196) 확정 상
계관세가 현금예치나 유가증권에 의하여 담보된 금액보다 많은 경우 그 차액은
징수하지 아니하고, 확정관세가 현금예치나 유가증권에 의하여 담보된 금액보
다 적은 경우 초과되는 금액을 신속하게 환불하거나 유가증권 담보를 해제한다.
피해의 우려 또는 실질적인 지연의 판정이 내려진 경우 확정적인 상계관세는
피해의 우려 또는 실질적 지연의 판정일로부터만 부과될 수 있으며, 잠정조치
적용기간 중 예치된 모든 현금은 신속하게 환불되고 모든 유가증권 담보는 신
속하게 해제된다.197) 최종판정이 부정적인 경우 잠정조치 적용기간 중에 예치
된 모든 현금은 신속하게 환불되고 모든 유가증권 담보는 신속하게 해제된다.

상계관세는 피해를 발생시키는 보조금에 대응하기 위한 기간 동안만 부과
할 수 있는데, 상계관세의 부과 후 상당한 기간이 경과한 시점에서 이해관계자
의 요청이 있는 경우에는 상계관세부과의 필요성을 재검토하여야 한다. 이해당
사자는 당국에 대하여 관세의 계속부과가 보조금 지급을 상쇄하기 위하여 필요
한지 여부, 관세가 철회되거나 변경되는 경우 피해가 계속되거나 재발할 것인지
여부 또는 이 두 가지 문제에 대하여 조사를 요청하는 권리를 갖는다. 이에 따
른 재검토결과 당국이 상계관세 부과가 더 이상 타당하지 아니하다고 판정하는
경우에는 상계관세는 즉시 종료된다.198)

모든 상계관세는 부과 후 5년 이내에 종료하여야 하나, 보조금의 지급이
계속된다거나 재발의 가능성이 있다는 관계당국의 결정이 있는 경우에는 5년
이상 계속 상계관세를 부과할 수 있다.199)

---

195) 보조금 및 상계조치협정 제19조 제 4 항.
196) 보조금 및 상계조치협정 제20조 제 2 항.
197) 보조금 및 상계조치협정 제20조 제 4 항.
198) 보조금 및 상계조치협정 제20조 제 6 항.
199) 보조금 및 상계조치협정 제21조.

【 브라질 - 코코넛분말 보조금 사건 】

1. 사실관계

브라질의 국내산업은 1994년 1월 17일에 보조금이 지급된 필리핀·코테디브아르·인도네시아·말레이시아·스리랑카산 코코넛분말과 코코넛우유가 수입되고 있다고 주장하는 조사요구서를 제출하였다. 이에 따라, 브라질 정부는 1994년 6월 21일 조사를 개시하여, 1995년 3월 23일 필리핀·코테디브아르·인도네시아·스리랑카산 코코넛분말과 스리랑카산 코코넛우유 수입품에 잠정관세를 부과하였고, 1995년 8월 18일 필리핀산 코코넛분말 수입품에 대하여 121.5%의 상계관세를 부과하였다.

브라질은 코코넛 열매에 보조금이 지급되고 있다고 주장되는 필리핀 정부의 8개 프로그램을 조사하였으나, 필리핀으로부터 얻은 증거에 근거해서는 각 프로그램이 코코넛 열매에 지급한 보조금 총액을 산정할 수 없었고, 코코넛분말은 코코넛 열매에 지급된 보조금으로부터 간접적으로 혜택을 받았다고 결론지었다. 브라질은 보조금이 지급된 코코넛분말의 가격과 보조금이 지급되지 않는 경우의 가격을 비교하여 코코넛분말에 지급된 보조금 총액을 산정하였고, 그 가격의 차이가 코코넛분말의 가격에 영향을 준 보조금 총액에 해당된다고 하였다. 나아가 브라질은 보조금이 지급된 수입품이 누적적으로 브라질 국내산업에 실질적인 피해(material injury)를 야기한다고 판단하였다.

1995년 11월 27일 필리핀은 필리핀산 코코넛분말 수입품에 대해 브라질이 부과한 상계관세조치에 관하여 GATT 1994 제23조 제 1 항에 의해 브라질에 협의를 요청하였다. 동년 12월 8일 브라질은 그러한 협의가 동경라운드 보조금Code를 적용하여 이루어지고, 브라질이 행한 코코넛 보조금 조사와 상계관세 부과가 보호된다는 조건하에서 협의할 수 있다고 답변하였다. 이에 대하여 필리핀은 브라질의 답변은 제23조 제 1 항에 따른 협의요청을 거절한 것이라고 항변하였다.

1996년 1월 17일과 2월 5일 필리핀은 브라질이 DSU에 규정된 기한 내에 협의를 개시하지 못한 것을 검토하여 GATT 1994 제23조 제 2 항과 DSU 제 4 조 제 3 항 및 제 6 조에 따라 표준위임사항(standard terms of reference)을 갖는 패널을 설치할 것을 요청하였다. 결국 동년 3월 5일에 필리핀의 요청과 브라질의 승낙에 따라 분쟁해결기구는 패널을 설치하였다. 그러나 브라질은 패널의 위임사항에 대한 협의를 요청하였고, 분쟁해결기구는 DSU 제7조 제 3 항에 따라 분쟁당사국과의 협의를 통해 의장이 위임사항을 작성하도록 하였다.

2. 쟁   점
(1) 본안전 항변
가) 적용 법규

첫째, 브라질은 "조약은 그 효력 발생 이전의 행위나 사건에 대하여 당사자를 구속하지 못한다"고 규정한 조약에 관한 비엔나협약 제28조를 원용하면서, 브라질의 잠정조치를 위한 조사의 개시가 동 조문의 '행위'에 해당하며, 동 조사는 1994년 6월 21일에 개시되었으므로, GATT 1994나 농업협정의 적용대상이 아니라고 주장하였다. 그러나 필리핀은 본 사안에서의 행위는 조사의 개시가 아니라 1995년 8월 18일에 취한 상계관세부과조치라고 하면서, 필리핀이 GATT 1994상의 권리를 무효화 당하거나 침해받은 때는 관세부과조치를 당한 시점이었지 조사를 개시한 시점이 아니었다고 주장하였다.

둘째, 브라질은 GATT 1994와 보조금협정은 불가분의 관계에 있고, 따라서 보조금협정 제32조 제 3 항에서 WTO 출범일이나 그 이후에 신청된 조사에 대하여만 보조금협정이 적용된다고 규정하고 있다면 그와 불가분의 관계에 있는 GATT 1994도 그 이후에 신청된 조사에 대하여만 적용된다고 주장하였다. 그러나 필리핀은 보조금협정 제32조 제 3 항이 적용되는 것은 단지 절차적 규정뿐이라고 반박하였다. 즉 보조금협정이 발효되기 전에 이미 시작된 조사에 대하여 보조금협정상의 새롭고 보다 정교한 절차적 규정을 적용하여 다시 절차를 밟아야 하는 번거로움을 덜어주기 위한 것이라고 주장하였다.

셋째, 필리핀은 동경라운드 보조금 및 상계관세조치 부과위원회의 GATT 제 6 조, 제16조 및 제23조의 해석 및 적용에 관한 협정과 WTO 설립에 관한 마라케쉬협정의 잠정적 공존에 관한 결정(이하 공존결정)이 동경라운드 보조금Code의 효력상실 후에도 제한적이고 일시적으로 적용 가능하다고 규정하였지만, 이것이 WTO 회원국이 WTO 분쟁해결절차에 호소할 권리를 행사하지 못하게 하는 것은 아니라고 주장하였다. 공존결정은 보조금협정 제32조 제 3 항, DSU 제19조 등을 검토하여 볼 때, 결국 WTO상의 권리에 의존하는 것을 명백히 방해하지 않는다고 주장하였다. 반면 브라질은 공존결정과 GATT 제 6 조, 제16조 및 제23조의 해석 및 적용에 관한 협정의 효력상실 또는 철회로 인한 결과에 대한 결정(이하 결과결정)이 새로운 협정 (WTO 협정)의 소급효 적용을 금지하자는 의견을 반영한 것이라고 주장하였다.

넷째, 필리핀은 소송물 청구 당사자가 그 청구에 관한 법률적 근거에 대하여 선택권을 가질 수 있는 경우에 어떤 근거를 택할 수 있는지 전적으로 그 당사자 의사에 달려 있다고 주장하였다. 미국의 캐나다산 비가공 냉장 및 냉동 돈육사건에서 캐나다는 동경라운드 보조금Code에서 설정한 분쟁해결절차를 이용하지 않고 GATT 1947의 분쟁해결절차를 이용한 것은 동경라운드 보조금Code상의 절차보다 WTO 분쟁해결절차 및 WTO 협정의 내용에 따르는 것이 필리핀에 유리하며, 이러한 선택권이 허용되어야 한다고 주장하였다. 반면 브라질은 당사국에게 가장 효과적이라는 이유만으로 원래 그 사안에 적용되어야 할 원칙적인 법과 분쟁해결절차가 적용되지 못한다는 것은 매우 불합리한 주장이라고 반박하였다.

나) 위임사항

브라질은 DSU가 위임사항을 규정한 근본적 이유는 피소국과 제 3 의 참가국에게 쟁점이 되는 청구의 범위를 미리 명백히 알려 줌으로써 이에 대한 방어권 행사를 적절히 할 수 있도록 하기 위한 것이라고 하면서, 필리핀이 특별위임사항과 관계없는 여러 가지 청구사항을 추가함으로써 본 패널 위임사항의 범위를 일탈하였다고 주장하였다. 반면 필리핀은 DSU가 요구하는 것은 청구의 내용을 특정하기 위하여 구체적으로 실시하라는 것이지, 그와 관련되는 주장까지 금하는 것은 아니라면서 GATT 1994 체제하에서의 표준위임사항은 관련되는 규정이라면 당사자가 인용하는 모든 대상협정에 비추어 당사자의 주장을 검토하도록 되어 있다고 주장하였다.

다) 입증책임

필리핀은 GATT 1994 제 6 조상의 해당 상품에 대하여 수출국 정부로부터 보조금이 지급되었고, 그 보조금이 동종상품을 생산하는 수입국 국내산업에 실질적 피해를 초래하였으며, 그 보조금 지급과 실질적 피해간에 인과관계가 성립함을 브라질이 입증하여야 한다고 주장하였다. 이에 대하여 브라질은 제소국이 제소 근거의 요건을 입증하는 것이 패널의 오랜 관행이라고 반박하였다.

(2) 보조금과 관련한 쟁점

필리핀은 브라질이 본 상계관세부과조치에 대한 조사에 있어 충분한 정보수집을 통한 객관적인 판단이 결여되어 있다고 주장하였다. 이에 대하여 브라질은 필리핀이 필요한 정보를 충실하게 제공하지 않았으므로 입수가능한 최선의 정보에 의존하여 판단할 수밖에 없었고, 이는 종래의 관행이나 동경라운드 보조금Code 제 2 조 제 9 항에 의해 허용된다고 주장하였다.

브라질은 필리핀 정부가 각종 정부프로그램을 통하여 코코넛분말의 원료가 되는 코코넛 열매 재배자들에게 보조금을 지급하고 있다고 주장하였다. 그러나 필리핀은 그 프로그램의 財源은 정부 세금이 아니라 필리핀 농부들로부터 징수하여 축적한 기부금이었고, 이를 다시 빈농들에게 재분배한 것일 뿐이라고 주장하였다.

필리핀은 코코넛 열매에 보조금이 지급되었다 하더라도 이로 인해 코코넛분말에 대한 상계관세 부과조치는 사실적·법적 근거가 없는 것이며, 코코넛 열매에 부과된 보조금이 코코넛분말의 가격에 미치는 영향에 대한 분석이 선행되어야 한다고 주장하였다. 브라질은 우선 구성가격으로 보조금이 지급되지 아니한 코코넛 열매의 가격을 산정한 후 보조금이 지급된 열매로 제조한 분말과 그렇지 않은 분말의 가격을 비교하여, 그 차액을 보조금으로 판단하였다고 주장하였다.

(3) 피해의 쟁점

필리핀은 브라질이 상계관세부과조치를 취하려면 GATT 1994 제 6 조에 의하여 그 보조금으로 관련 국내산업의 동종상품에 실질적 피해가 있음을 입증하여야 하나, 그렇지 못하였다고 주장하였다. 브라질은 명확하고 일관성 있는 동종상품의 종류를 선정하였고, 필리핀산 코코넛분말의 수입이 국내산업의 동종상품 생산자에게 실질적인 피해가 발생하였음을 입증하였다고 반박하였다.

(4) 농업협정 적용문제

필리핀은 조사대상이 된 필리핀 정부 프로그램이 보조금으로 인정된다 하더라도 이는 WTO 농업협정 제 6 조에 규정된 개발도상국에 대한 상계관세 부과 면제의 경우에 해당되므로, 브라질의 상계관세부과조치는 부당하다고 하였다. 이에 대하여 브라질은 농업협정 제 6 조의 내용은 브라질의 국내산업에 피해를 주거나 줄 우려가 없는 경우에 한하여 농업협정 제13조에 의한 상계관세를 자제하라는 의미이며, GATT 1994와 보조금협정이 본 건에 소급적용될 수 없으므로, 이를 전제로 농업협정도 적용될 수 없다고 주장하였다.

3. 결   정

WTO 보조금협정 제32조 제 3 항은 "제 4 항의 규정에 따라, 본 협정의 규정은 회원국에 대한 WTO 협정 발효일 이후에 개시된 조사와 기존조치의 재검토에 대하여 적용된다"고 규정하고 있다. 즉, WTO 보조금협정은 경과규정을 두어 적용상 不遡及原則을 채택하고 있음을 명백히 하였다. 따라서, 필리핀산 코코넛분말에 대한 상계관세가 1995년 8월 18일 부과되었음에도 불구하고, 상계관세를 부과하기 위한 조사는 브라질에 대한 WTO 협정 발효일(1995년 1월 1일) 이전인 1994년 6월 21일 개시되었으므로, WTO 보조금협정 제32조 제 3 항에 의해 보조금협정은 당해 분쟁에 적용되지 않는다고 결정하였다. 그리고 보조금협정 제32조 제 3 항은 절차규정과 실체규정을 불문하고 전체적으로 적용된다고 해석하였다.

GATT 1994 제 6 조와 보조금협정의 분리 적용가능성에 대해서 패널은 이를 부정하였다. 이는 WTO의 가장 중요한 설립이념 중의 하나인 통합성에 비추어 보조금협정이 적용되지 않는 분야에는 GATT 1994도 적용하지 않는 것이 타당하다고 결정한 것이다.

그리고 농업협정 제13조는 그 조문에서 GATT 1994 제 6 조 및 보조금협정의 적용을 전제하고 있으므로, 본 건에 대하여 GATT 1994 제 6 조와 보조금협정의 적용은 인정되지 않으므로 농업협정 제13조 역시 적용될 수 없다고 결정하였다.

필리핀의 패널설치 요청은 브라질이 협의요청 거절에 따라 협의가 이루
어지지 않았음을 적시함으로써 DSU 제 6 조 제 2 항의 첫 번째 요건을 충족
시켰다고 판단하였다. 그러나 패널은 위임사항의 범위 내에서만 평결할 수
있다는 제한을 상기시키면서, 본 건의 특별위임사항에 있어 패널에 대하여
이 부분에 대한 평결을 요청한 사실이 없다고 하였다.

4. 한국의 보조금법제

보조금과 관련한 모법은 덤핑과 마찬가지로 불공정무역행위및산업피해구
제에관한법률(산업피해구제법)이다. 동 법률 제24조는 보조금 등으로 인한 산업피
해의 조사개시 결정, 보조금 등의 지급사실의 조사, 보조금 등으로 인한 산업피
해의 조사·판정, 상계관세의 건의, 재심사 등은 관세법을 따른다고 규정하고
있다. 이에 따라 관세법은 제57조에서 제62조에 걸쳐 상계관세의 부과대상, 보
조금 등의 지급과 실질적 피해 등의 조사, 상계관세를 부과하기 전의 잠정조치,
상계관세의 부과시기, 상계관세의 재검토 등을 규정하고 있고, 보조금과 관련한
나머지 사항은 반덤핑규정을 준용하고 있다.

제 3 절 세이프가드

1. 세이프가드의 의의

(1) 세이프가드의 개념

세이프가드(safeguard)의 개념을 광의로 정의해 보면, 특정 상황하에서 침해
된 이익을 보호하기 위하여 어떤 체약국이 해당 협정상의 정상적인 의무를 철
회하거나 적용을 중단하는 것을 말한다. 세이프가드는 관세인상이나 수량제한,
수출국의 자발적 수출규제, 기타 제한과 같이 수입제한형식을 취하게 되는 까닭
에 緊急輸入制限이라 부르기도 한다. 세이프가드의 주요한 근거는 관세양허와
관련하여 융통성을 허용함으로써 무역자유화를 위한 노력을 촉진하기 위한 것

이다.200) 이와 같이 세이프가드규정은 국제적 교역에서 보호장치와 안전판으로 작용하기도 한다. 반대로, 무역자유화협정의 존재와 운용에 치명적 문제를 낳기도 한다.201) 따라서 세이프가드의 운용에 있어 안전판을 여는 것이 쉽지 않도록 하는 것과 보일러가 쉽게 폭발하지 않도록 하는 것 사이의 균형을 유지할 수 있도록 하여야 한다.202) 그리고 세이프가드조항이 없다면 각국 정부는 실질적인 무역자유화를 추구하는 협정이나 규제수단의 사용과 관련하여 국가주권을 제약하는 협정에 가입하기를 꺼리게 될 것이라는 점에서도 세이프가드의 효용성을 찾을 수 있다.203)

앞에서 이미 논한 덤핑이나 보조금이 그 不公正한 성격 때문에 규제대상이 되는 것이지만, 세이프가드는 해당 행위의 불공정성 때문에 규제되는 것이 아니라는 점에서 차이가 있다.204) 즉 세이프가드조치는 공정한 수입을 대상으로 규제조치를 취하는 것이므로, 그 발동요건이 엄격하여야 하고, 또한 제한된 기간 내에서만 적용되어야 한다는 구조적 제약이 있다.

(2) 세이프가드의 발전

거의 모든 통상협정은 세이프가드규정을 갖고 있는데, GATT도 예외는 아니다.205) 그러나 근대적인 의미에서 세이프가드조치가 처음으로 등장한 것은 1934년 미국의 통상법이라고 할 수 있다. 그 후 1943년 미국과 멕시코간의 상호무역협정에 소위 逃避條項(escape clause)이 도입됨으로써 세이프가드조치가 국제적으로 소개되었다. GATT와 국제무역기구에 관한 협상이 진행되던 1947년에는 미국의 트루만대통령이 미국의 상호통상협정계획에 따라 체결되는 모든 무역협정에 도피조항을 포함시키도록 하는 행정명령을 발동하기까지 하였다. GATT 제19조에 규정된 도피조항은 미국과 멕시코간의 무역협정에 나타난 도피

---

200) Hoekman and Kostechi, *supra* note 121, p. 167.
201) Bernald M. Hoekman, *The Laws and Institutions: Good Practices and the World Trade Organization*(The World Bank, 1995), p. 14.
202) Hoekman and Kostechi, *supra* note 121, p. 167.
203) Hoekman, *op. cit.*, p. 14.
204) Ari Afilalo, "Not in My Backyard: Power and Protectionism in U.S. Trade Policy," 34 *New York University School of Law Journal of International Law and Politics*(2002), p. 767.
205) *Op. cit.*, p. 13.

조항의 직접적 후속으로, 그 성질이 동일한 것이었다.206) 물론 GATT 제19조는 GATT의 가장 중심적이고 두드러진 세이프가드조항이지만, 그 외에도 GATT 체제하에서 취해진 많은 조치들이 세이프가드로 명명될 수 있는 것들이다.207)

GATT에는 총 6개의 세이프가드 조문이 있다. 산업의 조정을 촉진하기 위한 경우(제19조), 산업의 확립을 위한 경우(제18조), 불공정거래에 대항하기 위한 경우(제6조), 양허재협상을 위한 경우(제28조), 거시경제적 문제를 해결하기 위한 경우(제12조와 제18조 B), 그리고 건강이나 안전, 국가안보를 위한 경우(제20조와 제21조) 등이 그것이다. 이들 여섯 가지 세이프가드는 다시 두 가지 유형으로 구분할 수 있다. 첫째부터 넷째까지는 특정 산업의 보호를 위한 경우이고, 다섯째와 여섯째는 경제적 변수에 대응하기 위한 것이라는 점에서 구별이 가능하다. 동경라운드에서는 GATT의 세이프가드 조문과 관련하여 세이프가드코드를 작성하기 위하여 혼신의 노력을 기울였으나, 완전히 실패하고 말았다.208) 동경라운드에 이은 UR에 와서야 비로소 일련의 원칙을 갖춘 새로운 형식의 세이프가드협정이 등장할 수 있었다. 세이프가드분야의 협상이 성공하였다는 점에서 UR은 특히 높은 평가를 받고 있다.209)

참고로 살펴보면, 1993년 4월까지 GATT 체약국들이 취한 공식적인 세이프가드조치는 151건으로, 그 중 4분의 3 이상이 동경라운드 이후 부과된 것들이다.210)

【 한국 – 쇠고기 수입제한 사건 】

1980년대 들어 우리나라의 쇠고기 수입량이 급속히 증가하였다. 이에 따라 정부는 국제수지를 이유로 쇠고기구입을 제한하는 조치를 단행하였다. 구체적으로 1984년과 1985년, 1988년에는 쇠고기수입을 금지하였고, 1988년 8월부터 쇠고기수입에 대한 수량제한 등 수입제한조치를 취하였다. 이에

---

206) Jackson, *supra* note 6, pp. 179~180.

207) *Op. cit.*, p. 180.

208) *Op. cit.*, p. 175.

209) *Ibid.*

210) Jeffery Schott, "Safeguards," *The New World Trading System*(OECD, 1994), p. 113.

248 제 3 장 통상규칙

대하여 미국은 한국의 수입제한조치가 GATT 제11조 제 1 항의 수량제한금
지규정을 위반한 것이라고 주장하면서 GATT에 제소하였다.

  미국의 제소에 대하여 우리나라는 개발도상국이 대외재정상태를 개선하
고 경제개발계획의 실시에 충분한 수준의 통화준비를 확보하기 위하여 수
입이 허가된 상품의 수량 및 가격을 제한할 수 있다고 규정한 GATT 제18
조 B를 원용해 항변하였다. 패널은 1987년 11월 한국과 국제수지위원회의
협의에서 제시된 의견을 참고하고, 한국과 IMF에서 구한 자료를 토대로 하
여, 한국은 GATT 제18조 B를 원용할 수 없다는 결론에 도달하였다. 한국
의 국제수지는 계속 개선되고 있고, 앞으로도 희망적이라는 것 등이 그 이
유였다.

  이러한 근거에서 GATT 패널은 한국이 국제수지를 이유로 쇠고기수입을
제한한 것은 정당화될 수 없다고 평결하였다.

2. 발동요건

(1) 관련조항

세이프가드에 관한 직접적 규정은 GATT 제19조에서 찾을 수 있다.

제19조 (특정산품의 수입에 대한 긴급조치)

1.(a) 체약국은 예견하지 못한 사태의 발전과 관세양허를 포함한 본 협정에 따라 체
    약국이 부담하는 의무의 효과로 인하여 어느 상품의 자국 영역내에서 동종상품
    또는 직접적 경쟁상품의 국내생산자에 대하여 중대한 피해를 주거나 피해를 줄
    우려가 있을 정도로 증가된 수량 및 조건으로 체약국의 영역으로 수입되고 있
    을 경우, 동 체약국은 동 상품에 대한 전기 피해를 방지 또는 구제하는데 필요
    한 한도 및 기간 동안 동 의무의 전부 또는 일부를 정지하거나 또는 양허를 철
    회 또는 수정할 수 있다.

  회원국은 예견하지 못한 사태발전과 회원국이 부담하여야 하는 의무를 따
른 결과에 의해 국내생산자에게 심각한 피해(serious injury)를 야기하거나 야기할
우려가 있을 정도로 증가된 수량 및 조건으로 수입되고 있을 경우, 수입국은 해
당 수입상품에 대해 관세인상이나 수입수량제한 등의 조치를 취할 수 있다.

WTO 세이프가드협정도 거의 동일한 규정을 두고 있다. 그러나, GATT 제 19조 제 1 항 (a)에 있는 '예견하지 못한 사태발전과 회원국이 부담하여야 하는 의무를 따른 결과에 의해'라는 문구는 포함하고 있지 않다.

제 2 조   조건
제 1 항   회원국은 아래에 명시된 규정에 따라 특정 상품이 동종 또는 직접 경쟁적인 상품을 생산하는 국내산업에 심각한 피해를 초래하거나 초래할 우려가 있을 정도로 국내 생산에 비해 절대적 또는 상대적으로 증가된 물량과 조건하에 자국 영토 내로 수입되고 있다고 판정한 경우에만, 그 상품에 대하여 긴급수입제한조치를 취할 수 있다.
제 2 항   긴급수입제한조치는 수입되는 상품에 대하여 출처에 관계없이 적용된다.

이와 관련하여 뉴질랜드 및 호주산 양고기수입 사건에서 미국의 국제무역 위원회는 세이프가드협정상 동 구문이 없으므로 이를 필요로 하지 않는다고 주장하였으나, 항소기구는 미국의 주장을 받아들이지 않았다.[211] 한국-낙농제품 사건에서 패널은 GATT 제19조 제 1 항 규정과 세이프가드협정 제 2 조 제 1 항 규정은 충돌되는 것이 아니라는 관점에서 GATT 제19조 제 1 항의 조건과 규범은 여전히 유효한 것임을 강조하였다.[212] '예견하지 못한 사태의 발전'(as a result of unforseen development)이란 문구없이 세이프가드협정을 채택한 것은 논리적이라고도 하였다.[213] GATT 1994와 세이프가드협정은 WTO 협정 제 1 부속서의 상품교역에 관한 다자협정에 해당하는 것인바, 양자는 WTO 협정을 구성하는 것으로 WTO 협정 제 2 조 제 2 항에 따라 모든 회원국에게 똑같이 구속력을 갖는 것이다. 항소기구 또한 예견하지 못한 사태의 발전은 사실의 문제로서 입증되어야 한다고 한 바 있다.[214]

세이프가드를 발동하기 위해서는 예견하지 못한 사태발전과 회원국이 부담하여야 하는 의무를 따른 결과일 것을 전제로, 다음의 세 가지 요건이 필요하

---

211) United States - Safeguard Measures on Imports of Fresh, Chilled or Frozen Lamb Meat from New Zealand and Australia(US - Lamb, DS178). AB Report, para. 69.

212) Korea - Definitive Safeguard Measure on Imports of Certain Dairy Products(Korea - Dairy, DS98), Panel Report, para. 7.42.

213) *Op. cit.*, para. 7.47.

214) *Op. cit.*, AB Report, para. 85.

다. 첫째, 상품의 수입이 급증하여야 하고, 둘째, 동종 또는 직접경쟁 상품을 생산하는 국내산업에 심각한 피해를 야기할 것, 셋째, 수입증가와 국내산업의 피해 사이에 인과관계가 있어야 한다. 미국-한국산 라인파이프 사건에서 항소기구는 세이프가드조치가 긴급한 상황에서만 발동될 수 있는 극히 예외적인 구제책임을 강조하였다.215)

(2) 요 건

(가) 수입의 급증

세이프가드협정은 '국내생산에 비해 절대적 또는 상대적으로 증가된 물량'(such increased quantities, absolute or relative to domestic production)이라고 하고 있으므로, 수입량의 급증이란 수입량의 절대적 증가만을 의미하는 것이 아니라, 국내생산량과의 비교에서 相對的으로 增加한 경우도 포함한다.216) 환언하면, 수입의 절대량이 늘지 않았거나 줄어들었다 하더라도, 수입량이 국내생산량에 대비하여 증가한 경우라면 수입량이 증가한 것으로 볼 수 있다는 것이다. 이와 관련하여 증가된 물량만이 요건이 되는지 아니면 증가된 가치도 포함되는지에 관해 아르헨티나-신발 사건에서 패널은 물량에 국한되는 것으로 판단하였다.

이와 관련하여 수입량의 증가를 판단함에 있어 조사 시작 시점의 수입물량과 종료 시점상의 수입물량간에 차이가 있는 경우 이를 어떻게 볼 것인가의 문제가 있다. 아르헨티나-신발 사건에서는 사실상 수입의 증가가 존재한다면 시작과 종료 시점(endpoint-to-endpoint comparisons) 모두에서 명백하여야 하고, 해당 기간 전체에 걸친 경향도 그러하여야 한다고 하면서, 만약 그 결과가 다르다면 세이프가드협정에서 말하는 수입증가가 있는지 의문을 야기할 수 있다고 하였다.217) 패널은 세이프가드협정 제 2 조 제 1 항이 '그렇게 증가한 물량으로'(such increased quantities)란 요건을 두고 있으므로, 모든 증가의 완전한 상황(full context)을 평가하여야 한다고 보았다. 이러한 점에서 세이프가드협정 제 4 조 제

---

215) United States - Definitive Safeguard Measures on Imports of Circular Welded Carbon Quality Line Pipe from Korea(US - Line Pipe, DS202), AB Report, para. 257.

216) 세이프가드협정 제 2 조 제 1 항.

217) Argentina - Safeguard Measures on Imports of Footwear(Argentina - Footwear(EC), DS121), Panel Report, paras. 8.156~8.157.

2항 (a)가 수입과 피해 또는 피해 우려 사이의 인과관계를 분석하는 일환으로 수입비율과 물량을 평가하도록 하는 것이라 설명하였다. 항소기구 또한 동 협정 제 2 조 제 1 항과 제 4 조 제 2 항 (a)는 함께 조사 대상 기간의 전반적 경향을 고려할 것을 요구하는 것으로, 시작 시점과 종료 시점간의 비교만을 보라는 것이 아니라는 데 동의하였다.[218]

　　그러한 수입의 증가가 예견하지 못한 사태로 발생하였거나, 회원국이 관세양허 등 WTO가 요구하는 제반 의무를 준수한 결과로 나타난 경우에만 세이프가드조치가 적용된다.

【 아르헨티나 – 신발 사건 】

1. 사실관계

　아르헨티나 신발산업은 1940년대에 시작되어 정부의 보호하에 발전을 거듭하고 있었다. 1980년대 들어 세계적 유명브랜드가 등장함에 따라 스포츠 신발 산업은 글로벌화되기 시작했고, 아르헨티나 신발산업계는 유명 브랜드 라이센스를 취득하여 국내에서 생산 판매하게 되었다. 시간이 흐름에 따라 실업과 주요 업체의 도산 등으로 인한 신발산업 보호 요구가 거세짐에 따라, 아르헨티나는 1997년 2월 14일 세이프가드 조사를 개시하고 관세를 부과하는 잠정조치를 내리게 되었다. 동시에 아르헨티나 경제공공노동부는 1993년부터 유지되어 온 수입신발에 대한 최소관세를 철폐하였다. 1998년 EC의 협의 요청에 의해 사건 분쟁해결절차가 시작되어, 패널이 설치되었다.

2. 패널 결정

　1991년 물량 기준으로 886만 족이 수입되던 것이 지속적으로 증가하여 1992년 1663만 족, 1993년 2178만 족, 1995년 1507만 족이 수입되었다. 그러나 1996년에는 1347만 족만이 수입되었다. 아르헨티나 국내 시장점유율로 보면, 1991년 12%, 1992년 22%, 1993년 33%, 1995년 25%, 1996년 19%가 되고, 가격 기준 점유율은 11%에서 시작하여 24%, 34%, 34%로 증가하던 것이 1996년에는 28%로 감소하였다. 아르헨티나는 시작과 종료 시점을

---

218) Argentina – Footwear(EC), AB Report, para. 129.

기준으로 1991년부터 1995년까지 국내생산 대비 수입은 절대적 상대적으로 증가하였고, 1996년에는 1991년 수준이 되었다고 하였다. 그러나 EC는 수입이 증가하였다는 판단은 두 가지 점에서 잘못된 것이라 하였다. 아르헨티나가 5년간 데이터를 가져온 것은 너무 오랜 과거 자료를 가져온 것이고, 단순히 시작과 종료 시점을 비교하는 것은 부적절한 것으로 수입감소 경향이 적절히 반영되지 못하였다고 반박하였다.

패널은 세이프가드협정상 조사기간에 대해 명시되어 있지 않으므로, 5년간의 과거 기록을 사용한 것은 상당히 유용하다고 하였다. 그러나 단순히 시작과 종료 시점에 기반하여 판단한 것은 매우 조작적이고, 시작 시점의 선택도 임의적인 것이라 하였다. 만약 1992년을 시작 시점으로 잡게 되면, 1995년과 1996년에도 총 수입이 명백히 증가한 상황을 불식시켜 버린다. 1993년 이후의 기간 동안 수입 감소라는 사실에 기반할 때 분석의 정확성이 확보된다. 패널은 현재 사실상의 수입증가가 있다면, 시작과 종료 시점의 비교에서만이 아니라 해당 기간에 걸친 경향의 분석에서도 분명하게 나타나야 한다고 하였다. 협정 제2조 제1항이 '그러한 증가 물량'이라 한 것은 모든 증가의 완전한 상황을 평가하여야 한다는 것이다. 항소기구도 패널의 입장에 동의하여, 시작과 종료 시점의 비교가 아니라, 조사 기간 전체에 걸친 경향을 고려하여야 한다고 결정하였다.

(나) 심각한 피해 또는 우려

심각한 피해(serious injury)가 어떤 것인지에 관하여 명백한 기준이 있는 것은 아니나, 적어도 반덤핑관세나 상계관세를 부과하기 위한 요건으로 요구되는 실질적 피해(material injury)보다는 그 정도가 강한 것임을 필요로 한다. 그 이유는 앞서 언급한 바와 같이 반덤핑관세나 상계관세가 불공정행위에 대한 것인 반면, 세이프가드조치는 공정한 경우에 적용되는 것이므로 보다 엄격한 기준이 요구된다고 보아야 하기 때문이다. 이렇게 볼 때 심각한 피해란 국내산업에 전체적으로 중대한 침해(significant overall impairment)가 발생한 경우라고 정의할 수 있다.[219] 세이프가드협정도 제4조 제1항에서 심각한 피해를 명시하고 있다.

---

219) Hoekman and Kostechi, *supra* note 121, p. 169.

제 4 조 심각한 피해 또는 그 우려의 판정
제 1 항 이 협정의 목적상
(a) "심각한 피해"는 국내산업의 상태에 있어 중대하고 전반적인 손상을 의미하는
    것으로 양해된다.
(b) "심각한 피해의 우려"는 제 2 항의 규정에 따라 명백히 임박한 심각한 피해를 의
    미하는 것으로 양해된다. 심각한 피해의 우려가 존재하는지 여부에 대한 판정은
    사실에 근거하며, 단순히 주장, 추측 또는 막연한 가능성에 근거하지 아니한다.
    또한,
(c) 피해 또는 피해의 우려를 판정함에 있어서 "국내산업"은 회원국의 영토내에서
    활동하는 동종 또는 직접적인 경쟁 상품의 생산자 전체, 또는 자신의 동종 또는
    직접적인 경쟁상품의 총산출량이 동 상품의 국내총생산의 상당한 비율을 구성하
    는 생산자를 의미하는 것으로 양해된다.

심각한 피해의 우려는 심각한 피해가 명백히 임박한 경우를 의미하는 것으
로, 한국산 라인파이프 사건에서 항소기구는 심각한 피해의 우려는 심각한 피해
보다 낮은 수준의 요건이라고 결정한 바 있다.[220] 심각한 피해의 우려의 존재
여부에 대한 결정은 사실에 근거하여야 하며, 단순히 주장이나 추측 또는 막
연한 가능성에 근거하여서는 아니 된다.[221] 이를 통해 볼 때 수입 증가의 우려
만으로는 심각한 피해의 우려를 결정하는 충분한 근거가 되지 못한다. 제 2 조
제 1 항은 심각한 피해 또는 심각한 피해의 우려를 판단하는 기본 요건으로서
수입의 실제 증가를 요구하고 있기 때문이다. 따라서 수입증가의 우려만으로 심
각한 피해의 우려가 있다고 판단하는 것은 단순한 주장, 추측, 막연한 가능성에
근거한 결정이 될 수 있다.[222]

심각한 피해 또는 피해의 우려에 대한 결정은 당해 국내산업의 상황에 영
향을 끼치는 객관적이고 계량가능한 모든 관련 요소의 평가를 기준으로 한다.
'객관적이고 계량가능한'(objective and quantifiable nature)이란 구절은 객관적이고
계량가능한 자료(data)를 의미하는 것이지 요소(factors)를 대상으로 하는 것이 아
니다. 또한 그러한 자료는 충분하여야 하며, 국내산업을 대표할 수 있는 것이어
야 한다. '모든 관련 요소'(all relevant factors)란 수입에 관련된 요소 및 국내산업

220) US - Line Pipe, AB Report, para. 181.
221) 세이프가드협정 제 4 조 제 1 항 (b).
222) Argentina - Footwear(EC), Panel Report, para. 8.284.

에 관련된 요소를 의미한다. 특히 관계상품의 수입증가율 및 증가량, 증가한 수입상품의 국내시장점유율·판매·생산·생산성·가동률·손익·고용수준변화 등을 종합적으로 평가하여 결정한다.[223] 한국-낙농제품 사건의 패널은 회원국 조사당국은 동 항에 포함되어 있는 모든 요소를 평가할 의무가 있다고 하였는데,[224] 이 말은 관련되는 범위 내의 요소 모두를 검토하도록 요구하는 것이지, 각각의 모든 요소를 검토하라는 의미는 아니라고 보아야 한다.

국내산업이란 회원국 영역 내에서 활동하는 동종상품 또는 직접 경쟁하는 상품의 생산자 전체 또는 생산자 중 당해 상품 생산량의 합계가 당해 상품 국내 총생산량의 상당한 부분을 차지하는 생산자를 말한다.[225] 동종상품에 대한 설명은 반덤핑협정에 정의된 개념과 동일한 것이나, '직접경쟁상품'(directively competitive products)이란 개념은 어디에도 정의되어 있지 않다. 그러나 GATT 제 3조 제 2 항의 해석에 따라 직접경쟁상품은 동종상품보다 넓은 개념이라고 보는 것이 일반적이다.[226] 그리고 일본 주세법 사건에서 본 바와 같이 동종상품은 상품의 물리적 특성을 주요 판단기준으로 보는 데 비하여, 직접경쟁 상품은 상업적 代替可能性을 판단기준으로 삼는 것이라고 할 수 있다.

(다) 인과관계

수입상품의 급격한 증가와 해당 국내산업의 심각한 피해간에 인과관계가 있어야 세이프가드조치를 취할 수 있다. 수입량의 증대와 심각한 피해는 비교적 수월하게 파악할 수 있으나, 인과관계의 문제는 상당히 모호한 측면이 있다. 뿐만 아니라, 당국이 국내적 압력으로 인하여 정당화되지 않는 방법으로 세이프가드조치를 취할 가능성이 있다.[227] 따라서 세이프가드조치와 관련된 사건에서 핵심적인 부분은 바로 인과관계의 확립에 있다.[228] 세이프가드협정은 수입증가 이외의 요소가 심각한 피해의 원인으로 판명될 경우, 그에 해당하는 피해를 수

---

223) 세이프가드협정 제 4 조 제 2 항 (a).
224) Korea - Dairy, Panel Report, para. 7.55.
225) 세이프가드협정 제 4 조 제 1 항 (c).
226) Petros C. Mavroidis, *The General Agreement on Tariffs and Trade* (Oxford, 2005), p. 117.
227) Afilalo, *supra* note 205, pp. 771~773.
228) Bhala and Gantz, *supra* note 26, p. 468.

입증가에 전가시켜서는 아니 된다고 하였다.229) 전가시키는 것을 금지할 뿐이지, 수입증가 이외의 요소가 국내산업의 상황에 동시적으로 영향을 끼치는 경우 인과관계가 존재할 수 있다.230)

EC-밀 글루텐 사건 패널은 세이프가드협정 제 4 조 제 2 항에서 말하는 인과관계의 요건이 충족되기 위해서는 증가된 수입품 자체만으로 심각한 피해를 야기하는 것임을 입증하는 것이 필요하다고 하였으나, 항소기구는 이를 번복하였다.231) 인과관계는 증가된 수입과 심각한 피해 또는 피해의 우려간에 원인과 결과의 진정하고 실질적인 관계를 필요로 하는 것이다.232)

【 미국 - 한국산 라인파이프 사건 】

1. 사실관계

2000년 2월 18일 미국은 미국 내 국제무역위원회(ITC)의 조사에 따라 '배관용 탄소강관(circular welded carbon quality line pipe, 이하 '라인파이프')'에 대하여 세이프가드 발동을 결정하였다. ITC는 수입량의 증가뿐 아니라 심각한 피해와 우려를 야기하고 있는 많은 요소를 분석하여 라인파이프 수입의 증가는 미국 내 산업피해의 중요한 원인이며, 다른 어떤 원인보다 많은 비중을 차지한다고 판단하여 미국법상의 실질적 원인(substantial cause)이라고 주장하였다. 미국은 이러한 조사 결과에 따라 북미자유무역협정(NAFTA) 체결국인 멕시코와 캐나다를 제외한 모든 국가의 상품에 3년 동안 매년 19%, 15%, 11%의 관세를 부과한다고 하였으며, 이러한 결정을 세이프가드협정 제12조 제 1 항 C에 따라 WTO 세이프가드위원회에 즉각 통보하였다.

그러나 미국의 세이프가드조치 발동은 사전협의할 시간적 여유 없이 해당 국가들에게 취해졌다는 점, '피해(injury) 또는 피해의 우려(threat)'에 대한 해석, 취해진 조치의 비례성, 최소한의 기준에 달하는 개발도상국을 해당 조치에서 제외하였는가 등을 쟁점으로 하여 패널이 설치되었다.

---

229) 세이프가드협정 제 4 조 제 2 항 (b).

230) Bhala and Gantz, *op. cit.*, p. 613.

231) United States - Definitive Safeguard Measures on Imports of Wheat Gluten from the European Communities(US - Wheat Gluten, DS166), AB Report, para. 187.

232) *Op. cit.*, para. 69.

2. 패널 및 항소기구의 결정

한국은 항소기구의 구두심리에서 미국법의 특정 조항이 아니라 미국이 세이프가드조치를 취한 것 자체만을 문제 삼았다. 즉 오직 라인파이프 조치를 통한 미국법의 적용과 동 조치의 적용에 이르도록 한 조사에 대해서만 항소한 것이다. 따라서 항소기구는 동 사건의 항소규칙을 라인파이프에 적용된 세이프가드조치에 한정하여 한국과 미국의 항소 각각에 대하여 다음과 같은 결정을 내리게 된다.

(1) 미국이 사전협의를 위한 적절한 기회를 제공하도록 한 세이프가드협정 제12조 제 3 항의 의무를 위반하였는지에 대하여 항소기구는 2000년 1월 24일에 보고된 조치와 2000년 2월 11일 발표된 조치방법(2000년 3월 1일부터 효력 발생)이 서로 다른 것으로 보아 미국은 세이프가드협정 제12조 제 3 항을 준수하지 않아 한국이 사전협의를 위한 충분한 정보와 시간을 얻지 못한 것으로 결정하였다. 중요한 것은 정보입수의 방법이 아니라 한국이 그러한 정보에 대해 제대로 대처할 수 있도록 충분한 시간이 주어졌는지의 여부라고 하였다.

(2) 미국이 세이프가드협정 제12조 제 3 항의 의무 이행에 실패함으로써 양허와 세이프가드협정 제 8 조 제 1 항의 다른 의무를 실질적으로 동등한 수준으로 유지하도록 노력할 의무와 또한 위반하였는지의 여부에 대하여 항소기구는 미국이 세이프가드협정 제 8 조 제 1 항을 위반하였다고 하였다. 세이프가드협정 제 8 조 제 1 항에 따라 미국은 한국과 체결한 GATT 1994에 따른 양허 및 다른 의무의 수준이 실질적으로 동등하게 유지되도록 노력하여야 한다. 그러나 위에서 판단한 바와 같이 한국은 사전협의를 위한 충분한 시간과 기회가 주어지지 않았기에 항소기구는 미국이 동 협정 제 8 조 제 1 항을 위반하였다고 결정하였다.

(3) 라인 파이프에 대한 세이프가드조치에서 '최소한의 조건에 부합하는' 개발도상국을 제외하였는지의 여부와 관련하여 패널은 미국 내의 어떠한 서류에도 이에 대한 언급이나 동 협정 제 9 조 제 1 항을 이행하기 위한 계획이 없었으며, 미국이 제시한 9,000톤이라는 면제기준은 전체 수입량의 2.7%에 해당되는 것으로, 세이프가드의 발동으로 수입량이 감소할 경우 3%

를 초과하는 양이 될 것이라고 하였다. 또한 미국이 세이프가드 위원회에 통지한 보고서에는 동 협정 제9조 제1항에 따라 본 조치의 적용으로부터 제외된 개발도상국에 대한 언급이 없었다고 하였다. 항소기구는 이유를 달리 하여 패널과 동일한 결론에 이른다. 즉 미국이 주장한 바에 따라 본 협정 제9조 제1항에는 해당 개발도상국을 제외하는 구체적인 방법이 명시되어 있지 않으므로 미국이 세이프가드조치의 적용으로부터 제외되는 특정개발도상국들을 명시하지 않은 것은 본 조항을 위반한 것이 아니라고 하였다. 그러나 실제 세이프가드조치가 제9조 제1항에 명시되어 있는 최소한의 조건을 만족시키는 개발도상국에게도 적용되었으므로 미국은 본 조항을 위반하였다고 하였다.

(4) 심각한 피해 또는 그 우려에 대한 개념 구분의 필요성과 관련하여 패널은 세이프가드협정에 각각 규정되어 있는 바와 같이 심각한 피해와 이에 대한 우려는 구분되어야 하며, 따라서 동시에 두 개념이 같은 사건에 사용될 수 없다고 하였다. 그러나 항소기구는 패널과 달리 이 두 개념은 동시에 적용될 수 있다고 보았다. 즉 'serious injury or threat of serious injury'라는 문구에서 볼 수 있듯이 두 개념은 'or'라는 합집합의 개념으로, 두 개념은 한 사건에 선택적이 아니라 동시에 적용될 수 있으나 다만 두 개념은 의미 자체가 다르므로 당연히 구분되어야 한다고 하였다. 또한 회원국들이 '심각한 피해'와 이에 대한 '우려'를 구분한 의도를 살펴 이 둘을 구분한 이유는 심각한 피해에 대한 '우려'가 존재할 경우 '심각한 피해'를 야기되기 전에 수입국이 이를 방지하기 위한 조치를 취할 수 있도록 하기 위함이기 때문에 수입국의 행정당국이 심각한 피해에 대한 '우려'가 있다고 판단할 경우 세이프가드조치를 발동할 권리가 있다고 하였다.

(5) 한국은 세이프가드조치 제2조 제1항과 제2항간의 'parallelism'은 세이프가드조치의 적용을 위하여 조사할 때 이에 포함되는 조사대상국과, 조치의 적용대상국이 일치할 것을 요한다고 하여 미국의 'parallelism'을 주장하였다. 그러나 패널은 "미국은 ITC 보고서 주석 168번에 "… 캐나다와 멕시코를 조사대상에서 제외하더라도 조사결과는 똑같을 것이다…," "북미자유무역협정의 비회원국으로부터의 수입량이 현저하게 증가하였으며… ," "비회원국으로부터 수입되는 상품의 가격이 가장 저렴하다… " 등의 사실을

제시하여 미국의 입장에 따른 평결을 내렸다. 그러나 항소기구는 주석 168
번은 밀 글루텐 사건에서 제시되었던 '북미자유무역협정의 비회원국으로부
터의 수입량이 세이프가드조치의 적용을 위한 제 조건을 명백하게 만족시
킨다는 사실을 합리적이고 충분하게 설명하여야 한다'는 조건을 충족시키는
부분은 아니기 때문에 미국은 조사대상에는 멕시코와 캐나다를 포함시키고
세이프가드조치의 적용대상에서는 제외시킴으로써 본 협정 제 2 조와 제 4
조를 위반한 것이라고 결정하였다.

(6) 수입의 증가의 다른 요인으로 인한 침해결과의 불귀속과 관련하여 항
소기구는 미국은 본 협정 제 4 조 제 2 항 b호의 조건을 만족시키지 못하였
다고 판단하였다. 미국은 증가된 수입상품 이외의 요소가 국내산업에 피해
를 초래하는 경우, 이러한 피해가 증가된 수입상품 탓으로 돌려지지 않는다
는 인과관계를 명확하게 설명하여야 한다는 점을 지적하였다. 그러나 미국
은 요소들 간의 인과관계를 명확하게 설명하고 있지 않으며, 수입상품의 증
가가 미치는 영향과 확연하게 구분되어 있지 않기 때문에 충분한 설명이 될
수 없다고 하였다.

(7) 라인파이프조치가 적용될 당시 라인파이프조치의 명백한 정당성에 대
해 패널은 미국이 세이프가드협정 제 5 조 제 1 항의 첫 번째 문단을 위반하
였다는 한국의 주장을 부정하였다. 만약 미국이 취한 조치가 수량제한이고
또한 적용되어는 수량이 과거 3년간의 평균수입량의 수준 이하라면 명백한
정당성(clear justification)이 제시되어야 할 것이다. 그러나 미국이 세이프가드
조치를 수량제한으로 적용하는 것이 아니라 관세로 적용하는 것인 만큼, 조
치를 취하는 시점에 명백한 정당성을 제시할 의무가 없다고 하였다. 항소기
구는 미국이 한국에 대하여 부과한 조치는 수량제한이 아니기 때문에 굳이
미국이 당해 조치를 적용함에 있어 명백한 정당성을 보일 필요가 없다는 패
널과 동일한 결론에 이르렀다.

라인파이프조치가 허용가능한 범위 내의 것인지에 관해 패널은 미국의
입장에 따라 이를 긍정하였으나 항소기구는 패널의 평결을 뒤집었다. 한국
은 미국의 라인파이프조치 범위가 세이프가드협정 제 5 조 제 1 항에만 한정
되지 않았다고 주장하였다. 그러나 항소기구는 미국이 이에 대해 이의를 제
기하지 않았다는 점을 고려하여 라인파이프조치는 심각한 피해를 예방하고

치유하고 조정하는데 필요한 범위를 벗어난다는 결론을 내렸다.

세이프가드협정 제 5 조 제 1 항 첫 번째 문자의 해석과 관련하여 항소기구는 조약의 object and purpose란 관점과 문맥 속에서 용어의 통상적인 의미에 따라 신의성실하게 해석되어야 한다는 지침과 조약 해석의 근본적인 규칙을 정하고 있는 조약법에 관한 비엔나협약 제31조 제 1 항에 따른 해석을 시도하였다. 세이프가드협정 제 4 조 제 1 항과 제 5 조 제 1 항의 '심각한 피해'란 동일한 의미를 지니는 것으로, 두 조항이 모두 '심각한 피해'에 관하여 언급하고 있다는 사실자체가 수입증가 외의 다른 요인으로 인한 손해를 포함하는 '심각한 피해 전부'("entirety" of the "serious injury")를 의미하는 것은 아니라고 하였다.

GATT 1994 제19조의 제목이 "Emergency Action on Imports of Particular Products"라는 점으로 미루어보아 세이프가드조치는 수입으로 인한 결과에만 초점이 맞추어져야 한다고 하였다. 또한 항소기구는 미국-면사 사건을 상기하며 국가책임 '위반'(breach)에 대한 대응조치는 '위반'에 비례하여 적용되어야 한다는 국제관습법이 존재함을 확인하였다. 따라서 세이프가드조치는 확인된 침해 결과의 부분만을, 즉 수입 증가로 인한 침해의 결과와 동일하거나 더 적은 비율에 대해서만 적용되어야 한다고 하였다. 한국은 미국이 이러한 점을 위반하여 세이프가드협정 제 4 조 제 2 항 (b)를 위반하였으며 동 협정 제 5 조 제 1 항도 위반하였다는 가정에 대하여 미국은 반론을 제기하지 않았다. 항소기구는 미국의 반응에 근거하여 한국 입장에 따른 결정을 내렸으며, 세이프가드협정 제 4 조 제 2 항 (b)의 마지막 문장 위반이 동 협정 제 5 조 제 1 항의 첫 번째 문장의 자동적 위반을 내포한다는 의미는 아니라는 점을 확인하였다.

3. 발동절차

(1) 조   사

회원국은 자국의 주무 당국이 제정하여 GATT 1994 제10조에 따라 공표한 절차에 따라 조사한 후에만 세이프가드조치를 적용할 수 있다.[233] 조사 당국은

---

233) 세이프가드협정 제 3 조 제 1 항.

해당 산업의 상황에 영향을 미치는 객관적이고 계량가능한 성격의 모든 관련 요소를 평가하여야 한다. 특히 관련 상품의 절대적·상대적인 수입증가율 및 증가량, 증가된 수입품이 국내시장에서 차지하는 점유율, 판매, 생산, 생산성, 가동률, 이윤 및 손실, 그리고 고용의 수준에 있어서의 변화를 평가한다.[234] 이 조사는 공개적 절차를 거쳐 객관적인 평가를 통하여 이루어져야 한다. EC산 밀글루텐 사건에서 항소기구는 국내 주무 당국이 조사할 때 이해당사자에 의해 제기된 관련증거의 검토에 그친다고 한 패널의 의견을 기각하고, 당사자가 제출한 정보의 조사에 국한하여서는 아니 된다고 평결하였다.[235] 그러나 회원국의 주무 당국이 추가 정보에 대한 조사를 의무적으로 수행해야 하는 것도 아니다.

세이프가드조치를 위한 조사는 모든 이해관계자에 대한 합리적 공고, 수입업자 및 수출업자 기타 이해관계자의 의견제출, 공청회 개최 등 적절한 방법이 확보되어야 하는 등 특히 엄격한 투명성을 요청하고 있다. 그리고 권한 있는 당국은 사실 및 법규 적용에 관한 결론이 기재된 보고서를 공표하여야 한다.[236] 성격상 비밀이거나 비밀로서 제공된 정보는 이유가 제시되는 경우 조사 당국에 의하여 비밀로 취급되고, 이를 제출하는 당사자의 허가 없이 공개되지 아니한다.

(2) 통고 및 협의

세이프가드조치를 행하려는 회원국은 조사절차의 개시 및 그 이유, 피해판정, 세이프가드조치의 적용 및 연장에 관하여 WTO 세이프가드위원회에 즉시 통고하여야 한다.[237] 즉시란 용어는 일종의 긴급성을 내포하는 것인데, 긴급성이나 즉시성은 사례별로 다를 수 있다. 통고를 준비할 때의 행정적 어려움이나, 제공되는 정보의 특성 등이 고려되어야 한다. 구체적으로 통고의 복잡성이나, WTO 공식 언어로 번역하는 필요성 등이 그러한 요소에 해당한다. 그러나, 어떤 경우이든 즉시 통고할 의무가 표상하는 의미처럼 통고를 준비하는데 소요되는 시간은 최소한이 되어야 한다. 세이프가드위원회가 진행 중인 조사에 대하여 검토하고 대응하는 데 최대한의 가능한 기간을 가질 수 있도록, 시간적 지연이

---

234) 세이프가드협정 제 4 조 제 2 항 (a).
235) US - Wheat Gluten, Panel Report, para. 8.121.
236) 세이프가드협정 제 3 조 제 1 항.
237) 세이프가드협정 제12조 제 1 항.

최소가 되도록 하여야 함을 의미한다.[238] 그리고 취하려는 조치에 대하여 실질적 이해관계를 가진 관련 상품의 수출회원국에게 협의할 기회를 주어야 한다.[239] 이러한 협의는 제공된 정보 검토와 해당 조치에 관한 의견 교환 및 제8조 제1항에 규정된 목적 달성을 위하여 행하게 된다. 통고와 협의는 원칙적으로 사전에 행하여져야 한다.

회원국은 잠정조치를 취하기 이전에 긴급수입제한조치위원회에 통고하여야 하고, 협의는 조치가 취해진 후 즉시 개시된다.[240] 협의 결과, 중간재검토 결과, 보상의 형태, 양허 및 다른 의무의 정지는 관련 회원국에 의하여 즉시 상품교역이사회에 통고되어야 한다.

(3) 잠정조치

심각한 피해의 명백한 증거가 있고, 판정을 늦출 경우 회복하기 어려운 피해를 야기할 만한 결정적 상황이 있는 경우 잠정적 세이프가드조치를 취할 수 있다. 잠정조치의 존속기간은 200일을 초과하지 아니하며, 그 기간 중 관련 요건이 충족되어야 한다. 후속 조사를 통해 증가된 수입품이 국내산업에 심각한 피해를 초래하거나 초래할 우려가 없다고 판정될 경우 신속히 환불이 가능하도록 잠정조치는 관세인상의 형식을 취하여야 한다.[241]

4. 세이프가드조치

(1) 원　칙

(가) 최혜국대우의 적용

WTO 세이프가드조치는 모든 회원국으로부터의 수입에 대하여 적용되어야 한다.[242] 환언하면 세이프가드조치는 최혜국대우의 기초 위에서 발동되어야 한다는 것이다. 동경라운드에서는 일부 국가가 세이프가드조치를 선별적으로 적

238) EC - Wheat Gluten, AB Report, para. 106.
239) 세이프가드협정 제12조 제3항.
240) 세이프가드협정 제12조 제4항.
241) 세이프가드협정 제6조.
242) 세이프가드협정 제2조 제2항.

용하려 함으로써, 협상이 좌절되는 결과를 낳고 말았다.[243] 그러나 쿼터를 할당
할 때 시장에 새로 진출한 국가와 종래 계속해서 공급하던 국가간의 차별은 허
용하고 있다. 이러한 차별의 경우에도 4년간만 적용될 수 있고, 더 이상 연장시
킬 수 없다. 선별적 세이프가드는 아시아와 동구유럽국가들을 보호하기 위하여
허용된 것이었다.

(나) 회색지대조치의 금지

선별적 적용이 예외적으로 허용되기는 하나, 수출자율규제(VERs)와 같은 유
해한 선별적 조치는 엄격히 금지된다. 수출자율규제는 특히 미국과 유럽이 민감
한 분야를 대상으로 GATT 제19조상의 세이프가드조치에 대신하여 사용하여 왔
는데, 그 이유는 GATT 제19조에 따를 경우 보상이 필요할 뿐만 아니라, 세이프
가드조치는 수입의 增加源인 국가에 대하여 선별적으로 적용할 수 없기 때문이
었다.[244]

그 외에도 시장질서유지협정(OMA)이나 수출 및 수입 측면의 기타 유사한
조치를 취해서는 아니 된다. 유사한 조치에 해당하는 것으로는 수출조절, 수출
입가격모니터링, 수출입감시, 강제적 수입카르텔, 자의적 수출입허가제도 등이
있다. 이러한 조치는 둘 또는 그 이상의 회원국간의 협정, 약정 및 양해에 따른
조치뿐만 아니라 단일 회원국에 의한 조치를 포함한다.[245] GATT 사무국은 종
래 회색지대조치(grey area measures)가 GATT 제19조의 합법적 세이프가드조치
의 10배에 가까운 것으로 파악하였다.[246]

WTO 협정의 발효일까지 효력이 유지되는 이들 회색지대조치는 WTO 협
정 발효일 후 4년 내에 단계적으로 철폐되거나, 세이프가드협정과 일치하도록
규정하여야 한다. 회색지대조치의 단계적 폐지는 WTO 협정 발효일로부터 180
일 이내에 관련 회원국이 세이프가드조치위원회에 제시하는 일정표에 따라 수
행된다.[247] 다만, 유럽공동체 및 일본에 대하여 승용차, 비포장도로 차량, 경상

---

243) Schott, *supra* note 16, p. 114.
244) Collins and Bosworth, *supra* note 145, pp. 12~13.
245) 세이프가드협정 제11조 제 1 항.
246) Lowenfeld, *supra* note 4, p. 59.
247) 세이프가드협정 제11조 제 2 항.

용차, 5톤 이하의 경트럭 및 이들의 완전 분해된 형태에 대하여는 1999년 12월 31일까지 유예를 인정하였다.[248]

회원국은 이들 회색지대조치에 비견될 수 있는 산업간 협정의 채택 또는 유지를 지원하거나 고무하여서도 아니 된다.[249]

(다) 개발도상국의 우대

선진국이 개발도상국에 대하여 세이프가드조치를 취할 때에는 일정한 제한이 있다. 개발도상국으로부터의 수입물량이 전체수입물량의 3% 미만이고, 3% 미만인 수입점유율을 가진 개발도상국이 차지하는 점유율의 합이 해당 상품 총수입의 9%를 넘지 않는 경우에는 세이프가드조치가 취해지지 않는다.[250]

(2) 조치범위
(가) 조   치

세이프가드조치를 취하는 회원국은 영향을 받는 수출국과 자국간 GATT 1994에 따른 양허와 다른 의무의 수준이 실질적으로 동등하게 유지되도록 노력하여야 한다. 이러한 목적을 달성하기 위하여 관련 회원국은 그들의 무역에 대한 세이프가드조치의 부정적 효과에 대한 적절한 보상방법에 관하여 합의할 수 있다.[251]

(나) 존속기간

세이프가드조치는 국내산업에 대한 심각한 피해를 방지하고 구제하기 위한 범위 내에서만 적용되어야 한다. 세이프가드조치의 일환으로 행하는 수량제한은 통계자료의 이용이 가능한 과거 3년 동안의 평균수입량에 해당하는 수준 이하로 제한할 수 없다. 다만 명백한 근거가 제시되는 경우에는 평균수입량 이하로 제한할 수 있다.[252]

---

248) 세이프가드협정 부속서.
249) 세이프가드협정 제11조 제 3 항.
250) 세이프가드협정 제 9 조 제 1 항.
251) 세이프가드협정 제 8 조 제 1 항.
252) 세이프가드협정 제 5 조 제 1 항.

세이프가드조치는 4년까지만 허용되나, 심각한 피해를 방지하고 치유하기 위하여 필요한 경우와 산업이 조정 중에 있다는 증거가 존재한다고 판정되는 경우 4년을 추가하여 8년까지 조치할 수 있다. 8년의 기간에는 잠정조치를 취한 기간도 포함된다.253) 개발도상국의 경우에는 2년을 다시 추가하여 최대 10년까지 세이프가드조치를 부과할 수 있다.254)

GATT 1947 제19조에 따라 취한 기존의 세이프가드조치는 8년의 발효 후, 또는 세이프가드협정 발효 후 5년 이내 중 나중에 다가오는 기간 내에 철폐되어야 한다.255)

(다) 재 검 토

본 협정하에서 세이프가드조치의 예상존속기간이 1년을 초과하는 경우 조정을 촉진하기 위하여 이러한 조치를 적용하는 회원국은 적용기간 동안 정기적으로 이를 점진적으로 자유화하여야 한다. 조치의 존속기간이 3년을 초과하는 경우 이러한 조치를 적용하는 국가는 조치의 중간시점 이전에 상황을 재검토하며, 적절한 경우 조치를 철회하거나 자유화를 가속화하여야 한다.256)

【 미국 – 철강세이프가드 사건 】

1. 사실관계

1993년 미국 상무부(DOC)와 국제무역위원회(ITC)는 독일에서 수입되는 탄소강에 대하여 상계관세를 부과함을 결정하였다. 이러한 관세부과는 독일의 특정 탄소강 생산자들이 다섯 가지의 상계가능보조금 프로그램으로 종가세(*ad valorem*)의 약 0.60%에 이르는 혜택을 받고 있다는 판단에 의한 것이다. 2000년 8월 2일 DOC는 탄소강에 대한 상계관세부과에 대한 sunset review에서 '상계관세의 종료는 보조금 지급과 피해의 계속 또는 재발을 초래할 것'이고 '만약 상계관세를 종료할 경우 지급되는 보조금의 양은 0.54%

---

253) 세이프가드협정 제 7 조 제 1 항, 제 2 항, 제 3 항.
254) 세이프가드협정 제 9 조 제 2 항.
255) 1993년 5월 31일까지 적용되고 있던 세이프가드조치는 모두 13개에 불과하였다.
256) 세이프가드협정 제 7 조 제 4 항.

가 될 것'이라는 결과를 발표하였다. 2000년 12월 1일 ITC는 '상계관세의 철회는 합리적으로 가까운 시일 내에 미국 내 산업에 실질적 피해의 계속과 재발을 초래할 것'이라고 판단하여, 독일로부터 수입되는 탄소강에 대한 상계관세부과의 철회를 거절하였다. 이와 같이 미국이 sunset review 이후에도 자체 조사를 통해 독일산 부식 방지 탄소강판 생산자에게 상계관세의 부과를 계속함에 따라 EC가 패널설치를 요청하였다.

보조금협정 제11조 제9항은 '최소허용기준이 되는 보조금의 비율'(*de minimis* subsidization rate)인 1%를 규정하고 있어 미국이 sunset review를 통해 밝힌 0.54%는 보조금협정에 의해 무시될 수 있는 비율로 보이나, '*de minimis* rule'은 보조금협정에 규정되어 있는 것이지 sunset review에 관한 규정이 아니라는 것이 미국의 주장이었다. EC는 이에 반대하여 '*de minimis* rule'을 sunset review에도 적용해야 한다고 하였으나, 미국은 EC가 보조금협정의 관련 규정을 확대해석하고 있다고 주장하였다.

2. 패널 및 항소기구의 결정

EC는 미국법이 WTO 회원국의 의무를 위반하였으며 미국의 조치는 보조금협정 제11조 제9항, 제21조 제1항, 제21조 제3항, 제32조 제5항, WTO 설립협정 제16조 제4항을 위반하였다고 주장하였다. 미국이 최소허용기준 미만임에도 상계관세를 계속 적용한 것에 대해 패널의 다수의견은 미국의 관련 법령이 보조금협정 제21조 제3항, 제32조 제5항과 WTO 설립협정 제16조 제4항을 위반하였다는 것이다. 그러나 한 명의 패널리스트는 조약법에 관한 비엔나 조약 제31조에 따라 해석하여 보조금협정이 sunset review시에 '*de minimis* rule'을 포함하지 않는다고 해석하여야 한다고 주장하였다. UR 협상 당시 sunset review에 '*de minimis* rule'을 포함시킬 의도였다면, 관련 조항에서 '조사'(investigation)가 아닌 '조사와 검토'(investigation and reviews)라는 용어를 사용하였을 것이라고 하였고, 항소기구는 이 소수의견에 따라 해석하였다. 그러나 항소기구는 조문 해석 기준과 상관없이 sunset review는 예측(prognostication)에 관한 것으로 특정 숫자를 '*de minimis* rule'로 정한다는 것 자체는 현실적으로 큰 의미가 없다고 하였다. 또한 보조금협정의 제 규정과 관련하여 제11조 제9항과 제21조 제3항에 관한 해석은 조약법

제31조 제1항에 따라 해석되어야 하며, 제11조 제9항은 조사개시 및 후속조사에 대한 의무만을 규정하고 있으며, 제21조 제3항과의 관련성은 찾아 볼 수 없다고 하였다.

조사개시 단계에서는 피해를 야기하지 않았던 1% 이하의 보조금이 어떻게 5년 이후의 review 단계에서는 피해를 야기시킬 수 있는가. 즉 1% 이하의 보조금이 '항상' 피해를 야기하지 않는다는 패널의 가정에 대해 항소기구는 다음과 같이 지적하였다. 첫째 보조금과 피해는 서로 독립된 개념으로 보조금협정은 보조금의 정도에 따라 피해를 정의하지 않았다고 하였다. 둘째 개발도상국에게는 최소허용기준을 2~3%로 규정하고 있는 것과 비교하여 패널의 주장에 따르면 1%라는 기준은 피해와는 무관한 기준이 될 것이다. 셋째 조사와 sunset review는 서로 다른 단계이므로, 조사시에 적용되는 'de minimis rule'이 다른 단계에 당연히 적용된다고 볼 수 없다고 하여 패널의 판단이 옳지 않다고 평결하였다.

(라) 재 발 동

동일상품에 대한 세이프가드조치의 재발동은 기존의 세이프가드 조치기간과 동일한 기간이 경과한 후에만 가능하며, 최소한 2년의 기간이 경과하여야만 가능하다.[257] 180일 이하로 부과된 잠정적 조치가 5년의 기간 내에 동일상품에 대하여 2회 이상 취해지지 않은 경우라면, 1년 후에 해당 잠정조치를 재발동할 수 있다. 개발도상국의 경우에는 그 절반의 기간이 경과하면 재발동할 수 있다.

5. 구제조치

세이프가드조치는 공정한 행위에 대한 비상적 조치이므로, 세이프가드조치에 의해 피해를 입은 국가는 일정한 구제조치를 취할 수 있다.

세이프가드조치에 대하여는 당해 조치의 대상이 되는 수출국에게 제공하는 補償的 救濟措置와, 수입국 무역에 대한 양허나 의무적용의 정지와 같은 報復的 救濟措置의 두 가지 방법을 취할 수 있다. 그러나 보복적 구제조치의 경우

---

257) 세이프가드협정 제7조 제5항.

세이프가드조치 후 90일 이내에 발동되어야 하고, 상품교역이사회가 당해 보복
조치의 서면통지 접수 후 30일이 경과하였으며, 상품교역이사회가 이에 반대하
지 않아야 한다.258) 단 세이프가드조치가 수입물량의 절대적 증가로 인하여 취
해졌고, 그 조치가 WTO 협정의 규정과 일치하는 경우에는, 해당 세이프가드조
치가 유효한 첫 3년 동안은 보복조치를 취할 수 없다.259)

【 EC – 밀 글루텐 사건 】

1. 사실관계

1997년 10월 미국은 국제무역위원회의 통상적인 조사 끝에 EC산 밀 글
루텐의 수입에 대하여 쿼터를 적용하였다. 그러나 미국은 NAFTA를 근거로
캐나다산과 일부 다른 외국산 밀 글루텐에 대하여는 쿼터를 적용하지 않았
다. NAFTA는 해당 상품의 수입이 개별적으로 전체 수입의 실질적 부분인
것으로 생각되고, 수입에 의하여 심각한 피해 또는 피해의 우려에 중요하게
기여할 때를 제외하고는 NAFTA의 회원국에게는 세이프가드조치를 적용하
는 것을 제한하고 있다.260) EC의 제소에 대해 패널은 미국의 밀 글루텐에
대한 긴급수입제한조치 부과가 정당한지를 검토하였고, 미국과 EC는 패널
보고서에 법적용과 법률 해석에 관한 특정 문제에 관하여 항소하였다.

2. 항소기구의 결정
(1) 관련 요소의 검토와 인과관계 입증

미국의 국제무역위원회는 조사과정에서 협정 제 4 조 제 2 항 (a)에 열거
된 모든 요소를 검토하였는데, 문제는 모든 요소를 검토함에 있어 당사국에
의해 제기되지 않은 단백질함량과 가격의 관계에까지 충분한 주의가 주어
져야 하는가 하는 점이다. 항소기구는 그렇게 하여야 한다고 하였다. 조사
당국은 모든 관련요소를 조사하여야 하는바, 조사란 용어는 체계적 查問
(systematic inquiry) 또는 세심한 연구(careful study)를 포함하는 것이라고 하였

---

258) 세이프가드협정 제 8 조 제 2 항.
259) 세이프가드협정 제 8 조 제 3 항.
260) NAFTA 제802조 제 1 항.

다. 당사국이 주요한 정보의 출처라 할지라도, 이것이 조사당국으로 하여금 다른 요소가 관련될 때 제시된 정보만에 조사를 국한시켜야 하는 것은 아니라고 하였다. 조사당국이 당사국의 제출에서 정보를 갖지 못한 경우라면 스스로 추가조사절차를 거쳐 찾아야 한다고 하였다.

협정상 증가된 수입 자체와 심각한 피해간의 인과관계의 입증에 있어 증가된 수입 이외의 요소가 심각한 피해로 귀속되지 않도록 하여야 한다. 그러나 증가된 수입과 동시에 다른 요인이 국내산업의 상황에 영향을 끼친다 할지라도 인과관계는 존재할 수 있다. 이 과정에서 중요한 것은 피해를 야기하는 다른 요소에 의한 영향을 분리하여 구별해 내는 것이다. 먼저 증가된 수입 이외의 요인이 추출되고, 이것은 수입품에 전가되어서는 아니 된다는 것이다. 이러한 점에서 미국은 수입 외적 요인을 심각한 피해로 전가하는 잘못을 범했다고 판단하였다.

(2) 최혜국대우의 적용

미국 국제무역위원회는 캐나다산 글루텐은 수입품의 실질적 부분이지만, 수입으로 인한 심각한 피해에 크게 영향을 끼친 것은 아니라는 이유에서 조치대상에서 제외하였다. 이에 대하여 항소기구는 세이프가드조치에서 캐나다를 제외시킨 것은 충분한 근거가 없는 것이며, 패널이 GATT 제24조 또는 세이프가드협정 주 1이 그러한 차별을 허용하는가를 결정한 것도 불필요한 것이라고 하였다.

(3) 통고 및 협의

세이프가드협정 제12조 제 1 항은 심각한 침해나 위협에 관련된 조사절차의 개시, 증가된 수입에 따른 심각한 침해나 위협에 대한 평결, 세이프가드조치의 적용이나 확대를 결정한 경우 회원국은 이를 세이프가드위원회에 즉시 통고할 것을 규정하고 있다. 항소기구는 협정상의 '즉시 통고'(immediately notify)란, 문자 그대로 즉시 통고하라는 것임을 강조하였다. 통고는 심각한 피해나 그 위협을 발견하고 이에 따른 세이프가드조치의 적용을 결정하기 위하여 조사절차를 개시할 때 요구되는 것이다. '즉시'란 용어에 내포된 긴급성의 정도는 사안별로 검토되어야 하는 것으로, 세이프가드위원회가 진행 중인 조사를 검토하고 반응하기 위한 최대의 가능한 기간을 가지도록 시간적 지연은 최소가 되어야 한다고 하였다. 미국이 조치 후 16일 만에 조치

대상국에게 통고한 것은 즉시란 요건을 정확히 충족한 것이라고 할 수 없고, 심각한 피해 발견 후 26일이 지난 후 조치 대상국에게 통고한 것은 즉시가 아니라고 하였다. 반면 세이프가드위원회가 세이프가드 실시 5일 만에 이를 통고한 것은 즉시 통고한 것으로 볼 수 있으며, 시의적절한 것이라고 보았다.

세이프가드협정 제12조 제3항은 취하려는 조치에 대하여 실질적 이해관계를 가진 관련 상품 수출국에게 협의의 기회를 주어야 한다고 규정하고 있으나, 패널은 미국이 세이프가드조치 실시 이전에 협의를 위한 적절한 기회를 갖지 못하였다고 판단하였다. 항소기구도 계획된 쿼터조치의 충분할 만큼 정확한 내용을 담고 있지 않은 한, 국제무역위원회의 보고서에 포함된 정보를 제공하는 것만으로는 충분한 것이 아니라고 보았다.

6. 한국의 세이프가드 법제

(1) 관련 국내법

한국은 1986년 12월 31일 제정된 대외무역법 제4장 수입수량제한조치에서 세이프가드조치에 관한 규정을 두고 이를 시행하여 왔다. 그 후 UR에서 채택된 WTO 세이프가드협정의 국내적 이행을 위해 1996년 12월 30일 대외무역법의 관련 규정을 전면 개정하였고, 2000년 말 산업피해구제제도를 보다 효율적으로 운영하기 위하여 불공정무역행위조사및산업피해구제에관한법률(산업피해구제법)을 제정하여 시행하고 있다.[261] 산업피해구제법은 제3장에서 수입증가로 인한 산업피해조사 등을 규정하고 있다.

(2) 절   차

특정한 상품의 수입증가로 국내산업이 심각한 피해를 받거나 받을 우려가 있는 때에는 당해 국내산업에 이해관계가 있는 자 또는 당해 국내산업을 관장하는 관계 중앙행정기관의 장은 무역위원회에 당해 특정물품의 수입이 국내산업에 미치는 피해를 조사하여 줄 것을 신청할 수 있다. 무역위원회는 신청일로

---

261) 2001년 2월 3일 제정, 법률 제6417호(2021년 현재 법률 제17758호).

부터 30일 이내에 조사개시여부를 결정하고, 조사개시를 결정한 때에는 그 결정일로부터 4개월 이내에 당해 국내산업에 미치는 심각한 피해의 유무를 판정하여야 한다. 다만, 그 조사내용이 복잡하거나 신청인이 정당한 사유를 제시하여 기간의 연장을 신청한 경우에는 2개월의 범위 내에서 그 조사기간을 연장할 수 있다.262)

세이프가드 조치기간은 4년을 원칙으로 하고, 추가로 4년을 연장할 수 있다.263) 조사 중이라도 긴급히 세이프가드조치를 하지 아니하면 조사 대상이 되는 산업이 회복할 수 없을 정도로 심각한 피해를 받거나 받을 우려가 있다고 인정하는 때에는 관계 중앙행정기관의 장에게 관세율 조정에 관한 잠정적 세이프가드조치를 건의할 수 있다. 잠정조치의 기간은 최대 200일로 규정하고 있다.264)

무역위원회는 세이프가드조치에 대하여 기간이 만료되기 전에 당해 조치에 대한 완화 · 해제 또는 연장 여부를 재검토할 수 있다. 무역위원회는 세이프가드조치기간이 3년을 초과하는 경우에는 그 기간의 중간이 되는 날 이전에 재검토를 하여야 한다. 재검토 결과 국내산업의 심각한 피해방지나 구제 등을 위하여 세이프가드조치가 계속 필요하다고 판정하거나 완화 · 해제할 필요가 있다고 판정하는 경우에는 이를 관계 중앙행정기관의 장에게 건의할 수 있다.265)

(3) 운용현황

1997년 3월 1일의 유제품에 대한 수입쿼터조치와 2000년 6월 1일의 중국산 마늘에 대한 관세인상이 대표적인 사례이다. 이들 세이프가드조치와 관련하여 재검토한 결과, 2건 모두 기존의 조치를 존속하기로 결정되었다. 1997년 유제품에 대한 세이프가드조치는 WTO 패널에서 협정 불일치 판정을 받음으로써, 2000년 5월 20일 종결되었다.266)

---

262) 산업피해구제법 제16조.

263) 동 법 제17조.

264) 동 법 제18조.

265) 동 법 제20조.

266) Korea - Definitive Safeguard Measure on Imports of Certain Dairy Products(Korea - Dairy, DS98).

【 중국산 마늘에 대한 세이프가드조치 】

중국산 신선마늘의 수입은 1996년 6,553톤에서 1998년의 26,054톤으로 4배 가까이 증가하였고, 냉동마늘과 초산마늘의 수입은 1996년과 비교하여 1999년에는 9배 이상 급증하였다. 수입마늘의 국내시장 점유율은 1996년 3.3%에서 1999년(1월~9월) 12.2%로 크게 증가하였고, 국내의 농가판매가격과 도매시장가격은 1999년 1월~9월 사이에 전년동기 대비 42.4%와 37.9%씩 하락하는 등, 마늘재배농가의 피해가 커지게 되었다. 이에 따라 농업생산자 단체인 농업중앙회는 마늘재배농가를 대표하여 1999년 9월 30일 대외무역법 제26조에 따른 산업피해조사를 무역위원회에 신청하였다.

무역위원회는 1999년 10월 11일 대외무역법 제27조에 따라 산업피해조사를 개시하기로 결정하였고, 조사결과 마늘수입의 급증으로 관련 국내산업이 심각한 피해를 받고 있다고 판단하였다. 인과관계의 입증을 위하여 무역위원회는 수입증가가 국내가격의 하락 또는 정상적으로 발생할 수 있는 계절별 가격상승의 억제에 미친 영향을 검토하기 위해 과거 5년간 평균가격지수와 최근의 가격지수를 비교 분석하였다. 그리고 중국산 신선마늘과 냉장마늘은 국산마늘과 물리적 특성, 성분, 용도 등에서 매우 유사한 특성을 갖고 있는 동종상품이라고 하였다. 수입품 중 냉동, 건조, 일시저장 및 초산마늘은 신선마늘과 냉장마늘을 단순 가공한 것에 불과하여 상업적 용도에 있어 상호 대체사용이 가능하므로 국내상품과 직접경쟁 관계에 있다고 판단하였다.

무역위원회는 긴급한 구제조치를 취하지 않을 경우 관련 국내산업의 피해가 회복하기 어려울 것으로 판단하여, 1999년 10월 27일 냉동마늘과 초산마늘에 대해 200일 동안 기본관세에 285%의 잠정긴급관세를 추가해 줄 것을 재정경제부장관에게 건의하였다. 1996년 이후 수입의 급격한 증가와 수입품의 국내 시장점유율 상승, 국산품의 판매가격 하락과 재고 증가, 국내 마늘산업의 급격한 수익감소 등 국내산업이 심각한 피해를 입고 있다는 판단에 따라 잠정조치를 결정한 것이다. 이에 따라 재정경제부장관은 2000년 6월 1일부터 2003년 5월 31일까지 3년간 깐마늘에 대하여 기본관세 (376%)에 추가하여 60%(또는 300원/kg)의 긴급관세를 부과하였고, 냉동 및 초

산마늘 등에 대하여는 기본관세(30%)에 추가하여 285%(또는 1,707원/kg)의 긴
급관세를 부과하였다.

　이에 대하여 중국정부는 2000년 6월 7일부터 한국산 휴대무선전화기와
폴리에틸렌에 대해 잠정수입금지조치를 취하였다. 그러나 중국 측 조치는
사전협의 없이 보복조치를 취한 점, 고율관세 부과조치를 생략한 점, 농산
물이 아닌 공산품을 곧바로 보복조치대상품목으로 선택한 점, 보복금액의
규모도 50배 이상에 달하는 점 등에 있어 문제가 있는 것으로 평가된다.

제4장 통상분야

제1절 상품무역

1. 농 업

(1) 농업협정의 의의

농업분야는 UR 협상에서 핵심적 논의대상의 하나였다. UR에서 농산물협상
이 대두된 가장 중요한 원인은 각국이 농업분야를 지원함으로써 발생하는 수많
은 문제를 해결할 수 있는 국제적 해법을 찾으려는 데 있었다.[1] 그 해법은 기존
의 통상규칙을 개정하여 농산품에 대한 보호수준을 낮추는 데 초점이 맞추어졌
다. 그러나 UR 협상이 장기화된 가장 큰 이유가 농업협상이 포함된 데 있었던
것에서 알 수 있는 것처럼, 농업부문은 국가간의 이해가 첨예하게 대립되었던
분야였다.

WTO 농업협정은 농산품을 교역의 객체로 인정하여 공정하고 시장지향적
인 농업무역체제를 확립하려는 것이다. 그러나 이는 '장기적 목적'(long object-
ive)이라는 용어를 쓰는 것에서 알 수 있듯이 각국 농업의 특수하고 중요한 이해
를 고려하여 장기적인 협상과 개혁을 통해 농업이라는 무역분야를 다른 상품무
역분야와 마찬가지로 개방해 나가고자 하는 것이다. 가장 중요한 측면은 실현가
능하면서 완전히 새로운 규칙을 설정하였다는 점에 있다. 특히 농산품에 대하여
관세율을 설정하였다는 점과, 모든 국가에서 가장 심한 무역왜곡정책으로서 사

---

[1] Stefan Tangermann, "An Assessment of the Agreement on Agriculture," *The New World
Trading System*(OECD, 1994), p. 143.

용되고 있던 농업정책유형을 억제하였다는 점에서 큰 의미를 가진다.[2] 이와 같이 농업분야의 통상규범을 확립하였을 뿐만 아니라, 모든 국가에게 국별양허의 이행을 요구하여 농업분야의 유효성을 확보하고 있다.[3]

그러나 농업협정은 각국 정부가 할 수 있는 것은 무엇이고 해서는 안 되는 것은 무엇인지를 정의 내려 놓은 것에 지나지 않는 것으로, 단순히 농업시장과 무역에서 정부의 개입을 줄이는 방향으로 첫발을 디딘 데 불과한 것이다.[4] 우리나라와 일본 등의 주장에 의하여 농업의 非交易的 性格이 부분적으로 인정된 점도 그러한 측면에서 이해할 수 있다.

(2) 시장접근

(가) 예외 없는 관세화

WTO 체제에서는 농산품의 경우에도 관세를 부과함으로써 '예외 없는 관세화'가 이루어졌다. 관세화는 무역조치의 투명성을 확보하고, 수많은 회색지대조치를 제거하며, 계속적인 관세감축을 할 수 있게 한다는 측면에서 중요한 의미를 가진다.[5]

관세패키지에 따라 WTO 협정 발효 전 수입된 물량은 계속 수입이 보장되어야 하고, 새로운 물량의 경우 금지되지 않는 관세율의 적용을 보장하여야 한다. 이것은 관세쿼터에 의해 달성되는데, 쿼터 내의 물량은 상대적으로 낮은 관세율을 적용하고, 쿼터를 초과하는 물량에 대하여는 상대적으로 높은 관세율을 적용하는 것이다.

양허대상이던 농산물은 양허세율을 기준으로 하고, 비양허품목은 1986년 9월 1일의 세율을 기준으로 하여 1995년부터 6년간 평균 36%를 인하한다. WTO 출범시까지 비관세대상이던 농산물은 1986~1988년을 기준으로 하여 국내외 농산물의 가격차이인 관세상당치(Tariff Equivalent: TE)를 계산하여 관세로 전환하고, 1995년부터 6년간 동일한 비율로 평균 36%를 인하하여야 한다. 개발도상국

---

2) S. Collins and B. Bosworth, *The New GATT*(Brookings Institute, 1994) p. 45.

3) Tangerman, *supra* note 1, p. 145.

4) Tangerman, *supra* note 1, p. 145.

5) Collins and Bosworth, *supra* note 2, p. 48; 일정한 조건 충족을 전제로 관세화가 유예된 것으로 일본의 쌀, 이스라엘의 양고기·전지분유·치즈, 한국과 필리핀의 쌀 등을 들 수 있다.

의 경우에는 1995년부터 10년간 24%를 인하하면 된다. 일부 개발도상국의 경우 우루과이 라운드 이전에 관세대상이 아니던 품목의 경우 관세상한율을 제시할 수 있는 기회가 있고, 최빈국의 경우 관세를 인하할 필요가 없다.

(나) 최소시장접근

농업협정은 기존의 관행에 따라 수입이 금지되던 물품에 대해 最小市場接近(minimum market access: MMA)을 통한 수입쿼터를 설정하였다. 이는 이행 첫해에 국내소비량의 3% 이상에 대해 시장접근을 허용하고, 6년째 말에는 5%까지 확장시키는 것이다.[6] 이와 같은 과도기간을 거쳐 개선과정의 지속에 관한 협상에서 관세의무가 면제되지 않는다면, 회원국은 반드시 관세화에 따라야 한다.[7] 이와 관련하여 1986~1988년의 평균수입량이 국내소비량의 3% 이상인 농산품은 1995년부터 6년간 평균수입량을 보장하여야 한다. 이를 現行市場接近(current market access: CMA)이라 한다.

이행기간 동안(선진국 2000년, 개발도상국 2004년) 특별민감품목의 수입을 제한하는 특별대우 규정이 허용되는데, 이는 해외 공급자에 대한 최소시장접근을 포함하여 엄격히 정의된 조건에 따라 적용된다. 한국, 일본, 필리핀, 이스라엘이 4국이 그 대상으로, 한국과 일본, 필리핀은 쌀에 대하여, 그리고 이스라엘은 양, 분유, 일정한 치즈에 대하여 허용되었다. 일본과 이스라엘은 이미 해당 특별대우를 포기하였고, 대만이 쌀 부분에서 새로이 적용받게 되었다.

우리나라는 쌀에 대하여 국내소비량의 1%의 쿼터를 인정받게 되었는데, 4년간 매년 0.25%씩 증가시키고, 그 이후 5년간 매년 0.4%씩 증가시켜 2004년에는 4% 이상 수입하여야 한다. 그 외에 쇠고기, 돼지고기, 닭고기, 감귤, 유제품, 고추, 마늘, 참깨 등은 고관세를 부과하거나, 자유화시기를 최대한 늦추도록 하였다. UR 이후 우리나라는 WTO 협정으로 영향을 받게 되는 농업분야에 관하여 농어민 등의 보호를 위하여 WTO 협정이행특별법을 제정한 바 있다.

---

6) 농업협정 제 5 부속서 농업협정 제 4 조 제 2 항에 관한 특별취급, Section A, B.

7) 농업협정 제20조.

(다) 특별세이프가드

특별세이프가드제도는 UR에서 신설된 것으로서, 농산물 중 관세화대상 품목의 수입이 급증하거나 수입가격이 급락하여 국내 시장과 생산에 타격을 줄 경우 긴급관세를 부과할 수 있는 제도이다. GATT 제19조의 세이프가드는 국내 산업에 심각한 피해가 야기된 경우 적용되지만, 특별세이프가드는 국내 피해 여부와 상관없이 요건만 충족되면 자동으로 발동된다. 그러나, 시장접근물량은 특별세이프가드의 조치대상이 될 수 없다.

일반관세로 전환한 농산물 중 자국 양허표에서 'SSG'라는 기호로 표시된 농산물은 특별세이프가드조치의 대상이 된다. 즉 양허를 행한 회원국의 관세영역으로 들어오는 동 품목의 수입물량이 특정연도에 기존의 시장접근 기회와 관련되는 발동수준을 초과하는 경우, 또는 양허를 행한 회원국의 관세영역으로 들어오는 동 품목의 수입가격이 운임과 보험료를 포함한 수입가격을 기준으로 자국 통화로 환산할 경우 동 품목의 1986~1988년 평균참조가격인 발동가격 이하로 하락하는 경우 특별세이프가드조치를 취할 수 있다.[8] 참조가격은 일반적으로 관련품목의 단위당 평균운임과 보험료를 포함하는 수입가격 또는 해당품목의 품질 및 가공단계 등을 적절히 감안한 가격을 말한다. 이러한 제도를 도입한 것은 수입국이 관세화를 수락할 수 있도록 하려는 이유에서였다.

수입물량의 급증으로 부과되는 추가관세는 부과된 당해연도 말까지만 유지되며, 조치가 취해지는 해에 유효한 일반관세의 3분의 1 수준을 초과할 수 없다. 발동수준은 시장접근기회에 기초한 표에 따라 설정하되, 동 시장접근기회는 자료입수가 가능한 이전 3년간 당해품목의 국내소비에 대한 수입비율로서 정의된다. 당해품목의 시장접근기회가 10% 이하인 경우 기준발동수준은 125%이고, 시장접근기회가 10%보다 크고 30% 이하인 경우 기준발동수준은 110%이며, 시장접근기회가 30%보다 큰 경우 기준발동수준은 105%가 된다.[9]

수입가격이 발동가격 이하로 하락하는 경우 추가적 관세는 다음과 같이 부과된다. ① 가격차이가 발동가격의 10% 이하인 경우, 추가적인 관세는 부과되지 아니한다. ② 가격차이가 발동가격의 10%보다 크고 40% 이하인 경우, 추가

---

8) 농업협정 제 5 조 제 1 항.
9) 농업협정 제 5 조 제 4 항.

적 관세는 가격차이가 10%를 초과하는 부분의 30%가 된다. ③ 가격차이가 발동가격의 40%보다 크고 60% 이하인 경우는 가격차이가 40%를 초과하는 부분의 50%에 ②에 따라 허용된 추가적 관세를 더한 수치가 된다. ④ 가격차이가 60%보다 크고 75% 이하인 경우, 추가적 관세는 가격차이가 발동가격의 60%를 초과하는 부분의 70%에 ②와 ③에 따라 허용된 추가적 관세를 더한 수치가 된다. ⑤ 가격차이가 발동가격의 75%보다 큰 경우, 가격차가 75%를 초과하는 부분의 90%에 ②, ③, ④에 따라 허용된 추가적 관세를 더한 수치가 된다.[10] 특별세이프가드조치는 가격과 물량의 측면에서 취해질 수 있으나, 양자를 동시에 부과할 수는 없다.

특별세이프가드조치의 운영은 투명한 방법으로 이루어져야 하고, 조치를 취하는 회원국은 실행가능한 한 사전에, 늦어도 조치 이행 후 10일 이내에 농업위원회에 관련자료를 포함하여 서면으로 통보하여야 한다. 그리고 조치를 취하는 회원국은 모든 이해당사국에 대하여 동 조치의 적용조건에 관하여 협의의 기회를 부여하여야 한다.[11]

농업협정 제5조 규정에 합치하여 조치가 취해지는 경우, 회원국은 GATT 1994 제19조 제1항 (a)와 제3항 또는 세이프가드협정 제8조 제2항의 규정을 이용할 수 없다. 특별세이프가드 규정은 농업협정 제20조에 의해 결정되는 개혁과정의 존속기간 동안 효력을 갖는다. 농업협정 제20조는 UR 협상 결과에 대한 이행기간이 만료되기 1년 전에 시작한다고 규정하고 있어, 선진국의 이행기간이 끝나는 2001년을 기점으로 하여 2000년 1월부터 시작하게 되어 있다. 이에 따라 공식적 추가협상은 2000년 3월 농업위원회에서 개시되었고, 2001년 11월 제4차 각료회의에서는 UR 이후 새로운 무역협상인 도하개발아젠다가 시작되었다.

(3) 보 조 금

(가) 보조금의 감축

농업에 관련된 국내 보조금은 점진적으로 균등 감축하여야 한다. 감축대상

---

10) 농업협정 제5조 제5항.
11) 농업협정 제5조 제7항.

보조금은 생산 및 가격지지 효과가 있는 국내보조금이 이에 해당되며, 각 회원국은 매년 감축약속으로 제시된 보조총액측정치(Aggregate Measurement of Support: AMS) 범위 내에서만 지원이 가능하다. 선진국은 보조총액측정치를 기준으로 6년간 20%, 개발도상국은 10년간 13% 감축하되 품목별 신축성은 허용된다. 보조총액측정치는 어느 한 국가의 연간 총체적인 보조규모를 말하는 것으로, 농업협정은 이를 총체적으로 감축해 나가는 점에서 개별적인 보조금을 대상으로 하여 금지 또는 상계조치하는 보조금협정과는 대조된다. 그러나 품목 특정적 국내보조의 경우 해당 연도의 특정품목 총생산액의 5%를 초과하지 않는 범위 내에서, 품목불특정 국내보조의 경우에는 농업총생산액의 5%를 초과하지 않는 범위 내에서 총 보조총액측정치(Current Total AMS)의 계산 및 감축약속에서 제외시키도록 하고 있으며, 개발도상국에 대해서는 최소(de minimis) 보조 비율을 10%로 하고 있다.[12] 보조총액측정치는 특정보조와 비특정보조의 합산이므로, 실제 감축시 품목간 신축적으로 운영할 수 있다. 생산제한을 전제로 한 직접지불은 일정한 조건을 충족한 경우에만 국내보조 감축대상에서 면제된다.[13] 생산에 영향을 주는 직접지불이라 할지라도 생산제한이 조건으로 주어지는 것이라면, 감축대상보조금의 성격을 갖는 것이지만 과잉생산과 수출보조로 인한 시장의 왜곡을 시정하기 위한 것이므로 감축의무는 없다. 허용대상보조금은 생산에 미치는 효과나 가격지지 효과가 적은 국내 보조금으로서, 연구사업·교육훈련·하부구조 지원사업 등 정부의 일반 서비스, 식량안보 목적의 공공재고 유지, 생산에 연계되지 않는 직접 소득지지·환경보전지원·구조조정을 위한 투자지원 등이 이에 해당된다.[14]

농업협정은 회원국의 양허목록에 명시된 보조금이 아닌 한 농업상품에 대한 수출보조금을 금지한다. 양허목록에 등재되어 있는 수출보조금은 수출 농산물에 지급되는 정부보조로서 재정지출금액과 수출물량을 동시에 감축하여야 한다. 회원국은 자국의 양허표에 명시된 농산물 또는 동 품목군과 관련하여 재정지출 및 물량에 대한 약속수준을 초과하여 농업협정 제 9 조 제 1 항에 열거된

12) 농업협정 제 6 조 제 4 항.
13) 농업협정 제 6 조 제 5 항.
14) 농업협정 제 7 조, 제 2 부속서.

수출보조금을 제공하여서는 아니 되며, 자국 양허표에 명시되지 않은 농산물과 관련하여 이러한 보조금을 제공하여서도 아니 된다.[15] 선진국은 1986~1990년 기준으로 6년간 금액대비 36%, 물량대비 21% 감축하여야 한다. 개발도상국의 경우에는 10년간 각각 24%, 14%를 감축하게 된다.[16] 그러나 6년의 이행기간 동안 개발도상국은 유통비용보조, 국내운송비 보조와 관련하여 감축의무에 일정한 조건을 허용받게 된다.

농업협정은 새로운 수출보조금의 도입을 금지하고, 상당수의 기존 보조금을 유지하고 있는데, 가장 중요한 점은 무엇이 감축대상보조금에 해당하는지를 지정하고 있다는 것이다. 그러나 감축대상보조금을 여섯 가지로 나열함으로써, 이에 명시되지 않은 방법으로 우회적인 보조금이 지급될 가능성이 있다. 이러한 우회보조금은 국제적으로 합의된 바에 따라 처리하면 된다.[17]

(나) 평화조항

농업협정상 양허된 범위 내의 국내보조금과 수출보조금에 대해서는 보조금 및 상계조치협정상의 상계조치를 2003년까지 자제하여야 한다.[18] 이를 소위 '平和條項'(peace clause)이라 한다. 평화조항이 없다면, 농업협정상의 수출보조금은 보조금 및 상계조치협정상의 금지보조금이 될 것이고, 감축대상보조금이나 허용보조금은 상계조치 대상이 될 수 있다.

그러나 이러한 평화조항이 있다 할지라도, 보조금이 지급된 수입품이 국내 생산자에게 피해를 주거나 피해의 위협을 가하는 경우 상계관세를 부과할 수 있다. 평화조항은 농업무역의 개혁이 진행되고 있는 동안 새로운 무역분쟁의 위협을 줄이기 위해 고안된 것이다.[19]

---

15) 농업협정 제 3 조 제 3 항.
16) 농업협정 제 9 조 제 2 항.
17) 농업협정 제10조 제 2 항.
18) 농업협정 제13조.
19) Jeffery Schott, *The Uruguay Round*(Institute for International Economics, 1994), p. 53.

【 한국 − 쇠고기에 관한 조치 사건 】

1. 사실관계

1999년 2월 1일 미국은 한국이 수입쇠고기에 대한 차별적 제도를 갖고 있다는 이유로 한국에 협의를 요청하였다. 한국은 진열을 제한하거나 수입 쇠고기의 판매 기회를 제한하는 방법으로 전문화된 상점에서만 수입 쇠고 기를 판매하도록 제한하고 있다는 것이었다(2중소매제도). 미국은 한국이 수 입 쇠고기에 대해 가격인상을 단행하였으며, 수입을 소위 '수퍼 그룹'(super-group)과 축산물유통사업단(LPMO)에게만 허용하며, 한국의 이행계획에 반영 된 총보조측정치를 초과하여 축산농가에 보조금을 지원하였다고 주장하였 다. 이러한 제한은 수입 쇠고기에만 부여되었으므로 내국민대우 위반이며, 농업협정상의 국내보조금 규정을 위반한 것이라고 주장하였다.

2. 패널 및 항소기구의 결정

LPMO의 도매시장에서 수입 쇠고기를 수입쇠고기전문점에만 공급하고 그 상점들은 '수입쇠고기전문점'으로 명시하도록 하는 것은 GATT 제 3 조 제 4 항 내국민대우 규정을 위반한 것인가. 한국은 국산쇠고기도 수입쇠고 기전문점에서 판매되지 않도록 규제하고 있어 국산쇠고기에 대해서도 동등 한 규제가 시행되는 것이므로, 내국민대우위반에 해당되지 않는다고 하였 다. 패널은 수입쇠고기와 한국산 쇠고기의 동종상품 여부를 먼저 확인하고, 다음으로 불리한 대우의 존재 여부를 검토하였다. 패널은 GATT 1994 제 3 조의 의미는 보호주의를 차단하는 데 그 목적이 있고, 거래량에 대한 기대 보다는 경쟁조건에 대한 기대를 보호하기 위한 원칙이므로, 법규에 의해 수 입상품에 보다 불리한 효과가 발생하였는지 여부는 중요하지가 않다고 하 였다. 구분판매제도는 수입상품과 국산품간의 차별적 대우를 발생시키게 되므로 내국민대우에 위반된다고 하였다. 또한 구분판매제도가 동등하게 적용되더라도 수입쇠고기의 경쟁조건이 감소된다면 내국민대우에 위반되는 것이라고 판단하였다. 항소기구는 결정 자체에는 동의하였으나, 그 근거와 관련하여서는 패널과 일부 차이를 보이고 있다. 패널이 구분판매제도의 존 재 자체가 내국민대우 위반이라고 하였으나, 항소기구는 구분판매제도가 수입쇠고기의 판매에서 불리한 경쟁조건을 제공했는가에 따라 내국민대우 위반 여부를 평가하여야 한다고 하였다.

보조금지급과 관련하여 패널은 1997년과 1998년 한국의 쇠고기 보조금은 적절하게 산정된 것이 아니며, 농업협정 제 6 조 제 4 항의 최소기준을 초과하는 것이고, 농업협정 제 7 조 제 2 항 (a)의 보조총액측정치를 넘어서는 것이라고 하였다. 농업협정 제 6 조 제 4 항 (a)(2)에서는 보조총액측정치에 산입되는 품목불특정보조라도 5%(개발도상국은 10%)를 초과하지 않는 경우 계산하지 않는다고 규정하고 있는데, 한국은 1997년과 1998년에 최소허용치 10%를 초과하는 국내보조금을 지급하였으므로 농업협정 제 6 조를 위반하였고, 그 기간 동안 실제 총보조총액측정치에 축산 산업에 대한 국내보조를 포함하지 않은 것은 농업협정 제 7 조 제 2 항 (a)를 위반한 것이라고 하였다. 이에 대하여 한국은 두 개의 양허표에 기초한 양허약속수준을 평가함에 있어 패널이 오류를 범하였고, 한국의 현 총보조총액측정치에 축산 산업 분야의 보조총액측정치 산입과 관련하여 항소하였다. 항소기구는 1996년과 1997년의 국내보조금을 재계산하면서 제 1 항 (a)(ii)와 제 3 부속서에 어긋나는 방법으로 계산하였으므로, 패널의 판단은 옳지 않다고 보았다. 따라서 잘못 재계산된 보조금에 기초하여 내린 패널의 결정, 즉 1997년과 1998년의 국내보조금이 최소기준을 넘었다는 것, 현 총보조총액측정치에 현 보조총액측정치를 산입하지 못한 것은 제 7 조 제 2 항 (a) 위반이라는 것, 1997년과 1998년 국내보조금이 한국의 약속수준을 초과한 것은 제 3 조 제 2 항을 위반한 것이라는 패널의 결정을 파기하였다. 따라서 항소기구는 패널의 판단은 불충분한 것으로, 한국의 국내보조금이 최소기준을 넘는지, 현 총보조총액측정치에 현 보조총액측정치를 산입하지 못한 것이 농업협정 제 7 조 제 2 항 (a)에 반하는 것인지, 1997년과 1998년 한국의 국내보조금 총액이 한국의 양허약속수준을 초과하는지에 대하여 법적 분석을 마무리할 수 없다고 평결하였다.

2. 위생 및 검역조치

(1) 원 칙

GATT 제20조는 차별적이거나 위장된 보호주의가 아닐 것을 전제로 인간
이나 동식물의 생명이나 건강을 보호하기 위하여 필요한 조치를 허용하고 있다.
WTO 협정 중 이를 다루고 있는 것이 바로 위생 및 검역조치의 적용에 관한 협
정과 기술장벽협정이다. 위생 및 검역조치의 적용에 관한 협정(SPS 협정)이 체결
되기 전까지 수입상품과 관련하여 국가의 위생 및 검역조치 사용을 규율하는
절차규칙을 완전하게 규정한 다자조약은 없었다. SPS 협정은 WTO 회원국이 위
생 및 검역조치를 무역장벽으로 사용하는 것을 제한함으로써 이러한 문제점을
메우게 되는 것이다.[20] 이와 같이 SPS 협정은 1차적으로 무역자유화를 목적으로
하는 것이지, 환경조약으로 의도된 것은 아니다.[21] 즉 SPS 협정은 직접·간접으
로 국제무역에 영향을 주는 조치에 적용되는 것이다. 그러나 SPS 협정은 그 자
체가 실질적 조치를 확립하는 것이 아니라, 위생 및 검역 조치 회원국에 의해
주장되는 위험에 대하여 과학적 기초 위에서 보호를 부여하기 위한 일반적 절
차규칙을 설정한 것이다.[22] SPS 협정은 이러한 입장에서 이해하여야 할 것이다.

SPS 협정상 WTO 회원국의 기본적 권리는 인간, 동물, 식물의 생명과 건강
을 보호하기 위하여 필요한 위생 및 검역조치를 취할 수 있다는 것이다. 그러나
위생 및 검역조치는 인간과 동식물의 생명 또는 건강을 보호하는 데 필요한 범
위 내에서만 적용되고, 과학적 원칙에 근거하여야 하며, 충분한 과학적 증거 위
에서만 유지될 수 있다.[23] EC-호르몬 사건에서 항소기구는 충분한 과학적 증거
의 요건은 SPS 협정에 포함되어 있는 국제무역의 촉진과 인간의 생명 및 건강의

---

20) Kevin C. Kennedy, "Resolving International Sanitary and Phytosanitary Disputes in the WTO: Lessons and Future Directions," 55 *Food and Drug Law Journal*(2000), p. 83.

21) Regine Neugebauer, "Fine-Tuning WTO Jurisprudence and the SPS Agreement: Lessons from the Beef Hormone Case," 31 *Law and Policy in International Business*(2000), p. 1258.

22) Kennedy, *ibid.*

23) 위생 및 검역조치의 적용에 관한 협정 제 2 조 제 2 항. 다만, 보다 객관적 위험평가를 위해 필 요한 추가정보의 수령이 계류 중인 경우 과학적 증거가 충분하지 못한 경우라도 임시적으로 적용될 수 있다.

보호라는 두 이해간의 균형유지를 위해 필수적이라고 하였다. 일본-농산물 Ⅱ 사건에서 항소기구는 '충분한'이란 용어의 통상적 의미는 특정한 목적에 적합한 양, 범위, 정도를 말하는 것임을 미루어 볼 때, 충분성은 상대적 개념으로서 SPS 협정과 과학적 증거간의 충분한(sufficent) 또는 적절한(adequate) 관련성의 존재를 요구하는 것이라고 하였다.[24]

SPS 협정은 이러한 분야에서 회원국의 능력을 보존하기 위한 것임을 규정한 것이지만, 위생 및 검역조치가 외국과의 경쟁에서 국내 산업을 보호하기 위하여 부당한 방법으로 사용되는 것을 방지하기 위한 것이 우선적인 목적이다. 따라서 위생 및 검역조치가 자의적이고 부당하게 차별적으로 적용되지 않도록 하여야 하며, 국제무역에 대한 위장된 제한이 되지 않도록 하여야 한다.[25] 회원국이 제 2 조 제 2 항과 제 2 조 제 3 항의 두 규정을 위반하는 경우, 그 조치는 GATT의 다른 규정 합치 여부와 관계없이 그 자체로써 GATT 위반이 된다.[26] 이를 위하여 위생 및 검역 규제 절차의 투명성을 요구하게 된다. 즉 회원국은 자국의 위생 및 검역조치의 변경을 통보하고, 자국의 위생 및 검역조치에 관한 정보를 제공함으로써 투명성을 확보하여야 한다.[27] 그리고 SPS 협정의 관련규정에 따르는 조치는 GATT 1994 제20조 (b)에 규정된 회원국의 의무에 합치되는 것으로 간주된다. SPS 협정 제13조에 따라 회원국은 중앙정부기관 이외의 기구에 의한 협정의 준수를 지원하는 적극적 조치 및 제도를 입안시행하여야 한다. 캐나다-연어 사건에서 패널은 타스마니아 주정부가 취한 조치는 제13조에서 말하는 중앙정부기관 이외의 기구와 관련하여 호주의 비중앙정부가 취한 조치도 SPS 협정의 적용대상에 포함된다고 하였다.

(2) 위생 및 검역조치의 개념

SPS 협정은 위생 및 검역조치의 광범한 개념을 규정하고 있다. 부속서 A의 제 1 항은 ① 병해충, 질병매개체 또는 질병원인체의 유입, 정착 또는 전파로 인

---

24) Japan - Measures Affecting Agricultural Products(Japan - Agricultural Products Ⅱ, DS76), AB Report, para. 73.
25) 위생 및 검역조치의 적용에 관한 협정 제 2 조 제 3 항.
26) Kennedy, *supra* note 20, p. 84.
27) 위생 및 검역조치의 적용에 관한 협정 제 7 조.

하여 발생하는 위험으로부터 회원국 영토 내의 동물 또는 식물의 생명 또는 건
강의 보호, ② 식품, 음료 또는 사료 내의 첨가제, 오염물질, 독소 또는 질병원
인체로 인하여 발생하는 위험으로부터 회원국 영토 내의 인간이나 동물의 생명
또는 건강의 보호, ③ 동식물 또는 동식물로 만든 생산품에 의하여 전달되는 질
병이나 해충의 유입, 정착 또는 전파로 인하여 발생하는 위험으로부터 회원국
영토 내의 인간의 생명 또는 건강의 보호, ④ 해충의 유입, 정착 또는 전파로 인
한 회원국 영토 내의 다른 피해의 방지 또는 제한하기 위하여 적용된 모든 조치
라고 규정하고 있다. 위생 및 검역조치는 모든 관련 법률·법령·규정·요건·절
차를 포함한다. 특히 최종제품 기준, 가공 및 생산방법, 시험·조사·증명 및 승
인절차, 동식물의 수송이나 수송 중 생존에 필요한 물질과 관련된 적절한 요건
을 포함한 검역처리, 관련 통계방법·표본추출절차·위험평가 방법에 관한 규
정, 식품안전과 직접적으로 관련되는 포장 및 상표부착을 포함한다. 어떤 조치
가 이들 위험 중 하나에 대항하여 보호하기 위한 것이 아니라면, 해당 조치는
위생 및 검역조치가 아닌 것이다.

(3) 국제적 기준과의 조화

SPS 협정은 국제기준, 지침, 권고가 존재하는 경우 회원국은 자국의 위생 및
검역조치를 이에 기초하도록 하고 있다.[28) 관련 국제기준, 지침 또는 권고에 합
치하는 위생 및 검역조치는 인간, 동식물의 생명 또는 건강을 보호하는 데 필요
한 것으로 간주되며, SPS 협정 및 GATT 1994의 관련 규정에 합치하는 것으로
추정된다.[29) EC-호르몬 사건에서 패널은 제 3 조 제 1 항의 '기초한'(based on)이
라는 용어와 제 3 조 제 2 항의 '합치'(conform)를 동일한 의미로 보았으나, 항소
기구는 그 의미가 다르다고 하였다.[30) A가 B에 기초하고 있다고 하는 것은 A가
B의 기반 위에서 형성되었음을 의미하는 것이고, A와 B가 합치한다는 것은 A가
반드시 B에 따라야 함을 의미하는 것이기 때문이다. 그러한 국제기준, 지침, 권
고는 일부 국제기구에서 개발되어 왔는데, 그 중 가장 중요한 것으로 1963년 설

---

28) 위생 및 검역조치의 적용에 관한 협정 제 3 조 제 1 항.
29) 위생 및 검역조치의 적용에 관한 협정 제 3 조 제 2 항.
30) EC - Hormones, AB Report, paras. 162, 163.

립되어 세계보건기구(WHO)와 UN 식량농업기구(UNFAO)가 공동으로 운영하는 국제식품규격위원회(Codex Alimentarius Commission), 국제수역사무국(OIE), 국제식물보호협약(IPCC) 사무국 등이 있다. SPS 위원회는 Codex, OIE, IPPC의 의해 개발된 주요한 무역영향을 가지는 국제기준, 지침, 권고 중 모니터대상에 관한 제도를 확립하였다.

물론 더욱 높은 기준에 대한 과학적 정당성이 있거나, 회원국이 인간이나 동식물의 생명 또는 건강에 대한 위험이 추가적 보호를 요구하는 것으로 생각한다면 국제적 기준보다 엄격한 국내적 기준을 사용하는 것이 허용된다.31) 과학적 근거가 충분한 국제적 기준보다 높은 SPS 조치의 사용을 허용하는 경우 각 국의 검역기술수준에 따라 SPS 조치가 WTO 체제하에서 새로운 비관세장벽이 될 우려가 있다. 그러나 SPS 협정은 느슨한 위생 및 검역조치의 채택을 통한 '하향조화(downward harmonization)'를 요구하지는 않으나, 국제적 기준에 미치지 못하는 기준을 채택하는 것을 방지하는 절차를 설정하고 있지 않다. 따라서 협정 해석상 어떤 국가가 국제적 기준에 미치지 않는 기준을 설정하여 자국 내로 상품이 수입되는 것을 허용하는 것도 가능한 것으로 보인다.

타국의 위생 및 검역조치가 SPS 협정을 위반하였다고 주장하는 회원국은 먼저 합리적으로 이용가능한 특정의 대체조치가 있음을 입증하여야 하고, 다음으로 대체조치가 무역에 대한 효과와 관련하여 중요한 차이가 있음을 입증하여야 한다.

(4) 동등성의 인정

타국의 조치가 요구되는 위생 및 검역보호를 충족시킬 경우, 타국이 적용한 상이한 위생 및 검역 기준을 인정하여야 한다.32) 이것은 동일한 보호수준을 달성하기 위한 회원국의 위생 및 검역조치간에는 차이가 있을 수 있기 때문이다. 이러한 동등성의 원칙(principle of equivalency)은 SPS 협정의 핵심적 요소이다.33) 회원국은 요청이 있는 경우 특정 위생 및 검역조치의 동등성 인정에 관한

31) 위생 및 검역조치의 적용에 관한 협정 제 3 조 제 3 항.
32) 위생 및 검역조치의 적용에 관한 협정 제 4 조.
33) Kennedy, op. cit., p. 87.

양자 및 다자간 합의를 달성하기 위한 목적으로 협의를 개시하여야 한다.

동등성과 관련하여 일부 선진국은 동등성의 개념을 동일성(sameness)으로 이해하기도 하고, 유사한 경제규모를 갖춘 국가간에 상이하게 나타나기도 한다. 일례로 영국의 광우병 파동과 관련하여 영국은 아무런 건강상의 문제가 없다는 주장에도 불구하고, 1996년 EU는 광우병 감염 우려가 있는 쇠고기 및 관련상품의 수출을 금지하였으며, EU의 안전성 발표에도 프랑스는 계속하여 영국산 쇠고기의 수입을 금지한 바 있다. 2001년 10월 26일 SPS 위원회는 SPS 협정 제 4조 이행결정을 채택하였는데, 동 결정 서문은 동등성이란 수입국의 위생 및 검역보호의 적절한 수준에 합치하는 선택적 조치의 수락을 말하는 것이지, 조치의 복제(duplication) 또는 동일성(sameness)을 요구하는 것은 아니라고 하였다.[34]

(5) 위험의 평가

위험평가란 수입국으로부터 병해충이 도입·정착·전파될 가능성과 그에 따른 잠재적인 생물학적·경제적 결과를 평가하는 것, 또는 식품·음료·사료에 포함된 첨가제·오염물질·독소·질병원인체가 인간 및 동물의 건강에 미치는 부작용에 대한 잠재성을 평가하는 것을 말한다.[35] 호주-연어 사건에서는 동 조항의 전반부와 후반부에 사용된 용어의 차이를 구별하고 있는데, 후자는 인간 및 동물의 건강에 대한 부작용의 잠재성에 평가에 그치지만, 전자는 수입국으로부터 병해충이 도입·정착·전파될 가능성과 잠재적인 생물학적·경제적 결과를 평가하는 것이라는 점에서 차이가 있다고 보았다.

【 호주 – 연어 사건 】

1995년 10월 5일 캐나다는 호주가 수량규제에 기초한 캐나다산 연어 수입 금지가 GATT 제11조와 제13조 및 SPS 협정 위반이라고 주장하며 호주에 협의를 요청하였고, 1997년 3월 7일 패널설치를 요청하여 5월 28일 패널이 설치되었다. 패널은 문제의 호주측 조치는 SPS 협정을 위반한 것으로,

34) G/SPS/19.
35) 농업협정 제 1 부속서 제 4 항.

SPS 협정상 캐나다의 이익을 무효화하거나 침해한 것으로 판단하였다. 호주는 소비자에 곧바로 판매될 수 있는(consumer ready) 연어 제품만 수입될 수 있고 검역을 통과할 수 있도록 하였는바, 이러한 조치는 위험평가에 기초한 것이 아닌 위생조치로서 SPS 협정 제 5 조 제 1 항과 제 2 조 제 2 항에 반하는 것이라고 하였다. 결국 패널은 타스마니아 지방정부가 위험평가에 기초하지도 않고, 충분한 증거도 없이 타스마니아 지역으로 캐나다산 연어제품의 수입을 규제한 것은 SPS 협정 제 5 조 제 1 항 및 제 2 조 제 2 항 위반이라고 평결하였다.

패널은 호주의 비활연어의 수입금지가 SPS 협정 부속서 A의 1항 ②에서 말하는 위생조치에 해당되는지를 검토하였다. 부속서 A의 1항 ①의 정의가 해충이나 질병으로부터 동물 및 식물의 생명이나 건강의 보호에 초점이 맞추어져 있는 반면, ②는 식품 음료 사료에 포함되어 있는 질병원인체로부터 동물 및 식물의 생명이나 건강을 보호할 목적을 가진 것이다. 패널은 1항 ①의 위생조치는 호주가 1항 ②에 따라 구하고자 하는 범위에도 적용된다고 하였다. 1항 ①과 1항 ②는 공히 질병원인체를 언급하고 있는데, 1항 ②는 식품 음료 사료로부터의 질병원인체라고 하여 제한적으로 규정하고 있다. 호주가 원용한 위생조치의 두 가지 정의 모두 당해 분쟁의 조치에 적용될 수 있으나, 해당 조치가 적용된 목적은 1항 ①의 규정 대상이라는 것이 더욱 적절하다고 하고, 이러한 목적은 여러 경우에 호주가 명백히 표현하여 온 것이라고 하였다.

회원국은 자국의 위생 및 검역조치가 적절하게 인간이나 동식물의 생명 또는 건강에 대한 위험평가에 기초하도록 하여야 한다.[36) 위험평가에 사용되는 기준으로는 이용가능한 과학적 증거, 생산방법 및 절차, 관련 검사·표본추출·시험방법, 특정 병해충의 발생률, 병해충 안전지역의 존재, 관련 생태학적 및 환경조건 등을 들 수 있다.[37)

위생 및 검역 보호의 적정수준을 결정할 때, 회원국은 무역에 미치는 부정

---

36) 위생 및 검역조치의 적용에 관한 협정 제 5 조 제 1 항.
37) 위생 및 검역조치의 적용에 관한 협정 제 5 조 제 2 항.

적 영향을 최소화하는 목표를 고려하여야 한다.[38] 위생 및 검역 보호의 적정수준이란 위생 및 검역 조치를 수립하는 회원국에 의해 적절하다고 판단되는 보호 수준을 말하는 것으로, 많은 회원국들은 이 개념을 '수용가능한 위험 수준'이라고 하고 있다.[39] 위생 및 검역보호의 적정수준을 달성하기 위하여 위생 및 검역조치를 수립 또는 유지하는 경우, 회원국은 기술적 경제적인 타당성을 고려하여 위생 및 검역보호의 적정수준을 달성하는 데 필요한 정도 이상의 무역제한적 조치가 되지 않도록 하여야 한다.[40] 호주-연어 사건에서 항소기구는 SPS 협정 제 5 조 제 6 항의 규정에 합치하기 위해서는 선택할 수 있는 다른 조치가 없는 경우, 기술적 경제적 타당성을 고려할 것, 위생 및 검역보호의 적정수준을 달성할 것, 필요한 정도 이상의 무역제한적 조치가 아닐 것이라는 세 가지 요건이 모두 갖추어져야 한다고 하였다.

과학적 증거가 불충분한 경우, 회원국은 관련 국제기구로부터의 정보 등의 입수가능한 적절한 정보에 근거하여 잠정적으로 위생 및 검역조치를 채택할 수 있다.[41] 이 규정은 적절한 위험평가에 기초하여 해당 방법이 일관되고 자의적이지 않는 것임을 전제로 보다 높은 기준을 설정할 수도 있음을 밝힌 것으로, 일정한 범위에서 과학적 불확실성을 다루기 위한 사전주의원칙(precautionary principle)을 적용할 수 있음을 규정한 것이다. 실제로 EC-호르몬 사건에서 항소기구는 위생 및 검역조치협정 제 5 조 제 7 항은 사전주의원칙이 반영된 것이라고 평결한 바 있다.[42] 사전주의원칙은 그 위험이 극히 높은 경우 구제행동을 취하기 전에 충분한 과학적 확실성을 요건으로 하지 않는다는 특징이 있다.[43]

(6) 지역적 조건의 인정

회원국은 병해충 안전지역과 병해충 발생이 적은 지역의 개념을 인정하여야 하므로, 수출국의 특정 지역 내에서 질병이 발생하더라도 병해충 미발생지역

---

38) 위생 및 검역조치의 적용에 관한 협정 제 5 조 제 4 항.
39) 위생 및 검역조치의 적용에 관한 협정 부속서 A 제 5 항의 주.
40) 위생 및 검역조치의 적용에 관한 협정 제 5 조 제 6 항.
41) 위생 및 검역조치의 적용에 관한 협정 제 5 조 제 7 항.
42) EC - Hormones, AB Report, para. 253 (c).
43) 졸고, "환경보호를 위한 사전주의 원칙," 국제법학회논총(제43권 제 2 호), 대한국제법학회 (1998), p. 133.

에서 생산된 상품까지 수입을 금지할 수 없다. 자국 영토 내의 지역이 병해충 안전지역 또는 발생이 적은 지역이라고 주장하는 수출국은 이 사실을 수입국에게 객관적으로 증명하기 위하여 필요한 증거를 제시하여야 한다. 이러한 지역의 결정은 지리, 생태학적 체계, 역학적 감시 및 위생 또는 식물 위생관리의 효과성 등의 요소에 근거하여 판단한다.[44]

(7) 타 협정과의 관계

(가) 기술장벽협정

SPS 협정과 기술장벽협정(TBT 협정)은 공히 상대 협정 분야에 규정된 부분에 대한 적용을 배제하고 있다.[45] 이러한 입장은 EC-호르몬 사건에서도 확인되었다.[46] 이와 같은 배제 조항에도 불구하고, 두 협정의 실질적 규정은 대부분의 측면에서 유사하다. 양 협정의 중요한 차이점은 해당 조치가 본질상 허용될 수 없도록 보호주의적인가를 결정하는 기준의 차이에 있다. TBT 협정은 비차별을 기준으로 하는 데 비해, SPS 협정은 해당 조치의 과학적 정당성 보유 여부와 위험평가에 기초하고 있다. 비차별을 엄격한 요건으로 하는 것은 상품의 원산지에 따라 수입품을 차별하는 위생 및 검역조치상 실현할 수 없는 것이다. 특정 질병이 유행하는 국가로부터 수입된 상품은 해당 질병의 위험이 있기 때문에, SPS 협정상 자의적이지 않고 부당하지 아니한 차별은 인정된다.

【 EC - 호르몬 사건 】

1. 사실관계

1987년 EC는 여섯 가지 성장호르몬으로 사육된 동물 및 육류의 수입을 금지하였고, 미국과 캐나다는 이들 호르몬을 검사한 각국에 의해 안전성이 입증되었다는 이유로 이의를 제기하였다. Codex는 그 중 다섯 가지에 대한 안전성을 확인하였고, EC도 동일한 판단을 내린 바 있다. 1989년 1월 1일 미국은 EC산 수입품에 대하여 100% 관세를 부과하였고, 1996년 EC는 WTO

---

44) 위생 및 검역조치의 적용에 관한 협정 제 6 조.

45) SPS 제 1 조 제 4 항, TBT 제 1 조 제 5 항.

46) EC - Hormones, Panel Report, p. 171.

에 제소하였다.

2. 패널의 결정

SPS 협정의 적용 여부와 관련하여 패널은 EC의 조치는 SPS 협정 발효 이전에 취해진 것이지만 계속하여 적용되어 왔기 때문에 조약법에 관한 제네바협약 제28조의 일반적 해석에 따라 동 협약 발효 후의 조치에 대하여는 동 협약이 적용된다고 하였다. 입증책임과 관련하여서는 일차적으로 협정과의 불일치를 제시하여야 하기 때문에 제소국이 입증책임을 부담하고, 사건이 접수된 후에는 피소국이 해당 조치가 SPS 협정을 위반하지 않았음을 입증하여야 한다고 하였다.

패널은 SPS 협정 제 3 조 제 1 항 국제적 기준의 사용 규정과 관련하여, 제 3 조 제 3 항에 따라 과학적 정당성이나 위험평가 후 적절한 보호수준을 위하여 국제적 기준보다 높은 기준이 적용된다고 하였다. 패널은 전문가의 자문과 EC가 인용한 연구를 검토한 결과 어떠한 과학적 증거도 분쟁의 대상이 된 성장호르몬의 사용으로 인간의 건강에 해를 끼친다는 확인할 수 있는 위험을 발견할 수 없다고 하였다. 따라서 성장호르몬과 관련하여 확인할 수 있는 위험에 대한 과학적 증거가 없기 때문에, EC가 어떤 보호수준을 달성하기 위하여 조치를 취한 것은 SPS 협정상 아무런 근거가 없는 것이라고 하였다.

3. 항소기구의 결정

항소기구는 입증책임과 관련하여 피소국의 책임으로 판단한 패널의 결정을 부정하였다. 오히려 제소국이 EC 측 조치가 SPS 협정상의 관련규정에 합치하지 않는다는 증거와 법적 논거를 제시하여야 한다고 하였다.

EC는 특정의 위생 및 검역조치를 채택할 약간의 과학적 증거가 있는 경우라면 SPS 협정에 합치하는 것이라는 사전주의원칙(precautionary principle)에 근거하여 이의를 제기하였다. 항소기구는 사전주의원칙의 국제관습법상 확립 여부는 언급하지 않은 채 SPS 협정 제 3 조 제 3 항과 제 5 조 제 7 항에 반영된 것이라는 데 동의하면서, 그러나 사전주의원칙이 위험평가를 규정하고 있는 SPS 협정 제 5 조 제 1 항과 제 2 항을 무효로 하지는 못한다고 평결하였다. 이러한 논거와 함께 EC는 적절한 위험평가를 수행하는 데 실패하였다고 하였다.

패널은 EC의 조치가 자의적이고 부당한 것으로서 SPS 협정 제 5 조 제 5 항에 반한다고 결정하였으나, 항소기구는 EC 측 조치가 암의 위협으로부터 EC 주민을 보호하기 위한 것이 아니라 미국과 캐나다의 호르몬육우를 배제하여 자국산업을 보호하기 위한 것이라고 하였다.

요컨대 항소기구는 호르몬사육 육류는 분쟁대상이 된 호르몬이 안전하다는 모든 과학적 증거를 충족시키지 못하였고, SPS 협정상 요구되는 위험평가를 다하지 못하였다는 점을 들어 EC에 잘못이 있음을 지적하였다. 이에 따라 EC가 1999년 7월까지 수입금지조치를 철폐하지 않자, WTO는 미국과 캐나다의 EC산 수입품에 대한 1억 2,450만 달러의 제재조치를 승인하였다.

【 일본 - 농산물 II 사건 】

일본은 1950년 식물보호법과 식물보호법시행령을 제정하여 일본에서 존재하지 않는 것으로 확인된 해충과 일본에 존재하나 공식적으로 통제받는 해충을 검역해충으로 정의하고, 수입식물 및 식물상품에 관한 검사제도를 확립하였다. 1987년 일본의 농림수산성은 대체적 검역처리의 효능을 확정하기 위하여 사과, 체리, 복숭아, 호두, 살구, 배, 자두, 모과에 대한 품종시험(test-by-variety)방식을 채택하였는데, 1997년 4월 7일 미국은 상품시험(test-by-product)이 아닌 품종시험방법은 SPS 협정에 반한다고 협의를 요청하였다. 이에 대하여 일본은 문제의 품종은 코들링나방의 숙주라는 것이 확립된 것이므로, 사전주의원칙하에서 품종시험을 수행하는 것은 정당하다고 하였다.

1998년 10월 27일 항소기구는 보고서에서 일본이 국제적 기준보다 높은 기준을 적용할 수 있으나, 그러기 위해서는 과학적 정당성이 있어야 함을 강조하였다. 과학적 정당성은 문제의 위생 및 검역조치와 이용가능한 과학적 정보간에 합리적 관계가 있는 경우라고 하였다. 따라서 일본의 사과, 체리, 복숭아, 호두 등에 대한 품종시험방법은 과학적 증거가 결여된 것이라고 하였다. 사전주의원칙과 관련하여서는 SPS 협정 제 3 조 제 3 항과 제 5 조 제 7 항에 반영되어 있긴 하나, SPS 협정상의 의무에 반하는 조치를 정당화시키는 것으로 명시된 것은 아니라고 하였다. 그리고 살구, 배, 자두, 모과에 대한 품종시험요구에 대하여는 SPS 협정 제 5 조 제 1 항에서 요구되는 위험평가를 수행하지 않았다는 이유로 기각하였다. 위험평가는 방지대상인 질병을 식별하여야 하고, 그러한 질병에 걸릴 가능성을 평가하여야 하며, 적용되어야 하는 위생 및 검역조치에 따라 질병에 걸릴 가능성을 평가하여야 한다고 하였다. 그러나 일본은 위험평가시 세 번째 요소, 즉 어떠한 대체조치가 적용될 수 있는지를 고려하지 못하였기 때문에, 살구, 자두, 배, 모과에 대한 품종시험기준도 잘못이라고 결정하였다.

(나) GATT

EC-호르몬 사건에서 유럽공동체는 SPS 협정의 실질적 규정은 GATT 제20조 (b)에 따른 위반이 먼저 문제된 경우에만 다루어질 수 있다고 하였다. 그러나 패널은 이러한 주장을 부인하고, SPS협정 제 1 조 제 1 항은 SPS협정이 적용되기 위해서는 해당 분쟁의 조치가 위생 및 검역조치이고 해당 분쟁의 조치가 직접·간접으로 국제무역에 영향을 끼칠 것의 두 가지를 요건으로 하는바, 추가적 요건은 필요하지 않다고 하였다. SPS 협정은 유럽공동체가 주장하는 바와 같이 SPS 협정의 적용을 규제하기 위해서는 GATT 규정의 선결 위반을 명백히 요구하고 있지 않다고 하였다. 이와 관련하여 패널은 SPS 협정과 GATT 1994 제20조 (b)의 관계에 관하여 SPS 협정의 많은 규정은 제20조 (b)의 원용요건을 현저히 넘어서는 추가적 의무를 부과하고 있다고 하였다.

(8) 협의 및 분쟁해결

SPS 협정에 명시적으로 다른 규정을 둔 경우를 제외하고, SPS 협정에 따른 협의 및 분쟁해결에 대하여는 분쟁해결 및 절차에 관한 양해각서와 GATT 1994 제22조 및 제23조의 규정이 적용된다.

SPS 협정에 따른 과학적 또는 기술적 쟁점을 포함하는 분쟁의 경우, 패널은 분쟁당사국과 협의하여 패널이 선정한 전문가로부터 자문을 구하여야 한다. 이 목적을 위하여 패널은 적절하다고 판단하는 경우 일방 분쟁당사국의 요청 또는 자신의 주도에 의하여 기술전문가 자문단을 설치하거나 관련 국제기구와 협의할 수 있다.47) 이와 관련하여 EC-호르몬 사건의 패널과 항소기구는 개별 전문가를 둘 것인가 전문가 자문단을 둘 것인가의 문제는 패널의 재량사항이라고 하였다. 전문가 선정과 관련하여 SPS 협정은 분쟁당사국과의 협의를 통해 패널이 선정한다고 규정하고 있는데, EC-호르몬 사건의 경우 패널은 각 당사국에게 전문가 1명씩을 지명할 권리를 부여한 바 있으나, 호주-연어 사건이나 일본-농산물 Ⅱ 사건에서는 당사국에게 전문가를 지명할 권한을 주지 않았다.

SPS 협정의 어떠한 규정도 다른 국제기구의 주선 또는 분쟁해결제도 또는 다른 협정에 따라 설치된 주선 또는 분쟁해결제도를 이용할 수 있는 권리를 포함하여 그 밖의 국제협정에 따른 회원국의 권리를 저해하지 아니한다.

(9) 기술이전

회원국은 양자적으로 또는 적절한 국제기구를 통하여 다른 회원국, 특히 개발도상회원국에 대하여 기술지원 제공을 촉진하여야 한다. 수입회원국의 위생 및 검역요건을 수출국인 개발도상회원국이 충족하기 위하여 상당한 투자가 필요할 경우, 수입회원국은 개발도상회원국이 관련 상품에 대한 시장접근 기회를 유지하고 확대할 수 있도록 기술지원을 제공할 것을 고려하여야 한다.48)

SPS 협정에 따른 과학적·기술적 쟁점이 포함된 분쟁의 경우 패널은 분쟁당사국과 협의하여 전문가로부터 자문을 구하여야 한다. 이를 위하여 패널은 적절하다고 판단하는 경우 기술전문가로 구성되는 자문단을 설치하거나 관련 국제기구와 협의할 수 있다.49)

3. 섬유 및 의류

(1) 쿼터철폐

섬유와 의류 분야의 교역은 지난 30여 년간 「다자간 섬유협정」(Multi Fibre Agreement: MFA)에 의해 발전되어 온 쿼터제도를 따라왔다. 이는 GATT에서 벗

---

47) 위생 및 검역조치의 적용에 관한 협정 제11조.
48) 위생 및 검역조치의 적용에 관한 협정 제 9 조.
49) 위생 및 검역조치의 적용에 관한 협정 제11조.

어난 대표적 예외질서로서, 쿼터에 의해 수출입이 관리되는 일종의 수량제한조치에 관한 협정이다. 섬유 및 의류협정은 종래의 쿼터 등 수량제한을 철폐하도록 요구함으로써, MFA에 의해 규제되고 있던 섬유와 의류를 WTO 체제 내로 수렴하고 차별적 수입규제조치를 금지한다.

섬유 및 의류협정은 의류 및 섬유에 대한 GATT 체제로의 점진적 통합을 목적하고 있는데, 이는 두 가지 방법으로 달성되도록 예정하고 있다.[50] 2005년을 목표로 10년간 4단계에 걸쳐 특정 품목에 대한 쿼터를 철폐하는 것과, 3단계까지의 각 단계에서 잔존품목에 대한 쿼터철폐율의 증가가 그것이다. 회원국은 협정 발효시에 1990년을 기준으로 협정 부속서에 기재되어 있는 품목에 대해 총수입 물량의 최소한 16%의 쿼터를 즉각적으로 철폐하여야 한다. 나머지 쿼터는 10년에 걸쳐 3단계로 퇴장시키게 되는데, 3년 후 1990년도 총수입물량의 17%에 해당하는 상품에 관해 추가로 쿼터가 제거되고, 7년 후 추가 18%에 관한 쿼터가 제거되며, 10년 후인 2005년 1월 1일까지 잔존쿼터를 모두 제거하게 된다.[51] 그러나 협정은 과도기간 중 장식품, 紡絲, 직물, 기성섬유제품, 의류 등 개별 품목을 얼마만큼씩 단계별로 자유화하여야 하는지 특별히 규정하고 있지 않으므로, 회원국은 쿼터자유화조치를 취함에 있어 실질적인 재량을 갖게 된다.[52] 과도기간 동안 잔존제한제품은 1992년 현재 MFA상의 쿼터 증가율보다 높은 증가율이 보장되어야 한다. 1단계로 1995~1998년 중 최소한 16%가 증가되어야 하고, 2단계인 1999~2002년에는 최소한 25%가 증가되어야 하며, 3단계로 2003~2005년에는 27% 이상의 증가율이 보장되어야 한다.[53] 수출물량이 1991년 12월 31일까지 MFA가 적용되는 수입물량의 1.2%에 미달하는 국가는 과도기간 중 더욱 높은 쿼터 증가율이 인정된다.[54] 결국 기존 쿼터의 절반이 2004년까지 자유화되지만, 이들 대부분의 쿼터가 과도기간 중 실질적으로 확대될 것이다.

---

50) K. Kristine Dunn, "The Textiles Monitoring Body: Can It Bring Textile Trade into GATT?" 7 *Minnesota Journal of Global Trade*(1998), p. 128.
51) 섬유 및 의류협정 제 2 조 제 6 항, 제 8 항.
52) Schott, *supra* note 19, p. 56.
53) 섬유 및 의류협정 제 2 조 제12항, 제13항.
54) 섬유 및 의류협정 제 2 조 제18항.

(2) 세이프가드

WTO 협정 발효일로부터 60일 이내에 회원국은 MFA 쿼터 등 섬유 및 의류분야에 대한 제한을 상품교역이사회가 설치하는 새로운 섬유감시기구에 통고하여야 한다.[55] 여기서 말하는 제한은 모든 일방적 수량제한, 양자약정 및 유사한 효과를 갖는 다른 조치를 의미한다. 대표적으로 중국이 실크사나 실크섬유에 대하여 유지하고 있는 수출쿼터는 동 주석에 합치하는 일방적 수량제한에 해당된다. 이들 쿼터는 위에서 언급한 자유화계획에 따르게 된다. GATT하에서 정당화되지 않았던 비MFA제한도 협정발효 후 1년 내에 협정에 맞추거나, WTO 협정 발효 후 6월 이내에 섬유감시기구에 자국이 제출한 계획에 따라 점진적으로 철폐한다.[56] 그러나 쿼터가 자유화되어 GATT 1994에 따르게 되면 세이프가드 조치를 취할 수 있고, 쿼터 적용과는 관계없이 불공정상품에 대하여는 계속해서 반덤핑조치를 취할 수 있다.

섬유 및 의류협정은 과도기간 중 과도적 세이프가드조치를 규정하고 있다.[57] 과도적 세이프가드조치는 섬유 및 의류협정에 따른 통합과정의 효과적인 이행에 일치할 수 있도록 가능한 한 발동이 자제되어야 한다. 과도적 세이프가드조치는 회원국의 판정에 근거하여, 특정상품이 동종상품 및/또는 직접경쟁관계에 있는 상품을 생산하는 국내산업에 심각한 피해 또는 그러한 피해의 현실적 우려를 야기할 만큼 증가된 수량으로 수입되고 있는 것이 증명될 때 발동될 수 있다. 직접경쟁성의 통상적 의미에 따르면 교체할 수 있거나 특정의 필요나 취향을 만족시킬 수 있는 대안적 방법을 제공할 수 있는 경우 그 상품은 경쟁적 또는 대체가능한 것이라 할 수 있다. 그리고 직접이라는 단어는 잠재적 수요와 잔존 수요의 고려를 배제하는 것이 아니다.[58] 과도적 세이프가드조치는 동종 또는 직접경쟁상품을 생산하는 개별 생산자가 아니라 국내산업을 수입경쟁으로부터 보호하기 위한 것이다. 국내산업의 정의와 관련하여 미국-면사 사건에서 국내산업은 상품지향적인 것이지 생산자지향은 아니라고 하면서, 동종 및 직접경쟁성이라는 점에서 수입된 상품과 비교되는 국내산업에 의해 생산된 상품에

---

55) 섬유 및 의류협정 제3조 제1항.
56) 섬유 및 의류협정 제3조 제2항 (a), (b).
57) 섬유 및 의류협정 제6조.
58) *Korea - Alcoholic Beverages*, paras. 115~116.

기초하고 있어야 한다고 하였다. 그리고 심각한 피해는 어디에서 찾을 것인가에
관하여 미국-면사 사건의 패널은 제 6 조 제 2 항 피해의 해석과 관련하여 동종
상품이나 직접경쟁상품이 아닌 상품으로 생산을 변경시킨 사실은 관련 국내 산
업에 심각한 피해를 야기한 지표로 다루어져야 한다고 하였다.[59] 심각한 피해
나 그러한 피해의 현실적 우려는 해당 상품 총수입량의 증가로 인한 것이어야
하며, 기술의 변화나 소비자의 기호변화와 같은 다른 요인에 의한 것이어서는
아니 된다.[60] 섬유 및 의류협정은 언급된 심각한 피해 또는 그러한 피해의 현실
적인 우려를 판정하는 요소로서, 생산고, 생산성, 설비가동률, 재고, 시장점유율,
수출, 임금, 고용, 국내가격, 이윤, 투자의 11가지를 특정하고 있다. 다만, 이들
경제적 변수 중 어떤 것도 반드시 결정적 지침을 제공하는 것은 아니다.[61]

섬유 및 의류협정에 따른 과도적 세이프가드는 국가별로 적용되어야 한다.
수입물량의 증가는 현실적인 경우뿐만 아니라 임박한 경우도 포함되는데, 임박
한 증가는 측정할 수 있어야 한다. 따라서 수출국의 생산능력을 이유로 하는 주
장이나 추측 또는 단순한 가능성을 기초로 하는 경우는 임박성이 존재하는 것
으로 판정되지 않는다.[62]

심각한 피해나 현실적 위협을 결정하는 유효기간은 최초 통지일로부터 90
일을 초과할 수 없다. 과도적 세이프가드조치를 발동하려는 국가는 해당 조치로
영향을 받게 될 다른 회원국과 협의를 거쳐야 한다. 협의는 요청일로부터 60일
이내에 개최되어야 하고, 그 결과는 협의 종료일로부터 60일 이내에 섬유감시
기구에 통고되어야 한다. 협의 요청일로부터 60일 이내에 합의가 이루어지지
않을 경우, 수입국은 독자적으로 세이프가드조치를 취할 수 있다. 그리고 지연
시 회복하기 어려운 심각한 손실이 발생하는 극히 예외적이고 심각한 상황의
경우에는 협의와 섬유감시기구에의 통고가 5일 이내에 취하여질 것을 전제로
잠정적으로 세이프가드조치를 취할 수 있다.[63]

---

59) US - Transitional Safeguard Measure on Combed Cotton Yarn from Pakistan(DS192), Panel
 Report, para. 7.104.
60) 섬유 및 의류협정 제 6 조 제 2 항.
61) 섬유 및 의류협정 제 6 조 제 3 항.
62) 섬유 및 의류협정 제 5 조 제 4 항 주 6.
63) 섬유 및 의류협정 제 6 조 제11항.

이와 같은 과도적 세이프가드조치는 특정한 조건에 따라야만 한다. 첫째, 세이프가드조치는 교역물량을 이전 12개월간의 실제 교역수준 이하로 줄여서는 아니 된다. 둘째, 세이프가드조치는 3년간 혹은 쿼터가 자유화될 때까지만 허용되는데, 먼저 도래하는 기간까지 지속될 수 있다. 셋째, 세이프가드조치는 개발 도상국의 수직섬유나 농가산업품, 전통민속수공예품에 대해서는 적용되지 않고, 역사적으로 중요한 물량으로 교역되는 섬유, 순수 실크로 만들어진 물품에는 적용되지 않는다.

(3) 섬유감시기구

섬유 및 의류협정은 동 협정의 운용을 감독하기 위하여 준사법적 성격의 섬유감시기구를 설치하였다.[64] 섬유감시기구는 협정하의 분쟁을 위한 포럼으로서 상설기구로서, 1명의 의장과 10명의 회원으로 구성된다.

WTO 협정 발효 전의 MFA에 따라 유지되거나 양자협정 내의 모든 수량제한은 WTO 협정 발효 후 60일 이내에 섬유감시기구에 규제수준, 증가율 및 융통성 규정을 포함하여 상세하게 통보되어야 한다. WTO 협정 발효일 전날 시행 중인 모든 제한은 섬유 및 의류협정의 규정에 의하여 규율된다. 섬유감시기구는 회원국이 참고하도록 모든 회원국에게 통고사항을 배포하고, 회원국은 그로부터 60일 이내에 통고와 관련하여 적절하다고 판단하는 모든 견해에 대하여 섬유감시기구의 주의를 환기시킬 수 있다.

섬유감시기구가 권고나 판정을 하도록 요청받을 경우, 달리 기간이 정하여져 있는 경우를 제외하고는 가급적 30일의 기간 이내에 권고나 판정을 행한다.[65] 회원국은 섬유감시기구의 권고를 모두 수용하도록 노력하며, 섬유감시기구는 그러한 권고사항의 이행에 대한 적절한 감시를 한다. 회원국이 섬유감시기구의 권고에 따르는 것이 불가능하다고 판단하는 경우에는 동 권고를 받은 후 1개월 이내에 섬유감시기구에 그 사유를 제시하여야 한다. 제시된 사유를 면밀히 검토한 후 섬유감시기구는 즉시 적절하다고 판단되는 추가 권고를 제시하게

---

64) Dunn, *supra* note 47, p. 131; MFA하에서는 섬유감독기구(Textile Surveillance Body)가 있어 이와 유사한 기능을 수행하였다.

65) 섬유 및 의류협정 제8조 제8항.

된다. 추가 권고 후에도 사안이 해결되지 아니할 경우, 일방 회원국은 분쟁해결기구에 동 사안을 회부하여 1994년도 GATT 제23조 제 2 항 및 분쟁해결양해의 관련 규정을 원용할 수 있다.[66]

그러나 섬유감시기구에 대하여는 투명성의 부족, 공평성의 부족, 분쟁해결능력의 부족을 이유로 적지 않은 비판이 제기되어 왔다. 투명성 부족과 관련하여 절차의 비밀성과 의사일정조차 공개하지 않는 관행을 지적하고 있다. 공평성 부족에 대한 비판은 섬유감시기구의 위원이 개인적 자격으로 활동하여야 하나, 실제로는 그러하지 못한 점이 지적되었다. 그리고 분쟁해결능력의 부족은 섬유감시기구의 컨센서스 방식에서 문제점을 찾고 있다.[67]

【 US – 인도산 모직 셔츠 및 블라우스 사건 】

1995년 4월 미국은 섬유 및 의류협정 제 6 조에 따라 모직 셔츠와 블라우스에 대한 쿼터를 부과할 목적으로 인도에 협의를 요청하였다. 양국은 60일 이내에 상호 합의에 이르지 못함으로써, 미국은 수량제한을 부과하였고 이를 섬유감시기구에 통고하였다. 1995년 가을 섬유감시기구는 인도산 모직 셔츠와 블라우스 수출의 중대한 증가는 미국 생산자에게 심각한 피해의 현실적 위협을 야기한다고 결정하였다. 인도가 섬유 및 의류협정 제 8 조 제10항에 따라 이 사안에 대한 자국의 논의를 검토할 것을 섬유감시기구에 요청하였으나, 섬유감시기구는 검토가 종결된 것으로 추가 권고를 행하지 않았다. 미국은 이를 다루기 위한 인도의 패널설치 요청에 반대하였으나, 인도의 재요청에 따라 패널이 설치되었다.

1997년 1월 6일 패널은 이 문제에 대하여 보고서를 제출하였는데, 미국의 수입제한은 섬유 및 의류협정을 위반한 것이라고 평결하였다. 패널은 미국이 심각한 피해의 현실적 위협에 대한 적합한 서류를 제출하지 않았다고 판단하였다. 그러나, 미국은 패널이 미국의 피해를 발견하지는 못하였으나, 이 결정은 사실상 자국의 승리였다고 주장하였다. 즉 패널보고서는 미국 행정부가 자신이 섬유감시기구에 제출한 청원에 더 많은 데이터를 포함시키

---

66) 섬유 및 의류협정 제 8 조 제10항.
67) Dunn, *supra* note 47, pp. 145~150.

도록 요구한 것일 뿐이라고 하였다. 패널은 이 평결에서 미국의 관련된 조
치에 대한 합법성만을 검토하였을 뿐이고, 이 사안에 대한 섬유감시기구의
대응을 검토한 것은 아님을 분명히 하였다.

4. 기술장벽

(1) 원　칙

기술장벽협정(TBT 협정)은 포장, 표시, 라벨링 요건 등의 기술규정이나 표준
이 불필요한 무역장벽을 만들지 않도록 하는 것을 목적으로 한다. 이러한 목적
을 달성하기 위하여 TBT 협정은 교역상품에 적용되는 기술규정과 표준에 관련
되는 일련의 규칙을 규정하고 있다.

기술규정은 제품의 특성 또는 관련 공정 및 생산방법(process and production
methods: PPMs)을 정한 문서를 의미하는 것으로, 제품이나 공정 및 생산방법에
적용되는 용어·상징·포장·표시·라벨링 요건 등을 포함한다.[68] 표준은 공통
의 계속된 사용·규칙·지침 또는 제품의 특성 또는 관련 공정 및 생산방법을
정한 문서를 의미하는 것이다.[69] 기술규정과 표준의 차이는 전자는 강제적인
것인 데 반해, 후자는 비강제적인 것이라는 점이다. TBT 협정의 기술규정이나
표준에 대한 정의는 둘 다 PPM을 언급하고 있으나, 모든 PPM 규정이 협정의
대상이 되는 것은 아니다. TBT 협정은 생산 특성에 직접 관계되는 규정만을 대
상으로 한다. 생산 특성에 관련되지 않은 PPM 규정은 기술규정이 아니므로,
TBT 협정이 적용되지 않는다. 이러한 제한적 적용의 결과로 PPM에 기초한 수
입품에 라벨링 요건을 부과하는 환경라벨링 규정은 PPM이 생산과 직접 관련되
는 경우에만 TBT 협정의 적용을 받는다.[70] 예컨대 재활용 물질의 비율을 표시
하는 라벨을 특정 상품에 요구하는 규정은 생산특성과 직접 관련되기 때문에
TBT 협정의 대상이 된다. 반면에 비지속적 방법으로 관리된 숲에서 생산된 열
대목재를 금지하는 규정은 생산특성과 직접 관련된 것이 아니므로, TBT 협정의

---

68) 무역에 관한 기술장벽협정 제 1 부속서 제 1 항.
69) 무역에 관한 기술장벽협정 제 1 부속서 제 2 항.
70) Samuel N. Lind, "Eco-Labels and International Trade Law: Avoiding Trade Violations
While Regulating the Environment," 8 *International Legal Perspectives*(1996), p. 123.

대상이 아니다. 그러나 PPM이 생산특성과 직접 관련되지 않기 때문에 PPM 규정이 TBT 협정의 대상이 되지 않는 경우라도, 회원국은 GATT의 최혜국대우원칙과 내국민대우원칙을 충족시켜야 한다.[71]

TBT 협정은 공산물과 농산물을 포함한 모든 상품에 적용되나,[72] SPS 협정에는 적용되지 않는다. SPS 협정은 GATT 제20조 (b)에 규정된 일반적 예외를 설명하는 것이나, TBT 협정은 GATT 제 3 조에 규정된 의무를 설명하는 것이다. 즉 SPS 협정은 회원국이 자국 조치가 특정의 위험으로부터 인간이나 동식물의 생명 또는 건강을 보호하기 위해 필요한 조치를 합법적으로 주장하는 원칙을 확립하기 위한 것이나, TBT 협정은 방어를 위한 것이 아니라 회원국이 기술규정과 표준을 부과할 때의 내국민대우에 대한 특별한 내용을 열거하고 있는 것이다. 이것은 특정의 건강이나 안전을 다루려는 의도가 없는 어떤 조치는 GATT 또는 TBT 협정에 따라 다루어지게 될 수 있음을 의미하나, 특정의 건강이나 안전에 대한 위험을 대상으로 하는 조치는 GATT 제20조 (b)의 일반적 예외를 도입한 SPS 협정에 따라 판단되어야 함을 의미한다.[73]

(2) 기술규정 및 표준

기술규정과 관련하여 수입상품에 대해 내국민대우가 적용된다.[74] 그리고 TBT 협정은 최소무역제한기준을 적용하고 있다. 즉 GATT의 최혜국대우원칙과 내국민대우원칙을 강화하는 데 더하여, 회원국은 국제무역에 장애를 설정할 목적으로 기술규정을 준비·채택·적용하지 않도록 보장하여야 한다고 규정하고 있다. 이것은 기술규정을 불이행할 경우 나타날 위험을 고려하여, 기술규정이 합법적 목적 수행의 필요 이상으로 무역제한적이지 않을 것을 요구하는 것이다. 이는 어떤 기술규정이 시행되지 않음에 따라 야기될 수 있는 위험과 기술규정이 과도한 형태로 시행됨에 따라 나타날 수 있는 비용간의 비례성을 고려하여 적절한 기술규정이 도입되어야 함을 의미한다.[75]

---

71) Lind, *supra* note 66, p. 124.
72) 무역에 관한 기술장벽협정 제 1 조 제 3 항.
73) Craig Thorn and Marinn Carlson, "Review of Key Substantive Agreements," 31 *Law and Policy in International Business*(2000), pp. 841~842.
74) 무역에 관한 기술장벽협정 제 2 조 제 1 항.
75) 강인수 외, 국제통상론(박영사, 2004), pp. 202~203.

그러한 목적으로는 국가안보, 기만적 관행의 방지, 인간의 건강과 안전보호·동식물의 생명과 건강보호·환경 보호를 들 수 있다.76) 기술규정을 채택한 여건이나 목적이 더 이상 존재하지 않는 경우 또는 여건의 변화나 목적이 보다 낮은 수준의 무역제한적 방법으로 달성될 수 있는 경우, 그 기술규정은 폐지되어야 한다.

기술규정이 요구되고 관련 국제표준이 존재하거나 그 완성이 임박한 경우 회원국은 이를 자국 기술규정의 기초로 사용하여야 한다.77) 국제표준이 '존재하거나 완성이 임박한'(exist or their completion is imminent) 경우라고 하는 것은 이미 존재하는 국제표준이 사용됨을 규정하고 있을 뿐 아니라 기존 기술규정과 관련하여 그 완성이 임박한 관련 국제적 표준도 고려하여야 함을 규정한 것이다. 동 규정이 '존재하거나'라고 하여 현재형을 사용하고 있는 것은 기존 조치를 위한 계속되는 의무가 포함됨을 밝히고, TBT 협정 발효 후 채택된 규정에 국한되지 않음을 밝힌 것이다.78) 입증책임과 관련하여서는 해당 규칙이 TBT 협정 제 2 조 제 4 항과 일치하지 않는다고 주장하는 제소국이 부담한다.

'기초로' 사용하여야 한다는 용어의 의미는 주요한 구성부분, 근본적 원칙, 중심 부분, 또는 결정적 원칙 등의 의미로 이해할 수 있는 것으로, 어느 한 쪽이 다른 쪽의 기초가 된다고 할 수 있기 위해서는 그 둘 사이에 매우 강력하고 밀접한 관련성이 있어야 함을 의미한다. EC-정어리 사건에서 EC는 국제적 표준과 기술규정간 합리적 관련성이 있으면 후자의 기초로 전자가 사용되었다고 결정하는 데 충분하다고 하였으나, 항소기구는 그러한 주장을 부정하였다. 그러나 기본적인 기후, 지리적 요소, 기본적 기술문제 등으로 정당한 목적달성에 비효과적이거나 적절하지 못한 수단일 경우 예외로 한다. '비효과적 수단'이란 정당한 목적 달성의 기능을 갖지 못하는 수단을 말하고, '적절하지 못한 수단'은 정당한 목적달성에 특별히 적합하지 아니한 수단을 의미한다. 정당한 목적 달성에 특별히 적합하지는 않지만 어떤 부적절한 수단이 정당한 목적 달성에 효과를 낼 수 있기 때문에 '비효과적'(ineffective)이란 용어와 '부적절한'(inappropriate)이라

---

76) 무역에 관한 기술장벽협정 제 2 조 제 2 항.

77) 무역에 관한 기술장벽협정 제 2 조 제 4 항.

78) European Communities – Trade Description of Sardines(EC – Sardines, DS231), Panel Report para. 7.74.

는 용어는 서로 다른 것이다. 결국 효과성의 문제는 채택된 수단의 결과를 포함하는 것이지만, 적절성의 문제는 채택된 수단의 본질과 더욱 많이 관련되는 점에 차이가 있다.[79] 여기서 말하는 정당한 목적이란 국가안보, 기만적 관행의 방지 등 정당하다고 간주되는 목적을 예시한 TBT 협정 제 2 조 제 2 항과 함께 해석하여야만 한다. 타 회원국의 기술규정이 자국의 것과 다르다 할지라도, 자국 기술규정의 목적에 부합되면 자국 기술규정과 동등한 것으로 받아들여야 한다.[80] 기술규정은 적절한 모든 경우에 디자인이나 묘사 등 외형적 특성보다 성능이란 점에서 규정되어야 한다.

TBT 협정 제 2 조 제 9 항부터 제12항까지 규정된 투명성이나 통고에 관련된 규정은 모든 국가가 타국의 기술규정을 인식하고 논평을 통해 영향을 줄 수 있는 기회를 갖도록 하기 위한 것이다. 회원국은 자국의 기술규정을 신속히 공표하여야 하고, 안전·건강·환경보호·국가안보 등의 긴급한 경우를 제외하고 수출국 생산자가 상품이나 생산방법을 수입국 요건에 적응시킬 수 있는 시간을 가질 수 있도록 기술규정의 공표와 실시 사이에 합리적 기간을 허용하여야 한다.[81]

이들 모든 규정은 중앙정부의 행동에 적용되는 것으로, 중앙정부는 지방정부나 비정부기관이 이들 규정에 따르도록 하는 추가조치를 취하여야 한다.[82] 비정부기관이 강제적 성격의 기술규정을 두는 경우는 쉽지 않겠지만, 정부가 사적 제도에 혜택이나 처벌을 줌으로써 사실상의 강제적 제도로 만들 수 있을 것이다.[83]

표준과 관련한 TBT 협정의 규정은 기술규정에 비해 상대적으로 적은 편이다. 회원국은 자국의 중앙표준기관이 TBT 협정의 제 3 부속서의 모범관행규약 (Code of Good Practice for the Preparation, Adoption and Application of Standards)을 수용하고 이를 준수할 것을 보장하여야 한다.[84] 모범관행규약은 최혜국대우나 내

---

79) EC - Sardines, para. 7.116.

80) 무역에 관한 기술장벽협정 제 2 조 제 7 항.

81) 무역에 관한 기술장벽협정 제 2 조 제11항, 제12항.

82) 무역에 관한 기술장벽협정 제 3 조.

83) Erik P. Bartenhagen, "The Intersection of Trade and the Environment: An Examination of the Impact of the TBT Agreement on Ecolabeling Programs," 17 *Virginia Environmental Law Journal*(1997), p. 63.

84) 무역에 관한 기술장벽협정 제 4 조 제 1 항.

국민대우 규정을 적용하고 있고, 표준은 국제무역에 불필요한 장애를 구성할 목적으로 또는 그런 효과를 위하여 준비되거나 채택 또는 적용될 수 없음을 규정하고 있다.[85] 그 외에 국제표준의 최대한 활용 및 채택, 표준의 국제적 조화 및 국제표준화에의 적극적 참여, 표준 제정시 국제표준화기구(ISO)/국제전기기술표준위원회(IEC)를 통해 사전 공표 채택된 표준의 즉시 공표 및 협의기회를 부여할 것 등을 규정하고 있다. 그 외에도 투명성에 관한 규정과 국제적 표준의 채택 등이 규정되어 있다.

【 EC - 정어리 사건 】

1. 사실관계

1978년 국제식품규격위원회(The Codex Alimentarius Commission)와 세계보건기구가 정어리 통조림과 정어리 타입의 제품에 관한 규격인 'Codex Stan 94'를 채택하였다. Codex Stan 94에서는 Sardina pilchardus(Walbaum)로만 평가된 것만 Sardines라는 이름을 붙이고, 다른 경우에는 'X sardines'라고 할 수 있다고 규정하고 있다. 이러한 국제식품규격이 존재함에도 EC는 1989년 6월 20일 이사회규칙 No. 2136/89(EC 규칙)를 채택하여 제 2 조에서 가공처리된 정어리는 오직 'Sardina pilchardus Walbaum'으로만 만들어져야 한다고 규정하여 가공된 정어리 판매를 규제하여 왔다.

페루는 Codex Stan 94에 따라 sardinops sagax로 만든 정어리 제품에 대하여 'Pacific Sardines'라 명명하여 독일 내에서 판매하였으나 EC 규칙에 따라 'Sardines'란 이름을 사용하지 못하게 되자, 동 EC 규칙은 GATT 1994의 제11조 제 1 항과 TBT 협정 제 2 조와 제12조에 반하며 무역제한적이라는 이유로 2001년 3월 20일 EC에 협의를 요청하였다. 또한 페루는 EC 규칙이 비차별원칙과 GATT 1994의 제 1 조와 제 3 조와도 불일치함을 주장하였다. 이에 2001년 5월 31일에 페루와 EC간 협의가 이루어졌으나 상호간 만족할 만한 합의에 도달하지 못하였다.

---

85) 무역에 관한 기술장벽협정 제 3 부속서 E.

2. 패널 및 항소기구의 결정

패널은 페루의 입장에 따른 결론에 도달하였으며 이에 EC는 항소기구에 항소를 하게 된다. 그러나 EC가 항소를 철회하고 다시 3일 만에 재항소를 함으로써 이러한 항소가 허용되는지에 관한 절차적 판단이 항소단계에서 추가로 행해지게 된다. 또한 私人과 모로코(WTO 회원국이면서도 제3 참가자의 자격으로 '의견서'를 제출한 것이 아니라)가 제출한 '법정의 친구 의견서(amicus curiae brief, 법정조언자에 의한 의견서)'가 허용되는지 그리고 그것이 항소기구에 도움을 주는지에 관한 절차법상의 문제가 이례적으로 다루어졌다.

(1) 절차적 문제

항소기구는 Rule 제30조 (1)상 철회에 대한 명시적인 허용 또는 금지에 관한 규정은 없다 하더라도 철회에 대한 時限이 없으며, 철회 사유가 제시하거나 다른 참가인에 대한 통지도 필요치 않고 자유로이 행사할 수 있는 항소인의 권리라고 하였다. 이러한 이유로 본 사건에서는 항소 철회 후 3일 만에 신속히 재항소하였으며, 재항소한 사유가 페루의 판단에 대한 오류를 시정하기 위한 것이라는 점에서 건전한 의도를 갖고 있다고 판단하여 항소기구는 EC의 재항소를 허용하였다.

모로코가 WTO 회원국이면서도 다른 국가처럼 제3 참가자의 자격으로서가 아니라, 즉 본 항소와 이해관계가 있는 자로서 아니라 말 그대로 '법정의 친구'로서 '의견서'를 제출한 것은 항소기구의 법적 재량권을 침해한 것이 아니며, '법정의 친구 의견서'의 허용은 사건마다 판단되어야 하는 재량적 판단의 문제라고 하였다. 또한 페루가 주장한 '기탁서와 함께' 제출되었어야 한다는 부분에 관해서, 항소기구는 EC-석면 사건, 태국-H-Beams 사건, 그리고 미국-납과 Bismuth Ⅱ 사건과 같은 선례에 비추어 볼 때 기탁서와 함께 의견서가 제출될 필요는 없다고 판단하였다. 그러나 모로코의 의견서는 최종적으로 본 항소에 도움이 되지 않는 것으로 판단되었다.

(2) 본안 문제

항소기구는 EC-석면 사건에서 어떤 문서가 기술규정인가 여부를 판단하는 세 가지 기준을 제시하였다. 첫째, 그 문서가 식별이 가능한 제품이나 제품군에 적용되어야만 한다. 그러나 식별이 가능한 제품이나 제품군은 문서에 명시적으로 확인될 필요는 없다. 둘째, 그 문서는 제품의 한 가지 또는 그 이상의 특징을 규정해야만 한다. 이들 제품의 특징은 본질적인 것이거나 제품에 관련되어야 한다. 셋째, 그 제품 특징에 따르는 것이 의무적이어야만 한다. EC 규칙은 명백히 제품 즉 정어리통조림을 식별하며 EC 규칙 제 2 조는 거래되는 정어리 통조림 제품은 Sardina pilchardus 어종으로만 만들어져야 한다고 규정하고 있으므로, 항소기구는 이러한 요건이 정어리통조림에 '본질적인(intrinsic to)' 제품의 특징이라고 판단하였다. 또한 EC 규칙이 강제적이라는 점에 대하여는 이의가 없으므로, EC 규칙은 EC-석면 사건에서 제시된 기술규정의 세 가지 기준을 충족한다고 결정하였다. 그리고 EC가 주장하는 'name'과 'label'의 차이는 본 사건에서 기술규정을 판단함에 있어 관련이 없다고 하였다.

조약법에 관한 비엔나 협약이 소급효를 금지하고 있으나, 항소기구는 TBT 협정 제 2 조 제 4 항이 현재시제를 사용하고 있고, '기술규정이 요구되고'라는 문구로 시작되는 점을 고려할 때 제 2 조 제 4 항은 현재 있는 조치들에 대하여 '계속적인 의무(continuing obligation)'를 정하고 있으므로, TBT 협정이 발효되고 난 후 준비되거나 채택된 규정들에 한정되는 것은 아니라고 하였다.

항소기구는 TBT 협정 부속서 1.2에 규정된 표준의 정의 및 주석을 검토하여 'Codex Stan 94'가 '관련 국제표준'인지를 판단하였다. 즉 주석에서 "… 이 협정은 컨센서스에 기초하지 아니한 문서도 대상으로 한다"는 규정을 근거로 하여 'Codex Stan 94'가 EC 주장대로 컨센서스에 기초한 것이 아니라 할지라도 관련 국제표준이 된다고 하였다. EC는 대상이 되는 제품의 범위가 다르므로, TBT 협정 제 2 조 제 4 항의 관련국제표준이 될 수 없다고 한다. 그러나 항소기구는 EC 규칙이 Sardina pilchardus 통조림에만 관련된다고 하더라도 Codex Stan 94는 이를 포괄하고 있으므로 범위가 다르지 않다는 패널의 의견에 동의하였다. TBT 협정 제 2 조 제 4 항은 회원국에게 그들 기술규정에 대한 기초로써 '관련 국제표준'을 사용할 것을 요구하고 있다. EC는 EC 규칙의 기초로써 Codex Stan 94가 사용되었다고 주장하였다. 그러나 EC 규칙은 Codex Stan 94 제 6 조하에서 인정되는 'X sardines'라고 하는 것을 금지하였으므로 Codex Stan 94를 EC 규칙의 기초로써 사용되었다고 볼 수 없다 하였다. 또한 EC-호르몬 사건을 근거로 하여 단순히 국제

표준과 국내규정 간에 '합리적인 관련'이 있는 것으로는 충분치 않고, 적어
도 둘이 모순된다면 Codex Stan 94는 EC 행정법규에 대한 기초로써 사용
되었다고 할 수 없다고 하였다.

패널이 진술한 것처럼, TBT 협정 제 2 조 제 4 항의 문맥상 비효과적인 수
단이라는 것은 추구된 정당한 목적을 달성하는 데 필요한 기능을 갖지 못한
수단을 의미하는 데 반하여, 부적절한 수단이라는 것은 추구된 정당한 목적
을 달성하는 데 특별히 적합하지 않은 수단을 의미한다. 효과성의 문제는
수단의 결과에 관련되지만, 적절성의 문제는 수단의 본질에 더 관련된다.
항소기구는 이러한 해석을 확인하였다. 항소기구에 따르면, 패널은 제 2 조
제 4 항의 '정당한 목적'이 제 2 조 제 2 항의 문맥에서 해석되어야만 한다고
판단함에 있어서 옳은 결정이었다고 하는데, 이 조항은 명시적으로 '국가안
보상 요건', '기만적 관행의 방지', '인간의 건강 또는 안전', '동물 또는 식물
의 생명 또는 건강', '환경의 보호'와 같은 정당한 목적을 규정하고 있다. EC
행정법규를 제정하는 데 있어서 EC의 목적은 '시장 투명성, 소비자 보호,
공정 경쟁'이다. 앞서의 분석에 근거할 때, 항소기구는 Codex Stan 94가 이
러한 세 가지 목적 모두를 달성하는 데 필요한 역량을 가지고 있다면 효과
적일 것이고, 세 가지 목적 모두를 달성하는 데 적합하다면 적절할 것이라
고 하였다. 패널은 EC의 대부분 국가 소비자들이 '정어리'라는 통칭에 대하
여 항상 Sardina pilchardus만을 관련시켜 생각해왔다는 것이 입증되지 않
았다고 판단하였다. 나아가 패널은 Sardina pilchardus 이외의 다른 정어리
어종에 대한 Codex Stan 94에 제시된 라벨링 규정의 목적이 시장투명성을
보장하는 것이라는 페루의 주장을 고려하였다. 그러므로 페루가 Codex
Stan 94가 EC 행정법규의 정당한 목적을 달성하는 데 비효과적이거나 부적
절하지 않다는 것을 입증하였다는 패널의 판단을 옳다고 하였다.

EC는 패널이 EC 행정법규를 '무역제한적(trade restrictive)'이라고 간주하였
다고 항소에서 비난하였으나, EC 또한 Sardina pilchardus에 대해서만 '정어
리'라는 라벨링을 할 수 있게 한 것에 관한 EC 소비자들의 예상이 EC 행정
법규에 의해 조성되었다는 것을 인정하였다. 이에 따라 항소기구는 EC의 주
장을 각하하였다. 그러나 패널은 사법경제를 고려하여 EC 행정법규가 GATT
제 3 조뿐만 아니라 TBT 협정의 다른 규정들을 위반하였다는 페루의 주장을

심사하지 않았기 때문에 두 번째 언급은 부적절하였다. 특히 패널은 EC 행정법규에 대한 심사에 있어서, EC 행정법규는 관련국제표준인 Codex Stan 94보다 더 무역제한적이라고 생각한다고 하였다.

(3) 기술규정 및 표준과의 합치

합치판정절차(conformity assessment procedures)는 타 회원국 영역 내에서 생산된 동종상품의 생산자가 내국민대우원칙하에 접근할 수 있도록 준비·채택·적용되어야 한다. 합치판정절차란 기술규정 또는 표준의 관련 요건이 충족되었는지를 결정하기 위하여 직접적 또는 간접적으로 사용되는 모든 절차를 의미하는 것으로, 특히 표본추출, 시험 및 검사, 평가, 검증 및 적합보증, 등록, 인증과 승인, 그리고 이들의 결합을 포함하는 것이다.[86] 그리고 기술규정 및 표준에 대한 합치판정절차가 교역에 장애가 되지 않도록 하여야 한다.[87] 이는 불합치가 야기할 위험을 고려하여, 수입회원국에게 상품이 적용가능한 기술규정 또는 표준에 일치하고 있다는 적절한 확신을 주는 데 필요한 이상으로 합치판정절차가 엄격하거나 엄격하게 적용되지 아니하여야 한다는 것을 의미한다. 회원국은 채택된 모든 합치판정절차를 신속하게 공표하거나 입수할 수 있도록 하여야 한다.[88]

타 회원국의 합치판정절차가 자국과 다르다 할지라도 자국 절차에 상응하는 기술규정과 표준에 대한 합치판정이 이루어지고 있다고 판단되는 경우에는 그 결과를 수용하여야 한다.[89] 기술규정이나 표준과의 합치에 대한 보장이 요구되는 곳에서는 회원국은 가능한 한 합치판정에 관한 국제적 및 지역적 제도를 명확히 하고 채택하며, 그 회원국이 되거나 참여하여야 한다.[90]

각 합치판정절차의 표준처리기간은 공표되거나, 요청이 있을 경우 그 신청자에게 예상 처리 기간이 통고되어야 한다. 이러한 합치판정절차로부터 발생하거나 이와 관련하여 제출된 다른 회원국의 영토를 원산지로 하는 상품에 관한 정보의 비밀성은 국내 상품의 경우와 동일하게 정당한 상업적 이익이 보호되는

---

86) 무역에 관한 기술장벽협정 제 1 부속서 제 3 항.
87) 무역에 관한 기술장벽협정 제 5 조 제 1 항.
88) 무역에 관한 기술장벽협정 제 5 조 제 2 항 2.
89) 무역에 관한 기술장벽협정 제 6 조 제 1 항.
90) 무역에 관한 기술장벽협정 제 9 조 제 1 항.

방법으로 존중되어야 한다.

(4) 정보와 지원

회원국은 타 회원국의 합리적 질의에 응답할 수 있고, 관련 서류를 제공할 수 있는 질의처를 설치하여야 한다.[91] 기술규정, 표준 또는 합치판정절차와 관련된 문제에 대하여 일국이 타 회원국과 합의하였을 경우 이를 WTO 사무국에 통고하여야 하며, 요청이 있을 경우 타 회원국과도 협의하여야 한다.

사무국은 TBT 협정 규정에 따라 통고를 접수하는 경우 그 통고 사본을 모든 회원국 및 이해관계가 있는 국제표준기관과 합치판정기관에 배포하며, 개발도상회원국의 특별한 관심품목과 관련되어 있는 모든 통고에 대하여 이들의 주의를 환기하여야 한다. 회원국이 무역에 중대한 영향을 미칠 수 있는 기술규정, 표준 또는 합치판정절차와 관련한 문제에 대하여 타국과 합의한 경우 합의 당사국 중 적어도 한 회원국은 합의 내용의 간단한 설명과 함께 합의의 대상품목을 사무국을 통하여 다른 회원국에게 통고한다. 요청이 있는 경우 관련회원국은 유사한 합의를 체결하거나 또는 이러한 합의에 참가할 수 있도록 할 목적으로 다른 회원국과 협의를 개시하는 것이 장려된다.

회원국은 요청이 있는 경우 기술규정의 준비, 국가표준기관의 설립 및 국제표준기관에의 참가에 관하여 다른 회원국 특히 개발도상회원국에게 조언하여야 하며, 상호 합의된 조건에 따라 이들에게 기술지원을 공여하며, 자국의 국가표준기관도 유사하게 행동하도록 장려하여야 한다.[92] 이 규정을 실천할 수 있도록 TBT 위원회는 정보교환과 기술지원을 위한 척도를 제시하고 있다.

【 EC – 석면 사건 】

1. 사실관계

1997년 1월 프랑스에서 석면이 함유된 상품의 사용을 금지하는 법령이 발효됨에 따라 캐나다산 상품의 프랑스 내 수입이 금지되었다. 프랑스가 이

---

91) 무역에 관한 기술장벽협정 제10조 제 1 항.
92) 무역에 관한 기술장벽협정 제11조.

들에 대한 수입금지를 규정한 것은 석면의 발암물질 때문이었고, 석면제품
에 대한 금지는 캐나다산에 대하여만 적용되는 것이 아니라 자국산에도 적
용되는 것이었다. 그러나 온석면을 함유하고 있는 일부 제품 등에 대하여
임시적 예외를 허용하고 있었다.

캐나다는 프랑스 조치가 TBT 협정상의 규정을 위반한 기술규정이며,
GATT 1994의 내국민대우 및 수량제한 위반이라고 주장하였다. 이에 대하
여 프랑스를 대신한 EC는 동 조치가 TBT 협정의 대상이 아니며, 모든 경우
에 TBT 협정에 합치하는 법령이라고 항변하였다.

2. 패널의 결정

캐나다는 패널심사에서 당해 조치가 TBT 협정 제 2 조 제 1 항, 제 2 항,
제 4 항 및 제 8 항 위반이라고 주장하였는데, 이 규정들은 기술규정에만 적
용되므로 패널은 당해 조치가 기술규정인가를 검토하였다. 기술규정은 TBT
협정 부속서의 정의에 따라 규정국의 시장에 출하된 제품의 특성을 규정한
것이어야 하고, 이름·기능·분류에 따라 상품을 식별하는 것이어야 한다.
패널은 문제의 법령이 석면 및 석면제품의 사용을 금지하는 것과, 이에 대
한 예외를 규정한 것으로, 2원적으로 구성된 것이라고 하였다. 그리고 문제
의 법령이 프랑스 시장에 출하될 수 있는 제품의 특성을 특정하지도 않았
고, 특정 제품을 식별하지도 않았기 때문에 석면의 금지는 기술규정이 아니
라고 하였다. 금지에 대한 예외가 기술규정의 정의에 포함되기는 하지만,
프랑스 시장에서 출하될 수 있는 특정 제품의 특성을 명시하고 있으므로 금
지에만 관련되었다는 캐나다 주장은 기각되었다.

3. 항소기구의 결정

항소기구는 문제의 법령은 전체적으로 검토되어야 한다고 하였다. 동 법
령 제 1 조는 석면 및 석면제품에 대한 일반적 금지를 규정하고 있으나, 제
한적으로 온석면제품에 대한 사용을 허용하는 예외를 두고 있기 때문에 동
법령을 통합적으로 보아야 한다고 하였다. 동 법령은 석면제품에 대한 전면
적 금지를 규정하고 있는 것이 아니므로, 단순히 일반적 금지를 규정하고
있는 것으로 판단하는 것은 금지적 요소와 허용적 요소를 갖추고 있는 동

법령의 통합성을 간과하고 있다는 것이다. 뿐만 아니라, 예외 조항들은 금지조항 없이는 아무런 법률적 의미를 갖지 못하므로, 항소기구는 문제의 법령은 하나의 유기적 통합체로서 심사되어야 한다고 하였다. 이러한 논거에 따라 항소기구는 패널의 2원적 해석방식을 뒤집는 결정을 내렸다.

항소기구는 TBT 협정상 기술규정의 정의는 몇 가지 요건을 규정하고 있다고 보았다. 첫째, 기술규정은 제품의 특성을 규정하고 있어야 한다. 특성이란 어떤 제품을 특정하거나 명명하지 않은 상태에서, 제품의 식별가능한 특징, 품질, 속성 또는 여타 구별되는 표시를 말한다. 둘째, 제품의 특성은 어떤 제품을 구별하는 데 사용되거나 어떤 제품의 외양이나 모양을 규정하는 데 사용된 관련 특성뿐만 아니라, 해당 제품에 내재된 특징과 품질을 포함한다고 하였다. 셋째 특성은 어떤 제품이 포함하고 있는 특성을 규정하는 긍정적 형식이나, 어떤 제품이 포함하고 있지 않아야 할 특성을 규정하는 부정적 형식으로 규정되어야 한다고 하였다. 이를 기반으로, 항소기구는 프랑스 법령은 전체로서 통합된 것으로 보아 기술규정이 된다고 하였으나, 자연상태의 석면섬유 금지가 기술규정인가에 대하여는 의문을 표시하였다. 약간의 금지는 더 많지만 않다면 석면섬유에 관한 어떤 특성을 규정하거나 부과하지 않겠지만, 문제의 법령은 석면섬유를 함유하는 제품의 금지에까지 확대된 것이라고 해석하였다. 이러한 금지는 모든 제품은 석면섬유를 함유하지 않아야 된다는 요건에 따라 부정적 형식으로 제품의 특성을 규정하고 있다는 것이다. 그리고 그 금지가 특정 제품을 거명하지 않았지만 그 제품은 식별가능한 것이었으므로, 기술규정이 된다고 결정하였다.

항소기구의 결정은 문제의 프랑스 법령이 TBT 협정에 따라야 한다는 것을 결정한 것이나, 그 법령의 일부 규정이 TBT 협정의 일부 규정을 위반하였다는 캐나다의 주장에 대하여는 판단하지 않았다. 항소기구는 캐나다측 주장을 검토할 권한이 없기 때문이라고 하였는데, 그 이유로서 TBT 협정에 관한 법률의 부족을 들고, 그 외에 기록상의 미흡과 패널이 사실적·법률적 판단을 하지 않았다는 점을 들었다.

5. 선적전 검사

(1) 적용범위

선적전검사협정은 회원국 국내에서 이루어지는 모든 선적전 검사활동에 적용되는 것으로, 회원국에 수출되는 상품의 관세분류·환율·재정조건 등을 포함하여 상품의 품질·물량·가격검증 등과 관련된 일체의 활동을 대상으로 한다.[93]

(2) 사용 회원국의 의무

검사활동은 비차별적 방법으로 모든 수출업자에게 객관적이고 공평한 기준과 절차를 적용하여야 한다. 모든 회원국은 선적전 검사기관의 검사원이 통일된 검사를 수행하도록 하여야 한다. 사용 회원국은 자국의 법률과 규정 및 이행요건에 관련된 선적전 검사 과정에서 GATT 1994의 제 3 조 제 4 항 내국민대우 규정을 준수하도록 보장하여야 한다. 물량과 품질 검사는 구매계약상 구매자와 판매자가 결정한 기준에 따라 수행되고, 기준이 없는 경우에는 국제적 기준이 적용된다. 사용 회원국은 수출업자에게 검사 요건 구비에 필요한 모든 정보목록을 제공하여야 하는 등, 선적전 검사는 투명한 방법으로 수행되어야 한다.[94]

사용 회원국은 선적전 검사기관이 제 3 자에게 영업비밀정보를 누설하지 않도록 하여야 한다. 특히 선적전 검사기관이 수출업자에게 특허·면허·비공개된 가공공정 또는 특허출원 중인 공정과 관련된 생산자료, 공표되지 않은 기술자료, 제조원가를 포함하는 내부자료, 이익수준 및 계약조건 등을 요구하지 않도록 하여야 한다.[95]

사용 회원국은 선적전 검사기관이 불합리한 검사지연을 하지 않도록 보장하여야 한다. 선적전 검사기관과 수출업자가 검사일에 합의하면 양자간에 재합의가 있거나 천재지변이나 수출업자에 의해 방해되지 않는 한 합의된 날짜에 검사하여야 한다.[96] 회원국은 검사 후 5일 내에 결과보고서를 발급하거나, 발급

---

93) 선적전검사협정 제 1 조 제 1 항, 제 3 항.
94) 선적전검사협정 제 2 조 제 1 항~제 8 항.
95) 선적전검사협정 제 2 조 제 9 항~제13항.
96) 선적전검사협정 제 2 조 제15항.

하지 않은 이유를 해명서로 제출하여야 한다.97)

사용 회원국은 과다청구나 과소청구 또는 사기를 방지하기 위하여 가격비교를 행하여야 한다. 수출가격의 검증을 위한 가격비교시, 사용 회원국은 동일 수출국에서 동일 시기에 수출되는 동일상품이나 유사상품의 가격을 관습적인 상거래관행에 따라 적용가능한 표준할인액을 차감한 가격을 기준으로 한다.98)

부분 선적의 경우를 제외하고, 사용 회원국이 규정한 최소가치 이하의 선적에 대하여는 검사를 면제한다.99)

(3) 수출 회원국의 의무

수출 회원국은 선적전 검사활동과 관련된 자국의 법률과 규칙이 비차별적 방법으로 적용될 수 있도록 하여야 한다. 수출 회원국은 자국 법률과 규칙이 다른 정부와 무역업자에게 친숙해질 수 있는 방법으로 선적전 검사활동과 관련된 법률과 규칙을 신속히 공표하여야 한다.

수출·회원국은 본 협정의 목적을 달성하기 위하여 상호 합의된 조건으로 사용 회원국에게 기술적 지원을 제공하여야 한다.100) 1997년 선적전 검사 작업단은 기술적 지원활동은 요청에 의해 집행되는 것으로, 관세행정의 개혁, 체계와 절차의 단순화 및 현대화, 적절한 법적·행정적·물리적 인프라의 발전 등을 포함한다고 하였다.

(4) 절   차

선적전 검사기관과 수출업자간의 분쟁은 상호간에 해결하는 것을 원칙으로 한다. 그러나 고충제출 후 2일 이내에 당사국 중 일방은 해당 분쟁을 독립재검토하도록 부탁할 수 있다. 회원국은 합리적 절차가 제정되고 유지될 수 있도록 합리적 조치를 취하여야 한다. 독립재검토절차는 수출국의 대표기관과 선적전 검사기관의 대표기관으로 구성된 독립기관이 관리한다.101)

---

97) 선적전검사협정 제 2 조 제16항.
98) 선적전검사협정 제 2 조 제20항.
99) 선적전검사협정 제 2 조 제22항.
100) 선적전검사협정 제 3 조.
101) 선적전검사협정 제 4 조.

회원국은 선적전 검사와 관련된 법률과 규칙 외에 본 협정과 관련된 법률 및 규칙의 사본을 WTO 사무국에 제출하여야 한다. 회원국은 요청에 따라 본 협정의 운용에 영향을 끼치는 사항에 대하여 타 회원국과 협의하여야 하고, 이 경우 GATT 1994의 제22조의 규정이 적용될 수 있다.

(5) 통고 및 검토

회원국은 선적전 검사협정이 자국에 대하여 발효할 당시 선적전 검사와 관련한 모든 법률 및 규정뿐 아니라 협정을 시행하는 자국 법률과 규정 사본을 사무국에 제출하여야 한다. 선적전 검사와 관련한 법률 및 규정의 어떠한 변경도 공식적으로 공표되기 전에는 시행되지 아니한다. 법률 및 규정이 공표되면 즉시 사무국에 통고되어야 하고, 사무국은 이러한 정보의 입수가능성을 회원국에게 통고하여야 한다.

각료회의는 세계무역기구협정 발효로부터 2년째 되는 연도 말에, 그리고 그 이후 매 3년마다 이 협정의 목적 및 운영 과정에서 얻어진 경험을 감안하여 선적전 검사협정의 규정, 이행 및 운영에 관하여 검토하게 된다. 각료회의는 이러한 검토의 결과에 따라 선적전 검사협정의 규정을 개정할 수 있다.

6. 원 산 지

(1) 적용범위

원산지란 물품을 생산한 나라 또는 물품의 국적을 의미하는 것으로, 원산지규정이란 회원국이 상품의 원산지 국가를 결정하는 법률, 규정, 행정결정을 말한다. 따라서 원산지는 원산지규정의 적용을 통해 결정되고, 각종 무역정책수단에 사용되는 법적·행정적 개념으로 이해하여야 한다. 원산지규정은 그 자체로서는 무역에 영향을 끼치지는 않으나, 무역관련 결정을 내림에 있어 원산지의 식별이 필요하므로 무역에 영향을 주게 된다. 지난 50여 년간 GATT는 세계적으로 관세장벽을 자유화하여 왔으나, 많은 국가들이 원산지규정을 이용하여 자국 상품을 보호하는 차선의 통상장벽으로 활용하여 왔다.[102) 그럼에도 불구하

---

102) John Coyle, "Rules of Origin as Instruments of Foreign Economic Policy," *Yale Journal of*

고, 1994년 이전까지는 원산지 문제는 잠재적 통상장벽의 문제로 다루어지지 않았으나, 1994년 원산지규정협정이 채택되어 원산지규정을 통일하기 위한 원산지위원회가 설치됨으로써 비로소 다루어지게 되었다.103) 원산지규정은 특혜규칙과 비특혜규칙으로 구분되는데, 전자는 특혜국으로부터 수입되는 상품인가를 결정하기 위해 사용되고, 후자는 특정국으로부터의 수입을 제한하기 위한 목적 등으로 사용된다.104) 이와 같이 원산지규정은 특정국에게 무역특혜 또는 무역제한을 적용하는 데 핵심적 역할을 수행함으로써, 기업들의 전략적 계획에 중대한 영향을 끼치게 된다.105)

원산지규정은 적용목적에 따라 크게 특혜원산지규정과 비특혜원산지규정으로 나누어진다. 특혜원산지규정이란 상품이 GATT 1994 제 1 조 제 1 항 최혜국대우규정의 적용을 초월하는 관세특혜대우에 적합한지 여부를 결정하기 위하여 회원국이 적용하는 행정결정을 말한다.106) 예컨대 EC나 NAFTA 등 특정 국가간 관세 특혜를 베푸는 자유무역지대의 운영이나, 일반관세특혜제도 등 특정 국가군을 대상으로 관세특혜를 부여하는 경우에 사용되는 것이다.107) 즉 특혜관세의 수혜국을 정확히 식별함으로써 비수혜국이 부당한 혜택을 입는 것을 방지하고 특혜프로그램의 실효를 거두기 위한 것으로, 이는 원산지규정협정 제 2 부속서인 특혜원산지규정에 관한 공동선언에 의해 규제된다. 반면 비특혜원산지규정은 무역정책을 실시하는 과정에서 상품의 원산지를 일반적으로 식별할 필요가 있는 경우에 사용되는 것으로, 원산지규정에 관한 협정은 이에 관련된 내용을 담고 있는 것이다. 따라서 원산지규정은 무역목적을 달성하기 위한 수단으로 사용될 수 없고, 국제무역을 제한하거나 왜곡하여서도 아니 된다.

원산지규정은 최혜국대우, 반덤핑 및 상계관세, 세이프가드조치, 원산지표시요건 및 기타 차별적 수량규제나 관세쿼터와 같은 비특혜무역정책수단에 사용된 모든 원산지규정을 포함한다.

International Law(2004), p. 549.

103) *Op. cit.*, p. 550.

104) Joseph A. LaNasa, Rules of Origin and the Uruguay Round's Effectiveness in Harmonizing and Regulating Them, AJIL(1996), p. 626.

105) *Op. cit.*, p. 628.

106) 원산지협정 제 2 부속서 제 2 항.

107) 강인수 외, *supra* note 71, p. 184.

(2) 적용원칙

회원국이 일반적으로 적용되는 행정결정을 내리는 경우, 특히 관세분류변경의 기준이 적용되는 경우 원산지규정 및 이에 대한 모든 예외는 이러한 규정이 적용되는 관세분류상의 소제목 또는 제목을 분명하게 명시하여야 한다. 그리고 종가비율기준이 적용되는 경우 비율 산정방법이 명시되어야 하고, 생산 또는 가공공정기준이 규정되는 경우 관련 상품에 원산지를 부여하는 공정이 정확하게 명시되어야 한다.

원산지규정은 무역상의 목적을 직간접으로 추구하기 위한 수단으로 사용되거나, 국제무역을 제한·왜곡·교란시키지 않도록 하여야 한다. 수출입상품의 경우 국내상품 판정에 적용되는 원산지규정보다 엄격할 수 없고, 제조업자간의 제휴에 관계없이 다른 회원국간의 차별을 두지 않아야 한다. 원산지규정은 일관적이고 통일적이며 공정하고 합리적인 방법으로 실시되어야 한다. 원산지규정은 적극적 기준을 기초로 하여야 하며, 적극적인 기준을 명확하게 하기 위하여 또는 원산지의 적극적 판정이 필요하지 아니하는 경우 원산지가 부여되지 아니하는 것을 기술하는 소극적 기준이 허용될 수 있다.

수출입자나 정당한 사유를 가진 자의 요청이 있는 경우 원산지판정은 가능한 한 조속히 하되, 판정요청 후 150일 이내에 내려져야 한다. 원산지규정을 포함하여 판정의 기초가 된 사실과 조건이 비교가능한 상태로 남아있는 경우, 그러한 판정은 3년 동안 유효하다. 원산지규정을 변경하거나 새로운 원산지규정을 도입할 경우 회원국은 자국의 법률이나 규정에 정의된 바에 따라 이러한 변경을 소급 적용하지 않아야 한다. 원산지판정과 관련한 행정조치는 사법, 중재 또는 행정법원이나 절차를 통하여 신속히 재검토될 수 있다.

원산지규정을 변경하거나 새로운 원산지규정을 도입할 경우 이러한 변경을 소급 적용하지 아니한다. 관계당국은 본질상 비밀이거나 비밀을 전제로 제시된 정보는 비밀로 취급하여야 한다. 사법적 절차상 공개될 수 있는 범위 외에, 비밀정보를 제공한 개인이나 정부의 명시적 허락 없이 관계당국은 이를 공개해서는 아니 된다.[108]

---

108) 원산지협정 제 2 조.

(3) 기관 및 절차

원산지협정에 따라 각 회원국의 대표로 구성되는 원산지규정위원회(위원회)와 원산지규정에 관한 기술위원회(기술위원회)가 설치된다. 위원회는 협정의 운영과 관계되거나 협정에 명시된 목적의 증진과 관계되는 사항에 관하여 협의하고, 적어도 1년에 1회 이상 회합한다. 1995년 4월 위원회는 일반이사회가 옵저버 자격으로 위원회에 참가하는 것을 허용하였다. 기술위원회는 제 1 부속서에 기술된 기술적 작업을 수행한다.[109] 각 회원국은 기술위원회에서 자국을 대표하는 권리를 갖는데, 기술위원회에서 자국을 대표하는 1명의 대표와 1명 또는 그 이상의 교체대표를 지명할 수 있다. 위원회는 원산지규정의 조화를 위한 목적과 원칙을 고려하여 조화작업계획의 결과에 대한 개정안을 검토하고 제안하는 제도를 기술위원회와 협력하여 수립하게 된다.

회원국은 WTO 협정이 자국에 대하여 발효하는 날로부터 90일 이내에, 자국의 원산지규정과 관련 사법결정 및 행정결정을 사무국에 제출하여야 한다. 새로운 원산지규정을 도입하는 회원국은 원칙적으로 새로운 규정이 발효하기 60일 이전에 공표하여야 한다.[110]

(4) 원산지 판정 기준

WTO 원산지규정은 특정 상품의 완전생산국 또는 2개국 이상이 생산에 관련된 경우 최종적인 실질적 변형이 이루어진 국가가 원산지가 되도록 하고 있다. 전자를 완전생산(wholly obtained)기준이라 하고, 후자를 실질적 변형(substantial transformation)기준이라 한다.[111] 일국에서 완전히 취득되고 생산된 상품은 원산지를 판정하기가 상대적으로 수월하다. 문제는 타국에서 원재료를 수입하여 가공 또는 조립하는 경우와 같이 생산이 2개국 이상에 걸쳐 이루어지는 경우로서, 이러한 경우는 실질적 변형기준이 적용된다. 실질적 변형 여부와 관련하여 관세분류변경(또는 稅番變更; change in tariff classification)기준을 원칙으로 하며, 부가가치기준 또는 특정공정기준을 보완적으로 적용한다.[112]

---

109) 원산지협정 제 4 조.
110) 원산지협정 제 5 조.
111) 원산지협정 제 9 조 2 (c).
112) 원산지협정 제 9 조 2 (c)(iii).

관세분류변경기준이란 수입되는 원료의 관세분류와 완제품의 관세분류를 비교하여 일정단위 이상으로 변경되는 경우 실질적 변형으로 인정하여 원산지를 부여하는 것을 말한다. 관세분류변경기준은 관세분류인 통일관세분류(HS) 품목번호를 통해 판정하는 방법으로, HS 품목번호는 수출입되는 상품에 대한 국제간 공통되는 물품분류체계로서 어떠한 품목이라도 반드시 하나의 번호에 분류된다. 부가가치기준(*ad valorem* percentage test)은 특정 상품의 전체 가치 중에서 최종 공정을 수행한 국가에서 일정한 정도의 부가가치를 창출하는 경우, 해당 국가를 원산지로 인정하는 기준이다. 이 기준은 논리적으로는 타당한 기준으로 볼 수 있지만, 세관이나 거래자에게 서류제출 등 추가적 부담을 주기 때문에 예외적으로 사용한다. 특정공정기준(specified process test or technical test)은 제조공정 가운데 특정한 공정을 수행하거나 특정의 부품을 사용한 국가를 원산지로 인정하는 기준이다.[113] 예컨대 TV의 경우 브라운관 생산국이 원산지라고 하는 경우나, 의류는 재단이 된 국가가 원산지라고 하는 경우 등이 이에 해당된다.

원산지규정에 관해서는 각국이 자국 법으로 규정하고 있기 때문에 WTO는 통일원산지규정을 제정하기 위한 노력을 경주하여 왔다. 그러나 현재까지 WTO에서 합의를 도출하는 데에는 이르지 못하고 있고, 각국은 자국의 원산지규정을 독자적으로 적용하게 되어 동일한 상품에 대한 원산지 부여 기준이 상이하게 나타날 수 있다. 한국에서 재단된 직물을 중국에서 봉제하여 미국에 수출하는 경우를 예로 들어 보면, 한국의 원산지규정은 재단기준을 적용하고 미국의 원산지규정은 봉제기준을 적용하는 까닭에, 미국은 동 의류의 수입시 원산지를 중국으로 판정하게 된다. 뿐만 아니라, 현재는 원산지 판정시 수입국 기준을 적용하여 판정하나, WTO 통일원산지규정 협상이 마무리될 경우 봉제기준으로 통일화하자는 쪽으로 의견이 모아지고 있는 것도 참고할 필요가 있다. 실제로 미국의 마이크론이 한국의 하이닉스전자와 삼성전자를 미국 상무부에 제소한 사례도 참고할 만한 경우이다. 마이크론사는 제소대상 물품의 범위에 한국에서 웨이퍼 가공공정(前工程)과 반도체 조립공정(後工程)을 거친 것과 한국에서 前공정을 거

---

113) Moshe Hirsch, International Trade Law, Political Economy and Rules of Origin - A Plea for a Reform of the WTO Regime on Rules of Origin, *Journal World Trade*(2002), pp. 171, 177.

치고 타국에서 後공정을 수행한 것, 타국에서 前공정을 거치고 한국에서 後공정을 수행한 것 모두를 대상으로 제소하였다. 그러나 우리나라는 미국과 WTO의 통일원산지규정을 들어 반도체의 경우 前공정에 원산지가 부여된다고 주장함으로써, 타국에서 前공정을 거친 후 한국에서 後공정을 수행한 것은 제소대상에서 제외시킬 수 있었다. 일본에서 前공정을 거치고 한국의 하이닉스에서 後공정을 마쳐 최종 반도체로 조립한 경우, 원산지는 前공정을 수행한 일본이 되기 때문이었다.

(5) 통일원산지 규정

원산지규정이 이와 같이 비관세장벽으로 통상법상의 문제를 야기할 수 있음이 널리 인식됨에 따라 우루과이라운드에서는 통일원산지규정을 제정하기 위한 협상을 진행하였고, 현재 통일원산지규정 제정을 위한 작업을 진행하고 있다.

(가) 목적 및 원칙

원산지규정은 본 협정 제1조에 명시된 모든 목적에 대하여 동등하게 적용되어야 한다. 원산지규정은 객관적이고 이해가능하며 예측가능하여야 하고, 일관성이 있어야 한다.

원산지규정은 특정 상품의 완전생산국 또는 2개국 이상이 생산에 관련된 경우 최종적인 실질적 변형이 이루어진 국가가 원산지가 되도록 규정하여야 한다. 원산지규정은 국제무역을 제한하거나 왜곡 또는 교란시키지 아니하여야 한다. 원산지국 판정을 위하여 지나치게 엄격한 요건을 부과하지 않아야 하고, 제조나 가공과 무관한 특정 조건의 충족을 요구하지 아니하여야 한다.

원산지규정은 일관적이고 통일적이며 공정하고 합리적인 방식으로 운영되어야 한다. 원산지규정은 적극적 기준을 기초로 하여야 하며, 소극적 기준은 적극적인 기준을 명확하게 하기 위하여 사용될 수 있다.[114]

(나) 작업계획

작업계획은 위원회와 기술위원회가 수행하며, WTO 협정 발효 후 가능한

---

114) 원산지협정 제9조 제1항.

한 조속히 개시되어 3년 내에 완결되어야 한다.

관세협력이사회의 세부사항을 규정하기 위하여 위원회는 기술위원회에 원산지통일원칙을 토대로 원산지결정기준 설정작업의 결과에 대한 해석과 의견을 제출하도록 요청하여야 한다. 통일화작업계획을 정해진 시한 내에 완결하기 위하여, 통일관세분류(HS)의 部(chapters) 또는 項(section)의 품목별 분류에 따라 작업하게 된다. 기술위원회는 일국에서 완전 생산된 상품과 원산지를 부여할 수 없는 최소공정과 가공에 대하여 정의하여야 한다. 이러한 작업결과는 위원회의 요청이 접수된 후 3개월 이내에 위원회에 제출하여야 한다.

기술위원회는 실질적 변형기준을 토대로 특정상품이나 상품군에 대한 원산지규정을 만들 경우 관세분류를 사용하게 되는데, 적절한 경우 품목분류체계 내에서 최소한으로 변경할 수 있다. 기술위원회는 HS 분류를 감안하여 상기 작업을 품목별로 구분하고, 분기별로 위원회에 결과를 제출하여야 한다. 기술위원회는 위원회의 요청 접수 후 1년 3개월 이내에 상기 작업을 완료하여야 한다.

HS 분류만으로는 실질적인 변형을 표시하지 못하는 경우, 기술위원회는 실질적 변형기준을 토대로 종가(ad valorem)비율 또는 생산이나 가공공정 등의 요건을 보완적 또는 배타적 방법으로 사용할 수 있다. 최소한 분기별로 작업결과를 위원회에 제출하기 위하여, 기술위원회는 상기 작업을 HS 분류의 部와 項을 고려하여 품목별로 나누어야 한다. 기술위원회는 위원회의 요청을 받은 후 2년 3개월 이내에 상기 작업을 완료하여야 한다.[115]

7. 수입허가절차

(1) 일반원칙

수입허가절차는 수입국의 관세지역으로 수입하기 위한 사전 조건으로서, 수입신청서나 관세 목적 이외의 기타 서류를 관련 행정기관에게 제출하도록 요구하는 행정절차를 말한다. 회원국은 수입허가절차가 부적절하게 운영됨으로써 무역왜곡이 발생하지 않도록 하여야 한다. 수입허가절차에 대한 규칙은 中立性·衡平性·公正性이 유지되어야 하며, 부당한 운용으로 국제무역의 왜곡을

---

115) 원산지협정 제 9 조 제 2 항.

초래하여서는 아니 된다.

　수입허가절차에 관한 규칙과 정보는 가능한 한 발효일 21일 이전에 공표됨으로써, 다른 회원국과 무역업자가 알 수 있도록 하여야 한다.

　신청 및 갱신형식, 신청 및 갱신절차는 가능한 한 단순하게 하여야 하며, 사소한 서류상의 실수는 본질적인 데이터를 훼손하지 않는 한 거부되어서는 아니 되고, 가치·수량·중량의 사소한 변경이 있더라도 수입허가 자체를 부정할 수 없다.[116]

(2) 자동수입허가

　자동수입허가란 모든 경우에 신청이 있으면 승인이 부여되는 경우를 말하는 것으로, 수입품에 대한 규제효과를 초래하는 방법으로 운영되어서는 아니 된다.

　자동허가절차는 다음의 경우를 제외하고 무역제한효과를 가지는 것으로 간주된다. 자동허가품목의 수입에 필요한 수입국의 법적 요건을 충족시킨 개인, 회사 또는 기관은 수입허가의 신청 획득시 동등한 자격을 주어야 한다. 허가신청서는 통관 이전의 어떠한 근무일에도 제출될 수 있어야 한다. 허가신청서가 적절하고 완전한 형태로 제출되었을 때 행정적으로 가능한 한 접수 후 즉시 승인되어야 하는데, 최대한 10근무일을 넘겨서는 아니 된다.

　회원국은 다른 적절한 절차가 구비되어 있지 아니한 경우에는 언제나 자동수입허가가 필요한 것으로 인정한다. 자동수입허가는 그 여건이 계속되고, 자동수입을 허가한 행정상의 근본적 목적이 보다 적절한 방법으로 달성될 수 없는 한 유지되어야 한다.[117]

(3) 비자동수입허가

　비자동수입허가는 자동수입허가 이외의 경우로서, 수입에 대한 무역제한이나 왜곡효과를 갖지 않아야 한다.

　회원국은 관련 품목의 무역에 이해관계가 있는 회원국의 요청시 제한의 시행, 최근기간 동안 부여된 수입허가, 그러한 허가의 공급국간 배분, 실행 가능한

---

116) 수입허가절차협정 제 1 조.
117) 수입허가절차협정 제 2 조.

경우 수입허가대상품목의 수입통계에 관한 모든 관련 정보를 제공한다. 허가를 통하여 쿼터를 관리하는 회원국은, 물량이나 금액기준으로 적용되는 쿼터총량과 쿼터의 개시일 및 마감일, 그리고 이에 대한 모든 변경을 발효일로부터 21일 이내에 공표하여야 한다.

신청서는 회원국이 통제할 수 없는 이유로 불가능한 경우를 제외하고는 선착순에 따라 접수 검토된 날로부터 30일 이내에 처리되어야 하고, 모든 신청서가 동시에 검토되는 경우에는 60일 이내에 처리되어야 한다. 회원국은 허가 배분시 신청자의 수입실적을 고려하여야 하고, 신규 수입자에 대해 합리적인 허가 배분이 이루어지도록 하여야 한다. 개발도상회원국, 특히 최빈개도국 상품을 수입하는 수입자는 특별히 고려되어야 한다.[118]

(4) 통 고

회원국의 대표로 구성되는 수입허가위원회가 설치된다. 위원회는 협정의 운영이나 목적의 증진에 관한 모든 사안에 관하여 협의하기 위하여 필요에 따라 회합한다.[119]

수입허가절차를 제정하거나 변경한 회원국은 공표 후 60일 이내에 수입허가위원회에 통고하여야 한다.[120] 허가절차대상 상품목록, 자격요건에 관한 정보를 얻을 수 있는 접촉선, 신청서 제출 행정기관, 허가절차가 공표된 경우 발간물의 일자와 명칭, 허가절차가 제 2 조 및 제 3 조에 포함된 정의에 따른 자동 또는 비자동인지의 여부 명시, 자동수입허가절차인 경우 그 행정적 목적, 비자동수입허가절차인 경우 동 허가절차를 통하여 시행되고 있는 조치의 명시, 그리고 허가절차의 예상 소요기간 및 그러한 정보가 제공될 수 없는 이유 등이 통고에 포함된다.[121]

허가절차의 제도화나 그 변경사항에 대하여 통보하지 않았다고 판단하는 이해당사국은 해당 회원국의 주의를 환기시킬 수 있다. 그 후에도 신속하게 통고되지 않는 경우, 그 이해당사국은 적절하고 이용가능한 모든 정보를 포함하

---

118) 수입허가절차협정 제 3 조.
119) 수입허가절차협정 제 4 조.
120) 수입허가절차협정 제 5 조 제 1 항.
121) 수입허가절차협정 제 5 조 제 2 항.

여, 스스로 허가절차나 그 변경사항을 통고할 수 있다.[122]

8. 관세평가

(1) 협정의 배경

GATT 제7조는 관세평가와 관련하여 ① 체약국은 제7조에 규정된 평가의 일반원칙에 대한 타당성 인정과 그 시행을 약속하고, ② 수입상품의 관세평가는 관세가 부과되는 수입상품 또는 동종상품의 실제가격에 따르며, ③ 해당 수입 상품에 면제된 것 또는 상환으로 인한 경감금액의 배제, ④ 환율은 IMF 규정에 의하고, ⑤ 상품가액을 산정하는 기초와 방법의 안정성 및 공표를 규정하고 있다. 그러나 GATT 제7조는 평가기준에 대한 구체적 규정이 없고, 실제 거래가격 결정이 불가능할 경우 과세가격 산출기준을 각국 법에 따라 임의로 결정할 수 있게 되어 있었다. 이에 따라 동경라운드에서는 공통의 관세평가기준을 확립할 목적으로 GATT 제7조 이행에 관한 협정이 채택되었고, UR 협상에서는 이를 보완·발전시켜 전문과 본문 24개 조 및 3개의 부속서로 구성된 GATT 제7조 이행에 관한 협정, 소위 관세평가협정을 채택하게 되었다.

(2) 관세가격의 산정

관세평가를 하기 위해서는 먼저 수입상품의 관세가격을 설정하여야 한다. 수입상품의 관세가격은 수입상품에 종가관세를 부과하기 위한 목적의 상품가격을 의미한다.[123]

수입상품의 관세가격은 수입국에 수출판매되는 상품에 대하여 실제로 지불했거나 지불할 가격인 거래가격을 관련 규정에 따라 조정한 가격을 말한다. 이러한 지불은 화폐의 전송형태로 이루어져야만 하는 것은 아니고, 신용장 형태나 협상가능한 다른 수단으로도 이루어질 수 있다. 지불은 직접 또는 간접적으로 이루어질 수 있는데, 판매자의 부채를 상계하는 것은 간접적 지불의 한 형태가 될 수 있다.

---

122) 수입허가절차협정 제5조 제5항.
123) 관세평가협정 제15조 제1항.

이 규정에 따라 수입상품의 관세가격이 결정될 수 없는 경우, 평가대상 상
품과 동일한 상업적 단계에서 실질적으로 동일한 수량으로 판매되는 동종동질
상품(identical goods)의 거래가격이 관세가격을 결정하는 데 사용된다. 동종동질
상품이란 물리적 특성, 품질 및 평판(quality and reputation) 포함하여 모든 면에서
동일한 상품을 의미하는 것이다.124) 이러한 판매가 존재하지 아니하는 경우 상
이한 상업적 단계 및/또는 상이한 수량으로 판매되는 동종동질상품의 거래가격
을 상업적 단계나 수량 차이를 감안하여 조정 사용한다. '및/또는'의 의미는 상
이한 상업적 단계이면서 동일한 수량의 경우, 동일한 상업적 단계이면서 상이한
수량의 경우, 상이한 상업적 단계이면서 상이한 수량인 경우 세 가지를 탄력적
으로 사용하게 하는 것이다. 동종동질상품의 거래가격이 둘 이상 있을 경우 그
중 가장 낮은 가격이 동 수입상품의 관세가격을 결정하는 데 사용된다.

이러한 방법에 따라 수입상품의 관세가격이 결정되지 못할 경우, 관세가격
은 평가대상 상품과 동시 또는 거의 동시에 수출되는 유사상품의 거래가격을
기준으로 한다. 유사상품은 모든 면에서 동일하지는 않더라도 동일한 기능을 수
행할 수 있게 하고 상업적으로 상호 교환가능할 만큼 유사한 특성과 유사한 구
성요소를 갖는 상품을 의미한다.125) 이러한 판매가 존재하지 아니하는 경우 상
이한 상업적 단계 및/또는 상이한 수량으로 판매되는 동종동질상품의 거래가격
을 상업적 단계나 수량 차이를 감안하여 조정 사용한다. 조정의 요건은 그 증감
과는 관계없이 상이한 단계 또는 상이한 수량을 언급하고 있는 가격목록 등과
같이 조정의 합리성과 정확성을 명백히 보여주는 입증된 증거에 기초하여야 한
다. 상품의 유사성 여부를 결정함에 있어 고려되는 요소로는 상품의 품질, 평판
및 상표의 존재 등을 들고 있다.

상기의 세 가지 방법에 의해 관세가격이 결정될 수 없는 경우에는 수입 후
의 판매가격에서 수입자의 이윤과 운송 보험료 등을 포함한 관련 경비를 공제
하여 과세가격을 결정하는 제 5 조를 적용한다. 이에 의해서도 관세가격을 결정
할 수 없는 경우, 생산비에 생산자의 이윤 및 기타 관련경비 등을 가산한 가격
을 기준으로 하는 제 6 조의 규정에 따르게 된다. 단, 수입자의 요청이 있는 경

---

124) 관세평가협정 제15조 제 2 항 가.
125) 관세평가협정 제15조 제 2 항 나.

우에는 제 5 조와 제 6 조의 적용순위가 바뀔 수 있다.

수입품의 관세가격이 이상의 방법에 따라 결정될 수 없을 경우, 관세가격은 관세평가협정 및 GATT 1994 제 7 조의 원칙과 일반규정에 부합되는 합리적인 기준에 따라 수입국 내에서 입수가능한 자료를 기초로 결정하게 된다.

이상에서 본 바와 같이 수입상품의 관세평가는 원칙적으로 당해 상품의 실제거래가격을 기준으로 한다. 여기에 구매수수료를 제외한 수수료 및 중개료, 컨테이너비용, 포장비용 등 구매자에 의하여 부담되나 상품에 대하여 실제 지불했거나 지불할 가격에 포함되어 있지 아니한 금액이 부가된다. 그 외에 수입품의 생산 및 수출판매와 관련한 사용을 위하여 구매자에 의하여 무료 또는 인하된 가격으로 직접 또는 간접적으로 공급되는 상품 및 서비스의 가격 중 실제 지불했거나 지불할 가격에 포함되지 아니한 부분으로서 적절히 배분하여 산출한 가격, 구매자가 평가대상 상품의 판매조건의 하나로 직접 또는 간접적으로 지불하여야 하나 실제 지불했거나 지불할 가격에는 포함되어 있지 아니한 경우 평가대상 상품에 관련된 사용료 및 인가비용, 수입품의 추후 재판매, 처분 또는 사용에 따르는 수익금액 중 판매자에게 직접 또는 간접적으로 귀속되는 부분의 가치도 부가된다. 운송관련 비용의 포함 여부는 자국의 관련 법에 따르도록 하고 있다.

(3) 기타 관세평가규칙

관세가격의 결정을 위하여 화폐환산이 필요한 경우, 환율을 적용하게 된다. 사용될 환율은 관련 수입국의 권한있는 당국에 의하여 정식으로 공표된 것이며, 각 공표문서가 대상으로 하고 있는 기간 동안 수입국 화폐기준으로 상거래에서 그 화폐의 현행가치를 가능한 한 효과적으로 반영한 것이어야 한다.

성격상 비밀이거나 또는 관세평가 목적을 위해 비밀로 제공되는 모든 정보는 관계당국에 의하여 엄격히 비밀로 취급되며, 관계당국은 사법절차에서 공개가 요구되는 범위 내에서 예외적으로 공개하고, 당해 정보를 제공한 당사자 또는 정부의 명시적인 허락없이는 이를 공개하지 아니한다.

각 회원국의 법률은 수입자 또는 그 밖의 관세지불 의무자에게 벌칙부과 없이 관세가격 결정에 관하여 이의제기를 할 수 있는 권리를 규정하고 있다. 벌칙부과 없는 일차적인 이의제기 권리는 특정 세관당국 내의 기관 또는 독립된 기관을 대상으로 할 수 있으나, 각 회원국의 법률은 벌칙부과 없이 당국에 이의 제기를 할 수 있는 권리를 규정하고 있다.

그리고 수입자는 서면요청으로 자신의 상품에 대한 관세가격이 어떠한 방법으로 결정되었는지에 관하여 수입국의 세관당국으로부터 서면으로 설명받을 권리를 가진다.

(4) 기관 및 분쟁해결

관세평가협정에 따라 회원국 대표로 구성되는 관세평가위원회(위원회)가 설치되는데, 위원회는 자체 의장을 선출하게 된다. 위원회는 회원국에게 특정 회원국의 관세평가제도의 시행과 관련된 사항을 협의할 기회를 부여하고, 그 밖의 임무 수행을 목적으로 매년 1회 또는 협정 관련규정에 규정된 바에 따라 회합한다. 관세협력이사회의 후원 하에 관세평가에 관한 기술위원회(기술위원회)가 설치된다.

다른 회원국에 의해 직접 또는 간접적으로 자국의 이익이 무효화 또는 침해되거나 이 협정의 목적달성이 저해된다고 간주하는 회원국은 해당 사안의 해결을 위하여 관련 회원국에 대하여 협의를 요청할 수 있다. 기술위원회는 요청이 있는 경우, 협의에 참여하는 회원국에게 조언과 지원을 제공하게 된다. 관련 분쟁을 검토하기 위해 설치된 패널은 분쟁당사자의 요청 또는 자체 결정에 따라 기술위원회에 대해 기술적 고려가 필요한 사안에 대한 검토를 실시할 것을 요청할 수 있다. 패널은 특정 분쟁에 관한 기술위원회의 위임사항을 정하고 기술위원회의 보고서 제출기한을 지정하게 된다. 패널은 기술위원회의 보고서를 고려한다. 이 규정에 따라 회부된 사안에 대하여 기술위원회가 컨센서스에 도달하지 못하는 경우, 패널은 분쟁당사자로 하여금 패널에서 동 사안에 대한 자신의 견해를 제시할 수 있는 기회를 부여한다.

9. 투자조치

(1) 원   칙

무역관련투자조치는 UR 협상에서 가장 논란이 많았던 분야 중의 하나였
다. 개발도상국들은 투자에 관련한 다자간 규칙은 GATT의 범위를 넘는 것으로,
GATT에서 다루기에는 적절치 않은 것이라고 주장하였다. 반면 미국 등 OECD
국가들은 투자의 흐름을 왜곡하는 정책은 국제무역의 흐름에도 중요한 영향을
미치므로, 다자간 규칙에 포함되어야 한다고 반박하였다. 이러한 대립의 당연한
결과로서 무역관련투자조치협정(Trade Related Investment Measures: TRIMs)은 타협
의 산물로 등장하였다.126)

TRIMs는 상품무역에 관련된 투자조치에만 적용되는데,127) GATT 1994 제
3 조 내국민대우 및 제11조 수량제한의 일반적 금지에 반하는 무역관련투자조
치는 금지된다.128) 인도네시아-자동차 사건에서는 인도네시아의 보조금프로그
램과 투자조치협정의 합치성 여부를 검토하였다. 인도네시아는 해당 보조금은
수혜자나 다른 당사자의 투자결정에 간접적으로 영향을 줄 수 있으나 이러한
결정은 보조금의 의도하지 않은 결과일 뿐이라고 하면서, 해당 조치는 무역관련
투자조치가 아니라고 주장하였다. 그리고 TRIMs 협정은 기본적으로 외국 투자를
위한 공평한 활동무대를 규율하고 규정하는 것으로, 내국세나 보조금과 관련된
조치는 무역관련 투자조치가 될 수 없다고 하였다. 이에 대하여 패널은 투자조
치라는 용어는 외국투자에 특정하게 적용되는 조치에만 국한되는 것은 아니라
고 하여 이를 부정하였다. 내국세의 혜택이나 보조금은 TRIMs 협정의 중점이
되는 국내부품요건에 연계될 수 있는 다양한 형태의 혜택 중 하나라는 점을 강
조하였다. TRIMs 협정의 문언에는 회원국이 어떤 조치를 투자라고 정의하지 않
았다거나 투자규제로서 명백히 채택된 것이 아니라는 이유에서 해당 조치가 투
자조치가 아니라고 밝히는 규정은 어디에도 없다고 하였다. 따라서 자동차 프로
그램에 의해 채택된 일부 규정과 결정은 투자기관이 채택한 조치라고 결론을

---

126) Bernard M. Hoekman, *Trade Law and Institutions*(The World Bank, 1995), p. 40.
127) 무역관련투자조치협정 제 1 조.
128) 무역관련투자조치협정 제 2 조.

내리게 되었다.[129)]

투자제약조건을 철폐하기 위하여 내국민대우와 수량제한금지에 반하는 조치의 리스트를 부속서에 명시하고 있다. 전자의 경우에 해당되는 것으로, 투자유치국에서 국산품이나 국내에서 조달된 제품의 사용이나 구매를 강요하는 것, 수입물품의 구매나 사용이 투자유치국 국산품의 수출과 연계되어 있는 경우가 있다.[130)] 다만 내국민대우의무와 합치하지 아니하는 무역관련 투자조치는 국내법 또는 행정결정에 의하여 의무적이거나 집행가능한 조치, 또는 특혜를 얻기 위하여 준수할 필요가 있는 조치여야 한다. 인도네시아-자동차 사건의 패널은 세금이나 관세 혜택은 특혜에 해당된다고 하였다. TRIMs 협정 부속서 리스트의 용어는 국산품 이용 조건부의 단순한 특혜는 구속적이지 않다 할지라도 TRIMs 협정 제 2 조의 위반으로 간주되는 것이 명백하다고 하였다. 따라서 자동차프로그램 하에서 국내부품요건에 따름으로써 얻게 되는 세금 및 관세 혜택은 특혜를 구성한다고 보는 것이 옳다고 지적하였다.[131)] 후자에 해당되는 것으로는 투자유치국 국내에서의 생산에 필요한 물품의 수입 제한, 이들 국내생산제품의 수출물량이나 금액과 연계한 제한, 외환조달의 규제를 통하여 투자유치국 국내생산에 필요한 제품수입의 제한, 투자유치국에서 수출이나 수출을 위한 판매를 특정한 제품·물량·금액으로 제한하거나 국내생산물량 금액과 비례한 제한이 있다.[132)] GATT 1994 제18조, GATT 1994의 국제수지규정에 관한 양해, 1979년 11월 28일 채택된 국제수지목적을 위해 취한 무역조치에 관한 선언상 개발도상 회원국에게 인정하는 범위와 방법에 따라 내국민대우 및 수량제한금지원칙으로부터 일시적인 일탈이 허용된다.[133)]

(2) 협정의 준수

회원국은 WTO 협정 발효 후 90일 이내에 TRIMs에 반하는 무역관련 투자조치를 상품교역이사회에 제출하여야 한다. 이러한 조치는 WTO 협정 발효일로

129) Indonesia - Autos, Panel Report, para. 14.73.
130) 무역관련투자조치협정 부속서 제 1 항.
131) Indonesia - Autos, Panel Report, paras. 14.88~14.89.
132) 무역관련투자조치협정 부속서 제 2 항.
133) 무역관련투자조치협정 제 3 조.

부터 선진국은 2년 이내, 개발도상국은 5년 이내, 최저개발국은 7년 이내에 철
폐하여야 한다. 개발도상회원국이 TRIMs 규정 이행상 특별한 어려움을 입증하
여 요청하는 경우, 상품무역이사회는 무역관련투자조치 철폐를 위한 경과기간
을 연장할 수 있다. 경과기간 동안 회원국은 TRIMs에 따라 통고한 무역관련투
자조치의 조건이 WTO 협정 발효일 당시 유효한 조건으로부터 변경되어 내국
민대우 및 수량제한금지원칙에 반하는 정도를 증대시킬 수 없다. 그리고 WTO
협정 발효일 이전 180일 이내에 도입된 무역관련투자조치는 경과조치의 적용을
받지 않는다. 신규투자 상품이 기존기업의 상품과 동종상품인 경우, 신규투자와
기존기업간의 경쟁조건의 왜곡을 피하기 위하여 필요한 경우, 기존의 기업에 불
이익을 주지 않도록 하기 위하여 신규투자에 대해서도 경과기간 중 동일한 무
역관련투자조치를 적용할 수 있다.[134]

　　이러한 통고시 회원국은 투명성을 확보하여야 한다. 회원국은 자국의 무역
관련투자조치를 사무국에 통보하고, 타 회원국의 정보요청을 호의적으로 고려
하고 협의를 위한 적절한 기회를 제공하여야 한다.[135]

　　상품무역이사회가 부여하는 책임을 수행하고, 회원국에게 TRIMs의 운영과
이행에 관련된 사안에 관해 협의할 수 있도록 무역관련투자조치위원회를 설치
한다.[136] 상품교역이사회는 WTO 협정 발효 후 5년 이내에 협정운용사항을 검
토하여 필요한 경우에는 각료회의에 협정문의 개정을 제안할 수 있다. 이러한
검토과정에서 상품무역이사회는 이 협정이 투자정책 및 경쟁정책에 관한 규정
에 의하여 보완되어야 할 것인지를 검토한다.[137]

10. 정부조달

(1) 적용범위

　　정부조달협정은 서명국에 대해서만 발효하는 복수국간무역협정으로, 원래
동경라운드에서 처음 논의된 것이었다.[138] UR을 통하여 채택된 정부조달협정은

---

134) 무역관련투자조치협정 제 5 조.
135) 무역관련투자조치협정 제 6 조.
136) 무역관련투자조치협정 제 7 조.
137) 무역관련투자조치협정 제 9 조.
138) Hoekman, *supra* note 122, p. 41.

협정의 적용을 받는 모든 조달기관에 의한 조달에 관한 법률, 규정, 절차 또는 관행에 적용된다. 상품 및 서비스의 결합을 포함하여, 구매·리스·임차·할부구매 등 모든 계약형태에 의한 조달에 적용된다.

본 협정이 적용되는 정부조달의 경우 모든 법률, 규칙, 절차, 관행상 국내업자와 타 회원국 공급업자 또는 회원국 공급업자간 차별을 두지 않아야 한다. 이와 같이 정부조달협정은 상품과 서비스의 조달을 위한 공공입찰에서 내국민대우와 최혜국대우 등 개방적이고 비차별적 접근을 확보하기 위한 규칙을 강화하였다.[139]

(2) 입   찰

회원국은 입찰과 낙찰에 관련된 정보를 공개하여야 하고,[140] 회원국의 조달관련 법과 제도의 투명성을 보장하여야 한다.[141] 정부조달과 관련하여, 품질·규격·안전·성분·기호·포장·생산과정과 방법 등에 관한 기술적 사양이 국제무역에 장벽이 되지 않도록 하여야 한다. 조달기관이 정하는 기술규격은 적절한 경우, 도안 또는 기술된 특징보다는 성능에 관한 것이어야 하며, 국제표준이 존재하는 경우에는 국제표준에 근거하여야 하며, 그렇지 않은 경우 국가 기술 규정이나 인정된 국가표준 또는 건축법규에 근거하여야 한다.[142]

입찰절차와 입찰자격심사에서 최혜국대우와 내국민대우원칙이 적용되어야 한다. 따라서 조달기관은 특정 공급자에게 경쟁을 방해할 수 있는 정보를 제공하여서는 아니 되며, 외국 공급자를 배제하기 위한 목적으로 공급자에 대한 심사절차 등이 활용되어서는 아니 된다.[143]

조달기관은 제한입찰의 경우를 제외하고, 모든 조달에 대한 참가초청을 공고하여야 한다. 선택입찰절차상 조달기관은 국내 및 외국 공급자를 최대한 초청하여야 하고, 입찰시간은 충분히 제공되어야 한다. 제한입찰의 경우 경쟁을 피하기 위한 목적이거나 국내공급자와 외국 공급자를 차별하기 위한 수단으로 사

---

139) 정부조달협정 제 3 조.
140) 정부조달협정 제 9 조, 제11조.
141) 정부조달협정 제19조.
142) 정부조달협정 제 6 조.
143) 정부조달협정 제 7 조, 제 8 조.

용될 수 없다. 다만, 응찰자가 없거나 담합입찰 또는 입찰요건을 충족시키지 못
하는 경우, 예술품이거나 특허 및 저작권보호 또는 기술적 사유로 특정 공급자
만이 공급할 수 있는 경우, 극도의 긴급한 사유로 공개입찰이나 선택입찰절차로
는 적시에 해당 상품이나 서비스를 입수할 수 없는 경우, 호환성 문제상 기존
상품이나 서비스를 계속 공급하기 위한 경우, 조달기관의 요청에 따라 개발된
시제품이나 상품 및 서비스 조달의 경우는 제한입찰이 허용된다.[144]

　　조달기관은 공급자, 상품 또는 서비스의 자격심사나 선정에 있어서 또는
입찰서의 평가나 낙찰에 있어서 대응구매를 부과하거나 모색하지 말아야 한다.
대응구매란 국산부품 사용, 기술 사용허가, 투자요건, 연계무역, 또는 유사한 요
건을 통해 국내 개발을 장려하거나 국제수지 계정을 개선하기 위하여 사용되는
조치를 말한다. 그러나 개발에 관한 정책적 고려를 포함한 일반 정책적인 고려
를 감안하여 개발도상국은 가입시 국산부품 통합 요건과 같은 대응구매의 사용
조건에 대해 협상할 수 있다.[145]

　　전쟁물자의 조달이나 국가안보 또는 국방목적에 필수적 조달의 경우 자국
의 필수적인 안보 이익을 보호하기 위해 필요하다고 간주하는 조치의 실시나
정보는 공개하지 않을 수 있다. 그리고 공공질서·공중도덕·공중보건·지적재
산권 보호조치의 강화를 위한 경우, 장애자·자선단체·죄수가 공급하는 물자나
서비스의 경우에도 본 협정의 적용을 받지 않는다.[146]

(3) 적용기준

　　정부조달협정은 협정에 따라야 하는 중앙정부, 지방정부, 기타 정부적 실체
(공익사업) 등의 정부기관을 부속서에 명시하고 있다. 정부조달협정은 중앙정
부에 의해 조달되는 130,000SDR 이상의 상품 및 서비스계약에 적용되나, 지방
정부의 경우는 일반적으로 200,000SDR을 기준으로 하고, 공익사업의 경우는
400,000SDR이 기준이 된다. 건축서비스의 경우 500만SDR 이상의 조달사업에
협정이 적용된다.[147] 이러한 기준은 인플레이션과 무관하게 적용되므로, 해가

---

144) 정부조달협정 제15조.
145) 정부조달협정 제16조.
146) 정부조달협정 제23조.
147) 제 1 부속서상에 기준가액을 명시하고 있다.

제 2 절   지적재산권무역   **331**

바뀜에 따라 더욱 많은 정부조달이 본 협정의 적용을 받게 된다.

가장 주요한 결점은 복수국간 무역협정인 까닭에 참여가 선택적이라는 것으로, 비서명국은 동 협정의 규제를 받지 않는다. 기존의 GATT 조달코드에 서명하지 않은 국가 중, 우리나라만이 정부조달협정상의 의무를 수락하였다.

(4) 분쟁해결

정부조달에 관한 분쟁은 일반적으로 WTO의 분쟁해결절차를 따르나, 몇 가지 점에서 특칙을 규정하고 있다. 패널보고서 제출시한과 관련하여 분쟁해결 규칙 및 절차에 관한 양해각서(DSU)에 규정된 시한보다 2개월 단축되도록 노력하여야 한다. DSU 제21조 제 5 항은 권고 및 결정에 따르기 위해 취해진 조치의 존재 또는 적용협정과의 일치여부에 대해 이견이 있을 경우 패널은 90일 이내에 결정하도록 하고 있으나, 본 협정에 관한 경우 60일 이내에 결정하여야 한다.[148] 그리고 DSU 제22조 제 2 항의 交叉報復도 인정되지 않는다.[149]

제 2 절   지적재산권무역

1. GATT와 지적재산권

(1) 지적재산권협상

원래의 GATT 협정에는 지적재산권 규정이 거의 없었다.[150] 그러나 상품에 포함된 'know-how'가 상업적 이익이 된다는 인식이 커지면서 지적재산권의 보호를 위한 요청이 잦아지게 되었다.

지적재산권에 대한 논의는 비관세장벽의 철폐를 목적으로 개최된 동경라운드에서 처음으로 다루어지기 시작하였다. 동경라운드에서는 지적재산권의 보호가 부적절한 경우를 비관세장벽의 범주에 포함시켰고, 라운드 후반에는 미국과

---

148) 정부조달협정 제22조 제 6 항.
149) 정부조달협정 제22조 제 7 항.
150) GATT 제 9 조는 원산지표시를 논의하였고, 제20조는 준수확보를 논의하면서 특허와 저작권을 언급하였을 뿐이다.

유럽공동체가 위조상품문제를 적극적으로 다루었다. 그러나 이러한 시도는 개발도상국의 지지를 받지 못함으로써, 그 구체적 입법화에는 실패하고 말았다. 1985년에는 GATT 전문가그룹이 위조상품문제를 더욱 심도 있게 다루었고, 향후의 GATT 협상에서는 여타의 지적재산권문제도 포함시킬 수 있도록 기초를 닦아 놓았다.

1986년 9월의 UR 출범선언 이후 1988년까지 11차례에 걸친 공식회의에서 지적재산권의 교역관련 측면, 위조상품 교역문제 및 여타 국제기구와의 관계에 대하여 논의가 있었으나, 실질적인 협상은 매우 부진하였다. 그러다가 1989년 4월의 무역협상위원회에서 일부 주요 사항이 합의되었고, 1990년 11월의 브뤼셀 각료회의에서 채택된 협정초안에서는 포괄적인 지적재산권협정이 GATT 구조 내에서 실현되어야 한다는 입장을 정리하였다. 1991년 12월 20일에는 「무역관련지적재산권협정」(Trade Related Intellectual Property Rights: TRIPs) 최종안이 제출되었으나, 농산물을 둘러싼 미국과 유럽공동체간의 이견으로 TRIPs 협정의 채택은 후일로 미루어지게 되었고, 1993년 12월 15일에 가서야 TRIPs 협정이 채택되기에 이르렀다. 이와 같이 지적재산권의 무역관련측면이 UR의 일정에 놓이게 된 것은 국제통상제도에 있어 근본적인 변화를 일으킬 만큼 중요한 것이었다.151)

(2) TRIPs의 구성

지적재산권의 보호와 관련하여 UR 협상의 초점은 기존의 국제조약에서는 수용하지 못하던 것을 포함시키고,152) 지적재산권의 보호범위를 확장하며,153) 지적재산권분쟁을 GATT 체제 내로 끌어들이는 것이었다. 그렇게 함으로써 TRIPs는 국내정책을 위한 적극적 기준을 제시하고 있는 유일한 국제조약이 되었다.154) 컴퓨터프로그램과 특정의 여타 데이터편집, 상표, 지리적 표시, 산업디

---

151) Michael Reiterer, "Trade-Related Intellectual Property Rights," *The New Trading System* (OECD, 1994), p. 199.

152) 예컨대 파리협약은 화학물질이나 의약품과 같은 중요한 생산품을 보호하지 못하였고, 베른협약은 컴퓨터소프트웨어나 위성재전송 같은 저작권을 보호하지 못하는 한계를 가지고 있었다.

153) 미국의 경우 특허보호를 등록 후 20년으로 하려던 데 비해, 많은 국가들은 5년간으로 하려는 차이를 보였다.

154) Jagdish N. Bhagwati and Robert Hudec, *Fair Trade and Harmonization*, Vol. 2(MIT Press, 1996), p. 42.

자인, 영업비밀, 반도체회로설계 등도 TRIPs의 보호대상으로 되었다. 마지막으로 TRIPs 당사국은 TRIPs하에서 발생하는 분쟁을 DSU에 따라 해결하도록 하고 있다.

TRIPs 협정은 전문과 7부 73개의 조문으로 구성되는데, 상기의 내용 외에 협정내용을 규정하는 기본원칙에 관한 규정, 저작권과 특허 등 8개 분야에 있어 구체적인 보호기준에 관한 규정, 지적재산권의 침해시 권리자가 행사할 수 있는 민사적 · 행정적 절차와 구제수단, 가보호절차와 형사절차, 국경조치에 관한 규정, 경과규정 등이 규정되어 있다. TRIPs 협정은 WTO 협정 발효 후 1년 동안 적용하지 않아도 된다. 개발도상국의 경우 4년의 경과기간을 추가할 수 있고, 물질특허가 없는 개발도상국은 5년의 경과기간을 추가할 수 있다. 최빈개발도 상국은 1년의 경과기간 후 추가로 10년의 경과기간을 추가할 수 있다.[155)]

그 외에 TRIPs 협정의 주요 목적은 GATT 유형의 분쟁해결절차를 통하여 지적재산권규칙에 실시가능한 조치를 보태는 데 있다.[156)]

2. 지적재산권의 보호

(1) TRIPs의 원칙

(가) 국제협약 플러스보호

회원국은 TRIPs 협정의 규정에 위배되지 아니하는 경우, 자국 법을 통해 TRIPs 협정에 의해 요구되는 것보다 더 광범위한 보호를 실시할 수 있으나, 그렇게 할 의무를 지지는 아니한다.[157)] 이는 TRIPs 협정에 규정된 것보다 광범한 보호를 부여하더라도 TRIPs 위반이 아님을 규정한 것이다. 그리고 회원국은 자국의 고유한 법제도 및 관행 내에서 지적재산권협정의 제 규정에 대한 적절한 이행방법을 자유로이 결정할 수 있다.

TRIPs 협정은 「산업재산권보호에 관한 파리협약」과 1967년의 「스톡홀름의 정서」, 「문학예술작품의 보호에 관한 베른협약」과 1971년의 「파리의정서」, 로

---

155) 무역관련지적재산권협정 제65조.

156) J. Jackson, W. Davey, and A. Sykes, *Legal Problems of International Economic Relations* (West, 1995), p. 291.

157) 무역관련지적재산권협정 제 1 조 제 1 항.

마조약으로 알려진 「연기자나 음반제작자, 방송사업자를 위한 국제협약」, 「집적
회로에 관한 지적재산권조약」의 대부분 규정을 도입하여, 국제협약 플러스접근
방식을 취하고 있다. 그러나 협정의 어떤 규정도 파리협약, 베른협약, 로마협약,
그리고 집적회로에 관한 지적재산권조약에 따라 회원국 상호간에 존재하는 의
무를 면제하는 것은 아니다. TRIPs 협정은 우선 저작권·특허·상표·산업디자
인·영업비밀·반도체회로설계·지리적 표시의 보호를 위한 포괄적인 세계무역
규칙을 설정하고 있다. 보호기준은 현존의 국제지적재산권협약에 내포되어 있
는 것보다 높은 것이며, 시행에 관한 규정도 훨씬 강력하다. 지적재산권의 보호
와 시행은 기술혁신의 증진과 기술의 이전 및 전파에 기여하고, 기술지식의 생
산자와 사용자에게 상호이익이 되고, 사회 및 경제복지에 기여하는 방법으로 권
리와 의무의 균형에 기여하여야 한다.

(나) 내국민대우

TRIPs 협정은 지적재산권의 보호와 관련하여 자국 국민보다 불리한 대우를
다른 회원국 국민에게 부여하여서는 아니 된다고 하여 내국민대우를 규정하고
있다. 내국민대우원칙은 파리협약, 베른협약, 로마협약, 집적회로에 관한 지적재
산권협정으로부터 관련된 일반적 원칙의 도입을 모색하는 제 2 조에 의해 도출
된 것이므로, 제 3 조의 내국민대우원칙은 지적재산권보호의 확립된 오랜 원칙
임을 강조하는 상징적인 것이다.[158] 보호의 의미는 TRIPs 협정에서 구체적으로
언급된 지적재산권의 사용에 영향을 미치는 사항뿐 아니라, 지적재산권의 취득
가능성·취득·범위·유지·시행에 영향을 미치는 사항을 포함한다.[159]

그러나 내국민대우원칙은 1967년의 파리협약, 1971년의 베른협약, 집적회
로에 관한 지적재산권협정 등 기존의 지적재산권조약에서 이미 취해진 예외는
인정된다. 연기자, 음반제작자, 방송사업자에 대하여는 TRIPs에 규정되어 있는
권리에 관해서만 적용된다.[160] 파리협약, 베른협약, 로마협약, 집적회로에 관한
지적재산권협정에서 인정된 예외는 서비스를 위한 주소지 지정 또는 다른 회원

---

158) Michael Blakeney, *Trade Related Aspects of Intellectual Property Rights: A Concise Guide to the TRIPs Agreement*(Sweet & Maxwell, 1996), p. 40.
159) 무역관련지적재산권협정 주 3.
160) 무역관련지적재산권협정 제 3 조 제 1 항.

국 관할권 내의 대리인의 지명을 포함한 사법 및 행정절차와 관련하여서만 이용할 수 있다. 그러한 예외는 TRIPs 협정과 일치하는 법률과 규칙의 준수를 확보하기 위하여 필요한 경우와 해당 관행이 위장된 무역제한이 되지 않는 방법으로 적용되는 경우에만 인정된다.161)

그리고 세계지적재산권기구(World Intellectual Property Organization: WIPO)의 주관하에 체결되는 다자조약에서 규정된 절차에는 내국민대우규정이 적용되지 않는다.162)

(다) 최혜국대우

어떤 회원국이 지적재산권의 보호와 관련하여 다른 회원국에게 부여한 모든 이익이나 혜택·특권·면제는 아무런 조건 없이 다른 모든 회원국 국민에게 부여되어야 한다.163) 내국민대우의 적용을 통하여 설정된 국제최소기준은 최혜국대우원칙에 의하여 WTO의 모든 회원국에게 적용되게 된다.164) 지적재산권협정에 최혜국대우가 규정된 것은 지적재산권의 교역적 측면에서 혁신적인 것이라 할 수 있다.165)

지적재산권보호에 한정되지 않고 일반적인 사법공조나 집행공조에 관한 국제협정에서 파생되는 대우, 내국민대우조항에 의하여 부여되는 대우가 아니라 로마협약이나 베른협약의 조항에 근거하여 다른 국가에서 부여되는 대우, 공연자·음반제작자·방송사업자 등의 권리로서 TRIPs에서 규정한 것 이외의 권리에 대한 대우, WTO 설립협정 시행 전에 발효된 지적재산권관련 조약으로부터 발생하는 대우는 최혜국대우조항이 적용되지 않는다.

그리고, WIPO의 주관하에 체결되는 다자조약에서 규정된 절차에는 내국민대우와 마찬가지로 최혜국대우규정이 적용되지 않는다.

---

161) 무역관련지적재산권협정 제 3 조 제 2 항.
162) 무역관련지적재산권협정 제 5 조.
163) 무역관련지적재산권협정 제 4 조.
164) Reiterer, *supra* note 151, p. 199.
165) Blakeney, *supra* note 158, p. 41.

(라) 권리소진

지적재산권의 권리자가 지적재산권을 사용하여 제조한 상품이나 기술을 일단 양도하면, 해당 상품이나 기술의 재판매 등과 관련하여 권리를 주장할 수 없는가? 이에 관한 논의가 바로 권리소진(exhaustion)의 원칙에 관한 문제이다.

권리소진의 문제는 특히 상표권과 관련하여 중요한 의미가 있는 것으로, 국제적인 측면에서 권리소진의 원칙이 적용되면 竝行輸入(parallel import)이 허용된다.

국제상표권협회(INTA)의 부단한 노력에도 불구하고, TRIPs 협정에는 권리소진을 다룬 직접적 규정은 없다. TRIPs 협정은 분쟁해결목적상 TRIPs의 어떠한 규정도 TRIPs 협정상의 지적재산권의 소진문제를 다루기 위하여 사용할 수 없다고만 규정하고 있다.[166] 이 또한 내국민대우와 최혜국대우를 따를 것이 조건으로 되어 있다.

(2) TRIPs의 내용
(가) 저 작 권

저작권은 원작성이 있는 유형적 창조물을 보호하기 위한 것으로, 지적 저작물의 창조자에게 인정되는 권리이다. UR 협상 동안 저작권 보호와 관련하여서는 베른협약이 적절한 기초적 기준을 제공하는 것이라는 데 인식을 같이함으로써,[167] TRIPs 협정상 저작권보호는 베른협약을 따르게 된다. 그러나 베른협약 제 6 조의 2에 의하여 허여된 저작인격권(moral rights)은 적용되지 않는다.[168] 미국-저작권법 제110조 사건에서 패널은 저작권 분야에서 베른협약과 TRIPs 협정은 다자간 보호체제의 전체적 틀을 구성한다고 하였다. 상이한 조약 문언을 조절하고 충돌을 피하도록 해석하는 것이 일반적 해석원칙이므로, 명백히 다른 규정이 없는 한 TRIPs 협정과 베른협정이 달리 해석되는 것을 방지하여야 한다. TRIPs는 컴퓨터프로그램, 데이터베이스, 음성녹음, 연극, 방송에도 적용되는데,

---

166) 무역관련지적재산권협정 제 6 조.
167) Sue Ann Mota, "Trips: Five Years of Disputes at the WTO," 17 *Arizona Journal of International and Comparative Law*(2000), p. 535.
168) 무역관련지적재산권협정 제 9 조.

방송은 20년간 보호되고 여타의 것은 50년의 보호를 받는다.[169]

저작권보호는 표현에는 적용되나, 사고·절차·운용방법·수학적 개념에는 적용되지 않는다. 이것은 보호될 수 없는 아이디어와 보호될 수 있는 표현을 구분하는 저작권에 관한 전통적 2분법을 따른 것이다. 컴퓨터프로그램은 베른협약에 따라 문학적 저작물로서 보호된다고 하였다. 그러나 베른협약에는 컴퓨터프로그램에 대한 직접적 규정이 없기 때문에, 이 조항에 의해 베른협약의 실질적 개정이 이루어진 셈이다. 데이터나 소재 자체는 보호대상이 될 수 없으나, 내용의 선택 또는 배열로 인해 지적창작물이 되는 데이터나 기타 소재(materials)의 편집물은 보호대상이 된다.[170] 미국 연방대법원은 Feist Publications, Inc. v. Rural Telephone Service Co. 사건에서 전화번호부상의 목록은 최소한의 창작성도 없기 때문에 저작권을 인정할 수 없다고 판결하였는데, TRIPs 협정에서 데이터의 선택 또는 배열을 요구하고 있는 것은 Feist 사건의 결정을 따른 것으로 보인다.[171] 따라서 허가 없이 데이터베이스에서 소재를 추출하는 것은 저작권법 위반이 된다.

회원국은 컴퓨터프로그램과 영상저작물의 저작자나 상속인이 저작권 작품의 원본이나 사본을 대중에게 상업적으로 대여하는 것을 허가하거나 금지할 수 있는 권리를 부여하여야 한다. 그러나 영상저작물을 대여하더라도 자국 저작자와 상속인의 복제권을 침해하는 광범한 복제를 초래하지 않는다면, 대여권을 부여하지 않을 수 있다. 컴퓨터프로그램과 관련하여 이러한 의무는 프로그램 자체가 대여의 필수적인 대상이 아닌 경우에는 적용되지 않는다.[172] 이러한 대여권은 음반제작자에게도 인정된다.[173]

실연자는 자신의 고정되지 아니한 실연의 고정과 그러한 고정의 복제행위가 자신의 허가 없이 실시될 경우 이를 금지시킬 수 있다. 또한 실연자는 자신의 연기를 허가 없이 무선으로 방송하거나 대중에게 전달하는 행위를 금지할 수 있다. 음반제작자도 음반에 대한 직간접의 복제를 허가하거나 금지할 권리를

---

169) 무역관련지적재산권협정 제12조, 제14조 제 5 항.
170) 무역관련지적재산권협정 제10조.
171) Blakeney, *supra* note 152, p. 50.
172) 무역관련지적재산권협정 제11조.
173) 무역관련지적재산권협정 제14조 제 4 항.

가진다. 방송기관은 방송의 고정, 고정물의 복제, 무선수단에 의한 재방송과 그
것의 TV 방송을 통한 대중전달 행위가 자신의 승인 없이 실시될 경우, 이를 금
지할 수 있는 권리를 가진다.[174]

　　TRIPs는 저작물의 정상적 사용과 저촉되지 아니하고 권리자의 정당한 이익
을 불합리하게 저해하지 아니하는 일부 특별한 경우, 배타적 권리에 대한 제한
또는 예외를 인정하고 있다.[175] 이와 관련하여 베른협약은 공정한 관행과 목적
에 부합되는 경우 저작물의 인용을 허용하고 있다. 목적과 공정한 관행에 부합
하는 범위에서 출전과 저자를 밝히는 것을 전제로 교육목적으로 문학 및 예술
작품을 출판이나 방송 녹음의 방법으로 이용할 수 있음을 규정하고 있다. 그리
고 신문이나 정기간행물의 경제·정치·종교적 시사주제에 관한 기사나 동일한
성격의 방송도 출전을 명백히 할 것을 전제로 轉載할 수 있다고 하였다.[176] 실
연자, 프로듀서, 음반제작자, 방송기관에 부여된 권리에 관하여는 로마협정에서
허용되는 범위 내에서 조건, 제한, 예외, 유보를 규정할 수 있다.

【 미국 – 저작권법 제110조 (5) 사건 】

　　EC는 미국의 1988년 음악허가법(Music Licensing Act of 1988)의 공정성을
이유로 개정된 1976년 저작권법 제110조 제 5 항이 TRIPs 협정 제 9 조 제 1
항을 위반하였다고 제소하였다. 문제가 된 규정은 저작권자에게 배타적 권
리의 제한을 두고 있는 것이다. 1999년 1월 EC는 협의를 요청하였고, 상호
합의에 이르지 못하게 되자 패널설치를 요청하였다.

　　미국의 저작권법 제106조는 저작품의 연주권과 공공 전시권을 포함하는
배타적 권리를 인정하고 있다. 저작권법은 이와 함께 소위 가사형(home-
style)이라 불리는 예외가 규정된 제110조 (5)(A)를 포함하여 배타적 권리의
제한을 규정하고 있다. 그 내용은 공공 장소에서 보통의 라디오 또는 개인
적 용도로 대중에게 값싸게 판매된 종류의 수신기를 사용하는 것은 전송량
이 매우 적어서 별도의 책임이 부과되지 않아야 하는 것이라는 이유로 저작

---

174) 무역관련지적재산권협정 제14조 제 1 항, 제 2 항, 제 3 항.
175) 무역관련지적재산권협정 제13조.
176) 베른협약 제10조.

권 침해로 보지 않는다는 것이었다. 1998년 음악허가법의 공정성에 따라 저작권법 제110조 (5)에 (B)를 추가하였는데, 이는 일정한 여건에서 라디오와 TV 방송의 전송이나 재전송 설비에 대하여 면제를 인정하는 것이었다. 소위 영업면제(business exemption)라 불리는 이것은 일정한 규모 이하의 소매상 음식점 음용시설을 보호하기 위한 것으로, 최소규모의 시설을 초과하는 경우에도 그 시설이 사용된 장비에 설정한 규모를 초과하지 않는 경우에도 적용되었다. 가사형면제 또는 영업면제는 무선이나 위성방송, 재방송, 유선전송 및 재전송에 적용되었다. 제110조 (5)는 CD나 카세트 등의 녹음된 음악과 실황공연의 경우에는 적용되지 않았다.

EC는 미국 저작권법 제110조 (5)의 가사형면제와 영업면제는 베른협약과 TRIPs 협정 제 9 조 제 1 항을 위반하였다고 주장하였다. 이에 대하여 미국은 베른협약을 도입한 TRIPs 협정은 회원국에게 저작물의 정상적 사용과 저촉되지 아니하고 권리자의 정당한 이익을 불합리하게 저해하지 아니하는 경우 저작권자의 배타적 권리에 일정한 제한을 허용한다고 하였다.

패널은 미국 저작권법 제110조 (5)는 허가와 로열티 없이 보호되는 저작품의 사용을 허가하는 예외를 규정하고 있는 것이라고 판단하였다. 제110조 (5)(A)의 가사형면제와 관련하여, 그 예외는 권리자의 합법적 이익을 불합리하게 침해하는 것은 아니라고 하였다. 그 예외에 포함되는 소규모 시설에서의 음악연주는 권리자의 주요 수익원이 아니었고, 패널은 권리자가 이러한 송신기를 허가하였다는 것을 제시하는 증거를 받지 못하였다. 따라서 이러한 예외는 TRIPs 협정과 베른협약에 합치한다고 하였다. 그러나 영업예외의 경우는 그렇지 않다고 하였다. 제110조 (5)(B)의 영업예외는 해당 저작품의 통상의 이용에 저촉된다고 하였다. 영업예외는 시설운영자로 하여금 무료인 라디오 또는 TV에서 연주되는 음악에서 로열티를 지불해야 하는 녹음음악 또는 실황음악으로 전환하도록 유인할 수 있는 것이라고 하였다. 패널은 미국이 영업예외는 권리자의 합법적 이익을 불합리하게 침해한 것이 아님을 입증하지 못한 것으로 보았다.

(나) 특   허

모든 기술분야에서 물질 또는 제법에 관하여 신규성, 진보성 및 산업상 이용가능성이 있는 발명이면 특허대상이 된다. 그러나 인간 및 동식물의 생존과 건강을 보호하고 환경오염을 방지하기 위해 필요한 경우, 발명품을 보호대상에서 제외하거나 회원국 국내에서의 영업적 실시를 금지할 수 있다. 진단·치료·수술은 보호대상에서 제외되며, 미생물 이외의 동식물발명 등도 제외된다.177)

특허대상이 물질인 경우, 제 3 자가 특허권자의 동의 없이 동 물질을 제조, 사용, 판매를 위한 제공, 판매 또는 이러한 목적을 위하여 수입하는 행위가 금지된다. 특허대상이 제법인 경우, 제 3 자가 특허권자의 동의 없이 제법사용행위 및 그 제법에 의해 직접적으로 획득되는 상품의 사용, 판매를 위한 제공, 판매 또는 이러한 목적을 위한 수입행위가 금지된다.178) 특허권의 정상적인 이용에 불합리하게 저촉되지 않고 특허권자의 정당한 이익을 불합리하게 저해하지 않는 경우, 특허의 권리에 대하여 제한적 예외가 허용된다.

합리적 기간 내에 특허권자의 허가를 얻으려 하였으나 허가를 받지 못한 경우 강제실시권이 인정된다. TRIPs 협상에서는 강제실시권의 사유를 제한하려는 선진국측과 용이하면서 단순하게 만들려는 77 그룹간의 대립이 심하였고, 이에 따라 TRIPs 협정에는 비교적 상세한 규정을 두게 되었다. 강제실시권은 개별적인 사안의 내용에 따라 승인이 고려되고, 사용예정자가 합리적인 상업적 조건하에 권리자로부터 승인을 얻기 위한 노력을 하였으나 합리적 기간 내에 성공하지 못한 경우에만 허용된다. 국가 비상사태, 극도의 긴급상황, 공공의 비상업적 사용의 경우에는 이러한 요건이 면제될 수 있다. 강제실시권의 범위와 기간은 승인된 목적에 국한되며, 반도체기술의 경우 공공의 비상업적 사용이나 사법절차 또는 행정절차의 결과 반경쟁적이라고 판정된 관행을 교정하는 경우에만 허용된다. 강제실시권의 사용은 배타적이지 않아야 하며, 사용을 승인하는 회원국의 국내시장에 대한 공급을 위해서만 승인된다. 그리고 권리자는 각 사안의 상황에 따라 승인의 경제적 가치를 고려하여 적절한 보상을 지급받는다. 이와 같은 요건을 충족한 경우 강제실시권이 인정되는데, 이를 위한 고지·보상·

---

177) 무역관련지적재산권협정 제27조 제 2 항, 제 3 항.
178) 무역관련지적재산권협정 제28조.

사법적 심사에 관한 구체적 조건이 규정되어 있다.[179]

제법특허와 관련한 침해소송의 경우 입증책임은 피고에게 있다. 따라서 특허된 제법에 의해 취득된 물질이 신규인 경우, 동일물질이 그 제법에 의해서 만들어졌을 상당한 가능성이 있고 특허권자가 합리적인 노력에 의해서도 실제로 사용된 제법을 판정할 수 없는 경우는 이미 특허된 제법에 의해서 취득된 것으로 간주된다.[180]

특허는 WTO 발족 후의 출원에 대해서 출원일로부터 20년간 보호된다.[181] 이 규정은 상이한 기술분야에서 상이한 특허조건이 확산되는 것을 방지하는 것과 전체 특허기간과 관련하여 통일특허법에서 중요한 효과를 가지게 된다.[182]

【 캐나다 – 의약품특허 사건 】

EC는 캐나다가 20년의 특허기간이 종료되기 전 6주 동안 특허권자의 동의 없이 의약품 생산과 비축을 허용함으로써 TRIPs 협정을 위반하였다고 주장하였다. 그리고 의약품 분야의 특허권자를 다른 특허권자와 달리 취급한 점과, 특허권자의 동의 없이 의약품 판매허가를 얻기 위해 요구되는 정보의 개발과 제출에 관련된 활동을 허가함으로써 TRIPs 협정을 위반하였다고 하였다.

패널은 문제가 된 캐나다의 관련 규정인 규제적 재검토 규정을 검토하였다. 이 규정은 특허권자의 잠재적 경쟁자가 특허기간 동안 정부의 판매허가를 얻는 것을 허용하고 있다. 이는 특허기간이 만료되면 경쟁자에게 해당 상품을 판매하는 규제적 허가를 규정하고 있는 것이다. 이러한 예외는 안전과 효능을 확보하기 위하여 그 판매가 정부 규제에 따라야 하는 의약품 같은 특허상품에 적용된다. 비축에 대한 예외는 경쟁자에게 특허기간 만료 전에 특허상품의 생산과 비축을 허용하되, 특허 만료까지 판매는 허용되지 않는 것이다.

패널은 규제적 재검토 규정이 TRIPs 협정과 합치한다고 하였다. 패널의

---

179) 무역관련지적재산권협정 제31조.
180) 무역관련지적재산권협정 제34조.
181) 무역관련지적재산권협정 제33조.
182) Blakeney, *supra* note 152, p. 88.

견해로는 특허권자의 배타적 판매권에 대한 TRIPs의 제한적 예외에 해당되는 것이라고 보았다. 나아가 캐나다의 규제적 재검토 규정의 법적 범위는 의약품에만 제한되는 것이 아니어서 부작용은 의약품 산업에만 나타나는 제한적인 것이 아니기 때문에 차별이라는 주장은 근거 없는 것이라고 하였다. 비축의 예외와 관련하여 패널은 이 규정이 TRIPs 협정에 반한다고 보고, 캐나다로 하여금 TRIPs 협정에 일치시키도록 요구하였다. TRIPs 협정은 상품의 제조·사용·판매를 포함하는 독점적 권리를 특허권자에게 부여한다고 하였다. 따라서 비축의 예외는 이러한 독점적 권리의 실질적 박탈이며, 실질적 박탈을 야기하는 예외는 TRIPs 협정상 허용되는 제한된 예외가 될 수 없다고 하였다.

분쟁해결기구는 2000년 3월 패널보고서를 채택하였고, 캐나다는 패널의 권고를 이행할 합리적 기간을 요청함으로써 사건이 마무리되었다.

【 캐나다 – 특허보호기간 사건 】

1999년 5월 미국은 1989년 10월 1일 이전에 신청되어 유효기간 중인 특허의 보호기간에 대하여 캐나다와 협의를 요청하였다. TRIPs는 제33조에서 특허기간을 최소한 20년으로 명시하고 있으나, 문제가 된 특허는 17년의 기간만 부여한 것을 문제 삼은 것이다. 양국간 합의에 이르지 못하게 되자, 미국은 분쟁해결기구에 패널설치를 요청하였다.

문제가 된 캐나다의 특허법 부분은 1989년 10월 1일 이전에 제출된 특허는 구특허법에 따라 특허 賦與 후 17년의 기간으로 정하고 있다. 1989년 10월 1일 이후로는 신특허법에서 규정된 바에 따라 특허 申請 후 20년의 특허보호기간이 부여된다. 미국은 TRIPs 협정이 발효된 시점에 20년의 특허기간을 인정하지 않는 구특허법이 존재하는 것을 지적한 것이다. 캐나다는 구특허법상 특허기간은 부여 후 17년으로 하고 있으나 특허를 취득하는 데 일정한 기간이 소요되기 때문에, 신청 후 20년과 동등하거나 오히려 긴 것이라고 항변하였다. 그러므로 구특허법하에서도 보호의 최소기간이 가능하다고 하였다. 그리고 TRIPs 협정은 소급효를 갖지 않으므로, 캐나다의 특허법은 TRIPs 협정에 합치하는 것이라고 주장하였다.

패널은 2000년 5월 5일의 보고서에서 미국의 주장에 동의하였다. 패널은 문제의 분쟁은 1989년 10월 이전에 신청된 것으로 신청 후 3년 이내에 특허가 부여된 것만을 포함하는 것이라는 데서 결론을 추출하였다. 패널은 이러한 특허는 완전한 보호기간을 받아야 하는 특허사항을 포함하고 있기 때문에, TRIPs 협정은 이러한 특허와 관련하여 적용되어야 하는 것이라고 해석하였다. 캐나다 특허법은 이러한 특허사항에 적용되어야 하는 최소특허기간을 규정하고 있지 않으므로, 캐나다는 해당 조치를 TRIPs 협정상의 의무에 합치시킬 것을 권고하였다.

(다) 상표 및 서비스마크

TRIPs 협정은 상표를 규정하여, 다른 사업자의 상품이나 서비스로부터 사업자의 상품이나 서비스를 식별시킬 수 있는 표지 또는 표지의 결합이라고 하고 있다. 성명을 포함하는 단어, 문자, 숫자, 도형과 색채의 조합 및 이러한 표지의 결합은 등록가능한 표지가 된다. 표지가 자체적으로 관련 상품이나 서비스를 식별하도록 할 수 없는 경우, 회원국은 사용을 통해 얻어진 顯著性(distinctiveness)에 따라 등록을 허용할 수 있다. 이것은 상표등록을 위한 기준으로 현저성을 요구하는 것이다.[183] 그러나 파리협약의 규정을 일탈하지 않는 한, 회원국은 다른 이유로 상표의 등록을 거절할 수 있다.[184] 파리협약도 뚜렷한 특성을 갖지 못한 상표는 등록을 부인한다고 규정하여, 현저성을 그 요건으로 하고 있다. 오늘날 대부분의 국가는 니스조약하의 상표 및 서비스에 관한 국제적 분류를 따르고 있는데, 여기에서는 상품에 관하여 34개의 카테고리와 서비스에 관해 8개의 카테고리를 설정하고 있다.

TRIPs 협정은 파리협약의 범위 내에서 등록을 거절할 수 있도록 하였다. 파리협약은 유명상표와 혼동을 일으킬 수 있는 상표, 국가문장·기·기타 문장·공공의 부호·인장, 문장학상 모방이라고 인정되는 것은 등록이 거절될 수 있다고 하였다. 그 외에 도덕이나 공공질서에 반하는 표지, 공중을 기만하는 표지도 등록이 거부될 수 있다.

---

183) 무역관련지적재산권협정 제15조 제 1 항.
184) 무역관련지적재산권협정 제15조 제 2 항.

회원국은 사용을 등록요건으로 할 수 있으나, 상표의 실제사용이 등록출원의 조건이 되어서는 아니 된다.[185] 등록을 유지하기 위해 상표의 사용이 요구되는 경우, 3년 이상 계속 사용하지 않은 경우에만 등록이 취소될 수 있다. 그러나 정당한 사유가 제시되면 3년의 요건을 필요로 하지 않는다.[186] 등록된 상표의 상품 또는 서비스와 동일하거나 유사한 상품 또는 서비스에 동일하거나 유사한 표지를 사용함으로써 혼동의 가능성이 있을 경우, 등록된 상표의 소유자는 거래과정에서 그러한 사용을 금지할 수 있는 배타적 권리를 가진다. 이러한 권리는 기존의 권리를 저해할 수 없으며, 회원국이 사용에 기초하여 권리를 획득할 수 있도록 하는 가능성에 영향을 미치지 아니한다.[187] 상표의 유명성 판단에 있어서 회원국은 상표의 홍보 결과 당해 회원국 내에서 얻어진 지명도를 포함하여 관련분야에서 일반인에게 알려진 정도를 고려하여야 한다.[188]

상표와 서비스마크는 7년간 보호되고, 계속해서 7년씩 연장될 수 있다.[189] TRIPs 협정은 소비자에게 상품의 진정한 원산지를 오인하게 할 수 있는 표시의 사용을 금지하고 있다.

TRIPs 협정의 이행을 위해 선진국은 1년을 허여받고 있고, 개발도상국 및 과도경제국은 협정상의 여타 의무에 대해서는 추가로 4년의 이행기간이 주어진다. 특히 의약품이나 농업상품에 관해 특허보호규정이 없는 개발도상국은 9년이 허여된다.[190] 그러나 1년의 과도기간이 끝난 후 모든 국가는 내국민대우와 최혜국대우를 수락하여야 한다. TRIPs 협정은 그 회원국으로 하여금 지적재산권의 부정사용과 해적행위에 대처하기 위한 적절한 국내법 절차와 구제방법을 유지하도록 요구하고 있다. 세계지적재산권기구는 협정을 시행할 권한을 갖지 못한 데 비하여, 지적재산권이사회는 협정의 운용을 감시하고, 지적재산권에 관한 사안의 협의와 분쟁해결을 촉진하게 될 것이다.[191]

---

185) 무역관련지적재산권협정 제15조 제3항.
186) 무역관련지적재산권협정 제19조 제1항.
187) 무역관련지적재산권협정 제16조 제1항.
188) 무역관련지적재산권협정 제16조 제2항.
189) 무역관련지적재산권협정 제18조.
190) 무역관련지적재산권협정 제65조 제1항, 제2항, 제4항.
191) Schott, *supra* note 19, p. 121.

【 미국 – 수용법 제211조 사건 】

1. 사실관계

France's Pernod Ricard S.A(FPR)는 1993년에 쿠바무역부(Cubaexport)와 함께 설립한 Havana Club Holding(HCH)에 50%의 지분을 소유한 회사로 'Havana Club'을 상표로 하여 럼주를 만들어 판매하고 있었다. 본래 'Havana Club'에 대한 상표권은 쿠바정부가 들어서기 전 Arechabalar 가문이 가지고 있었으나, 쿠바정부가 Arechabalar의 재산을 몰수하자 스페인으로 피신하여 Arechabalar는 상표권을 갱신할 수 없었다. 그리고 미국에서도 1973년 상표권의 존속기간이 만료되었다. 이후 쿠바무역부는 1929년 미국과 체결한 미주상표권협약에 따라 1976년 'Havana Club'의 미국 내 상표권을 취득하였다.

FPR은 미국의 쿠바 금수조치가 해제된 후 미국에 럼주를 판매하려고 하였으나, Bacardi가 1997년 Arechabalar와 'Havana Club'의 상표 및 상표권을 포함한 하바나 클럽 럼주의 생산과 판매권을 양도하는 계약을 체결하였음을 근거로 'Havana Club'에 대한 합법적인 권리자라고 주장하였다. 이에 대해 HCH가 Arechabalar는 이미 1973년에 권리를 상실하였다고 주장하자, 피고 Bacardi는 Arechabalar는 쿠바의 몰수로 인하여 미국 상표법이 요구하는 '사용'의 전제조건인 영업활동을 위한 재정적 수단이 없었기 때문에 상표권의 연장이 무의미하였을 뿐이었다고 주장하였다. 소송 진행 도중 미국 의회에서 통과된 Omnibus Appropriations Act of 1998(OAA) 제211조를 근거로 1심법원과 항소법원은 원고인 HCH의 패소판결을 내렸다.

1999년 9월 13일부터 12월 13일까지 EC와 미국간 협의가 진행되었으나 합의에 이르지 못하고, 2000년 6월 EC는 패널설치를 요청하였다. 그리고 미국은 패널의 결정에 불복하여 2001년 10월 항소하였다. 이 사건은 상표권과 상표 문제를 다룬 첫 사건으로, TRIPs의 최혜국대우와 내국민대우를 분석한 첫 번째 항소기구 사건이다.

2. 패널과 항소기구의 결정

(1) 선결적 문제

항소기구의 재심 범위와 관련하여 미국은 항소기구는 패널이 문제된 조치에 관해 결정을 내린 것에 관한 항소만을 판단해야 하며 패널의 국내법에 대한 판단은 사실의 문제로서 법률적 문제와는 구분되는 것이라는 점을 상기시켰다. 반면 EC는 OAA Section 211을 법률문제로 보았다. 항소기구는 EC-호르몬육류 사건에서 '해당 조약 조항의 요건에 관한 일련의 사실문제는 법률적인 성격의 문제'라고 결정한 것과 인도-특허 사건에서 '국내법은 국제의무에의 일치 또는 불일치를 판단하는 증거를 구성하며, 패널은 단지 국제의무에 일치하는지의 여부만을 판단하기 위한 목적으로 인도의 국내법을 조사할 수 있다는 항소기구의 태도를 기반으로 하여 의무의 일치·불일치를 판단하기 위한 목적의 국내법 조사는 법률적 문제로서 항소기구에서 재심하는 것이 허용된다고 하였다.

(2) 본안 결정

파리조약 제 6 조는 동맹국간 상표권의 출원 및 그 보호에 관한 규정으로, EC는 형식적인 것뿐 아니라 실질적으로 상표가 등록된 동맹국과 같은 출원 절차 및 보호를 제공하여야 하는 것으로 해석하여야 한다고 하였다. 이에 대하여 패널과 항소기구는 동 조가 다른 동맹국 상표법상의 형식요건을 갖추지 못한 경우에도 출원과 보호를 받아야 한다고 보아, OAA가 파리조약 제 6 조의 5A (1)과 TRIPs 협정 제 2 조 제 1 항에 부합한다고 하였다.

패널은 EC의 주장과 달리 문제의 조치가 내국민대우원칙의 위반이 아니라고 결정하였으나, 항소기구는 Section 211 (a)(2)와 (b)는 미국 국민에게는 적용되지 않고, 지정된 국가의 국민인 쿠바인에게만 적용된다는 점에서 문제의 조치는 TRIPs 협정의 내국민대우원칙을 위반하였다고 결정하였다. 최혜국대우원칙과 관련하여 패널은 문제의 조치가 최혜국대우원칙 위반이 아니라고 결정하였으나, 항소기구는 문제의 조치가 쿠바 국민에게만 적용되고 다른 외국인에게는 적용되지 않는다는 사실만으로도 해당 조치는 TRIPs 협정의 최혜국대우원칙 위반임이 입증되었다고 하여 패널의 결정을 부정하였다.

패널은 TRIPs 협정 제15조 제 2 항에 따라 '다른 등록요건'을 규정하고 있는 Section 211 (a)(1)은 TRIPs 협정 위반이 아니라고 하였다. 또한 항소기구도 TRIPs 협정 제15조를 해석함에 있어 상표등록의 대상이 되는 모든 표지의 등록을 허용할 의무를 부과하는 것은 아니라고 하였다. EC는 OAA Section 211 (a)(1)과 (b)는 TRIPs 협정 제16조 제 1 항에 의하여 인정된 상표권을 박탈하는 경우를 초래하므로 TRIPs 협정 위반이라고 주장하였다. 이에 대하여 패널과 항소기구는 TRIPs 협정과 파리협약 모두 누가 상표의 소유권자인가에 대한 판단규정이 없으므로 각 회원국이 국내법으로 결정할 사안으로, 문제의 Section 211은 TRIPs 협정 제16조의 위반이 아니라고 하였다.

항소기구는 상호의 보호는 TRIPs 협정의 범위 밖의 문제라는 패널 결정을 반대하고, 상호의 경우도 상표와 마찬가지로 TRIPs 협정의 보호범위 내에 있다고 하였다. 항소기구는 패널이 잘못된 결론에 이른 것은 TRIPs 협정 제 2 조 제 1 항의 문구를 잘못 해석한 데 있다고 하였다. 즉 패널은 TRIPs 협정에 의하여 보호되는 지적재산권의 범위는 동 협정 제 1 부에 속해 있는 제 1 조 제 2 항에서 정하고 있으므로, 파리조약의 상호 보호를 규정하고 있는 제 8 조는 적용되지 않는다고 결정한 것이다. 이에 대하여 항소기구는 패널이 제 2 부의 일곱 가지 '제목(title)'만을 근거로 하여 제 1 조 제 2 항을 해석한 것은 잘못이며, 제 2 부의 각 조항이 다루고 있는 '주제(subjects)'를 근거로 해석하였어야 옳다고 판단하였다.

(라) 지리적 표시

지리적 표시란 상품의 특정 품질·명성·기타 특성이 본질적으로 지리적 근원에서 비롯되는 경우, 그 지역이나 지방을 원산지로 하는 상품임을 나타내는 표시를 말한다. TRIPs 협정은 제22조에서 지리적 표시의 일반적 보호규정을 두고, 제23조에서 포도주와 주류에 대한 특별규정을 두어 보다 엄격하게 보호하고 있다. 이는 EC가 주장한 광범한 지리적 보호와 미국측 입장을 조정한 결과이다.[192]

회원국은 당해 상품의 지리적 근원에 대해 대중의 오인을 유발하는 방법으로 진정한 원산지가 아닌 지역을 원산지로 표시하거나 암시하는 상품의 명명

---

192) Blakeney, *supra* note 152, pp. 71~72.

또는 소개 수단의 사용을 금지한다. 그리고 파리협약 제10조의 2에 규정된 불공정경쟁행위가 되는 지리적 표시의 사용은 금지된다. 파리협약은 불공정경쟁행위로서 경쟁자의 영업소·상품·활동과 혼동하게 하는 행위, 이에 관련한 신용을 해치는 허위의 주장, 상품의 성질·제법·특징·용도·수량에 대하여 공중을 오도하게 할 표시나 주장을 들고 있다.

회원국은 직권이나 이해관계자의 요청에 따라, 자국 내에서 상품의 지리적 표시사용이 대중에게 진정한 원산지를 오인하게 할 성격인 경우, 그러한 지리적 표시가 포함되거나 동 표시로 구성되는 상표의 등록을 거부하거나 이를 무효화하여야 한다.[193] 그러나 지리적 표시가 이미 일반상품이나 서비스의 명칭으로 관습화된 경우는 보호대상이 되지 않는다.[194]

지리적 표시의 보호와 상표의 보호는 중첩의 가능성이 일부 있다. 지리적 표시와 상표의 관계에 관련하여 EC-지리적 표시 사건의 패널은 특정 상황 하에서 지리적 표시와 기존 상표의 공존을 허용하고 있는 EU의 관련 규정은 TRIPs협정하에서 정당화될 수 있다고 하였다.[195] 일반적으로 대부분의 상표법은 지리적 표시가 본원적 식별성이 충분하지 못한 것으로 생각하거나, 특정의 지리적 지역 내 생산자가 지리적 표시를 사용하는 경우의 침해는 변호할 수 있는 것으로 생각하고 있다.[196]

진정한 원산지의 표시, 지리적 표시의 번역, 종류·유형·양식·모조품 등의 표현이 있다 할지라도 당해 지리적 표시에 나타난 장소가 원산지가 아닌 포도주나 주류에 그러한 지리적 표시를 사용하는 것은 금지된다.[197] 포도주 또는 주류의 산지를 나타내는 지리적 표시를 포함하거나 그러한 표시로 구성되는 포도주 또는 주류 상표의 등록은 그러한 원산지를 갖지 아니하는 포도주 또는 주류라면 회원국의 법이 허용하는 경우 직권으로 또는 이해당사자의 요청에 따라 거부되거나 무효화된다. 그러나 회원국 국민이나 거주자가 1994년 4월 15일 이

---

193) 무역관련지적재산권협정 제22조 제 3 항.
194) 무역관련지적재산권협정 제24조 제 6 항.
195) EC - Protection of Trademarks and Geographical Indications for Agricultural Products and Foodstuffs(EC - Trademarks and Geographical Indications, DS174), Panel Report, para. 7.688.
196) Blakeney, *supra* note 158, p. 69.
197) 무역관련지적재산권협정 제23조.

전의 최소 10년 동안, 또는 그 일자 이전에 선의로 회원국 영토 내에서 상품 또
는 서비스에 대해 계속적으로 포도주 또는 주류의 산지를 나타내는 다른 회원
국의 특정 지리적 표시를 사용해 왔을 경우, 그 지리적 표시의 계속적 사용 및
유사한 사용을 금지할 수는 없다.

(마) 의 장

TRIPs 협정은 새롭거나 독창성 있는 독립적으로 창작된 의장의 보호를 대
상으로 한다. TRIPs 협상과정에서 의장의 보호에 관한 문제는 EC와 미국의 견
해가 뚜렷하게 대립되었던 분야였다. EC는 기능적 의장을 포함한 모든 형태의
의장을 보호하려 하였고, 미국은 자동차 부품과 같은 기능적 의장에 대한 보호
는 배제하려고 하였다. 이에 따라 의장의 보호는 본질적으로 기술적 또는 기능
적 고려에 의해 요구되는 의장에는 미치지 않는 것으로 하였다. 직물의장의 경
우 비용·심사·공고 등의 보호요건이 직물의장으로 보호받을 기회를 부당하게
해치지 않도록 하고, 의장법 외에 저작권법으로도 보호될 수 있게 하였다.[198]

의장권자는 제 3 자가 자신의 동의 없이 의장을 복제한 상품 또는 실질적으
로 복제한 의장을 포함하거나 化體한 상품을 상업적 목적으로 제조·판매·수
입하는 행위를 금지하는 권리를 갖는다. 침해발생 여부는 의장의 본질을 형성하
는 특징적 형태를 일반 소비자의 눈을 기준으로 조사한다. 의장의 정상적 이용
에 불합리하게 저촉되지 않고, 의장권자의 정당한 이익을 불합리하게 저해하지
않을 것을 전제로, 회원국은 의장의 보호에 대한 제한적인 예외를 규정할 수 있
다. 의장의 보호기간은 최소한 10년 이상이어야 한다.[199]

(바) 집적회로배치설계

집적회로설계도면, 집적회로 배치설계, 집적회로 배치회로를 사용한 최종
상품까지 보호대상이 된다. 보호되는 배치설계, 보호되는 배치설계가 포함된 집
적회로 또는 불법적으로 복제된 배치설계를 계속 포함하는 집적회로를 내장한
제품을 상업적 목적으로 수입·판매·유통시키는 행위가 권리자의 허가 없이 행

---

198) 무역관련지적재산권협정 제25조.
199) 무역관련지적재산권협정 제26조.

해지는 경우 불법이다.[200] 집적회로 또는 그러한 집적회로를 포함하는 제품의
취득시 불법적으로 복제된 배치설계를 포함하였음을 알지 못하였거나 알 수 있
는 합리적인 사유가 없을 경우, 불법으로 간주하지 아니한다.

집적회로배치권의 보호는 등록을 요구하는 국가에서는 출원일로부터 10년
이고, 그러한 요구가 없는 국가에서는 최초의 상업적 이용일로부터 10년간 보
호된다. 단 보호기간은 창작일로부터 10년을 초과할 수 없다.[201]

(사) 미공개정보의 보호

자연인 및 법인은 합법적으로 자신의 통제하에 있는 정보가 자신의 동의
없이 건전한 상업적 관행에 반하는 방법으로 타인에게 공개되거나, 타인에 의해
획득·사용되는 것을 금지할 수 있다. 건전한 상업적 관행에 반하는 방법이란
적어도 계약위반, 신뢰위반 및 위반의 유도와 같은 관행을 의미하며, 그러한 관
행이 정보취득에 관련되어 있음을 알았거나, 중대한 과실로 인해 알지 못한 제
3자에 의한 미공개정보의 취득을 포함한다.

당해 정보의 종류를 통상적으로 다루고 있는 업계의 사람들에게 일반적으
로 알려져 있지 않거나 쉽게 접근될 수 없는 것, 비밀이기 때문에 상업적 가치
를 갖는 것, 적법하게 정보를 통제하고 있는 자에 의해서 비밀로 유지하기 위한
합리적인 조치의 대상이 되는 것 등이 TRIPs 협정에 의해 보호되는 미공개정보
이다.[202]

(아) 지적재산권의 시행절차

회원국은 TRIPs 협정상의 지적재산권 침해행위에 대한 효과적인 대응조치
가 허용될 수 있도록 시행절차가 자국 법률에 따라 이용가능하도록 보장하여야
한다.[203] 지적재산권 시행절차는 합법적인 무역에 장애가 되지 않아야 하고, 남
용에 대한 보호장치를 제공하여야 하며, 공정하고 공평하여야 한다.

사법당국은 지적재산권 침해의 중지를 명령할 수 있고, 지적재산권을 침해

---

200) 무역관련지적재산권협정 제36조.
201) 무역관련지적재산권협정 제38조.
202) 무역관련지적재산권협정 제39조.
203) 무역관련지적재산권협정 제42조.

한 수입상품이 통관 직후 자신의 관할하에 있는 상거래에 유입되는 것을 금지할 수 있다. 알거나 알 수 있는 자가 침해행위를 한 경우 적절한 손해배상을 명령할 수 있다. 침해에 대한 효과적 억제를 위하여 침해가 있는 것으로 판명된 상품을 보상 없이 상거래 밖에서 처분하거나 폐기할 것을 명령할 수 있다.

지적재산권 침해발생의 방지나 침해의 혐의에 관한 관련증거의 보전을 위하여 잠정조치를 취할 수 있다. 잠정조치는 사법당국에 의해 결정된 합리적 기간 내 또는 20근무일과 31曆日 중 긴 기간 내에 본안 결정을 위한 소송절차가 개시되지 않을 경우, 피고의 요청에 따라 취소되거나 효력이 종료된다.[204]

회원국은 고의로 상표나 저작권을 상업적 규모로 침해한 경우에 적용될 형사절차와 처벌을 규정하여야 한다.[205]

(자) 제도규정 및 최종규정

무역관련지적재산권위원회는 TRIPs 협정의 운영과 회원국의 의무이행을 감시하며, 회원국에게 무역관련지적재산권과 관계되는 사안에 관한 협의기회를 제공한다. 그 외에 회원국이 부여하는 다른 임무를 수행하며, 특히 분쟁해결절차와 관련하여 회원국이 요청하는 지원을 제공한다.[206]

TRIPs 협정은 당해 회원국에 대하여 본 협정의 적용일 이전에 발생한 행위에 관하여는 의무를 발생시키지 않는다.[207] 본 협정에 달리 규정된 경우를 제외하고, 협정 적용일에 이미 존재하여 보호되고 있거나, 이 협정의 규정에 따른 보호기준을 충족하거나 결과적으로 충족시키게 되는 모든 대상물에 대하여 의무를 발생시킨다.[208] 등록이 보호의 조건인 지적재산권의 경우, 당해 회원국에 대한 이 협정적용일 현재 계류중인 출원은 TRIPs 협정에 의한 강화된 보호신청을 위해 수정할 수 있다.[209] WTO 협정 발효일까지 의약품 및 농약에 대한 특허보호제도가 없는 회원국의 경우, WTO 협정 발효일부터 이러한 발명에 관한

---

204) 무역관련지적재산권협정 제50조.
205) 무역관련지적재산권협정 제61조.
206) 무역관련지적재산권협정 제68조.
207) 무역관련지적재산권협정 제70조 제 1 항.
208) 무역관련지적재산권협정 제70조 제 2 항.
209) 무역관련지적재산권협정 제70조 제 7 항.

특허출원이 가능하도록 하여야 하고, TRIPs 협정상의 특허기준을 회원국에 출원된 날짜나 우선권 주장일에 적용한다.210) 회원국 내에서 물질이 특허출원의 대상이 되는 경우, 판매허가 취득 후 5년간, 또는 물질특허의 부여나 거절시까지 중 짧은 기간까지 독점판매권이 부여된다. 이를 위해서는 WTO 협정의 발효 이후, 다른 회원국 내에서 그 물질에 대한 특허가 출원되고, 특허가 부여되고, 그 회원국 내에서 판매허가를 취득한 것이 전제되어야 한다.211)

【 인도 – 의약품 및 농약 특허 사건 】

인도는 절대빈곤자들에 대하여 저가의 의약품공급을 위하여 제약과 관련하여서는 느슨한 특허법을 갖고 있었다. 1994년 4월 TRIPs 협정이 체결되자, 인도는 이에 부합하는 국내적 조치가 필요하게 되었다. 이에 따라 1994년 인도 대통령은 1970년의 특허법을 개정하는 특허령을 공포하였으나, 의회의 심의 지연으로 WTO 협정 발효일까지 개정특허법이 발효하지 못하였다. 이러한 상황에서 인도 특허청은 의약품 및 농약에 대한 특허신청을 접수받게 되었다. 1995년 1월 1일부터 1997년 2월 15일까지 1,339건의 신청서가 접수되었고, 그 중 미국은 318건의 신청서를 제출하였다. 1996년 7월 2일 미국은 DSU에 따라 협의를 신청하였으나 실패하였고, 동년 11월 20일 미국의 요청에 따라 패널이 설치되었다. 미국은 인도가 TRIPs 제70조 제 8 항 메일박스 시스템과 제70조 제 9 항 독점판매권 규정을 위반하였다고 주장하였다.

패널은 인도가 제70조 제 8 항과 그 대체수단인 제63조 제 1 항과 제 2 항의 의무를 다하지 못하였다고 판단하였다. 인도는 제70조 제 8 항에서 요구되는 의약품 및 농약에 대한 물질특허를 위한 신규성과 우선권을 적절하게 보존하는 제도를 설립하지 못하였고, 독점판매권을 부여할 수 있는 체제를 확립하지 못함으로써 제70조 제 9 항의 의무를 위반하였다고 결정한 것이다.

1997년 10월 16일 인도는 항소하였다. TRIPs 제70조 제 9 항은 특허권자에게 독점판매권을 부여하고 있는데, 1995년 1월 1일 이후 타 회원국에서

---

210) 무역관련지적재산권협정 제70조 제 8 항.
211) 무역관련지적재산권협정 제70조 제 9 항.

특허가 출원되고 부여되어야 하며, 그 회원국이 특허상품의 판매를 허가한 경우, 인도는 그 상품의 독점판매를 허가할 것이 요구된다. 패널은 이러한 요건을 갖춘 신청자에게 인도는 독점판매권을 부정한 것은 아니라고 판단하였다. 다만, 인도가 독점판매권을 부여하는 제도를 갖추지 못함으로써 제70조 제 9 항을 위반하였다고 판단하였다.

1997년 12월 19일 항소기구는 보고서에서 제63조 제 1 항 및 제 2 항과 관련된 결정은 인정하지 않고, 제70조 제 8 항과 제 9 항에 위반된다는 패널의 결정을 지지하였다.

3. 지적재산권분쟁

(1) 분쟁해결절차

회원국은 분쟁예방을 위하여 투명성을 보장하여야 한다. 각종 법규 및 사법 및 행정 결정을 공개하여야 하고, 무역관련지적재산권위원회에 통고하여야 한다.[212] 회원국은 타 회원국으로부터의 서면요구에 대하여 관련 법규나 결정에 관한 정보를 제공하여야 한다.

지적재산권분쟁도 일반적으로 DSU에 따르게 되는데, 비위반제소인 경우 WTO 협정 발효일로부터 5년간 제소할 수 없다.[213]

(2) WIPO 중재규칙

TRIPs 협정은 회원국 국민의 지적재산권에 부여되어야 하는 최소보호에 관한 다양한 기준을 포함하고 있다. 그러나 국가간의 상이한 법간에는 여전히 많은 불일치가 남아 있고, TRIPs 협정의 제안자들이 달성하려 했던 최소보호조차 피할 수 있는 가능성이 많이 규정되어 있다.[214] 뿐만 아니라, TRIPs와 DSU하에서는 분쟁해결이 자동적 흐름을 따라야만 하므로, 잘못된 결정을 시정할 수 있

---

212) 무역관련지적재산권협정 제63조 제 1 항, 제 2 항.
213) 무역관련지적재산권협정 제64조 제 2 항.
214) Jack Brown, "Challenges and Opportunities of International IP Disputes," 7 *Computer Lawyer*(1996), p. 12; 특히 TRIPs 협정 제 1 조는 "회원국은 … 협정규정을 이행하는 적절한 방법을 결정함에 있어 자유로워야 한다"고 규정하고 있다.

는 입법적 여과 기능이 마련되어 있지도 못하다.215)

　　TRIPs와 DSU에 따르면 당사국은 분쟁의 어떠한 단계에서도 주선, 조정, 중개를 선택할 수 있고,216) 분쟁의 어떠한 접합점에서도 중재를 선택할 수 있도록 하고 있다.217) 지적재산권은 다양하고 역동적인 분야로서 전문적 기술사항을 포함하고 있는 특징을 가지는 것이므로, 그에 관한 분쟁의 해결은 전문적 지식이 있는 사람에 의해 이루어지는 것이 가장 바람직하다. 즉 지적재산권분쟁의 해결을 위해 가장 중요한 점은 그 거래와 관계된 권리의 본성을 이해하는 것이 선행적으로 요구되는 것이다. 이러한 점에 비추어 보면, 1967년 창설되어 지적재산권의 이용과 보호를 규제하여 온 WIPO가 지적재산권분쟁을 해결하기에 가장 적합한 기관이 될 수 있다.218) 그러나 WIPO는 지적재산권에 대한 보호수준이 낮았고, 지적재산권을 강제하기 위한 능력이 부족하였던 탓에, UR 협상을 통하여 지적재산권의 국제적 보호를 GATT에서 떠맡기로 한 것이다. 그러나 이러한 WIPO의 구조적 단점을 극복하고, 전문적 특성을 살려 지적재산권문제를 해결하려는 필요에서 WIPO 중재규칙이 채택되었다.219) 즉 WIPO 절차에 있어 효과적인 분쟁해결의 장이 결여되어 있다는 지적에 따라 TRIPs에서 논의된 것을 거울 삼아 국가간의 지적재산권분쟁을 해결하기 위한 조약을 작성한 것이다.220)

　　지적재산권분쟁을 해결하기 위한 접근에 관하여 WIPO와 TRIPs간에는 큰 차이가 있다. TRIPs는 제재에 기초를 둔 강제구조를 예정하여 왔으나,221) WIPO는 강제적인 것으로 만들어진 것이 아니라 분쟁의 초기해결수단으로 협상과 조정을 강조하고 있다.222) 그리고 WIPO는 상표위조를 국내법 또는 파리협약이나 베른협약 범위 내의 침해문제로 간주하는 반면,223) TRIPs는 국제적 상

215) Bal Gophal Das, "Intellectual Property Disputes, GATT, WIPO: Of Playing by the Game Rule and Rules of the Game," 35 *The Journal of Law and Technology*(1994), p. 171.
216) DSU 제5조.
217) DSU 제25조.
218) WIPO는 상표등록에 관한 마드리드협정, 산업재산권의 보호에 관한 파리협약, 저작권의 보호에 관한 베른협약 등 16개의 다자조약을 집행하는 UN의 전문기관이다.
219) 1994년 10월 1일 발효.
220) Das, *supra* note 215, p. 149.
221) *Op. cit.*, p. 170.
222) *Op. cit.*, pp. 176~178
223) Clark W. Lackert, "International Effort against Trademark Counterfeiting," *Columbia Business Law Review*(1988), p. 163.

품의 흐름을 조정하고 위반국 정부에 대해 무역제재를 가함으로써 치유될 수 있는 무역왜곡으로 파악하는 입장이다.[224]

제 3 절 서비스무역

1. 서비스분야의 협상

(1) 경   과

7년간의 힘든 논의 끝에 UR 협정의 일부로서「서비스무역에 관한 일반협정」 (General Agreement on Trade in Services: GATS)이 채택되었다. 서비스와 서비스에 영향을 끼치는 정책은 대부분의 협상 참여국에게 새로운 이슈로서, 협상절차는 대부분 협상하면서 배워나가는 그런 과정이었다.[225] 그 이유는 서비스 분야가 150여 개의 전문영역으로 구성된 매우 복잡한 영역이었기 때문이다. 물론 GATS 는 협상 초기의 발상에 완전히 부합하는 그런 모습은 아니었으나, 상당히 긍정적인 성과를 거둔 것으로 평가된다.[226] 이러한 이유에서 GATS 협상이 성공적으로 마무리된 것은 다자간 무역체제의 획기적 사건으로 평가된다.[227]

무역관련서비스분야를 협상함에 있어 수많은 부분에서 개념상의 어려움이 있었다. 첫째, 상품무역에서와 같이 상대적 우위의 개념이 서비스무역에도 존재하는가에 관한 의문이었다.[228] 나타난 상황들을 종합해보면, 상품무역에서와 마찬가지로 서비스공급자들도 효율성을 높이고 단가를 낮추려는 경쟁을 갖고 있다는 점에서 이러한 의문은 부분적으로 해소될 수 있다고 본다. 또 다른 문제점은 상품무역에서 적용되는 최혜국대우나 내국민대우, 시장접근과 같은 확립된 원칙이 서비스무역에도 적용될 수 있는가 하는 점이었다.[229] 특히 내국민대우가 문

---

224) Marshall A. Leaffer, "Protecting United States Intellectual Property Abroad: Toward a New Multilateralism," 76 *Iowa Law Review*, p. 227.

225) Bernard M. Hoekman, "General Agreement on Services," *The New World Trading System* (OECD, 1994), p. 177.

226) John Jackson, *The World Trading System*(The MIT Press, 1998), p. 306.

227) Hoekman, *op. cit.*, p. 217.

228) Jackson, *op. cit.*, pp. 306~307.

229) Jackson, *op. cit.*, p. 307.

제 되었는데, 금융서비스와 같은 서비스영역에서는 수입으로 인한 위험을 다룰 수 있는 특별한 원칙이 요구되기 때문이다. 이런 까닭에 서비스분야에 내국민대우를 적용하기 위하여 특정 서비스영역의 전문가가 필요하게 되었고, 은행이나 보험 등의 특정 서비스영역과 관련하여 무역자유화와 정부의 규제적 정책을 효과적으로 조절하기 위하여 기본적인 내국민대우개념을 변경시키는 결과를 가져왔다. 이러한 어려움에도 불구하고, UR 협상은 서비스무역의 전체적 구도를 위한 골격협정(framework agreement)으로 GATS을 탄생시키는 데 성공하게 되었다.[230]

그러나 GATS는 많은 논의사항을 다음 협의사항으로 남겨두어, GATS 제19조의 구체적 약속에 관한 협상에 따라 지금까지 규범제정을 위한 협의가 진행 중이다. 서비스부문은 2000년 1월부터 당해 부문의 추가자유화를 위한 후속협상이 개시하도록 예정되어 2000년 2월부터 제네바에서 협상이 시작되었다. 2001년 도하개발아젠다(DDA) 발족으로 본격적인 협상이 개시되었으며, 12개 분야 155개 세부업종을 대상으로 각국간 요청(Request)과 양허(Offer)의 교환을 통한 R/O 방식으로 협상이 진행되었다. 그러나 서비스무역관련 국제규범의 제정을 위한 논의는 아직 완료되지 못하고 있고, 이후 시작되는 분야별 양허협상과 병행하게 되었다. 제 4 차 WTO 각료회의 선언에서는 서비스분야와 관련하여 협상 참여 회원국에게 2003년 3월 말까지 1차 양허안 제출을 요구하였고, 이후 2005년 5월 말로 2차 양허안 제출시한을 재설정하였다.

(2) GATS의 의의

GATS는 최혜국대우나 내국민대우와 같은 전통적 개념과는 상당히 동떨어진 방향으로 나아갔으나, 새로운 영역에도 그 개념들을 분명히 적용하여야 하였다. 다른 분야의 경우 새로운 협상에서 무엇을 논할지 정하고 있지 않은 반면, GATS는 많은 부분을 협상하도록 정해 놓고 있을 뿐 아니라, 현재도 계속해서 협상을 진행하고 있는 분야이다.

GATS는 국방, 치안 등 정부가 제공하는 비상업적 서비스를 제외한 모든 서비스를 대상으로 한다.[231] 서비스무역은 서비스공급의 국경간 이동, 소비자의

---

230) *Ibid.*
231) 서비스무역에 관한 일반협정 제 1 조 제 3 항 (b).

공급국가로의 이동, 공급자의 소비자국가로의 이동, 공급자에 의해 고용된 자연인의 소비자국가로의 일시적 이동을 포함한다.[232] 서비스의 공급은 서비스의 생산, 유통, 시장확대, 판매 및 배달을 포함한다.[233]

2. GATS의 구성

GATS는 서비스의 국제적 무역을 대상으로 하는 다자간 협정으로서, 법적으로 구속력을 갖춘 첫 번째 협정이다. GATS도 상품협정과 마찬가지로 세 부분으로 구성되는데, 첫째 일반원칙이나 의무를 규정하고 있는 부분, 둘째 시장접근을 규정하고 있는 개별국가의 구체적 약속을 담고 있는 부분, 셋째 구체적 분야의 규칙을 담고 있는 부속서로 이루어진다.

(1) GATS의 적용 대상
(가) 서비스무역에 영향을 미치는 조치

GATS 협정은 서비스무역에 영향을 미치는 회원국의 조치에 대하여 적용된다.[234] 서비스에 영향을 미치는 조치와 관련하여 어떠한 조치도 선험적으로(a priori) GATS의 범위에서 배제되지 않는 것으로, GATS의 적용범위는 회원국의 어떤 조치라 할지라도 해당 조치가 서비스 공급을 직접 규율하는지 여부나 다른 사항을 규제하는 것이라는 것에 관계없이 서비스공급에 영향을 끼치는 모든 범위에까지 확대된다. 이러한 해석에 기초하여 EC-바나나 사건 Ⅲ의 패널은 EC 바나나 수입허가제도상의 조치를 GATS의 범위에서 배제할 아무런 법적 근거도 없다고 하였고, 캐나다-자동차 사건에서도 GATS의 적용범위에서 어떤 조치를 선험적으로 배제하지 않음을 밝힌 바 있다. EC-바나나 사건 Ⅲ의 항소기구 또한 동일한 논지에 기반하여, GATS의 어떠한 규정도 GATS의 적용범위를

---

232) 서비스무역에 관한 일반협정 제 1 조 제 2 항; 이러한 설명은 너무 광범한 것으로 논의되고 있고, 따라서 상품교역에서와 같은 방법으로 서비스교역을 자유화하기 위한 것이라는 것은 서비스가 상품보다 훨씬 對人的이라는 이유에서 이해하기 어렵다는 주장도 있다. M. Van Empel, "The Visible Hand of the Invisible Trade," *LIEI*(1990), pp. 26~27.

233) 서비스무역에 관한 일반협정 제28조 (b).

234) 서비스무역에 관한 일반협정 제 1 조 제 1 항.

제한하는 것으로 볼 수 없다고 하였다.[235] 캐나다-자동차 사건의 항소기구는 어떤 조치가 GATS의 적용대상인가를 결정하는 것은 해당 조치가 GATS의 실질적 의무와 합치하는가를 평가하기 전에 이루어져야 한다고 하면서, 이러한 해석이 GATS 제 1 조 제 1 항의 근본적 구조나 논리에 합치한다고 하였다.[236] GATS 제 2 조 제 1 항은 최혜국대우가 협정의 대상이 되는 조치에만 부여된다고 규정하고 있는데, 이는 문제의 조치가 제 1 조 제 1 항의 서비스무역에 영향을 끼치는 조치일 것을 전제로 하고 있는 표현임에 비추어 당연한 것이다.

(나) 서비스 거래의 형태

서비스 거래의 정의는 매우 중요하여 세밀한 검토가 필요하다. 서비스에 대한 정의는 WTO 회원국들이 그들의 양허계획에서 약속한 세부적 양허뿐만 아니라, 국제 서비스무역에서 일어나는 규제 문제와 세부적인 문제를 이해하는 데 도움을 준다. 서비스 상품은 생산과 함께 소비가 이루어지는 상품으로, 서비스의 국제적 거래는 공급자와 소비자가 만날 수 있는 상황에서 이루어진다. 주로 생산자의 이동, 즉 현지생산이나 현지공급이 서비스 거래의 보편적인 형태를 이룬다. GATS에서는 거래형태를 크게 네 가지로 분류하고 있다.

Mode 1에 해당되는 국경간 공급(Cross border trade)은 상품무역의 일반적 거래 형태와 비슷한 것으로, 서비스무역에서의 직거래 형태이다. 공급자와 소비자간의 지리적인 거리를 유지하면서 서비스 그 자체가 국경을 이동하는 것이다. 한 국가의 소비자가 통신이나 우편을 통하여 외국으로부터 서비스를 받는 것으로, 이러한 공급은 컨설턴트, 원격 진료, 원격 교육 등이 이에 해당한다. 이에 대한 규제는 서비스공급 자체에 대한 규제와(외국영화 프로그램의 방영시간 제한) 서비스 요금의 지급 규제(해외송금 제한)로 나타난다.

Mode 2는 해외소비(Consumption abroad)로서, A국 영역 내에서 B국의 서비스 소비자에게 서비스를 공급하는 형태이다. 일반적으로 서비스 공급국가로 소비자가 해외여행을 하거나 교육시설에 입학하는 것 등이다. 또 다른 예로는 선박의 기국 밖에서 선박이나 항공기의 수리가 이루어지는 경우이다. 국경간 공급

---

235) EC - *Bananas* III, Panel Report, para. 7.286.
236) Canada - Autos(DS142), AB Report, para. 151.

과 같이 문제를 거의 일으키지 않는 직거래 형태인데, 그 이유는 서비스 공급자가 소비국가로 이동하는 일이 없기 때문이다. 이에 대한 규제는 소비행위 자체에 대한 규제와 송금규제가 가능하다.

　　Mode 3은 상업적 주재(Commercial presence)로, 회원국의 영역에 외국인 서비스 공급자의 상업적 주재를 통한 서비스 공급을 말한다. 서비스 거래의 대부분은 공급자와 소비자가 같은 장소에 있을 것을 요구하므로 대부분의 서비스가 이 형태를 취하는데, 은행, 법률 등의 서비스 공급을 위해 지점이나 대리점을 설치하는 것이 좋은 예이다. 이 거래형태는 주요 국가와 GATS간 협의에서 가장 어려운 문제를 가지는 서비스 공급 형태로서, 상업적 주재를 규율하는 규칙은 원칙적으로 상품무역에 영향을 주는 관세나 다른 국경간 조치와는 매우 다르다. 이에 대한 규제로는 은행법, 보험업법 등의 개별사업법상의 규제와 외국인 투자 관련법 및 외환관리법상의 규제가 문제된다.

　　Mode 4는 자연인의 주재(Presence of natural persons)로서, 상업적 주재가 외국인의 주재를 필수적으로 필요로 하는 것은 아니나, 서비스공급자는 외국인 경영자나 전문가를 고용할 필요가 있을 수도 있다. 외국인 서비스공급자의 고용인으로서 임직원의 파견이나 회계사, 변호사 같은 독립된 개별서비스공급자로서 방문하는 경우가 이에 해당한다. 그러나 GATS는 회원국의 고용시장에 접근하고자 하는 자연인에게 영향을 미치는 조치에 대해서는 적용되지 아니하며, 또한 영구적인 차원에서의 시민권, 거주 또는 고용에 관한 조치에도 적용되지 아니한다.[237] 회원국 내에서 서비스 공급을 자연인에게 허용하는 양허를 한 경우에도 자연인에 관한 출입국에 대한 규제는 여전히 유지한다. 이에 대한 규제로는 출입국관련법규 및 고용근로관계법상의 규제와 전문서비스 분야에 있어서 자격에 관한 규제가 있다.

(다) 서비스 분류

　　GATS에서 서비스는 UN 종합상품분류(United Nations Central Product Classification; UNCPC) 시스템에 기초한 11개 기본 서비스 분야와 기타 서비스 분야를 포함하여 12개 분야로 구분된다. 12개의 기본 분류는 다시 160개의 세부분야

---

237) 서비스를 공급하는 자연인의 이동에 관한 부속서 제 2 조.

또는 서비스 활동으로 분류된다. 기본 분류는 비즈니스 서비스, 통신서비스, 건설 및 관련 엔지니어링 서비스, 배포서비스, 교육서비스, 환경서비스, 재정(보험 및 은행) 서비스, 교육관련 및 사회적 서비스, 관광 및 여행관련 서비스, 레크리에이션 문화 스포츠 서비스, 운송서비스, 기타 서비스의 12개로 분류된다.[238]

(2) 일반적 의무
(가) 최혜국대우

최혜국대우에 관한 제 2 조는 GATS의 핵심적 의무이다. 따라서 회원국의 모든 서비스와 서비스공급자는 다른 회원국의 동종 서비스나 서비스공급자보다 불리한 대우를 받지 않아야 한다. 그러나 사법적·행정적 지원과 관련된 조치는 최혜국대우원칙의 적용을 받지 않는다. 이는 1995년 3월 1일의 회의에서 서비스무역이사회가 사법적·행정적 지원과 관련된 조치는 최혜국대우원칙의 적용을 받지 않는다고 한 서비스분과위원회의 결정을 채택한 데 따른 것이다.[239] 이러한 결정은 사법적·행정적 지원에 따라 이루어지는 상이한 회원국의 서비스공급자간 차별은 서비스공급자간의 경쟁조건에 어떠한 중대 영향도 미치지 않는다는 판단에 기인한 것이다.

최혜국대우원칙의 적용과 관련하여서는 먼저 해당 조치가 제 1 조 제 1 항의 적용대상이 되는지를 검토하고, 그 다음에 제 2 조 제 1 항의 최혜국대우에의 합치 여부를 판단하여야 한다. 따라서 해당 조치가 네 가지 모드 중 하나에 속하는 서비스 무역에 해당되어야 하고, 서비스무역에 영향을 끼치는 것이어야 한다. 이어서 제 2 조 제 1 항을 해석하고, 서비스 공급자를 어떻게 대우하였는지에 대한 사실 발견을 행한 다음, 그 사실에 제 2 조 제 1 항의 해석을 적용하여야 한다.

그러나 회원국이 부속서에 명시한 경우 최혜국대우에 대한 일정한 예외와 면제를 허용하고 있다.[240] 이와 같이 예외를 허용하게 된 배경은 선진국들이 최혜국대우를 엄격히 적용하면 현상을 유지하기 위한 제약적 정책을 허용하는 것이 되고, 무임승차(free-ride)의 문제가 발생하기 때문이라고 한 주장을 받아들인

---

238) Introduction to services trade and the WTO agreement, Introduction to GATS, http://www. wto.org/english/tratop_e/serv_e/serv_e.htm.

239) S/C/M/1, para. 14.

240) 서비스무역에 관한 일반협정 제 2 조.

데 있다. 그러나, 부속서상의 면제는 원칙적으로 시간적 제약이 있는 것으로, 계속되는 무역자유화협상에서 정기적으로 검토되고 협상되어야 한다. 서비스무역이사회는 5년 이상의 기간 동안 부여되는 모든 면제조치를 검토하게 되는데, 이러한 최초의 검토는 WTO 협정 발효 후 5년 이내에 이루어진다. 검토과정에서 서비스무역이사회는 면제가 필요한 조건이 여전히 유효한지 여부를 심사하고, 추가검토 일자를 결정하게 된다. 특정조치에 관하여 GATS 협정 제 2 조 제 1 항에 따른 회원국의 의무 면제는 그 면제에 규정된 날 종료된다. 원칙적으로 이러한 면제는 10년의 기간을 초과하여서는 아니 되며, 어떠한 경우에도 그러한 면제조치는 후속 무역자유화 협상에서 협상의 대상이 된다. 기본통신분야의 면제는 1996년 서비스무역위원회가 채택한 제 4 의정서에, 그리고 재정서비스의 면제에 관하여는 1997년 11월 재정서비스무역위원회가 채택한 제 5 의정서에 규정되어 있다. 이와 같은 최혜국대우의 예외나 면제들은 GATS의 가치를 약화시킬 수 있고, 특히 도미노효과를 가져올 우려가 있다는 점에서 문제 된다.[241]

(나) 투 명 성

회원국은 자격요건, 절차, 기술기준, 허가요건 등에 관한 국내적 규제의 권리를 가진다. 회원국이 국별 양허표에서 구체적 이행을 약속한 부문에 있어서는 그들의 정책을 합리적이고 객관적이며 공평한 방법으로 집행하도록 하여야 하고, 그들의 기준이나 허가요건이 객관적이고 투명한 기준에 기초하도록 하여야 하며, 서비스의 질을 확보하는 데 필요한 것보다 과중하여서는 아니 된다.

이를 위하여 GATS는 자국의 구체적 약속과 관련하여 서비스무역에 영향을 주는 모든 법률과 규정, 행정지침을 서비스무역이사회에 통고하도록 요구하고 있다.[242] 그러나 공개시 법집행을 방해하거나, 공익에 반하거나, 공기업, 사기업 여부를 불문하고 특정기업의 정당한 상업적인 이익을 저해하는 비밀정보를 제공할 것을 요구하는 것은 아니다.[243] 각 회원국은 WTO 설립협정 발효일로부터 2년 이내에 자국 기관 내에 외국 회사나 정부가 필요한 정보를 얻을 수 있는 문

---

241) Hoekman, *supra* note 225, p. 178.
242) 서비스무역에 관한 일반협정 제 3 조 제 3 항.
243) 서비스무역에 관한 일반협정 제 3 조의 2.

의처(inquiry points)를 설치하여야 한다.

(다) 상호인정

구체적 약속이 행하여진 분야에 있어 각 회원국은 서비스무역에 영향을 미치는 모든 조치가 합리적이고 객관적이며 공평한 방식으로 시행되도록 보장하여야 한다. 자격요건과 절차, 기술표준 및 허가요건과 관련된 조치가 서비스무역에 대한 불필요한 장벽이 되지 아니하도록 보장하기 위하여 서비스무역이사회는 자신이 설치할 수 있는 적절한 기관을 통하여 모든 필요한 규율을 정립하여야 한다.[244]

이러한 목적을 위하여 회원국은 그들의 국가기준을 정하는 데 있어 관련국제기준을 참고하여야 한다. GATS는 서비스공급자의 인증·허가·증명의 기준이나 표준의 상호인정 및 조화를 장려한다. 상이한 국가의 서비스공급자들을 차별하지 않아야 하고, 회원국이 채택하거나 유지해서는 아니 되는 조치가 명시되어 있다.

서비스 공급자의 승인, 면허, 증명에 관한 표준이나 기준의 완전한 또는 부분적인 충족의 목적상 회원국은 특정국 내에서 습득한 교육이나 경험, 충족된 요건, 부여받은 면허나 증명을 인정할 수 있다. 이러한 인정은 관련국가와의 협정이나 약정에 기초하거나, 자율적으로 부여될 수 있다. 회원국은 서비스 공급자에 대한 승인, 면허, 증명에 대한 표준이나 기준을 적용함에 있어서 국가간의 차별수단이나 서비스무역에 대한 위장된 제한이 되는 방식으로 인정을 부여하여서는 아니 된다.[245]

회원국은 GATS 발효 후 12개월 이내에 자국이 취하고 있는 상호인정제도를 서비스무역이사회에 통보하여야 하며, 변경이 있을 경우 즉시 통보하여야 한다.

(라) 독점 및 배타적 서비스 공급자의 규제

회원국은 자국 영토 내의 독점 서비스 공급자가 관련시장에서 독점 서비스를 제공함에 있어서 최혜국대우 및 구체적 약속에 따른 회원국의 의무에 일치

244) 서비스무역에 관한 일반협정 제 6 조.
245) 서비스무역에 관한 일반협정 제 7 조.

하지 않는 방식으로 행동하지 않도록 보장하여야 한다. 회원국의 독점공급자가 자신의 독점권 범위 밖에 있는 구체적 약속대상 서비스를 공급함에 있어 직접 또는 제휴기업을 통하여 경쟁을 할 경우, 회원국은 그러한 공급자가 자신의 독점적인 지위를 남용하여 자국 영토 내에서 그러한 약속에 일치하지 않는 방식으로 행동하지 않도록 보장한다. 독점 서비스 공급자가 이러한 규제에 일치하지 않는 방식으로 행동한다고 믿을만한 사유를 가진 회원국의 요청이 있을 경우, 서비스무역이사회는 그러한 공급자를 설립, 유지, 또는 승인하고 있는 회원국에게 관련된 운영에 관한 구체적인 정보의 제공을 요청할 수 있다.[246] WTO 협정의 발효일 이후 회원국이 구체적 약속의 대상이 된 서비스의 공급과 관련한 독점권을 부여할 경우, 그 회원국은 늦어도 독점권 부여의 시행 예정일로부터 3개월 이내에 서비스무역이사회에 그러한 사실을 통보하여야 한다.

회원국은 독점 및 배타적 서비스 공급자의 영업관행을 제외한 서비스 공급자의 특정 영업관행이 경쟁을 제약할 수 있으며, 이러한 관행이 서비스무역을 제한할 수 있다는 것을 인정한다. 회원국은 다른 회원국의 요청이 있을 경우 이러한 영업관행의 폐지를 목표로 협의를 개시한다. 요청을 받은 회원국은 그러한 요청에 대하여 충분한 호의적 고려를 하여야 하며, 당해 사안과 관련되어 공개적으로 입수가능한 비밀이 아닌 정보의 제공을 통하여 협력한다.[247]

(마) 세이프가드조치

세이프가드조치 문제에 관하여 비차별원칙에 기초한 다자간 협상이 있어야 하고, 협상 결과는 WTO 협정 발효일로부터 3년 이내에 발효한다. 협상결과가 발효되기 전의 기간 동안 회원국은 자국의 구체적 약속이 발효한 날로부터 1년이 경과한 후 그 약속을 수정하거나 철회할 자국의 의사를 서비스무역이사회에 통보할 수 있다. 이 경우 회원국은 수정이나 철회시 3년의 경과를 기다릴 수 없는 사유를 이사회에 제시하여야 한다. 이러한 규정은 WTO 협정의 발효일로부터 3년 후 적용이 중단된다.[248]

---

246) 서비스무역에 관한 일반협정 제 8 조.
247) 서비스무역에 관한 일반협정 제 9 조.
248) 서비스무역에 관한 일반협정 제10조.

(바) 국제수지 보호를 위한 제한

국제수지와 대외 금융상의 심각한 어려움이 있거나 그러한 우려가 있을 경우, 회원국은 구체적 약속과 관련된 거래를 위한 지불이나 이전에 대한 제한을 포함하여 구체적인 약속이 행하여진 서비스무역에 대하여 제한을 채택하거나 유지할 수 있다. 이러한 제한은 일시적이어야 하고, 회원국간 비차별, 국제통화기금협정조문과의 일치, 다른 회원국의 상업적·경제적·금융상 이익에 대한 불필요한 침해금지, 필요한 제한의 초과금지, 상황개선에 따른 점진적 폐지를 요건으로 한다. 이러한 제한의 범위를 결정함에 있어서 회원국은 자국의 경제 혹은 개발계획에 필수적인 서비스의 공급에 우선권을 부여할 수 있다. 그러나 이러한 제한은 특정서비스분야를 보호하기 위한 목적으로 채택되거나 유지되어서는 아니 된다. 이러한 제한과 관련하여 회원국은 국제수지제한위원회와 신속하게 협의하여야 한다.[249]

(사) 일반적 예외

공중도덕의 보호나 공공질서의 유지, 인간이나 동식물의 생명과 건강보호, 범죄 및 사기의 예방·개인 프라이버시의 보호·안전에 관한 조치를 포함하여 이 협정의 규정과 불일치하지 아니하는 법률이나 규정의 준수를 확보하기 위하여 필요한 조치 등을 위한 경우는 최혜국대우나 내국민대우 등 GATS의 모든 사항에 대하여 일반적 예외가 인정된다. 단 그러한 조치가 유사한 상황에 있는 국가간에 자의적 또는 정당화될 수 없는 차별의 수단이 되거나, 서비스무역에 대한 위장된 제한을 구성하는 방식으로 적용되지 않아야 한다.[250] 공공질서를 위한 예외는 사회의 근본적 이익에 심각한 위협이 되는 경우에만 적용된다.

(아) 정부조달

최혜국대우, 시장접근, 내국민대우 규정은 정부의 목적으로 구매되며, 상업적 판매나 재판매의 목적이 아닌 정부기관의 서비스 조달을 규율하는 법률, 규정 또는 요건에는 적용되지 아니한다.

---

249) 서비스무역에 관한 일반협정 제12조.
250) 서비스무역에 관한 일반협정 제14조.

세계무역기구협정의 발효일로부터 2년 이내에 GATS 협정에 따른 정부 서비스 조달에 관한 다자간 협상을 개최한다.

(자) 안보상의 예외

공개시 국가의 중대한 안보이익에 반하는 것으로 간주하는 정보의 공개는 요구되지 않는다. 그리고 군사시설에 공급할 목적으로 직간접으로 행하여지는 서비스 공급과 관련된 조치, 핵분열과 핵융합물질 또는 이들의 원료가 되는 물질과 관련된 조치, 전시나 국제관계상 긴급상황에서 취해지는 조치 등은 금지되지 않는다. 국제평화와 안전을 유지하기 위하여 UN 헌장상의 의무를 준수하기 위한 조치도 금지되지 않는다.[251]

(차) 보 조 금

회원국은 특정 상황에서 보조금이 서비스무역을 왜곡하는 효과를 가질 수 있음을 인정하고, 이러한 무역왜곡효과를 방지하기 위하여 필요한 다자간 규율을 발전시켜 나가기 위한 협상을 개시한다. 이러한 협상은 개발도상국의 개발계획과 관련한 보조금의 역할을 인정하며, 또한 이 분야에서의 탄력성에 대한 회원국, 특히 개발도상회원국의 필요를 고려한다. 이러한 협상의 목적상 회원국은 자국의 국내 서비스 공급자에게 제공하는 서비스무역과 관련된 모든 보조금에 대한 정보를 교환한다.

다른 회원국의 보조금에 의해 부정적인 영향을 받고 있다고 생각하는 회원국은 그 사안에 관해 협의를 요청할 수 있고, 이러한 요청에 대해서는 호의적인 고려가 부여되어야 한다.

(3) 구체적 약속
(가) 시장접근

특정 분야의 시장개방을 위한 개별국가의 약속은 협상의 결과로 나온 것으로, 시장접근은 양허표에 기재된 경우에만 보장된다. 회원국은 서비스공급형태의 시장접근에 대하여 다른 회원국의 서비스 및 서비스공급자에게 양허표에서

---

251) 서비스무역에 관한 일반협정 제15조.

구체적으로 합의된 조건보다 불리한 대우를 하여서는 아니 된다.[252]

시장접근이 양허된 분야에 대하여 양허표상에 규정되지 아니한 경우, 회원국은 서비스공급자의 수, 서비스 총거래액 및 총자산, 총영업 횟수 및 총산출액, 특정 서비스분야에 고용되거나 서비스공급자가 고용하는 자연인의 총수, 외국 서비스공급자의 회사형태, 외국인의 자본참여 등을 제한하는 조치를 유지하거나 취하지 않아야 한다.[253]

(나) 내국민대우

GATT와는 달리 GATS는 일반적인 내국민대우를 규정하고 있지 않고, 국별 양허표에 기재된 부문에만 내국민대우가 적용된다. 어떤 회원국이 자국의 서비스나 서비스공급자에게 부여한 것과 동일한 대우를 외국의 동종 서비스나 서비스공급자에게 제공하는 것이면 내국민대우를 충족시킨 것이 된다. 자국의 서비스나 서비스공급자에게 경쟁조건을 유리하게 변경하는 것은 내국민대우를 위반한 것으로 간주된다.[254]

회원국은 자국의 시장접근에 영향을 끼치는 시장접근, 내국민대우, 자격·기준·허가사안 등에 관하여 구체적 양허표를 GATS에 부속시켜야 한다. 이런 까닭에 내국민대우는 모든 사항에 적용되는 것이 아니라, 양허표에 포함된 부문에만 적용되는 것이다.[255] 최혜국대우가 네거티브방식을 취하고 있는 것이라면, 내국민대우는 포지티브방식을 취하고 있는 것이다.[256]

(다) 추가적 약속

시장접근과 내국민대우에 관한 사항 외에 자격요건, 표준, 허가에 관련되는 문제를 포함한 서비스무역에 영향을 끼치는 제반 조치에 대한 협상을 할 수 있으며, 이러한 약속은 각 회원국의 양허표에 기재되어야 한다.[257]

---

252) 서비스무역에 관한 일반협정 제16조 제 1 항.
253) 서비스무역에 관한 일반협정 제14조 제 2 항.
254) 서비스무역에 관한 일반협정 제17조.
255) 서비스무역에 관한 일반협정 제20조.
256) Bernald M. Hoekman and Michael M. Kostechi, *The Political Economy of the World Trading System*(Oxford, 1995), p. 131.
257) 서비스무역에 관한 일반협정 제18조.

구체적 약속에 관한 협상은 WTO 협정 발효일로부터 5년 이내에 시작하고, 그 이후에 주기적으로 협상하도록 하였다. 이에 따라 1995년 7월 재정서비스와 자연인의 이동분야에 관한 협상이 마무리되었고, 1997년 4월에는 기초통신분야의 협상이 마감되었다. 금융분야의 경우 추가협상을 통하여 1997년 11월 14일 GATS 제 5 의정서가 채택되었다.258) 여기에는 70개국이 56개의 양허표를 첨부하고 있다. 「금융서비스 약속에 관한 양해」는 자국 금융서비스 양허표에 기존의 독점권을 열거하며, 이를 철폐하거나 혹은 그 범위를 축소하도록 노력할 것을 규정하였다. 자국 영토 내에서 공공기관에 의한 금융서비스의 구매나 취득과 관련하여 자국 영토 내에 설립된 다른 회원국의 금융서비스 공급자에게 최혜국대우와 내국민대우가 부여되도록 보장하여야 한다. 비거주자인 금융서비스 공급자가 해상운송 · 상업적 항공 · 우주선 발사 및 화물운송 · 국제적으로 운송중인 상품과 관련된 위험에 대한 보험, 재보험, 재재보험을 허용하도록 하였다. 그리고 보험보조서비스, 금융정보의 제공 및 이전과 금융자료처리, 은행 및 다른 금융서비스와 관련된 중개를 제외한 자문 및 다른 보조서비스를 제공하는 것을 허용하였다. 다른 회원국의 금융서비스 공급자에게 자국 영토 내의 상업적 주재259)를 허용하였고, 자국 영토 내에 설립된 다른 회원국의 금융서비스 공급자가 자국 영토 내에 새로운 금융서비스를 제공하는 것을 허용하였다.

해상운송분야는 1996년 완료하도록 예정하였으나, 양허에 합의하지 못함으로써 2000년 이후 시작되는 새로운 서비스라운드에서 재론하기로 하였다. 이와 같이 UR 이후 4개 분야에 걸쳐 협상과 추가적 약속이 이루어졌다. GATS는 2000년 이후 새로운 서비스라운드를 예정하였고,260) 새로운 서비스라운드는 2005년 1월 1일까지 전체 협상을 마감할 것을 예정하고 있다. 서비스무역에 관한 협상지침 및 절차는 협상의 주된 방법으로 요청-제출 방법(request-offer approach)을 채택하였다. 이에 따라 도하개발아젠다 제15항은 2002년 6월 30일까지 특정

---

258) 추가협상을 통한 합의는 의정서(protocol) 명칭으로 채택되었다. 제 1 의정서는 최빈개발도상국을 위해 유보하여 두었고, 제 2 의정서(1995. 7. 21)는 재정서비스, 제 3 의정서(1995. 7. 21)는 자연인이동, 제 4 의정서(1997. 4. 30)는 기초통신에 관한 것이다.

259) '상업적 주재'는 금융서비스의 공급을 위한 회원국 영토 내의 기업을 의미하며, 지분의 전체 혹은 일부를 소유하는 자회사, 합작투자, 합작회사, 개인기업, 프랜차이징 사업, 지사, 대리점, 대표사무소 또는 다른 조직을 포함한다.

260) 서비스무역에 관한 일반협정 제19조 제 1 항.

이행에 관한 첫 요청을 제시하고, 2003년 3월 31일까지 첫 제출을 제시하여야 한다고 하고 있다.

(4) 부문별 부속서

상품교역은 상품의 국가간 이전과 같이 매우 단순한 형식을 취하고 있지만, 서비스교역은 전화·은행·항공 분야 등 매우 다양한 형태를 취하고 있어서 서비스형태도 전혀 다른 형식으로 이루어진다. 이러한 다양성 때문에 서비스교역은 부문별 부속서를 통해 분야별로 다루어지고 있다.

부문별 부속서는 협정의 본질적 부분으로서,[261] 8개로 구성되어 있다. 여기에는 제2조 면제에 관한 부속서, 협정상의 서비스를 제공하는 자연인의 이동에 관한 부속서, 금융서비스에 관한 부속서, 금융서비스에 관한 제2부속서, 항공운송서비스에 관한 부속서, 통신에 관한 부속서, 기초통신협상에 관한 부속서, 해상서비스협상에 관한 부속서가 포함된다.

GATS는 발효 3년 후면 어느 때라도 양허를 철회하거나 수정할 수 있도록 하고 있다. 수정이나 철회는 그 이행예정일 3개월 전에 고지되어야 하고, 수정이나 철회로 영향을 받은 국가의 요청에 따라 당해 국가는 적절한 보상에 관해 최혜국대우에 따라 협상하여야 한다.[262] 보상의 합의가 이루어지지 못하면, 영향을 받은 국가는 중재를 요청할 수 있다. 중재결정 없이 혹은 결정에 반하여 양허가 변경되면, 그 조치로 영향을 받은 국가는 당해 회원국에 대해서만 실질적으로 동등한 혜택을 수정하거나 철회할 수 있다.

제4절 신통상의제

1. 신통상의제의 등장과 발전

(1) 논의의 배경

WTO는 기존의 GATT를 발전적으로 승화시킨 것으로, 1948년 GATT 체제

---

261) 서비스무역에 관한 일반협정 제29조.
262) 서비스무역에 관한 일반협정 제21조.

의 창설 이후 거듭 변모되어 온 무역규칙들을 강화하고, 안정성 있는 기구구조를 확립하였다. 종래에는 GATT의 규범이 미치지 못하던 농업분야를 포용하였을 뿐 아니라, 지적재산권이나 투자조치 등의 새로운 교역대상까지 포괄하게 됨으로써, 명실 공히 국제무역의 중심된 역할을 수행하게 되었다. 뿐만 아니라, 과거 GATT 체제하의 분쟁해결이 개별 협정하에서 분산되어 있었고, 분쟁해결을 위한 결정이 집행될 수 있는 수단의 확보가 완전히 이루어지지 못하였던 데 비하면, WTO는 DSU를 통하여 WTO의 대상활동 전반에 걸친 단일의 분쟁해결절차를 가지고, 최종결정에 대한 집행력을 강화하였다.

이와 같이 UR은 국제무역관계에 있어 역사적인 결과를 도출하였으나, 많은 부분에 있어 마무리되지 못한 것들이 있다. 예컨대 재정서비스분야 등에 관한 협상은 계속되고 있고, 농업 및 서비스에 관한 새로운 협상이 5년 내에 착수되도록 예정되어 있다. 우루과이라운드를 통해 마무리되지 못한 재정서비스·기초통신·해상서비스 등의 문제를 해결하기 위하여 협상은 18개월까지 연장되었고, 서비스무역에 관한 일반협정은 세이프가드조치와 자연인의 이동에 관한 규정에 대해 계속적인 협상을 요청하고 있다. UR은 특정 협정이나 전체 협정의 특정 규정에 대한 운영을 정기적으로 재검토할 것을 요청하고 있고, 일부 협정은 일정 기간 후에 새로운 협상을 발족시킬 것을 규정하고 있다.

그 외에 UR 협상과정에서 논의되지 못한 새로운 의제들이 줄을 서서 기다리고 있는 실정이다. 그 대표적인 것이 환경과 무역, 노동과 무역, 전자상거래 문제 등이다. 이와 더불어 경쟁정책과 무역 등의 문제도 새로운 통상의제로 대두되고 있다.

(2) WTO 각료회의

1996년 12월 싱가포르에서 개최된 제 1 차 각료회의에서는 투자, 경쟁정책, 정부조달투명성 등과 관련하여 WTO 내 작업반을 설치하기로 결정하였다. 그리고 국제적으로 인정된 노동기준 및 ILO 작업에 대한 지지를 확인하였다. 지역협정과 관련하여서는 다자무역체제의 우위를 확인하고, 지역협정과 WTO 규범의 상호 보완성 및 일치성 보장을 확인하였다. 자발적인 무관세화 혜택 제공 등과 같이 최빈개발도상국 지원을 위한 적극적인 실행 계획을 채택하였다.

1998년 5월 제네바에서 개최된 제2차 각료회의에서는 차기 각료회의 개최시까지 광범한 무역자유화 문제를 논의하기로 합의하였다. 세부적인 논의 대상으로는 기존 WTO 협정의 이행관련 사항, WTO 협정에 이미 규정된 후속협상, 기타 마라케쉬협정 및 결정에 규정된 작업과 싱가포르 각료회의의 결정에 따라 진행중인 작업과 관련된 사항, 최빈개발도상국 관련 후속조치 등이 있다. 전자상거래에 관한 별도 각료선언을 채택하여, 전자상거래에 관한 무역관련 문제를 포괄적으로 검토하기 위한 작업계획을 수립키로 결정하였다. WTO 규범에 기초한 다자무역체제에 대한 국제사회의 신뢰를 제고하기 위해서는 WTO 협정의 성실한 이행이 중요함에 뜻을 같이하면서도, 선진국은 계속적인 무역자유화 추진을 강조하였고, 개도국들은 비교우위를 가지고 있는 농산물 및 섬유 등에 대한 선진국의 적극적인 시장접근 기회 부여와 WTO 협정 이행을 위한 기술이전 등을 요구하였다. 뉴라운드를 통한 포괄적 다자간 무역협상의 출범에 관심을 두고 차기 협상의 범위, 협상방식 및 일정 등을 결정하였다. 2000년 전후로 예정되어 있는 농산물 및 서비스 분야의 후속 협상 준비작업을 비롯하여, 공산품 분야 및 투자, 환경, 경쟁정책 등 새로운 의제를 향후 자유화 협상에 포함하는 문제 등을 WTO 일반이사회에서 협의해 나가도록 합의하였다.

제3차 시애틀 각료회의에서는 선진국과 개발도상국간의 대립으로 말미암아 예정된 안건의 검토를 진행하거나 후속절차를 결정하지 못한 채 다음 회기의 각료회의로 그 결정을 미루고 말았다. 1999년 11월 30일 개최된 시애틀 각료회의는 전체회의와는 별도로 분야별 미해결사항의 협상과 관련하여 농업, 시장접근, 이행 및 규칙, 싱가포르의제 및 기타 이슈, 제도 및 투명성에 관한 5개 작업단이 구성되어 각 분야별로 각료선언문의 초안작업을 진행하였고, 최종 결과는 일괄타결방식으로 채택할 것을 결정하였다. 그 후 12월 2일 무역과 노동기준의 관계 검토를 위한 작업단이 추가로 설치되었다. 그러나 농업, 반덤핑, 노동 분야에 대한 회원국간의 대립으로 인하여 뉴라운드 출범을 위한 각료선언문의 채택에 합의하지 못함으로써, 12월 3일의 폐막회의에서 시애틀 각료회의의 작업을 중단하기로 합의하였다. 이에 따라 시애틀 각료회의를 통한 뉴라운드의 공식 출범은 무산되었고, WTO에서의 차후 과제로 넘어가게 되었다.

2001년 11월 카타르의 도하에서 개최된 제4차 각료회의에서는 뉴라운드협상을 도하개발아젠다(Doha Development Agenda: DDA)로 명명하였다. 각료선언문을 통하여, 농업·서비스·공산품·반덤핑협정·보조금협정개정·투자·경쟁정책·무역원활화·정부조달투명성·일부 환경문제에 대한 협상을 일괄타결방식으로 진행할 것을 결정하고, 협상 개시를 위한 제 1 차 무역협상위원회(Trade Negotiations Committee)를 2002년 1월 중 개최하기로 합의하였다. 도하각료회의에서는 중국과 대만의 WTO 가입을 승인함으로써, 회원국이 144개국이 되었다. 지적재산권과 공중보건에 관한 별도 각료선언문을 채택하여, AIDS 치료제 확보 등 공중보건 보호를 위해서는 TRIPs 협정이 제약이 되지 않도록 한다는 원칙을 천명하였다. 농업분야의 경우 협상결과를 예단하지 않는다(without prejudging the outcome of the negotiations)는 전제하에 시장접근의 실질적 개선, 수출보조의 단계적 폐지를 목표로 한 감축, 국내보조의 실질적 감축 등을 협상 목표로 설정하였다. 서비스 분야에서는 2001년 3월에 채택된 서비스 협상 가이드라인을 향후 협상의 기초로 재확인하여, 2002년 6월 30일까지 최초 양허안 요청 및 제출과 2003년 3월 31일까지 최초 양허안 제출에 합의하였다. 공산품의 시장접근과 관련하여 첨두관세(tariff peaks), 고관세(high tariffs), 경사관세(tariff escalation)를 포함한 관세 및 비관세 장벽을 감축 또는 철폐하기 위한 포괄적 협상 개시에 합의하고, 개발도상국의 고관세를 협상 대상에 명시함으로써 개발도상국의 관세 인하를 요구할 수 있는 근거를 확보하였다. 규범분야에서는 반덤핑협정과 보조금협정을 명확히 하고 개선할 목적의 협상을 개시하였다. 소위 싱가포르 이슈로 불리는 투자·경쟁정책·무역원활화·정부조달 투명성 등의 문제에 관해서는 제 5차 각료회의에서 명시적 컨센서스에 의해 협상 방식을 결정하고, 그 결정에 기초하여 제 5차 각료회의 이후 협상을 개시하기로 합의하였다. 환경문제의 경우 WTO 규범과 다자간 환경협약상 의무의 관계·다자간 환경협약과 WTO간 정보교환 및 옵저버 자격부과절차·환경관련 상품 및 서비스에 대한 관세 및 비관세 장벽의 철폐에 관한 협상을 개시하였다.

2. 환경과 무역

(1) 배   경

1994년 UR 협상의 결과를 승인할 때, 각국 통상장관들은 환경과 무역에 관한 포괄적 작업을 시작하도록 하는 결정을 내렸다. 이 결정을 통하여 환경과 무역의 문제는 WTO의 향후 일정에서 우선적 과제로 자리하게 되었다.

무역과 환경의 문제는 UR 협상에 포함된 것은 아니었지만, 일정한 환경적 관심은 UR의 결과에 일부 반영되었다. WTO 설립협정의 서문은 持續的 開發의 목적을 직접적으로 언급하였고, 환경의 보호 및 보존의 필요성을 역설하고 있다. 기술장벽협정과 위생 및 검역조치협정도 인간과 동식물의 생명 및 건강과 환경을 보호하기 위한 조치를 취하는 데 유의할 것을 요구하고 있다. 농업협정은 환경적 계획을 위한 국내보조금의 허용을 인정하고 있고, 보조금 및 상계조치협정도 환경적 목적을 위한 보조금을 상계불가보조금으로 분류하고 있다. TRIPs와 GATS도 환경과 관련되는 조항을 두고 있다.

무역과 환경의 문제는 이미 GATT에서 사전보고서가 제출된 바 있고, 부분적인 논의가 이루어져 왔다. 1989년에는 GATT에 의해 실질적으로 금지되거나 제약되는 물품에 관해 결정초안을 작성한 바 있고,[263] 1991년에는 환경과 무역조치에 관한 작업계획을 끌어내기 위한 「환경조치와 국제무역에 관한 작업단」(Group on Environmental Measures and International Trade)이 설치되었다.[264] 1994년 4월 14일 마라케쉬 각료선언은 WTO 내에 무역환경위원회(Committee on Trade and Environment: CTE)를 설치하도록 결정하였는데, 이것은 WTO로 하여금 무역규칙을 발전시키고 집행함에 있어 환경적인 면을 고려해야 할 의무를 인식시킨 것이다.[265] 무역환경위원회의 의제로는 환경목적의 무역조치와 환경협약 규정과의 관계, 국내환경정책과 환경협약, 환경목적의 부과금·기술규정 및 표준·환경마크 등, 환경목적의 무역조치의 투명성, 무역규범과 환경협약의 분쟁해결

263) Wolfgang Benedeck, "GATT-The Uruguay Round-WTO," in *United Nations: Law, Policies and Practices*, ed. Rudiger Wolfrum et al.(Nijhoff, 1995), p. 545.
264) 33 *International Legal Materials*(1994), p. 1267.
265) *The GATT Uruguay Round Agreements: Report on Environmental Issues*(USTR, 1994), pp. 20~21.

절차, 환경조치가 시장접근에 미치는 영향, 무역왜곡제거에 따른 환경효과, 국내판매금지물품의 수출, GATS와 환경, TRIPs와 환경, 기타 기구와의 관계 증진 등이 있다. 이와 같이 무역환경위원회는 현 국제체제의 투명성, 국내적으로 금지된 상품의 수출, GATT 분쟁해결체제와 국제환경협정상의 분쟁해결체제제간의 관계, 무역에 영향을 끼치는 환경조치 등의 문제를 연구하게 된다.[266]

(2) 쟁 점

무역환경위원회가 싱가포르에서 개최된 WTO의 첫 각료회의에 제출한 보고서에는 무역과 환경적 관심의 건설적인 관계를 구축하는 것이 WTO의 이해가 걸려 있음을 밝히고 있다. 이 보고서는 WTO와 다자간 환경협약은 국제공동체를 위한 목적을 공유하고 있다고 밝히고, 전자가 후자를 조정하는 것이라고 하였다. 그리고 환경과 무역에 관한 분쟁은 국가적 차원에서의 협상을 통해 극복되거나, WTO와 다자간 환경협약간의 기구적 협력을 통해 극복되어야 한다고 하였다.[267] 그러나 다자간 환경협약상의 분쟁해결제도에 대하여는 그 중요성을 강조한 반면, WTO의 개혁부분에 관해서는 거의 언급이 없다. 이것은 환경협약이 비당사국에 대하여는 구속력을 가질 수 없으나, WTO의 결정은 교역에 이해를 가진 모든 국가에 일정한 규범성을 가질 수 있어 훨씬 유용하다는 점을 간과한 것이다. 이러한 한계는 무역적 관심에서 비롯된 탓에 환경적 기준에 대해서는 간과한 데서 발생한 것이다. 1999년 10월 14일에는 WTO 사무국이 시애틀 각료회의를 앞두고 환경과 무역에 관한 보고서를 발행하였다. 이 보고서는 제 1 부에서 개념적 구조, 제 2 부는 분야별 연구, 제 3 부는 무역에 대한 환경적 영향의 분석, 제 4 부는 환경과 통합의 정치경제적 탐구, 제 5 부는 경제성장과 환경, 제 6 부는 환경제도에 대한 WTO의 비판을 담고 있다.

환경과 무역의 문제에 있어 WTO에서 검토되어야 할 가장 우선적 쟁점은 다자간 환경협약상의 의무와 기존의 WTO 규칙 및 특정 무역의무간의 관계가

---

266) Schott, *supra* note 19, pp. 36~37; WTO는 무역과 환경의 연계를 명시적으로 밝히고 있는바, WTO 설립협정은 그 서문에서 '持續的 開發(sustainable development)'을 위한 특정의 이행을 요청하고 있다.

267) Report of the WTO Committee on Trade and the Environment, PRESS/CTE 014(1996), p. 175.

될 것이다. 오늘날 약 200개의 다자간 환경협약이 존재하고, 그 중 20개 정도가 무역관련 규정을 두고 있다. 오존층보호에 관한 몬트리올의정서는 프레온가스 (CFSs)를 포함하는 에어로졸의 생산 · 소비 · 수출을 금지하고 있고, 유해폐기물의 국경이전을 규제하기 위한 바젤협약과 멸종위기의 종에 대한 국제적 거래규제 협약도 무역관련 규정을 두고 있는 다자간 환경협약이다. 따라서 환경과 무역에 관한 논의는 다자간 환경협약 하에서 취해진 무역조치와 WTO 규칙간의 관계 를 명백히 하는 것이 쟁점이 된다.

환경상품 및 환경관련 서비스에 대한 관세 및 비관세장벽의 감축과 철폐에 관한 문제도 검토되어야 한다. 구체적으로 촉매변환장치, 공기필터, 폐수관리에 대한 상담서비스 등에 대하여 관세인하나 기타 무역장벽의 철폐가 논의될 수 있다. 어업보조금에 대한 WTO 규칙을 명백히 하고 개선하는 것도 검토과제이 다. 실제로 어업보조금이 지급됨으로써 어로활동이 많아지게 되면 환경적 손상 이 발생할 수 있음을 보여주는 연구가 제시된 바 있다.

환경라벨링과 관련하여 무역환경위원회는 무역에 관련된 환경라벨링의 영 향을 검토하고, 기존의 WTO 규칙이 환경라벨링 정책과 일치하는가를 검토하고 있다. 이것은 기술장벽협정과 관련하여서도 검토될 과제이다. TRIP 협정은 국가 들이 환경적으로 건강한 기술 및 상품에 접근하는 것을 도와주고, 이 분야의 기 술이전에 도움이 되는 데 필수적인 과제이다. 그리고 TRIPs 협정과 생물다양성 협약간의 관계규명도 검토대상이 된다.

(3) 무역과 환경의 관계

WTO 협정은 무역제한의 철폐와 비차별원칙을 통하여 무역을 발전시키는 반면, 환경보호조약은 통제와 규제를 통하여 환경을 보호하는 것이다. 그러나 무역과 경제개발을 조장하면, 환경에 대한 압력은 강화될 수밖에 없다.[268] 이러 한 관계에서 볼 때, WTO 체제 내에서 환경보호에 대한 관심은 당연한 것이다. 그러나 WTO와 다자간 환경협약의 충돌시 다자간 환경협약이 WTO 규정에 의

---

268) Andrew L. Strauss, "From Gattzilla to the Green Giant: Winning the Environmental Battle for the Soul of the World Trade Organization," 19 *University of Pennsylvania Journal of International Economic Law*(1998), p. 790.

해 손상될 가능성이 있고, 다자간 환경협약은 WTO의 부수적 목적에는 반하지 않으나 그 핵심과는 상충할 수 있기 때문에 WTO는 환경보호에 대한 간접적 위협이 될 수 있다.

WTO 협정에서 환경과 관련된 직접적 규정은 GATT 제20조에서 찾아볼 수 있다. GATT는 자의적이고 부당한 차별수단이 아닐 것과 위장된 무역제한이 아닐 것을 전제로, 제20조 (b)에서 인간이나 동식물의 생명과 건강을 보호하기 위하여 필요한 조치와, 제20조 (g)에서 유한천연자원의 보존에 관련된 조치를 GATT 의무에 대한 예외로서 인정하고 있다. 그러나 종래의 GATT과 WTO의 결정은 '필요한'이라는 용어를 엄격하게 해석하여 왔다. 즉 해당 조치와 GATT가 불일치하는 것이 최소한이 되어야 한다는 것이다. 그러나 이러한 최소한의 GATT 불일치 조치로는 다자간 환경협약을 위하여 가장 효과적인 조치가 될 수 없다는 점이 문제다. 또한 '관련된'이라는 부분을 '보존을 위하여 우선적으로 목적된'이라는 의미로 좁게 해석하여 왔다. 따라서 타국의 국내규제를 변경하려는 무역조치는 그 자체로서 보존을 우선적으로 목적한 것이 아닌 것이 되므로, 제20조 (g)를 원용하는 데 어려움이 있었다. 특히 대부분의 다자간 환경협약의 무역조치는 그러한 것으로 분류될 수 있다는 점에서 문제가 되는 것이다.

이와 같이 볼 때 WTO 체제상 환경적 목적의 무역조치는 필요성과 비례성 요건을 갖추어야 허용된다. 즉 인간과 동식물의 생명이나 건강을 보호하기 위한 필요한 조치이거나 유한 천연자원의 보존에 관련된 조치일 경우에 허용된다. 필요성 여부는 최소불일치(less inconsistent) 조치가 이용가능한가를 결정함으로써 판단하여 왔다.269) 그리고 필요성과 비례성을 갖춘 조치라 할지라도 자의적이고 부당한 차별적인 조치가 아니어야 하고, 위장된 무역제한이 아니어야 한다.

(4) 환경과 무역에 관한 사례

태국의 담배수입제한에 대하여 미국은 GATT 규정 위반으로 제소하였다. 패널은 태국의 수입제한조치는 GATT 제11조 제 1 항에 반하는 조치라고 판단

---

269) Thailand - Restrictions on Importation of and Internal Taxes on Cigarettes(DS10/R-37S/ 200), Panel Report, para. 75; EC - Measures Affecting Asbestos and Asbestos-Containing Products(EC - Asbestos, DS135), Panel Report, para. 8. pp. 198~199.

하였다. 그리고 GATT 제20조 (b) 인간의 건강과 관련한 예외를 근거로 하는 주장에 대하여, GATT와 더욱 합치하는 조치가 가능하므로 해당 수입제한조치는 GATT 제20조 (b)에 의해 정당화될 수 없다고 하였다.[270]

참치사건은 미국의 입법에 따른 참치제품의 수입제한과 관련된 것이다. 미국은 1972년 해양포유동물보호법을 제정하였는데, 이 법에 따라 돌고래에게 안전하지 않은 방법을 사용하여 어획한 참치의 수입을 제한하는 것이었다. 멕시코의 제소에 대해 패널은 미국의 조치는 GATT 제11조 위반이라고 하였다. 미국은 제20조 (b)와 (g)를 원용하였으나, 패널은 미국이 돌고래 보호를 위한 노력에서 GATT와 일치하는 모든 선택을 다하였음을 입증하지 못하였다는 이유로 제20조 (b)에 따라 정당화되지 못한다고 하였다. 제20조 (g)는 미국 관할권 밖에서 발생하는 생산과 소비를 제한하는 목적으로 원용될 수 없다는 이유로 제20조 (g)에 의한 수입금지조치는 허용될 수 없다고 하였다.[271] 이 사건 후에 네덜란드와 EC도 미국을 상대로 제소하였다. 양자는 멕시코산 참치로 만든 참치제품의 미국 내 수입금지를 문제 삼았다. 멕시코가 제소한 사건에서와 같이 패널은 참치제품에 대한 수입금지는 GATT 제11조와 제20조 (b) 및 (g)에 의해 정당화될 수 없다고 하였다.[272]

미국-개솔린 사건에서도 패널은 미국의 조치가 제20조 (b)와 (g)에 의해 정당화될 수 없는 것이라고 하였다. 그러나 항소기구는 미국 측 조치가 제20조 (g)에 해당되는 것이기는 하나, 제20조의 전제요건을 충족하지 못하였다고 결정하였다.[273]

미국-새우수입제한 사건도 GATT 제20조가 문제된 사건이다. 1989년 미국은 Public Law 101-162의 제609조를 제정하였는데, 이 규정은 멸종위기의 바다거북을 보호하기 위한 적절한 조치를 취하지 않은 국가로부터는 새우 및 새우제품의 수입을 제한하는 것이었다. 말레이시아, 태국, 파키스탄의 이의제기에

---

270) Thailand - Restrictions on Importation of and Internal Taxes on Cigarettes, GATT Panel Report, para. 81.

271) United States - Restrictions on Import of Tuna(DS21/R - 39S/155), Panel Report; 이 사건을 Tuna I 이라 부른다.

272) United States - Restrictions on Imports of Tuna(DS29), Panel Report; 이 사건을 Tuna II 라 부른다.

273) US - Gasoline(DS2), Appellate Body Report.

따라 1998년 5월 15일 패널이 설치되었다. 패널은 미국 측 조치가 자의적 방법이든 아니든 미국의 새우수입금지는 다자간 무역체제를 위협하는 부류의 조치로서 GATT 제20조에 의해 정당화될 수 없다고 하였다. 이에 대하여 항소기구는 해당 무역조치가 제20조 (g)에 해당하는 조치인가를 검토하였다. 항소기구는 미국 Public Law 제609조가 보존에 '관련된' 조치이고, 거북은 제20조 (g)의 유한 자원이며, 제609조는 새우의 국내적 어획을 제한하는 것과 연계되어 유효한 것이므로, 미국 측 조치는 제20조 (g)의 요건을 충족시킨 합법적인 것으로 환경적 목적에 기여하는 것이라고 하였다. 다만 미국이 취한 조치는 WTO 회원국 사이에 자의적이고 부당한 차별이 되는 방법으로 적용되었으므로, 제20조의 전제요건에 위반되었다고 결정하였다.

이와 같이 GATT와 WTO의 패널결정은 문제가 된 환경적 무역조치에 대하여 우호적이지 않았고, 항상 GATT 규정 위반이라고 결정하였다. 이들 분쟁은 다자간 환경협약상의 조치가 아닌 일방적 환경조치와 관계되는 것이었다. 그러나 미국 새우수입제한 사건에서 항소기구의 접근방법은 환경보호에 대한 관심은 WTO 분쟁해결과정에서 검토되어야 한다는 것으로, 환경과 무역의 관계에 관하여 새로운 국면을 보여 주는 것이다. 이것은 WTO가 공정 및 가공방법(PPMs)에 기초한 환경조치와 역외적 적용을 허용한 것으로 볼 수 있다. 이와 함께 새우수입제한 사건에서 WTO 항소기구는 순전히 일방적인 조치보다 다자간 환경협약상의 조치가 더욱 바람직한 것임을 강조한 것도 의미 있는 일이다.

3. 노동과 무역

무역과 노동문제간의 연계도 WTO의 작업계획의 일환으로 제안되어 왔다.[274] 노동문제를 무역과 연계시키려는 배경은 국제적인 노동기준을 따르지 않고 낮은 임금과 열악한 환경에서 생산된 상품은 당연히 그 가격경쟁 면에서 국제노동기준을 충족시킨 국가의 상품과 비교가 되지 않는다는 점에서 비롯된 것이다. 흔히 'Blue Round'라고 불리는 이 분야는 1994년 4월 마라케쉬에서 선진국과 후진국간의 치열한 공방을 초래하기까지 하였다. 미국은 마라케쉬 각료

---

274) 33 *International Legal Materials, supra* note 256, p. 1267.

선언에서 WTO하에 무역환경위원회에 유사한 노동자의 권리에 관한 위원회를 설치하자고 제안하였으나, 보호주의 조치를 위한 이론적 기초로서 이용될 수 있음을 우려하는 개발도상국의 강력한 반대에 부딪치게 되었다. 결국 양측이 타협하여, 의장성명을 통하여 향후 WTO의 의제에 노동문제를 포함시킬 수 있음을 밝히는 것으로 일단락되었다.

이들 각각의 사안은 별개의 분야이지만, 각 분야별 협상은 다른 분야의 협상에 영향을 끼칠 수밖에 없고, WTO는 이러한 협상을 위한 중심된 역할을 하게 될 것이다.

4. 경쟁정책과 무역

(1) 논의배경

무역자유화와 영업활동의 세계화는 반경쟁적 관행의 세계화를 수반하게 되었다. 이에 따라 많은 국가들이 사적 영업활동으로 인한 장벽에 의해 무역자유화와 규제완화가 훼손되는 것을 방지하기 위하여 국내적 경쟁정책을 채택하여 왔다. 그러나 국내 경쟁법과 법집행기관은 초국경적인 반경쟁관행을 다룰 수 있는 장치를 완전히 갖추지 못한 한계를 갖고 있다. 미국은 자국 독점금지법의 역외적 적용을 통해 이를 해결하려 하였고, 이는 다른 국가들의 반발을 초래하게 되었다. 이러한 배경에서 WTO는 어떻게 그러한 장치를 만들고 구속력을 부여할 것인가를 검토할 필요를 느끼게 되었다.[275]

미국의 독점금지법으로 대변되던 경쟁정책이 국제적 관심사로 부상한 것은 세계화와 지역통합의 동시적 추구, 동유럽에서 자본주의의 재탄생, 남미의 경제개혁, 복수 국가간의 경쟁사건 증가, WTO의 탄생 등이 배경이 된다. WTO 설립으로 정부에 의한 무역장벽을 빠른 속도로 제거하고 낮추는 데 효과를 거두게 되자, WTO 체제를 훼손할 수 있는 민간분야의 장벽을 제거하는 쪽으로 관심이 나아가게 된 것이다.[276] 민간분야의 장벽을 제거하는 방법이 검토되면서,

---

275) Friedl Weiss, "From World Trade Law to World Competition," 23 *Fordham International Law Journal*(2000), pp. 254~256.

276) 미국의 독점금지법은 19세기 말 록펠러, 모건 등의 기업합동(trust) 형식에 대응하기 위하여 제정된 것으로, 제 2 차세계대전이 끝날 때까지는 미국만이 유지하는 법제였다. 전쟁이 마무리될

사적 활동을 직접 대상으로 하는 경쟁법이 정부에 의한 장벽을 규제하는 국제
규칙을 보완하는 것으로 받아들이게 되었다. 이와 같은 배경에서 경쟁정책과 무
역은 소위 싱가포르 이슈에 포함되었다. 1996년에는 이 문제를 연구하기 위하
여 WTO에 무역과 경쟁정책에 관한 작업단(WGTCP)이 설치되었다. 작업단은
1997년 7월 첫 회의를 가진 후 회원국으로부터 약 180개의 제안을 받았으나,
현재까지 경쟁정책에 관한 다자간 체제를 만들지는 못하고 있다. 2001년 도하
선언에서도 명백한 컨센서스에 의해 채택된 결정에 따라 제 5 차 각료회의 이후
에 협상이 이루어지도록 하고, 2003년 각료회의까지 핵심적 원칙을 명백히 하
는 것에 초점을 맞출 것이 요구되었다.

(2) 경쟁정책과 무역의 관계

경쟁정책은 경쟁을 제한하고 소비자를 해치는 사적 행동을 대상으로 하는
것으로, 활발한 경쟁을 유지하여 소비자의 이익을 보호하기 위한 것이다. 가격
담합이나 출고제한, 경제적 경쟁거부 등이 그러한 예에 해당된다. 경쟁정책은
경제적 효율성을 최대화하기 위하여, 국내사법기관에 의해 강제된다. 반면에 무
역(통상법)은 공적 행동을 대상으로 한다. 정부가 관세나 비관세장벽을 만들어
외국 경쟁자로부터 국내생산자를 보호하는 것이다. 통상법은 국제적 경로를 가
지고, 국제적 기관에 의해 시행된다. 통상법은 경쟁법과는 달리 회원국의 시장을
수출자에게 개방하는 것을 목적으로 하는 것이지, 시장의 효율성과 소비자 이익
을 목적으로 하는 것은 아니다. 따라서 양자는 근본적으로 상이한 법원칙, 기구적
특징, 양식, 분쟁해결방법을 가지고, 상이한 주체를 대상으로 하는 것이다.[277]

경쟁정책의 목적은 자유무역정책의 목적과 같이 일반적으로 시장의 개방과
경쟁성을 확보하여 자원의 효율적 배분을 촉진하는 데 있다.[278] 그러나 민간분

때쯤 마샬플랜에 따라 독일과 일본이 독점금지법을 채택하였고, 1950년대에는 서유럽 국가들
이 공동시장의 촉진을 위하여 공동경쟁정책을 채택하였다. 1980년 후반 공산주의의 붕괴에 따
라 경제개혁의 일환으로 경쟁법을 도입하게 되었고, UR 협상 후반기에 한국을 비롯한 80여
개국이 경쟁법을 채택하게 되었다. Eleanor M. Fox, "Competition Law," in *International
Economic Law*, ed. Andreas F. Lowenfeld(Oxford, 2002), p. 341.

277) Fox, *op. cit.*, p. 345.

278) Kevin C. Kennedy, "Global Trade Issues in the New Millennium: Foreign Direct Investment
and Competition Policy at the World Trade Organization," 33 *George Washington*

야의 무역장벽은 WTO에 의한 무역장벽의 감축 효과를 잠식하고 있음이 입증되고 있다.[279] 결국 무역자유화는 사기업의 반경쟁적 관행이 경쟁법에 의해 효과적으로 저지되는 경우에만 성공할 수 있는 것이다. 이와 같이 무역과 경쟁정책은 무역정책과 관련된 장벽의 제거라는 공통의 경제적 목적을 가지고 있는 것으로, 국제적 시장이 모든 진입자에게 개방되도록 보장하는 것이다.[280] GATT Oilseed 패널에서 체약국단은 제약적 무역조치에 대한 GATT의 기본규정을 경쟁조건을 확립하는 규정이라고 해석함으로써 무역과 경쟁정책간의 상호성을 인정하였다.[281]

이와 같이 경쟁정책과 무역은 여러 가지 점에서 상이한 점과 유사한 점을 갖고 있다.

(3) WTO상의 경쟁정책

GATT 체약국단은 국제적 카르텔과 트러스트의 활동은 세계무역의 확장을 방해하는 것으로, 관세인하나 수량제한의 철폐를 통한 이익을 훼손시키는 등 GATT의 목적을 방해한다는 것을 인식하여 왔다. 이에 따라 GATT상에 제약적 영업관행에 대한 보완적 규칙을 도입하기 위한 제안이 되풀이되어 왔으나, 채택되지는 못하였다.

WTO는 GATT에 비해 보다 넓고 통합된 시장접근의 보장을 강조하는 것이므로, 시장접근의 장벽에 대한 관심이 증대하였다. 이러한 접근은 많은 WTO 규정에 반영되어 있는데, 형식적이긴 하나 사실상 사적 분야의 시장접근장벽을 다루는 규정과 다른 무역규정의 경쟁정책적 측면을 검토하도록 회원국에게 요구하는 규정으로 구분된다. GATS는 제 1 부속서에서 독점 및 배타적 서비스 공급자는 회원국에게 독점 및 배타적 공급이 GATS하의 최혜국대우와 특정 이행과 일치하지 않는 방법으로 운영되지 않도록 보장할 것을 요구하고 있다. 무역관련투자조치협정은 경쟁지침을 개발하기 위한 위원회를 설치하였다. TRIPs 협

International Law Review(2001), p. 587.

279) Epstein, *op. cit.*, p. 368.

280) Kennedy, *supra* note 270, p. 589.

281) European Economic Community: Payments and Subsidies Paid to Processors and Producers of Oilseeds and Related Animal-Feed Proteins.

정에도 반경쟁적 규칙의 성격을 띠는 규정이 있다. 지적재산권을 시행하기 위한 규칙과 절차가 합법적 무역에 장벽이 되지 않도록 보장하기 위하여 경쟁제한에 대한 반경쟁적 규칙을 두고 있는 경우가 있다.[282] 정부조달협정에도 그러한 규정이 있는데, 제10조에서 최적의 국제적 경쟁 확보와 공급자나 서비스공급자를 위한 형평성 있는 기회를 규정하고 있다. 보조금협정도 제15조에서 피해결정의 요소로서 무역제한적 관행과 외국과 국내 생산자간의 경쟁을 규정하고 있다. TBT 협정은 비정부기관에 의한 기술규정의 준비 채택 적용 등이 합법적 목적을 이행하기에 필요한 것보다 무역제약적이지 않도록 할 것을 요구하고 있다. 세이프가드협정은 자발적 수출규제, 시장질서유지협정, 기타 유사한 조치를 금지하고 있는 것도 같은 맥락에서 이해할 수 있다.

일부 WTO 협정은 경쟁규칙을 추가할 목적으로 그 활동을 재검토하도록 규정하고 있다. TRIPs 협정은 상품무역이사회에 대하여 발효 후 5년 이내에 투자정책과 경쟁정책에 관한 규정에 의해 보완되어야 하는가를 검토할 것을 규정하고 있다.[283] 이 규정은 다국적기업에 의한 반경쟁적 관행을 대처하는 데 가능하게 할 것이다. 선적전 검사협정에도 유사한 재검토가 예정되어 있다.[284]

WTO나 개별 국가의 사법제도 하나만으로는 새로운 형태의 민간 무역장벽을 해결하는 데 충분하지 않을 수 있으므로, 국제적 공정경쟁규칙을 채택할 필요성이 있다. 이러한 공정경쟁규칙은 무역과 경쟁정책간의 상호작용문제에 초점이 맞추어져야 할 것이고, 반경쟁적이고 비효율적인 기준을 추방할 목적을 가진 것이어야 할 것이다.

5. 전자상거래

(1) 논의의 배경

전자상거래는 그 개념 자체가 국제적인 것으로, 상업적 거래를 행하는 새로운 방법을 제공하는 것이다. 따라서 전자상거래는 상품과 서비스의 국제적 거

---

282) TRIPs 협정 제1부속서 1 C.
283) 무역관련지적재산권협정 제9조.
284) 선적전검사협정 제6조.

래를 확대하여 새로운 시장기회를 제공하고, 경쟁을 강화시키게 된다.[285] 이러한 점에서 전자상거래는 무역과 관계되는 것이다. 그러나 전자상거래는 UR 협상 완료 후 그 동태론이 개발되기 시작한 것으로, WTO 협정은 전자상거래에 관하여 특정된 규정을 갖고 있지 못하다.[286] 이러한 배경에서 전자상거래는 WTO의 새로운 의제로 등장하게 되었다.

전자상거래와 관련하여서는 OECD, UNCITRAL 등을 중심으로 국제적 규범 제정을 위한 논의가 진행되어 왔다. OECD에서는 주로 전자상거래의 확산을 위한 원칙과 전자상거래의 장애요인에 대하여 검토하여, 「국경을 넘는 데이터 전송에 대한 선언」(Declaration on Transborder Data Flows)이나 「전자상거래상의 소비자보호지침」(Guideline for Consumer Protection in the Context of Electronic Commerce) 등을 채택하였다. UNCITRAL은 활발한 연구를 진행하여, 일부 분야에서 통일규칙을 제안하는 「전자상거래에 관한 모델법」(Model Law on Electronic Commerce)을 초안한 바 있다. 이와 대비하여 WTO는 전자상거래가 국제무역에 끼치는 영향에 초점을 맞추어 검토하였다. 전자상거래는 국제거래의 새로운 수행방법으로서 국제무역에 근본적인 영향을 주는 까닭에 WTO의 관심거리가 된 것이다. WTO는 인터넷의 병목현상, 왜곡된 가격정책, 부적절한 법적 구조, 거래의 보안과 프라이버시 등의 문제를 검토하였다. 그리고 WTO가 전자상거래를 촉진하는 데 도움이 될 수 있는지, 세계무역을 규제하는 기존의 통상규칙에 통합될 수 있는지를 검토하였다. 그 외에 상품과 서비스의 국제무역에서 전자상거래의 이용을 통하여 개발도상국의 참여를 확대할 수 있는 방법을 만들 수 있는지에 관하여도 관심을 가졌다. WTO는 개발도상국이 전자상거래에 의해 주어지는 경제적 기회를 취하지 않을 경우 선진국과 개발도상국 사이에 경제와 기술 간의 간격이 확대될 것을 우려하였다.

(2) WTO의 검토

1998년 5월의 각료회의에서는 전자상거래와 관련하여 2개의 결정이 이루

---

285) Adrienne J. Breslin, "Electronic Commerce: Will It Ever Truly Realize Its Global Potential?" 20 *Penn State International Law Review*(2001), p. 275.

286) Heinz Hauser and Sacha Wunsch-Vincent, "A Call for a WTO E-Commerce Initiative," 6 *International Journal of Communications Law and Policy*(2000), p. 8.

어졌다. 전자적으로 이루어지는 거래에 대하여 일시적 무관세관행의 계속을 결정한 것과, 상품무역이사회·서비스무역이사회·무역관련 지적재산권이사회·무역개발위원회에 대하여 전자상거래의 모든 무역관련 쟁점을 포괄하는 작업계획을 요청한 것이다. 전자와 관련하여서는 그 구속력에 대한 의문이 제기되기도 하였으나, 시애틀각료회의와 도하각료회의에서도 무관세를 위한 유예의 계속을 요청하였다. 후자의 목적은 관련 위원회의 책임에 관한 전자상거래의 영향을 분석하는 것이었다.

특정 위원회에 국한된 주제를 제외하고는 대부분 4개 위원회가 공통적으로 검토할 내용인데, 그 중 가장 중요한 이슈는 분류에 관한 부분이다. 통상적으로는 물리적 매개체(physical carriers)에 화체되어 판매되어 온 것이지만, 음악이나 영화처럼 통신망을 통해 온라인으로 배달될 수 있다면 상품무역협정과 서비스무역에 관한 일반협정 중 어느 것이 적용될 것인가 하는 의문이 있기 때문이다. 즉 온라인으로 배달되는 상품이 CD와 같은 매개체에 화체되어 배달되는 전형적 상품인지 재분류되어야 하는 것인지가 문제 되는 것이다. 이에 관하여 WTO는 실무문서를 작성하였으나, 결론에 도달하지는 못하였다.

상품무역이사회는 전자상거래와 관련되어 발생할 수 있는 시장진입장벽, 전자적으로 거래된 상품에 대한 관세부과, 전자상거래 분야의 표준이 갖는 장단점을 논의하였다. 서비스무역이사회는 기존의 무역자유화에 의해 불완전하게 다루어지고 있는 전자서비스는 어떤 것이 있는가를 검토하였다. GATS는 서비스의 형태에 따라 무역자유화의 정도가 다를 수 있으므로, 전자상거래가 GATS의 적용을 받게 되면 GATS의 어떤 서비스 형태에 속하는가를 결정하여야 한다. 따라서 GATS에 있어서도 분류는 중요한 문제이다. 그리고, GATS상 기존의 시장접근이 인터넷 서비스에 충분한 것인가도 다루어졌다. 무역관련지적재산권이사회는 전자상거래에서 저작권, 상표권 및 기타 관련 권리가 어떻게 보호될 수 있는가를 검토하였다. 이 문제는 물리적 매개체를 갖추지 아니한 지적재산권이 온라인 환경에서 충분히 보호될 수 있는가를 논의한 것이다. 무역개발위원회는 경제개발에 대한 전자상거래의 의미를 찾으려 시도하였다. 세계경제의 불평등과 관련하여 기존의 경향을 악화시킬 수 있는 소위 '디지털 분열'(Digital Divide)에 대하여 특별한 관심이 기울여졌다.

　　1999년 7월 4개 위원회는 일반이사회에 보고서를 제출하였고, 그 내용은 일반이사회의 권고와 함께 1999년 11월에 개최된 시애틀 각료회의에 보고되었다. 이 보고서는 전자상거래에 대한 기존 무역협정의 영향, 기존 무역협정상의 허점, 전자상거래에 의한 새로운 책임문제의 발생 여부와 WTO 회원국이 새로운 무역규제와 관련하여 직면하게 될 사항에 대하여 담고 있다.[287) 위원회의 논의과정에서 컨센서스에 이른 중요한 점은 권리의무와 국가별 이행에 관한 기존의 WTO 협정이 전자상거래 분야에도 적용가능하다는 점이었다. 이것은 WTO에서 국제통상법과 전자상거래간의 통일과정에서 필수적 요소로서,[288) WTO 작업계획상 가장 커다란 업적으로 간주될 수 있다. 그러나 나머지 부분에 대하여는 완전한 결론에 이르지 못하였다.

　　이에 따라 미국을 위시한 선진국들이 전자상거래에 관하여 강하게 요청하였고, 2000년 7월 일반이사회는 4개 위원회에 대하여 미진한 부분에 대한 작업을 계속하도록 요청하였다. 그리고 일반이사회가 전자상거래를 어떻게 다룰 것인가에 대한 권고도 요청하였다. 이 요청기한은 2000년 12월까지였으나, 새로운 보고서도 1999년의 보고서와 거의 동일한 것이었다. 2001년의 도하선언은 이미 이루어진 작업을 인정하고, 일반이사회로 하여금 작업계획을 다루는 가장 적절한 기구협정을 검토하고, 작업결과를 제 5 차 각료회의에 보고할 것과, 전자전송물에 대한 무관세관행이 제 5 차 각료회의까지 계속될 것을 언급하고 있다.

---

287) Hauser and Wunsch-Vincent, *supra* note 286, p. 9.

288) Kristi L. Bergemann, "A Digital Free Trade Zone and Necessarily-Regulated Self-Governance for Electronic Commerce," 20 *John Marshall Journal of Computer & Information Law*(2002), p. 602.

제 5 장 미국과 EU의 통상법

제 1 절 미국의 통상법

1. 연   혁

미국 정부는 그 스스로가 자유무역원칙의 강력한 옹호자임을 밝혀 왔으며, 동시에 외국정부의 보호무역정책을 강하게 비난하여 왔다. 그러던 것이 지난 수십 년에 걸쳐 막대한 무역적자를 보게 되자, 미국의 자유무역정책은 중대한 변화를 맞이하게 되었다. 그 결과로 자유무역에 대한 원칙적인 언급과 의회 및 행정부의 보호주의적 입법 간에는 극명한 모순 양상을 보이고 있다.

이러한 현상을 보여주는 대표적인 것이 바로 미국의 통상법(Trade Act)이다. 특히 그 중에서 제301조의 대외통상에 관한 대통령의 보복조치권 규정이 집중적으로 거론되는데, 그와 같은 내용의 통상제재규정은 미국의 통상관계법 역사에서 상당히 오랜 기간을 거치면서 다듬어져 온 것이다.[1] 일부 학자들은 1794년 의회가 워싱턴 대통령에게 미국 수출업자를 차별하는 외국에 대한 수입제한권을 허여한 규정에서 선례를 찾기도 한다.[2] 그러나 현재 거론되고 있는 모습으로 갖추어진 것은 1974년에 제정된 통상법 제 3 장의 제301조부터 제309조까

---

1) 20세기 이후 오늘에 이르기까지 미국이 취해 온 통상정책의 역사를 일별하면 1920년대 포드니-맥컴버 관세법과 스무트-헐리 관세법으로 대표되는 보호무역주의와 루즈벨트를 거쳐, 브레튼우즈 회의를 통해 구체화된 자유무역주의, 그리고 미국의 무역적자 원인이 교역 상대국의 불공정 무역관행에 있다는 문제의식에서 출발한 공정무역주의로 정리할 수 있다. 왕상한, 미국통상법의 허상과 실체(법문사, 2002), pp. 11~14.

2) Black K. Thatcher, "Section 301 of the Trade Act of 1974," 81 *North Western University Law Review*(1987), p. 495.

지의 조항을 의미하는 것이다.[3] 1962년 무역확대법 제252조는 제301조의 직접적인 모체이지만, 그 범위가 제한적이어서 실효성이 문제가 되었고, 1974년의 통상법은 이를 대폭 개선하여 대통령의 권한을 강화시켰다.

GATT 동경라운드가 종료된 후 미국 의회는 1979년 무역협정(Trade Agreements)을 제정하였는데, 이는 본질적으로 동경라운드 기간 동안 타결된 다자간 통상협상(Multilateral Trade Negotiation: MTN) 협정에 비추어 미국의 국내법을 수정한 것이다. 또한 미국 의회는 분쟁해결기구의 전반적 기능 개선이 이루어졌다는 인식하에 MTN에서 합의된 분쟁해결과정을 효과적으로 보장하고, 미국의 결정을 반영하기 위하여 기존의 법률을 수정하여 1979년 통상법을 제정한 것이다.[4]

이어 만성적인 무역적자에 효과적으로 대처하기 위하여 일반특혜관세 연장 문제를 처리한 1984년의 통상관세법(Trade and Tariff Act)을 거쳐, 1988년 우루과이라운드 협상의 중간재검토(Mid-term Review)기간에 미국 의회는 포괄적인 무역 법안인 1988년의 종합통상법(Omnibus Trade and Competitiveness Act)을 제정하기에 이르게 되었다. 1979년과 1984년의 개정에서는 큰 변화가 없었으나, 1988년의 개정에서는 1974년 통상법 301조를 수정하는 내용을 포함하는 상당한 부분의 개정이 이루어졌다.[5] 통상권한을 미국무역대표부(USTR)로 이전하였으며, 무역대표부로 하여금 각국의 무역관행을 의무적으로 검토하게 하고, 그 결과에 따라 무역보복을 하게 하는 슈퍼301조와 지적재산권에 대한 적절한 보호 및 시장접근의 기회를 확보하기 위한 스페셜301조를 신설하는 등 많은 변화가 있었다. 슈퍼301조는 1990년까지 2년간 시행하는 한시적 조치로, 그 핵심은 무역자유화 우선순위를 지정하는 것이었다. 또한 지식재산권을 제대로 보호하지 않는 국가들을 특별관심국, 감시대상국, 우선감시대상국, 우선협상국으로 분류해, 우선협상국에 대해서는 USTR이 협상을 개시하도록 의무화하고 미국의 지식재산권을 보호하는 협상이 이루어지지 않을 경우 보복조치를 시행할 수 있도록 하였다.

---

3) 외국의 불공정무역관행을 대상으로 보복조치를 허용하는 Section 301부터 309를 통칭하여 301조로 부르고 있는데, 1974년 통상법에서 301조가 대폭 강화되었다.

4) Terence P. Stewart, *The GATT Urugauy Round: A Negotiating History(1986- 1992)*(Kluwer Law and Taxation Publishers, 1993), p. 2704.

5) Jared R. Silverman, "Multilateral Resolution over Unilateral Retaliation," 17 *University of Pennsylvania Journal of International Economic Law*(1996), p. 54.

조사절차에 있어 사전에 제출된 무역장벽보고서를 통해 우선협상 관행을 지정한다는 점에서도 특징을 찾을 수 있다. 1988년의 종합무역법의 가장 큰 특징 중 하나는 1974년 통상법에 규정된 제301조 외에 슈퍼301조와 지적재산권 및 통신 부문의 스페셜301조를 두고 있다는 점이다. 종합통상법상의 소위 슈퍼301조는 무역대표부로 하여금 제301조에 의거한 외국의 불공정 무역관행을 반드시 조사하도록 하고 있고, 의회에 매년 제출하여야 하는 국별무역장벽보고서(NTE)에 기초하여 우선관심국가와 우선관심관행을 지정하도록 강제하고 있다. 또한 외국의 불공정 무역에 관련된 법 및 관행을 철폐하기 위한 협상을 반드시 진행시켜야 한다. 당사국 정부와의 협상 시작 3년 이내에 모든 무역장벽 및 불공정 무역관행이 제거되지 않으면 무역대표부는 그 보상을 촉구하여야 한다. 협상이 타결되면 조사는 종결될 수 있지만, 협상이 결렬될 경우 강제적인 보복조치를 취해야 한다.

1988년의 종합무역법 제정은 일본과의 무역적자 확대가 주된 배경이었다. 그리고 1994년에는 미국 내에서 열띤 주권논쟁(Sovereignty Debate)[6] 끝에 UR에서 채택된 협정내용을 수용하기 위하여 UR 협정법(UR Agreement Act)이 제정되었다.

2015년에는 무역특혜연장법(Trade Preferences Extension Act of 2015)을 채택하여 對中 무역적자 확대로 인한 무역보호조치를 강화하였다. 동 법 Title V는 반덤핑및상계관세법을 개선하여 반덤핑절차에서 조사당국의 재량권을 강화하였다. Section 501이 제 5 절(Title V)을 미국무역집행효율강화법(Amercian Trade Enforcement Effectiveness Act)으로 약칭하고 있는 것도 그러한 면을 여실히 보여주는 것이다. 이와 같이 조사당국의 재량권이 강화됨으로써 고율 관세 부과가 증가하고, 반덤핑 조사 사건도 증가하는 경향을 보인다. 특히 트럼프 행정부가 들어선 이후 반덤핑에 대한 규제가 강화되는 현상이 뚜렷하게 증가되었다. 한국 상품에 대한 반덤핑 조사는 2017년 한해에만 6건으로 매년 꾸준한 증가세를 보이고 있다.[7]

---

6) 미국 내 일부 논자들은 WTO의 가중투표제와 특별정책결정기관이 부재한 컨센서스제 형식의 정책결정과정과 분쟁해결절차가 미국의 주권을 침해하고 WTO의 원활한 운영을 저해한다고 보았다. John H. Jackson, *The Jurisprudence of GATT and the WTO*(Cambridge University Press, 2000), pp. 382~383.

7) 미국의 AFA 적용사례 및 대응방안, p. 7.

2. 내 용

(1) 발동요건

종합통상법 이전의 제301조는 불공정무역관행에 대한 보복체계를 규정하고 있는 것이었다. 이 규정의 본래 목적은 두 가지 상황하에서 대통령에게 특정 외국의 법·정책·관행에 대하여 보복수단을 취할 수 있는 권한을 주는 데 있다. 즉 통상협정을 위반한 외국에 대하여, 혹은 미국의 교역에 부담을 주거나 미국의 교역을 제한하는 부당한(unjustifiable) 행위·불합리한(unreasonable) 행위·차별적인(discriminatory) 행위를 하는 외국에 대하여 미국 대통령은 적절하고 필요한 모든 조치를 취할 권한을 가지고 있다.[8] 부당한 행위란 국제적으로 인정된 미국의 권리에 대한 침해를 말한다. 예컨대, 내국민대우나 최혜국대우에 반하는 행동 등을 의미하는 것이다. 불합리한 행위란 협정위반이나 위법은 아니나 불합리하거나 형평의 원칙에 위반하는 것을 말하는 것이다. 예컨대 외국정부가 미국기업의 소유권을 인정하지 않는 것, 지적재산권의 적절한 보호를 인정하지 않는 것, 사기업의 반경쟁적 행위를 허용하여 미국기업이나 상품의 참여를 제한하는 것 등이 이에 포함된다. 차별적 행위란 내국민대우나 최혜국대우를 부정하는 것으로 결국 부당한 행위와 동일한 의미로 이해되고 있다. 이러한 결정을 내림에 있어서 대통령은 해당 국가의 당사자에 대하여 양허의 정지 또는 철회 및 수입관세나 기타의 수입제한과 같은 보복조치를 취할 권한을 부여받았다. 그리고 제301조는 이해당사들이 미국무역대표부에 대하여 법률위반 혐의가 있는 외국의 무역관행의 조사를 개시하도록 요청하는 청원을 허용하는 방향으로 확장되었다.[9]

제301조는 일종의 수단으로 볼 수 있는 것이다. 이는 실제 운용에 있어 법조문에 의해 부여되고 있는 처벌을 부과하기 위한 것이라기보다 성공적인 시장 개방 협상을 위한 도구로 사용되었기 때문이다. 다시 말해서 미국은 경제적 목표들을 성취하기 위해서 보복하겠다는 위협을 적절히 사용해 왔다는 것이다. 사실상 제301조의 조문에 나와 있는 단호한 강제규정들은 미국의 통상협상가들에게 힘을 실어주려는 의회의 노력이 나타난 다른 표현으로 볼 수 있다. 이러한

---

8) 19 USC 2411 (a)(1).

9) Trade Act of 1979, §301 (b).

취지에서 통상법 301조의 적용은 그다지 빈번하지도 강력하지도 않았으나, 무역적자의 급격한 팽창으로 말미암아 1985년부터 미국정부는 외국정부의 무역관행에 대하여 301조를 실질적으로 사용하기 시작하였다.[10] 이러한 배경에서 통상법 301조의 본질은 변화를 보이기 시작하였는데, 이러한 변화는 1988년의 종합통상법에 가장 크게 반영되어 나타나고 있다.

　　무역특혜연장법 제 5 절은 실질적 피해를 판단하는 과정에서 조사당국의 재량을 대폭 강화시켜 놓았다. 반덤핑 조사 대상 기업이 충실한 자료제출을 소홀히 한다고 판단할 때 '이용가능한 불리자료(adverse facts available: AFA)'를 폭넓게 적용하고 있다.[11] 이 경우 덤핑마진이 이를 적용하지 않은 경우 보다 훨씬 크게 나타남으로써 고율의 반덤핑관세를 부과할 수 있게 된다. 한국산 상품의 반덤핑 재심에서 상무부는 특수관계자가 운송용역을 제공한 부분과 관련하여 종래에는 외부 공시자료인 감사보고서를 검토하는데 그쳤으나, 최근에는 관계사의 내부 운임 자료까지 요청하고 있다. 미국 상무부는 조사대상 기업이 관계사에 의해 제공된 운임 서비스가 정상적 거래임을 입증하지 못했고, 상무부 요청에 의해 최선을 다해 협조하지 못했다고 보고 AFA를 적용한 바 있다.[12] 기 판매한 중간재를 다시 구매하여 하위제품(downstream products)을 생산하는 경우, 중간재 시장의 악화만 확인되어도 산업피해를 인정하도록 하였다. 또한 수출가격과 구성가격간 적절한 비교가 저해되는 경우를 '특별시장상황'(particular market situation)으로 명시하여, 이 경우 구성가격을 사용하여 덤핑마진을 계산할 수 있도록 하였다. 원료, 조립, 기타 가공비용이 통상적 거래과정에서 생산비용을 정확히 반영하지 못하는 경우, 특별한 시장상황에 해당한다.[13] 이는 반덤핑 관세율이 확

---

10) 1980년 레이건 대통령이 당선된 이후 미국의 쌍둥이 적자, 즉 무역적자와 재정적자의 폭은 급속히 확대되었다. 카터 대통령의 임기 마지막 해인 1980년 740억 달러에 달했던 재정적자는 레이건 대통령의 첫 임기 말인 1984년 1,850억 달러로 늘어났고, 무역적자 또한 1980년 362억 달러에서 1984년 1,224억 달러를 기록했다. U.S. Department of Commerce, *United States Trade, Performance and Outlook*, p. 111.

11) Trade Preferences Extension Act of 2015, Section 502 Consequences of Failure to Cooperate with a Request for Information in a Proceeding.
(1) in section (b) – ..."(A) may use"; and (D) by striking "facts otherwise available. Such adverse inference may include" and inserting the following: "facts otherwise available

12) 한국무역협회, 미국의 AFA 적용사례 및 대응방안(2017. 12), p. 9.

13) Section 504. Particular Market Situation

대될 여지가 커진 것을 말해준다. 이와 같이 조사당국의 재량권이 강화됨으로써 고율 관세 부과가 증가하고, 반덤핑 조사 사건도 증가하는 경향을 보인다.

(2) 발동절차

1988년의 종합통상법은 국제경제분야에서 부진한 미국의 대외경쟁력을 되찾기 위하여 다양한 수단들을 제시하고 있는데, 그 중에서 특히 논란이 되고 있는 부분이 바로 제301조의 수정에 해당하는 부분이다.[14] 그 핵심적 내용은 제301조의 적용권한을 대통령으로부터 무역대표부(United State Trade Representative: USTR)로 옮겨 놓았다는 점이다. 1974년 통상법하에서 무역대표부는 외국의 불공정 무역관행, 즉 외국의 통상정책이나 법·제도 등에 대한 조사 및 철폐를 위한 보복조치를 대통령에게 건의하는 기능만을 가졌다. 그 보복조치에 대한 최종적 결정은 대통령의 재량사항이었다. 1988년 종합무역법은 이러한 내용을 대폭 수정하여 조사개시, 보복조치의 결정 및 그 집행권한을 대통령으로부터 무역대표부로 이전시켰다. 이는 경제 보복조치의 시행여부를 대통령이 최종 결정함에 있어, 정치적·안보적 이유에서 주저하였던 전례를 되풀이하지 않기 위한 것이다. 즉 대통령이 아닌 비정치적 통상전담 기관인 무역대표부로 하여금 이를 총괄하게 함으로써, 미국의 경제적 이익을 적극적으로 확보하겠다는 의회의 강력한 의지가 반영된 결과이다. 이와 함께 절차의 신속한 진행을 위하여 단계별 시한을 엄격히 규정하고 있다. 따라서 종합통상법하에서는 대통령이 아닌 USTR이 외국의 불공정관행을 조사하고, 제301조에 따른 조치를 취할 것인지와 보복이 적절한지를 결정하게 된다. 의회가 대통령에 비해 무역대표부에 대하여 더욱 강력한 압력을 넣을 수 있게 됨으로써, USTR에 대한 권한이양은 제301조에 의한 결정을 더욱 경직된 것으로 만들 소지가 있게 되었다.

제301조는 이해관계인의 신청에 의하거나 USTR의 직권으로 발동된다. 이해관계인이란 해당 사안에 관하여 충분한 이해관계(sufficient interest)를 가진 자를 의미하는데, 이해관계인의 신청을 접수한 USTR은 45일 이내에 조사개시여부를 결정하여야 한다. 우선 관심국가와 우선관심사항에 관하여는 의회에 대한 보고서 제출 후 21일 이내에 조사를 개시하여야 한다. 어느 경우이든 조사개시

---

14) Trade Act of 1988, §1301, 1302.

를 결정하게 되면, 제301조 위반의 조사개시와 동시에 국제협정(GATT 제23조 및 각종의 양자협정)에 따른 분쟁해결절차를 개시하여야 한다. 이런 절차를 거쳐 통상협정 위반의 경우에는 분쟁해결절차 완료 후 30일 이내 또는 조사개시 후 18개월 이내에, 기타의 안건에 대하여는 조사개시 후 12개월 이내에 해당정부의 관행이 제301조 위반인가를 결정하게 된다.

슈퍼301조는 외국 무역관행의 국제규범 합치 여부와 무관하게 특정국가를 우선협상대상국으로 지정하여 필요한 조치를 취하도록 강제함으로써 국제사회의 거센 반발을 불러일으켰다. 당초 동 조항이 1989년과 1990년 2년 동안만 운영하도록 한시법 형태로 규정된 것은 이러한 분위기를 고려한 결과였다. 그러나 1994년 행정명령 형식으로 부활한 슈퍼301조는 제301조에 근거한 조사 및 우선협상대상국 지정을 재량이 아닌 의무사항으로 규정하는 등, 1988년 종합무역법과 거의 동일한 내용을 USTR에 부여하고 있다.

스페셜301조는 1974년 통상법 제182조를 개정한 1988년 종합무역법 제1303조를 말하며, 지적재산권 분야를 그 대상으로 한다. 동 조항은 지적재산권에 대해 적절한 보호책을 수립하지 않거나 또는 미국기업에 대해 지적재산권 관련 분야에서의 고정한 시장접근 및 경쟁을 보장하지 않는 나라들에 대해서는 슈퍼301조와 유사한 대응조치를 취하도록 의무화하고 있다. 즉 USTR은 지적재산권에 대한 적절하고도 효과적인 보호를 부정하는 국가들을 우선협상대상국가로 지정하여야 하고, 지정된 날로부터 30일 이내에 제301조에 따른 조사를 시작하여야 한다. USTR은 우선협상대상국과 협상을 진행하고, 결과에 따라 필요한 조치를 취하여야 한다. 또한 USTR은 매년 교역 대상국들의 지적재산권 보호조치 등에 대한 조사를 시행하여야 하고, 그 결과를 의회에 보고하여야 한다.

제301조에 의해 불공정 무역행위를 조사하고 관련 상대국과의 협상 및 보복조치를 집행할 권한은 무역대표부가 갖지만, 구체적 조사절차는 상무부와 국제무역위원회(ITC)가 한다. 덤핑조사와 덤핑률 산정은 상무부가, 산업피해는 대통령 직속의 준사법적 기관인 국제무역위원회가 조사하는 이원적 체계로 되어 있다. 미국의 해당 산업이 상무부에 반덤핑조사를 신청하면, 상무부는 20일 이내(예외적인 경우 40일 이내)에 조사를 개시할 것인지를 결정하게 된다. 국제무역위원회는 조사신청일로부터 45일 이내(또는 조사 개시일로부터 25일 이내)에 산업피해

예비판정을 내리게 되는데, 산업피해가 없는 것으로 판정하면 조사절차는 종결된다.15) 국제무역위원회의 산업피해 예비판정 이후 115일 이내에 상무부는 덤핑예비판정을 내려야 한다. 상무부는 원칙적으로 덤핑 예비판정일로부터 75일 이내에 확정판정(final determination)을 내려야 한다.16) 국제무역위원회는 상무부의 판정을 기반으로 산업피해에 대한 확정판정을 하게 된다. 상무부가 긍정적 덤핑예비판정을 내릴 경우 국제무역위원회는 덤핑예비판정일로부터 120일 이내에 피해에 대한 확정판정을 내려야 하고, 덤핑예비판정이 부정적이었으나 최종판정이 긍정적인 경우 국제무역위원회는 덤핑 확정판정일로부터 45일 이내에 피해확정판정을 내려야 한다.17)

3. WTO 협정과의 관계

(1) 논의의 배경

1974년의 통상법 301조는 미국의 상품 및 서비스 수출에 영향을 미치는 외국의 불공정행위를 해결하고, 해외투자에 대한 형평의 원칙과 진일보한 지적재산권의 보호를 달성하기 위하여 고안된 중요한 수단이다.18) 미국 측 입장에서 볼 때 제301조는 미국 수출업자 및 투자자들에게 세계 각국의 시장을 성공적으로 개방해 주었다. 그러나 제301조는 1988년의 종합통상법으로 수정된 이후 국제통상법에서 가장 많은 논쟁의 대상이 되고 있다.

미국통상법 301조에 대하여 대부분의 국가들은 WTO에서 규정하고 있는 다자간 협상체계에 반하는 것이라고 비난하여 왔고, 일방적인 보복규정은 일반적으로 인정하고 있는 국제법 원칙을 위반하는 것이라는 비판을 가하고 있다. 미국의 무역상대국들은 미국 시장 폐쇄 위협을 통해 시장개방 목적을 달성하는 것은 모순이라고 지적하면서, 다자간 무역체제에서 미국 통상법 301조가 미치는 파장을 대상으로 각종 소송을 제기하였다. 미국의 무역상대국이 특정 국제규

---

15) Tariff Act of 1930, Section 516 (A)(i)
16) *Op. cit.*, Section 735 (a)(i). 일정한 경우 덤핑예비판정일로부터 135일까지 연기할 수 있다.
17) *Op. cit.*, Section 735 (b)(2)
18) Judith H. Bello & Alan F. Holmer, "The Post Uruguay Round Future of Section 301," *1994 A.B.A. Uruguay Round Trade Agreements*, p. 3.

범을 위반하지 아니한 경우조차 미국과 협상을 벌일 것을 강요하고 있으며, 이
는 최혜국대우원칙에 반하는 차별적 양자협정을 체결하게 하는 결과를 발생시
키게 된다고 비판하기도 한다.[19] 뿐만 아니라, 미국은 제301조를 광범위한 무역
자유화를 보장하는 방법이라고 소개하고 있으며, 분쟁해결절차의 미비와 GATT
의 불충분한 적용범위를 들어 이를 정당화시키고 있다. 다자간 무역협상을 위한
UR에서 많은 국가들이 제301조의 폐지를 주장하였으며, 실제로 일부에서는 UR
이후 제301조가 폐지되거나 적어도 실질적으로 변경될 것이라고 예측하기도 하였다.

결과적으로, 동 법률은 제301조에 대한 아무런 실질적 변경사항을 마련해
놓고 있지 않은 채 현재까지 지속되어 오고 있다. 현재로서는 제301조가 폐지될
가능성이 희박한 것으로 보인다. 그러나 이전의 취약점을 개선시킨 GATT의 적
용범위 확대 및 법적 근거가 강화된 다자간 무역분쟁해결 체제 구축을 통하여
미국의 일방적인 제301조 사용을 방지할 수 있는가 여부와 그 방법을 둘러싼
논쟁이 아직까지 존재하고 있다.[20]

(2) WTO 협정과 제301조의 합치성

제301조는 WTO 분쟁해결절차의 국내판이라 볼 수 있는 것으로, 미국이
자국에 부담을 주거나 제한하는 부당하거나 비합리적이거나 또는 차별적인 외
국통상행위에 대한 무역보복조치를 허용하는 것이다. 제301조의 포괄적 특성은
WTO 협정이나 다른 통상협정의 당사국 여부에 관계없이 많은 국가들의 무역
행위 및 무역정책에 적용되어 왔다는 점이다.

제301조는 처음부터 두 가지 목적으로 사용되어 왔다. 첫째, 제301조는
USTR이 독자적으로 조사권을 발동할 수 있음에도 불구하고, 미국인에게 외국
정부의 정책이나 통상행위에 대한 조사를 내용으로 하는 청원서를 USTR에 제
출할 수 있도록 하고 있다.[21] 필요한 경우 USTR은 공식적인 분쟁해결절차에 회
부하는 등의 조치를 취할 수 있다. 둘째, 통상협정 또는 공식 분쟁해결체제에서
구체적으로 다루어지지 않은 통상문제에 대한 다목적 수단으로 활용될 수 있다.

---

19) Susanna H. Puente, "Section 301 and The New WTO Dispute Settlement Understanding,"
    2 *ILSA Journal of International & Comparative Law*(1995), p. 214.

20) *Ibid.*, p. 215.

21) Trade Act of 1974 §302.

즉 수출입이나 투자 또는 중대한 통상현안에 관하여 문제가 있다고 판단하면, 모든 외국정부활동에 대해 제301조가 발동될 수 있다는 점이다.[22] 일반적으로 제301조는 특수한 상황하에서 USTR로 하여금 불공정 무역행위에 대하여 자문, 조사, 보복조치, 모니터링 등의 조치를 취할 수 있는 권한을 부여하고 있다. USTR은 특정한 조치를 취하여야 하는 경우도 있고, 그러한 조치를 취할 것인지 또는 어떠한 조치가 적절한 것인지를 결정할 재량권을 가지는 경우도 있다. 제301조에 의한 의무적 강제조치 및 재량조치를 발동시킬 상황을 구분하는 것은, GATT 제23조의 소위 명백한 위반과 비위반으로 인한 무효화나 침해의 상황과 비슷하다고 말할 수 있다.[23] 뿐만 아니라 제303조에서는 제301조 조사가 통상협정에 관한 것이며 협상을 통해 상호 수용가능한 해결책이 도출되지 못한 경우, 미국 상무부는 그 문제를 해당 협정의 공식적인 분쟁해결절차에 즉각 회부하여야 한다고 명시하고 있다.[24]

이와 관련하여 제301조의 다른 항에는 강제조치에 대한 두 가지의 예외를 규정하고 있다. 첫째, USTR이 상대국이 만족스러운 조치를 취하거나, 문제의 조치를 폐기하거나 즉각적 해결책을 제시하고 있다고 판단하는 경우이다. 둘째, WTO 회원국이 패널보고서나 다른 통상협정에 마련된 분쟁해결규칙에 의하여 특정 통상협정하의 미국 권리가 거부되지 아니하였다거나, 특정국의 조치·정책·행위가 미국의 권리를 위반하지도 않으며 관련 협정에서 보장된 미국의 이익을 무효화시키거나 침해하지 않는다고 결정한 경우이다. 후자의 예외규정은 USTR이 제301조 (a)(2)(A)에 따른 조치를 취하지 않을 것을 요구하고 있다. 그러나 이것이 WTO가 미국의 권리나 이익의 거부나 위반이 없다는 결정을 내렸다고 해서, USTR이 어떠한 조치도 취할 수 없었거나 취하지 않았을 것이라는 의미는 아니라는 점에 주목할 필요가 있다.[25] 즉 WTO와 관련된 문제가 발생한 경우, 법률상 USTR이 WTO 분쟁해결절차를 따를 의무가 있다 할지라도 WTO 패널의 결정과 일치하는 결정을 내려야 한다는 것으로 규정한 것은 아니다. 문자 그대로의 의미에서는 다른 어떠한 정책적 제한과는 별도로, 동 조항은 WTO

---

22) Puente, *supra* note 19, p. 223.

23) *Op. cit.*, p. 224.

24) Trade Act of 1974 §303 (a)(1).

25) Trade Act of 1974 §301 (a)(2)(A).

결정 이후라도 미국에게 제301조에 의거하여 미국의 권리나 이익에 대한 위반·무효화·침해가 존재하는지 여부를 일방적으로 결정할 국내절차를 사용할 수 있는 여지를 마련해 주고 있는 것이다.

그러나 WTO 회원국은 DSU에 의한 규칙과 절차에 의해서만, 그리고 분쟁해결기구가 채택한 패널 및 항소기구 보고서 또는 DSU에 의한 중재 보상에 의해서만 그러한 결정을 내리도록 하고 있다. 따라서 분쟁해결기구가 미국의 권리 위반이나 무효화 또는 침해가 발생하지 않았다고 결정하는 경우, USTR이 WTO 협정의 대상과 관련하여 제301조에 따라 무역보복조치를 결정하는 것은 DSU 제23조 제 2 항 위반하는 결과를 초래할 수 있다.[26] 이는 가정을 전제로 한 것이지만, 제301조 (a)와 DSU 제23조 제 2 항간의 법적 불일치가 나타날 수 있음을 보여 주는 것이다.

뿐만 아니라 통상법 301조는 USTR로 하여금 미국이 설정한 기준에 비추어 타국의 무역정책이 공정한 것인가를 결정하도록 하고 있으며, 타국의 경제정책을 평가하도록 하고 있다. 이것은 국제법에 비추어 본다면 타국의 정책에 대한 개입이 될 우려도 있다. 더구나 제301조 발동요건 중 하나인 불합리한 관행이라는 용어는 불확정개념인 까닭에 해석의 자의성이 그만큼 큰 것이며, 제301조 내에서 그 판단기준으로 제시하고 있는 불공정과 형평 또한 명확한 기준이라 할 수 없으므로, 더욱 문제의 소지가 크다 하겠다.

이와 같이 미국 통상법 301조는 법적인 측면에서 많은 문제점을 노출시키고 있다. 이러한 관행은 종래의 GATT 체제에 비해 보다 안정적인 분쟁해결절차를 마련하고 있는 WTO 체제하에서는 더욱 모순을 심화시키는 것이 아닐 수 없다.

【 미국 - 통상법 301조 사건 】

1998년 11월 25일 EC는 미국 통상법 Title Ⅲ, Chapter 1(제301조~제310조)과 관련된 협의를 요청하였고, 협의가 실패하자 1999년 1월 26일 EC는 DSU 제 6 조에 따라 패널 설치를 요청하였다. EC는 미국 무역법률 Title Ⅲ,

---

26) Puente, *supra* note 19, p. 228.

chapter 1(제301조~제310조)이 DSU 제 3 조 · 제21조 · 제22조 · 제23조, WTO 설립협정 제16조 제 4 항, GATT 1994의 제 1 조 · 제 2 조 · 제 3 조 · 제 8 조에 위반된다고 주장하였다.

미국 통상법 제304조 (a)(2)는 협의 요청 후 18개월 이내에 USTR이 미국 권리의 침해 여부를 결정하도록 요구하고 있는 강제적 규정이다. 이와 관련하여 DSU 절차는 협의요청부터 분쟁해결기구의 결정 채택시까지 18개월 이상이 걸릴 수 있고 실제로 18개월을 넘기는 경우가 있는데, 통상법 제304 조에 따라 USTR은 DSU 절차가 완료되기 전에 미국권리의 부인여부에 관한 일방적 결정을 요구받을 수 있다. 그러나 사실의 문제로서, 제304조에 따라 허여된 광범한 재량에 의해 DSU 절차가 완료되기 전에 WTO 협정하의 미국 권리가 부인되었는가를 결정하도록 USTR을 강제하는 어떠한 상황도 없다고 하였다.

미국은 WTO에 일치하지 않거나 WTO 준수를 배제하는 강제적 입법이 WTO 의무에 위반되는가만을 검토되어야 한다고 하였다. 반면에 EC는 WTO 협정에 일치하지 않는 행동을 허용하는 입법형태는 WTO 규정을 위반할 수 있다고 주장하면서, 미국 통상법은 이러한 범위에 들어간다고 주장하였다. 패널은 본 사안이 DSU 제23조의 해석과 관련된 것이라고 보아, 제23 조에 담겨 있는 정확한 의무를 면밀하게 검토하는 것이 필요하다고 하였다. 패널은 제23조의 특정된 의무는 일정한 재량요소를 가진 입법을 금지하는 것으로, 제304조의 조문에 있는 그러한 재량의 존재는 WTO와 합치하지 않는 것이라고 하였다. 이와 같이 미국 통상법 제304조는 DSU와 WTO의 목적상 一見(*prima facie*) DSU 제23조에 위반하는 것으로 판단하였다. 그러나, 최종적으로 위반이라고 확인하지는 않았다. 패널은 위반이 되는 재량이 그 외의 기구적 · 행정적 요소에 의해 합법적으로 감소된다면 조문에 의한 일견의 위반은 제거될 수 있다고 보아, 동 사안에서 일견의 위반은 합법적으로 제거되었다고 결론지었다. 패널은 제304조에 따라 미국 행정부에 주어진 광범한 재량은 미국 행정부가 USTR의 재량을 WTO하의 미국 의무와 일치하는 방법으로 제한하는 행정조치를 채택할 수 있는 권한을 포함하는 것으로 해석되어야 한다고 하였다. 그리고 USTR이 제301조 결정을 DSU 패널이나 항소기구의 결정에 기초할 것임을 밝힌 SAA(Statement of Administrative Action)

를 미국의 공식 정책으로 믿고, 이에 근거하여 결정한 것이다. 그러나 행정부나 다른 기관에 의해 SAA의 요소가 제거된다면, 제304조의 WTO 합치성을 보장할 수 없다고 하였다.

동 사안에서 패널은 일본의 자동차 분쟁과 EC 바나나 분쟁 등 구체적 사건과 관련하여 결론적 결정을 내리지는 않았으나, EC와 제3국 참가국들이 제출한 증거는 통상법 제304조에 관한 그들의 결정을 뒤집기에 충분한 것이 아니라고 하였다.

제 2 절   EU의 통상법

1. 공동통상정책

EC 설립조약(로마조약) 제3조 제1항은 회원국간 역내 상품 수출입에 대한 관세 및 수량제한 부과의 금지와 공동통상정책이 공동체의 활동범위에 포함하여, 공동통상정책은 회원국이 아닌 EC가 권한을 행사하도록 하였다.[27] 또한 제113조 (a)는 집행위원회와 이사회에게 국제통상 분야에서 EC 공동의 정책을 취할 수 있는 법적 권한을 부여하였다. 이에 따라 1970년 1월부터 EC는 공동통상정책(Common Commercial Policy)을 수행하게 되어, 대외통상법의 통합적 운용이 이루어지게 되었다. EC 설립조약 제113조에 따라 공동통상정책은 공동관세의 변경, 외국과의 통상협정체결, 덤핑이나 보조금에 대한 규제와 같은 대외통상규칙을 포괄하는 것이었다.[28] 이후 EC 회원국은 공동통상정책과 관련하여 개별적으로 국제협정을 체결하지 못하게 되었고, 특별한 수권이 있어야만 독자적인 통상정책을 시행할 수 있게 되었다.[29] 1978년 유럽사법법원이 제113조 (a)가 제한적인 것이 아니라는 판결을 내림으로써 제113조의 범위는 확대되었다. 그러나 사법법원의 해석에는 제113조에 서비스와 지적재산권에 대한 무역협상권은 포

---

27) Treaty establishing the European Community(Treaty of Rome), Article 3 (B).

28) *Op. cit.*, Article 113 (a).

29) *Op. cit.*, Article 115.

함되지 않는다고 하였다.[30] 이에 따라 EC 설립조약(암스테르담조약) 제133조(종전 제113조)에 새로운 항이 추가되어, 이사회가 공동통상정책에 포함되지 않던 서비스와 지적재산권에 대한 국제적 협상과 조약체결의 권한을 갖게 되었다.[31] 현재의 EU 통상정책은 EC 설립조약(니스조약) 제 9 절 제131조부터 제134조까지를 법적 기반으로 하고 있다.[32] 동 조약은 공동통상정책의 목적부터 공동통상정책의 범위, 집행위원회와 이사회의 권한, 공동통상정책으로 특정 회원국이 불이익을 받을 경우의 처리 원칙 등을 규정하고 있다. 공동통상정책을 통해 관세인하와 비관세장벽을 폐지하여, EU 상품의 수출시장을 확보하고 교역장벽을 낮춤으로서 자유무역체제를 발전시키려는 것이다. 통상환경의 변화로 EU의 공동통상정책 범위도 확대되어, 상품에 대한 관세인하나 역내 산업보호조치에 국한하지 않고, 지적재산권이나 환경, 위생 등의 문제까지 통산정책의 대상으로 확대되었다. 특히 2016년 제정된 「EU 개인정보보호법」(General Data Protection Regulation, GDPR)은 정보 주체의 권리와 기업의 책임성을 강화할 것을 목적으로 하는 규칙으로, 역내 기업뿐 아니라 해외에서 EU 주민의 개인정보를 처리하는 기업에도 적용됨으로써 통상적 이해관계에도 적지 않은 영향을 미치게 되었다.[33]

EU의 통상정책은 통상정책은 EU의 배타적 권한에 속하며, 집행위원회와 이사회, 의회의 협력으로 진행된다. 2009년 리스본조약 발효 이후에는 유럽의회가 통상정책에 보다 깊이 간여하게 되었다. 그 결과 자유무역협정이나 통상정책과 관련된 입법조치는 이사회와 의회의 승인을 얻어야 한다. 2009년 리스본 조약으로 채택된 EU 기능조약(Treaty on the Functioning of the European Union)은 EU의 대외활동을 규정한 제 5 장에 공동통상정책을 규정하고 있는데, 공동통상정책은 EU의 대외 행동에 관한 원칙과 목적에 따라 수행될 것을 명시하고 있다.[34]

---

30) Opinion 1/94 of the Court of Justice(15 Nov. 1994), I-5276, para. 47.
31) Treaty establishing the European Community(Amsterdam Treaty), Article 133.5.
32) Treaty establishing the European Community(Nice Treaty), Title IX Common Commercial Policy. EC 설립조약은 1993년 마스트리히트조약, 2000년 암스테르담조약, 2001년 Nice조약에 의해 일부 수정되었다.
33) GDPR 규정 위반시 과징금이 부과된다. 최대 과징금은 일반적 위반 사항의 경우 전 세계 매출액의 2% 혹은 1천만 유로(약 125억원) 중 높은 금액이며, 중요한 위반 사항의 경우 전 세계 매출액의 4% 혹은 2천만 유로(약 250억원) 중 높은 금액이다.
34) TFEU, Article 205.

종전 EC 설립조약 제131조와 제133조는 각각 제206조와 제207조에 규정되어 있다.[35] 이에 따르면 공동통상정책은 통일된 원칙에 기반할 것을 명시하고 있다. 특히 관세율변경, 상품과 서비스에 관련된 관세및무역협정체결, 지적재산권의 교역적 측면, 외국직접투자, 자유화조치의 통일성 달성, 수출정책, 덤핑과 보조금에 대한 무역보호조치 등에 관해 통일된 원칙에 기반하여야 한다.[36] 서비스나 지적재산권의 교역적 측면, 해외 직접투자에 관한 협정의 협상과 체결에는 이사회의 만장일치가 필요하다. 공동통상정책은 EU가 배타적으로 관할권을 행사하는 분야로, 공동통상정책 관련 조약이 체결되면 이사회의 승인과 서명, 유럽의회의 동의로 곧장 발효된다. 회원국 의회의 비준은 요하지 않는다.

　　1970년대 이후 점차 악화되어 가는 국제통상여건에 비추어 국제통상에 있어 공동체 차원에 대응이 미흡함이 제기되었고, 이에 따라 많은 회원국들이 공동통상정책의 강화를 주장하였다. 이들은 EC 기업들이 그동안 외국의 불공정 교역행위에 의해 손해를 입어 왔음에도 불구하고 이에 대한 공동체 차원의 대응조치가 요구된다는 문제인식하에서 미국 통상법 301조 절차와 유사한 법을 제정할 필요성이 제기되었다.[37] 신통상정책수단의 논의 초기에는 GATT 다자간 무역통상체제를 저해한다는 견해와, 통상분쟁에 미국통상법 301조처럼 사인의 개입을 허용할 경우 국제통상 환경에 경색가능성을 주장하는 입장도 있었다.[38] 그러나 1980년대 초반의 점차 악화되어 가는 국제통상환경, 특히 미국과 EC간의 통상관계 악화로 유럽공동체는 보다 적극적이고 강력한 통상정책을 취해야 할 필요성이 제고되었다. 이에 따라 1984년에 들어서 미국통상법 301조를 모델

---

35) 유럽경제공동체설립조약(The Treaty establishing the European Economic Community(Treaty of Rome))은 1992년 마스트리히트조약에 의해 공식 제목에서 'Economic'이 제거되고, 2009년 리스본조약에 의해 유럽연합기능조약(Treaty on the Functioning of the European Union(TFEU))으로 개명되었으며, EC 설립조약 제132조와 제134조는 EU 기능조약에서는 삭제되었다. EU 기능조약은 마스트리히트조약이라 불리는 유럽연합조약(Treaty on European Union)과 함께 유럽연합의 헌법적 기초를 구성하는 것이다.

36) TFEU, Artilce 207.1.

37) 가장 대표적인 것으로, Welsh Report와 French Memorandum이 있다. 그 구체적인 내용에 대해서는, M Bronckers, "Private Response to Foreign Unfair Practices: United States and EEC Complaint Procedures," 6 *Northwestern Journal of International Law and Business*(1984), pp. 716~726.

38) J. Steenbergen and G. DeClercq, *Change and International Policy of the EC*(1983), p. 149.

로 하여 신통상정책수단(New Commercial Policy Instruments: NCPI)이라 불리는 이 사회규칙을 제정하여, 비회원국 정부의 불공정 무역관행에 대항하는 조치를 탄생시켰다.[39] WTO 출범 이후에는 1992년 EC의 역내시장의 통합이 이루어짐에 따라 불공정무역에 대한 방어수단이 더욱더 개선되어야 한다는 점과, WTO 출범에 따라 EC가 향유하는 적법한 통상의 이익을 유지하기 위한 조치로 신통상장벽규칙(New Regulation on Barriers to Trade: NRBT)이라 불리는 이사회규칙이 제정되었다. 1995년 1월에 발효한 신통상장벽규칙은 기존의 NCPI에 따라 진행되는 절차가 있는 경우에는 NRBT에 따라 절차를 이어가도록 하는 보충적인 성격을 지닌다.

2. 신통상정책수단

(1) 절   차

앞서 논의한 바와 같이 1984년에 들어서는 미국통상법 301조를 모델로 하여 신통상정책수단(NCPI)이라 불리는 이사회 규칙을 제정하여 비회원국 정부의 불공정무역관행에 대항하는 조치를 탄생시켰다. NCPI는 외국의 위법한 통상관행이나 제 3 국의 통상관행과 관련하여 공동체 권리의 완전한 실행을 확보하기 위한 것으로, 통상절차를 강화하기 위한 절차를 규정하고 있는 것이다.

이러한 절차의 목적은, 첫째 외국의 불법적인 통상관행으로 공동체 산업에 야기된 손해를 제거하기 위하여 외국의 불법 통상관행에 대응하기 위한 것이고, 둘째는 공동체 권리의 완전한 행사를 확보하기 위한 것이다. NCPI의 절차는 5 단계로 구분된다. 검토절차의 개시, 관련 외국정부와의 협의, 공개심리와 제소서면 및 반박서면의 제출, 위원회의 보고서와 추가조치에 관한 결정, 그리고 분쟁해결절차가 시작된다. 이러한 절차는 회원국과 회원국의 사인이 이용할 수 있는데, 사인은 단지 외국의 위법한 통상관행만을 다룰 수 있을 뿐이고, 제 3 국의 통상정책과 관련하여 공동체 권리의 완전한 행사를 확보하기 위한 제소는 회원국만이 할 수 있다. 회원국이 외국의 위법한 통상관행에 대하여 제소한 경우, 위법한 통상관행과 그로 인한 피해에 관하여 충분한 증거가 있어야 한다. 그러

---

39) Council Regulation 2641/84.

나 제 3 국의 통상관행과 관련하여 공동체권리의 완전한 실행을 확보하기 위하여 제소하는 경우 공동체산업에 피해를 입증할 것을 요구하지 않는다. 단지 회원국은 제 3 국간의 통상협정이 무효화되거나 침해되었음을 입증하기만 하면 된다.

제소가 수락되면, 위원회는 검토절차가 공동체이익에 필요한가를 결정해야 한다. 위원회는 자문위원회와 협의를 거친 뒤에 공동체의 이익을 위하여 필요하다고 생각되는 경우 검토절차를 시작한다. 검토절차의 시작에 관한 결정은 청원이 제출된 뒤 45일 이내에 이루어져야 한다. 특수한 상황이 있는 경우 이 기간은 60일까지 연장될 수 있다. 검토절차의 시작을 결정한 것을 공표한 후 위원회는 조사대상이 된 외국정부 대표에게 그 사실을 공식적으로 보고해야 한다. NCPI는 위원회가 이 단계에서 외국정부와 협의할 수 있도록 하고 있으나, 의무적인 것은 아니다.

NCPI는 관련당사국를 포함하는 청문회를 개최할 수 있음을 규정하고 있다. 주요 관련당사국은 적시에 요청서를 제출한 경우 청문회에 참가할 권리를 가진다. 요청 후 위원회는 주요 관련당사국에게 회합할 기회와 의견 교환의 기회를 주어야 한다. 어떠한 당사국도 그러한 회합에 참가하도록 강제되는 것은 아니며, 어떤 당사국이 회합에 참가하지 않았다고 해서 그 이익이 침해되는 것은 아니다.

(2) 조치결정

위원회가 조사를 마치게 되면, 위원회는 절차 시작 5개월 이내에 보고서를 제출하여야 한다. 조사에 내포된 쟁점이 너무 복잡하여 5개월 이내에 검토가 마무리되기 어려운 경우라면, 7개월 이내에 보고서를 제출해야 한다.[40] 위원회는 그 보고서에서 세 가지 다른 결정을 내려야 한다. 첫째, 공동체의 이익은 어떠한 조치도 필요로 하지 않는 경우 절차를 종결할 것을 결정할 수 있다. 둘째, 관련 외국이 만족할 수 있는 조치를 취한 경우 절차를 종결할 수 있다. 셋째, 어떤 조치를 권고할 수 있다.[41]

어떤 행동과 관련된 결정 또는 분쟁 해결 절차의 종결과 관계되는 결정은

---

40) Council Regulation 2331/84 제 6 조 제 9 항.
41) Council Regulation 2331/84 제10조 제 1 항, 제 2 항.

NCPI에 규정된 특별결정방식에 따라 취해져야 한다. 만약 분쟁해결 절차가 외국의 위법한 통상관행을 다루는 경우, 제12조의 종결절차에 따라 결정이 이루어져야 한다.[42] 제3국의 통상관행과 관련하여 공동체의 완전한 권리실현을 확보하기 위한 경우의 분쟁해결절차와 관계되는 결정은 이사회가 행한다.[43] 분쟁해결이 종결되면, 공동체가 국제법상 보복권을 갖게 되면, 이사회는 공동체가 적용하기로 결정한 보복적 통상정책조치에 관한 최종적 결정을 내리게 된다. 위원회는 단지 어떤 조치를 제안할 수 있을 뿐이다.

3. 신통상장벽규칙

(1) 신통상장벽규칙의 목적

종래 GATT의 체약국으로서 EU는 GATT상의 권리를 실현하기 위하여 덤핑 규제나 보조금 규제와 같은 통상정책수단을 제정 적용하여 왔다. 그러나 국제 무역량이 급속도로 늘어가면서, EU 역내 시장의 보호를 위하여 보다 광범위한 적용이 가능한 새로운 제도가 필요하게 되었다. 특히 제3국 시장에서 EU 기업의 활동을 보호하기 위한 새로운 제도의 도입이 적극적으로 필요하게 되었다. 1994년 이사회가 제정한 신통상장벽규칙(NRBT)이 바로 그것이다.[44] 이사회에 의하면 기존의 NCPI는 효과적이지 못하다는 점이 드러났는데, 제3국에 의해 야기된 통상장벽을 제거할 필요가 있었으며, WTO에 의해 창설된 규칙 등 국제통상규칙에 의하여 공동체에 부여된 권리의 행사를 보장하기 위한 공동체 수준의 절차를 보충하고 개선할 필요하에 NCPI는 개정되어야 했다. 동 규칙은 1995년 1월 1일부터 발효하였는데, 만약 기존의 NCPI에 따라 진행되던 절차가 있는 경우는 NRBT에 따라 절차를 이어가도록 하고 있다.[45]

NRBT는 WTO 협정 등 확립된 국제통상규칙상의 공동체 권리행사를 확보

---

42) Council Regulation 2331/84 제11조 제2항 a.

43) Council Regulation 2331/84 제11조 제3항.

44) Council Regulation 3286/94, OJ No. L349; 이것은 다시 이사회규칙 365/95에 의해 부분적으로 개정되었다.

45) 태국이 음반불법복제행위로 제소된 사건이 진행되던 중에 NRBT가 제정됨으로써, NRBT에 의해 그 절차가 이어진 바 있다.

하기 위하여 공통 통상정책 분야의 공동체절차를 확립하기 위한 것이다.[46] 구체적으로는 공동체시장에 영향을 끼치는 무역장벽으로 인한 피해를 제거하고, 제3국의 시장에 영향을 끼치는 무역장벽으로 인한 부작용을 제거하기 위한 대응절차를 규정한 것이다. 즉 NRBT는 공동체 기업이나 산업의 제3국이나 EU 시장에 대한 접근에 영향을 끼치는 외국의 무역장벽과 관련하여 위원회의 조사를 요청하고 구제를 요청하는 절차에 관한 것이다. 그러나 NRBT는 통상장벽을 제거하고 대응하기 위한 모든 경우에 적용되는 규칙이 아니라는 점을 유의해야 한다. NRBT는 이 점을 분명히 하고 있는데, 동 규칙이 공통통상정책하의 기존 규칙들이 적용되는 경우에는 적용되지 않는다고 밝히고 있다. 다시 말하면 NRBT는 반덤핑이나 보조금 규칙이 적용되는 경우에는 적용하지 않고 보충적으로만 적용되는 것이다.[47] 그러나 NRBT는 EU 시장 외부에서의 공동체산업에 대한 이익과 관련하여서도 적용될 수 있다는 점에서 반덤핑이나 보조금규제에 비하여 훨씬 광범한 상황에서 적용되는 것이다. 그리고 역내 시장의 보호에만 국한되지 않는다는 점이나, EU 국경에서 부과된 조치의 결과를 주된 대상으로 하는 것이 아니라 EU국이 아닌 제3국의 무역장벽을 배제하기 위한 것이라는 점, 종래의 절차들에 비해 사인의 제소범위를 확대하여 놓은 점 등에서 종래의 통상규칙과 구별되는 것이다.

(2) 발동요건

제3국이 채택하거나 유지하는 무역장벽의 결과로서 피해를 입었다고 생각하는 공동체산업을 대표하는 어떠한 자연인이나 법인, 법인격이 없는 단체도 제소할 수 있다. 그러한 무역장벽으로 부작용을 당한 경우, 법인격 보유 여부를 불문하고 어떠한 공동체기업이나 단체도 제소할 수 있다. 공동체의 회원국도 당연히 제소할 수 있다. 이러한 제소는 서면으로 행해야 하고 무역장벽으로 인한 피해나 부작용이 있다는 충분한 증거를 갖추지 못한 경우 수리되지 않는다.[48]
무역에 대한 장벽이란 제3국이 채택하고 유지하고 있는 무역관행으로서

---

46) Council Regulation 3286/94 제1조.
47) Council Regulation 3286/94 제15조 제1항.
48) Council Regulation 3286/94 제3조, 제4조, 제6조.

국제통상규칙이 제소할 수 있도록 허용하는 것을 말한다. 그리고 공동체의 권리
란 국제통상규칙하에서 EU에게 허용되는 국제무역상의 권리를 말한다. 국제통
상규칙이란 WTO 협정과 그 부속서, 또는 EU가 당사국인 국제협정상의 규칙
등을 말한다. 피해란 공동체 산업에 피해를 야기하거나 야기할 우려가 있는 실
질적 피해를 의미한다.[49] 무역에 대한 부작용(adverse trade effect)이란 제3국에
있는 공동체기업에 야기하거나 야기할 우려가 있는 경우로서, 공동체의 경제에
타격을 입히는 것을 말한다.[50] 태국의 음반불법복제 사건과 관련하여 태국 정
부가 저작권법을 적절하게 집행하지 못한 결과 음반의 불법복제가 90%에 이르
는 것으로 보고되었는데, 이러한 상황은 공동체 산업에 실질적 피해를 주는 것
으로 인정되었다.[51]

　　사인의 제소가 수락되기 위해서는 공동체산업을 대표하여 행동하는 자연인
또는 법인에 의해 이루어져야 한다. 공동체산업이란 공동체의 모든 생산자나 공
급자를 의미하는 것으로 보아야 한다. 공동체기업이란 회원국 국내법에 따라 설
립되고, 등록사무소, 핵심기관 또는 주된 영업지가 회원국 내에 있는 회사로서,
상품생산이나 서비스 공급에 의해 해당 무역장벽과 직접 관계되는 경우를 말한
다. 종래 NCPI에 따라 이루어진 관행을 보면, 공동체산업은 모든 공동체 생산자
또는 그들 생산량의 합이 문제 된 외국의 불법통상관행에 해당하는 상품과 동
일하거나 유사상품의 공동체 생산에 있어 상당한 부분을 점하는 경우를 말한다.
무역상은 공동체 산업의 개념에 포함되지 않는다. 그러나 이러한 엄격한 규칙은
공동체산업의 일부만을 대표하는 지역산업을 위한 예외를 인정하여 왔다. 따라
서 EU의 어떤 지역 내에 있는 생산자는 그들의 생산량 합계가 그 지역 해당 상
품 생산량의 상당한 부분을 차지할 때, 그리고 외국의 행위가 그 지역에 주로
영향을 끼치는 무역장벽을 구성할 때 공동체산업을 대표하는 것으로 간주될 수
있다. 이와 같이 공동체산업의 개념을 제한적으로 정의하는 것은 반덤핑과 보조
금에 관한 EU 규칙으로부터 차용한 것이다.[52] 그러나 지금까지 제소된 사건에

---

49) Council Regulation 3286/94 제1조 제3항.

50) Council Regulation 3286/94 제1조 제4항.

51) 96/40/EC: Commission Desion of 20 December 1995 suspending the Proceeding under
Council Regulation, OJ No. L011, 16/01/1996.

52) Wolfgang Leirer, "Retaliatory Action in United States and European Union Trade Law: A

서 공동체 산업을 대표하는가에 관하여 문제가 된 적은 없었는데, 그 이유는 위원회가 그 요건을 비교적 관대하게 해석해왔기 때문이다.

개인이 외국의 통상장벽을 이유로 제소하기 위해서는 해당 외국의 무역장벽이 공동체 산업에 피해를 야기하거나 야기할 위험이 있음을 입증해야 한다. 공동체 산업의 피해가 어느 정도인지에 관해서는 NRBT 이전에 존재하던 NCPI를 살펴보는 것이 도움이 된다. 원래 NCPI를 제정할 때 공동체 산업에 대한 피해의 기준을 상당히 높이려는 것이 위원회의 목적이었다. 왜냐하면 개인의 제소에서 통상장벽에 대한 대응 행동의 범위를 제한함으로써, 새로운 통상수단이 너무 보호주의적이 되지 않느냐는 회원국들의 우려를 완화하려는 데 있었다.[53] 더욱이 위원회는 위험이 경각에 있는 일반적 실질적 이익이 없는 경우의 검토 절차를 피하려 하였다. 마지막으로 공동체산업에 대한 피해의 입증을 요구하는 엄격한 요건을 규정한 것은 반덤핑과 반보조금규칙에 관한 이사회규칙 2423/88을 비교할 때 잘 나타날 수 있다. 반덤핑이나 반보조금규칙은 피해는 덤핑 또는 보조금이 지급된 수입품은 확립된 공동체 산업에 실질적 피해 또는 그 위험을 야기할 위험이 있는 경우 또는 공동체 산업의 확립을 실질적으로 저해하는 경우에 결정된다고 규정하고 있다. 그러나 NCPI나 NRBT는 공동체산업의 확립을 저해하는 경우는 규정하고 있지 않고, 따라서 이미 확립된 산업에 피해가 있어야만 하는 것으로 구별된다. 따라서 NRBT에 따라 피해를 입증하는 것은 더욱 어렵게 된다.[54] 이러한 이유에서 피해의 입증은 사인당사자에게는 아주 커다란 장애가 될 수 있다.

피해를 조사하기 위하여 NRBT는 다음의 요소들을 검토하도록 규정하고 있다. 공동체의 수입량이나 수출량이 상당량 증가하였는지 또는 감소하였는지, 공동체산업 경쟁자의 가격이 공동체산업의 가격을 상당히 낮추었는지, 생산·시설이용·재고·판매·시장점유율·가격·투자·고용 등 경제적 요소에 나타난

Comparison of Section 301 of the Trade Act of 1974 and Council Regulation 2341/84," 20 *North Carolina Journal of International Law and Commercial Regulation*(1994), p. 71.

53) Meinhilf, International Trade Dispute and the Individual: Party Involvement in National and International Procedures Regarding Unfair Foreign Trade Practices, 41 *Aussenwirtschaft*(1986), p. 441.

54) Frank Schoneveld, "The European Community Reaction to the Illicit Trade Practice of Other Countries," 26 *Journal of World Trade*(1992), p. 28.

공동체에 대한 영향 등을 검토한다. 피해의 우려가 있다고 주장되는 경우 위원회는 특정 상황이 실제의 피해로 전이될 수 있는가를 검토하게 된다. 부작용이 있다고 주장되면, 위원회는 그러한 부작용이 공동체나 공동체의 어떤 지역 경제에 끼치는 부작용의 영향이 명백히 예측할 수 있는지를 검토해야 한다. 공동체 기업에 대한 무역장벽의 결과로 상품이나 서비스에 관한 무역의 흐름이 저해당하고 방해받거나 전환되는 상황에서 부작용이 나타나는 것이다. 부작용의 위험이 있다고 주장되면 어떤 상황이 실제적으로 부작용으로 발전된다는 것이 명백히 예측할 수 있는가를 검토해야 한다.

(3) 조사절차

제소는 위원회에 대하여 행한다.[55] 제소를 접수한 위원회는 검토절차를 시작할 것인가에 관하여 제소 후 45일 이내에 최대한 신속하게 결정을 내려야 한다. 보완적 증거가 필요하다고 생각되는 경우에는 이 기간을 연장할 수 있다.

위원회는 협의를 위하여 자문위원회를 별도로 설치한다.[56] 자문위원회는 각 회원국 대표와 위원회 의장으로 구성된다. 회원국이 요청하거나 위원회가 필요하다고 생각하는 경우 즉시 협의가 개최되어야 한다. 협의를 마친 후 충분한 증거가 있고, 공동체 이익을 위하여 필요하다고 생각하는 경우 검토절차를 시작하게 된다. 검토절차의 시작을 관보에 게재하고, 검토절차에 관계되는 국가에 공식적으로 통고하여야 한다. 위원회는 필요한 모든 정보를 구하고 검토하게 된다. 제3국 영역 내의 정보가 필요한 경우 그 국가에게 통보하고 그 국가가 이의를 제기하지 않으면 조사할 수 있다. 회원국은 위원회의 검토를 위하여 필요한 모든 정보를 제공해야 한다. 제소자나 관련 수출입국은 자신의 이익을 보호하기 위하여 필요한 경우 위원회나 행정기관의 내부문건이 아닌 모든 정보를 검토할 수 있다. 위원회는 관련당사국의 의견을 들을 수 있고, 주요 관련국이 회합할 기회를 주어야 한다. 그러나 당사국은 회합하여야 할 의무가 있는 것은 아니며, 회합하지 않았다고 불이익이 돌아가는 것도 아니다. 정보가 합리적 기간 내에 제공되지 않거나 조사가 방해되는 경우, 위원회는 알고 있는 사실에 기

---

55) Council Regulation 3286/94 제5조 제1항.
56) Council Regulation 3286/94 제7조 제1항.

초하여 결정을 내리게 된다. 검토보고서는 절차 시작을 공표한 후 5개월 내에
제출되어야 한다. 그러나 검토가 복잡한 경우 7개월까지 절차가 계속될 수 있다.

위원회는 공동체 이익에 부합한다고 생각하는 경우 검토절차를 갖지 않고
절차를 종결할 수도 있다. 그리고, 검토절차의 결과 공동체의 이익상 아무런 행
동도 취할 필요가 없다고 생각하는 경우 절차는 종결된다. 그러나 제 3 국이 채
택 유지하는 통상장벽에 기인하는 피해나 부작용을 제거하기 위하여 어떤 조치
가 필요하다고 생각하는 경우, 적절한 조치를 취해야 한다.[57] 위원회가 양허의
정지나 철회, 관세의 인상, 쿼터 부과나 수출입조건을 수정하는 조치 및 기타
다른 형태의 보복조치를 제안할 수 있다. 위원회가 보복만이 유일한 조치라고
생각하는 경우, 이를 이사회에 제안하고 이사회는 30일 이내에 보복조치를 취
할 것인지에 관한 결정을 내려야 한다. 다만 이들 조치는 기존의 국제의무나 절
차에 부합하는 것이어야 한다. 바꾸어 말하면, WTO 협정상의 규칙에 반하지
않는 범위에서 조치를 취하라는 것이다. 위원회의 결정에 이의가 있는 회원국은
이를 다시 이사회에 부탁할 수 있고, 회원국의 부탁에 따라 이사회는 가중다수
결로 위원회의 결정을 변경할 수 있다.[58] 그리고 동 규칙하에서 위원회나 이사
회가 취한 조치에 대하여 이의가 있는 관련당사국이나 개인은 유럽 1 심법원
(European Court of First Instances)에 제소할 수 있도록 함으로써, 사법적 심사의
가능성을 명백히 하고 있다.

---

57) Council Regulation 3286/94 제12조 제 1 항.
58) Council Regulation 3286/94 제14조 제 4 항.

사항색인

[ㄱ]

가격약속   197, 237

가중투표제   61

GATT 1994 제6조 이행협정   159

GATT 제11조   376

GATT 제19조   246

GATT 제20조   99, 282, 292, 300, 375

GATT 제22조   124, 132

GATT 제23조   124, 132, 394

GATT 1994 제24조 해석에 관한 양해
    111, 112

각료회의   51

강제적 컨센서스   61

경쟁기회기준   71

경쟁정책   378

경쟁정책과 무역   379

골격협정   34, 356

공동통상정책   397

공적 기관   216

공정 및 가공방법   377

공정 및 생산방법   299

공정경쟁   122

공중도덕   103

관세동맹   78

관세분류변경기준   317

관세지역   50

관세평가   322

관할권   131

較量과 均衡   103

交叉報復   152

구성가격   163, 189

구제조치   266

국경간 공급   358

국경무역   78

국경세조정에 관한 작업단의 보고서
    89

국내산업   186

국제개발법   3

國際去來法   2, 6

국제경제법   1, 8

국제경제법의 연원   6

國際貿易機構   25

국제부흥개발은행   11, 21

國際私法   5

국제상거래   4

국제통상법   4, 5

국제통화기금   11

국제통화기금협정   15

국제투자분쟁해결센터   23

국제협약 플러스보호   333

권리소진   336

금융서비스 약속에 관한 양해   367

금지보조금   221

기술규정   299

기술이전   293

기술장벽협정   289, 299

緊急輸入制限   245

[ㄴ]

내국민대우   80, 334, 366

농업협정   273, 278

뉴질랜드 및 호주산 양고기수입 사건

249

[ㄷ]

단순제로잉   172
대기성협정   19
대체가능상품   76, 85, 88
WIPO 중재규칙   353
WTO 협정이행특별법   275
WTO 설립을 위한 마라케쉬협정   43
덤핑   153
逃避條項   246
동경라운드   34
동등성의 원칙   285
동종상품   69, 71, 75, 85, 161, 174, 254
동종성   89

[ㅁ]

면제   360
모델제로잉   172
무역과 노동   377
무역관련지적재산권협정   332
무역관련투자조치   326
무역대표부   390
무역정책검토기구   54
무역특혜연장법(Trade Preferences Extension Act of 2015)   387
무역확대법   386
無效化 또는 侵害   124
미국-개솔린 사건   101, 376
미국-도박 사건   103
미국-몰트음료 사건   82
미국-새우수입제한 사건   376
미국-석유제품 과세 사건   83
미국-세탁기 사건   170

미국의 새우수입제한 사건   116
미국의 양고기 세이프가드조치 사건   235
미국-제로잉(EC) 사건   171
미국-참치수입규제 사건   96
미국-침엽수목재 V 사건   171
미국-한국산 D램 반덤핑관세 사건   187
미국-한국산 라인파이프 사건   250
미국-해외판매법인 사건   56
mini-waiver   57

[ㅂ]

반덤핑코드   157
방식조항   176
베른협약   336
竝行輸入   336
報復措置   152
보조금코드   212
보조기관   57
보조총액측정치   278
복수국간 무역협정(PTA)   65
부가가치기준   317
분야별 관세감축방식   118
분쟁해결규칙 및 절차에 관한 양해   129
분쟁해결기구   55, 131
분쟁해결제도   129
不遡及原則   244
브레튼우즈체제   12
Blue Round   377
比較可能價格   163
비용편익기준   103
비위반제소   125, 133
非適用條項   50

비차별원칙   68
비특혜규칙   314

[ㅅ]
사무총장   58
사실상(*de facto*)의 차별   71, 87
사전주의원칙   288, 290, 291
산업피해구제법   205, 245, 269
상계관세   238
상계조치   231
상설항소기구   147
상업적 주재   359
상표   343
상품무역에 관한 다자협정(MTA)   65
상호인정   362
狀況的 제소   125
서비스무역에 관한 일반협정   355
선적전검사협정   311
설명조항   176
섬유 및 의류협정   295
세계지적재산권기구   335
세이프가드   245
소극적 컨센서스   60
速進協商權   39
수권조항   79, 123
수량제한   96, 111, 327
수입허가절차   319
수출가격   162
輸出補助金   220
수행규칙   56
슈퍼301조   386, 391
스미소니언체제   13
스페셜301조   386, 391
신규가입   49
신규차입협정   19

신법우선의 원칙   36, 67, 115
신용지분정책   20
신통상장벽규칙   400, 402
신통상정책수단   400
실질적 변형기준   316
실질적 피해   183, 189, 208
실질적 피해의 우려   184, 236
심각한 손상   227
심각한 피해   248, 252

[ㅇ]
아르헨티나-가죽 사건   85, 97
아르헨티나-신발 사건   250
amicus curiae brief   304
SPS 협정   289
HS 분류   319
逆컨센서스방식   146
예외 없는 관세화   274
50-25%기준   192
완전생산기준   316
우루과이라운드   37
우호통상항해조약   9
우회덤핑   199
UR 협정법(UR Agreement Act)   387
US-Hot Rolled Steel 사건   167
원산지규정   313
원산지판정   315
위반제소   133
위생 및 검역조치의 적용에 관한 협정   282
위험평가   286, 287, 288, 292
意圖效果基準   89
의무면제   50, 63
의장   349
20-80-20 규칙   168

EC 설립조약   397

EC-Bed Linen 사건   164, 171

EC-밀 글루텐 사건   235, 255, 260

EC-바나나 사건 Ⅲ   357

EC-상업선박 사건   73

EC-석면 사건   135, 304

EC-정어리 사건   301

EC-지리적 표시 사건   348

EC-호르몬 사건   144, 282, 284, 288,
    289, 292, 293

EEC-동물사료 사건   75

EU 개인정보보호법   398

EU 기능조약   398

이용가능한 불리자료   389

이익의 무효화 또는 침해   133

인과관계   187, 190, 209, 236, 254

인도네시아-자동차 사건   228, 326,
    327

인도산 섬유 및 의류제품수입제한 사건
    114

일괄적 감축방식   117

일괄채택방식   41, 44

日沒條項   199

일반이사회   53

一般特惠制度   79

일본-규격목재 사건   76

일본-농산물 Ⅱ 사건   283, 293

일본-주세법 Ⅱ 사건   85, 90, 254

일본-필름 사건   134, 135

[ㅈ]

자동수입허가   320

自動執行的   36

자연인의 주재   359

잠정적용에 관한 의정서   27, 45

잠정조치   196, 237, 261

재검토   198, 239, 264

재발동   266

저작권   336

저작인격권   336

적극적 컨센서스   61

전자상거래   381

정부조달협정   328

正常價格

정상가격   155, 160, 161

제로잉   170

제법특허   341

제소사유   132

제소적격   192

조부조항   27, 45

조치가능보조금   220, 226

종료조항   196, 199

종합통상법(Omnibus Trade and
    Competitiveness Act)   386

중개매매   164

중국-원료물질 사건   97

중대한 침해   252

仲裁   148

지리적 표시   347

지역무역협정   108

지역협정   116

직접경쟁   85, 88

직접경쟁상품   76, 254

直接的 效力   36

[ㅊ]

最小規則   195, 233

最小市場接近   275

최혜국대우   68, 335, 358, 360, 393

[ㅋ]

캐나다-연어 사건   283
캐나다-자동차 사건   71, 358
캐나다-정기간행물 사건   85, 88
컨센서스   152
컨센서스방식   60
케네디라운드   33
코드   32, 34, 36, 64, 137
kick-up 규정   60
킹스턴체제   14

[ㅌ]

태국-담배수입규제 사건   105
터키-섬유 사건   111
통상관세법(Trade and Tariff Act)   386
통상법(Trade Act)   385
통상법 301조   137, 138
통상적 거래   161, 167
통일원산지규정   317
투명성   119, 329
특권과 면제   44, 59
특별세이프가드   276
특별시장상황   389
특별인출권   15
특정공정기준   317
특정성   218, 219
특허   340
특혜규칙   314

[ㅍ]

패널   142
패널리스트   143
패널보고서   146

패널절차   145
패턴조항   176
平和條項   279
표적덤핑   170, 172, 177
표준   299
French Assistance to Exports of Wheat
    and Wheat Flour 사건   216
피해   183, 234

[ㅎ]

한국 주세법 사건   88, 90
한국-낙농제품 사건   249, 254
한국산 라인파이프 사건   253
한국-상업용선박 사건   216, 217, 222
한국-쇠고기 사건   87, 103
한국-쇠고기수입조치 사건   101, 105
한국-주세법 사건   86
합리적 기간   150
합치판정절차   307
항소절차   148
해외소비   358
허용보조금   229
헌법 제6조 제1항   36
顯著性   343
現行市場接近   275
협정개정   63
호주-연어 사건   286, 288, 293
호주-질산염 보조금 사건   134
환경과 무역   372
환경라벨링   374
환율변동   169
회색지대조치   262
회원국   49

저자약력

성균관대 법과대학 졸업
성균관대 대학원 졸업(법학박사)
미국 Georgetown Law Center 수학(SJD 과정)
미국 Georgetown Law Center 조교수
변시·사시·행시·외시·입시 위원
한국국제경제법학회 회장
대한국제법학회 회장
국제법협회 한국본부 회장
외교부, 통일부 자문위, 규제개혁위원회 위원
대한적십자사 인도법자문위원회 위원장
성균관대학교 학생처장, 입학처장, 기획조정처장
성균관대학교 법학전문대학원 교수(현)

저   서
환경보호와 국제법질서(공편)(아시아사회과학연구원, 1997)
국제통상법개론(성균관대학교 출판부, 1998)
과학기술의 정치경제학(공편)(도서출판 오름, 1998)
국제판례연구 제 1 집(공편)(서울국제법연구원, 1999)
국제기구와 국제법(한울아카데미, 2002)
국제법(공저)(박영사, 2006)

제3판
국제경제법

초판 발행	2003년 9월 10일
제3판 발행	2022년 9월 20일

지은이	성재호
펴낸이	안종만 · 안상준

편 집	김선민
기획/마케팅	조성호
표지디자인	이소연
제 작	고철민 · 조영환

펴낸곳	(주)**박영사**
	서울특별시 금천구 가산디지털2로 53, 210호(가산동, 한라시그마밸리)
	등록 1959. 3. 11. 제300-1959-1호(倫)
전 화	02)733-6771
f a x	02)736-4818
e-mail	pys@pybook.co.kr
homepage	www.pybook.co.kr
ISBN	979-11-303-4304-4 93360

정 가 29,000원